Maren Lammers

Emotionsbezogene Psychotherapie von Scham und Schuld

Maren Lammers

Emotionsbezogene Psychotherapie von Scham und Schuld

Das Praxishandbuch

Vier Beiträge unter Mitarbeit von

Isgard Ohls

Mit 8 Abbildungen und 17 Tabellen

 Zusätzlich zum Download finden Sie Übungen, Arbeitsblätter und Abbildungen unter **www.schattauer.de/3054.html** Bitte geben Sie den Zugangscode ein: 3054-xABBeL

Maren Lammers
Psychologische Psychotherapeutin
Bernhard-Nocht-Str. 107, 20359 Hamburg
lammers@hamburg-privatpraxis.de

 Ihre Meinung zu diesem Werk ist uns wichtig!
Wir freuen uns auf Ihr Feedback unter www.schattauer.de/feedback
oder direkt über QR-Code.

Bibliografische Information der Deutschen Nationalbibliothek
Die Deutsche Nationalbibliothek verzeichnet diese Publikation in der Deutschen Nationalbibliografie; detaillierte bibliografische Daten sind im Internet über http://dnb.d-nb.de abrufbar.

Besonderer Hinweis:
Die Medizin unterliegt einem fortwährenden Entwicklungsprozess, sodass alle Angaben, insbesondere zu diagnostischen und therapeutischen Verfahren, immer nur dem Wissensstand zum Zeitpunkt der Drucklegung des Buches entsprechen können. Hinsichtlich der angegebenen Empfehlungen zur Therapie und der Auswahl sowie Dosierung von Medikamenten wurde die größtmögliche Sorgfalt beachtet. Gleichwohl werden die Benutzer aufgefordert, die Beipackzettel und Fachinformationen der Hersteller zur Kontrolle heranzuziehen und im Zweifelsfall einen Spezialisten zu konsultieren. Fragliche Unstimmigkeiten sollten bitte im allgemeinen Interesse dem Verlag mitgeteilt werden. Der Benutzer selbst bleibt verantwortlich für jede diagnostische oder therapeutische Applikation, Medikation und Dosierung.
In diesem Buch sind eingetragene Warenzeichen (geschützte Warennamen) nicht besonders kenntlich gemacht. Es kann also aus dem Fehlen eines entsprechenden Hinweises nicht geschlossen werden, dass es sich um einen freien Warennamen handelt.
Das Werk mit allen seinen Teilen ist urheberrechtlich geschützt. Jede Verwertung außerhalb der Bestimmungen des Urheberrechtsgesetzes ist ohne schriftliche Zustimmung des Verlages unzulässig und strafbar. Kein Teil des Werkes darf in irgendeiner Form ohne schriftliche Genehmigung des Verlages reproduziert werden.

© 2016 by Schattauer GmbH, Hölderlinstraße 3, 70174 Stuttgart, Germany
E-Mail: info@schattauer.de   Internet: www.schattauer.de
Printed in Germany

Lektorat: Volker Drüke
Mitarbeit: Dr. Dr. Isgard Ohls
Umschlagabbildung: © Friedericke Lydia Ahrens
Autorenfoto: © Ulrike Cameron Henn
Satz: Fotosatz Buck, Kumhausen/Hachelstuhl
Druck und Einband: Westermann Druck Zwickau GmbH, Zwickau

Auch als E-Book erhältlich:
ISBN 978-3-7945- 6856-7

ISBN 978-3-7945-3054-0

Vorwort

Es gibt nicht *die* eine Scham oder *das* Schuldgefühl. Dennoch gelten beide Emotionen als große Herausforderungen im psychotherapeutischen Alltag. Das gilt besonders für überflutendes Scham- und Schulderleben. Patienten und Therapeuten fühlen sich dem intensiven emotionalen Erleben von Scham und Schuld oft hilflos ausgeliefert. Dabei werden den Emotionen Scham und Schuld sowohl bei der Entstehung als auch bei der Aufrechterhaltung der meisten psychischen Störungen eine zentrale Rolle zugewiesen. Maladaptives Scham- und Schulderleben begleitet Menschen ihr Leben lang und macht sie anfälliger für psychische Erkrankungen, für soziale Einsamkeit und selbstschädigende Verhaltensweisen. Dieser Teufelskreis ist für viele Menschen kaum alleine zu durchbrechen. Beschämungsängste führen zu häufigen Therapieabbrüchen. Patienten mit maladaptivem Scham- und Schulderleben stehen selten für sich ein. Sie sind genügsam und meist sehr selbstkritisch. Selten versuchen sie deshalb, einen neuen Therapeuten für sich zu finden.

Scham und Schuld sind an der Entwicklung und Regulierung von moralischem Denken und prosozialem Verhalten beteiligt. Gelingen diese Entwicklungsprozesse, erleben Menschen sowohl selbstwertförderliche Emotionen wie Stolz und Selbstsicherheit als auch funktionale Selbstwirksamkeit. Gelungene Interaktionen in sozialen Kontexten zeichnen sich durch den flexiblen Einsatz von interpersonellen Strategien zur Gestaltung von Beziehungen aus und verhindern so die Aktivierung dysfunktionalen Scham- und Schulderlebens. Ziel einer erfolgreichen Therapie sollte es daher sein, altes dysfunktionales und maladaptives Erleben zu korrigieren und Verhaltens- und Erlebensveränderungen zu ermöglichen.

Wir können als Therapeuten die biografischen Erlebnisse nicht ungeschehen machen. In früher Kindheit wiederholte oder auch einmal traumatische Frustrationen der Grundbedürfnisse sind geschehen. Wir können jedoch versuchen, die Folgen zu mildern und den Leidensdruck zu reduzieren, eine sinnstiftende Auseinandersetzung zu fördern und Patienten dabei zu unterstützen, einen guten Umgang mit Erlebtem zu finden. Gerade wenn es zu massiven Frustrationen der Grundbedürfnisse kam, wäre es doch gut, wenn Patienten als Erwachsene viel besser für sich sorgen als für sie gesorgt wurde. Das ungünstige Selbstbild der Patienten mit maladaptivem Scham- und Schulderleben erschwert es ihnen, eine angemessene Selbstfürsorge zu entwickeln. Es ist daher ein wichtiges therapeutisches Anliegen, dass diese Menschen sich mit mehr wohlwollender Achtung und Respekt begegnen können als ihnen in der Kindheit entgegengebracht wurde.

Therapie an sozialen Emotionen wie Scham und Schuld bedeutet immer auch, die therapeutische Beziehung als geschützten sozialen Raum einzubringen. Mehr noch, der Therapeut wird tatsächlich gebraucht, um dem maladaptiven Scham- und Schulderleben begegnen und es verändern zu können. Daher benötigen Therapeuten Kompetenzen im Umgang mit Scham und Schuld.

Aus der täglichen Arbeit mit dem emotionsbezogenen Ansatz hat sich der therapeutische Ansatz zur weiterführenden Arbeit an Scham und Schuld entwickelt. Offen zu sein, in anderen psychotherapeutischen Schulen nach Ideen für Themen zu schauen, ist sicher auch etwas, was ich aus meiner hypnotherapeutischen Heimat mitbringe. Vielfalt und Kreativität sind genauso wichtig wie die Störungsmodelle, Erklärungsansätze und Zieldefinitionen der Verhaltenstherapie. Vielfalt und Kreativität sind bei sehr vielen Kollegen zu finden. An den Seminaren nehmen oft auch Kollegen aus den anderen therapeutischen Schulen teil, und häufig stellen wir gemeinsam fest, dass es ähnliche Interventionen gibt, die nur anders benannt werden. Daher hilft es, sich auszutauschen, nach Methoden in anderen Therapieschulen zu suchen und so das Verständnis- und Kompetenzspektrum als Therapeut zu erweitern.

Micha Hilgers (2006), dessen Ausführungen ich sehr schätze, schrieb in seinem Vorwort zur dritten Auflage seines Buches „Scham – Gesichter eines Affektes", dass eine Vielzahl von Themen von ihm nicht oder kaum bearbeitet wurden. Ich möchte gern noch ergänzen, dass auch die Frage „Was schreibe ich alles nicht?" ganz schön Unbehagen verursachen kann, insbesondere wenn ich mir überlege, dass der eine oder andere Leser vielleicht einen Vollständigkeitsanspruch an dieses Buch hegt, es sich gerade deshalb kauft. Ich fürchte, dass ich mich diesbezüglich in gewisser Weise selbst schuldig mache, denn es ist mir unmöglich, alle Aspekte dieser wirklich elementaren und multimodalen Emotionen aufzugreifen und darzustellen.

Therapeut sein bedeutet auch, mit jedem Patienten neu zu lernen, genauso wie ich auch durch die Auseinandersetzung mit dem Buch noch einmal mehr gelernt habe. Die Arbeit mit maladaptiven Scham- und Schulderleben in den Therapien hat mich jedoch wieder in der Tatsache bestätigt, dass jeder Patient und dessen Therapie höchst individuell sind – auch wenn die Themen und die Erkrankungen einander durchaus ähneln können. Ich habe mich in diesem Buch sehr oft für die Sprachvielfalt aus den verschiedenen therapeutischen Schulen entschieden. Ziel war es, sowohl den integrativen Austausch zu fördern als auch Zusammenhänge aus den unterschiedlichen Therapieansätzen zu verdeutlichen. Vorwegnehmend möchte ich mich auch bei den Kollegen aus den anderen Therapieschulen entschuldigen, falls ich die Termini nicht ganz korrekt verwendet habe. Mein Anliegen ist es, neben dem integrativen Austausch auch eine „gemeinsame" Sprache anzuregen.

Zur besseren Lesbarkeit habe ich mich dafür entschieden, sowohl für Patienten als auch Therapeuten die männliche Form zu gebrauchen. Selbstverständlich sind hiermit auch Patientinnen und Therapeutinnen gemeint.

Idee für dieses Buch

Im Zuge der Seminare für Emotionsbezogene Psychotherapie, die ich seit Jahren selbst gebe, stellten Teilnehmer immer wieder Fragen zu den spezifischen Emotionen Scham und Schuld. Diese beiden Emotionen, vor allem die Angst davor, motivierte die Teilnehmer, sich aktiv durch Selbsterfahrungsthemen und Fallbeispiele in die Seminare einzubringen. Der Bedarf an spezifischen Interventionen zur Arbeit an diesem emotionalen Erleben prägte die Seminare. Insbesondere die quälenden Scham- und Schuldgefühle führten sowohl bei Therapeuten als auch bei Patienten zu Verunsicherungen. Beide Emotionen prägen die therapeutische Beziehung und fordern besondere Kompetenzen seitens der Therapeuten. Anknüpfend an den emotionsbezogenen Therapieansatz ist ein praxisorientiertes Konzept zur gezielten Arbeit an Scham- und Schuldgefühlen entstanden.

Die Emotion Scham hat mich bereits in meiner Diplomarbeit (2003) beschäftigt. Zu der Zeit gab es nur wenige evaluierte Messinstrumente im deutschen Sprachraum. So führte ich eine qualitative Arbeit durch, die mir bereits verdeutlichte, dass das Erfassen von selbstwertbezogenen Emotionen wie Scham und Schuld Besonderheiten unterliegt. Im Verlauf der Zeit rückten beide Emotionen stärker in den Vordergrund von Forschungsarbeiten. So wurden verschiedene Fragebögen zur Scham- und Schulderfassung, deren Abgrenzung z. B. durch unterschiedliche Reaktionsmuster voneinander sowie Zusammenhänge untersucht. Eine Auswahl der aktuellen Messinstrumente ist in diesem Buch zu finden. Die Vielzahl der veröffentlichen Arbeiten ist sehr theoretisch, und der Transfer in die praktische Arbeit wird zwar angeregt, jedoch bisher kaum geleistet.

Mir ist es wichtig, dieses Buch als Beitrag für die Integration der verschiedenen Therapieschulen zu verstehen – wohlwissend, dass einige therapeutische Interventionsvorschläge Diskussions- und Konfliktpotenzial enthalten. So gibt es z. B. sehr viele Diskussionen zum Thema Blickkontakt im analytischen Therapiesetting. Dem gegenüber wird jedoch auch der „böse Blick" der anderen als Grundlage für das Entstehen von Schamerleben immer wieder in der Theorie erörtert. Zwar befürchten Patienten, von uns Therapeuten „durchschaut" zu werden, dennoch zeigt sich in der Praxis immer wieder, dass es häufig auf die empathisch-wohlwollende Qualität des Blickkontaktes ankommt, um Veränderungsprozesse zu initiieren.

Gern greife ich im Therapiealltag die Grundidee der Hypnotherapeuten (nach Milton Erickson) auf, der zufolge der Therapeut für die Rahmenbedingungen einer erfolgreichen Psychotherapie verantwortlich ist. Diese gilt es zugunsten der Patienten, ihrer Weltbilder sowie Repräsentationssysteme und Strategien der bisherigen Erfahrung aktiv zu gestalten. Im Wesentlichen geschieht dies durch die bewusste Ausrichtung der therapeutischen Beziehung und den gezielten Einsatz verschiedener Interventionstechniken. Der kreative Sprachgebrauch von Hypnotherapeuten ermöglicht es, Ideen, Ansätze und Interventionen patientenindividuell einzusetzen. Ich würde mich freuen, wenn zukünftige Auseinandersetzungen mit deutlich mehr Ideen und Vorschlägen in Richtung praktischer Interventionen für eine erfolgreiche Behandlung von maladaptivem Scham- und Schulderleben geführt werden würden.

Die Idee des Buchs hat sich also aus der therapeutischen Arbeit im ambulanten Setting und im Austausch mit den Kollegen in den Seminaren entwickelt. Die Ausrichtung der dritten Welle der Psychotherapie verstehe ich weiterführend zugunsten der Individualtherapie. Den Menschen wieder in seiner Besonderheit zu sehen, Ansätze sowie Techniken der verschiedenen Therapieschulen gezielt zu nutzen, erachte ich als eine Aufgabe des Therapeuten, um seine beruflichen Kompetenzen zu bereichern.

Danke

In erster Linie möchte ich an dieser Stelle den Patienten danken, die mir mit der größtmöglichen Offenheit begegnet sind/begegnen und mir ihre Themen, Sorgen und Nöte anvertraut haben/anvertrauen. Großen Respekt bringe ich ihnen entgegen, dafür, dass sie sich auf die Therapie eingelassen, sich in ihrem Scham- und Schulderleben gezeigt und mit mir ihre Emotionen im Zuge von großen und kleinen Erfolgen der Veränderungen geteilt haben. Ohne die Patienten wäre dieses Buch niemals entstanden.

Ein mir wirklich persönlich am Herzen liegendes und daher wichtiges „Danke" gilt Dipl.-Psych. Ortwin Meiss, Leiter des Milton Erickson Institutes in Hamburg. Mit der gesunden Skepsis einer Spätstudierenden ausgerüstet, bin ich im Rahmen meines Universitätspraktikums im Milton Erickson Institut sehr wohlwollend empfangen worden. Ich gebe gern zu, dass ich mit Hypnotherapie eine etwas mystische, unklare und irgendwie „seltsame" Methode verbunden hatte. Dennoch war die Neugierde groß. Zu meiner eigenen Überraschung empfand ich damals und empfinde ich auch heute die Ideen, den kreativen Spracheinsatz sowie die Techniken als bereichernd. Vor allem hat mich die therapeutische Grundhaltung nach Milton Erickson sehr in meiner Berufsausübung geprägt. Ortwin, ein Danke für diese Erfahrungen und die langjährige fruchtbare Zusammenarbeit. Ebenso möchte ich mich bei meinem geschiedenen Mann Claas-Hinrich Lammers bedanken. Die Mitarbeit an dem ersten Buch „Emotionsbezogene Psychotherapie" im Schattauer Verlag hat mich ebenso ermutigt, mich den Emotionen Scham und Schuld eingehender zu widmen.

Genauso möchte ich meinen jungen Kollegen in Ausbildung als auch den Kollegen aus den Seminaren danken, für ihr Interesse an der emotionsbezogenen Psychotherapie. Der vielfältige, interdisziplinäre und kollegiale Austausch zu den Erfahrungen mit maladaptivem Scham- und Schulderleben macht mir weiterhin viel Freude.

Ein herzliches Danke bringe ich auch Frau Dr. Nadja Urbani, meiner Ansprechpartnerin beim Schattauer Verlag, entgegen. Ihre Unterstützung und Motivation habe ich besonders in der Phase gebraucht, in der das Leben mir durch meine Schwangerschaft nicht sonderlich viel Zeit zum Schreiben einräumte. Volker Drüke möchte ich für das wertschätzende Miteinander und die konstruktive Auseinandersetzung während des Lektorats danken.

Meinem Praxisteam möchte ich für die emotionale und ganz praktische Unterstützung danken. Stellvertretend sei unsere Auszubildende Alina Stelzer genannt, die meine Ideen zu den Schaubildern oft am Computer umgesetzt und seitenweise Papier für mich ausgedruckt hat. David Watrin, ein werdender Psychotherapeut, hat mir bei der Literaturrecherche tatkräftig zur Seite gestanden. Scham und Schuld sind ansteckende Emotionen. In seinem Fall hat die thematische Auseinandersetzung damit angesteckt. David Watrin schreibt gerade an seiner Masterarbeit zu diesen Emotionen und zugrunde liegenden Bindungsstilen. Unserer aktuellen Praktikantin Lena Herrmann möchte ich ebenso herzlich danken. Sie hat sich so schnell ins Team integriert und mit dem Thema angefreundet, sodass gerade die letzten Seiten kaum ohne ihre Korrekturen und Hinweise ausgekommen wären.

In einer späten Phase des Buchprojektes dazugekommen ist Dr. Dr. Isgard Ohls. Ihr verdanke ich viele wertvolle Anregungen und die Vertiefung der jeweiligen Unterkapitel „Historie" und „Religiöse Aspekte" von Scham und Schuld. Liebe Isgard, danke! Ich freue mich auf weitere gemeinsame Projekte.

Meiner Familie, meinem Partner und meinen Freunden möchte ich vor allem für ihre Verbundenheit und ihr Verständnis danken. Viele Wochenenden haben sie auf mich verzichtet, und dennoch waren sie immer motivierend und unterstützend für mich da. Dazu gehören Holger Schmidt und Dorothee Dade, die viele Seiten Korrektur gelesen und immer wieder den berühmten „gesunden Menschenverstand" eingebracht haben, insbesondere wenn ich mich in der Auseinandersetzung mit den Themen Scham und Schuld verstrickt hatte. Ein genauso wichtiges Danke möchte ich Vanessa Morische sagen.

Und zu guter Letzt ein liebevolles Danke für unsere kleine Tochter Rosa – dafür, dass du nun da bist und so bist, wie du bist.

Hamburg, im Herbst 2015 **Maren Lammers**

Inhalt

Theorie

1 Emotionen in der Psychotherapie 3

1.1 Auswirkungen von Stimmungen auf das emotionale Erleben .. 5

1.2 »Ich denke, wie ich fühle« oder »Ich fühle, wie ich denke«? .. 7
1.2.1 »Bottom-up« und »Top-down« 8

1.3 Funktionelle und strukturelle Auffassungen von Emotionen .. 9

2 Emotionen und Grundbedürfnisse 12

2.1 Zusammenhänge zwischen erfahrener Fremd- und erlernter Selbstregulation von emotionalem Erleben 14

2.2 Grundbedürfnisse 17
2.2.1 Unterschiedliche Konzepte zu Grundbedürfnissen 18

2.3 Zusammenhänge von Bedürfnissen und Motiven 24
2.3.1 Implizite und explizite Motive........................... 26

3 Entwicklungsthemen/-aufgaben zu den jeweiligen Grundbedürfnissen 29

3.1 Menschliche Entwicklung als Person-Umwelt-Interaktion 29

3.2 Grundbedürfnisse und Entwicklungsthemen 31
3.2.1 Bindungsbedürfnis 32
3.2.2 Autonomie 34
3.2.3 Bedürfnis nach Orientierung und Kontrolle sowie die Auseinandersetzung mit Grenzen........................... 38
3.2.4 Bedürfnis nach Selbstwerterhöhung, -erhaltung, -schutz 40
3.2.5 Bedürfnis nach Lustgewinn und Unlustvermeidung 44

4 Empathie 49

5 Schuld ... 53

5.1 Allgemeiner Teil ... 53
5.1.1 Schuld macht Sinn ... 57
5.1.2 Verschiedene Arten von Schuld ... 60
5.1.3 Verantwortung und Schuld ... 69
5.1.4 Attributionstheoretische Ansätze, kontrafaktisches Denken und Schuld ... 74
5.1.5 Vier Arten der Schuldkognitionen ... 78
5.1.6 Schuld, Wiedergutmachungshandlungen als Teil der anerkannten sozialen Verantwortung ... 79
5.1.7 Funktionen von Schuld ... 83
5.1.8 Adaptive, maladaptive Schuld und Scham ... 86
5.1.9 Ein historischer Ausflug ... 90

5.2 Entwicklungspsychologische Aspekte ... 94
5.2.1 Geburt bis zweites Lebensjahr ... 95
5.2.2 Drittes bis sechstes Lebensjahr ... 97
5.2.3 Vorpubertät, Pubertät und Erwachsenenalter ... 100

5.3 Neurobiologische Aspekte ... 103

5.4 Geschlechtsspezifische Aspekte ... 106

5.5 Systemisch kulturelle Aspekte ... 108
5.5.1 Schuld und Religion ... 112

5.6 Konstruktive Aspekte von Schuld ... 116

6 Scham ... 121

6.1 Allgemeiner Teil ... 121
6.1.1 Scham macht Sinn ... 122
6.1.2 Die sechs Ebenen der Schamaktivierung ... 125
6.1.3 Auslöser für Schamgefühle ... 128
6.1.4 Adaptive, maladaptive Scham ... 130
6.1.5 Zusammenhang zwischen Scham, empfundener Minderwertigkeit und Selbstwerterleben ... 134
6.1.6 Fremdschämen – ein Modebegriff? ... 136
6.1.7 Ein historischer Ausflug ... 137

6.2 Entwicklungspsychologische Aspekte ... 139
6.2.1 Geburt bis zweites Lebensjahr ... 140

6.2.2	Drittes bis sechstes Lebensjahr	143
6.2.3	Vorpubertät, Pubertät, Erwachsenenalter	145
6.3	**Neurobiologische Aspekte**	**147**
6.3.1	Scham, Spiegelneurone und Mentalisierung	147
6.3.2	Kognitive Strategien für die emotionale Selbstregulation	150
6.3.3	Implizites und explizites Gedächtnis	152
6.4	**Geschlechtsspezifische Aspekte**	**153**
6.4.1	Geschlechtsspezifische Verantwortung	154
6.4.2	Attributionsstile	156
6.5	**Systemisch-kulturelle Aspekte**	**157**
6.5.1	Scham in unterschiedlichen Kulturen	159
6.5.2	Familiäre Systeme	162
6.5.3	Werte, Normen, Zuschreibungen, Erwartungen und Moral	167
6.5.4	Religion und Glaube	172
6.6	**Konstruktive Aspekte von Scham**	**175**
6.7	**Die Entwicklung des Selbstwertes auf der Grundlage von maladaptivem Schamerleben**	**178**
6.7.1	»Doppeltes Selbstwertkonzept« und Scham	180
6.7.2	Selbstwertquellen und Scham	185
7	**Vergleich von Schuld und Scham**	**191**
7.1	**Unterschiede zwischen Schuld und Scham**	**191**
7.2	**Zusammenhänge zwischen Scham und Schuld**	**195**
7.3	**Innere und äußere Instanzen, die bei Schuld- und Schamerleben beteiligt sind**	**201**
7.4	**Scham, Schuld und Grundbedürfnisse**	**206**
7.5	**Abgrenzung zu anderen Emotionen**	**212**
8	**Scham und Schuld bei psychischen Störungen**	**216**
8.1	**Einführung**	**216**
8.1.1	Über- und unterregulierte Emotionen	216
8.1.2	Interpersonelles Scham- und Schulderleben und -empfinden	217
8.1.3	Selbstabwertungen, Scham und Schuld als innere Distanzierungsmechanismen	218

8.2	Scham- und Schulderleben bei ausgewählten psychischen Erkrankungen	220
8.2.1	Ängste	223
8.2.2	Depression	225
8.2.3	Derealisations- und Depersonalisationserleben	227
8.2.4	Dissoziation	229
8.2.5	Essstörungen	231
8.2.6	Hypochondrie	233
8.2.7	Körperdysmorphe Störungen	234
8.2.8	Persönlichkeitsstörungen	236
8.2.9	Posttraumatische Belastungsstörungen	239
8.2.10	Schizophrenie/Psychosen	241
8.2.11	Sexuelle Funktionsstörungen	243
8.2.12	Soziale Phobie	244
8.2.13	Suizidale Syndrome	246
8.2.14	Zwänge	247
8.3	Schamlos, schuldlos?	249
8.3.1	Grenzen zwischen scham- und schuldlosem Alltagsverhalten und einer Störung	250
8.4	Fragebögen/Inventare zu Scham und Schuld	252

Praxis

9	Therapiealltag	261
9.1	Einleitender Teil	261
9.1.1	Emotionen von Scham und Schuld in der Therapie	261
9.1.2	Therapie aus der Sicht des Patienten	262
9.2	Therapiesetting	264
9.2.1	Transparenz und Struktur im therapeutischen Setting	265
9.2.2	Räumliche Voraussetzungen	266
9.3	Scham- und Schuldgefühle im therapeutischen Kontakt	268
9.3.1	Leidensdruck und Emotionsregulationsstörungen	268
9.4	Prinzip der korrigierenden Erfahrungen	272
9.4.1	Limited reparenting	273

9.5	**Therapeut-Patient-Beziehung**	276
9.5.1	Wirkfaktoren der Therapie	277
9.5.2	Beziehungsgestaltung	280
9.5.3	Schuld und Scham bei Therapeuten	287
9.6	**Fragen für Therapeuten zur Verdeutlichung eigener potenzieller Schuld- und Schamthemen**	291
9.6.1	Ausblick	291
9.6.2	Fragen zum Thema Schuld	293
	Selbsteinschätzungsfragen	293
	Allgemeine Fragen zu Schuld	295
9.6.3	Fragen zum Thema Scham	296
	Selbsteinschätzungsfragen	296
	Allgemeine Fragen zu Scham	298
9.7	**Besonderheiten für die Gestaltung der therapeutischen Beziehung**	299
9.7.1	Angst vor überflutender Scham und Schuld	299
9.7.2	Informationscharakter von Scham und Schuld nutzen lernen	300
9.7.3	Vergleiche aktivieren Scham und Schuld auch bei Therapeuten	300
9.7.4	Schuldinduzierende Kommunikation	301
9.7.5	Therapie kann »Bringschuld« aktivieren	302
9.7.6	Tabuthemen zumindest als solche thematisieren	303
10	**Emotionsbezogene/-fokussierte Psychotherapie**	305
10.1	**Einleitung**	305
10.2	**Einbettung in andere psychotherapeutische Schulen – Schnittpunkte zu anderen Therapierichtungen**	307
10.2.1	Analytische Ansätze	308
10.2.2	Mentalisierung	309
10.2.3	Gestalttherapie	309
10.2.4	Körpertherapie	310
10.2.5	Schematherapie	312
10.2.6	Hypnotherapie	312
10.3	**Ziele der emotionsbezogenen Psychotherapie**	313
10.3.1	Abbau von Vermeidungsverhalten in Bezug auf Emotionen	314
10.3.2	Im emotionalen Erleben Ressourcen neu entdecken und für sich nutzen	315
10.3.3	Reduktion der Übersensibilität	316

10.4	Emotionsphobischer Konflikt	318
10.4.1	Erinnerungsbasierte emotionale Schemata	319
10.4.2	Komplexität erinnerungsbasierter emotionaler Schemata	321
10.5	Primäre, sekundäre Emotionen und Bewältigungsschemata	326
10.5.1	Primäre Emotionen	326
10.5.2	Sekundäre Emotionen und Bewältigungsschemata	327
10.6	Bedeutung von Scham und Schuld in der emotionsbezogenen Psychotherapie	332
10.6.1	Scham und Schuld als primäres emotionales Erleben	333
10.6.2	Scham und Schuld als sekundäre Emotionen	336
10.6.3	Zusammenhang zwischen chronischem Schulderleben und maladaptiver primärer Scham	339
10.7	Typische Kompensationsstrategien bei Scham- und Schulderleben und Auswirkungen auf die Therapie	341
10.8	Kontraindikationen	344
11	**Techniken der emotionsfokussierten Psychotherapie**	**346**
11.1	Therapeutische Haltung	346
11.1.1	Allgemeine Variablen	346
11.1.2	Therapeutische Beziehungsgestaltung	349
11.2	Ziele der emotionsbezogenen Arbeit an Scham- und Schulderleben	352
11.3	Vorgehen bei Scham- und Schulderleben allgemein	355
11.4	Patientenorientierte Psychoedukation, Erklärungs- und Störungsmodell	360
11.4.1	Arbeitsblatt: Psychoedukation und Entwicklung eines Störungsmodells zu Scham und Schuld	361
11.5	Vertiefung von emotionalem Erleben	369
11.6	Bezug zu den Grundbedürfnissen herstellen	383
11.7	Modifizierte Techniken zur fokussierten Arbeit an Schuld- und Schamerleben	389
11.7.1	Emotionsbezogenes Vorgehen bei sekundärer Scham und Schuld	390
11.7.2	Primäres maladaptives Scham- und Schulderleben	395
11.7.3	Emotionsbezogene Arbeit an Grundbedürfnissen	402

11.7.4	Verantwortung des Therapeuten im Umgang mit Scham und Schuld	408
11.7.5	Was bleibt? Eine Aussicht	409

12 Materialsammlung – integrativer Teil ... 410

12.1 Übungen für Therapeuten zum Umgang mit eigenem Schuld- und Schamerleben ... 410
- 12.1.1 Psychoedukation und Entwicklung eines eigenen Verständnismodells ... 410
- 12.1.2 Das Wissen um die eigenen Grundbedürfnisse nutzen ... 411
  Analyse der therapeutischen Beziehung ... 412

12.2 Übungen für Therapeuten, um den Schuld- und Schamerleben der Patienten besser begegnen zu können ... 414
- 12.2.1 Real-Ich oder Ideal-Ich – Wer ist der bessere Therapeut? ... 414
  Empathie-Waage ... 417
  Containing – bildhaft verstehen und sich nutzbar machen ... 418
  Scham und Schuld einfangen ... 418
  Selbstempathie aufbringen ... 419

13 Materialsammlung zu Grundbedürfnissen ... 420

13.1 Allgemeine Arbeitsblätter für die Arbeit an Grundbedürfnissen ... 421
- 13.1.1 Sein eigener Bedürfnisdetektiv werden ... 421
  Bedürfnisdetektiv 2 oder Bedürfnisse bei anderen erkennen lernen ... 421
  Die Bedürfnistorte ... 422
  Das eigene Bedürfnishaus ... 424
  Bedürfnissäulen ... 424

13.2 Bindungsbedürfnis ... 429
- 13.2.1 Besonderheiten in der therapeutischen Beziehungsgestaltung bei der Arbeit am Bindungsbedürfnis ... 429
- 13.2.2 Arbeitsblätter zur weiterführenden Arbeit am Bindungsbedürfnis ... 429

13.3. Autonomiebedürfnis ... 434
- 13.3.1 Besonderheiten in der therapeutischen Beziehungsgestaltung bei der Arbeit am Autonomiebedürfnis ... 434
- 13.3.2 Arbeitsblätter zur weiterführenden Arbeit am Autonomiebedürfnis ... 435

13.4	**Bedürfnis nach Orientierung, Kontrolle und Grenzen**	438
13.4.1	Besonderheiten in der therapeutischen Beziehungsgestaltung bei der Arbeit am Bedürfnis nach Orientierung, Kontrolle und Grenzen	438
13.4.2	Arbeitsblätter zur weiterführenden Arbeit am Bedürfnis nach Orientierung, Kontrolle und Grenzen	439
13.5	**Bedürfnis nach Selbstwerterhöhung**	442
13.5.1	Besonderheiten in der therapeutischen Beziehungsgestaltung bei der Arbeit am Bedürfnis nach Selbstwerterhöhung	442
13.5.2	Arbeitsblätter zur weiterführenden Arbeit am Bedürfnis nach Selbstwerterhöhung	443
13.6	**Bedürfnis nach Lustgewinn/Unlustvermeidung**	446
13.6.1	Besonderheiten in der therapeutischen Beziehungsgestaltung bei der Arbeit am Bedürfnis	446
13.6.2	Arbeitsblätter zur weiterführenden Arbeit am Bedürfnis Lustgewinn/Unlustvermeidung	447

Die Literatur finden Sie unter
www.schattauer.de/3054.html
Bitte geben Sie den Zugangscode ein: 3054-xABBeL

Theorie

1 Emotionen in der Psychotherapie

Mit der »emotionalen Welle« sind die Emotionen sowohl in den unterschiedlichen Wissenschaften als auch in der Psychotherapie deutlich stärker in den Mittelpunkt des allgemeinen Interesses gerückt. Dennoch herrscht weder in der Wissenschaft noch im Bereich der praktischen Anwendung Einigkeit darüber, was genau Emotionen sind. »Everybody knows what an emotion is, until asked to give a definition!« (Fehr u. Russel 1984) Eine Aufforderung, die auch heute so noch aktuell ist. Das zeigt sich an der Vielzahl der Theorien, die mit jeweils unterschiedlichen Untersuchungsschwerpunkten die Komplexität von Emotionen zu erfassen versuchen. *Das wiederum führt zwar zu einer unglaublichen wissenschaftlichen Betrachtungsvielfalt. Jedoch gibt es bisher keine einheitliche Definition für Emotionen.* Im Gegenteil, etwaige Definitionsversuche weichen inhaltlich z. T. erheblich voneinander ab.

In der Psychotherapie wird sehr gegenläufig versucht, die Komplexität emotionaler Prozesse auf eine einfache, praktikable Formel zu reduzieren. Für die Anwendbarkeit im therapeutischen Alltag ist dies ein notwendiges Vorgehen. Das Bemühen, zu vereinfachen, soll sich auch in diesem Kapitel widerspiegeln. Keineswegs geht es hier um den Anspruch, den aktuellen wissenschaftlich theoretischen Stand in seinen Details samt empirischer Fundierung wiederzugeben. Stattdessen geht es um eine Auswahl grundlegender Überlegungen und darauf aufbauender Theorien. Diese Auswahl ist dabei hilfreich, sich dem multimodalen Emotionserleben bei Schuld und Scham anzunähern. *Menschliches Verhalten und Erleben sind wesentlich durch Emotionen geprägt.* Gerade Schuld und Scham zählen zu den wichtigen sozialen Emotionen, die das Miteinander grundlegend prägen und gestalten – oft über einen Umweg, nämlich den der versuchten Schuld- und Schamvermeidung. Aufgrund der als unangenehm wahrgenommenen Qualität beider Emotionen wird daher gerade über die Vermeidung von Schuld und Scham ein großer Teil unseres zwischenmenschlichen Verhaltens gesteuert.

Emotionales Erleben setzt sich aus verschiedenen Komponenten zusammen. Über diese Tatsache herrscht trotz der vielen Theorien und Forschungsschwerpunkte Einigkeit. Diese Komponenten reagieren z. T. auch unabhängig voneinander (Stemmler et al. 1993) bzw. sind uns im Alltag nicht immer alle Aspekte des emotionalen Reagierens präsent. Ebenso ist es aufgrund von Wechselwirkungen und Rückkopplungen kaum möglich, eindeutige und separate Erfassungen emotionaler Prozesse empirisch aufzuzeigen. Das gilt auch für soziale Emotionen wie Schuld und Scham, die durch interaktionelle Prozesse und deren Rückkopplungen und Wechselwirkungen noch komplexer sind.

Emotionen werden im Allgemeinen mit körperlichen Reaktionen, subjektivem Empfinden und motivationalen Zuständen in Verbindung gebracht. *Dennoch liegt es nahe, im Sinne einer gemeinsamen Sprache Emotionen erst einmal als großes komplexes Informationssystem zu verstehen.* Im Rahmen der teleologischen Betrachtungsweise wird die Komplexität wieder reduziert. Vereinfachend werden emotionale komplexe Prozesse aus teleologischer Sicht zusammenfassend als »zweckdienlich« eingeordnet. Alle an Emotionen beteiligten Komponenten, das gesamte emotionale Informationssystem folgen also einem allgemeinen Zweck des Überlebens und des Anpassens an die Umwelt. Emotionale Prozesse, resultierende Handlungen und weiterführende Entwicklungsprozesse laufen folglich diesem Zweck dienlich ab. Dies gilt auch für Schuld und Scham, z. B. um Interaktionen erfolgreicher zu gestalten. Ziel der Psychotherapie ist es daher, Patienten darin zu unterstützen, dass auch diese emotionalen Vorgänge für sie günstiger und hilfreicher als vorher gestalten werden können.

Emotionen laufen automatisch, kontrolliert bewusst und/oder unbewusst ab. Die Regulation emotionaler Prozesse kann daher ebenso automatisch, kontrolliert bewusst und/oder unbewusst unwillkürlich ablaufen (Gross 1998). Der eigentliche Zweck emotionaler Abläufe soll jedoch nach einer Therapie für die jeweilige Person angemessener ein- und umsetzbar werden. Die recht umgangssprachliche Einteilung in »positive« und »negative Emotionen« ist dem Erleben geschuldet und enthält keinerlei fachliche Wertung. *Emotionen sind sowohl in ihrer angenehmen lustvollen als auch in ihrer belastenden und schmerzhaften Erlebnisqualität für uns Menschen wertvoll.* Der Vorschlag Greenbergs (2006), Emotionen in adaptiv (gesund) und maladaptiv (problematisch) einzuteilen, ist für das weiterführende Verständnis hilfreich und wird im praktischen Teil des Buchs aufgegriffen.

Emotionen sind aus psychotherapeutischer Sicht immer die Antwort des Organismus auf innere und/oder äußere Ereignisse. Sie haben Signalwirkung und ursprünglich die Absicht, Anpassung und Überleben zu ermöglichen. Folgende Komponenten sind an emotionalen Prozessen beteiligt:
1. *Komponente: physiologische Aktivierung;*
2. *Komponente: kognitive Bewertungen mit einhergehenden Sichtweisen;*
3. *Komponente: körperlich motorische Reaktionen, Handlungsimpulse und vorgebahnte Verhaltensbereitschaften;*
4. *Komponente: der subjektiv, also bewusst erlebte Gefühlszustand.*

Die ganz bewusste Wahrnehmung eines subjektiven Gefühlszustandes erfolgt durch verschiedene Prozesse, die sich aus Lernerfahrung, Prägung, Wissen und Erkenntnis zusammensetzt.

Exkurs
Attributionstheorie
Weiner (1980, 1986) vertritt im Rahmen seiner Attributionstheorie die Auffassung, dass Emotionen in drei Schritten entstehen. Dieser Ablauf soll kurz erläutert werden, da Scham und Schuld bei vielen Autoren auch als ein Resultat unterschiedlicher Attributionsprozesse (z. B. ▶ Kap. 5.1.3) verstanden werden. Beginnend mit der subjektiven Überzeugung einer Person, dass ein für die Person relevanter Sachverhalt vorliegt, kommt es im Weiteren zu Bewertungsprozessen. Diese Bewertungsprozesse sind im Sinne einer Zielerreichung aus-

gerichtet. Das heißt, es erfolgt eine Einschätzung darüber, ob ein Ziel erreicht wurde oder eben nicht. Die Suche nach den Ursachen für die erreichten oder nicht erreichten Ziele im Zusammenhang mit dem Sachverhalt findet auf drei Dimensionen statt (stabil/variabel, intern/extern sowie kontrollierbar/unkontrollierbar). Die Attributionstheorie beschreibt also die Wechselwirkung von subjektiver Bewertung und Ursachenzuschreibung.

Ein typischer schaminduzierender Attributionsstil führt dazu, dass negative Ereignisse als intern, stabil und kontrollierbar eingeordnet werden. Daraus resultierende Kognitionen zeigen sich in wiederkehrender Selbstabwertung (»Das hätte ich besser hinbekommen müssen«, »Ich bin zu nichts nutze«, »Nie wird sich das ändern«) und geringer Selbstfürsorge (»Gutes habe ich nicht verdient«). Darüber hinaus führen zahlreiche dysfunktionale Grundannahmen, die mit Schamerleben einhergehen (z. B. »nicht richtig zu sein, es nie richtig zu machen«), zu großer Unsicherheit bezüglich eigener Kompetenzen und Ressourcen. Wiederkehrende Aufwärtsvergleiche sollen eigentlich motivieren, lösen jedoch regelmäßig massive Selbstabwertung aus. Rückzug und innere Blockaden sowie intensives Schamerleben sind die Folgen.

Weiner selbst gibt zu bedenken, dass nicht alle Emotionen über kognitive Prozesse verstanden werden können. Das gilt etwa für eine konditionierte Angstreaktion oder andere affektive Störungen, die z. B. durch hormonelle Veränderungen u. a. im Rahmen der Adoleszenz entstehen. Insgesamt wird in dieser Theorie physiologischen Prozessen wenig Aufmerksamkeit geschenkt. Genauso wenig, wie sie erklärt, weshalb »ein für die Person relevanter Sachverhalt« vorliegt, der Prozesse aktivieren kann.

1.1 Auswirkungen von Stimmungen auf das emotionale Erleben

Auch in der emotionsfokussierten Therapie werden Emotionen als komplexes Informationssystem verstanden, welches in gegenseitiger Wechselwirkung Einfluss nimmt. Die funktionale Beziehung zwischen Kognitionen und Emotionen ist ein Schwerpunkt des therapeutischen Arbeitens. Durch die gezielte Aktivierung emotionalen Prozesse innerhalb der Therapiesitzung (▶ Kap. 11.3) sind sowohl die Modulation emotionalen Erlebens als auch die Arbeit an den dazugehörigen Kognitionen effizienter und erfolgreicher. *Emotionen, als kurzfristiges Erleben, lassen sich dabei von Affekten, Stimmungen, interpersoneller Haltung und Temperament abgrenzen (Lammers 2007).* Stimmungen werden als länger andauernde Zustände mit geringerer emotionaler Einfärbung verstanden. *Stimmungen prägen dennoch das individuelle menschliche Erleben und beeinflussen emotionale Reaktionen.* Situationen, die eher negative emotionale Prozesse auslösen könnten, werden in guter, entspannter Stimmung z. B. als wertfreier, weniger wichtig wahrgenommen. Die resultierende Emotion wird als weniger intensiv und belastend oder schneller regulierbar erlebt. Umgekehrt kann in derselben Stimmung ein Ereignis, das angenehme emotionale Prozesse aktiviert, die Stimmung weiter anheben. Das führt dazu, dass die jeweilige Emotion als besonders angenehm erlebt wird. Ist jedoch der Widerspruch zwischen der gerade vorhandenen angenehmen Stimmung und einem negativen Ereignis, das entsprechend belastende Emotionen auslöst, besonders groß, entsteht oftmals erst einmal ein Zustand der Verwirrung. Es folgt ein kurzes Innehalten der Person, um die Aufmerksamkeit fokussieren zu können.

> **Stimmungsabhängiges Schuld- und Schamerleben kurz erläutert**
> In richtig guter Stimmungslage können Schuldzuweisungen von außen erst einmal ziemlich irritieren. Das kennt jeder von uns. Wir sind uns in den Momenten quasi »keiner Schuld bewusst« und streiten nach einem kurzen Innehalten diese vehement ab oder müssen uns erst einmal Zeit nehmen, um darüber nachzudenken.
> Zugrunde liegende negative Stimmungen einer Person, z. B. sich selbst gegenüber, beeinflussen ebenso das emotionale Erleben in einer Situation. Chronisches Schamempfinden kann auch als eine ungünstige Stimmung sich selbst gegenüber verstanden werden. Andere unangenehme Emotionen werden dann als besonders quälend und intensiv wahrgenommen. Die emotionsauslösende Situation erhält dabei mehr Bedeutung.
> Ein überdurchschnittlich ausgeprägtes Schamerleben kann sich in einer Art Grundstimmung sich selbst gegenüber zeigen und führt dazu, dass in der Folge schaminduzierende Ereignisse besonders schwer wiegen können (▶ Kap. 6.1.4) (▶ Kap. 6.7). Angenehmes emotionales Erleben, wie ein Lob oder Anerkennung, wird aber als weniger intensiv und nur kurz anhaltend empfunden. Das erklärt auch, weshalb es mehrerer positiver Erlebnisse mit folgenden emotionalen Reaktionen bedarf, ehe es zu einer Stimmungsaufhellung (z. B. bei Depressionen) kommt.

Mit diesem Wissen erklärt sich auch die zunehmende Orientierung an spezifischen und störungsübergreifenden Behandlungskonzepten, die für Teilbereiche von psychischen Erkrankungen entwickelt wurden. Fast jede psychische Erkrankung geht mit Störungen der Emotionsregulation einher (▶ Kap. 8.1 ff.). Emotionen, egal in welcher Valenz, sind für uns wertvoll. Der Umgang damit sollte in jeder Therapie gefördert werden. Durch störungsübergreifende Konzepte wie Kognitive Therapie, Emotionsfokussierte Therapie, Akzeptanz- und Commitmenttherapie etc. werden Manualtherapien ergänzt. Emotionsfokussiertes Vorgehen wird als eine Behandlungskomponente kombiniert und ergänzend eingesetzt. Dabei steht die Arbeit an den schmerzhaften emotionalen Prozessen im Vordergrund. Auch angenehmes emotionales Erleben, wie Stolz, Freude, Zufriedenheit, kann schmerzhaft und belastend sein, wenn dieses für den Einzelnen nicht erlaubt ist, z. B. vor dem Hintergrund chronischen Schuld- und Schamerlebens.

Zusammenfassung

- Menschliches Verhalten und Erleben ist wesentlich durch Emotionen geprägt.
- Es gibt keine einheitliche und übereinstimmende Definition darüber, was Emotionen sind.
- Unterschiedliche Schwerpunkte der verschiedenen Forschungsrichtungen führen zu einer Vielzahl von Theorien.
- Dennoch liegt es nahe, im Sinne einer gemeinsamen Sprache Emotionen als komplexes Informationssystem zu verstehen.
- In der Psychotherapie wird sehr gegenläufig versucht, die Komplexität emotionaler Prozesse auf ein Einfaches zu reduzieren.
- Emotionen sind aus psychotherapeutischer Sicht immer die Antwort des Organismus auf innere und/oder äußere Ereignisse.
- Emotionen lassen sich von Affekten, Stimmungen, interpersoneller Haltung und Temperament abgrenzen.
- Stimmungen prägen das individuelle menschliche Erleben und beeinflussen emotionale Reaktionen in aktuellen Situationen maßgeblich.

1.2 »Ich denke, wie ich fühle« oder »Ich fühle, wie ich denke«?

Auf die in der Überschrift gestellte Frage gibt es je nach Betrachtungsweise und Situation mehrere Antworten. *Aus dem emotionsfokussierten Betrachtungsansatz heraus lautet die Antwort »Ich denke, wie ich fühle«.* Dies gilt insbesondere, wenn häufig ähnliche Emotionen gefühlt und ähnliche Gedanken gedacht werden. In solchen Momenten haben neue, alternative Gedanken keinen Einfluss auf die jeweilige Emotion. Meist lassen sich auch gar keine neuen Gedanken denken. Aus neurobiologischer Sicht kann das erklärt werden. Eine sehr populäre Hypothese ist, dass der präfrontale Cortex jene Instanz ist, die die aus den tieferen Schichten aufkommenden Emotionen integriert und zumindest teilweise kontrolliert. Neuronale Netzwerke im präfrontalen Cortex sind u. a. für die Emotionsregulation zuständig. Diese Areale hemmen dabei die Aktivität der Amygdala und führen darüber zu einer Reduktion emotionaler Intensität (Steinfurth et al. 2013). Umgekehrt hemmt eine sehr aktive Amygdala den präfrontalen Cortex in seiner Funktion des Modifizierens und Korrigierens (Lammers 2007). Deshalb sind neue Gedanken und Verhaltensweisen kaum zugänglich. Tatsächlich scheinen wir Menschen, wenn wir emotional stark aktiviert sind, auch nur die Informationen wahrzunehmen und zu verarbeiten, welche die gerade erlebte Emotion bestätigen.

Einen ähnlichen Arbeitsansatz haben Schematherapeuten. Die Prozesse, die automatisiert ablaufen, entstehen auf der Grundlage von »Erlebnisschablonen«

(z. B. Roediger u. Zarbock 2015), die sich im Gedächtnis eingeprägt haben. Diese bilden sich aufgrund früher kindlicher Erfahrungen, Erlebnisse und Frustrationen. Aktivieren Stimuli die emotionalen Erlebnisschablonen, beginnen automatisierte Prozesse, die sich über den langen Zeitraum der Kindheit entwickelt haben. Emotionen, Verhalten und Gedanken sind quasi so gut eintrainiert, dass kein anderes »Programm« mehr ablaufen kann.

1.2.1 »Bottom-up« und »Top-down«

Ochsner und Gross (2005) haben sich intensiv mit den wechselseitigen Prozessen zwischen Emotionen und Kognitionen beschäftigt. Zwei grundlegende Mechanismen werden beschrieben. »Bottom-up«, also von unten nach oben, und »Top-Down«, von oben nach unten. Löst ein Stimulus eingespeicherte implizite Erinnerungen aus, dann beginnt der »Bottom-up«-Prozess. Die impliziten Erinnerungen haben einen emotionalen Charakter (vgl. auch ▸ Kap. 10.4.1). Die emotionale Einfärbung entsteht durch die vielen bisherigen (gleichen) Erfahrungen zugunsten der eigenen Grundbedürfnisse. Meist geschieht das während der Kindheit und Jugend. Das können angenehme, aber auch weniger angenehme Erfahrungen sein. Kritische Lebenserfahrungen, frühe und/oder nachhaltige Frustrationen von Grundbedürfnissen, führen zu belastenden schmerzhaften emotionalen Erinnerungen. Aktuelle Handlungen und Gedanken entwickeln sich dann auf dieser emotionalen Grundlage.

Die impliziten Erinnerungen haben also einen sehr intensiven emotionalen Charakter. Die Amygdala ist entsprechend aktiv und hemmt kognitive Areale des präfrontalen Cortex. Es werden daher nur noch die eintrainierten und vorgebahnten Kognitionen und Verhaltensprogramme gestartet. Der Prozess spart natürlich Zeit und Energie, aber Alternativen sind deshalb nicht verfügbar. Man denkt und handelt also, wie man fühlt – ob man will oder nicht. Dieser Prozess ist automatisiert, nicht bewusst abrufbar, jedoch äußerst schnell. Ich denke (und handle), wie ich fühle. Leider sind die Emotionen nur schwer beeinfluss- und korrigierbar. Hinterher, wenn die Emotionen in ihrer Intensität abgeklungen sind, lassen sich viele neue Gedanken und Handlungen finden und denken. Nur in dem Moment leider nicht.

Daneben gibt es auch einen »Top-down«-Prozess. *In Situationen, in denen Zeit ist, diese wahrzunehmen, sich bewusst Gedanken zu machen, unterschiedliche Verhaltensweisen mental zu überprüfen – in diesen Situationen können wir durch unsere Gedanken auch die entstehenden Emotionen beeinflussen.* Je nachdem, zu welchem Ergebnis wir kommen, welche Bewertung wir abgeben, entwickeln sich dazu auch die Emotionen. Manchmal können deshalb auch »nur« die eigenen Gedanken oder Emotionen auslösen. (Der Prozess ist hier sehr vereinfacht dargestellt.) Weshalb wir über etwas nachdenken und auf welche Art und Weise wir das tun, ist oft auch von den Vorerfahrungen abhängig. Die Wechselwirkung zwischen Emotionen und Kognitionen finden ständig statt. Spätere kognitive Neubewertungen können die emotionale Reaktion abmildern

(Ochsner u. Gross 2005). Der präfrontale Cortex ist jene Instanz, die die aus den tieferen Schichten aufkommenden Emotionen integriert und zumindest teilweise kontrolliert. Das achtsame Wahrnehmen von Emotionen führt über eine stärkere präfrontale Hirnaktivierung zu einer reduzierten Aktivierung der Amygdala und hat damit mildernde Effekte auf emotionale Anspannung und Erregung (Herwig et al. 2010).

> **Zusammenfassung**
>
> - Eine Antwort lautet »Ich denke, wie ich fühle«, insbesondere wenn häufig ähnliche Emotionen gefühlt und Gedanken gedacht werden.
> - In Situationen, in denen wir viel Zeit haben, können wir durch unsere Gedanken auch die entstehenden Emotionen beeinflussen – »Ich fühle, wie ich denke«.

1.3 Funktionelle und strukturelle Auffassungen von Emotionen

Emotionen sind stets kontext- oder situationsgebunden. Lebens- und arterhaltende Kontexte werden fast immer mit einer angeborenen, biologisch determinierten emotionalen Reaktion beantwortet und sind daher bei fast allen Individuen gleich. Daraus lassen sich sowohl funktionale als auch strukturelle Auffassungen ableiten und zusammenfassen (Izard 2010). Die Auffassungen sind weiterführend durch Erläuterungen zu Schuld und Scham ergänzt.

Emotionen aktivieren Veränderungen, führen zu Unterbrechungen von bereits laufenden Verarbeitungsprozessen So wird z. B. die Aufmerksamkeit fokussiert. Reaktionen können in der Folge angepasst und neu ausgerichtet stattfinden. Das passiert sowohl bei Scham- als auch bei Schulderleben. Das Individuum hält kurz inne und hat so die Chance, eigenes Verhalten in Interaktionen anzupassen. Damit stellen emotionale Abläufe eine Motivation für die Suche nach individuellen Lösungsprozessen dar. Je nachdem welche Emotion auftritt, lassen sich dabei unterschiedliche Funktionen, strukturelle Prozesse und funktionelle neurophysiologische Strukturen finden. Diese Aspekte rücken immer mehr in den Mittelpunkt der Betrachtungsweise von Emotionsforschern. Die Suche nach Emotionsspezifität stellt dabei den Fokus vieler wissenschaftlichen Arbeiten dar.

Emotionale Prozesse verarbeiten und liefern wichtige Informationen So können Kognitionen und (neue) Handlungsbereitschaften aktiviert werden. Dies geschieht zugunsten von Anpassungsprozessen, die der Bewältigung von Situationen dienen. Schuld oder Scham in einer Situation zu erleben zeigt, dass das eigene Verhalten z. B. nicht den sozial üblichen oder eigenen internalisierten Werten und Normen entspricht. Anpassungsprozesse im Sinne von verändertem Verhalten an die umgebende Umwelt werden also auch durch emotionales Erleben unterstützt. Handlungen und Verhalten können darüber situativ reguliert werden.

Emotionen tragen zu Veränderungen von individuellen Bedeutungen und Werten von Ereignissen und Situationen bei Dies ermöglicht eine überlebenssichernde Adaptation zwischen der Umgebung, einem Ereignis, typischen emotionalem Erleben und physiologischer Reaktion. Wird ein Ereignis z. B. nicht mehr als bedrohlich wahrgenommen, weil die Angst sich reduziert, sind andere Kognitionen und Verhaltensweisen zugänglich. Eine Vielfalt von eigenen und fremden Verhaltens- und Einflussoptionen der sozialen Umwelt kann über emotionales Erleben gesteuert werden.

Als Bestandteil von sozialen Kommunikationen sind Emotionen damit ein wesentliches Bindeglied zwischen uns als Person und unserer umgebenden Umwelt Dabei stellt die Fähigkeit der Empathie (▶ Kap. 4) eine wichtige Grundlage für soziale und emotionale Austauschprozesse dar. Belastende Emotionen wie Schuld und Scham versuchen wir zu vermeiden, indem wir Grenzen anderer Personen respektieren oder eigene durch diese Emotionen anzeigen. Regeln und Normen prägen das soziale Miteinander. Diese werden auch indirekt vermittelt, etwa über Schuld- und Schamreaktionen des Gegenüber. Eine alltägliche Besonderheit stellt die schuldinduzierende Kommunikation dar. Das Auslösen von Schuld, z. B. durch geäußerte Vorwürfe oder Vergleiche, ermöglicht es oft auch scheinbar schwächeren Personen, eigene Interessen und Erwartungen durchzusetzen (▶ Kap. 5.1.5).

Exkurs
Basisemotionen und komplexe Emotionen

Basisemotionen werden von komplexen Emotionen unterschieden. Basisemotionen haben über die Kulturen und die Zeit hinweg dieselbe Erlebnisqualität und einen identischen Ausdruck. Paul Ekman (1992) machte sich über die bis dahin vermutete interkulturelle Universalität des Emotionsausdrucks einen großen Namen. Auch bezüglich der Einteilung von Schuld und Scham in die Kategorien Basisemotionen und komplexe Emotionen hat Ekman Beiträge geleistet. In der »neuro-kulturellen Emotionstheorie« beschreibt er eine begrenzte Anzahl von Basisemotionen. Diese gehen einher mit einem jeweils typischen mimischen Ausdruck und charakteristischen physiologischen Veränderungen. Komplexe Emotionen setzen sich aus verschiedenen Basisemotionen und Kognitionen zusammen. Der Ausdruck von Emotionen kann dabei durch den Menschen willentlich kontrolliert werden. Spätere kognitive Neubewertungen können die ursprüngliche emotionale Reaktion abmildern (Ochsner u. Gross 2005). Neubewertungen werden üblicherweise zugunsten von Motiven, Umständen, Intentionen, Konsequenzen oder auch dem Finden anderer Ziele

1.3 Funktionelle und strukturelle Auffassungen von Emotionen

gemacht. Ergänzend dazu sei erwähnt, dass jedoch die Fähigkeiten und Fertigkeiten der Emotionsregulation verfügbar sein müssen. Anderenfalls entsteht bei Menschen Leidensdruck als eine wichtige Motivation, eine Therapie aufzusuchen.

Das erlernte emotionale Erleben ist jedoch in großen Teilen an die biografische Lerngeschichte zugunsten der Grundbedürfnisse gebunden (▶ Kap. 10.4.1). *Emotionen helfen uns, konstruktive Entscheidungen zugunsten unserer Grundbedürfnisse zu fassen* und damit z. B. angemessen in Kontakt zu anderen Menschen zu treten. Zeigen z. B. Schuld und Scham an, dass das eigene Bindungsbedürfnis bedroht ist, ermöglicht dies das Erleben, das Verhalten neu auszurichten, zugunsten des Bedürfnisses. Die Vielfalt der Emotionen scheint also aus Gründen der Zweckdienlichkeit sowie aus Gründen der Vermischung von Kognitionen und Emotionen zu entstehen. Das erkennen wir daran, dass identische Situationen abhängig von individuellen Bewertungskriterien und in Bezug auf persönliche Ziele und Grundbedürfnisse zu unterschiedlichen Emotionen führen. Diese gehen wiederum mit den jeweils spezifischen Handlungstendenzen und physiologischen Veränderungen einher.

Zusammenfassung

- Emotionen aktivieren Veränderungen.
- Emotionale Prozesse verarbeiten und liefern wichtige Informationen.
- Emotionen tragen zu Veränderungen von individuellen Bedeutungen und Werten von Ereignissen und Situationen bei.
- Emotionen sind ein wesentlicher Bestandteil sozialer Kommunikation.
- Basisemotionen werden von komplexen Emotionen unterschieden.
- Emotionen helfen uns, konstruktive Entscheidungen zugunsten unserer Grundbedürfnisse zu fassen und angemessen mit anderen Menschen in Beziehung zu treten.

2 Emotionen und Grundbedürfnisse

Grundbedürfnisse sind ein Teil unserer biologischen Ausstattung. Die angemessene oder teilweise Befriedigung bzw. die Art und Weise der Frustration ist Grundlage für die unterschiedlichen Entwicklungsprozesse und die individuelle Identitätsbildung. *Unterschiedliche menschliche Entwicklungen lassen sich daher auch daran festmachen, wie, ob und auf welche Weise die Grundbedürfnisse befriedigt oder frustriert worden sind.* Emotionales Erleben hat dabei einen wichtigen Hinweischarakter. Als angenehm wahrgenommene Emotionen, wie Freude und Geborgenheit, signalisieren, dass die jeweiligen Grundbedürfnisse (ausreichend) befriedigt wurden, wohingegen Emotionen, die als schmerzhaft und unangenehm erlebt werden, wie z. B. Schuld und Scham, Ausdruck von teilweisen oder gar ganz unbefriedigten Bedürfnissen sind. Dies kann als eine stark vereinfachte Regel der Verbindung zwischen Emotionen und dahinterliegenden Grundbedürfnissen verstanden werden.

Exkurs
Bedürfnisüberversorgung
Aus dem therapeutischen Alltag wissen wir jedoch auch, dass kindliche Grundbedürfnisse durch elterliches Verhalten überversorgt werden können. Diese Aussage gilt für die späteren Kinderjahre. So kann ein hohes Maß an Zuwendung und Aufmerksamkeit das kindliche Bindungsbedürfnis zwar befriedigen, jedoch auch vermitteln, dass die »Überversorgung« eine Normalität darstellt. Kinder können darüber einen hohen Anspruch an externer Zuwendung entwickeln und dies auch als Erwachsene von ihrer Umwelt einfordern. Meist entsteht auf diesem Weg die Erwartungshaltung, dass Bedürfnisse möglichst unmittelbar befriedigt werden. Das Erfahren solcher Zusammenhänge prägt auch die individuelle Frustrationstoleranz. Denn wer verzichtet gern auf positives emotionales Erleben? In diesem Kontext großgeworden, sind Autonomiebestrebungen meist nur sehr gering ausgeprägt. Menschen entwickeln darüber jedoch externalisierendes Problemverhalten und besitzen gleichzeitig eine schlechtere Fähigkeit zur Emotionsregulation.
Die Gewohnheit, dass andere Menschen z. B. über Zuwendung die eigenen Emotionen regulieren, verhindert die Entwicklung der Fähigkeiten zur Emotionsregulation. So ist es nur eine logische Folge, dass die Toleranz in Bezug auf teilweise unbefriedigte und gar frustrierte Grundbedürfnissen ebenso sehr gering ist. Minimale Abweichungen von Gewohntem führen zu unangenehmem emotionalen Erleben. Der Umgang mit diesem Emotionserleben ist dabei kaum geübt. Im Rahmen von sozialen Interaktionen kann dies zu Irritationen und Störungen auf der Beziehungsebene führen. Menschen erleben sich als manipuliert oder dem Ärger darüber ausgeliefert, weil sie die Bedürfnisse Einzelner nicht erfüllen (konnten). Zurückweisungen oder gar Rückzug aus dem Kontakt können die Folge sein. *So wird die Diskrepanz zwischen kindlicher Überversorgung und unterversorgenden Erfahrungen im Erwachsenenalter zumeist groß und sehr schmerzhaft.*

Das Zusammenspiel zwischen Bedürfnissen und Emotionen ist ein wichtiger Wirkmechanismus unseres motivationalen Systems (Lammers 2007). Grundsätzlich

2 Emotionen und Grundbedürfnisse

sind wir bereits mit unserer Geburt auf die Befriedigung unserer Grundbedürfnisse ausgerichtet. Ist das jeweilige Bedürfnis befriedigt worden, zeigt eine als angenehm wahrgenommene Emotion dies an. Gleichzeitig dient die Emotion als positive Verstärkung und sorgt dafür, dass wir das Verhalten zur Befriedigung wiederholen. Angenehmes emotionales Erleben wollen wir wiedererleben, dazu sind wir äußerst motiviert. Positive Emotionen stellen damit Annäherungsziele dar. Ein Mechanismus des Wiedererlebens zeigt sich z. B. im kommunikativen Austausch mit anderen Personen über Gelungenes, im dazugehörigen emotionalen Erleben und in befriedigten Grundbedürfnissen.

Umgekehrt ist das Erleben unangenehmen emotionalen Erlebens für uns Menschen der Ausdruck dessen, dass das jeweilige Grundbedürfnis nicht befriedigt wird oder wurde. Unangenehme Emotionen wollen Menschen vermeiden oder schnellstmöglich beenden – insbesondere wenn die frühen kindlichen Bedürfnisse nicht angemessen befriedigt wurden und z. B. maladaptives Schamerleben aufgrund häufiger Frustrationen des Selbstwertbedürfnisses entstanden ist. Im Laufe der individuellen Entwicklung prägen sich verschiedene Strategien aus, die der Beendigung schmerzhaften emotionalen Erlebens dienen. Menschen können also über das Vermeidungziel – negatives emotionales Erleben zu verhindern – dazu motiviert sein, für eine grundsätzlich bessere Bedürfnisbefriedigung zu sorgen. Oder sie »akzeptieren« es, dass ein Grundbedürfnis weniger befriedigt bleibt, und betonen die Befriedigung anderer Grundbedürfnisse stärker. So können ungünstige Erfahrungen in Bezug auf das Grundbedürfnis dazu führen, dass mehr Strategien zugunsten der Autonomieentwicklung ausgebildet werden.

In der emotionsbezogenen Psychotherapie werden dementsprechend Emotionen als komplexes Informationssystem zugunsten menschlicher Grundbedürfnisse verstanden. Die aus dem emotionalen Erleben resultierenden Informationen können für den Erhalt und die Herstellung der eigenen Gesundheit dienlich sein. Der Signalcharakter emotionalen Erlebens wird durch emotionsbezogenes Arbeiten für die Person zugänglich. Emotionsfokussiertes Vorgehen ermöglicht es, Weichen zugunsten der eigenen Grundbedürfnisse bewusster zu stellen. *Grundbedürfnisse hinter (auch schmerzhaftem) emotionalem Erleben wahrzunehmen, auszuhalten und zu versprachlichen ist sowohl der eigenen emotionalen Entwicklung als auch der seelischen Gesundheit dienlich.*

Zusammenfassung

- Unterschiedliche menschliche Entwicklungen lassen sich daher auch daran festmachen, wie, ob und auf welche Weise die Grundbedürfnisse befriedigt oder frustriert worden sind.
- Aus dem therapeutischen Alltag wissen wir auch, dass Grundbedürfnisse in späteren Kinderjahren durch elterliches Verhalten überversorgt werden können.

- Die Diskrepanz zwischen kindlicher Überversorgung und unterversorgenden Erfahrungen im Erwachsenenalter ist zumeist groß und daher sehr schmerzhaft.
- Das Zusammenspiel zwischen Bedürfnissen und Emotionen ist ein wichtiger Wirkmechanismus unseres motivationalen Systems.
- Grundbedürfnisse hinter (auch schmerzhaftem) emotionalem Erleben wahrzunehmen, auszuhalten und zu versprachlichen ist sowohl der eigenen emotionalen Entwicklung als auch der seelischen Gesundheit dienlich.

2.1 Zusammenhänge zwischen erfahrener Fremd- und erlernter Selbstregulation von emotionalem Erleben

Die beschriebene teleologische Sichtweise (▶ Kap. 1) setzt sich im Bereich der Emotionsforschung immer weiter durch. Dem obersten, anpassungs- und überlebensdienlichem Zweck können darüber im Laufe der menschlichen Reifung unterschiedliche Entwicklungsziele zugeordnet werden. Dazu gehört z. B. auch die Entwicklung interpersonaler Emotionsregulationsfähigkeiten. Die erfahrene Einflussnahme von Bezugspersonen, wie es z. B. in dem Konzept der »Mentalisierung« (Fonagy et al. 2007; Allen et al. 2011) postuliert wird, fördert die Entwicklung einer emotionalen Eigenständigkeit. Dies geschieht zugunsten heranreifender interpersonaler Prozesse. Die Entfaltung der Selbstregulation wird also durch die elterlich erfahrene Fremdregulation wesentlich beeinflusst. *Somit gehören erfahrene Fremd- und erlernte Selbstregulationsmechanismen von emotionalem Erleben unmittelbar zusammen* (s. Exkurs zur Bedürfnisüberversorgung im vorangegangenen Kapitel ▶ Kap. 2). Die elterliche Bezugnahme ist eine äußerst wirksame Strategie der Emotionsregulation, die etwa ab dem sechsten Lebensmonat einsetzt und damit maßgeblich prägt. Die emotionale Einflussnahme wird im menschlichen Entwicklungsverlauf auch durch das soziale Umfeld erweitert.

Besser über die Emotionen der Mitmenschen Bescheid zu wissen hat wiederum Auswirkungen auf die eigenen Emotionsregulationsstrategien. In sozialen Kontakten ist das Abwägen-Können zwischen der eigenen Bedürfnisbefriedigung und dem vielleicht notwendigen Erhalt der Beziehungen wichtig. Konkret bedeutet dies, in sozialen Situationen entscheiden zu können, ob die eigene Bedürfnisbefriedigung gar die Beziehung gefährdet – wenn z. B. erkennbar wird, dass das Gegenüber negative Emotionen entwickelt. Fällt die Entscheidung zugunsten der sozialen Beziehungspflege aus, müssen eigene negative Emotionen als Resultat nicht befriedigter oder frustrierter Bedürfnisse reguliert werden. Dies findet über die erlernte Emotionsregulationsstrategien statt (vgl. dazu auch ▶ Kap. 10.3). Eigene Bedürfnisse, emotionsmildernde Bewertungen, Ratschläge oder Absichtsformulierungen können danach sozial akzeptabel kommuniziert werden. Trotz der situativen Rückstellung der Befriedigung eigener Grundbedürfnissen tragen diese Fertigkeiten zur Entwicklung und zum Erhalt seelischer Gesundheit bei. *Die Fähigkeit, die Wichtigkeit eigener Grundbedürfnisse zurückzustellen sowie dazugehörige Emotionen regulieren zu können, ist daher ein wichtiger sozialer Anpassungsmechanismus, der letztlich auch dem Überleben dient.*

Exkurs
Geschlechtsspezifität

Geschlechtsspezifische Beobachtungen zeigen, dass Frauen dazu neigen, die Frustration ihrer Grundbedürfnisse mit gespielter Freude oder Überraschung zu verbergen. Männer tun dies vermutlich eher über einen neutralen Gesichtsausdruck. Grundsätzlich scheint es Frauen besser zu gelingen, unangenehmes emotionales Erleben zu verstecken. Für den Erhalt sozial notwendiger Beziehungen sind dies vermutlich erfolgreiche Strategien.

Ein weiterer Mechanismus zur Veränderung emotionalen Erlebens ist der gemeinsame Austausch über emotionale Erfahrungen, Prozesse und über eigene Befindlichkeiten im Rahmen von sozialen Beziehungen. Damit werden Emotionen sowie dahinterliegende Grundbedürfnisse für Menschen verbal und kognitiv zugänglicher. *Über den anfangs erfahrenen und später kommunikativen Austausch wird ein metakognitives Verständnis zugunsten eigener und fremder emotionaler Prozesse gefördert und entwickelt.* Dies ist ein wichtiger Mechanismus, der auch in Therapien zwischen Patient und Therapeuten zum Tragen kommt. Maladaptive Strategien, z. B. der Bewertung, Selbstbewertung oder Emotionsregulation, können so aufgedeckt und im Rahmen der eigenen Entwicklung korrigiert werden. Eine einfache Erkenntnis, die sich im therapeutischen Alltag immer wieder bestätigt. In der Psychotherapie geht es zumeist darum, den Patienten darin zu unterstützen, sich die Verbindungen zwischen Grundbedürfnissen und Emotionen zugänglich zu machen. Dieses beidseitig zugänglich gemachte Wissen ermöglicht einen angemesseneren inneren Dialog und fördert Selbstakzeptanz und Anerkennung. Die therapeutische Beziehung wächst, wenn der Therapeut mehr über den Patienten und dessen Bedürfnisse erfährt. Er kann darüber das therapeutische Vorgehen anpassen und aktiver gestalten (▶ Kap. 9.4).

Über den Austausch lassen sich allgemein die Verbindungen zwischen Emotionen und Grundbedürfnissen herstellen. *Die Kommunikation darüber verdeutlicht, dass unsere Grundbedürfnisse und das Recht auf Befriedigung den kleinsten gemeinsamen Nenner menschlichen Erlebens darstellen.* Findet im Rahmen des Aufwachsens keine oder nur wenig Kommunikation mit den Bezugspersonen darüber statt, kann es auch hier zu Störungen und falschen Rückschlüssen in Bezug auf Grundbedürfnisse und zugehöriges emotionales Erleben kommen. Zumeist ist der metakognitive Zugang zu den Grundbedürfnissen und Emotionen nur sehr gering oder lückenhaft ausgeprägt. Die sprachliche Benennung eigenen emotionalen Erlebens macht uns jedoch unsere Erinnerungen zugänglich. Ungeübt im Austausch über emotionales Erleben, bleiben die entwickelten Strategien relativ stabil und unbeeinflussbar. Viele Menschen berichten, sich kaum an ihre Kindheit zu erinnern. Häufig fehlen in deren Vergangenheit wichtige emotionale Erfahrungen und der familiäre Austausch darüber, um sich später »wirklich« erinnern zu können. *Über Emotionen und Grundbedürfnisse sprechen zu können fördert die Reflexionsfähigkeit.*

Emotionales Erleben kann über dieses Wissen konstruktiver genutzt werden. Dahinterliegende Grundbedürfnisse können durch metakognitive Erkenntnisse angemessener befriedigt werden. Ebenso ist es möglich, den oben beschriebenen Mechanismus des Abwägens zwischen eigener Bedürfnisbefriedigung und dem Erhalt der sozialen Beziehung angemessener zu gestalten. Das bedeutet, eigenes Verhalten oder die vielleicht notwendige Rückstellung von Bedürfnissen im sozialen Kontext interpersonal vornehmen zu können. Erleichtert wird dies, wenn Menschen negatives emotionales Erleben aushalten und regulieren können. Die Rückstellung eigener Bedürfnisse zugunsten einer sozialen Interaktion gelingt leichter, wenn die Entscheidung für den sozialen Kontext bewusst getroffen wurde. Koordination emotionalen Erlebens und Kooperation in sozialen Situationen sind wesentliche Stichworte für diese Prozesse – und damit letztlich auch zugunsten der eigenen Grundbedürfnisse (z. B. Bindung).

Zusammenfassung

- Emotionen haben Signalcharakter und zeigen uns an, ob das zugrunde liegende Grundbedürfnis befriedigt oder (teilweise) frustriert ist.
  - Angenehm wahrgenommene Emotionen zeigen an, dass das Bedürfnis ausreichend befriedigt wurde.
  - Emotionen, die als unangenehm erlebt werden, weisen auf unbefriedigte oder nicht ausreichend befriedigte Grundbedürfnisse hin.
- Die Fähigkeit, eigene Grundbedürfnisse zurückstellen sowie dazugehörige Emotionen regulieren zu können, ist ein wichtiger sozialer Anpassungsmechanismus.
- Erlernte Selbst- und erfahrene Fremdregulationsmechanismen von emotionalem Erleben gehören unmittelbar zusammen.
- Über den anfangs erfahrenen und später kommunikativen Austausch wird ein metakognitives Verständnis zugunsten eigener und fremder emotionaler Prozesse sowie dazugehöriger Grundbedürfnisse gefördert und entwickelt.

2.2 Grundbedürfnisse

Im vorangegangenen Kapitel wurden verschiedene Verbindungen zwischen Emotionen und Grundbedürfnissen beschrieben. Dieses Kapitel vermittelt vertiefendes Wissen zu den Grundbedürfnissen, da auch die Entwicklung von maladaptivem Scham- und Schulderleben in engem Zusammenhang mit frustrierten Grundbedürfnissen stehen (▶ Kap. 7.4). *Die Kernthemen eines jeden emotionalen Prozesses sind zusammenfassend die jeweils dazugehörigen Grundbedürfnisse.* Darüber sind sich die Wissenschaftler einig. Jedoch herrscht analog zum emotionalen Verständnis bzw. Unverständnis auch bei den Grundbedürfnissen immer wieder Uneinigkeit. Das betrifft sowohl die Anzahl der eigentlichen Grundbedürfnisse als auch die Frage, welche Bedürfnisse es nun tatsächlich gibt. Verschiedene Forschungsgruppen kommen auch hier, je nach wissenschaftlichem Betrachtungsansatz, zu unterschiedlichen Ergebnissen.

Kleiner Exkurs
Neurobiologie von Grundbedürfnissen
Neurobiologische Erkenntnisse beschreiben Prozesse rund um die Bedürfnisbefriedigung über Aktivitäten im Transmitterhaushalt. *Unbefriedigte Bedürfnisse führen zu einer erhöhten Transmitteraktivität (Sulz 2004).* Um ein bislang unbefriedigtes Bedürfnis zu stillen, müssen wir daher einfach ein bestimmtes Verhalten einsetzen. Dass das Verhalten nun das richtige ist, um genau das Bedürfnis zu befriedigen, zeigt sich daran, dass sich die ursprünglich erhöhte Transmitteraktivität reduziert. Das Resultat für uns Menschen ist spürbar als angenehmes emotionales Erleben bzw. Reduktion unangenehmer Zustände. Ist das Bedürfnis jedoch nicht oder nur teilweise befriedigt, bleibt der Status der erhöhten Transmitteraktivität erhalten. Die erhöhte Transmitteraktivität wird beibehalten (ebd.) und als unangenehmer Zustand mit Signalwirkung wahrgenommen.
Frühe ungünstige Erfahrungen zugunsten der Grundbedürfnisse werden weder sprachlich noch gedanklich codiert. Diese vorsprachlichen Erfahrungen hinterlassen jedoch ungünstige neuronale Bahnen, wirken teilweise wie funktionale Narben (Braun 2006). So kann maladaptives Schamerleben in Bezug auf die eigene Person auch als Narbe im Selbstwerterleben verstanden werden. Zugänglich ist dann nur das Schmerzhafte. Worte, Handlungen und Taten fehlen den Betroffenen jedoch.
Emotionen, auch als Ausdruck veränderter Transmitteraktivität, zeigen uns dementsprechend an, ob das zugrunde liegende Grundbedürfnis befriedigt oder frustriert ist. Neuronale Prozesse zur Sicherung der Konsistenz (Grawe 2004) helfen, Ordnung und Strukturen zu erhalten. Dabei können über die Lebensspanne hinweg auch neue neuronale Strukturen gebildet werden, die wiederum die Sicherung der Konsistenz gewährleisten. Damit können auch ungünstige Verbindungen in Bezug auf die Grundbedürfnisse neu erlernt werden. Wichtige Voraussetzungen sind neue Lernerfahrungen mit hoher emotionaler Aktivierung sowie Wiederholungen dieser Erfahrungen.
In der Psychotherapie können wir dem Patienten helfen, Einsicht in diese Erkenntnis zu gewinnen, damit Emotionen grundlegend als hilfreich bewertet werden und die Patienten sich dieses Wissen auch zu Nutze zu machen.

Allen theoretischen Ansätzen gemeinsam ist der immer wieder beschriebene Zusammenhang zwischen Grundbedürfnissen und Emotionen. Emotionen zeigen an, ob jeweilige Grundbedürfnisse befriedigt (positive Emotionen) oder frustriert (negative Emotionen) wurden. Unabhängig vom konzeptionellen Ansatz sind Bedürfnisse also der kleinste gemeinsame Nenner zwischen Menschen (Larsson 2012). Sie sind ein Teil unserer biologischen Grundausstattung, die dem Überleben dient und Anpassungsprozesse begünstigt. Unterschiede gibt es darin, wie, ob und auf welche Art und Weise diese im Laufe unseres bisherigen Lebens befriedigt oder frustriert wurden. Frühe Frustrationen in Bezug auf das Grundbedürfnis erhöhen die Wahrscheinlichkeit, dass Menschen maladaptives Schamerleben in Bezug auf die eigene Person entwickeln(▶ Kap. 6.7 ff.).

Das Wissen um die Bedürfnisse ermöglicht es uns, auch für andere Menschen Empathie aufzubringen. Über die Empathie entwickeln wir Verständnis, bieten und geben anderen Menschen Unterstützung. Empathie ermöglicht es, Gemeinschaftssinn sowie Ehrlichkeit aufzubringen. *Damit haben Grundbedürfnisse vor allem einen sinngebenden Charakter.* Dies ist selbst dann der Fall, wenn einzelne Grundbedürfnisse besonders betont werden, um Defizite der kindlichen Bedürfnisbefriedigung auszugleichen. Es handelt sich dann um kompensatorische Prozesse, die Anpassung und Überleben sichern. Die angemessene Befriedigung, aber auch die situative Rückstellung von Bedürfnissen sind wesentliche Strategien, die unser geistiges und psychisches Wohlergehen sicher stellen.

Zusammenfassung

- Kernthemen eines jeden emotionalen Prozesses sind die jeweils dazugehörigen Grundbedürfnisse.
- Unbefriedigte Bedürfnisse führen zu einer erhöhten Transmitteraktivität, die sich erst wieder reguliert, wenn das Bedürfnis ausreichend befriedigt ist.
- Das Wissen um die Bedürfnisse, als kleinster gemeinsamer Nenner von uns Menschen, ermöglicht es uns, auch für andere Empathie aufzubringen.
- Grundbedürfnisse haben somit vor allem einen sinngebenden Charakter und stehen untereinander in Verbindung.

2.2.1 Unterschiedliche Konzepte zu Grundbedürfnissen

Im Rahmen der unterschiedlichen Therapieschulen und Betrachtungsweisen werden unterschiedliche Grundbedürfnisse postuliert. Da die Grundbedürfnisse für das therapeutische Arbeiten eine hohe Bedeutung haben, seien einige der Ansätze im folgenden exemplarisch in Kurzform aufgeführt.

2.2 Grundbedürfnisse

Bedürfnispsychologisches Modell nach Epstein

Epstein (1990, 1994) postulierte im Rahmen seines bedürfnispsychologischen Modells vier Grundbedürfnisse. Diese werden in der Literatur oft durch das zusätzliche Grundbedürfnis »Streben nach Konsistenz« (nach Grawe 2004) ergänzt. Dabei handelt es sich keinesfalls um ein eigenständiges Grundbedürfnis, sondern vielmehr um einen wichtigen Wirkmechanismus angestrebter psychischer Gesundheit. In der Verhaltenstherapie wird zumeist dieses Konzept der Grundbedürfnisse genutzt. Daher sind die Bedürfnisse hier, leicht modifiziert, an erster Stelle aufgeführt:

- Bedürfnis nach Bindung/Autonomie,
- Bedürfnis nach Orientierung und Kontrolle,
- Bedürfnis nach Selbstwerterhöhung/Selbstwertschutz,
- Bedürfnis nach Lustgewinn/Erholung und Unlustvermeidung,
- Konsistenzstreben (als wichtiger Wirkmechanismus menschlicher Entwicklung).

Wie erwähnt, ergänzt Grawe (2004) die Grundbedürfnisse Epsteins um einen wesentlichen Wirkmechanismus menschlicher Entwicklung: das Konsistenzstreben. Menschen sind aus seiner Sicht grundsätzlich um »psychische Konsistenz als zentrales Prinzip« im Sinne eines Annährungsziels bemüht. Daher wird in der Literatur das Konsistenzstreben oft als ein Grundbedürfnis aufgenommen. Das Streben nach und Erreichen von Konsistenz dient einem allgemeinen Wohlbefinden. Konsistenz meint in diesem Zusammenhang, dass wir Menschen unsere Grundbedürfnisse befriedigen wollen/müssen. In der therapeutischen Arbeit zeigt sich, dass Menschen, die diese Fähigkeit besitzen, ausgeglichener sind. Emotionales Erleben ist eher situativ angemessen. So treten auch Scham und Schuld zumeist als Reaktion auf innere und äußere Reize auf. Emotionale Zustände zeigen sich in einem angemessenen und regulierbaren Ausmaß.

Unbefriedigte Grundbedürfnisse führen aus Sicht Grawes zu Inkonsistenzerleben und in der Folge zu Dysregulationen als Ausdruck der oben ausgeführten, erhöhten Transmitteraktivität (vgl. auch Exkurs zur Neurobiologie ▶ Kap. 2.2). Dem Streben nach Konsistenz steht also die Inkonsistenz als Vermeidungsziel gegenüber. Als Inkonsistenz versteht Grawe (2004) folglich die Nichtübereinstimmung zwischen Zielen eines Menschen und der umgebenden Realität. Intensives und häufiges Schuld- und Schamerleben stellen sich in Folge der Inkonsistenz ein. Nachweislich gibt es aber auch hier eine Verbindung zwischen den Grundbedürfnissen. Dabei muss es sich, nach Grawe (2004), um eine dynamische Verbindung zwischen den Grundbedürfnissen handeln. So lassen sich Bedürfniskonflikte (Diskordanz) von Menschen erklären. Menschen nehmen anhand von Wohlbefinden und Zufriedenheit wahr, wenn die Bedürfnisse miteinander übereinstimmen (Konkordanz). Ebenso erleben Personen mehr innerpsychische Stabilität, wenn es möglich ist, innerhalb der Umgebung und des sozialen Umfeldes eigene Bedürfnisse angemessen zu befriedigen.

Emotionsbezogener Ansatz

Der emotionsbezogene Behandlungsansatz postuliert, dass über kompensatorische Verhaltensweisen weitere Verletzungen sowie Frustrationen von Grundbedürfnissen verhindert werden. Häufig ist die »Flucht« in ein anderes Grundbedürfnis. Dann wird z. B. das unerfüllte Bindungsbedürfnis durch stärkere Verhaltenstendenzen zugunsten des Autonomie- oder Selbstwertbedürfnisses kompensiert. Auffällig ist dabei, dass maladaptives Schamerleben in Bezug auf die eigene Person aus dem unbefriedigten Grundbedürfnis nach Bindung entstehen kann. Die Kompensation zugunsten der anderen Bedürfnisse, z. B. durch hohe Verantwortungsübernahme und Perfektionismus, geht zumeist einher mit einer hohen Sensibilität für sekundäres Schuld- und Schamerleben sowie einer Angst vor Beschämung von außen. Diese häufigen und sehr intensiven Emotionen stellen »Nebenkosten« dar, die mit hohem Leidensdruck einhergehen.

Bedürfniskonflikte entstehen auch dann, wenn diese Kompensationsstrategien aufgrund hoher Nebenkosten nicht mehr erfolgreich sind. Bedürfnisdefizite werden dann spürbar, wenn das eigentliche Grundbedürfnis unbefriedigt bleibt und die kompensatorischen Verhaltensweisen über ein anderes Grundbedürfnis von einem negativen emotionalen Erleben begleitet werden. Damit entsteht ein hohes Ausmaß an individuellem Leidensdruck, der – wie bereits ausgeführt – mit häufigen Schuld- und Schamemotionen einhergeht. Die maladaptive Verarbeitung negativer emotionaler Zustände im Sinne des »Ertragens« (Kap. 10.5) ist aus heutigem Verständnis für die jeweilige Person Ausdruck einer zu hohen Intensität der negativen Emotionen. Es lässt sich auch als eine Art der Kapitulation vor den begleitenden intensiven emotionalen Prozessen verstehen. Dabei ist es nicht möglich, sich kompensatorisch zugunsten anderer Grundbedürfnisse zu orientieren. Das »Ertragen« kann daher besser als emotionale Überflutung verstanden werden, die Verhaltensweisen hemmt.

Schematherapie

Die »Fokussierung auf die Grundbedürfnisse ist ein zentrales Merkmal der Schematherapie« (Roediger u. Zarbock 2015, S. 61). Die Forschergruppe um den schematherapeutischen Ansatz (Young et al. 2003) nutzt folgende emotionale Grundbedürfnisse als Behandlungsgrundlage:
- Sichere Bindung zu anderen Menschen,
- Autonomie, Kompetenz sowie Identitätsgefühl,
- Freiheit, berechtigte Bedürfnisse und eigene Emotionen auszudrücken/ausdrücken zu dürfen,
- Spiel und Spontaneität,
- realistische Grenzen setzen und Kontrolle selbst innehaben.

Störungen in Bezug auf die angemessene Befriedigung führen aus Sicht der Schematherapeuten zur Ausprägung dysfunktionaler Schemata in den unterschiedli-

2.2 Grundbedürfnisse

chen Entwicklungsdomänen: Abgetrenntheit und Ablehnung, Beeinträchtigung von Autonomie und Leistung, Beeinträchtigung im Umgang mit Begrenzungen, Fremdbezogenheit und übertriebene Wachsamkeit und Gehemmtheit (nach Roediger 2009). Störungen und Unterversorgungen der Bedürfnisse führen zu negativen emotionalen »Erlebensschablonen«, die neuronal verankert sind. In der Folge kommt es zu der Entwicklung von Kompensationsmechanismen im Sinne der Überkompensation, Vermeidung oder Erduldung. Kompensationsmechanismen sind per se nicht dysfunktional, denn sie unterstützen bei der Emotionsregulation und bei kurz-/mittelfristigem Aufschub der Bedürfnisbefriedigung. Der Leidensdruck entsteht auch hier aufgrund unangenehmer emotionaler Prozesse. Das Schema Scham und Unzulänglichkeit der Domäne »Abgetrenntheit und Ablehnung« wird mit Störungen im Rahmen des Bindungsbedürfnisses in Zusammenhang gebracht (ebd.).

Exkurs in den therapeutischen Alltag
Narzisstische Persönlichkeitsstörung

Schematherapeutisches Arbeiten bei Patienten mit narzisstischen Persönlichkeitsakzentuierungen/-störungen unterliegt oft einer Besonderheit. Das Thema »Scham/Unzulänglichkeit« ist bei diesen Patienten zumeist sehr relevant (► Kap. 6.7.1). Der Zugang dazu ist jedoch durch die Ich-synton ausgeprägte Überkompensation innerhalb dieses Schemas deutlich erschwert. In der Domäne »Abgetrenntheit und Ablehnung« kommt es häufig zu weiteren Verbindungen zwischen den Schemata.
Erfahrungsgemäß wurden diese Patienten auch durch die Eltern/nahen Bezugspersonen und deren emotionale Belange, Erwartungen und Zuschreibungen immer wieder überfordert – eine weitere Schemastörung, die wiederum begünstigt, dass kompensatorisch (für die Eltern) Verantwortung übernommen wird. Eine Stabilisierung des eigenen Selbstwertes durch hohe Verantwortungsübernahme und des sich daraus entwickelnden Selbstkonzeptes, »großartig und grandios zu sein«, kann ein zugrunde liegendes Schamerleben kompensieren (vgl. dazu auch »Doppeltes Selbstwertkonzept«). Verantwortungsübernahme ist zeitgleich gepaart mit resultierendem Stolz, als angenehmes emotionales Erleben, und begünstigt zusätzliche Kognitionen zugunsten der eigenen Wichtigkeit/Besonderheit. Das eigene dahinterliegende Scham-/Unzulänglichkeitserleben sowie die emotionale Vernachlässigung sind dann genauso wenig zugänglich.
Der Name der Domäne »Abgetrenntheit und Ablehnung« ist treffend, wenn es um Bindungserfahrungen geht. Er entspricht aber durchaus auch dem Wahrnehmen und Erleben der eigenen inneren Vorgänge und Bedürfnisse.

Modell nach Emde

Das Bindungsbedürfnis ist bereits mit der Geburt aktiv. Es begünstigt die Entwicklung des Säuglings sowie dessen Integration in die familiäre Umgebung. Die Grundmotivation für die weitere Säuglingsentwicklung stellen aus der Sicht Emdes (1991) vier Grundbedürfnisse dar:
- Aktivität,
- Selbststeuerung,

- soziale Einpassung,
- affektives Überwachen.

Diese Bedürfnisse bilden die Grundlage für die Entstehung von individuellen Verhaltensmustern. Elterliche Interaktionen in Bezug auf die Grundbedürfnisse aktivieren wiederum ein antwortendes Verhalten des Säuglings. Verhaltensmuster beschreiben daher die Reaktionen des Säuglings auf die elterlichen Interaktionen. Störungen und Dysregulationen resultieren aus den Störungen der Eltern-Kind-Interaktionen in Bezug auf die Grundbedürfnisse des Säuglings.

Zürcher Modell

Das Zürcher Modell der selbstpsychologischen Psychoanalyse (Disler 2002) orientiert sich weiterführend an der Motivtheorie von Lichtenberg et al. (2000). Grundsätzlich sind in diesem theoretischen Ansatz auch biologische und physiologische Triebe berücksichtigt. Der Zusammenhang zwischen Bedürfnissen und Motiven ist im folgenden Kapitel vertiefend erläutert. Fünf Motivsysteme bestimmen nach Lichtenberg et al. sowie Disler die Interaktionsgrundform:
- Bindungsbedürfnis,
- Bedürfnis nach Exploration und Selbstbehauptung,
- Bedürfnis nach Abgrenzung/Aversivität,
- physiologische Grundbedürfnisse,
- Bedürfnisse nach sinnlichem Genuss und sexueller Stimulation.

Diese Grundbedürfnisse treffen nun aus psychoanalytischer Sicht auf die entwickelten Verhaltensmuster des Säuglings und die resultierenden individuellen Charaktere. Als Charaktere werden in diesem Kontext typische Verhaltenstendenzen innerhalb von Interaktionen verstanden. Zu den Verhaltenstendenzen gehören auch emotionale Reaktionsmuster. Scham- und Schulderleben sind ein Resultat aus Störungen oder Frustrationen der Motivsysteme.

> **Einigkeit in Bezug auf die menschlichen Grundbedürfnisse**
> Zusammenfassend lassen sich trotz unterschiedlichster Auffassungen dennoch Übereinstimmungen in den verschiedenen Ansätzen finden. Vier Grundbedürfnisse sind je nach theoretischem Ansatz zwar unterschiedlich benannt, beschreiben jedoch ähnliche Bestrebungen, die für die menschliche Entwicklung notwendig sind. Einigkeit herrscht auch darüber, dass die Grundbedürfnisse untereinander in wechselseitiger Verbindung stehen. Die Reduktion von Inkonsistenzen stellt dabei einen wichtigen Wirkmechanismus dar. Neuronale Grundlagen machen es möglich, dass bereits Säuglinge nach der Befriedigung der Grundbedürfnisse agieren:
> - Bedürfnis nach Bindung bzw. sozialer Einpassung,
> - Bedürfnis im Zuge von Lustgewinn/Unlustvermeidung, sinnlichem Genuss, Spiel und Spontaneität oder auch unmittelbarer Exploration,

2.2 Grundbedürfnisse

- Bedürfnis rund um den Selbstwert, Selbststeuerung, Selbstbehauptung, Autonomie im Sinne von entwickelten Kompetenzen,
- Bedürfnis zur Auseinandersetzung, Orientierung und Kontrolle sowie nach Erhalt und Erleben von Grenzen.

Maladaptives Scham- und Schulderleben ist immer ein Hinweis darauf, dass es zu Störungen und/oder Frustrationen von Grundbedürfnissen gekommen ist. Dabei ist der Zusammenhang zwischen dem Bindungsbedürfnis und maladaptiven Schamerleben besonders eindrücklich. Dieses Schamerleben ist eher diffus und präverbal für die Betroffenen erlebbar (► Kap. 6.2.1). Sichere Bindungserfahrungen schützen vor zu häufigen und zu intensiven Schamreaktionen. Störungen oder Frustrationen im Rahmen von Bindungserfahrungen führen neben den veränderten emotionalen Reaktionsmustern auch zu einer kompensatorischen Fokussierung der anderen Grundbedürfnisse. Dysfunktionales Schulderleben ist Ausdruck eines Kompensationsmechanismus, dem maladaptive präverbale Scham und damit eine erhöhte Verletzlichkeit zugrunde liegt.

Zusammenfassung

- Analog zum emotionalen Verständnis bzw. Unverständnis herrscht auch bei den Grundbedürfnissen immer wieder Uneinigkeit in Bezug auf die tatsächliche Anzahl und den Inhalt.
- Scham- und Schulderleben in maladaptiver Form sind immer ein Resultat aus Störungen und/oder Frustrationen von Grundbedürfnissen.
- Bedürfniskonflikte entstehen, wenn Kompensationsstrategien aufgrund hoher Nebenkosten nicht mehr erfolgreich sind.
- Bedürfnisdefizite werden dann spürbar, wenn das eigentliche Grundbedürfnis unbefriedigt bleibt und wenn die kompensatorischen Verhaltensweisen über ein anderes Grundbedürfnis mit negativem emotionalen Erleben einhergehen.

Im Behandlungsalltag ist auch hier eine therapietaugliche Brücke zwischen Komplexität, Menge und tatsächlicher Relevanz nötig. Die Auseinandersetzung mit emotionalen Dysregulationen und daraus resultierenden ungünstigen Interaktionsprozessen kann über das Verständnis von Zusammenhängen zwischen Grundbedürfnissen und Emotionen erweitert werden. Wie an den vorangegangenen Ausführungen dargestellt, wird daher die Brücke an die jeweiligen theoretischen Konzepte angepasst. In der therapeutischen Einzelarbeit hilft es jedoch, individuelle, auf den Patienten zugeschnittene Formulierungen zu finden, damit dieser sich damit identifizieren kann.

> **Praxistipp**
>
> Psychoedukation bezüglich der Grundbedürfnisse
>
> Im Praxisalltag ist es wichtig, den Patienten vereinfachtes und individuell formuliertes Wissen zu vermitteln. Der Bezug zum jeweilig angewandten Therapieansatz ist im Sinne einer gemeinsamen Sprache ebenso hilfreich.
>
> Manchen Patienten hilft die Erkenntnis, dass die Biologie es vorgesehen hat, dass Grundbedürfnisse befriedigt werden wollen. Dennoch gilt es dann, mit den Patienten individuelle Unterschiede gemeinsam herauszufinden:
> - Welche Grundbedürfnisse sind unbefriedigt geblieben/bleiben aktuell unbefriedigt?
> - Weshalb ist das so?
> - Was hindert an einer angemessenen Bedürfnisbefriedigung?
> - Welches Verhalten ist angemessen und hilfreich, um die eigenen Bedürfnisse zu befriedigen?
> - Ist das Verhalten im jeweiligen Umfeld angemessen und hilfreich, oder gefährdet es die sozialen Beziehungen?
>
> Emotionen stellen für uns das Rückmeldesystem bezüglich der Frage dar, ob das Grundbedürfnis befriedigt oder frustriert ist. Sie sind teilweise als Stimmungen, situatives Erleben oder beiläufige emotionale Zustände wahrnehmbar. Ein eindeutiges Signal unseres emotionsgesteuerten Rückmeldesystems ist das generelle Wohlempfinden. Interessanterweise erlangen emotionale Ziele und der Wunsch nach Wohlbefinden im höheren Lebensalter für uns Menschen mehr Priorität. Damit ist vermutlich auch die Therapie im fortgeschrittenen Lebensalter erfolgreicher.

2.3 Zusammenhänge von Bedürfnissen und Motiven

Das menschliche, motivationale Anreizsystem enthält sowohl biologisch-physiologische als auch psychologische Bedürfnisse. Es ist nachgewiesen, dass die menschliche Entwicklung und die Anpassung im Sinne der Selbsterhaltung und Optimierung der Entwicklung stattfindet. Wir Menschen besitzen über die Versorgung der Bedürfnisse daher ein motivationales Steuerungssystem. *Streng genommen sind jedoch Bedürfnisse keine Motive.* Grundbedürfnisse dienen erst einmal ganz unspezifisch der Sicherstellung des Überlebens innerhalb der Umgebungsbedingungen. Sie fördern die frühe Entwicklung von bestimmten Präferenzen und Verhaltenstendenzen, zu denen auch emotionale Reaktionsmuster gehören. *Bedürfnisse werden dennoch als Grundlage von Motiven verstanden, daher sprachlich häufig auch synonym verwendet.* Vertiefend wird in diesem Kapitel auf den Zusammenhang zwischen Motiven und Grundbedürfnissen näher eingegangen. *Motive sind innere Repräsentationen von Handlungsoptionen.* Im Laufe unseres Erwachsenwerdens entstehen Motive aus komplexen, zumeist gelernten Erfahrungen in Bezug auf die Grundbedürfnisse.

2.3 Zusammenhänge von Bedürfnissen und Motiven

Mit zunehmendem Lebensalter kommt es zu Ergänzungen der bisherigen Verhaltensweisen und -strategien. Immer häufiger sind wir dann selbst in Lage, für die Befriedigung unserer Bedürfnisse aktiv zu sorgen. Eigene aktive Lernprozesse sowie die Reflexion darüber, welche Verhaltensweise geholfen hat, das jeweilige Bedürfnis zu befriedigen, erweitern das individuelle Repertoire. So stellen Situationen, zwischenmenschliche Interaktionen, zu erreichende Ziele, sogenannte Selbstaspekte sowie Handlungsoptionen Grundlagen für Entwicklungs- und Lernprozesse zugunsten der eigenen Grundbedürfnisse dar.

Kurzerläuterung zum Bindungsbedürfnis

Das Bindungsbedürfnis von Säuglingen ist ein durch die Bindungsforschung (► Kap. 6.2.1, Kap. 7.4) empirisch gut untersuchtes Grundbedürfnis. Bindungserfahrungen werden früh verinnerlicht. Aus dem »Nach der Mutter schreien, um das Bedürfnis zu befriedigen« entwickeln sich im optimalen Fall über das Leben dann vielfältige (Meta-)Strategien. Bereits durch den Kontakt zu den Geschwistern oder zu anderen Kleinkindern auf dem Spielplatz, im Kindergarten, in der Schule lernen Kinder, dass auch andere Personen das Bindungsbedürfnis befriedigen können.
Wir lernen darüber, Beziehungen zu anderen Menschen, auch außerhalb des familiären Umfeldes, zu pflegen. Strategien, die dies ermöglichen können, sind: anderen zu signalisieren, dass man sie wiedererkennt; Gleichaltrige zum Spielen auffordern; kleine Geschenke machen; Teilen können; Trösten; Hilfe einfordern und Forderungen verbal angemessen zu äußern (»Nimm mich bitte mal in den Arm!«); selbst Kontakt zu Menschen suchen, die einem guttun; Wünsche und Kritik anzusprechen etc.
Sind die ersten Beziehungserfahrungen positiv verlaufen und hat sich ein sicheres Bindungsbedürfnis etabliert, lernen Menschen auch diese Strategien einfacher. Innere Repräsentationen unterstützen die Entwicklung.

Die inneren Repräsentationen unterstützen also die Befriedigung von Grundbedürfnissen über erlernte Verhaltensweisen. Sie helfen aber auch, neue Wege zu gehen, sobald ein Grundbedürfnis nicht ausreichend befriedigt worden ist. Repräsentationen fördern notfalls auch kompensatorische Prozesse. Hier besteht wieder eine Verbindung. Welches Verhalten Bedürfnisse befriedigt, ist abhängig vom sozialen Umfeld. Am Anfang stehen und prägen die Erfahrungen mit den Eltern. Das bedürfnisbefriedigende Verhalten leitet sich daher aus dem ab, was wir im Säuglingsalter über die elterliche Interaktion erfahren haben.

Zusammenfassung

- Bedürfnisse werden auch als Grundlage von Motiven verstanden, daher sprachlich häufig auch synonym verwendet.
- Streng genommen sind Bedürfnisse jedoch keine Motive.
- Motive sind innere Repräsentationen in Bezug auf die Grundbedürfnisse und unterstützen bei deren Befriedigung über erlernte Verhaltensweisen.

2.3.1 Implizite und explizite Motive

Grundsätzlich werden implizite und explizite Motive unterschieden. Implizite Motive sind Ausdruck erlernter Verhaltensprogramme im Sinne der Annäherung oder Vermeidung. Positive Erfahrungen in Bezug auf Bindung führen dazu, dass wir implizite Motive und Verhaltensprogramme der Annährung zugunsten von Bindungen entwickeln. Ein sicherer Bindungsstil ist das Ergebnis günstig verlaufender Interaktionen zugunsten des Bindungsbedürfnisses. Ungünstige Erfahrungen auf der Bindungsebene führen zur Ausprägung z. B. eines ängstlich-vermeidenden Bindungsstiles. Das erlernte implizite Motiv zugunsten der Bindung ist daher Vermeidung (inkl. dem dazugehörigen Verhaltensprogramm) – ein scheinbar sinnvolles Motiv, wenn es z. B. gilt, weitere Verletzung zu verhindern. Nun ist es jedoch möglich, sich als erwachsener Mensch trotz des ängstlich-vermeidenden Bindungsstils zu verändern. Im Rahmen einer sich bewährenden und guten Partnerschaft können sich nun explizite Motive und Verhaltensprogramme zugunsten des Bindungsbedürfnisses entwickeln. *Als explizite Motive lassen sich bewusste Wünsche und Ziele, die Menschen sich vornehmen, verstehen.* So kann der Wunsch nach einer Familie (als Annäherungsziel) mit dem Partner helfen, die eigenen Verhaltensweisen anzupassen und so neue Verhaltensprogramme zu entwickeln. Ziele bilden zu können beruht auf der Fähigkeit, Zustände, Ergebnisse und Emotionen zu antizipieren, die in der Zukunft liegen. Die Vorstellung nach einer eigenen, besseren Familie löst dabei positive Emotionen aus und stellt ein Annäherungsziel dar.

Implizite Motive entziehen sich aufgrund der frühen Entstehung zumeist der Introspektion. Sie lassen sich eher über die Reflexion von biografischen Bezügen und aktuellen Verhaltensweisen erschließen. Hinweise zum Realselbst, das zumeist aus den impliziten Motiven ableitbar ist, spüren viele Menschen nur als diffuse emotionale Aktivierung. Entsprechend lässt sich davon ausgehen, dass implizite Motive eine höhere emotionale Bedeutung haben. Implizite Motive im Sinne der Vermeidung lassen sich über präverbales und maladaptives Schamerleben aufgrund lange anhaltender Frustrationen und/oder der Unterversorgung von Bedürfnissen erklären. Die negative emotionale Aktivierung wird neuronal im Gedächtnis verankert und ist somit automatisiert handlungsleitend. *Explizite Motive sind dem Bewusstsein zugänglicher, da wir uns diese zumeist selbst setzen. In expliziten Motiven finden sich häufig wichtige Informationen über das eigene Selbstbild, Selbstzuschreibungen, Werte und Ziele wieder.* Daher sind explizite Motive auch eher kognitiv zugänglich.

Mit diesem Wissen lässt sich der Satz »Ich weiß das alles, aber ich fühle es nicht« besser interpretieren. Er ist Ausdruck für die Divergenz zwischen impliziten und expliziten Motiven zugunsten desselben Grundbedürfnisses. Eine Person kann sich vor dem Hintergrund des Wissens, dass die Partnerschaft gut ist, vornehmen, eine Familie gründen zu wollen (explizite Motive und Annährungsziel). Jedoch kann sich immer wieder ein emotional ängstliches Unbehagen einstellen (implizites Motiv) und es aufgrund der erlernten Vermeidungspro-

2.3 Zusammenhänge von Bedürfnissen und Motiven

gramme zu widersprüchlichen Verhaltensweisen kommen. Viele Menschen nehmen das als innere Spannung und Unwohlsein wahr.

Das heißt: *Ziele, die nicht zu den impliziten Motiven und Verhaltensprogrammen passen, haben negative emotionale Zustände zur Folge.* In diesem Fall können Ängstlichkeit und Unsicherheit bei der Vorstellung und Umsetzung, eine Familie zu gründen, entstehen.

Dennoch kann das bewusste Verfolgen des Wunsches, eine Familie zu gründen, gelingen und als korrigierende Erfahrung verankert werden. Dazu gilt es jedoch, das Verfolgen des Ziels kleinschrittig an einen neuen Lernprozess anzupassen.

Aktivierte implizite Motive können Verhalten scheinbar spontan auslösen, ohne dass Menschen bewusste kognitive Kontrolle über den Prozess haben. »Automatisierte« Handlungen und Verhalten sind das Ergebnis der erlernten Verhaltensprogramme auf emotionale Lernerfahrungen (▶ Kap. 10.5). Ohne die bewusste Auseinandersetzung damit lassen sich die Programme kaum steuern oder beeinflussen. *Kompensationsstrategien im Umgang mit negativem emotionalen Erleben oder im Rahmen des Ausweichens auf andere Grundbedürfnisse finden ihren Ursprung meist in expliziten Motiven und sind deshalb besser zugänglich* (▶ Tab. 2-1).

Stehen implizite und explizite Motive zugunsten desselben Grundbedürfnisses in Kongruenz, erfahren wir Wohlbefinden und Entspannung. Die Grundlage bilden emotionale Lernerfahrungen in der frühen Kindheit zugunsten von Grundbedürfnissen. Einen Einfluss haben dabei auch individuelle genetische Dispositionen. *Bedürfnisse, Motive und Emotionen gehören damit zu den wichtigsten Wirkmechanismen unserer motivationalen Systeme.* Aus Grundbedürfnissen heraus entwickeln wir Menschen motivationale Ziele. Einerseits sind das

Tab. 2-1 Unterschiede zwischen impliziten und expliziten Motive

	Implizite Motive	**Explizite Motive**
Eigenschaften	• Ausdruck erlernter Verhaltensprogramme im Sinne der Annäherung oder Vermeidung • Frühe Entstehung	• Bewusste Wünsche und Ziele eines Individuums • Spätere Entstehung, die mit kognitiver Reifung einhergeht
Besonderheiten	• Entziehen sich der Introspektion • Spontan aktivierbar, ohne bewusste kognitive Kontrolle	• Dem Bewusstsein zugänglich • Enthalten Informationen über das eigene Selbstbild und Selbstzuschreibungen • Kompensatorische Verhaltensweisen zugunsten frustrierter Grundbedürfnisse sind Ausdruck von expliziten Motiven

Annährungsziele, die mit positiven Emotionen einhergehen. Andererseits gibt es auch Vermeidungsziele, die folglich mit negativen Emotionen einhergehen. Zusammenfassend weisen negative Emotionen auf Störungen, Inkongruenzen oder unbefriedigte Grundbedürfnisse hin.

> **Zusammenfassung**
>
> - Implizite Motive sind
>   - Ausdruck erlernter Verhaltensprogramme im Sinne der Annäherung oder Vermeidung zugunsten des Grundbedürfnisses und
>   - als diffuse emotionale Aktivierung spürbar, wobei sie sich aufgrund der frühen Entstehung zumeist der Introspektion entziehen.
> - Aktivierte implizite Motive können Verhalten scheinbar spontan auslösen, ohne dass Menschen bewusste kognitive Kontrolle über den Prozess zu haben.
> - Ziele, die nicht zu den impliziten Motiven und Verhaltensprogrammen passen, haben negative emotionale Zustände zur Folge.
> - Explizite Motive sind
>   - bewusst gesetzte Wünsche und Ziele, die Menschen sich vornehmen,
>   - dem Bewusstsein zugänglicher, da wir uns diese zumeist selbst setzen und damit kognitiver,
>   - wichtige Informationslieferanten für das eigene Selbstbild, Selbstzuschreibungen, Werte und Ziele.
> - Kompensatorische Verhaltensweisen zugunsten frustrierter Grundbedürfnisse sind Ausdruck von expliziten Motiven.
> - Stehen implizite und explizite Motive zugunsten desselben Grundbedürfnisses in Kongruenz, erfahren wir Wohlbefinden und Entspannung.

3 Entwicklungsthemen/-aufgaben zu den jeweiligen Grundbedürfnissen

3.1 Menschliche Entwicklung als Person-Umwelt-Interaktion

Die Entwicklung des Menschen über die gesamte Lebensspanne hinweg lässt sich am besten in Verbindung mit dessen Person-Umwelt-Interaktion verstehen. Die menschliche Reifung ist damit auch eine Folge der funktionalen Prozesse zwischen Personen und ihrer jeweiligen Umwelt. *Das Individuum und dessen Umgebung sind ab dem ersten Moment wechselseitig aufeinander bezogen und sollten deshalb auch als funktionale Einheit verstanden werden. Grundbedürfnisse stellen dabei einen interaktionsleitenden Aspekt dar.* Aktuelles menschliches Verhalten wird also nicht nur durch gegenwärtige Bedingungen der inneren und äußeren Lebenswelt bestimmt. Vielmehr ist der Gesamtprozess der menschlichen Entwicklung die Grundlage, aus der das aktuelle Verhalten zu verstehen ist. Die Entwicklung der Person und Veränderungen der Umwelt sind immer auch dialektisch aufeinander bezogen. Bedürfnisse sind individuell unterschiedlich stark ausgeprägt und nicht für jeden Menschen und zu jeder Zeit gleich wichtig. Eine gleichzeitige Befriedigung aller Bedürfnisse ist oft gar nicht möglich. Eine gesunde und stabile Psyche zeigt sich darin, dass es über die Lebensspanne hinweg gelingt, für die angemessene Befriedigung aller Bedürfnisse zu sorgen.

In diesem Kontext gilt individuelle Vulnerabilität als Reaktionsmuster im Sinne der Verletzlichkeit, z. B. gegenüber Einflüssen aus der Umwelt. Vulnerabilität kann ein Resultat zugrunde liegender genetischer Faktoren, Störungen im Rahmen der Person-Umwelt-Interaktion oder eine Folge von Anfälligkeiten in sogenannten vulnerablen Lebensabschnitten sein. Vulnerable Menschen sind emotional viel leichter verwundbar. Außerdem sind sie gefährdet, schneller psychische Störungen zu entwickeln. Trotz bester genetischer Ausstattungen hat jeder Mensch über das gesamte Leben hinweg auch vulnerable Phasen, z. B. Adoleszenz oder hormonelle Umstellungen im Alter. In diesen Phasen kann ebenso eine besondere Gefahr darin bestehen, aus dem Gleichgewicht der Gesundheit ins Ungleichgewicht zu gelangen und sich dadurch als verletzbar und verwundbar zu erleben. *Person-Umwelt-Interaktionen sind also auch ein Wechselspiel zwischen Grundbedürfnissen, Vulnerabilität, Risikofaktoren, kompensatorischen Faktoren und innerer und äußerer Schutzfaktoren.* Resilienz als Gegenspieler zur Vulnerabilität wird in Zusammenhang mit psychischer Widerstandsfähigkeit einer Person gebracht. Dazu zählen die inneren persönlichen sowie sozial vorhandene Schutzfaktoren und Ressourcen.

Das Grundbedürfnissystem dient der Initiierung und Aufrechterhaltung der oben beschriebenen lebensnotwendigen, komplexen Person-Umwelt-Interaktion. Ebenso wird die Beteiligung an der Ausrichtung des Verhaltens an einer möglichen Optimierung des Anpassungsprozesses diskutiert. Die Besonderheit psychologischer Bedürfnisse liegt jedoch darin, dass diese nicht direkt beobachtbar sind. Man kann nur aus aktuellem Verhalten und individuellem emotionalen Erleben darauf schließen. Damit sind psychologische Grundbedürfnisse im Alltag und über die Kommunikation nur indirekt und theoretisch erschließbar. Ein Grund, weshalb es sowohl zu den Emotionen als auch zu den Grundbedürfnissen so viele verschiedene Betrachtungsansätze gibt. Dennoch sind Bedürfnisse permanent wirksam und leiten den Interaktionsprozess.

Spannend ist dabei, dass Bedürfnisse nicht endgültig und abschließend klar befriedigbar sind. Damit ist aber auch die ständige Interaktionsnotwendigkeit zur Umgebung sichergestellt. Unter speziellen Umständen ist sogar mit einer Erweiterung oder Intensivierung der Strategien zur Bedürfnisbefriedigung zu rechnen. So können auch spätere Lernerfahrungen sehr sinnvoll und einflussreich sein. Grundbedürfnisse sind also Teil des elementaren Steuerungssystems, welches die Aufrechterhaltung und Optimierung des Austausch- und Überlebensprozesses zwischen Menschen und deren Umwelt garantiert.

Die Auseinandersetzungen zugunsten der eigenen Grundbedürfnisse und der sich ständig verändernden Anforderungen des sozialen Umfeldes stellen wichtige Entwicklungsaufgaben dar. Natürlich entstehen immer wieder Spannungsfelder durch Inkonsistenzerleben und Bedürfniskonflikte. *Lebenslang sind daher die Bemühungen um Konflikte und Inkonsistenz. Selbst bei gelungener Bewältigung einer jeweiligen Entwicklungsaufgabe wird die Auseinandersetzung rund um die eigenen Grundbedürfnisse über die Lebensspanne hinweg immer wieder aktuell.*

Die Versorgung der eigenen Grundbedürfnisse geschieht je nach frühkindlicher Prägung über annähernde oder vermeidende Verhaltensweisen bzw. Zielvorstellungen. Vermeidungsziele und vermeidende Verhaltensweisen verhindern meist auch später – über die Lebensspanne hinweg – die angemessene Befriedigung der zugrunde liegenden Grundbedürfnisse. Ein Grund hierfür liegt in den kaum ausgeprägten und vorhandenen Strategien zur Regulierung der Grundbedürfnisse. Deshalb gilt es auch in Therapien, gemeinsam mit dem Patienten zu versuchen, Annäherungsziele und bedürfnisbefriedigende Strategien zu finden. Diese sichern bei Erreichung Wohlbefinden und Erfolgserleben im Sinne der Selbstwirksamkeit. Übergeordnet bleiben jedoch die Mechanismen für die Herstellung von Konsistenz zugunsten der Grundbedürfnisse bzw. der Konsistenzregulierung. Diese Mechanismen werden in den verschiedenen Therapieschulen unterschiedlich benannt. So ist z. B. in der Verhaltenstherapie der Begriff der Coping-Strategien gebräuchlich, in der Tiefenpsychologie sind es z. B. die Abwehrmechanismen, in der Schematherapie spricht man von Kompensationsstrategien. Usw.

Ungünstige genetische Faktoren oder familiale Konstellationen können bei der Bewältigung von Entwicklungsaufgaben eine große Rolle spielen. Wichtig ist aber auch die Tatsache, dass diese Einflüsse durchaus ausgeglichen und relativiert werden können, wenn es angemessene und hilfreiche Voraussetzungen gibt. Auf sämtliche Einflüsse und Wechselwirkungen kann an dieser Stelle nicht

3.2 Grundbedürfnisse und Entwicklungsthemen

eingegangen werden. Vielmehr geht es um die beispielhafte Darstellung von Entwicklungsverläufen.

> **Zusammenfassung**
>
> - Grundbedürfnisse stellen den interaktionsleitenden Aspekt zwischen den einzelnen Individuen und ihrer Umgebung dar.
> - Person-Umwelt-Interaktionen sind also auch ein Wechselspiel zwischen Grundbedürfnissen, Vulnerabilität, Risikofaktoren, kompensatorischen Faktoren und inneren und äußeren Schutzfaktoren.
> - Bedürfnisse sind nicht endgültig und klar befriedigbar – damit ist aber auch die ständige Interaktionsnotwendigkeit zur Umgebung sichergestellt.
> - Selbst bei gelungener Bewältigung der jeweiligen Entwicklungsaufgabe wird die Auseinandersetzung rund um die eigenen Grundbedürfnisse über die Lebensspanne hinweg immer wieder aktuell.
> - Ungünstige genetische Faktoren oder familiale Konstellationen können bei der Bewältigung von Entwicklungsaufgaben eine große Rolle spielen.
> - Wichtig ist auch die Tatsache, dass diese Einflüsse durchaus ausgeglichen und relativiert werden können, wenn es angemessene und hilfreiche Voraussetzungen gibt.

3.2 Grundbedürfnisse und Entwicklungsthemen

Nun geht es um die einzelnen Grundbedürfnisse. Folgen der angemessenen Befriedigung und/oder mögliche Störungen sind dabei Schwerpunkt der Erläuterungen. *Störungen in der frühkindlichen Erfahrungswelt sowie genetisch ungünstige Dispositionen gelten dabei als Risikofaktoren.* (Aufgrund der hohen Komplexität der Wechselwirkungen kann jedoch in den folgenden Ausführungen nicht auf jedes Detail eingegangen werden.)

Unabhängig vom Verlauf werden die frühkindlichen Erfahrungen mit der Umwelt durch die Auseinandersetzung rund um die Grundbedürfnisse integriert und in der Folge der Entwicklungsprozess über die Lebensspanne ausdifferenziert. *Im Idealfall entwickeln Menschen zum einen eine Art innerer Erlaubnis dafür, sich um sich und die eigenen Bedürfnisse kümmern zu dürfen, zum anderen viele Strategien zugunsten dieser Bedürfnisbefriedigung.* Mögliche Störungen können dabei lebenslang korrigiert oder über Verhaltensprogramme zugunsten anderer Grundbedürfnisse kompensiert werden. Angeborene Tendenzen, z. B. zugunsten einer stärkeren Fokussierung auf negatives emotionales Erleben oder schnellerer Aktivierung von bestimmten Verhaltensprogrammen, sind oftmals auch durch die Anlage-Umwelt-Interaktion beeinflussbar. Es ist also möglich, genetische ungünstige Dispositionen in gewissen Maßen auszugleichen. Genauso wie es möglich ist, erlernte Fähigkeiten und Fertigkeiten gut befriedigter

Grundbedürfnisse zu nutzen, sich bisher frustrierter Bedürfnisse neu zu nähern. So können explizite Motive – wie der Wunsch, eine Familie zu gründen und sich auf einen Partner einzulassen (▶ Kap. 2.3.1) – helfen, sich den eigenen Bedürfnissen zu stellen.

> **Zusammenfassung**
>
> - Im Idealfall entwickeln Menschen zum einen eine Art innerer Erlaubnis dafür, sich um sich und die eigenen Bedürfnisse kümmern zu dürfen, zum anderen viele Strategien zugunsten dieser Bedürfnisbefriedigung.
> - Störungen in der frühkindlichen Erfahrungswelt sowie genetisch ungünstige Dispositionen gelten dabei als Risikofaktoren.

3.2.1 Bindungsbedürfnis

Das Entwicklungsthema: Vertrauen in Bindung und die Fähigkeiten, Bindungen aktiv zu gestalten

Das Bindungsbedürfnis ist das elementarste Grundbedürfnis, das wir Menschen mitbringen. Daher bildet dieses Bedürfnis bei fast allen gängigen Theorien die Grundlage der menschlichen Entwicklung. Dem Bedürfnis nach Bindung verdanken wir das Überleben, vor allem in der ersten Zeit nach der Geburt. Nach der Geburt bekommen daher die körperliche Nähe zur und Versorgung durch die Bezugsperson eine besondere Bedeutung. Durch die angemessene körperliche Nähe, die Nahrungsversorgung und emotionale Zuwendung wird das Bindungsbedürfnis befriedigt. Die unmittelbare Beruhigung des Säuglings zeigt die Befriedigung an. Gute Bindungserfahrungen bilden also das Fundament. Die gute Nachricht: Auch auf einem kleinen Fundament lässt sich ein Haus bauen.

Empirisch ist das Bindungsbedürfnis samt Erfahrungen darum bestens untersucht und bestätigt. Bindungsverhalten ist ein komplementäres erstes soziales Fürsorgesystem. Es besteht aus den Elementen elterliche Nähe, emotionales Fürsorgeverhalten und Verlässlichkeit. Das bietet dem Säugling und Kleinkind Erfahrungen von Sicherheit sowie Schutz. Die ausreichende Versorgung des Säuglings durch Nahrung, Körperpflege, das Eingehen auf Schlaf- und Wachphasen sowie vorhandene Reflexe (z. B. Saug- und Greifreflex) und erste interaktionelle Bemühungen wie Augenkontakt und Lächeln sind von großer Bedeutung. Die Ergebnisse der Bindungsforschung fließen in Empfehlungen für Eltern ein, z. B. zum Stillen. Zunehmend wird statt der früheren starren Still- und Fütterungspläne das bedürfnisorientierte Versorgen des Säuglings empfohlen. Eltern sollen möglichst zeitnahe bei frühen Signalen reagieren und die Versorgung sicherstellen. Emotionale Bindung entwickelt sich auf dieser Grundlage auch außerhalb der genetischen Verwandtschaft günstig. Spätere emotionale Bindungen über Freunde und Lebenspartner werden so gefördert.

3.2 Grundbedürfnisse und Entwicklungsthemen

Das Streben zugunsten des Grundbedürfnisses nach Bindung fördert ebenso die Motivation zu sozial motiviertem Handeln (Wentzel 2005; Baumeister u. Leary 1995).

Erikson (1982, 1993) beschrieb in seinem »Stufenmodell der psychosozialen Entwicklung« das Bindungsbedürfnis im Sinne eines Gefühls nach Urvertrauen, des Sich-Verlassen-Dürfens auf die Verlässlichkeit der nahen Bezugspersonen. Das Kind reagiert auf diese Form der günstigen Erfahrungen mit Emotionen von Geborgenheit und Zugehörigkeitsempfinden. Ohne Bindung und die Fähigkeit, sich zu binden, kann sich keine gesunde und natürliche Eigenständigkeit entwickeln. Nur wenn das Bindungsbedürfnis befriedigt ist, können sich Neugier und kindliches Explorationsverhalten entfalten. Selbstwirksamkeitserleben und Kompetenzerfahrungen resultieren aus der Entdeckung der umgebenden Welt. Daher ist das Bindungsbedürfnis auch das Fundament für die Autonomieentwicklung. Sicher gebundene Kinder reagieren seltener mit Weinen, lassen sich schneller beruhigen und sind experimentierfreudiger. Sie lernen durch die aktive Auseinandersetzung mit der Umwelt mehr Bewältigungsstrategien und können sich leichter Hilfe holen. Menschen mit guten Bindungserfahrungen können besser Empathie entwickeln, sind kreativer und flexibler im Umgang mit Belastungen.

Erste Bindungserfahrungen werden im impliziten Gedächtnis abgespeichert und sind somit später Ausdruck erfahrener und erlernter Verhaltensprogramme. Implizite Motive (▶ Kap. 2.3.1) im Sinne der Annährung oder Vermeidung bilden sich rund um das Grundbedürfnis Bindung. Positive integrierte Bindungsstrukturen lassen sich in gut entwickeltem Annäherungsverhalten erkennen. Verlässliche Bindungserfahrungen führen daher zur Ausprägung eines sicheren Bindungsstils mit vielfältigen Befriedigungsstrategien. Durch ein befriedigtes Bindungsbedürfnis besteht die Chance, sich auch als geliebt und liebenswürdig wahrzunehmen – Erfahrungen die u. a. psychischen Schutz bei Belastungen bieten. Die Fähigkeiten zu Toleranz, Selbstregulation und Belohnungsaufschub können sich vor diesem Hintergrund gut ausbilden.

Vulnerable Säuglinge und Kleinkinder können aufgrund chronisch anhaltenden Stresses, z. B. durch wenige verlässliche Bindungserfahrungen, später Störungen in der sozial-emotionalen Entwicklung aufzeigen. *Ungünstige Beziehungserfahrungen zeigen sich bereits bei Säuglingen durch einen erhöhten Adrenalin- und Cortisolspiegel. Die Stresshormone haben einen wesentlichen Einfluss auf die emotionalen und kognitiven Steuerungssysteme eines Menschen.* Ein derartig intensives emotionales Erleben im Rahmen von Bindungsinteraktionen prägt über die Lebensspanne hinweg soziale Kontakte. Frühkindliche Beziehungserfahrungen beeinflussen also die neuronale Entwicklung nachhaltig. Kinder, die ungünstigen Einflüssen ausgesetzt sind, reagieren emotional stärker aktiviert und lassen sich weniger gut beruhigen. Dies hat auch Auswirkungen auf deren Explorationsverhalten, was entweder stark eingeschränkt oder deutlich ausgeprägter ist. *Deshalb stellen die Beziehungserfahrungen auch das Fundament für die spätere Beziehungsfähigkeit, für Stresstoleranz sowie Identitätsentwicklung dar.* Enge Verbindungen konnten auch zur Entwicklung des späteren Selbstwertes nachgewiesen werden.

Zurückweisungen, fehlende Verlässlichkeiten oder zu überfürsorgliches Verhalten (vgl. Exkurs zum Thema Überversorgung ► Kap. 2) führen möglicherweise zu einer Entwicklung von Störungen auf der Bindungsebene. In der Literatur werden Unterscheidungen zwischen dem unsicher-vermeidenden, unsicher-ambivalenten oder desorganisierten Bindungsstil gemacht. Hohes emotionales Erleben im Rahmen dieser Bindungsstile speichert sich ebenso im impliziten Gedächtnis ab. Es kommt zu neuronalen Bahnungen von negativen Wahrnehmungen und Aktivierungen im Vermeidungssystem, woraus wiederum lang anhaltende Verhaltensbereitschaften resultieren. Auch auf motivationaler Ebene ist mit dysfunktionalen Reaktionsbereitschaften zu rechnen. Dazu gehört eine erhöhte Wahrscheinlichkeit, auf Störungen oder psychische Belastungen eine emotionale Überreaktion zu zeigen. Unter diesen Voraussetzungen können das Selbstwerterleben weniger stabil sein und sich insgesamt mehr Ängste entwickeln. Störungen, die auf der Bindungsebene entstanden sind, begünstigen präverbal-diffuses Schamerleben (► Kap. 6.2.1). Später im Leben sind zumeist chronische Scham- und Schuldgefühle, hohes Verantwortungsbewusstsein trotz Minderwertigkeits- und Insuffizienzerleben Alltag. Dies führt dazu, dass Menschen kritikanfällig, kränkbar und/oder sehr verletzbar sind.

Zusammenfassung

- Das Bindungsbedürfnis ist das elementarste Grundbedürfnis.
- Das genetisch bereits angelegte Bedürfnis bildet bei fast allen gängigen Theorien die Grundlage der menschlichen Entwicklung.
- Beziehungserfahrungen stellen daher das Fundament für die spätere Beziehungsfähigkeit, Stresstoleranz sowie Identitätsentwicklung dar.
- Erste Bindungserfahrungen werden im impliziten Gedächtnis abgespeichert und sind später Ausdruck erfahrener und erlernter Verhaltensprogramme.
- Das Streben zugunsten des Grundbedürfnisses nach Bindung fördert lebenslang die Motivation zu sozial motiviertem Handeln.
- Ungünstige Beziehungserfahrungen zeigen sich bereits bei Säuglingen durch einen erhöhten Adrenalin- und Cortisolspiegel und haben damit einen wesentlichen Einfluss auf die emotionalen und kognitiven Steuerungssysteme eines Menschen.

3.2.2 Autonomie

Das Entwicklungsthema: Fähigkeiten und Fertigkeiten entwickeln, das Außen für sich und sich im Außen entdecken

Grundbedürfnisse stehen untereinander in enger Verbindung. So stehen auch die Bedürfnisse nach Bindung und Autonomie zueinander in enger Beziehung. Gute Bindungserfahrungen fördern, als Fundament, ein gesundes, individuelles

3.2 Grundbedürfnisse und Entwicklungsthemen

Entwicklungsgeschehen. Mit einem derartig verankerten Erleben von Sicherheit können nun Exploration, Neugierde sowie selbstbestimmtes Entdecken der Umwelt die Kompetenzentwicklung des Kleinkindes fördern. *Selbstverwirklichung und -bewahrung werden der angemessenen Autonomieentwicklung zugeordnet.* Eine Person entwickelt erst einmal frei von inneren und äußeren Zwängen eigene Fähigkeiten, kann diese fördern und nutzen. Neue Kompetenzen werden zugunsten eigener Lebensziele eingesetzt. Neue Fähigkeiten können im Laufe des Lebens auch zugunsten bisher unbefriedigter Grundbedürfnisse eingesetzt werden.

Die Ausgestaltung des Autonomiebedürfnisses ist ein proaktiver Prozess des Säuglings. Dieser verfügt über die Grundausstattung von angeborenen Fähigkeiten (Schreien, Weinen, Lächeln etc.). Im Laufe seiner Weiterentwicklung wird dieses System ausdifferenziert und immer komplexer. Durch exploratives Verhalten in der Umgebung werden immer mehr Fähigkeiten gefördert, um auf Gegebenheiten im Außen reagieren zu können. Bereits als Kind sind Bemühungen erkennbar, eigenständige Handlungen ohne Hilfe von Erwachsenen auszuführen. Die Chance, Dinge alleine zu machen, machen zu dürfen, hat einen hohen Stellenwert. Dabei gilt das Streben, im Rahmen der Möglichkeiten selbstständig handeln zu können und ohne Kontrolle von außen zu sein. *Emotionale Reaktionen der Bezugspersonen bei der Entdeckung der Außenwelt und der eigenen Ziele vermitteln prägende Informationen.* Gilt es Gefahren zu vermeiden (Vermeidungsziele) oder gar Neues zu entdecken (Annäherungsziele)? Ängstliche und erschrockene Reaktionen signalisieren Bedrohung, führen zu hoher emotionaler Anspannung und Rückversicherung bei der Exploration. Vermeidende oder durch starkes emotionales Erleben gehemmte Verhaltensprogramme sind eine mögliche Folge. Ermutigende und zuversichtliche emotionale Reaktionen geben Sicherheit und fördern die Entwicklung von angemessenem Explorationsverhalten und entsprechenden Kompetenzen.

Die ersten Lebensmonate sind zwar von der Abhängigkeit zu den Bezugspersonen geprägt. *Autonomes und selbstbestimmtes Handeln sind jedoch wichtige Erfahrungen, um eine persönliche Identität innerhalb des (sozialen) Umfeldes entwickeln zu können. Dennoch kann und muss es zwischen den Grundbedürfnissen Bindung und Autonomie auch zu Ambivalenzkonflikten kommen.* Nach dem ursprünglichen Funktionieren im Rahmen elterlicher Vorstellungen gilt es nun, sich auch außerhalb dieser Bedingungen weiterzuentwickeln. Dies geschieht zugunsten der eigenen, selbstgesteckten Ziele. Dabei gilt es, den Blick auch auf die Rahmenbedingungen des Umfeldes zu wahren. Notwendige kurzzeitige Bedürfnisfrustrationen fördern Toleranzentwicklung und Emotionsregulation (vgl. dazu auch ▶ Kap. 10.3). Die Auseinandersetzung zwischen eigenen Zielen und den notwendigen Umweltbedingungen führen zu weiteren Veränderungen und verfeinerten Anpassungsprozessen. Demgegenüber steht daher manchmal das zu befriedigende Bindungsbedürfnis. Erfahrungen von Stabilität und Sicherheit lassen das Bedürfnis in den Hintergrund treten. Bleibt es jedoch unbefriedigt, kann es durch einen Bedürfniskonflikt zu Überforderungen und inneren Anspannungen kommen.

Exkurs

Psychosoziales Stufenmodell von Erikson

In seinem psychosozialen Stufenmodell beschreibt Erikson (1982, 1993) für das zweite Stadium den Konflikt »Autonomie versus Scham und Zweifel«. Die Bedeutung einer guten Autonomieentwicklung zugunsten eines angemessenen Selbstkonzeptes im Rahmen einer eigenen *erworbenen Identität* (▶ Kap. 2 und ▶ Kap. 7.4) grenzt sich dabei von einer *erlernten Identität* ab. Erlernte Identität meint in diesem Zusammenhang die überwiegend kognitive Integration der Werte und Normen naher Bezugspersonen. Dazu gehören auch deren emotionale Reaktionen auf das Autonomiebedürfnis des Kindes, z. B. bei notwendigen Fehlern und Misserfolgen im Rahmen der Kompetenzentwicklungen. Statt eigener Erfahrungen bilden sich über elterliche Einschränkungen der explorativen Verhaltensweisen eher kognitiv-emotional verinnerlichte Strukturen über Werte und Normen. Das fördert das Entstehen von Selbstzweifeln und Scham darüber, ob man den eigenen Bedürfnissen nachgehen kann.

Im dritten Stadium postuliert Erikson das zu bewältigende Spannungsfeld von Initative versus Schuldgefühl. *Limitierungen von außen können die kindliche Initiative (als Ausdruck des Autonomiebedürfnisses) durch Angst und Schuldgefühle emotional einfärben.* Kompensationsstrategien wie Perfektionismus, Übergewissenhaftigkeit oder chronisches Schulderleben finden sich auch in neueren emotionsbezogenen und schematherapeutischen Therapieansätzen wieder.

Die psychoanalytisch orientierte Entwicklungstheorie Eriksons betont auch in den weiteren Stadien des kindlichen Wachstums mögliche Spannungsfelder. Diese beruhen jedoch im Wesentlichen auf der wenig erfolgreichen Bewältigung der ersten Stadien: Stadium 4 – Werksinn versus Minderwertigkeitsgefühl; Stadium 5 – Identität versus Identitätsdiffusion und Ablehnung; Stadium 6 – Intimität und Solidarität versus Isolation; Stadium 7 – Generativität versus Stagnation und Selbstabsorption sowie das Stadium 8 – Integrität versus Verzweiflung. So kann ein situatives Minderwertigkeitserleben nicht ohne emotionale Vorprägung ein anhaltendes Minderwertigkeitsgefühl hinterlassen.

Grundlage der zu bewältigenden Herausforderungen innerhalb der Spannungsfelder sind altersgemäße Themen, mit denen sich ein Mensch zu befassen hat. Daher finden sich in der Theorie auch Altersangaben zu den einzelnen Stadien.

Eine dialektische Beziehung zwischen der individuellen Entwicklung und den Reaktionen der sozialen Interaktionspartner stellt eine wichtige Herausforderung dar. Genauso elementar ist es aber auch, seinem Autonomiestreben nachgehen zu können und eigene Wünsche sowie Ziele zu verwirklichen. Erhaltene Unterstützung oder Behinderung durch Bezugspersonen in diesem Streben haben Einfluss auf die Entwicklung von Annährungs- und Vermeidungsprogrammen (▶ Kap. 2.3.1). *Ein zu starkes Autonomiestreben geht z. B. mit Einsamkeit und sozialer Isolation einher.* Ein Teufelskreislauf zwischen unbefriedigtem Bindungsbedürfnis und intensiven Bestrebungen nach Autonomie ist die Folge. Die Wünsche und Vorgehensweisen, das eigene Tun und Handeln zu bestimmen sowie Handlungsfreiheit in Situationen zu entwickeln fördern dabei annähernde Verhaltensprogramme zugunsten der eigenen Autonomiebestrebungen. Herausforderungen und Aufgaben, die mit großer Wahrscheinlichkeit alleine

3.2 Grundbedürfnisse und Entwicklungsthemen

bewältigbar sind, sollten jedoch nicht mit dem Streben nach totaler Unabhängigkeit oder voller Freiheit verwechselt werden. Denn im Hintergrund bleibt das Bindungsbedürfnis unbefriedigt.

Mit zunehmendem Lebensalter nehmen positive Lebensgefühle zu und negative Gefühle ab (Charles et al. 2001). In späteren Lebensjahren werden emotionale Ziele wichtige Wegweiser. *In der Jugend und im frühen Erwachsenenalter fördert die Abgrenzung notwendigerweise erst einmal die Formulierung von Vermeidungszielen.* Man versucht also, »nicht wie die Eltern zu werden«. *Im Alter sind es Annäherungsziele (als explizite Motive), die positives emotionales Erleben begünstigen:* »Was ist für mich und mein Leben wichtig?« Erwachsene im mittleren und höheren Alter erleben so ein höheres Maß an Autonomie und Selbstbestimmung. Eigene Ziele sowie Werte werden über solche Leitfragen selbst festgelegt. Dabei sind es auch die bereits erworbenen Kompetenzen, die helfen, die Annäherungsziele realistischer und damit erreichbarer zu formulieren. Die Wahrscheinlichkeit, mit diesen Zielen auch zugrunde liegende Bedürfnisse befriedigen zu können, fördert seelische Gesundheit. Aufbauend auf bisherigen Kompetenzen können neue Fertigkeiten erworben werden, die für weitere Vorhaben und deren Verwirklichung notwendig sind.

> **Zusammenfassung**
>
> - Die Bedürfnisse nach Bindung und Autonomie stehen zueinander in enger Beziehung.
> - Autonomes und selbstbestimmtes Handeln als proaktive Bestrebungen sind wichtige Erfahrungen, um eine persönliche Identität innerhalb des (sozialen) Umfeldes entwickeln zu können.
> - Emotionale Reaktionen der Bezugspersonen bei der Entdeckung der Außenwelt und der Umsetzung eigener Ziele haben prägenden Charakter.
> - Limitierungen von außen können explorative Initiative – als Ausdruck des Autonomiebedürfnisses – emotional einfärben. Dazu gehören vor allem Angst und Schuldgefühle, wenn den Autonomiebestrebungen nachgegangen wird.
> - Ein zu starkes Autonomiestreben geht z. B. mit Einsamkeit und sozialer Isolation einher. Das Bindungsbedürfnis bleibt unbefriedigt. So kann es zwischen den Grundbedürfnissen Bindung und Autonomie auch zu Ambivalenzkonflikten kommen.
> - In der Jugend und im frühen Erwachsenenalter fördert die Abgrenzung notwendigerweise erst einmal die Formulierung von Vermeidungszielen.
> - Im Alter sind es meist die explizit motivierten Annäherungsziele, die positives emotionales Erleben begünstigen.

3.2.3 Bedürfnis nach Orientierung und Kontrolle sowie die Auseinandersetzung mit Grenzen

Das Entwicklungsthema: Sich selbst erleben, Orientierung und Kontrolle gewinnen, Grenzen und Freiräume entdecken

Das Bedürfnis nach Orientierung und Kontrolle geht mit Bedürfnissen nach Handlungsspielraum, Bewegungsfreiheit sowie dem Erleben des eigenen Körpers einher. Über die bereits oben ausgeführten Erfahrungen einer sicheren Bindung und der angemessenen Reaktion von nahen Bezugspersonen kann ein Säugling nun auch Kontrollerfahrungen machen. *Kontrollerleben beschreibt in diesem Zusammenhang einerseits die wichtige Rückkopplung der nahen Bezugspersonen gegenüber den geäußerten kindlichen Bedürfnissen. Andererseits ist damit aber auch das über das elterliche Verhalten vermittelte Erlernen von Kontrolle über eigenes negatives emotionales Erleben gemeint.* Die Auseinandersetzungen zugunsten dieses Bedürfnisses sind einhergehend mit der Entwicklung kognitiver Strukturen. Dazu gehört die Schulung der Fähigkeit, Rückschlüsse auf die eigene Person zu machen, Kausalitäten zu erkennen sowie Werte, Normen und Regeln des Miteinanders abzuleiten.

Risikobedingungen in den ersten Lebensjahren, wie z. B. durch die Abwesenheit naher Bezugspersonen oder fehlende sichere Bindungserfahrungen, können zu Frustrationen des Bedürfnisses nach Orientierung und Kontrolle führen. Die Erfahrungen sind von außen vorgegeben und damit keine Konsequenz aus natürlichen Bestrebungen, die sich altersgemäß einstellen. Häufig kommt es in der Folge zu einem gering ausgeprägten Selbstbewusstsein und zu mangelnder Konzentrations- und Durchsetzungskraft. Scham- und Schulderleben können aufgrund falscher kognitiver Rückschlüsse entstehen. Das sind z. B. Menschen, die sich für die Erkrankung der Eltern verantwortlich, also schuldig fühlen oder sich nachträglich schämen, weil sie selbst so »rebellische« Kinder waren, mit denen es die Eltern nicht leicht hatten. Hier sind wieder verschiedene Verbindungen zu anderen Grundbedürfnissen wie Selbstwerterhöhung, -erhalt sowie Autonomie zu erkennen.

Gerade aufgrund dieser vielfältigen Verbindungen steht für Epstein (1990, 1994) dieses Bedürfnis im Zentrum der menschlichen Entwicklung. *Die Befriedigung dieses Grundbedürfnisses wird mit Kohärenzgefühl und Kompetenzerfahrung erlebt* (▶ Kap. 2.2.1). Notwendigerweise hat jeder Mensch situativ sowohl Erlebnisse von Kontrolle als auch von Kontrollverlusten. Letzteres geht natürlich mit negativem emotionalen Erleben einher. Der Umgang mit situativ angemessenen negativen Emotionen ist daher eine wichtige Fähigkeit, die durchaus im Zusammenhang mit diesem Grundbedürfnis gefördert wird. *Erfahrungen von Kontrolle und auch von Kontrollverlusten führen später zu kognitiven Grundüberzeugungen bezüglich der eigenen Kompetenzen und der wahrgenommenen Umwelt.* Die Überzeugungen haben das Thema zum Inhalt, entweder durchaus gezielt Einfluss auf die (soziale) Umwelt nehmen zu können oder auch keinen

3.2 Grundbedürfnisse und Entwicklungsthemen

wirklichen Einfluss zu haben. Im letzteren Fall sind es häufig Beschämungen und Beschuldigungen von außen, die vermitteln, dass »man so, wie man ist«, auch nicht das Recht hätte, Einfluss zu nehmen.

Mangelndes Kohärenzerleben, wiederholte oder lang anhaltende fehlende Kontrollerfahrungen führen zu Hilflosigkeit, Angst und emotional negativer Überflutung. An dieser Stelle gibt es daher auch Überschneidungen zum »Konzept der erlernten Hilflosigkeit« (Seligman 1979; ▶ Kap. 8.2.2). *Hilflosigkeitserleben und negative Kontrollüberzeugungen begünstigen Vermeidungsverhalten oder emotional gehemmte Verhaltensprogramme.* Emotional gehemmte Verhaltensprogramme lassen nur ein geringes Spektrum an hilfreichen Verhaltensweisen zu. Ist dieses Spektrum sehr gering, lassen sich häufig maladaptive Schamgefühle oder Schuld finden. Das emotionale Erleben wird im Sinne einer »Hilflosigkeit« gegenüber den überflutenden Emotionen wahrgenommen. Es gilt daher lediglich, die in diesem Moment wenigen verfügbaren Ressourcen und Fähigkeiten zugunsten des »Aushaltens/Ertragens« zu mobilisieren. Vermeidungsverhalten schützt zwar vor Enttäuschungen oder Frustrationen. Autonomiebestrebungen machen jedoch nur Sinn, wenn Bedürfnisse nach Bindung und Autonomie befriedigend gelebt werden können. Kompensatorische Verhaltensweisen werden später zur Verhinderung vor Verletzungen und Frustrationen auch der anderen Grundbedürfnisse genutzt. Diese fördern zeitgleich die Autonomiebestrebungen als Ausdruck von notwendigen Überlebensstrategien.

Wird das Kontrollbedürfnis verletzt oder nicht angemessen befriedigt, führt dies zu einem negativen Selbstbild und wenig Vertrauen in die eigenen Fähigkeiten. Ausdruck dafür sind wenig ausgeprägte intentionale Annäherungsschemata, jedoch leicht zugängliche Vermeidungsmuster. Gelungene Interaktionen mit den Bezugspersonen und – später – der Umwelt führen zu Annäherungsschemata zugunsten des Bedürfnisses nach Orientierung und Kontrolle. Die Auseinandersetzung mit eigenen Grenzen und denen im Außen sind dabei wichtige Erfahrungen. Hier lässt sich wiederum eine Verbindung zum Autonomie- und Bindungsbedürfnis feststellen. Sind beide Bedürfnisse angemessen befriedigbar, kann diese Auseinandersetzung auf einem fruchtbaren Boden stattfinden. *Kontrolle, Orientierung und die gelungene Auseinandersetzung mit Grenzen (auch die der Bindung und Autonomie) sind daher elementar für die Auseinandersetzung mit der Umgebung und der Anpassung an diese.* Bedeutsame Komponenten der kindlichen Weiterentwicklung sind also vorhandene Freiräume und Möglichkeiten. Diese werden anfangs von den nahen Bezugspersonen bereitgestellt. So kann es auch zur Beschäftigung mit und Verhandlung von Regeln, Werten und Interessenskonflikten kommen. Die Folgen des Handelns sind somit für das Kind auch kognitiv nachvollziehbar. Auf diese Weise kann ein Kind sensibler werden und sich im empathischen Nachvollziehen (im Sinne des Modelllernens) schulen.

Grundlage dafür sind neben der vorhandenen Empathiefähigkeit aber auch die weiter oben beschriebenen kognitiven Voraussetzungen zu Perspektivwechseln. Menschliches Handeln findet stets im sozialen Kontext statt. Auf diese

Weise entsteht innerhalb einer Gesellschaft ein gemeinsames Grundverständnis von Einstellungen, Werteorientierungen, Wissen etc. All diese verinnerlichten Aspekte bieten wiederum gelernte Orientierung und Möglichkeiten der Kontrolle. Das Wissen zu nutzen fördert das Kompetenzerleben für die Autonomieentwicklung.

> **Zusammenfassung**
>
> - Das Bedürfnis nach Orientierung und Kontrolle geht mit Bedürfnissen nach Handlungsspielraum, Bewegungsfreiheit sowie dem Erleben des eigenen Körpers einher.
> - Die selbst initiierte Befriedigung dieses Grundbedürfnisses wird mit Kohärenzgefühl und Kompetenzerfahrung erlebt.
> - Mangelndes Kohärenzerleben, wiederholte oder lange anhaltende fehlende Kontrollerfahrungen führen zu Hilflosigkeit, Angst und emotional negativer Überflutung.
> - Erfahrungen von Kontrolle, aber auch Kontrollverlusten führen später zu entsprechenden kognitive Grundüberzeugungen bezüglich der eigenen Kompetenzen und der wahrgenommenen Umwelt.
> - Chronische Frustrationen des Bedürfnisses nach Orientierung und Kontrolle führen zu einem negativen Selbstbild und wenig Vertrauen in die eigenen Fähigkeiten.
> - Hilflosigkeitserleben und negative Kontrollüberzeugungen begünstigen wenig ausgeprägte intentionale Annäherungsschemata, jedoch leicht zugängliche Vermeidungsmuster oder emotional gehemmte Verhaltensprogramme.
> - Kontrollerleben beschreibt die wichtige Rückkopplung der nahen Bezugspersonen gegenüber den geäußerten kindlichen Bedürfnissen. Genauso wird über das elterliche Verhalten auch das Erlernen von Kontrolle über eigenes negatives emotionales Erleben vermittelt.
> - Kontrolle, Orientierung und die gelungene Auseinandersetzung mit Grenzen sind daher elementar für die Auseinandersetzung mit der und Anpassung an die Umgebung.

3.2.4 Bedürfnis nach Selbstwerterhöhung, -erhaltung, -schutz

Das Entwicklungsthema: Bewusstsein über das eigene Selbst, die Selbstwirksamkeit gewinnen sowie Fähigkeiten, sich zu schützen entwickeln

Das Grundbedürfnis Selbstwerterhöhung wird vielfach in einen engen Zusammenhang mit dem Bedürfnis nach Autonomie gebracht. Tatsächlich lassen sich auch inhaltliche Überschneidungen finden. Das Erleben von Kompetenzen, die erlauben, sich als handlungsfähig wahrzunehmen, ist zum einen Ausdruck von Autonomiebestrebungen. Zum anderen unterstützen diese Bestrebungen aber auch die Entwicklung des individuellen Selbstwertes. *Die Entwicklung des Selbstwertes kann dementsprechend auch aus dem komplexen Wechselspiel zwischen*

3.2 Grundbedürfnisse und Entwicklungsthemen

dem Bewusstsein über das eigene Selbst, die Selbstwirksamkeit, die eigene Person mit Stärken und Schwächen sowie der Fähigkeit zu reflexivem Denken verstanden werden. In diesem Kontext ist es wichtig, Handlungskompetenzen (auch zugunsten der anderen Grundbedürfnisse) zu erleben und diese zu erweitern – auch wenn Anstrengungen sich nicht unmittelbar auszahlen.

Ebenso wie die anderen Grundbedürfnisse prägen zunächst die Erfahrungen mit den nahen Bezugspersonen das eigene Selbstwerterleben. Deren Umgang mit dem kindlichen Bedürfnis nach Selbstwerterhöhung, z. B. durch Ermutigung, realistische Rückmeldungen, Lob und Anerkennung, vermitteln eine Art innerer Haltung gegenüber dem Kind. Diese innere Haltung kann das Kind im Laufe der Zeit internalisieren und weiter modifizieren. *Ist diese Haltung angemessen wohlwollend und positiv emotional, lernt das Kind, dass es selbst bei weniger erfolgreichen Interaktionen mit der Umwelt liebenswert und akzeptiert ist.* Der Umgang mit konstruktiver Kritik fällt dann leichter. Der Selbstwert ist geschützt auch bei zeitweise unangemessenen Rückmeldungen. Zu überhöhte oder positiv verzerrte elterliche Haltungen können in der Folge dazu führen, dass ein Kind sich als nicht richtig erkannt und wahrgenommen erlebt.

Eine kritische und auf Leistungen bezogene Haltung begünstigt die wachsende Grundannahme des Kindes: »Nur wenn ich was leiste, werde ich geliebt.« *Abwertungen, Grenzüberschreitungen und Invalidierungen führen zur Internalisierung der grundsätzlich negativen emotionalen Haltung gegenüber der eigenen Person.* Dazu gehören auch nicht erfüllte elterliche Erwartungen und Zuschreibungen (▶ Kap. 6.5.3). Auch später immer wiederkehrendes Schuld- und Schamerleben ist ein wesentliches Resultat, wenn das frühe soziale Umfeld dem Kind vermittelt, dass es nicht entsprechend oder ausreichend sei. In diesem Fall sind es anfangs Scham- und Schuldreaktionen, die durch äußere Rückmeldungen naher Bezugspersonen ausgelöst werden. Geschieht dies häufiger, wird das Kind nicht in seinen individuellen Eigenschaften erkannt und gefördert. Es entstehen neben Vermeidungsverhaltensweisen vor allem auch emotional gehemmte Verhaltensprogramme. Typischerweise sind auch Ärger und Selbsthass Begleitemotionen. Diese zeigen sich später z. B. in Prokrastenie, cholerischen Wutanfällen sowie in innerlich überflutendem Schamerleben.

> Herr Z. (43 Jahre) ist Beamter in einer öffentlichen Behörde. Leistungsanforderungen begegnet er mit massivem inneren Widerstand, der sich häufig nach außen durch cholerische Wutanfälle äußert. Nach diesen Anfällen berichtet er, »innerlich zusammenzubrechen und sich nicht mehr den anderen Kollegen zeigen zu wollen«. Manchmal melde Herr Z. sich dann unter einem Vorwand als nicht arbeitsfähig, in der Hoffnung, die Wutanfälle würden in Vergessenheit geraten. Die Tage verbringt er alleine, in einem für ihn »merkwürdigen« Zustand. Er könne sich zu nichts aufraffen, nicht in den Spiegel schauen, weshalb er das Bad vermeide. Das führe zunehmend zu Selbsthass, weil er seinem eigenen inneren Bild nicht mehr entspricht. Selbstabwertungen (»Du bist wirklich ein Versager!«, »Die Kollegen lachen bestimmt über mich«, »Nicht mal den Ärger hast Du im Griff«, »Andere machen auch ihren Job« und »Sieh

> zu, dass Du Deinen Mann stehst«) steigern das bereits ausgeprägte negative emotionale Erleben. Dennoch führen der Ärger und der Selbsthass dazu, dass das lähmende Schamgefühl in den Hintergrund tritt. Nur so ist es möglich, dann wieder am Alltag teilzunehmen und zu arbeiten.
>
> Dennoch schiebt Herr Z. zu erledigende Arbeiten auf oder erledigt sie aufgrund der Fehltage gar nicht. Insbesondere sind es die Vorgänge, bei denen es im Vorlauf zu den Wutanfällen gekommen ist – »als würde die negative Energie noch an den Akten kleben«. Bis es zu weiteren Nachfragen kommt, lenkt er sich ab und versucht, nach außen einen kompetenten Eindruck zu hinterlassen. Herr Z. arbeitet, wenn die »innere Hürde genommen ist, sehr akribisch und genau«. Zeitweise korrigiert er Rechtschreibfehler in den Anträgen, obwohl dies nicht in seinem Aufgabengebiet liegt. Es bereitet ihm jedoch Genugtuung, die Schwächen der Antragsteller zu sehen. Es hilft ihm außerdem, sich überhaupt einer der »unangenehmen« Akten zu nähern.

Eine gute Grundlage für die Auseinandersetzung mit dem eigenen Selbstwert ist das seelische Wohlbefinden, das aus sicheren Bindungserfahrungen und gelungenen Autonomiebestrebungen resultiert. Eine angemessene positive emotionale Basis ermöglicht die konstruktive Auseinandersetzung mit eigenen Anteilen. Dabei können auch Erfahrungen von Grenzen, Kontrollerleben und -verlusten eine Orientierung innerhalb der Umwelt bieten und angemessen verarbeitet werden. Tief verinnerlichte Beziehungserfahrungen führen z. B. zur Ausprägung von Erwartungen an Beziehungen und die eigene Selbstwirksamkeit innerhalb von Bindungen. *Eine adaptive Selbstachtung und -annahme sind daher als gute Grundlage für die durchaus auch notwendige kritische Auseinandersetzung mit sich sowie für die Übernahme von Selbstverantwortung zu verstehen. Selbstbehauptung und ein grundsätzliches Erleben von Selbstwirksamkeit prägen daher die erfolgreiche Entwicklung der eigenen Identität.* Das Leben allgemein und insbesondere die Interaktionen können auch auf der Grundlage eigener Ziele und der angemessenen Bedürfnisbefriedigung ausgerichtet werden. Das bietet ebenso Schutz und dient dem Selbstwerterhalt.

Zu einem guten Selbstwerterleben gehört daher auch die Fähigkeit, eigene Kompetenzen und Ressourcen realistisch einzuschätzen. Lebensziele können für Menschen so angemessener formuliert werden. Dabei sind es zumeist die Annäherungsziele, die auf einer soliden emotionale Grundstimmung auch annähernde Verhaltensprogramme fördern. Annäherungsziele stellen die hilfreichere motivationale Grundlage dar. Ungünstige Frustrationen des Bedürfnisses nach Orientierung und Kontrolle führen später zu einem wenig ausgeprägten Selbstbewusstsein und zu mangelnder Durchsetzungskraft. Vermeidungsziele und Verhaltensprogramme begünstigen unangemessene Selbstkritik, unrealistische Erwartungen an sich selbst sowie eine hohe Leistungsfokussierung (▶ obiges Fallbeispiel Herr Z.). Ressourcen und Fähigkeiten stellen dabei keine nachhaltigen Selbstwertquellen dar, sondern sind zumeist Anlass für scheinbar notwendige Verbesserungen des eigenen Selbst.

3.2 Grundbedürfnisse und Entwicklungsthemen

Störungen oder Frustrationen anderer Grundbedürfnisse können mit dem kompensatorischen Rückzug auf den Selbstwerterhalt und die Selbstwerterhöhung einhergehen. Dies ist z. B. im Rahmen einer narzisstischen Persönlichkeitsstruktur der Fall. Konzeptionelle Überlegungen Sachses (2002, 2007) zum doppelten Selbstwertkonzept beschreiben diese Mechanismen (vgl. dazu auch ▶ Kap. 6.7.1 und ▶ Kap. 10.4.2). Selbstwertverletzungen führen zu einer frühen Scham oder einem Kränkungserleben, später auch zu dazugehörigen Kognitionen. Erste Erfahrungen sind vorsprachlich, also emotional abgespeichert. Sind diese negativ emotional eingefärbt, erleben sich Menschen dem gegenüber als hilflos, unterlegen, abhängig und ohnmächtig, es kommt evtl. auch zu Entfremdungsgefühlen und dem Versuch, eine scheinbar neue, »idealisierte Identität« aufzubauen. Der Wunsch, den Selbstwert zu schützen, ist umso größer, je geringer der emotional spürbare Selbstwert ist. Das heißt, je negativer der emotionale Selbstwert ist, desto notwendiger ist auch der Schutz vor weiteren Verletzungen und Enttäuschungen.

Zusammenfassung

- Das Grundbedürfnis Selbstwerterhöhung steht in engem Zusammenhang mit dem Bedürfnis nach Autonomie.
- Die Entwicklung des Selbstwertes wird aus dem komplexen Wechselspiel zwischen dem Bewusstsein über das eigene Selbst, die Selbstwirksamkeit, die eigene Person mit Stärken und Schwächen sowie der Fähigkeit zu reflexivem Denken verstanden.
- Eine angemessen wohlwollend und positiv emotionale Haltung von außen begünstigt, dass ein Mensch sich später mit Stärken und Schwächen als liebenswert und akzeptiert empfindet.
- Eine adaptive Selbstachtung und -annahme sind als gute Grundlagen für die durchaus auch notwendige kritische Auseinandersetzung mit sich sowie für die Übernahme von Selbstverantwortung zu verstehen.
- Selbstbehauptung und ein grundsätzliches Erleben von Selbstwirksamkeit prägen die erfolgreiche Entwicklung der eigenen Identität.
- Abwertungen, Grenzüberschreitungen und Invalidierungen führen zur Internalisierung der grundsätzlich negativen emotionalen Haltung gegenüber der eigenen Person.
- Störungen oder Frustrationen anderer Grundbedürfnisse können mit dem kompensatorischen Rückzug auf den Selbstwerterhalt und die Selbstwerterhöhung einhergehen.

3.2.5 Bedürfnis nach Lustgewinn und Unlustvermeidung

Das Entwicklungsthema: Die individuelle Balance/Bilanz zwischen Lustgewinn und Unlustvermeidung finden, sich Herausforderungen stellen

Der sozialen Einpassung als Basismotivation steht das Bedürfnis nach Lustgewinn und Unlustvermeidung gegenüber. *Das Grundbedürfnis nach Lustgewinn und Unlustvermeidung ist sehr komplex und eng vernetzt mit den anderen Bedürfnissen.* Die Grundregel ist dennoch recht einfach: *Wir wollen Gutes und Angenehmes erleben, während Unangenehmes und Schlechtes gern vermieden wird.* Alles was uns guttut, was wir genießen, was positive Emotionen und Wohlbefinden erzeugt, streben wir an. Negative Emotionen, innere Anspannungen, Unwohlsein versuchen wir möglichst zeitnahe zu beenden oder gar zu vermeiden. Das gilt auch für Situationen und Erfahrungen, die schon im Vorlauf antizipiertes negatives emotionales Erleben auslösen – eine typische Strategie, die jeder Mensch kennt und beherrscht. So sind etwa das Schreiben einer mehrseitigen Abschlussarbeit, das Lernen für Prüfungen oder langwierige Hausarbeit Herausforderungen. Insbesondere, wenn diese Dinge mit ungünstigen Vorerfahrungen verknüpft sind.

Die positive Einordnung der Umwelt durch das Erkennen, dem Lustgewinn nachgehen zu dürfen, führt eher zu optimistischen Lebenseinstellungen. Das Bestreben nach angenehmen lust- und freudebringenden Aktivitäten oder genuss- und spaßorientierten Handlungen wird durch nahe Bezugspersonen vorgelebt. So werden angenehme Zustände internalisiert und als Annäherungsziele tief verankert. Positive Emotionen motivieren uns dazu, unser Handeln und Denken zu erweitern. Sie fördern Kreativität und regulieren über den hemmenden Charakter negatives emotionales Erleben. So kann auch die Entwicklung eines guten Selbstwertes durch den Aufbau von Stärken gefördert werden. Interesse, Neugierde und Explorationsfreude führen auch dazu, dass wir uns auf andere Menschen einlassen wollen. *Positive Emotionen wollen wir häufiger erleben, weshalb wir mehr Handlungs- und Verhaltensstrategien zugunsten dieser entwickeln.* Ein weiterer wichtiger Ausgangspunkt ist das kindliche Spielen. Spielen fördert positives Erleben und konfrontiert dosiert mit Unlusterleben, das zeitgleich abreagiert werden kann. *Positive Emotionalität ist ebenso eine gute Voraussetzung, um sich unangenehmen Dingen widmen zu können.*

Entsprechend den familiären Prägungen in der Kindheit wird die jeweilige Umgebung wahrgenommen. Konnte positives Erleben der Umwelt modellhaft vermittelt werden, so lösen Dinge wie Körperkontakt, Spielen, Essen oder Sport auch beim Kind angenehme Emotionen aus. Das gilt auch für Verpflichtungen und Erledigungen von Alltagsaufgaben. Leben nahe Bezugspersonen Freude beim Erledigen von Dingen und Verpflichtungen vor, kann diese Herangehensweise sich ebenso im Kind verankern. Entscheidend dabei ist, wie Eltern mit den eigenen und den kindlichen Grenzen der Leistungsfähigkeit umgehen. Hierin

3.2 Grundbedürfnisse und Entwicklungsthemen

liegt die Verbindung zum Grundbedürfnis nach Orientierung, Kontrolle und Grenzen. Werden Grenzen ignoriert, kann sich kein angemessener Umgang entwickeln. Typisch ist im Erwachsenenalter dann die Fokussierung auf Arbeit, Erledigungen und Verpflichtungen, leider oft bis zur Erschöpfung. Verknüpfen sich diese Verhaltensweisen mit dem Bedürfnis nach Selbstwerterhalt, entwickelt sich ein sehr stabiles Leistungsstreben. Ursprüngliche Annäherungsziele, etwas zu erreichen und zu schaffen, koppeln sich mit mittel- und langfristigem Erschöpfungserleben sowie einer Unzufriedenheit darüber, aus diesem Zustand heraus nicht mehr so viel leisten zu können.

> Frau Z., eine junge Lehrerin, kommt mit einer schweren depressiven Erkrankung zum Erstgespräch. Statt von der Depression und deren Symptomen berichtet Frau Z. über ihre Sorgen und das Unverständnis darüber, nicht mehr so viel leisten zu können. Die Arbeit als Lehrerin sei kaum zu bewältigen, obwohl sie früher selbst die Vor- und Nachbereitungen spielend erledigt habe. Die Hausärztin habe ihr seit ca. sechs Monaten ein Antidepressivum verordnet. Das habe anfangs gut geholfen, nun sei Frau Z. jedoch wieder an ihren Grenzen angekommen. Es ist ihr sehr unangenehm, überhaupt therapeutische Hilfe in Anspruch nehmen zu müssen. »Das sagt ja auch viel über mich aus.«
> Gegenüber den Kollegen und den Schulkindern empfinde sie ebenso Scham und Schuld. Einerseits hoffe sie, dass niemand im Unterricht hospitiere und ihre aktuellen Inkompetenzen erkennt. Andererseits sei sie den Schülern es schuldig, guten Unterricht zu machen, damit diese etwas lernen. Obwohl sie sehr erschöpft sei, falle es ihr schwer, der Arbeit und Schule fern zu bleiben. Die Tätigkeit mache ihr nämlich sehr viel Freude. Wegbleiben bedeutet für Frau Z. zu kapitulieren und den anderen Kollegen zur Last zu fallen, den Lehrauftrag nicht zu erfüllen.
> Der biografische Bezug zeigt, dass Frau Z. aus einer einfachen, liebvollen und arbeitsamen Familie stammt. In ländlichen Strukturen, auf dem Hof der Eltern, aufgewachsen, stand die Arbeit rund um den Hof im Vordergrund. Der elterliche Betrieb musste den Lebensunterhalt für die achtköpfige Familie erwirtschaften. Jeder half wann und wo er nur konnte. Kranksein brachte immer Probleme, besonders in den Sommermonaten. Erschöpfung wurde nur akzeptiert, wenn »wirklich was geschafft wurde«. Unter diesen Bedingungen entstand bei Frau Z. bereits früh der Wunsch, sich nicht mehr mit so viel Arbeit das Leben schwer machen zu wollen. Daher musste sie in der Schule besonders gute Leistungen zeigen und den Wunsch nach Abitur und Studium zu Hause durchsetzen. Das Studium bewältigte Frau Z. unter großem Einsatz und Lernaufwand. Es galt, schnell und effektiv die Zeit zu nutzen. Jedes verlorene Semester kostete Geld. Die Aussicht auf ein festes monatliches Einkommen brachte die ersehnte Sicherheit. Nun arbeitete sie seit einem Jahr als Lehrerin und sollte bald verbeamtet werden. Die Sicherheit durch die Verbeamtung sah sie nun gefährdet. Ein Lebenstraum drohte nach all dem Einsatz zu zerbrechen.

Die Rückkopplung »Genug und ausreichend« entwickeln zu können ist elementar, um sich angemessen regulieren zu können. Das frühe Hinweggehen über Grenzen und dazugehörigen somatischen Markern führt zur Überforderung und zu grenzenloser Selbstaufgabe. Marker sind z. B. Erschöpfungszustände, körperlich spürbare Müdigkeit und Erleben eines Zustandes, den man mit »satt« bezeichnen könnte. Für diese wichtigen Rückkopplungssysteme kann der Zugang verloren werden. Eine angemessene Selbstregulation ist dadurch beeinträchtigt (▶ Fallbeispiel Frau Z., S. 45). Die Erlaubnis zur Selbstfürsorge, sich auch um die anderen Grundbedürfnisse kümmern zu können (manchmal gar zu müssen), löst oft Schuld und Scham aus. Damit sind auch diese Vorerfahrungen sowie das dazugehörige emotionale Erleben später automatisiert. Es werden jeweils annähernde oder vermeidende Verhaltensprogramme auch zugunsten der anderen Grundbedürfnisse aktiviert. Es gibt viele komplexe Überschneidungen zu den anderen Grundbedürfnissen, z. B. nach Orientierung und Kontrolle oder Selbstwerterhaltung.

Die Vermittlung der Erlaubnis, sich auf positive Art und Weise um die eigenen Grundbedürfnisse kümmern zu dürfen, gehört ebenso zur lustorientierten Lebenseinstellung. Ist die eigene innere Bilanz jedoch eher negativ oder fehlt gar die innere Erlaubnis, fällt es schwer, sich um die eigene Befriedigung der Bedürfnisse zu bemühen. Zumeist lösen Verhaltensweisen zugunsten der eigenen Grundbedürfnisse Schuld und Scham aus. Aktivitäten bringen dann kein Wohlbefinden, keine Freude oder Genuss. Deshalb fällt es besonders schwer, Verhaltensweisen zugunsten einer selbstfürsorglichen Haltung umzustellen.

Das Grundbedürfnis regt also in den verschiedenen Lebensphasen an, Entwicklungsthemen und Herausforderungen anzugehen und zu bewältigen. Im Erwachsenenalter kann es manchen Menschen schwerfallen, sich kurzfristig unangenehmen Themen zu stellen. Dies ist insbesondere dann der Fall, wenn auf elterlicher Seite Lustgewinn und Lebensgenuss einseitig im Vordergrund standen. Das Streben nach Lustgewinn entsteht genauso oft, wenn die Eltern und deren Streben nach Leistung und Verpflichtung als Modell oder deren Lebensweise abgelehnt werden. Im Rahmen dessen können sich Fantasien wie »Mit einer Idee schnell reich werden« (als Annährungsziel) oder »So viel Arbeit und Leistung nützen nichts, wenn man davon kaum leben kann« (als Vermeidungsziel) etablieren. Stattdessen werden Aktivitäten vorgezogen, die positives Erleben fördern. Das hintergründige negative emotionale Erleben über Misserfolge oder unerledigte Arbeiten wird überdeckt. Manche Menschen jagen regelrecht nach positiven Emotionen. Zeitgleich fehlt es an Fähigkeiten zum Umgang mit eigenem negativen emotionalen Erleben. *Ist das Handeln eines Menschen zu intensiv zugunsten des Lustgewinns ausgerichtet, bleiben die anderen Grundbedürfnisse unbefriedigt.* Auf die Dauer stellen sich Unwohlsein und Unbehagen ein, das zumeist ein noch stärkeres Streben nach Freude und Spaß mit sich bringt. *Sich Aktivitäten stellen zu können, die kurzfristig unangenehm sind, sich mittel- und langfristig jedoch positiv auswirken, ist eine wesentliche Lernaufgabe.*

3.2 Grundbedürfnisse und Entwicklungsthemen

Herr A. kommt mit den typischen Beschreibungen von Prokrastenie-Tendenzen zur Therapie. Anlass für die Aufnahme der Behandlung ist jedoch die Idee, durch Hypnose schnell das Unbewusste »umzuprogrammieren«. Das habe Herr A. in einer Fernsehsendung gesehen. Dass man sein Unbewusstes neu programmieren kann, hat Herr A. bereits in Selbsthilfebüchern aus Amerika gelesen. »Schnell erfolgreich ohne Arbeit«, »Man muss nur wollen«, »Positives Denken öffnet Wege und Türen« sind Formulierungen, die Herrn A. sofort einfallen. Er selbst habe jedoch noch nicht den Schlüssel dafür gefunden. Anscheinend reiche das Lesen der Bücher nicht. Herr A. erhofft sich durch eine Hypnose auch, schnell das seit Jahren vorhandene Übergewicht nun zu verlieren. Es muss doch möglich sein, den »Stoffwechsel so anzukurbeln, dass er weiterhin essen und genießen könne wie bisher«. Bei anderen Menschen ist der Stoffwechsel von Geburt an besser. Behandlungsauftrag aus seiner Sicht ist es demnach, das Unbewusste neu zu programmieren, damit die »Dinge leichter von der Hand gehen und Glücksgefühle auslösen«. Herr A. denkt, dass dafür fünf Stunden ausreichen müssten. In den Fernsehsendungen sei zwar von 1–2 Stunden die Rede gewesen, aber da sein Übergewicht auch noch schwinden soll, habe er sich gedacht, dass ca. 5 Hypnosesitzungen wohl realistischer sind. In Vorfreude darauf, nun seine Ziele zu erreichen, ist Herr A. positiv gestimmt und signalisiert seine Mithilfe.

Über seine Kindheit und die Eltern wolle er gar nicht reden. Das sei unnütze Zeit, denn er wolle sein Ziel erreichen. Dennoch lassen sich einige Eckdaten explorieren. Sein Vater war als Elektriker selbstständig. Er arbeitete viel, dennoch reichte das Einkommen nicht. Die Mutter von Herrn A. musste bei einer anderen Familie sauber machen, um die eigene Familie mitzuversorgen. Innerhalb der Familie wurde viel darüber gesprochen, dass Menschen nur durch eine Idee reich geworden sind. Die Ungerechtigkeit der Welt, dass seine Eltern hart arbeiten müssen und es zum Leben nicht reicht, stand dem gegenüber. In der Freizeit wurde viel Wert auf Entspannung und Genuss gelegt. Dies stellte für die Eltern ein gutes Gegengewicht zur harten alltäglichen Arbeit dar. Urlaube, Reisen konnten aufgrund der eingeschränkten finanziellen Möglichkeiten nicht gemacht werden. Herr A. berichtete weiterhin, dass seine Mutter ihm »viel abgenommen habe«. Das sei ihm in Erinnerung, denn Hausaufgaben, bei denen er nicht weiterkam, habe seine Mutter für ihn bearbeitet. Aufgaben innerhalb der Familie bzw. der Wohnung habe er keine gehabt. Stattdessen gab es Aufforderungen wie »Geh Du mal spielen« und »Du sollst es besser haben als wir«.

Das Bedürfnis ist in der Ausgestaltung sehr komplex, denn die Balance zwischen Lustgewinn und Unlustvermeidung bezieht sich auf alle Lebensbereiche. Dazu gehört auch, Dinge aus- und durchzuhalten. Dies sind wichtige Strategien. Fähigkeiten, sich kurzfristig unangenehmen Dingen zu stellen oder Aktivitäten auszuführen, die keine Freude machen, helfen durch den Alltag. Emotionsregulationsstrategien unterstützen dabei, einen angemessenen Belohnungs- und Freudeaufschub auszuhalten (vgl. dazu auch ▶ Kap. 10.3). Gute Bindungserfahrungen sind die Grundlage für die Entwicklung von Fähig- und Fertigkeiten, aktiv Unlust, Unwohlsein und negative Emotionen abzustellen. Erfahrungen des

»Getröstet- und Begleitet-Werdens« durch nahe Bezugspersonen unterstützen dabei, emotional unangenehme Zustände kurzzeitig auszuhalten und später abklingen zu lassen. Zeitgleich stärkt das die Bindung und das gemeinsame Streben nach Angenehmem, Freude und Genuss. *Eine positive Lust-/Unlustbilanz fördert die Gesundheit und erhält die Leistungsfähigkeit.*

Ist die Umgebung eher die Quelle negativer Erfahrungen, formt sich eine pessimistischere Haltung – sowohl gegenüber der Umwelt als auch gegenüber sich selbst. Vordergründig geht es darum, zu funktionieren und das Leben »zu verwalten«. Zumeist sind es Vermeidungsziele, die den Leitfaden des Strebens darstellen. Vermeidungsziele gehen jedoch selten mit positivem Erleben einher. Damit bestätigt sich die pessimistische Grundhaltung immer wieder selbst. So können sich nur wenige Annäherungsschemata ausprägen. *Kinder mit vielen Unlusterfahrungen erweisen sich als störanfälliger, beantworten Frustrationen des Bindungs- und Kontrollbedürfnisses mit intensiven negativen Emotionen und höherer Irritierbarkeit.* Exploration und Interaktion finden eher ausweichend statt, da neuronale Strukturen für Annäherung fehlen. Annäherungsziele, Wünsche und positives emotionales Erleben sind im Erwachsenalter nur schwer zu finden.

Zusammenfassung

- Das Grundbedürfnis nach Lustgewinn und Unlustvermeidung ist sehr komplex und eng vernetzt mit den anderen Bedürfnissen.
- Die Grundregel: Wir wollen Gutes und Angenehmes erleben (Annäherungsziele) sowie Unangenehmes und Schlechtes gern vermeiden (Vermeidungsziele).
- Die Balance zwischen Lustgewinn und Unlustvermeidung bezieht sich auf alle Lebensbereiche. Das Grundbedürfnis regt in den verschiedenen Lebensphasen an, Entwicklungsthemen sowie Herausforderungen anzugehen und zu bewältigen.
- Eine positive Lust-/Unlustbilanz fördert die Gesundheit und erhält die Leistungsfähigkeit.
- Ist das Handeln eines Menschen zu intensiv zugunsten des Lustgewinns ausgerichtet, bleiben die anderen Grundbedürfnisse unbefriedigt.
- Die Rückkopplung »Genug und ausreichend« entwickeln zu können ist elementar, um sich selbst angemessen regulieren zu können.
- Positive Emotionalität ist eine gute Voraussetzung, um sich unangenehmen Dingen widmen zu können.
- Ist die frühe Umgebung eher die Quelle negativer Erfahrungen, formt sich eine pessimistischere Haltung – sowohl gegenüber der Umwelt als auch sich selbst.
- Kinder mit vielen Unlusterfahrungen erweisen sich als störanfälliger, beantworten Frustrationen des Bindungs- und Kontrollbedürfnisses mit intensiven negativen Emotionen und höherer Irritierbarkeit.

4 Empathie

Soziale Emotionen (wie Schuld und Scham) und die Fähigkeit zur Empathie stehen miteinander in Beziehung. Das Konstrukt der Empathie ist vielschichtig und durch zahlreiche natur- und sozialwissenschaftliche Ansichten erforscht und geprägt. Einigkeit besteht darüber, dass es sich beim Konzept der Empathie um ein sehr komplexes System handelt. Dieses verarbeitet soziale Signale auf unterschiedlichen Ebenen und steuert sowohl emotionale und kognitive Prozesse als auch unser Verhalten in Interaktionen. *Die Fähigkeit zur Empathie ist somit eine wesentliche Voraussetzung für die Wahrnehmung von sozialen Informationen.* Interaktion bedarf der Fähigkeit der Empathie. Sich in andere Menschen hineinfühlen zu können ist wichtig. Empathie dient dem Aufbau und dem Erhalt zwischenmenschlicher Beziehungen, insbesondere auf emotionaler Ebene. Vielfach werden multidimensionale Prozesse des Erkennens, Verstehens, Verarbeitens, Hineinfühlens und Nachempfinden in emotionale Belange anderer Personen darunter verstanden. Sowohl emotionale als auch kognitive Fähigkeiten sind dafür die Voraussetzung (Blair 2005; De Waal 2008; Smith 2006).

Der Abbruch oder das Ausbleiben von Empathie innerhalb wichtiger Bindungen führt zu Einsamkeitserleben, Verachtungs- und Beschämungsempfindungen sowie zur Entwicklung von Beziehungsstilen, die über das gesamte Leben prägend sind (▶ Kap. 6.2). Bindungstheoretiker sprechen daher der elterlichen Empathie bei der Sozialisation von Kleinkindern eine äußerst bedeutsame Rolle zu. Empathiefähigkeit ermöglicht durch die Antizipation der Empfindungen des Gegenübers auch die Vorhersagbarkeit dessen Verhaltens. Menschen sind dadurch bereits auf neuronaler Ebene vorbereitet. So sind schnell und automatisiert die unterschiedlichen Strukturen für eine mögliche Annäherung, einen Kampf oder das Aushalten im Rahmen von sozialen Beziehungen aktiviert. Sind die ersten Bindungserfahrungen jedoch ungünstig, prägen sie Menschen über das gesamte Leben hinweg. Empathiedefizite können aggressives und antisoziales Verhalten bedingen, wie es z. B. bei Kindern mit einer ADHS-Diagnose häufig beobachtet wird (De Wied et al. 2007).

Ungünstige Erfahrungen von Beziehungs- und Empathieabbrüchen werden auch von Trauer und seelischen Schmerzen begleitet. Im Rahmen der neurobiologischen Erforschung der Spiegelneurone wurde gezeigt, dass bei sozialen Ausgrenzungserfahrungen dieselben Hirnareale aktiviert sind wie beim subjektiven Erleben von körperlichen Schmerzen (Bauer 2005). Die erfahrungsabhängige Plastizität neuronaler Strukturen zeigt sich besonders eindrücklich bei den ungünstigen und invalidierenden Beziehungserfahrungen, wie sie bei Posttraumatischen Belastungsstörungen, Patienten mit pathologischem Dissoziationserleben oder Borderline-Erkrankungen zu finden sind. Hingegen führt das Erleben von sozialer Akzeptanz, Wertschätzung und Zugehörigkeit zur Stimulation des Motivations- und Belohnungssystems (ebd.).

Exkurs

Selbstempathie

Die uns entgegengebrachten Beziehungs- und Empathieerfahrungen führen zur Ausprägung einer emotionalen Grundhaltung. Mit dieser inneren Grundhaltung kann eine Person anderen Menschen, aber auch sich selbst, entgegentreten. Ist diese innere Haltung angenehm und positiv, bildet sich auch eine innere Erlaubnis aus, sich um sich, die eigenen Emotionen und Bedürfnisse kümmern zu dürfen. Manchmal wird Selbstempathie auch Selbstliebe oder guter Egoismus genannt.

Selbstempathie ist eine innere Haltung, die sich eine Person entgegenbringen kann. Sich den eigenen Emotionen, Bedürfnissen und anderen inneren Vorgängen wohlwollend zu widmen ist Ausdruck von Selbstempathie. Sich Zeit dafür zu nehmen, die Erkenntnisse in den Alltag einzubauen und sich ein Leben zu gestalten, das den eigenen Bedürfnissen Raum gibt, all das hilft, die seelische Gesundheit und Balance herzustellen und zu halten.

In der Therapie wird Selbstempathie als Konstrukt genutzt, um die bisherigen ungünstigen Erfahrungen zu korrigieren oder zumindest zu ermöglichen, dass der Patient besser für sich sorgen kann.

Für das Zustandekommen von Empathie, Scham und Schuld ist es notwendig, dass entsprechende hirnorganische Strukturen in der Lage sind, Informationen aus dem ursprünglichen Kontext herauszulösen, auf Erinnerungsreize antworten zu können und diese mit zukünftigen Repräsentationen zu verknüpfen. Dies ermöglicht den Zugang zu den Vorstellungen anderer Menschen und die Bewusstmachung von Gemeinsamkeiten und/oder deren Andersartigkeit. *Das populäre »Konzept der Spiegelneurone« (Bauer 2007) bildet ein biologisches Grundlagenverständnis für Empathieprozesse.* Spiegelneurone werden in einen engen Zusammenhang mit empathischen Prozessen gebracht. Über die experimentell nachweisbare neuronale Aktivität der Spiegelneurone sind daher auch die Resonanzvorgänge in Interaktionen abbildbar (Bauer 2007).

Spiegelneurone sind mit der Geburt vor allem für die Basisemotionen und den Schmerz angelegt (▶ Kap. 6.3.1). *Die angeborene Verletzlichkeit, deren neuronaler Ausdruck in den angeborenen Spiegelneuronen zu finden ist, gilt als Vorläufer der präverbalen Scham* (▶ Kap. 6.2 ff.). Der zugrunde liegende neuronale Zusammenhang findet sich bei allen Basisemotionen und gilt als ein definitorisches Merkmal (Ekman 1992; Ekman et al. 1999). Scham bzw. präverbale Scham wird daher den Basisemotionen zugeordnet. *Ebenso wurde Schuld von Ekman (1992) und Krause (1990) als Basisemotion anerkannt.* Dabei gilt gerade das Schuldempfinden als »angeboren und universal«. Betrachtet man diese Zusammenhänge und Ergebnisse, dann liegen Empathiefähigkeit, Schuld- und Schamempfinden sehr nahe beieinander, bedingen sogar einander. Je mehr Empathiefähigkeit vorhanden ist, desto besser und intensiver können Menschen auch Schuld und Scham erleben. Dies hat sowohl für uns Therapeuten als auch für unsere Patienten eine große Bedeutung.

Empathie ist jedoch mehr als nur der Moment der Einfühlung. Anfangs gilt es, eine unglaubliche Menge an differenzierten Informationen des Gegenübers wahrzunehmen. Dazu gehören Stimme, Körpersprache, Mimik, vegetative Reaktionen, Betonungen von Gesprochenem und auch der individuelle Fokus, den andere Menschen bereits durch das Äußern von Gedanken mitteilen. Ebenso sind die kleinen Gesten, veränderten Blicke und/oder Handlungen entscheidend. Empathie ist individuell und in jeder Situation unterschiedlich ausgeprägt. Unsere neuronalen Anlagen bilden dabei die Grundlage dafür, ob und wie die Vielfalt an Informationen wahrgenommen wird. Spätere Lernerfahrungen beeinflussen im Weiteren, auf welche Art und Weise wir die Informationen verarbeiten. Die aktuelle Beziehungsebene zum jeweiligen Gegenüber prägt daher ebenso die Empathiereaktion.

Spiegelneurone werden auch als Container für das gemeinsame Vielfache (»shared manifold«) bezeichnet (Gallese 2003a, 2003b). Vielfach findet sich auch die Bezeichnung »menschlicher Resonanzboden« dafür in der Literatur. Die Vorgänge der Empathie beschreiben auch nach Preston und De Waal (2002) komplexe Prozesse. Diese bestehen zum einen aus übergeordneten Prozessen der Wahrnehmung und zum anderen aus der resultierenden inneren Repräsentation des emotionalen Zustandes. Die innere Repräsentation aktiviert die Bahnen unbewusster autonomer und somatischer Reaktionen beim Beobachter. Menschen reagieren darauf mit zwei möglichen Reaktionstendenzen: entweder emotionale Empathie oder eine instrumentelle emotionale Reaktion. Beispielsweise erleben wir Furcht, wenn wir den Ärger des Gegenübers wahrnehmen, oder entwickeln Mitgefühl bei Trauer des Gegenübers.

Erkennbar wird, dass eine Unterscheidung von kognitiver und emotionaler Empathie ein hilfreiches theoretisches Konstrukt ist, um das Verständnis über die Vorgänge des emphatischen Einfühlens und Verarbeitens zu vereinfachen. Die »Theory of Mind« (Premack u. Woodruff 1978) postuliert in ihrem Konzept daher die Fähigkeit, sich den emotionalen und mentalen Status eines anderen Menschen bewusst zu machen. Dazu gehören auch dessen (vermutliche) Überzeugungen, Absichten, Gedanken sowie das Vermögen, das dem anderen Menschen zugrunde liegende Wissen und dessen Wünsche erschließen zu können. Ebenso gilt es, Verhaltensintentionen und mögliche Absichten anderer Leute zu erkennen. Dies macht jedoch vielfältige kognitive Aspekte und Prozesse notwendig. Einer davon ist das »deduktive Schließen«, wie aus Alltagsdenkprozessen bekannt ist. Über den Top-down-Mechanismus werden anhand von erkennbaren Informationen dann Rückschlüsse auf den mentalen Status, die Absichten und Intentionen der anderen Person geschlossen.

Neurobiologische Korrelate erfassen daher auch für die Empathiefähigkeit die Komplexität der Prozesse und bringen sie in einen Zusammenhang. Dabei werden die Areale für Empathie und die Vorgänge der »Theory of Mind« auch in unterschiedlichen neuronalen Netzwerken assoziiert. Dazu gehören der vordere Teil des Temporallappens, der anteriore parazinguläre Cortex sowie der Sulcus temporalis superior (STS). Die Verbindung findet über die verschiedenen Areale wie Amygdala und Orbifrontaler Cortex statt. Für Empathie konnte die Aktivierung des Präfrontalen Cortex sowie des Temporallappens (Preston u. De

Waal 2002) nachgewiesen werden. Damit lässt sich eine Unterteilung der Empathiefähigkeit in kognitive und emotionale Empathie auch auf neurobiologischer Ebene nachweisen.

Erwähnenswert in diesem Zusammenhang ist auch die Hypothese, dass Psychopathie und Empathie dennoch in Verbindung stehen können. Es wird vermutet, dass bei psychopathischen Menschen die kognitiven Anteile der Perspektivübernahme vorhanden sind und funktionieren. Jedoch sind die notwendigen emotionalen somatischen Korrelate wenig repräsentiert (Damasio et al. 1991; ▸ Kap. 8.3.1). Das Wissen um Schuld und Scham ist somit zwar vorhanden, aber emotional nicht verfügbar.

Zusammenfassung

- Die Fähigkeit zur Empathie ist eine wesentliche Voraussetzung für die Wahrnehmung von sozialen Informationen.
- Der Abbruch oder das Ausbleiben von Empathie innerhalb wichtiger Bindungen führt zu Einsamkeitserleben, Verachtungs- und Beschämungsempfindungen sowie zur Entwicklung von Beziehungsstilen, die über das gesamte Leben prägend sind.
- Spiegelneurone werden in einen engen Zusammenhang mit empathischen Prozessen gebracht und sind mit der Geburt vor allem für die Basisemotionen und Schmerz angelegt.
- Die angeborene Verletzlichkeit, deren neuronaler Ausdruck in dem angeborenen Spiegelneuronensystem zu finden ist, gilt als Vorläufer der präverbalen Scham. Das Schuld- und Schamempfinden gilt ebenso als »angeboren und universal«.
- Empathiefähigkeit, Schuld- und Schamempfinden sind eng miteinander verwoben.
- Empathiedefizite können zu aggressivem, grenzüberschreitendem und antisozialem Verhalten führen.
- Defizite in der Empathiefähigkeit wirken sich auch auf individuelles Schuld- und Schamempfinden aus.

5 Schuld

5.1 Allgemeiner Teil

Man kann sich schuldig fühlen, aber keine reale Schuld haben. Man kann aber auch real schuldig sein und frei von Schuldgefühlen. *Die meisten Menschen fühlen sich häufiger schuldig, als sie tatsächlich Schuld haben.* Das Erleben von antizipatorischer, aktueller und realer Schuld resultiert meist aus der Bewertung des eigenen Verhaltens. Reale Schuld ist jedoch objektiv. Dabei ist es wichtig, sich für den entstandenen Schaden durch eigenes Verhalten und Handeln auch verantwortlich zu erleben. Wesentlich scheint in diesem Zusammenhang auch, dass man zu der geschädigten Person eine enge emotionale Bindung haben muss, um sich schuldig zu fühlen. *Schuld ist universell und wird als negative Empfindung wahrgenommen.* Schulderleben beinhaltet die realistische oder auch unrealistische Annahme, jemand anderen zu schädigen bzw. geschädigt zu haben. *Sich schuldig fühlen und tatsächlich schuldig sein ist nicht nur ein sprachlicher Unterschied.* Beide Varianten haben unterschiedliche Bedeutungen und können zu anderen Konsequenzen führen.

Der Umgang mit Schuld gelingt uns im Alltag meist recht gut. Situativ angemessenes Schulderleben ist für uns Menschen geläufig und quasi selbstverständlich. Wenn wir versehentlich die Haustür vor dem Nachbarn zufallen lassen, folgt ein schnell ausgesprochenes »Entschuldigung! Das war nicht mit Absicht«. Dies gehört zum Miteinander. Quasi wie selbstverständlich entschuldigen wir uns, wenn wir eine Kollegin bei der Arbeit aufgrund eines eigenen wichtigen Anliegens unterbrechen. Die zu spät versendete Geburtstagspost für eine nahestehende Person enthält vielleicht eine kleine Wiedergutmachungsgeste (zusätzlich zu den Glückwunschzeilen). Für den Partner vergessen, die geliebte Schokolade aus der Stadt mitzubringen? Schuld hilft beim nächsten Mal, ganz sicher daran zu denken. *Eine Entschuldigung, Wiedergutmachung oder eine Rückversicherung, ob man sich im Sinne der anderen Person verhalten hat, ist häufig schneller ausgesprochen als die Empfindung eines eigenen tatsächlichen Schuldgefühls.* Die meisten Menschen entschuldigen sich daher gern prophylaktisch.

Schuld erleben zu können und Schuld zu verhindern sind wesentliche Elemente unseres sozialen Miteinanders. Normen, Werte und Grenzen sind dabei ausgesprochen und unausgesprochen bekannt. Natürlich wissen wir, dass man im deutschsprachigen Raum nicht zu spät kommen sollte. Passiert es uns doch, ist eine entschuldigende Rechtfertigung fast noch vor der Begrüßung der anderen Person ausgesprochen. Ganz intuitiv nutzen wir dabei unser Wissen, dass *das Anerkennen von fehlerhaften und normabweichenden Handlungen auch die empfundene Belastung durch den entstandenen Schaden des anderen reduziert.* Das Aussprechen des Fehlverhaltens, des entstandenen Schadens sowie die Entschuldigung oder Reue durch die handelnde Person führen dabei zur emotionalen Entlastung des »Opfers«. Vermutlich signalisiert dies, dass die Beziehung keinesfalls gefährdet ist und sich das Fehlverhalten oder das Missgeschick nicht absichtlich gegen die geschädigte Person gerichtet hat. Schließlich will niemand die gute Beziehung zu anderen Menschen absichtlich gefährden oder bedroht sehen. Der »Täter« erlebt durch diesen Akt aber weniger Schuld, selbst wenn wir die Person, mit der wir verabredet waren, um deren Wertschätzung durch unser Zuspätkommen gebracht haben.

Etwas unangenehmer wird die Sache für die meisten Menschen jedoch, wenn uns andere Personen auf unser nicht angemessenes Verhalten aufmerksam machen. *Niemand möchte gern in den Augen des anderen als egoistisch und unmoralisch dastehen.* Regeln, Normen, Gesetze und Werte zu achten ist Teil unseres Gemeinschaftsgefühls. Das Nichtwissen entschuldet daher keinesfalls. Es ist anscheinend unsere Pflicht, das Wissen der sozialen Gemeinschaft, deren ethische und moralische Werte und Normen einzuholen und uns entsprechend zu verhalten. Schaden, Grenzverletzungen, Missachtungen gilt es zu verhindern. Schuld anzuerkennen und zu zeigen verdeutlicht daher der anderen Person, dass wir an einem guten Miteinander interessiert sind und ein moralisches und ethisches Gewissen haben. Kontakt zu anderen Personen zu haben, in ein soziales Umfeld eingebunden zu sein, bedeutet daher eine tägliche Auseinandersetzung mit den Grenzen anderer und den eigenen Grenzen. Verstöße gegen moralische, ethische oder religiöse Normen und Werte können Schuld auslösen. Dabei muss die Person jedoch Verantwortung für das eigene Fehlverhalten übernehmen und empfinden. *Schuld zu zeigen heißt daher auch, Verantwortung zu übernehmen.* Komplexer wird es, wenn es um Rechtfertigungen oder die Zurückweisung von zugeschriebener Schuld geht. Die entsprechende Auseinandersetzung, rechtfertigende Erklärungen (»Ich bin zu spät gekommen, weil meine Uhr beim Uhrmacher ist«, »Ich wusste gar nicht, wie spät es schon ist«) oder die Verantwortung zurückweisende Sätze (»Das lag nicht in meiner Verantwortung, auf der Autobahn war ein Unfall«) oder Bedauern über die Tatsache (»Es tut mir leid, dass Du warten musstest«, »Ich bedauere, nicht früher losgefahren zu sein«) machen dem Gegenüber deutlich, dass wir grundsätzlich darum wissen, was verantwortungsvolles und moralisch einwandfreies Handeln ist. *Zwischen Schuldgefühl und Schuldbewusstsein sollte daher unterschieden werden.* Um Schuld erleben zu können, muss bei Menschen die Fähigkeit zur Empathie vorliegen (vgl. ▶ Kap. 4), genauso wie ein Empfinden für Recht und Unrecht. Schuldgefühle sind also ein Resultat von Bewertungen über unser Verhalten, der Wahrnehmung des aus unserem Handeln entstandenen Schadens sowie der von uns verursachten emotionalen Belastung der geschädigten Person.

> **Häufig verwendete Synonyme**
>
> Ängstlich, Bedauern, Beichten, Bereuen, Bestrafungsangst, eine Auflage haben, Gewissensbisse, Kredit, nicht nachgegangene Verpflichtung, Reue, ruchlose Taten, Rückstand, Schande, Schelte verdient zu haben, Schuldbewusstsein, Schulderleben, sich schuldig fühlen, Selbstanklagen, Selbstvorwürfe, sich selbst etwas vorwerfen, Sünde,

5.1 Allgemeiner Teil

Sündenbock sein, Sühne, Strafangst, Straferwartung, um Vergebung bitten, Übertretung, Unbehagen, Verantwortlichkeit für falsche Handlungen, Verbindlichkeit, Vergehen, Versagen, versäumte Verpflichtung, Verunsicherung, Verschulden, Vorwerfbarkeit, wider besseren Wissens gehandelt, Zuwiderhandlung, Zweifel etc.

Forscher konnten bisher *kein eindeutiges physiologisches Muster des Schuldgefühls* finden. Ebenso gibt es anscheinend keine klar abgrenzbare Mimik im Gesicht eines Schuldigen (Tracy u. Robins 2004). Meist ist eine ähnliche Mimik wie bei der Scham zu erkennen. Das Senken des Blicks hilft vermutlich, die eigene Aufmerksamkeit auf kognitive Prozesse zu lenken. Kognitiv macht es in diesen Momenten Sinn, abzuwägen, ob das eigene Handeln angemessen, vertretbar war und oder ob es konstruktiver Lösungen im Sinne von Rechtfertigungen, Reuebekundungen oder Entschuldigungen bedarf. *Wie bei vielen emotionalen Prozessen kommt es körperlich zu einer Erhöhung des Herzschlags sowie zu einer allgemeinen Aktivierung der viszeralen und muskulo-skelettalen Systeme (z. B. Pulsbeschleunigung, Schwitzen, Anspannung der Muskeln).* Aufgrund der fehlenden spezifischen Erkennungsmerkmale berücksichtigte Ekman in seinen ersten Arbeiten Schuld daher nicht als Basisemotion. Dies änderte sich jedoch. Bald wurde Schuld auch von Ekman (1992) und von Krause (1990) als Basisemotion und als eine grundlegende, selbstreflexive Emotion anerkannt. Doch es gibt in der Emotionsforschung keine Einigkeit darüber, ob Schuldgefühle zu den Basisemotionen gehören. Handlungen aufgrund des Schulderlebens sind eher willkürlich. Auch dies spricht gegen die Einordnung von Schuld als Basisemotion. Carrol (1985) versteht Schuld aber als grundlegende Emotion. Wesentlich ist die unterschiedliche Konzeptionalisierung der Schuld, nämlich als spezifische Form der Angst. Dennoch hat Schuld eine adaptive Funktion, motiviert sie uns doch zu zwischenmenschlich normgerechtem Verhalten.

Auf der Verhaltensebene lassen sich verschiedene aktive Versuche der Wiedergutmachung finden. Manchmal geschieht dies auch im Sinne von kognitiven Prozessen. Diese dienen der inneren Wiederholung von Schuldsituationen oder möglichen anderen Handlungsoptionen und sind durch kontrafaktisches Denken gekennzeichnet (▶ Kap. 5.1.3). Selbstvorwürfe, Reue oder das berühmte schlechte Gewissen sind Ausdruck dieser Denkprozesse. Manchmal wünscht man sich auch, anders gehandelt zu haben (Lewis 1971). *Als Schuldverarbeitung können ebenso die berühmten guten Vorsätze verstanden werden.* Absichten, »besser im Haushalt zu helfen, regelmäßig den Müll herauszubringen, für eine aktive Freizeitgestaltung zu sorgen, weniger zu arbeiten« – all das sind Resultate aus einer manchmal auch nur inneren Schuldanerkennung. Das Beichten, öffentliches Bereuen, Taten der Wiedergutmachung, einen Ausgleich schaffen und/oder die Kontaktaufnahme zur geschädigten Person sind auch schuldverarbeitende Prozesse und Lösungsversuche. Die Grundlage für diese Verhaltensweisen sind eine emotionale Nähe und vor allem das Ziel der Wiedergutmachung. Die eigene Schuld loszuwerden und selbst emotionale Entlastung zu erfahren findet über drei wesentliche kognitive Abwehrstrategien statt (Miceli

u. Castelfranchi 1998). Die Auflistung ist zum besseren Verständnis gekürzt und modifiziert.

Ablehnung der eigenen unmittelbaren Bewertung Dies äußert sich durch gegenregulierende Gedanken: »Es hätte schlimmer kommen können«, »So schlimm war mein Verhalten doch gar nicht«. Dazu gehören auch gerechtigkeitsausgleichende Gedanken wie »Dem geschieht das irgendwie recht«, »Das ist der Ausgleich für ihr Verhalten anderen gegenüber«.

Abwehr und Zurückweisung der eigenen Verantwortung Aussagen oder Gedanken wie »Dafür bin ich nicht verantwortlich« und »Das habe ich so nicht gewollt« sind in diesem Zusammenhang typisch. Hier lassen sich vermutlich auch Versuche einordnen, welche die andere Person auf das mögliche Selbstverschulden der Notlage aufmerksam machen.

Abwehr über Wiedergutmachungskognitionen Typisch für diese Abwehrform sind Äußerungen wie »Ich habe mich doch schon entschuldigt und den Schaden wiedergutgemacht« und »Auch ich bin gestraft mit dem Schadensausgleich«.

Im therapeutischen Alltag zeigen Menschen oft ein anderes Phänomen der scheinbaren Schuldverarbeitung. Sie versuchen, auf keinen Fall an schuldauslösende Vorfälle zu denken. Dies wird auch kognitive Vermeidung genannt und führt jedoch meist dazu, dass emotionales Schulderleben im Hintergrund bleibt oder die Intensität der Emotion verstärkt. Echte Schuldreduktion ist nachhaltig. Dazu gehören angemessene Wiedergutmachungsversuche, aber auch das Vergehenlassen von Zeit sowie die Korrektur von Denkfehlern und Glaubenssätzen wie das überhöhte Verantwortlichkeitsempfinden.

Zusammenfassung

- Schuld ist eine universelle Emotion, wird als negative Empfindung wahrgenommen und hat zumeist einen adaptiven Charakter.
- Die meisten Menschen empfinden mehr Schuld, als sie tatsächlich tragen.
- Die Vermeidung von individuellem Schulderleben prägt unsere Interaktionen.
- Der Umgang mit Schuld gelingt uns im Alltag meist sehr gut.
- Schuld und Verantwortung gehören zusammen. Eigene Schuld anzuerkennen heißt auch Verantwortung zu übernehmen.
- Das Anerkennen von Schuld reduziert die emotionale Belastung bei der geschädigten Person und das eigene Schulderleben.
- Eine Unterscheidung von Schuldgefühl, Schuldbewusstsein und Schuldempfinden ist hilfreich.
- Es lässt sich kein eindeutig abgrenzbares physiologisches oder mimisches Muster der Schuld finden.

5.1 Allgemeiner Teil

- Auf der kognitiven Ebene finden schuldabwägende Gedanken und Schuldverarbeitungsprozesse statt.
- Das Verhalten ist durch aktive Wiedergutmachung unterschiedlichster Art gekennzeichnet. Dazu gehören Reue, Bedauern, Entschuldigen, Ausgleich schaffen, Kontakt zur geschädigten Person aufnehmen etc.

5.1.1 Schuld macht Sinn

Schuldgefühle, deren Antizipation und die Vermeidung von Schuld haben eine wichtige Überlebensfunktion. Die Schädigung von notwendigen Beziehungen durch schuldhaftes Verhalten oder gar der resultierende Abbruch von diesen stellten zu früheren Zeiten eine immense Gefahr für das Individuum dar. Personen, die sich immer wieder gegen anerkannte soziale Normen und Werte verhielten, wurden oft von der Gruppe verstoßen oder gar getötet. Schuldvermeidung als individuelles Ziel verhindert, durch das soziale Umfeld isoliert zu werden. Schuld ist eine aversiv wahrgenommene Emotion. *Alle Menschen suchen im Zusammenhang mit eigenem Schulderleben nach Entlastung.* Das heißt, alles was uns einen positiven antizipierten emotionalen Zustand vermittelt, wird als persönliche Entlastung von Schuld verstanden. Dazu gehören verschiedene aktive und passive Strategien, z. B. Verantwortungsübernahme für andere Menschen. Schon früh lernen Erstgeborene, sich um die jüngeren Geschwister zu kümmern. Verantwortungsübernahme wird durch das Umfeld oft positiv verstärkt und vermittelt bereits Kindern, dass sie zufrieden und stolz sein dürfen. Kein Wunder, dass Erstgeborene dieses Verhalten auch bei anderen Menschen zeigen. Sie übernehmen bereits in der Kindheit Verantwortung und zeigen dieses Verhalten auch in sozialen Gruppen, z. B. in der Schule durch Nachhilfe bei schlechteren Schülern. Stolz und Zufriedenheit sind eine echte Alternative zu Schuldempfinden. Eine passive Schuldvermeidungsstrategie wäre genau das Gegenteil, also möglichst wenig Verantwortung für sich und andere zu übernehmen (▶ Kap. 5.1.3).

Um Schuld in aktuellen Situationen empfinden zu können, müssen wir in der Lage sein, *Empathie* für die betroffene Person zu spüren. Ohne Empathiefähigkeit erreichen uns der entstandene Schaden und die emotionale Belastung der »Opfer« nicht. Ebenso müssen wir *Angst vor Beziehungsverlust* haben. Adaptive Handlungen, die die Beziehung zum anderen Menschen erhalten, können nur auf dieser Grundlage initiiert werden. Die Empathiefähigkeit sowie die Angst vor Beziehungsverlust stellen somit die Grundlage für Schulderleben dar. Beides zusammen regt zu beziehungsfördernden Verhaltensweisen an. Dazu gehören gegenseitige Rücksichtnahme oder helfende Handlungen gegenüber sichtlich schlechter gestellten Menschen. Ziel ist es, Schuld in sozialen Beziehungen zu vermeiden. Schuldempfinden reduziert die Häufigkeit von Regelverstößen, motiviert dazu, nahen und wichtigen Bezugspersonen die richtige Portion an Aufmerksamkeit zu schenken sowie ihnen gegenüber positive Gefühle zu äußern. Entschuldigungen und Versuche der Wiedergutmachung zeigen dem anderen, dass einem das Vergehen bewusst wird, und reduziert die Belastungen des Geschädigten.

Das Schuldempfinden ist ein Teil des generalisierten Selbstkonzeptes. *Lewis (1971) lieferte zur Konzeptionalisierung der Emotionen Schuld und Scham eine wichtige Grundlage für die heutigen Forschungsansätze.* Das Kernelement ihrer Betrachtungsweise ist die Einführung des »Selbst«. Das »Selbst« ist im Sinne eines Selbstkonzeptes zu verstehen. Das Selbstkonzept einer Person entwickelt sich während der Kindheit im Kontakt und Austausch mit den nahen Bezugspersonen und wird im Laufe des Lebens innerhalb sozialer Beziehungen weiter moduliert. Die generelle Neigung zu Schuldempfinden wird auch als dispositionelle Schuld (im Sinne eines Traits) bezeichnet. *Schuldneigung äußert sich häufig als Reaktion auf konkrete Ereignisse oder Situationen und löst prosoziales Verhalten aus. Damit hat die Schuldneigung einen adaptiven Charakter.*

Die situativ angemessene Anerkennung eigenen schuldhaften Verhaltens aktiviert auch Reue, Empathie, Trauer oder Bestrafungsangst. Das Zeigen von Schuldgefühlen und das Äußern begangener Schuld signalisieren jedoch dem Gegenüber, dass wir imstande sind, unsere Handlungen und Taten zu erfassen, zu bewerten. Ebenso zeigt es an, dass wir daran interessiert sind, konstruktive Lösungen im Sinne der Gemeinschaft zu finden. *Dabei muss zur geschädigten Person jedoch ein emotional nahes Verhältnis bestehen. Fremden Menschen gegenüber empfinden wir deutlich weniger Schuld.* Gerade für Mitglieder unseres nahen Umfelds ist es wichtig zu erkennen, dass wir die Werte und Normen verinnerlicht haben und vor allem anerkennen. Dies erhöht die Wahrscheinlichkeit, dass die Person, die durch unser Handeln Schaden erlitten hat, auch unsere Entschuldigung und Wiedergutmachungstaten annimmt. Der Platz in der Gemeinschaft bleibt dadurch erhalten.

Im Mittelpunkt der Forschung stand in den letzten Jahren daher zunehmend die adaptive Funktion der Emotion Schuld. Hier hat sich die Forschergruppe um Tangney (Tangney 1995; Tangney u. Dearing 2002 etc.) sehr verdient gemacht. *Das Konzept des »Selbst« hilft bei der Unterscheidung des Schuldgefühls von Scham (z. B. Lewis 1971; Tangney et al. 1988, 1995, 2002) und gilt heute als Paradigma.* Schuld wird auch in diesem Ansatz als selbstbewertende Emotion verstanden. Auf der Grundlage der verinnerlichten Instanz des Selbst wird die schnelle und energieschonende, grobe Beurteilung des Verhaltens als negativ oder angemessen getroffen. Das Selbstkonzept bleibt bei negativer Einschätzung und resultierenden Schuldgefühlen jedoch intakt. Es werden nur das Verhalten und die Handlung der Person bewertet. Anders ist das bei der Scham (vgl. dazu ▶ Kap. 6.7). Lewis (1971) beschreibt Spaltungsprozesse des Selbst in einem beobachtenden Teil und ein beobachtetes Objekt. Negative Bewertungen des eigenen Selbst sind aus ihrer Sicht schaminduzierend. Sprachlich äußert sich der Unterschied durch die andere Betonung der Äußerungen durch die Person. Schuld ist erkennbar durch die Betonung des Verhaltens einer Person, des Verbs in einem Satz. »Ich *habe* etwas Schlimmes getan.« Schamäußerungen

5.1 Allgemeiner Teil

zeigen sich durch das Hervorheben der Person: »*Ich* habe etwas Schlimmes getan.«

Die Fähigkeit, Schuld zu empfinden, signalisiert uns und anderen Personen daher interpersonelle Probleme, die aus unseren Fehlhandlungen oder nicht wahrgenommener Verantwortung resultieren (vgl. dazu auch ▶ Kap. 5.1.3). Über diesen Mechanismus sind Menschen auch zu Handlungen motiviert, die der Aufrechterhaltung von Beziehungen dienen (Baumeister et al. 1994). Aus evolutionärer Sicht dient Schuld also einem klaren Anpassungsvorteil an die umgebende Umwelt und ist vermutlich bereits neurobiologisch verankert. Geäußertes und sichtbares Schuldempfinden verhindert, ausgestoßen oder gar getötet zu werden. Mehr noch: *Schuld motiviert uns, Beziehungen zu pflegen, nahen Menschen Gutes zu tun, uns in ihrem Sinne zu verhalten*. All das dient auch der Aufrechterhaltung von Beziehungen. Je besser uns das im Alltag gelingt, desto besser fühlen wir uns und desto mehr sind wir in das soziale Umfeld eingebettet und können im Notfall auf Unterstützung hoffen. *Daher gehört Schuld auch zu den sozialen Emotionen.*

Die tiefenpsychologische, analytische Sichtweise ist sehr durch die Abhandlungen und Beobachtungen Freuds (1923) geprägt. Bereits im Rahmen seiner Betrachtungen wird im Selbst eine innere Instanz, die Schuldgefühle aktiviert, postuliert. Freud beschreibt diese Instanz dem Über-Ich zugehörig, sprich: dem bewussten Anteil des Gewissens. Die Über-Ich-Bildung wird als ein Prozess der Prägung von außen nach innen verstanden. Ideen, Werte, Normen, Anweisungen naher Bezugspersonen werden darin aufgenommen, erlernt. Das Konzept der »Mentalisierung« (Fonagy et al. 2004; Allen et al. 2008) beschreibt den möglichen Prozess dieser Prägung von außen nach innen (▶ Kap. 6.3.1). Das Über-Ich und somit das Gewissen bilden also die Grundlage für die Beurteilung von bevorstehenden bzw. bereits ausgeführten Handlungen und induzieren bei negativer Bewertung Schuldgefühle. Auch in diesem Ansatz lässt sich der eigentlich hilfreiche funktionale Charakter von Schuldempfinden bereits erkennen. Ein Übermaß an Schuld spricht jedoch für Egozentrismus.

Selbstbewertende (selbstreflexive) Emotionen wie z. B. Schuld, Scham und Stolz haben gemeinsame charakteristische Eigenschaften und können aus Sicht verschiedener Forscher von Basisemotionen abgegrenzt werden. Diese Emotionen erfordern ein Ich-Bewusstsein und stabile Repräsentationen des Selbst. Hirnphysiologische Grundlagen, die im Laufe der kindlichen Entwicklung entstehen, sind dafür notwendig. Ontogenetisch betrachtet entwickeln sich diese Emotionen also später als die Basisemotionen. Ebenso lassen sich bei den selbstbewertenden Emotionen komplexere kognitive Prozesse finden. Wissenschaftler bezeichnen die Fähigkeit zu Schuldempfinden als Resultat einer komplexen Form moralischen Lernens. Daher wird Schuld auch als moralische Emotion bezeichnet. Schuldempfinden stellt eine Triebfeder dar, moralisch ethisch Gutes zu tun und Schlechtes zu vermeiden.

Dennoch lassen sich im Alltag und in der Forschung weiterhin *Abgrenzungsprobleme in der Konstruktdefinition von Schuld und Scham* finden. So konnten bisher keine Situationen mit ausschließlichem Schulderleben in Studien erzeugt werden (Olthof et al. 2004). Wobei das Aktivieren von moralischen und selbstreflexiven Emotionen per Knopfdruck in einer Studiensituation sicher eine große Herausforderung darstellt. Oft treten begleitende Emotionen von Trauer, Mitleid, Scham etc. zusätzlich auf. Dazu passt auch die Untersuchung von Smits et al. (2002). Ziel war es, die Struktur negativer Emotionen über drei erfragte Lebensbereiche (Arbeit/Studium, persönliche Beziehungen, Freizeit) zu erfassen. Übergreifend wurden fünf Dimensionen negativen Erlebens beschrieben: Scham/Peinlichkeit, Schuld/Bedauern, Angst, Ärger sowie Traurigkeit. Bedauern und Schuld werden häufig umgangssprachlich synonym verwendet. Berndsen et al. (2004) schlug vor, Bedauern in interpersonelles Bedauern und intrapersonales Bedauern zu unterteilen. Entscheidend für die Einteilung ist, wer den eigentlichen Schaden aus einer Situation durch das Handeln davonträgt. Erleidet eine fremde/andere Person Schaden, spricht man von interpersonellem Bedauern, was einem Schuldempfinden nahe kommt. Intrapersonelles Bedauern tritt auf, wenn man selbst den Schaden davongetragen hat.

Zusammenfassung

- Schuldgefühle, deren Antizipation und die Vermeidung von Schuld haben wichtige Überlebensfunktionen.
- Schuld empfinden wir eher gegenüber Menschen, die uns emotional nahestehen und bei denen wir das Ziel verfolgen, die Beziehung zu erhalten. Grundlage für Schuldempfinden sind Empathiefähigkeit und die Angst vor Beziehungsverlust.
- Alle Menschen suchen mittels aktiver und passiver Strategien bewusst oder unbewusst Entlastung vom eigenen Schulderleben.
- Schuldneigung äußert sich häufig als Reaktion auf konkrete Ereignisse und Situationen, löst prosoziales Verhalten aus und hat damit einen adaptiven Charakter.
- Schuldempfinden motiviert uns, Beziehungen zu pflegen, moralisch ethisch Gutes zu tun und uns im Sinne anderer naher Personen zu verhalten.
- Situatives Fehlverhalten zuzugeben, Schuld und den entstandenen Schaden anzuerkennen erhöht die Wahrscheinlichkeit, dass die geschädigte Person die Entschuldigung oder Wiedergutmachungstaten anerkennt.
- Das Konzept des Selbst (Lewis 1971) gilt auch für die heutige Forschung als Paradigma zur Unterscheidung von Schuld- und Schamgefühlen.
- Schuld wird auch den selbstreflexiven, selbstbewertenden, sozialen und moralischen Emotionen zugeordnet.

5.1.2 Verschiedene Arten von Schuld

Um das Auftreten von Schuld und die Emotion selbst besser spezifizieren zu können, gibt es aus den verschiedenen Forschungsrichtungen unterschiedliche Ansätze. Dabei werden sowohl das Entstehen als auch die inhaltlich-kognitive Ausgestaltung von Schulderleben berücksichtigt. Oftmals dient die Fokussierung auch der Abgrenzung zwischen Schuld und Scham.

5.1 Allgemeiner Teil

Zum einen wird Schuld auf der *Grundlage von internaler und externaler Orientierung* betrachtet. Schuld wäre damit eine Folge des Bewertungsergebnisses anhand internalisierter Standards und Werte eines Individuums. Dies geschieht im Falle einer negativen Bewertung des eigenen Verhaltens oder der Wahrnehmung eines entstandenen oder antizipierten Schadens durch das eigene Handeln. In der Folge entwickeln Personen ein schlechten Gewissen. Typisch sind auch Gewissensbisse, Reueimpulse, Ruminationen (anhaltendes Nachdenken oder Grübeln) um das schuldauslösende Ereignis sowie innere selbstbestrafende Reaktionen (z. B. Triandis 1988; Ausubel 1955). Scham wird jedoch durch die bewertende reale oder antizipierte Öffentlichkeit aktiviert und ist diesem Ansatz zufolge eher einer externalen Orientierung zuzuordnen.

Zum anderen kann vor dem analytischen Hintergrund situatives Schulderleben als *intrapsychischer Konflikt zwischen Ich und Über-Ich* verstanden werden. Freud (u. a. 1923) lieferte mit dem Drei-Instanzen-Modell der menschlichen Psyche (Ich, Über-Ich und Es) die Grundlage für diesen Ansatz. Freud selbst beschäftigte sich ausgiebiger mit dem Affekt der Schuld als mit Scham (▶ Kap. 6.1.7). Verschiedene Autoren greifen das Dreiteilungskonzept der Psyche auf. Schuldgefühle sind damit ein Resultat von Übertretungen und Fehlverhalten der erlernten moralischen Normen und Werte des Über-Ichs (z. B. Piers u. Singer 1971). Schuld geht einher mit der Antizipation von Bestrafung (Baumeister et al. 1994); oft spüren Betroffene neben dem aktuellen Schulderleben auch Bestrafungsangst. Aktuellere Ansätze haben den interpersonellen Ursprung von Schuld im Fokus (dazu O'Connor et al. 1997, 1999). Weiss und Sampson (1986) postulieren mit der Control-Mastery-Theorie, dass Individuen im Rahmen von Überlebensstrategien grundsätzlich Gefahren vermeiden wollen und damit nach Sicherheit und Kontrolle streben. Die Gefahr, aus einer sozialen Gemeinschaft ausgestoßen zu werden und so notwendige Bindungen zu verlieren, ist ein unbewusster Begleiter eines jeden Menschen. Das Bedürfnis nach Sicherheit und Kontrolle ist wesentlich auch beim Versuch der Anpassung an die soziale Umwelt. Diese Anpassungsprozesse prägen das Selbst durch entstandene Überzeugungen. Scham ist eher der Ausdruck für einen Konflikt zwischen dem Ich-Ideal und dem Ich. Hirsch (2014) schlägt im Rahmen der psychoanalytischen Konzeption seines Buchs »Schuld und Schamgefühl« eine Einteilung von Schuldgefühlen vor. Die nachfolgende Aufzählung enthält Ergänzungen und Modifikationen.

Basisschuldgefühl Als Ausdruck der »bloßen Existenz des Kindes oder seines So-Seins« (Hirsch 2014, S. 15). Anhand der Beschreibung des Autors lassen sich bereits Bezüge zu maladaptivem Schulderleben (▶ Kap. 5.1.8) und Scham finden. Dabei steht die Konzeption Lewis' (1971) als Grundlage für die Zuordnung. Schuld bezieht sich auf das Verhalten eines Menschen und Scham auf die gesamte Person. Das »So-Sein« bzw. die bloße Existenz beschreibt ein emotionales Erleben als Ausdruck für Bewertungen des Menschen als solchen.

Schuldgefühl aus Vitalität Neugierde, Interesse, Explorations- und Erfolgsdrang werden innerhalb des familiären Umfeldes als Abweichung verstanden. Schuldgefühle sind daher der emotionale Ausdruck des Kindes, das seinen natürlichen Neigungen nachgeht. Die elterlichen Reaktionen vermitteln jedoch, dass dies nicht erwünscht ist.

Trennungsschuldgefühl Individuelle Autonomieentwicklungen sind mit Schuldgefühlen verbunden. Die Lösung der Bindung zu den Eltern ist dabei ein Teil der empfundenen Bedrohung, insbesondere wenn diese durch die elterlichen Vorgaben nicht gutgeheißen werden oder das Kind ängstliche Anteile in sich trägt.

Traumatisches Schuldgefühl Gewalt- und Verlusterfahrungen, Traumatisierungen jeglicher Art können Schulderleben verursachen. Die Klärung von Schuld stellt in erster Linie einen Lösungsversuch dar, das Erfahrene zu integrieren und dem Erlebten nicht mehr hilflos ausgeliefert zu sein.

Insgesamt ist die einseitige Betrachtung als intrapsychisches Phänomen eines Individuums jedoch unvollständig (Baumeister et al. 1994). Tatsächlich ist es so, dass *Schuldgefühle auch ohne Normverletzungen oder Fehlverhalten oder reale Schäden entstehen* können. *Ereignisse, die zu Schulderleben führen, haben häufig einen interpersonellen Charakter.* Resultierende Konsequenzen erfüllen daher eben auch interpersonelle Funktionen. So sind Rückmeldungen oder Bewertungen anderer Personen über unser Verhalten ausreichend, um Schuld zu induzieren. Dies kann ebenso ohne eine reale Grundlage von Fehlverhalten oder Normverstößen stattfinden. Schuldinduktion ist z. B. ein wichtiger Teil der elterlichen Erziehung. Damit werden Menschen zu schuldvermeidendem Verhalten angehalten. Dies führt sich dann innerhalb von sozialen Beziehungen fort.

Interpersonelle Ansätze stellen daher einen dritten Ansatz zur Betrachtung dar. Dabei liegt die *Ausrichtung auf den als sozial orientierten Emotionen.* Schuldgefühle werden als sozial orientierte Emotionen verstanden. Diese tragen zur Balance in interpersonellen Beziehungen bei. Dies zeigte eine Studie von Ferguson et al. (2007). Positive Bewertungen gab es für Personen mit einem hohen Maß an Schuld- und Schamempfinden. Menschen assoziieren damit Attribute von Gewissenhaftigkeit, Empathie und moralischen Werten. Dennoch stellt sich auch hier die Frage nach der Adaptivität von Schuld. Personen mit einem hohen Schuld- und Schamempfinden können leichter ausgenutzt werden. Dies ist der Fall, wenn Wiedergutmachungsversuche als nicht ausreichend vom Gegenüber empfunden werden. Nicht akzeptierte Entschuldigungen können bei gewissenhaften Menschen zu Verstrickungen und sog. negativen und dennoch emotionalen nahen Beziehungen führen. Damit kann aktuelles Schulderleben nicht aufgelöst werden, häufig entsteht daraus ein Boden für chronisches Schuldempfinden. Die mangelnde Wiedergutmachung führt zur Aufrechterhaltung der Schuld. Personen mit geringerem Schuld- und Schamempfinden hinterlassen bei anderen einen ungünstigeren Eindruck bezüglich ihres Charakters.

5.1 Allgemeiner Teil

Wie eingangs in diesem Kapitel erwähnt, wird Schuld von vielen Autoren und Forschern in verschiedene Arten einer möglichen Schuld eingeteilt. Dies geschieht im Wesentlichen über die kognitiv-inhaltliche Ebene des Schulderlebens. Schuldwahn ist sicherlich eine der intensivsten Ausprägungen dafür. Der Inhalt dient insgesamt der Einordnung von Schuldempfinden. Gelegentlich wird auch auf den formalen Aspekt, wie z. B. die Einengung des Denkens auf das Thema Schuld, eingegangen. Weitere Arten von Schuld sind daher die im Folgenden aufgeführten.

Überlebendenschuld Weiss (1993) beschreibt *Überlebendenschuld als Ausdruck von Schuld über den eigenen Erfolg*. Mit der Emotion Schuld vermeidet die Person jedoch auch Emotionen wie eigene Überlegenheit und entgegengebrachten Neid. Sich in diesem Kontext schuldig zu fühlen hält Gleichheit und Verbundenheit mit Herkunftsfamilie aufrecht und ist ein wesentlicher Teil der Beziehungsgestaltung. Die empfundene Überlebendenschuld motiviert auch, den anderen, scheinbar schlechter gestellten Familienmitgliedern zu helfen, sie zu unterstützen. Im ersten Augenblick scheint es so, als würden alle von der Überlebendenschuld eines Familienmitgliedes profitieren. Wie in vielen Fällen ist auch dieser Profit eine Frage der Dosierung. Schnell könnten andere Mitglieder fordernder werden, sich an die Unterstützung gewöhnen. Die von der Überlebendenschuld betroffene Person erlebt sich oft in einem inneren Konflikt darüber, was angemessen ist und wann Abgrenzung von den anderen erlaubt ist. Ressourcen, die der eigenen, selbst gegründeten Familie zur Verfügung stehen könnten, werden so der Ursprungsfamilie zugeführt. Hierin liegt häufig ein Konfliktpotenzial innerhalb der aktuellen Partnerschaft. Menschen, die Überlebendenschuld empfinden, haben daher schnell den Eindruck, dass die meisten Menschen von ihnen nur etwas fordern, und so wird der eigene Erfolg zum Schicksal zwischenmenschlicher Beziehungsgestaltung. Das Bindungsbedürfnis steht auf wackeligen Beinen. Das Bedürfnis nach Selbstwerterhöhung hat hohe Folgekosten. Das Bedürfnis nach Lustgewinn und Unlustvermeidung scheint einer ständigen Frustration ausgesetzt zu sein.

In Kriegseinsätzen befinden sich die Soldaten oft in Situationen, die diese auch in der Zukunft oft kaum verarbeiten können. Der aktive Einsatz, der militärische Befehl, verhindert jeden Ausweg. Es geht um das tägliche Überleben in den aktiven Kriegseinsätzen. Die Soldaten an der Front sind mit dem Tod von Menschen, deren Leid beim Sterben, sich einprägenden Sinneseindrücken wie Gerüchen und Geräuschen konfrontiert, können sich diesen nicht entziehen. In einem dieser aktiven Fronteinsätze den besten Kameraden an der eigenen Seite sterben zu sehen, den Freund zu verlieren, führt zu quälenden Erinnerungen. Häufig berichten die Überlebenden nach der Zeit des Kriegs von belastenden Gedanken: »Warum er und nicht ich?«, »Er hätte es doch verdient zu überleben«, »Wäre ich nur stattdessen gestorben«.

Trennungsschuld Von vielen Autoren wird auch die *Trennungsschuld* beschrieben. Trennungsschuld zu empfinden ist sicherlich den meisten Menschen bekannt. Während der Pubertät führt die Trennungsschuld als Resultat des Loyalitätskonfliktes »Familienzugehörigkeit versus eigenes Autonomiestreben« zu heftigen emotionalen Reaktionen. Der emotionale Ausnahmezustand ist für viele Teenager Ausdruck der ersten anhaltenden Begegnung mit dem Trennungsschulderleben. Trennungsschuld spüren wir jedoch auch im weiteren Leben, wann immer es um das zeitweise und langfristige Auflösen von nahen emotionalen Beziehungen geht. Um Trennungsschuld zu vermeiden, kommt es manchmal auch zu sehr exzessiven Verhaltensweisen. Der Kontakt zu nahestehenden Personen wird ganz abgebrochen, da es scheinbar unmöglich ist, die empfundene Trennungsschuld im Kontakt mit nahen Personen aufzulösen. Die Angst ist groß, durch das eigene Autonomiestreben andere zu verletzen, gerade wenn diese sehr sensibel darauf reagieren. Diese Erfahrung müssen oft auch Eltern machen. Teile der familiären Kommunikation verursachen bei den Kindern den Eindruck, dass es eben »nicht okay« ist, sich dem eigenen Leben zu widmen. Kinder werden für partnerschaftliche Konflikte oder die emotionale Versorgung einzelner Familienmitglieder »gebraucht«. Trennungsschuld ist in diesen Fällen für die sich lösende Person besonders intensiv.

Handlungsschuld Unterschieden werden auch *Handlungsschuld* und *existenzielle Schuld* (z. B. Montada u. Reichle 1983). Handlungsschuld entsteht in der Verbindung zur eigenen Verantwortung. Der theoretische Grad der wahrgenommenen eigenen Verantwortung sowie das Ausmaß des Schadens sind ursächlich für die auftretende Intensität von Handlungsschuld. Aktuelle Handlungsschuldgefühle können jedoch auch ohne Kenntnis der anderen Person über vollzogene oder unterlassene Handlungen auftreten (Albs 1997, 1998). Ein Ausdruck dafür ist die Selbstanklage und innere Selbstverurteilung in Bezug auf das, was man getan hat. Dazu gehört auch das Unbehagen, das entsteht, wenn man einen potenziellen Schaden feststellt, weil man etwas eben nicht getan hat. Beispiele dazu hört man im sozialen Umfeld immer wieder: »Ich hätte damals das Studium abschließen sollen, dann wäre es einfacher heute, einen Job zu finden« oder »Ich habe nicht genug für unsere Beziehung getan, deshalb ist es nun vorbei«. Für viele Menschen wiegt die Schuld an unterlassenen Handlungen viel schwerer, da diese scheinbar immer wieder aktuelle Notlagen verursacht, die daran hindern, zufrieden und glücklich zu leben.

Existenzielle Schuld/Überlebendenschuld Existenzielle Schuld resultiert tendenziell aus Ungleichheit von Gütern. Gerade in engen Beziehungen ist die Verteilung der Güter zu eigenen Gunsten für Menschen oft ein Anlass, Ungerechtigkeit zu empfinden. Die Diskrepanz muss von der besser gestellten Person als ungerecht bewertet werden (Montada et al. 1986). Oft ist existenzielle Schuld ein Resultat aus einem realen oder antizipierten Kausalzusammenhang zwischen eigenen Vorteilen und der Lage von Benachteiligten (Reichle et al. 1985):

5.1 Allgemeiner Teil

»Meinen Eltern geht es finanziell schlecht, weil sie ihr ganzes Geld in meine Ausbildung gegeben haben.« Ohne diesen Kausalzusammenhang entsteht eher Mitleid. Existenzielle Schuld wird oft synonym zur Überlebendenschuld verwendet. Überlebendenschuld oder existenzielle Schuld berichten auch Soldaten, die im Einsatz überlebt haben.

In den vorangegangenen Kapiteln sind auch noch weitere Arten von Schuld benannt. *Adaptive gesunde Schuld*, die prosoziales Verhalten begünstigt und moralisch-ethische Aspekte enthält. Bisher nur genannt und in ▶ Kap. 5.1.8 näher ausgeführt wird die *maladaptive, chronische oder dysfunktionale Schuld*. Dieses Schulderleben enthält häufig noch emotionale Aspekte wie Angst, Reue bis hin zum Selbsthass (Kugler u. Jones 1992). Eine Verbindung zu Scham wird von vielen Autoren und Forschern postuliert. In der Literatur zu finden ist auch eine Zweiteilung von Schuld.

Die *»ängstliche Schuld«* hat eine Nähe zu dysfunktionalen und psychopathologischen Aspekten und korreliert positiv mit Neurotizismus. Häufig steht die »ängstliche Schuld« auch in Verbindung mit Bestrafungsängsten und Schwäche-, Hilflosigkeits- sowie Ohnmachtserleben bei den betroffenen Personen. Oft gibt es Überschneidungen mit Schamgefühlen. Die andere Seite ist die *»empathische Schuld«* mit moralischen Aspekten und Korrelationen zur sozialen Verträglichkeit (Einstein u. Lanning 1998). Ähnliche Ausführungen finden sich z. B. auch bei Caprara et al. (1992). Dort werden die Angst vor Bestrafung, was vermutlich der ängstlichen Schuld nahekommt, sowie der Wunsch nach Wiedergutmachung als Form der empathischen Schuld herausgearbeitet (▶ Tab. 5-1).

Zusammenfassung

- Es gibt unterschiedliche Ansätze, um das Entstehen von Schuld zu erklären. Häufig dienen diese Konzeptionen auch der Unterscheidung von Schuld und Scham.
- Auf der Grundlage von internaler und externaler Orientierung ist Schuld ein Resultat von wahrgenommener Abweichung internalisierter Standards und Werte eines Individuums.
- Vor dem analytischen Hintergrund ist Schulderleben Ausdruck für einen aktuellen intrapsychischen Konflikt zwischen Ich und Über-Ich.
- Interpersonelle Ansätze fokussieren die Ausrichtung von Schuld als sozial orientierte Emotion. Durch Schuldempfinden und Schuldvermeidung wird die Balance innerhalb von Beziehungen aufrechterhalten.
- Schuldgefühle können auch ohne Normverletzungen, Fehlverhalten oder entstandenen Schaden entstehen. Dabei reichen die Rückmeldungen und Bewertungen uns nahestehender Personen aus, um Schuld zu induzieren.

Tab. 5-1 Zusammenfassende Übersicht der Arten von Schuld

Bezeichnung des Schulderlebens	Besondere Merkmale	Möglicher Bezug zu den Grundbedürfnissen
Überlebendenschuld	• Ausdruck von Schuld über den eigenen Erfolg • Verhindert sozial unerwünschte Überlegenheitsgefühle und Neidgefühle bei anderen • Hält die Gleichheit und Verbundenheit zur Herkunftsfamilie aufrecht • Schützt vor Schamempfinden und -erleben	• Verhindert die Frustration des Bindungsbedürfnisses und befriedigt dies durch unterstützende Verhaltensweisen • Frustriert das Autonomiebedürfnis • Bedürfnis nach Selbstwerterhöhung hat hohe Folgekosten • Befriedigung des Bedürfnisses nach Lustgewinn und Unlustvermeidung ist anfällig für externe Einflüsse • Kurz- und mittelfristige Befriedigung des Bedürfnis nach Kontrolle und Sicherheit
Existenzielle Schuld (häufig synonym für Überlebendenschuld eingesetzt)	• Resultiert aus der Ungleichverteilung von Gütern • Die Ungleichverteilung muss zugunsten der eigenen Person erfolgt sein • Person muss einen realen oder antizipierten Kausalzusammenhang zwischen der eigenen Vorteilslage und den schlechter gestellten Anderen wahrnehmen • Dient ebenso der Aufrechterhaltung und Gleichheit von zwischenmenschlichen Beziehungen	• Verhindert die Frustration des Bindungsbedürfnisses und befriedigt dies durch unterstützende Verhaltensweisen • Frustriert das Autonomiebedürfnis • Bedürfnis nach Selbstwerterhöhung hat hohe Folgekosten • Befriedigung des Bedürfnisses nach Lustgewinn und Unlustvermeidung ist anfällig für externe Einflüsse • Kurz- und mittelfristige Befriedigung des Bedürfnis nach Kontrolle und Sicherheit

5.1 Allgemeiner Teil

Tab. 5-1 (Fortsetzung)

Bezeichnung des Schulderlebens	Besondere Merkmale	Möglicher Bezug zu den Grundbedürfnissen
Trennungsschuld	• Entsteht bei der zeitweisen oder mittel- und langfristigen Ablösung aus engen emotionalen Bindungen • Häufig verbunden mit der Angst, die andere Person zu verletzen • Ausdruck eines natürlichen Ablöseprozesses, der entwicklungsbedingt notwendig oder selbst gewollt initiiert ist	• Ausdruck für die kurzzeitige notwendige Frustration des Bindungsbedürfnisses • Notwendig, um dem Bedürfnis nach Autonomie nachzugehen
Handlungsschuld	• Steht in Verbindung mit wahrgenommener eigener Verantwortung und dem Ausmaß des Schadens • Schwerpunkt sind vollzogene oder unterlassene Handlungen • Kann auch auftreten, wenn man einen Schaden aufgrund von Nicht-Handlungen antizipiert, z. B. Studium nicht abgeschlossen (Anlass: aktuelles Problem, keinen neuen Job zu finden) • Kann auch ohne die Kenntnis anderer Personen auftreten → Selbstvorwürfe, Selbstanklage, innere Schuldzuweisungen	• Tritt auf bei aktueller Frustration der Grundbedürfnisse Autonomie, Selbstwerterhöhung • Potenzielle Gefahr für das Grundbedürfnis Bindung
Ängstliche Schuld	• Steht häufig in Kombination mit Bestrafungsangst • Selbstwerterleben ist gekennzeichnet von erlebter Hilflosigkeit und Ohnmachtsgefühlen • Personen werden als bedürftig erlebt • Korreliert positiv mit Neurotizismus • Überschneidungen zu Scham vorhanden	• Erlebte oder antizipierte Frustration des Grundbedürfnisses nach Kontrolle und Sicherheit • Bindungsbedürfnis wird als bedroht wahrgenommen – hier daher größere Bedürftigkeit nach Bindung spürbar

Tab. 5-1 (Fortsetzung)

Bezeichnung des Schulderlebens	Besondere Merkmale	Möglicher Bezug zu den Grundbedürfnissen
Empathische Schuld	• Gegenspieler zu »ängstlicher Schuld« • enthält hohe moralische Aspekte und ist mit sozialer Verträglichkeit korreliert • Wunsch nach Wiedergutmachung ist ausgeprägt	• Wiedergutmachungshandlungen befriedigen die Bedürfnisse nach Bindung, Kontrolle und Sicherheit sowie Unlustvermeidung und Autonomie
Adaptive Schuld	• Situativ angemessenes Auftreten von Schuld • Hat einen gesunden hilfreichen Charakter • Unterbricht die aktuelle Interaktion zugunsten einer neuen Ausrichtung, die angemessener ist • Hat motivierenden und konstruktiven Charakter • Dient der Anpassung innerhalb sozialer Interaktionen • Klingt nach kurzer Zeit wieder ab, z. B. nach Entschuldigungen oder ausgleichenden Handlungen	• Kann sich auf alle Grundbedürfnisse beziehen • Zeigt entweder deren Frustration an oder motiviert zu Handlungen, die der Befriedigung des jeweiligen Grundbedürfnisses dienen
Maladaptive Schuld	• Chronisches anhaltendes Schulderleben • Kann nicht in sinnvolle Handlungen umgesetzt werden • Emotionale Grundlage für soziale Kontakte • Häufig kombiniert mit Schamerleben • Einschränkenden, lähmenden Charakter • Häufig kombiniert mit ängstlichem, unsicher vermeidendem oder desorganisiertem Bindungsstil • Hinweise auf frühere Traumatisierungen durch nahe Bezugspersonen • Personen haben oft früh Verantwortung übernehmen müssen	• Hinweise auf frühe Frustrationen des Bindungsbedürfnisses • Versuche zur Befriedigung des Selbstwertbedürfnisses durch hohe Verantwortungsübernahme oder das Gegenteil: Vermeidung von Verantwortung • Bedürfnis nach Kontrolle und Sicherheit wird über Verantwortungsübernahme reguliert • Schwierigkeiten in der angemessenen Befriedigung des Bedürfnisses Lustgewinn/Unlustvermeidung

5.1.3 Verantwortung und Schuld

Für die meisten Menschen sind Schuld und Verantwortung sehr eng miteinander verknüpft. Das kann ganz real sein, wenn die eigene Handlung, das Verhalten, tatsächlich einen Schaden oder Unbehagen bei einer anderen Person verursacht hat. Antizipiertes Pflichtbewusstsein für andere Menschen kann jedoch auch die Grundlage für Schuldgefühle gegenüber diesen Menschen darstellen. Ebenso erwähnenswert ist auch die unterlassene, jedoch theoretische mögliche Verantwortung. So weiß jeder, dass unterlassene Hilfeleistung auch eine Mit- oder Teilschuld verursacht. Innerhalb dieses Sachverhaltes ist das Thema Schuld jedoch etwas komplexer. Die Person, die eine Handlung unterlassen hat, müsste auch aus ihrer Sicht in der Lage (gewesen) sein, diese Hilfeleistung normalerweise ausführen zu können. Verantwortung tragen wir, wenn anderen durch unser Handeln oder eben auch Nichthandeln Schaden oder Unbehagen zugefügt wird.

Wir erleben uns insbesondere dann als verantwortlich, wenn auch das Ergebnis unseres Verhaltens oder unserer Handlungen generell kontrollierbar ist. Ein Beispiel aus dem Alltag:

> Frau S. ist mit dem Auto unterwegs und muss am Ende der Fahrt einen Parkplatz finden. Während der Parkplatzsuche wird ersichtlich, dass bereits ein anderes Fahrzeug auch einen Parkplatz sucht und eigentlich Vorrang für den nächsten frei werdenden Parkplatz hätte. Ein Parkplatz wird frei, und Frau S. parkt schnell trotz ihres Wissens um den anderen wartenden Autofahrer ihr Fahrzeug ein.

Voraussetzung für Schuldempfinden ist, dass Frau S. weiß, dass diese Person auch einen Parkplatz sucht und eigentlich Vorrang hätte. Die Grundlage für ein mögliches Schuldempfinden stellt das Interesse an einer sozial angemessenen Interaktion gemäß den internalisierten Regeln und Normen dar. *Je mehr Kontrolle ich über das Ereignis* (Parkplatz durch mein Handeln weggenommen) *und Verantwortung für mein Verhalten, somit den Schaden, habe* (Person ärgert sich und kommt evtl. zu ihrem Termin zu spät), *desto intensiver ist das situative Schulderleben.*

Ein anderes Beispiel, das einige Menschen aus ihrer Schulzeit gut kennen, zeigt, dass auch bei einer Person selbst ein Schaden entstehen kann.

> Für das Lernen auf Klausuren ist zumeist jeder selbst verantwortlich. Die Zeit muss eingeplant werden und die Inhalte müssen bereit liegen. Schon viele Schüler haben versucht zu schummeln und sich z. B. die wichtigsten Lerninhalte auf den berühmten Spickzettel geschrieben. (Anmerkung: Von einem Pädagogen habe ich gelernt, dass das Schreiben eines Spickzettels auch eine Vorbereitung auf die Klausur darstellt.) Wird ein Schüler mit diesem Zettel beim Schummeln vom Lehrer erwischt, fühlt sich der Schüler schuldig, und der Schaden, »Das Nicht-Bestehen«, liegt auch auf seiner Seite. Gerade in den ersten Schuljahren müssen dann die Eltern samt dem Schuld-

gefühl über den entstandenen Schaden (Nicht-Bestehen) informiert werden. In diesem Zusammenhang kennen einige Schüler nun auch die Bestrafungsangst zu gut. Der mögliche Gesichtsverlust vor Mitschülern kann zudem noch Scham auslösen.

Die Person fühlt sich in der Folge (vor sich) selbst schuldig. Auch in diesem Beispiel kommt noch ein anderer Aspekt zum Tragen. Oft machen wir uns alternative Handlungen im Vorfeld oder leider eben erst im Nachhinein bewusst. Das Lernen für die Klausur wäre statt des Schreibens des Spickzettels ein anderes mögliches Verhalten gewesen. Daran wird der Schüler sicher denken müssen. Je weniger jedoch das unerwünschte Ergebnis und das Ausmaß des entstandenen Schadens (nicht bestanden, Gesichtsverlust vor den anderen Schülern und vor den Eltern, Bestrafungsangst etc.) vorhersehbar war, desto schuldiger fühlen sich Menschen. Fehlende Vorhersicht des Schadens stellt jedoch keine schuldmindernde Rechtfertigung dar (Albs 1998). Es scheint an Menschen eine grundsätzliche Erwartung zu geben. Sie sollten in der Lage sein, Situation und Verhalten zu Ende denken zu können. Oft hört man in solchen Momenten: »Das war doch vorhersehbar« oder »Wieso hast Du das nicht bedacht?«. Aus solchen und ähnlichen Sätzen bzw. Fragen lässt sich die Erwartung ableiten.

Jedoch ist Verantwortlichkeitserleben insgesamt keine notwendige Voraussetzung für Schuld. Ein Grund hierfür könnte in der Entkopplung von Handlungen und Verhalten liegen. Jede Handlung ist auch ein Verhalten, umgekehrt aber ist nicht jedes Verhalten auch eine aktive und willkürliche Handlung. Das Stolpern über eine Unebenheit ist ein Verhalten, aber sicher keine aktive und gewollte Handlung. Wie oben bereits dargestellt, reicht für die Entstehung von Schuld aus, dass negative Folgen für andere Personen entstehen. Das kann im Rahmen von prinzipiell kontrollierbarem Verhalten oder Handlungen oder auch im Fall eines unterlassenen Verhaltens geschehen.

Das Gegenteil davon ist die Übertreibung der eigenen Verantwortlichkeit. Übernahme von zu viel Verantwortung dient häufig der Schuldvermeidung und geht meist mit maladaptivem Schulderleben sowie einer Ängstlichkeit vor potenzieller Schuld einher (► Kap. 5.1.6).

Exkurs
»Helikopter-Eltern«
Das Wort »Helikopter-Eltern« ist für viele Menschen bereits ein gängiger Begriff. Eltern bringen durch eigenes Verhalten ein ausgeprägtes Pflichtbewusstsein und Gewissenhaftigkeit zugunsten der Versorgung ihrer Kinder zum Ausdruck. Die Eltern sind dabei zumeist von einer eigenen Ängstlichkeit gesteuert. Im Wesentlichen wollen Eltern durch ihr eigenes umsorgendes, aber überprotektives Verhalten eigenes potenzielles Schulderleben verhindern. Selbst bei der besten Erziehung und Versorgung machen Eltern Dinge eben nicht ganz richtig. Häufig verwendet wird in diesem Zusammenhang der Satz: »Gut gemeint ist nicht gut gemacht.« Kinder brauchen die Möglichkeit, sich mit den Eltern und deren Verhalten auseinanderzusetzen. Gerade in der Pubertät unterstützen die Auseinandersetzungen die

5.1 Allgemeiner Teil

notwendigen Autonomiebestrebungen. Die Kinder überprotektiver Eltern haben jedoch kaum Freiraum für eigene Lernerfahrungen und Auseinandersetzungen mit den elterlichen Normen und Regeln. Was die Kinder jedoch indirekt lernen, ist, dass man um jeden Preis Schuld verhindern muss, dass man davor Angst haben sollte, Schuld zu haben. Damit lernen sie weder Verantwortung für eigenes angemessenes Verhalten zu übernehmen noch, dass man Schuldgefühle aushalten kann und dass diese Emotion sogar einen konstruktiven Charakter für ein gutes Miteinander hat. Früh übernehmen die Kinder den dysfunktionalen Umgang mit dem Thema Schuld, entwickeln ebenso eine Ängstlichkeit und erleben die ungünstigen Auswirkungen – meist nachdem sie auf eigene Beine gestellt sind. Arbeitsstörungen, ein geringes Selbstwirksamkeitserleben, häufiges Rückversicherungsverhalten bei den Eltern im Rahmen von Alltagsentscheidungen sind nur ein paar Beispiele der Folgen. Mehr Verantwortung als nötig für andere zu übernehmen löst zudem Ärger und Unmut bei anderen Personen aus. Kinder dürfen jedoch nicht ärgerlich in Bezug auf die Eltern sein, denn damit würden sie die Beziehung gefährden. Jeder kennt negative Emotionen in Folge von Bevormundung, wenn eine andere Person denkt zu wissen, was man selbst gerade braucht. Natürlich ist es schön, wenn einem die Eltern oder der Partner/die Partnerin mal einen »Wunsch von den Lippen« ablesen, aber immer möchte das kaum jemand erfahren.

Als Mensch eigene Ziele zu bilden beruht auf der Fähigkeit, zukünftige Zustände, Ergebnisse und Emotionen zu antizipieren. Schuld zu verhindern, abzutragen, das Grundbedürfnis nach Bindung, sich vor weiteren Verletzungen zu schützen, Pläne zu machen, Strategien einzusetzen, sich Schwierigkeiten zu stellen und diese zu überwinden, all dies gehört zum Prozess des Erwachsenwerdens. Zeitgleich sind diese Verhaltensweisen aber auch potenzielle Schuldthemen. Insbesondere die Notwendigkeit, für sich zu sorgen und dies auf eine sozial verträgliche Art zu tun, stellt oft eine Herausforderung dar. Daher ist *interpersonelle Verantwortlichkeit als Grundlage für prosoziales Verhalten mit Schulderleben eng verknüpft.*

Wie bereits mehrfach geschrieben, kann Schuld aber auch ohne empfundene Verantwortung auftreten. Ein weiteres Beispiel: Eine uns zumeist nahestehende Person macht uns auf die von uns nicht erfüllten Erwartungen aufmerksam. Eine typische Formulierung, die vermutlich jeder Therapeut kennt und schon gehört hat, bringt eine solche Erwartung zum Ausdruck: »Gerade von Dir (als Therapeut) könnte man doch erwarten, dass Du das verstehst!« Manchmal sind es auch andere Varianten der Formulierung, die Erwartungen zum Ausdruck bringen. Treffen können diese Vorwürfe oder geäußerten Erwartungen insbesondere dann, wenn man als therapeutisch tätiger Mensch mal kein Verständnis hat/haben will. Verständnis für andere Menschen aufzubringen liegt in der professionellen Verantwortung eines Therapeuten. Die Erwartung des Verständnisses einer anderen Person muss aber auch von der Person geteilt werden. *Schuld kann also über Erwartungen und das Äußern von Verantwortung innerhalb einer Rolle induziert werden.* Indem Rechtfertigungen entstehen oder durch das Zurückweisen der zugeschriebenen Verantwortung verhindert man intensiveres Schulderleben. Gewöhnlich ist Schuld bereits im Hintergrund aktiviert. Menschen, die empathisch sind und sich für verantwortungsvolle

Personen halten, sind schnell einer Schuldinduzierung von außen ausgesetzt (vgl. dazu auch ▸ Kap. 5.1.5).

Das Erkennen von Verantwortlichkeit für die erfolgte Verletzung einer Norm, dem anderen Menschen Schaden zugefügt zu haben, hat auch einen wichtigen sozialen Charakter. Die geschädigte Person erlebt durch das Anerkennen des entstandenen Schadens emotionale Entlastung. *Moralisch verträglich wirken Menschen, die in der Lage sind, die Verantwortlichkeit der Handlungsausgänge oder Verhaltensfolgen zu übernehmen.* So kann das eigene »kleinere Vergehen«, z.B. das Lästern über eine neue Kollegin mit einer anderen Kollegin, Anstoß zu einer Kette unglücklichen Verhaltens sein. Die neue Kollegin ist in der Folge dann möglicherweise weiteren Lästereien oder Vorenthaltungen von Unterstützungen ausgesetzt, was gerade in der Einarbeitungsphase schmerzlich sein kann. Schnell kann daraus eine Mobbingsituation entstehen. Das Schuldempfinden der einzelnen Mitarbeiter in Bezug auf das eigene Verhalten oder den entstandenen Schaden bei der neuen Kollegin könnte helfen, Verantwortung zu übernehmen. Dies zeigt sich z.B. bei Integrationsversuchen. Eine Einladung, die Mittagspause zusammen zu verbringen, oder Unterstützung bei noch unbekannten Tätigkeiten können solche Versuche sein. Kontrollüberzeugungen (im Sinne von »Ich trage auch für die entstandene Situation, den Schaden, eine Verantwortung«) können zwar intensives Schulderleben auslösen, aber auch konstruktive Lösungsbemühungen aktivieren.

> **Praxistipp**
>
> Stärkere Schuldgefühle lassen sich auch bei Patienten finden, die sich in einer Psychotherapie befinden. Im Vergleich zu einer normalen Bevölkerungsstichprobe (Albani et al. 2004) zeigen Psychotherapie-Patienten eine höhere Verantwortungsübernahme an der eigenen psychischen Beeinträchtigung. Das Erarbeiten von alternativen Einstellungen und hilfreichen Gedanken, das Erlernen von gesünderen Verhaltensweisen funktioniert tatsächlich auch am besten, wenn Patienten Verantwortung für sich und die neuen, angemesseneren Verhaltensweisen übernehmen. So wird aber auch ein intensiveres Schulderleben begünstigt.

Eine andere Beobachtung gehört auch in dieses Kapitel: Insbesondere im Zusammenhang mit Forderungen oder Abgrenzungen bzw. Zurückweisungen von Erwartungen oder Wünschen anderer Personen können Schuldgefühle entstehen. *Gerade die Fähigkeit zum Schulderleben hindert uns im optimalen Fall, zu hohe Erwartungen an andere zu formulieren oder uns zu früh abzugrenzen bzw. Erwartungen anderer eben nicht zu erfüllen.* Innerhalb von sozialen Gruppen sind wir auf ein gutes Miteinander und im Notfall auf Unterstützung durch andere Gruppenmitglieder angewiesen. Wir erleben in diesem Kontext daher auch unbewusst eine Bringschuld für andere Gruppenmitglieder. Diese zeigt sich durch die Übernahme von Verantwortung bei Hilfestellungen oder Unterstützungen. Dem gegenüber steht aber auch die Gefahr, Beziehungen

5.1 Allgemeiner Teil

und Bindungen durch überzogene Erwartungen und Wünsche zu gefährden. Insbesondere Menschen, die sich schlecht abgrenzen können, denen ein »Nein« schwerfällt, neigen dazu, sich stattdessen zurückzuziehen. Einerseits um ein zusätzlich aktuelles Schulderleben durch ein vielleicht notwendiges »Nein« zu verhindern. Andererseits entsteht durch eine mitgeteilte Forderung auch die Unvermeidbarkeit, eine »Schwäche« zugeben zu müssen, anzuzeigen, dass man etwas nicht kann. Vielen Menschen fällt dies nicht leicht, denn oft ist »Schwäche« auch mit Scham besetzt. Das empathische Einfühlen in unser Gegenüber, was bei der anderen Person vermutlich die Forderung auslöst, könnte zu einem antizipierten Schuldempfinden im Sinne des Satzes »Das darf ich nicht erwarten« führen. So ist es z. B. möglich, eigene Forderungen zurückzuhalten und die Beziehung dadurch nicht zu gefährden, der anderen Person den möglichen Gesichtsverlust also zu ersparen. Schulderleben beinhaltet somit auch die Übernahme von Verantwortung für eigene Forderungen und Handlungen sowie eigenes Verhalten.

Ein juristischer Aspekt sei noch erwähnt. Schuld im rechtlichen Sinne geht mit einer Willensbildung, einer Absicht einher. Sich schuldig machen *ohne* diese Willensbildung oder Absicht gehört zum Alltag. Regeln, Normen und/oder Grenzen sind oft nicht eindeutig. *Man kann sich daher auch schuldig machen, wenn man die Verantwortung zur Klärung von Grenzen und Regeln für ein gutes soziales Miteinander nicht übernommen hat.* Sobald eine Person in ein neues soziales Gefüge kommt, ist es in ihrer Verantwortung, Normen, Regeln, Grenzen zu erfragen oder zu beobachten.

Zusammenfassung

- Schuld und Verantwortung sind eng miteinander verbunden. Dies gilt auch für theoretisch vorhandene Verantwortung bei unterlassenen Handlungen und für entstandenen Schaden. Verantwortlichkeit ist jedoch keine insgesamt notwendige Voraussetzung für Schulderleben.
- Man kann sich ebenso schuldig fühlen, wenn der Schaden nur bei sich selbst entsteht und man dafür verantwortlich ist.
- Je mehr Kontrollerleben über ein Ereignis bzw. den Ausgang eines Ereignisses bei einer Person vorhanden ist, umso intensiver ist das Schulderleben, wenn das Ereignis negativ ausgeht.
- Übernahme von zu viel Verantwortung dient häufig der Schuldvermeidung und geht meist mit maladaptivem Schulderleben sowie einer Ängstlichkeit vor potenzieller Schuld einher.
- Interpersonelle Verantwortlichkeit als Grundlage für prosoziales Verhalten ist eng mit Schulderleben und -neigung verknüpft.
- Schuld kann über Erwartungen und das Äußern von Verantwortung innerhalb einer Rolle durch zumeist nahestehende Personen induziert werden.

- Moralisch verträglich wirken Menschen, die in der Lage sind, die Verantwortlichkeit der Handlungsausgänge oder Verhaltensfolgen zu übernehmen.
- Die Fähigkeit zum Schulderleben hindert uns, zu hohe Erwartungen an andere zu formulieren oder uns zu früh abzugrenzen bzw. Erwartungen anderer nicht zu erfüllen.
- Schuld entsteht ebenso, wenn in sozialen Gefügen keine Verantwortung dafür übernommen wurde, Grenzen und Regeln für ein gutes soziales Miteinander zu klären.

5.1.4 Attributionstheoretische Ansätze, kontrafaktisches Denken und Schuld

Die Komplexität – auch aufgrund des hohen kognitiven Anteils von Schuld – führt dazu, dass einige Autoren die Formulierung »Schulderleben« befürworten (Elison 2005; Kämmerer 2012). Weshalb jedoch eine vergleichende Bewertung ausgelöst oder ein Abgleich mit den internalisierten Normen und Regeln angeregt wird, ist noch nicht eindeutig erforscht. Neben der Unterscheidung eines zeitlich befristeten adaptiven Schulderlebens kann bei Personen Schuld aber auch im Sinne einer zeitlich stabilen Disposition (Schuldneigung) vorliegen. Schuld ist also nicht immer als ein Resultat von Fehlverhalten und Normverstößen zu verstehen. Gerade bei maladaptivem Schulderleben lässt sich vermuten, dass Schuld und Scham emotionale Hintergrundgefühle einer Person darstellen. Maladaptives Schulderleben ist mit Scham eng konfundiert (▶ Kap. 5.1.8). Dieses emotionale »Grundrauschen« im Sinne eines emotionalen Reaktionsmusters könnte z. B. dazu führen, dass neuronale Bahnen zugunsten von Schuld und Scham bereits »voraktiviert« sind und/oder automatisierter ablaufen. So kommt es vermutlich unmittelbar und ohne willkürliche Aktivität dazu, dass eine innere Rückversicherung anhand internalisierter Normen und Regeln sowie ein Abgleich bezüglich des Selbstwertes stattfindet (vgl. dazu auch das große Schaubild in ▶ Kap. 7.2).

Im Alltag ist jedoch zu beobachten, dass verschiedene Personen in ähnlichen Situationen entweder mit Schuld- und/oder Schamgefühlen reagieren. Auch Tangney (1992) konnte diese Beobachtung experimentell darstellen. Schuld und Scham werden häufig in gleichen oder ähnlichen Situationen erlebt. *Daher ist davon auszugehen, dass es einen interpersonellen Kontext gibt, der bei unterschiedlichen Menschen entweder eine Selbstwertung und/oder kognitive Attributionsprozesse (Weiner 1986, 1995b) begünstigt.* Nach Weiner entsteht Schulderleben zumeist dann, wenn negative Ereignisse, Misserfolge oder Verluste internal attribuiert und für die Person als grundsätzlich persönlich kontrollierbar wahrgenommen werden (vgl. dazu auch Exkurs in ▶ Kap. 1). Diese Theorie wird auch von anderen Forschern geteilt. Verfehlungen oder Schäden anderer Personen werden erst einmal prinzipiell durch eigenes Handeln kontrollierbar attribuiert

5.1 Allgemeiner Teil

(Tracy u. Robins 2006). Schulderleben hat dabei eine adaptive Funktion, wenn Schuld alleine auftritt (▶ Kap. 5.1.6). Kreative Lösungsprozesse können durch Schulderleben angeregt werden. Dazu gehört die Klärung von tatsächlicher Verantwortung und möglicher Ursachen. Ebenso können die Selbstbewertung »Man hätte anders handeln sollen« oder der Ausdruck emotionaler Betroffenheit wiedergutmachende oder schadensausgleichende Verhaltensweisen und Lösungsversuche darstellen. So entsteht zum einen Entlastung auf emotionaler Ebene – sowohl bei der geschädigten Person als auch bei der Person, die sich schuldig fühlt –, zum anderen kommt es zu einer Wiederherstellung des empfundenen Ungleichgewichtes auf interpersoneller Ebene.

Scham dagegen ist ein Resultat aus negativer Selbstbewertung, weil man sich selbst als gesamte Person in dieser Situation wahrnimmt oder insgesamt eher als unangemessen bewertet (Miceli u. Castelfranchi 1998). *Attributionstheoretische Ansätze erweitern daher die bisherigen Theorien zur Schuld und Scham* (vgl. dazu auch den Exkurs in ▶ Kap. 1). Die Theorien *enthalten wesentliche Aspekte für die diskriminante Validität von Schuld und Scham durch klarere Definitionen.* Schuld wird vor diesem theoretischen Hintergrund auch als *Attributionsemotion* verstanden. Schuldgefühle entstehen also auch auf der Grundlage von kognitiven Prozessen, die das Verstehen von Situationen, Handlungen, Verhalten und Notwendigkeiten beinhalten. Ebenso muss dazu die Fähigkeit zur Antizipation der Konsequenzen eigenen Handelns für andere Personen vorhanden sein. Wichtig ist auch ein Perspektivwechsel, also die Fähigkeit, sich aus der Sicht anderer einschätzen/bewerten zu können. *Die Grundlage dafür bildet die hirnphysiologische Reifung.*

Der hohe kognitive Anteil von Schulderleben lässt sich ebenso mit dem Phänomen des kontrafaktischen Denkens erklären. *Kontrafaktisches Denken gehört zum menschlichen Alltag.* Die Art und Weise des Denkens wird ausgerichtet auf Überlegungen über nicht eingetretene Ereignisse. Der aktuelle Ausgang eines Ereignisses dient dann als Vergleichsgrundlage. Menschliches Urteilen wird anhand von noch möglichen Annahmen getroffen und ist recht wankelmütig. Ein typisches Beispiel wird immer wieder im Zusammenhang mit kontrafaktischem Denken genannt:

> **Alltagsbeispiele**
>
> Das knappe Verpassen eines Flugzeugs kann in dem Moment des Erreichens des Abflugschalters zu Ärger und Unzufriedenheit bei einer Person führen. Muss jedoch der Flieger aufgrund eines Defektes zwischenlanden und kommt später als der neue Flieger an, erlebt die Person, die den Flieger ursprünglich verpasst hat, eher Glück im Unglück. Kommt es möglicherweise gar zu einer Katastrophe und das Flugzeug stürzt ab, wird die Person (unabhängig über von der wirklichen Betroffenheit über den Absturz) über dasselbe Ereignis des Zuspätkommens wirklich glücklich und erleichtert sein.
> Wir alle kennen aus dem Alltag solche Beispiele. Ein von uns verursachter Autounfall mit Blechschaden kann Kognitionen wie »Zum Glück ist kein Personenschaden entstanden« anregen.

»Was wäre wenn ...« – menschliche Entscheidungen werden von früher verworfenen Alternativen beeinflusst (Roese 2007a). Im Alltag denken wir darüber nach, wie wir uns in bestimmten Situationen (richtig, bestmöglich) verhalten könnten. In diesem Fall wählen wir dann ein bestimmtes Verhalten bewusst oder unbewusst aus und verwerfen die Alternativen. Entspricht der Ausgang eines Ereignisses nicht unserer ursprünglichen Zielvorstellung, reagieren wir darauf mit einer emotionalen Unzufriedenheit, aber auch mit kognitiven Prozessen. Kontrafaktische Gedanken sind also ein Bestandteil von vielen kognitiven Aktivitäten, wie z. B. in Tagträumen, schlussfolgerndem Denken, Einschätzungen von Wahrscheinlichkeiten, wenn bestimmte Handlungen ausgeführt worden wären. *Kontrafaktisches Denken bezieht sich auf die Vergangenheit, Veränderungen der entstandenen Situationen sind jedoch nicht mehr möglich.* Damit grenzt man kontrafaktisches Denken auch von hypothetischem Denken ab, letzteres ist zukunftsgerichtet und beinhaltet immer noch die Möglichkeit, dass gedankliche Alternativen – z. B. bei Verhaltensweisen – umsetzbar sind.

Negative Emotionen wie Schuld regen kontrafaktisches Denken an. Diese Art des Denkens stellt einen Versuch dar, unerwünschte oder ungewollte Aspekte der Vergangenheit durch eigene gedankliche Vorstellungen zu verändern – was hätte stattdessen sein können? Roese et al. (2005) beschreiben eine Häufung dieses Denkens nach negativen Folgen von Verhaltensweisen und Handlungen. Grundsätzlich lassen sich dabei zwei Arten voneinander abgrenzen: kontrafaktische Auf- und Abwärtsvergleiche. *Aufwärtsvergleiche dienen dazu, sich gedanklich eingehend vorzustellen, wie die Situation grundsätzlich hätte besser verlaufen können.*

Dabei dient der tatsächliche Ausgang der Situation als Grundlage der Bewertung, z. B. anhand der eigenen Einschätzung. Die Frage: Ist mein persönliches Ziel im Kontakt mit anderen Menschen erreicht worden? Ja oder nein? Ein Nein zeigt sich auch durch persönliche Unzufriedenheit. Die negative emotionale Empfindung führt zu Überlegungen, wie der Kontakt zugunsten eigener Ziele besser hätte verlaufen können. Das Therapieprogramm CBASP (Cognitive Behavioral Analysis System of Psychotherapy, des US-amerikanischen Psychologen James P. McCullough; s. McCullough 1999, 2006) arbeitet mit dieser Idee. Die Analyse zwischenmenschlich stattgefundener Interaktion *hilft zum einen, aus den eigenen Fehlern zu lernen, zum zweiten, alternative Handlungsoptionen zu erkennen, sowie zum dritten bei der Vorbereitung auf zukünftige gleiche oder ähnliche Situationen*. Das Erkennen von ungünstigen Verhaltensweisen kann in der Folge jedoch auch negative Emotionen wie Schuld, Scham, Enttäuschung und Trauer auslösen. Gedanken werden dabei oft eher unbewusst wahrgenommen. Dennoch: Aufwärtsvergleiche sind zielorientiert zugunsten einer möglichen Verbesserung. Langfristig dient das kontrafaktische Aufwärtsdenken jedoch dem Erkenntnisgewinn und der persönlichen Weiterentwicklung (Roese 2007b).

Abwärtsvergleiche als zweite Variante des kontrafaktischen Denkens werden manchmal auch als »mentales Tricksen« bezeichnet (»Stumbling on happiness«; Gilbert 2006). *Die mentalen Abwärtsvergleiche werden eingesetzt, um eine un-*

5.1 Allgemeiner Teil

angenehme Situation innerlich als angenehmer zu gestalten. Bezugnehmend auf das obige Beispiel mit dem entstandenen Blechschaden, wäre natürlich ein Personenschaden ein viel schlimmerer Ausgang dieser Situation. Das Ereignis hätte ein schlimmeres Ende nehmen können, die Gedanken daran führen dazu, dass wir uns trotz des entstandenen Schadens besser fühlen. Das Denken hat die emotionsregulierende Funktion, uns nach negativen Folgen besser fühlen zu können (Roese 1994). Je besser wir uns fühlen, desto eher können wir unser Denken z. B. auf kreative Lösungen innerhalb der Situation fokussieren. Wie so oft scheint eben das Mittelmaß dieser Art des Denkens der seelischen Gesundheit zuträglich.

Wichtig in diesem Zusammenhang ist der zeitliche Bezug zu Handlungen und Verhalten. Ausgeführte Handlungen werden kurzfristig mehr bereut und aktivieren Aufwärtsvergleiche. Hingegen bereuen Menschen länger und intensiver unterlassene Handlungen (Gilovich u. Medvec 1994). Das Studium nicht beendet zu haben, für die vergangene Beziehung nicht alles getan zu haben oder Hilfeleistungen situativ nicht gegeben zu haben, führen häufiger zu intensivem Reue- und Schulderleben.

Bei Scham fokussieren die Gedanken im Rahmen des kontrafaktischen Denkens auf das Selbst, auf die gesamte Person. Das Ziel wäre in der Folge, als gesamte Person besser sein zu wollen. Veränderungen dieser Art sind jedoch kaum möglich, was wiederum eine schaminduzierende Erkenntnis darstellt, da das gewünschte und erhoffte Ziel, »als ganze Person besser sein zu wollen«, nicht erreicht werden kann.

Zusammenfassung

- Schuld ist eine komplexe Emotion mit hohem kognitiven Anteil. Deshalb sprechen einige Autoren und Forscher von »Schulderleben«.
- Es ist davon auszugehen, dass es einen interpersonellen Kontext gibt, der bei unterschiedlichen Menschen entweder eine Selbstwertung und/oder kognitive Attributionsprozesse begünstigt.
- Schuldneigung im Sinne einer stabilen zeitlichen Disposition geht einher mit emotionalem Reaktionsmuster.
- Schuld wird auch als Attributionsemotion bezeichnet.
- Die Grundlage für komplexe kognitive Leistungen bildet die hirnphysiologische Reifung, die sich altersentsprechend entwickelt.
- Schulderleben sowie der Umgang mit Schuld ist eng mit kontrafaktischem Denken verbunden.
- Kontrafaktisches Denken hat emotionsregulatorische Funktionen und hilft, aus den eigenen Fehlern zu lernen, alternative Handlungsoptionen zu erkennen, sowie bei der Vorbereitung auf zukünftige gleiche oder ähnliche Situationen.

5.1.5 Vier Arten der Schuldkognitionen

Das multidimensionale Modell der Entstehung von Schuldgefühlen (Kubany 1998; Kubany u. Watson 2002) beschreibt vier Arten von Überzeugungen, die zu dysfunktionalen Schuldkognitionen führen können. Im Zuge der Forschungen zur Posttraumatischen Belastungsstörung wurde das Kausalmodell entwickelt. Ergänzend lassen sich anhand typischer Kognitionen auch erste Informationen auf frustrierte Grundbedürfnisse finden. Die Schuldkognitionen beziehen sich auf folgende Bereiche:

Verantwortlichkeiten Personen beschreiben, für ein Ereignis (im Zusammenhang mit dem Modell: das Trauma) und/oder dessen Verlauf verantwortlich zu sein. Beispiel: »Ich bin selbst schuld an dem, was mir passiert ist«, »Ich hätte besser aufpassen müssen«. – Anhand dieser Kognitionen lassen sich Hinweise auf frustrierte Grundbedürfnisse finden. So können Menschen mit diesen Gedanken durch das Ereignis Missverhältnisse zwischen ihren Bedürfnissen nach Grenzen, Autonomie und Selbstwerterhöhung wahrnehmen.

Moralische Verfehlungen Schuldgedanken beziehen sich auf internalisierte moralische Normen und Werte, an die sich betroffene Person in der Situation nicht gehalten haben. Schuldkognitionen und das Ereignis werden wie eine Strafe erlebt. Beispiel: »Ich hätte mich anders verhalten müssen«, »Eigentlich flirte ich überhaupt nicht, nur dieses Mal habe ich eine Ausnahme gemacht«, »Es war nicht in Ordnung von mir, so schnell zu fahren«. Das Grundbedürfnis von Kontrolle und Sicherheit kann in diesem Fall massiv verletzt worden sein.

Angebliche Vorhersehbarkeit Die Grundlage für diese Art der Überzeugung ist die Fähigkeit des vorausschauenden Denkens. Personen hätten dabei besser die Folgen absehen, Menschen verstehen und erkennen müssen. Beispiel: »Ich hätte wissen müssen, dass mir so etwas passiert, wenn ich so einen kurzen Rock trage«, »Es war doch eigentlich klar, dass ich einen Unfall baue, wenn ich so unaufmerksam Auto fahre«. Enttäuschungen der Grundbedürfnisse Kontrolle und Sicherheit sowie Grenzen können hinter diesen Kognitionen vermutet werden.

Fehlende Rechtfertigungen Diese betreffen insbesondere Aspekte für das eigene Verhalten, unterlassene Hilfeleistungen. Beispiel: »Ich weiß nicht, weshalb ich nicht pünktlich nach Hause gekommen bin. Aber wenn ich da gewesen wäre, hätte ich das Schlimmste verhindern können«. Frustrationen der Grundbedürfnisse wie Selbstwerterhöhung und Kontrolle sind hier vermutlich für die Gedanken ursächlich.

Das Wissen im Nachhinein, also nach dem Ausgang einer schuldverursachenden Situation, wird häufig als Grundlage genutzt, um retrospektiv eine innere Logik zu konstruieren. Diese orientiert sich zumeist an Grundbedürfnissen, die im Wesentlichen frustriert worden sind. Zumeist werden dabei nachträglich die eigenen Einflussmöglichkeiten zu hoch eingeschätzt. Dabei stellt dies einen Versuch dar, eine Art retrospektives Kontrollerleben herzustellen und vor allem sich vor Schamerleben unter antizipierter Beschämung zu schützen. Die nachträgliche Rekonstruktion schafft zwar eine innere individuelle Logik des Geschehen und dient scheinbar der besseren Verarbeitung. Die emotionale Belastung steigt jedoch durch den neu entstandenen Eindruck, doch mehr Einfluss am Ereignis zu haben.

5.1.6 Schuld, Wiedergutmachungshandlungen als Teil der anerkannten sozialen Verantwortung

Die Fähigkeit zum Schuldempfinden stellt eine wesentliche Grundlage für das zwischenmenschliche Miteinander dar. Zeitlich stabile Dispositionen, also die Schuldneigungen von Personen, begünstigen prosoziales Verhalten und zeigen sich als emotionales Reaktionsmuster auf Ereignisse. *Dazu müssen Personen die Möglichkeit der Antizipation von Konsequenzen eigenen und fremden Handelns für andere Personen besitzen sowie die Fähigkeit, sich in Menschen, denen Leid widerfahren ist, hineinfühlen zu können (vgl. dazu auch* ▶ *Kap. 1.4).* In den vorangehenden Kapiteln sind mögliche Auslöser für das Auftreten von situativen Schuldgefühlen beschrieben. In der Forschung wird die emotionale Nähe zu einer Person oft als Grundlage für Schuldempfinden genannt. Wie erklärt sich dann die Verantwortungsübernahme für ortsferne Fremde?

Die erlebte Verantwortungsübernahme für anonyme Fremde kann z. T. durch das Modelllernen, z. B. am Verhalten der Eltern, erklärt werden. Eltern, die um moralisches und ethisches Verhalten bemüht waren (und sind), den Worten auch Taten folgen lassen, sind dabei ein Vorbild. Interpersonelle Verantwortung zeigt sich dann z. B. in Spendenbereitschaften bei Katastrophen. Diese Bereitschaft, andere Menschen zu unterstützen, findet sogar über die eigenen Ländergrenzen hinweg statt. Selbst die örtliche Distanz, die sonst einlädt, in der Anonymität zu versinken und Verantwortung anderen zuzuschreiben, hält Menschen nicht davon ab, einen Teil an Verantwortung zu übernehmen. Sie helfen mit dem, was gerade für sie verfügbar ist. Erleben diese Menschen Schuld? Wie oben bereits ausgeführt, kann eben auch der Schaden einer oder mehrerer Personen dazu führen, dass unser Schuldempfinden aktiviert wird. Bei einer Naturkatastrophe ist sicherlich der erste Impuls, durch Spenden zu helfen. Überlegungen zur eigenen Verantwortung an einem kleinen individuellen Teil der Klimakatastrophe könnten Schuld auslösen. Je nach Disposition und kognitiver Ausrichtung einer Person könnte jedoch auch das Nachdenken darüber, was diese Person im Rahmen ihres Möglichen alles nicht getan hat, um den Klimawandel aufzuhalten, zu Schulderleben führen.

Empathiefähigkeit und die Neigung zur sozialen Verantwortungsübernahme können weitere Grundlagen für unterstützendes Verhalten gegenüber fremden Menschen sein (vgl. dazu auch ▶ Kap. 4). Die Identifikation mit sozialen Gruppen führt oft auch zur Akzeptanz einer »kollektiven« Verantwortung. *Die Verantwortung richtet sich entweder nach grundlegenden Normen und Regeln der sozialen Gemeinschaft oder orientiert sich am individuellen internalisierten Wertesystem.* Das Wertesystem eines Menschen besteht also auch aus frühen, im Rahmen der kindlichen Entwicklung gelernten sowie später außerfamiliär erworbenen Normen und Regeln. Es begünstigt die individuelle Verantwortungsübernahme auch gegenüber fremden Personen. Die Verantwortung in Handlungen und Verhalten auszuüben gestaltet jeder für sich. Mithilfe eigener individueller Möglichkeiten und Ressourcen kann dann die Verantwortung Teil des Selbstkonzeptes einer Person sein. Die Mitgliedschaft bei globalen Vereinigungen wie »Amnesty International« wäre eine Möglichkeit, die empfundene kollektive Verantwortung auszudrücken.

Personen, die Verantwortungsübernahme im familiären Rahmen erlebt und ausgeübt haben, tragen diese auch weiter nach außen. Nahe Verwandte werden besucht, eingeladen und im Notfall unterstützt. Auch in sozialen Einrichtungen wird prosoziales Verhalten zugunsten Schwächerer gefördert und positiv verstärkt. So kann hilfsbereites Handeln ein Teil des eigenen Verhaltens werden und als Grundlage für Unrechtsempfinden dienen. Sich den Schaden und die emotionale Belastung von Menschen zu verdeutlichen, sich in die geschädigte Person hineinzufühlen – all dies kann stellvertretende Wiedergutmachungshandlungen auslösen. Das ist eine mögliche Erklärung für unterstützende Verhaltensweisen Einzelner, wie sie z. B. im Dritten Reich stattgefunden haben. Menschen mit Unrechtsempfinden, hohem Verantwortungsbewusstsein und Einfühlungsvermögen haben damals trotz potenzieller Lebensgefahr Verfolgten einen Zufluchtsort und Lebensmittel geboten.

Ebenso kann die bereits vorhandene existenzielle Schuldneigung einer Person dazu führen, dass sie die eigenen scheinbar besseren Bedingungen im Vergleich zu anderen Menschen mit Unbehagen wahrnimmt. Zumeist haben diese Menschen in ihrer eigenen Biografie selbst Not der verschiedensten Art zu spüren bekommen. Es fällt ihnen daher leichter, sich in die Notlage anderer hineinzuversetzen. Teil des resultierenden eigenen Schuldempfindens ist also die darüber antizipierte emotionale Nähe zu Menschen in deren Notlage. Dies begünstigt z. B. die Spendenbereitschaft oder den aktiven Einsatz in Hilfsgebieten.

Herr E. (45 Jahre) kommt erstmals in eine therapeutische Behandlung. Neben einer depressiven Symptomatik lassen sich diffuse Todesängste explorieren. Den Patienten begleiten immer wieder zukunftsgerichtete Gedankenketten über den Ablauf eines möglichen Versterbens von nahen Bezugspersonen. Zusätzlich berichtet Herr E., dass er Kriegsberichterstattungen im Fernsehen kaum anschauen könne. Zumeist spende er Geld, wenn Berichte einen Spendenaufruf enthalten. Teilweise erkundige er sich nach Spendenmöglichkeiten für diese Regionen.
In der biografischen Arbeit lassen sich wichtige Bezüge zu den Todesängsten und der starken emotionalen Berührbarkeit bei Kriegsberichterstattungen finden. Herr E.

5.1 Allgemeiner Teil

wuchs bis zu seinem 10. Lebensjahr, bedingt durch die Offizierslaufbahnen der Eltern, in verschiedenen Kasernen auf. In schwierigen politischen Zeiten wurde in diesen Kasernen und der Umgebung immer wieder Kriegsbereitschaft simuliert. Dabei waren beide Eltern im Einsatz, bemüht, die eigenen Tätigkeiten korrekt auszuführen. Niemand kümmerte sich um ihn und die kleinere Schwester (3 Jahre jünger). Die Übungen auf dem Gelände und die ständige Alarmbereitschaft, denen auch die Eltern unterlagen, hielten in seiner kindlichen Wahrnehmung wochenlang an. Fehler durften keinesfalls gemacht werden. Die Eltern waren in dieser Zeit noch strenger. Die Themen Tod, Ängste, Verunsicherungen, die ständige Sorge um mögliches Fehlverhalten und die antizipierte Schuld prägten Herrn E. in seiner Kindheit. Unklar war, ob es dieses Mal vielleicht doch ein Ernstfall war, denn die Übungen mussten ja sehr realistisch durchgeführt werden. Schnell übernahm er Verantwortung, die kleine Schwester zu beruhigen, was ihn von den eigenen negativen emotionalen Zuständen ablenkte.

Aktuelle Berichterstattungen über Kriege führen zu einer Aktivierung der früheren Emotionen. Herr E. reagiert wieder mit Verantwortungsübernahme, dieses Mal für fremde Menschen, in die er sich gut hineinfühlen kann. Er spendet Geld.

Bereits kurz nach dem Ersten Weltkrieg beschäftigte sich Alfred Adler (1919) im Rahmen einer massenpsychologischen Studie mit der »Schuld des Volkes«. Er stellt dar, wie der Mensch als soziales Wesen Kriegsbegeisterung innerhalb der ihn umgebenen Gruppe und der spezifischen Rahmenbedingungen entwickeln kann. Seine Betrachtungsweise distanziert sich von den eher defizitorientierten Erklärungsmodellen Freuds. Die nachfolgenden Jahre waren geprägt von Bemühungen, psychologisch-wissenschaftliche Erklärungen zu »Schuld, Verantwortung innerhalb einer Gemeinschaft« zu veröffentlichen.

Die »Kollektivschulddebatte« wird bis heute von unterschiedlichen Forschern aus verschiedenen wissenschaftlichen Ansätzen geführt. Gesamtdeutschland ist z. B. durch die Alliierten eine »Kollektivschuld« zugeschrieben worden. Dabei standen die Verbrechen des Nationalsozialismus im Fokus. Es sollte ein Bewusstsein für die »Kollektivschuld« geschaffen werden. So zwangen amerikanische Besatzungsmächte z. B. die Weimarer Bevölkerung, das Konzentrationslager Buchenwald zu besichtigen. Deutsche Bürger wurden zu Leichentransporten und Exhumierungen gezwungen. In Zeitungen wurde die »gemeinsame Schuld« bekannt gemacht. Maßnahmen dieser Art wurden durch den Begriff der Konfrontationspolitik legitimiert. Im Gegenzug kann durch das Völkerrecht jedoch die Kollektivhaftung eines Staates für die entstandenen Schäden völkerrechtswidrigen Handelns beansprucht werden. Schadensausgleich, Reparationszahlungen sowie der Versuch eines bewussten öffentlichen Umgangs mit Verantwortung und Schuld prägen Deutschlands Bemühungen im Umgang mit den nationalsozialistischen Verbrechen. Das Thema Kollektivschuld wurde auch im Rahmen des Historikerstreits Mitte der 80er-Jahre intensiv diskutiert.

Exkurs

Als »Shoa« (hebräisch) wird der Völkermord an Juden in der Zeit des Nationalsozialismus bezeichnet. Überlebende dieser Zeit haben das Erlebte kaum verarbeiten können. Berichte von Überlebenden (z. B. Henryk Mandelbaum, Aktion Kinder des Holocaust) schildern eindrücklich und emotional berührend, unter welchen Umständen es überhaupt möglich war, diese sehr belastende Zeit zu überstehen. In Konzentrationslagern mussten Sonderkommandos die Leichen eigener Landsleute beseitigen. Überleben war nur möglich, indem die Arbeiten ausgeführt wurden, zu denen die SS gezwungen hatte. Die Leichen der Opfer mussten bearbeitet werden. Ekel, Scham, Schuld prägten die Tätigkeiten, die das Aufrechterhalten des Mordprozesses in den Krematorien sicherten. Die »Sklavenarbeit« traumatisierte die Überlebenden aus dem Sonderkommando Auschwitz. Scham- und Schuldgefühle quälen neben den erschreckenden Erinnerungen an die Bilder der entstellten Leichen. Sie machen sich Vorwürfe, ein Teil des Systems des Massenmordes gewesen zu sein.

»Kollektivschuld« wird auch in anderen Kontexten diskutiert, z. B. wenn gesagt wird, dass alle Männer für die Diskriminierung von Frauen verantwortlich seien, oder bezüglich der Verfolgung und Unterdrückung von Minoritäten durch Majoritäten innerhalb von Ländergrenzen.

Zusammenfassung

- Verantwortungsbewusstsein und Schuldempfinden kann sich auch auf fremde, örtlich ferne Menschen beziehen.
- Dazu ist die Fähigkeit zur Antizipation der Konsequenzen eigenen und fremden Handelns für andere Personen notwendig sowie die Fähigkeit, sich in Menschen, denen Leid widerfahren ist, hineinfühlen zu können.
- Die soziale Verantwortung richtet sich entweder nach grundlegenden Normen und Werten einer Gemeinschaft oder nach individuellen und internalisierten moralisch ethischen Regeln.
- Modelllernen von Verantwortungsbewusstsein gegenüber Fremden bei nahen Bezugspersonen erklärt einen Teil individueller Hilfsbereitschaft.
- Die Konstrukte der »kollektiven« Verantwortung und »Kollektivschuld« lösen viele kontroverse Debatten aus.

Im therapeutischen Alltag kommt es gelegentlich vor, dass Therapeuten sich bei Patienten für das Verhalten der Eltern gegenüber dem Kind von damals stellvertretend entschuldigen (▶ Kap. 11.7.4). Dies tun wir, um erwachsene Verantwortung zu zeigen und vielleicht notwendige Position zu beziehen. Zudem kann die entstehende emotionale Entlastung bei Patienten emotionale Weiterverarbeitungsprozesse initiieren.

5.1 Allgemeiner Teil

5.1.7 Funktionen von Schuld

Schuld dient, allgemein ausgedrückt, der Umverteilung und der Reduktion von emotionalem Stresserleben. Zusätzlich schützt die Emotion vor eigenen Schamgefühlen und/oder möglicher Beschämung durch andere. Folgende Aspekte spielen bei der Umverteilung des emotionalen Stresserlebens eine wichtige Rolle:

Anerkennen und Äußern von Schuld gegenüber der geschädigten Person Alleine das Benennen des Schadens durch die Person, die diesen verursacht hat, führt bei der geschädigten Person zu einer emotionalen Entlastung (Baumeister et al. 1995b). Jeder von uns kennt solche Momente, in denen Schaden entstanden ist. Bekennt sich der Verursacher nicht dazu, äußert kein Bedauern oder unterlässt die Entschuldigung für sein Verhalten, entstehen meist noch mehr negative Emotionen bei der geschädigten Person. Erklärungsversuche, das Herstellen von Zusammenhängen, beschäftigen in der Folge zusätzlich zu dem entstandenen Schaden. Die Person fühlt sich alleine oder im Stich gelassen. Äußerungen wie »Wenigstens eine Entschuldigung wäre wichtig gewesen« oder »Das Bedauern über den entstandenen Schaden wäre das Mindeste, was ich hätte erwarten können« zeigen diesen Aspekt an. Distanzierung und Kontaktabbruch können die Folge sein. Das Schuldanerkennen dient nach einem negativen Ereignis auch einer Annäherung der Interaktionspartner.

Äußerungen von eigenen Schuldgefühlen durch den Verursacher Das offene Benennen im Sinne von »Ich fühle mich schuldig« hilft zumeist, die eigenen Schuldgefühle zu reduzieren. Das Äußern von Schuld ist vor allem erst einmal durch den Wunsch motiviert, die eigenen Schuldgefühle zu reduzieren. Dabei wird jedoch auch die Wahrscheinlichkeit erhöht, dass die geschädigte Person sich mit weiteren Schuldzuweisungen zurückhält. Ebenso kommt es im Alltag oft dazu, dass Entschuldigungen angenommen werden. Das Verzeihen von Vergehen zeigt auch an, dass die Beziehung stabil genug ist, um mit dem entstandenen Schaden und auch dem normverletzenden Verhalten umzugehen. Der Wunsch, das eigene Schulderleben zu reduzieren, stellt neben der emotionalen Entlastung aber auch Ressourcen für eine aktive Lösungsfindung innerhalb der Situation bereit. Intensive Emotionen hemmen jedoch diese notwendigen kognitiven Fähigkeiten bei Menschen.

Herstellung der Harmonie und des Gleichgewichts innerhalb eines Systems. Schuld kann sowohl innerhalb sozialer Interaktionen als auch innerhalb einer Person, also gegenüber den eigenen inneren Werten und Normen, entstehen. Beide Vorgänge finden innerhalb eines Systems – interpersonell statt. Durch die emotionale Entlastung im Rahmen der Anerkennung von Schuld, aber auch durch ausgleichende wiedergutmachende Handlungen kann das entstandene Ungleichgewicht wieder behoben werden. Interpersonelle Schuldgefühle führen zu einem Verantwortungsbewusstsein gegenüber den geschädigten Personen. Das kann sich ebenso außerhalb der eigentlichen Situation noch äußern, wenn z. B. eine nahe Bindung zu den Personen besteht. Die nachträgliche Zuwendung von Aufmerksamkeit – das Nachfragen, ob es noch Folgeschäden gibt – oder das Äußern von positiven Gefühlen gegenüber der anderen Person zählen als ausgleichende Verhaltensweisen. Verantwortungsbewusstsein kann dabei auch gegenüber sich selbst und den internalisierten Werten und Normen zu angemessenerem Verhalten motivieren.

Schuld als kommunikative Strategie dient der Beziehungsgestaltung und Einflussnahme (z. B. Baumeister et al. 1994) Durch Schuldinduktion kann die schwächere Person innerhalb zwischenmenschlicher Beziehungen auch außerhalb des formalen Machtprinzips die eigenen Wünsche und Ziele durchsetzen. Wie im Kapitel ▶ Kap. 5.1.3 bereits beschrieben, kann das Äußern von nicht erfüllten Erwartungen Schuld induzieren. So geschieht es in einer Partnerschaft, dass der Ausblick an die Rolle des Partners (z. B. »ein guter Vater für die Kinder zu sein«) geäußert wird. Die Voraussetzung für eine derartige Einflussnahme ist eine als positiv wahrgenommene Bindung zwischen den Personen. Diese sollte sowohl viel Empathie als auch eine wohlwollende Anteilnahme an dem Wohlergehen des anderen beinhalten. Schuldinduktion löst jedoch manchmal bei der Person, die die Schuld verursacht, eine »Meta-Schuld« aus. Teilweise können sich über diese Art der Einflussnahme Ärger und Unmut bei der stärkeren Person entwickeln. »Meta-Schuld« und Ärger dienen vermutlich dazu, die richtige Dosierung der Beziehungsgestaltung durch schuldinduzierende Äußerungen zu finden.

Verschiedene Möglichkeiten der Schuldinduktion (nach Vangelisti et al. 1991) seien an dieser Stelle übersichtlich aufgezählt:
- Erinnerungen der anderen Person an seine Verpflichtungen und Rolle,
- Aufopferung innerhalb von Beziehungen, Geleistetes und Verluste der eigenen Person aufzählen,
- Erinnerung an die Rollenverantwortung,
- Vergleiche mit anderen Personen, wie frühere Partner,
- die andere Person infrage stellen.

Der Einsatz dieser Kommunikationsstrategien dient dazu, den stärkeren Partner zu motivieren, etwas zu tun, was dieser sonst nicht tun würde. Anlass für diese Art der Schuldinduktion stellt zumeist eine interpersonell wahrgenommene Vernachlässigung der schwächeren Person dar. Das geschieht z. B. aufgrund fehlender Aufmerksamkeit oder gemeinsamer Zeit. Insgesamt beinhaltet die Schuldinduktion jedoch auch Konfliktpotenzial. Der stärkere Partner kann sich »manipuliert« fühlen oder es dem Partner mit der höheren Schuldneigung vermutlich nicht recht machen. Ebenso kann der schwächere Partner das vielleicht als »Fremdschuld« erleben. Im Rahmen einer Partnerschaft fühlen sich Menschen auch für den Partner und dessen Verhalten mitverantwortlich. Dies

5.1 Allgemeiner Teil

kann begünstigen, dass die eigenen internalisierten Werte und Normen durch das Verhalten des anderen als verletzt erlebt werden und Schuld bei dem Partner induziert wird, der bisher nichts mit dem Verhalten zu tun hatte.

> Die plötzlichen Migräne-Anfälle und der neu aufgetretene Kopfschmerz sind Therapieanlass für Frau A. Die Fragen nach der täglichen Verantwortung und worin Belastungen liegen könnten, führen dazu, dass Frau A. über die Belastungen innerhalb der Partnerschaft spricht.
> Sie selbst sei unter biografischen Umständen großgeworden, die eine Anpassungsleistung, eine hohe Leistungsorientierung sowie das Zurückstellen eigener Wünsche und Bedürfnisse erforderten. Diese »Überlebensstrategie« brachte Frau A. in die Partnerschaft. Sie selbst wünschte sich Kinder, der Partner stand diesem Thema ambivalent gegenüber. Die eigene Kindheit hatte er als versorgend und wohlbehütet wahrgenommen, sich aber auch an die Freiheiten eines unabhängigen Erwachsenen gut gewöhnt. Einerseits habe er, aus seiner Sicht, ein gutes Familienmodell vermittelt bekommen. Andererseits wurde durch Kinder die individuelle Freiheit und Unabhängigkeit der Eltern begrenzt. Das Ehepaar einigte sich darauf, dass Frau A. die Kinder versorgte, da sie auf den Kinderwunsch bestand. Ihr Partner hatte anhand des väterlichen Modells gelernt, dass die finanzielle Versorgung einen wichtigen Teil seiner Rolle als Vater darstellte. Darauf zog er sich zurück.
> Frau A. bekam jedoch Zwillinge und war auf die Hilfe des Partners angewiesen. Er erinnerte sie, trotz gelegentlicher Unterstützung, an die vereinbarte Rollenaufteilung. So wurden die Arbeitszeiten im Büro länger und die Hobbys ausgiebiger. Frau A. gab ihr Bestes, erlebte ihrerseits aber immer wieder Überforderungsgefühle – insbesondere als sie in ihren Beruf zurückkehrte. Im Laufe der Zeit entstand jedoch eine partnerschaftliche Kommunikation, die den Ehemann daran erinnerte, dass die finanzielle Versorgung seinen Teil der Vereinbarung darstellte. Frau A. gab viel Geld für die gemeinsamen Kinder aus. Ihr Partner arbeitete immer mehr, die gemeinsame Zeit wurde immer weniger.
> Beide Ehepartner empfanden Schuld, die eigene Rolle nicht wie erwünscht und vorbesprochen erfüllen zu können. Das Unbehagen, negative Gefühle und Vorwürfe prägten die partnerschaftliche Kommunikation und führten zu zusätzlichen Belastungen.

Baumeister et al. (1994) ergänzen die theoretischen Konzepte durch die Annahme, dass interpersonelle Faktoren die intrapsychische Erfahrung von Schuld auslösen und modulieren können. Es kann daher die Differenzierung von wesentlichen Funktionen vorgenommen werden (s. Aufzählung auf ▶ S. 83 ff.). Zum einen hält Schuld Beziehungen aufrecht. Dies geschieht durch Verhaltensweisen wie Entschuldigen, die Verhinderung von Schulderleben gegenüber einer anderen Person. Ebenso lässt uns Schuld für diese Person etwas tun, Gutes sagen, positive Handlungen ausführen. Zum anderen hat Schuld eine adaptive Funktion im Sinne der Regulierung von Beziehungen. Die verletzte bzw. geschädigte

Person erlebt durch das Eingestehen von Schuld emotionale Entlastung. Die möglicherweise geschädigte Beziehung kann repariert werden. Schuld dient dabei der Annährung.

> **Zusammenfassung**
>
> - Allgemein dient das Anerkennen der Schuld der Umverteilung und Reduktion von emotionalem Stresserleben.
> - Schuld schützt vor eigenem Schamgefühl und/oder Beschämung.
> - Schuld hat unterschiedliche Funktionen:
>   – Schuld hält Beziehungen aufrecht.
>   – Schuld dient der Regulierung von Beziehung.
>   – Schuld stellt die Harmonie und das Gleichgewicht innerhalb eines Systems wieder her.
>   – Schuldinduktion als kommunikatives Stilmittel dient der Beziehungsgestaltung und Einflussnahme.

5.1.8 Adaptive, maladaptive Schuld und Scham

Adaptives Schulderleben Adaptive, also gesunde und angemessene Schuld, tritt in der Regel als kurzzeitige emotionale Reaktion auf konkrete Ereignisse und Situationen auf. Zumeist gibt es einen konkreten Auslöser für die Schuldgefühle. Adaptive Schuld hat einen motivierenden und sinnvollen Charakter. Angemessene und damit hilfreiche Schuldgefühle tragen zur Balance innerhalb von sozialen Beziehungen bei. Ebenso kann adaptive Schuld uns selbst motivieren. So führt sie dazu, unser Verhalten besser an die aktuell gegebenen äußeren Umweltbedingungen oder an die internalisierten Werte und Normen anzupassen. In einer Vergleichsstudie zum Ausmaß der Beeinträchtigung des Arbeitsgedächtnisses durch Schuld oder Scham von Cavalera und Pepe (2014) konnte nachgewiesen werden, dass eine Schuldneigung sogar eine bessere Arbeitsgedächtnisleistung vorhersagt.

(Prä-)Dispositionelle Schuld Das Werte- und Normensystem einer Person verändert sich im Laufe des Lebens. Damit verändert sich auch das Schulderleben. Als Kinder adaptieren wir das elterlich vermittelte Wertesystem mit all seinen Normen, Zuschreibungen und Erwartungen. Im Idealfall wachsen Menschen in einem positiven, warmherzigen und wohlwollenden Familienklima auf. Diese (aber auch ungünstigere) Erfahrungen prägen in der Folge das individuelle Schuldempfinden und die Schuldneigung. Forscher sprechen auch von einem *(prä-)dispositionellen Schulderleben*, wenn es sich um *ein zeitlich stabiles emotionales Reaktionsmuster im Sinne einer Schuldneigung* handelt. Diese Schuldneigung kann adaptiv sein und z. B. prosoziales Verhalten fördern. Im Laufe unseres Lebens verändern sich die Anforderungen, die unsere Umwelt an uns

5.1 Allgemeiner Teil

stellt. Neue Herausforderungen begünstigen die eigene Weiterentwicklung. Die elterlichen Werte und Normen werden daher immer wieder im Rahmen neuer Lebenssituationen und -anforderungen überprüft und modifiziert. Erfahrungen sowie Normen von nahestehenden Personen in unserem unmittelbaren Umfeld haben dabei auch in späteren Lebensjahren Einfluss auf die Veränderungen des persönlichen Wertesystems. So bringen Lebenspartner oder enge Freunde neue Anregungen für die aktuelle Auseinandersetzung im Rahmen sozialer Beziehungen mit. Veränderungen können sich in verschiedene Richtungen auswirken. So können wir auch anhand nahestehender Personen lernen, z. B. weniger oder mehr Verantwortung zu übernehmen oder die andere Person als Vorbild für prosoziales Verhalten wahrzunehmen. Wesentliche Werte und Normen sowie emotionale Erfahrungen im Rahmen unser Kindheit und Jugend prägen in den Grundzügen unser Schulderleben und unseren Umgang damit. *Gesundheit und Flexibilität zeigt sich auch durch die Veränderbarkeit und Anpassungsfähigkeit unseres inneren Werte- und Normensystems*. Sind jedoch Schuldempfinden und -neigung über die Zeit unveränderbar, gibt es Hinweise auf unflexible Strukturen, weist dies zumeist auf ein defizitäres Selbstbild hin.

Maladaptives Schulderleben Chronische und damit maladaptive Schuld wird von (prä-)dispositionellem und von adaptivem Schulderleben unterschieden. Schuld wird immer dann als irrational und maladaptiv verstanden, wenn das Schulderleben verstärkt und generalisiert auftritt. *Maladaptive Schuld ist dabei ein eher anhaltender Zustand, der nicht an ein konkretes Ereignis gebunden ist.* Maladaptives Schulderleben dient in diesem Fall als Grundlage für Entscheidungsoptionen. Der Nachweis der Existenz von maladaptiven Schuldgefühlen gelang in einer Meta-Analyse (Kim et al. 2011). Maladaptive Schuldgefühle haben große Gemeinsamkeiten zum Schamerleben. *Die pathogene Wirkung ist aus Sicht der Forscher dabei eher auf die Emotion Scham zurückzuführen. Dysfunktional scheint die defizitäre Emotionsregulation, die mit maladaptivem Schulderleben einhergeht.* Schuld wird in der Intensität nicht gemindert und ist dabei zumeist ungerichtet. Chronisches Schulderleben scheint uns zu ängstigen und hindert uns dadurch daran, das zu tun, was hilfreich wäre. Schuld kann damit genauso maladaptiv sein wie Scham. Mehrere Forscher vertreten jedoch die Ansicht, dass maladaptive Schuld eigentlich Scham ist (Harder 1995; Tangney 1995). Je größer die Schamneigung einer Person, desto schwerwiegender sind die Interferenzen mit dem Arbeitsgedächtnis (Cavalera u. Pepe 2013). Das geht einher mit der Konsequenz von empfundener Wert- und Machtlosigkeit, was zumeist als weitere Bestätigung des defizitären Selbst verstanden wird.

Die Emotionen klar voneinander abzugrenzen ist bisher nicht in der notwendigen Eindeutigkeit gelungen. Fontaine et al. (2006) postulieren in Bezug auf Scham und Schuld den Gordischen Knoten. Ortony (1987) vermutet, dass in einem Zustand von Schuld auch Reue und Scham als Emotionen vorhanden sind, und geht wie viele Wissenschaftler davon aus, dass sich Schulderleben durch ein komplexes Emotionsgefüge auszeichnet. Eine weitere Bestätigung findet sich dadurch, dass innerhalb von Studien bisher auch keine Situation erzeugt werden konnte, die ausschließlich Schuldgefühle hervorruft (Olthof et al. 2006).

Elison (2003, 2005) beschreibt auf der Grundlage einer psycholinguistischen Studie die affektiv-kognitiven Hybriden der Schuld. Unterschieden wird zwischen Affekten als diskrete Emotionen und sekundäre Emotionen. Schuld wird den sekundären Emotionen zugeordnet – wegen der kognitiven Bedingungen zur deren Entstehung. Zugleich ist Schulderleben aber auch mit Affekten wie Trauer und Bedauern sowie Scham und Bestrafungsangst assoziiert. Dementsprechend kann Schulderleben als »Scham-Schuld-Hybrid« oder als »Trauer-Schuld-Hybrid« verstanden werden. Schuld wäre in dieser Betrachtungsweise also keine distinkte Emotion. Eine klare Abgrenzung von Scham und Schuld ist entsprechend dieser Betrachtungsweise nicht notwendig. Es gibt auch im therapeutischen Alltag viele Hinweise auf das gemischte Auftreten. Man kann sich als Person durchaus seiner Taten schämen und sich zugleich schuldig fühlen (Kämmerer 2010). Ebenso ist es möglich, sich per se schuldig zu fühlen, weil man als Gesamtperson unakzeptabel ist.

Dysfunktionale Schuld fördert die extreme Fokussierung auf das eigene Selbst und begünstigt somit Selbstbestrafung. Die Fokussierung des gesamten Selbst ist ein weiterer Hinweis auf die dahinter liegende Scham. Maladaptiv ist Schuld dann, wenn Schulderleben zusammen mit dispositionalem Schamerleben auftritt (Tangney u. Dearing 2002). Ebenso kann bei starren und rigiden Vorstellungen maladaptive Schuld verstärkt auftreten. Der Schamanteil wird erkennbar an der gleichzeitigen negativen Bewertung des gesamten Selbst. In der Folge kommt es zum schlechten Gewissen, zu Gewissensbissen, Reue, Ruminationen um das Ereignis sowie zu selbstbestrafenden inneren Reaktionen (z. B. Triandis 1988; Ausubel 1955). Maladaptive Schuldgefühle und deren pathogene Mechanismen sind in klinischen Stichproben jedoch kaum erforscht.

Schuld kann auch zeitweise und vorübergehend einen pathogenen Mechanismus haben. Unangemessene Schuldgefühle stellen z. B. eines der Kriterien für die unipolare depressive Erkrankung dar (► Kap. 8.2.2). Dieses Merkmal ist sowohl im ICD-10 (Dilling et al. 2008) als auch im DSM-IV (Saß et al. 2003) aufgeführt. Das Auftreten von maladaptiver Schuld führt nicht zu aktiven Wiedergutmachungsversuchen. Es hat keinen motivierenden Charakter, sondern wird als eher lähmend, blockierend und belastend wahrgenommen. Insbesondere bei maladaptivem Schulderleben werden Ruminationen begünstigt, denn im Wesentlichen gilt es, reale oder antizipierte Schuld zu vermeiden. Ruminative, unergiebige, zumeist eher kognitive oder handlungsorientierte Schuldreaktionen stellen dabei einen Versuch dar, Schuld zu reduzieren, wenn diese sich im Vorlauf nicht vermeiden lässt. Übertriebene Verantwortungsübernahme kann ebenso einen maladaptiven Mechanismus annehmen und damit auch die soziale Ebenen beeinträchtigen. Chronisch-maladaptive Schuldgefühle zeigen sich oft im Rahmen unangemessener Verantwortungsübernahme, etwa für unkontrollierbare Ereignisse. Im Rahmen maladaptiver Schuld, die mit hoher

5.1 Allgemeiner Teil

Verantwortungsübernahme kompensiert wird, können anhaltende Wiedergutmachungsversuche zu Verstrickungen führen. Schuld kann nicht durch diese Verhaltensweisen reduziert werden. Chronisches Schulderleben kann daher aufrechterhalten werden und weitere interpersonelle Konflikte auslösen.

> Frau S. (56 Jahre) ist zum zweiten Mal an einer Depression (mittelgradige Episode) erkrankt. Im Vordergrund steht insbesondere die Auseinandersetzung mit eigener Schuld und einer möglichen Schuldvermeidung. Dabei kreisen die Schuldthemen zum einen um die eigene Verantwortlichkeit, z.B. den stationären Klinikaufenthalt vor acht Jahren nicht ausreichend genutzt zu haben, um »die Depression ganz aus ihrem Leben zu verbannen«. Zum anderen geht es um die eigene Hilflosigkeit gegenüber den bekannten depressiven Symptomen. Aus ihrer Sicht hat sich Frau S. bisher nur nicht genug angestrengt, um aus dieser Phase alleine herauszukommen. Ein weiteres antizipiertes Schuldthema stellt die Auseinandersetzung mit der Einnahme einer antidepressiven Medikation dar. Es dann vielleicht »nicht alleine geschafft zu haben«, könnte ja bedeuten, später wieder einen Rückfall zu erleiden und diesen dann auch nicht alleine bewältigen zu können.
>
> Während der depressiven Phasen bekommt Frau S. von ihren Familienangehörigen immer negative Rückmeldungen, sie sei »einfach in diesen Phasen nicht auszuhalten und sehr anstrengend«. Frau S. bemüht sich daher sehr um ein angepasstes Verhalten, was für sie eine große Anstrengung bedeutet. Natürlich fühlt sie sich im Rahmen ihrer Erkrankung dadurch nicht gesehen. Dies versucht die Patientin durch mehr Kontakte mit längerer Aufenthaltsdauer auszugleichen. Dabei versucht sie, den anderen Familienmitgliedern so wenig wie möglich zur Last zu fallen.
>
> Eine weitere Strategie für Besuche in der Heimat ist die noch mittlerweile unterstützungsbedürftige Mutter aufwändigst zu versorgen. Dabei kommt es immer wieder zu depressiven Einbrüchen, auch aufgrund von Konflikten mit der Mutter. Je mehr sie sich einbringt und je länger sie bleibt, umso häufiger geben die Familienmitglieder Frau S. zu verstehen, dass sie im Moment sehr anstrengend und belastend sei. Sich aus diesem Schuldkreislauf zu lösen gelingt ihr nicht, Hilflosigkeits- und Überforderungserleben entsteht und hält die Depression aufrecht.

Zur Schuldvermeidung dienen in der Folge auch sozialer Rückzug und Kontaktabbrüche. Das Verhalten erklärt sich vermutlich durch ein hohes Ausmaß an Schulderleben gegenüber der anderen Person. Diese Person ist mit der eigenen individuellen Schuld assoziiert, die sich nicht reduzieren lässt. Der Kontaktabbruch bzw. die Vermeidung stellt dabei einen Bewältigungsversuch dar.

Tab. 5-2 Überblick

	Adaptive Schuld	(Prä-)Dispositionelle Schuld	Maladaptive Schuld
Merkmale	• Situativ angemessenen und hilfreich • Kurzzeitige emotionale Reaktion auf einen konkreten Auslöser • Motivierender und flexibler Charakter • Hilft, unser Verhalten der jeweiligen Situation/Interaktion anzupassen • Aktiviert sinnvolles Verhalten wie Entschuldigungen, Wiedergutmachungsversuche, Reuebekundungen	• Schuldneigung • Zeitlich relativ stabiles Reaktionsmuster einer Person • Grundlage für Anpassungsprozesse an die Umgebung • Fördert prosoziales Verhalten • Ist assoziiert mit Verträglichkeit, moralischer und ethischer Grundhaltung einer Person	• Chronisches Schulderleben • Tritt generalisiert und ohne konkreten Auslöser auf • Dient häufig als Entscheidungsgrundlage, die im Wesentlichen reale oder antizipierte Schuld verhindern soll • Initiiert kein schuldreduzierendes Verhalten, sondern begünstigt Ruminationen • Tritt in Verbindung mit Scham auf • Kann im Rahmen psychischer Erkrankungen auch zeitweise als ein Symptom auftreten

5.1.9 Ein historischer Ausflug

unter Mitarbeit von Dr. Dr. Isgard Ohls

In den Epochen der Menschheitsgeschichte bewegten unterschiedliche existenzielle Probleme die Menschen. Die Auseinandersetzung mit der Vergänglichkeit prägte das Altertum. Im Mittelalter war es der Schuldbegriff, welcher über die Reformationsbewegung zur Spaltung der christlichen Kirche führte. In der Moderne wird die Sinnlosigkeit diskutiert. Eine Grunderfahrung der Neuzeit, welche sich in der psychotherapeutischen Praxis widerspiegelt, ist die entweder übertriebene oder fehlende Wahrnehmung bzw. Verdrängung von Schuld (Bonelli 2013). *Das neue Tabuthema Schuld hat das zu Freuds Zeiten dominierende Thema Sexualität ersetzt.*

Die Auseinandersetzung um Schuld findet nun allerdings im Zusammenhang mit dem Thema Scham einen durchaus neuen Aspekt. Selbstrechtfertigung und Fremdanklage, im Sinne schuldinduzierender Kommunikation (▶ Kap. 5.1.7), sind aktuell beliebte Kommunikationsmuster in der öffentlichen Debatte um das Thema Schuld. Die Debatte ist von theologischer Seite eng mit dem Sündenbegriff, von philosophischer Seite mit Fragen der Theodizee, Willensfreiheit

5.1 Allgemeiner Teil

und Moral, von ethnologisch-sozialwissenschaftlicher Seite mit Strafe, Gesetz und Sündenbockphänomenen verknüpft. Darüber hinausgehend ist Schuld ein objektiver Begriff der Ethik und des Rechts geworden. Die sich stellenden Fragen nach der Freiheit und Verantwortlichkeit des Menschen als handelndes Subjekt eröffnen wiederum Überlegungen nach Schuld und Schuldfähigkeit. So gibt es in der Menschheitsgeschichte kollektive, historische Schuld und ontologische Schuld (in der christlichen Tradition: »Erbsünde«). Letztere zeigt, dass ein Mensch sich »seiner Schuldigkeit« nicht bewusst sein kann. Dagegen sind Scham und Reue an subjektives Personenbewusstsein geknüpft und damit zugänglich.

Der Begriff und das Thema Schuld ist durch verschiedene Traditionen geprägt: die griechisch-philosophische (*hamartia*), die römisch-rechtliche (*debitum*, also Zahlungsschuld), *culpa* (Schuldigwerden), *peccatum* (Sündenschuld bzw. dolus, causa), die biblisch-christliche spricht u. a. von *ophéilo* und *hamartáno*. Alle drei Traditionen finden sich im säkularen Schuldverständnis wieder. Sünde und Schuld werden in diesem Kontext häufig gleichgesetzt, nach dem Gegenüber – Mensch oder Gott – unterschieden oder abhängig von Moral betrachtet. Krankheit wird von vielen Menschen als Folge von Schuldigwerden oder -sein verstanden. Der Wortstamm Schuld beschreibt im Althochdeutschen *sculd(a)* das Begehen einer Übeltat, Sünde oder eines Vergehens. Der Wortstamm gehört damit zu *sculan* und bezeichnet eher »sollen«, »müssen« bzw. »schuldig sein«. Im Wesentlichen geht es in den einzelnen Traditionssträngen um etwas, was man tun soll; dazu gehört ebenso die Verpflichtung im Alltag zur Schuldvermeidung (▶ Kap. 5.1.1).

Fragen nach Verantwortung und Verursachung

Das Thema Schuld wirft Fragen nach Verantwortung und Verursachung, nach Tat, Täter und Opfer, nach Gerechtigkeit und Kompensation (Sühne, Opfer) auf. Die gleichzeitige Opfer- und Täterrolle wird auch in der Literatur beschrieben. Die Ödipus-Figur ist für Freud die Basis der Deutung des Schuldbegriffs. Der ethnologische Tabubegriff sichert dabei eine Grenzsetzung, deren Übertretung Unheil (Wut, Krankheit, Tod) nach sich zieht. In religionsgeschichtlicher Sicht geschieht die Therapie der Tatfolgen z. B. durch Rachemagie, Reinigungsriten, Klage- und Racheliturgien, Sündenbockrituale, Aussprache oder Meditation. Mythologische Erzählungen und Geschichten vieler Kulturen enthalten das Thema Schuld, damit einhergehendes Schicksal sowie die Übergänge von Unschuld zu Schuld und umgekehrt (vgl. biblische Sündenfall- oder Sintflutgeschichte oder Homers *Odyssee*). In der altnordischen Mythologie heißt eine der Geburts- und Schicksalsgöttinnen Sculd (oder auch Skuld). In ihrer Funktion entscheidet sie über das Schicksal einzelner Personen und hat damit auch Optionen für die Zukunft in ihrer Macht (Klammer u. Bauer 2003).

In der philosophischen Tradition war das Strafgesetz für I. Kant der neue kategorische Imperativ der menschlichen Vernunft – ein Schuldiger darf keinesfalls straffrei bleiben, ansonsten widerspricht sich das Recht an sich und ist der gesellschaftlichen Gerechtigkeit nicht Genüge getan. Die anklagende Instanz des menschlichen Gewissens ist damit jedoch nicht mehr Gottes Stimme, sondern das vernünftige Selbst. Kants Pflichtethik stellt den Menschen als moralisches Wesen und dessen freie Wahl in den Mittelpunkt der Betrachtung. Zugleich erkennt sie im »radikalen Bösen« eine ursprüngliche, als Schuld zurechenbare Verkehrung der moralischen Grundorientierung des Menschen. F. Nietzsche wollte die zusammenhängenden Begriffe Gott, Verpflichtung und objektive Schuld entzerren. Er wandte sich gegen die psychischen Phänomene des schlechten Gewissens und der Schuldgefühle. Stattdessen interpretiert Nietzsche den Schuldbegriff ökonomisch, politisch-juristisch und moralisch-religiös. S. Kierkegaard postulierte vor dem Hintergrund existenzphilosophischer Ansätze die »existentiale Schuld« mit der Folge einer existenziell lähmenden Angst. Nach P. Ricoeur ist Sünde das ontologische Moment der Übertretung. M. Scheler spricht gar von der »unverschuldeten Schuld« des tragischen Helden, für A. Schweitzer ist das Leben durch fortwährendes »schuldloses Schuldigwerden« an anderen geprägt. Auch für M. Heidegger gehören Schuld und die Auseinandersetzung damit wesentlich zum Menschsein. Diese ontologische Schuld macht die moralische Schuld erst möglich. Für K. Jaspers ist die metaphysische Schuld getrennt von der kriminellen, politischen und moralischen Schuld zu betrachten. Metaphysische Schuld ist gleichzusetzen mit mangelnder Solidarität mit den Mitmenschen.

All diese historischen Definitionen zeigen das Defizit auf, dass Moral in westlichen Gesellschaften unzureichend kodifiziert ist. *Alltagsschuld wird zumeist auf moralisch-religiöser Grundlage abgeleitet. Innerhalb der jüdisch-christlichen Religion bezeichnet Schuld oder auch Sünde die Verfehlung des Menschen gegen Gott, den Mitmenschen und der Umwelt.* Der frühere Ablasshandel, also das Freikaufen von Schuld durch Ablasszahlungen, wurde durch die Reformationsbewegung von M. Luther und anderen unterbunden. Die moralisch-religiöse Auseinandersetzung mit der Schuld sollte aus seiner Sicht über das Leben der Einzelnen hinweg Gewissenlosigkeit verhindern. Luther erhoffte sich damit eine Öffnung des sündigen *homo incurvatus in se ipsum* zur Umwelt.

Der Beitrag von Sigmund Freud

Mit der theoretischen Konzeption S. Freuds (u. a. 1923) und der Dreiteilung der Psyche entstanden erste systematische erfahrungswissenschaftliche Beiträge. Als positivistischer Philosoph war ihm die Verbindung von Moralgesetz und Schuld fremd. In seiner Rolle als Arzt interessierte ihn vor allem die Pathologie des Schuldgefühls, für die er psychische Prozessstrukturen benannte (Ich und Über-Ich, Introjektion, Ödipuskomplex). S. Freud selbst beschäftigte sich ausgiebiger mit dem Affekt der Schuld als mit Scham. Pathologisches Schulderleben wurde anhand von Einzelfällen beschrieben. Dabei legte Freud den Fokus auf die Entstehung und Dynamik von Schuld. Diese Schuld wird als Diskrepanz zwischen den Standards des Über-Ich, den Triebregungen des Es und den realen

5.1 Allgemeiner Teil

Leistungen des Ich verstanden. Aus analytischer Sicht ist die Wahrnehmung eigenen Schulderlebens als eine Art Kritik des Über-Ich am Ich zu verstehen. Die intrapsychische Natur von Schuld wird so erstmals fast wertfrei konzeptionalisiert.

Neurotische Schuld ist ein sekundäres Phänomen, ein Resultat unbewusster Prozesse, eine unwillkürliche Reaktion auf die nur unbewusst wahrgenommenen Normübertretungen. Pathologisches Schuldgeschehen gilt bereits aus der Sicht S. Freuds als irrational und dysfunktional. Das Über-Ich straft in der Folge das Ich mit Schulderleben, statt auf konstruktivem Wege Schuld zu verhindern. Die Unfähigkeit, unbewusste Ansprüche des Über-Ich oder Triebansprüche zu reduzieren, diese gar aufzugeben, führt zu kompromissartigen Phänomenen. Triebhafte Neigungen werden dann auch in maskierter Form befriedigt. An den Einzelfalldarstellungen zeigt sich die unbewusst bleibende Tendenz zur Befriedigung der eigenen Gewissenansprüche dann in Selbstbestrafung, Vorenthaltungen, Reinigungsritualen bis zu unbewusst motivierten Unfällen.

Schuld als pathogener Faktor ist egozentrisch. Damit einher geht die Angst vor dem Liebesentzug und der Sühne für Normverletzung. Verschiedene Autoren greifen die Dreiteilung der Psyche auf (z. B. Piers u. Singer 1971). Ebenso wie Freud betrachten sie Schuldgefühle als Resultat von Übertretungen bzw. Fehlverhalten. Der therapeutische Ansatz liegt nahe: Es gilt, dem Patienten die Normen und Normübertretungen bewusst zugänglich zu machen. Daraufhin sollten die wenig angemessenen Normen infrage gestellt und modifiziert werden. Ziel ist es, den Patienten zu intrapersonaler Verantwortungsübernahme zu motivieren.

Schuld geht einher mit der Antizipation von Bestrafung (Baumeister et al. 1994). Aktuellere Ansätze der analytischen Betrachtungsweise haben daher stärker den interpersonellen Ursprung von Schuld im Fokus. Die Control-Mastery-Theorie (O'Connor et al. 1997, 1999; Weiss u. Sampson 1986) greift diesen Aspekt auf (▶ Kap. 5.2.1). Individuen wollen Gefahren und Bedrohung vermeiden. Menschen streben daher im Wesentlichen nach Sicherheit und Kontrolle, auch beim Versuch der Anpassung an die Umwelt. Die Konsequenzen aus den Anpassungsprozessen prägen in der Folge das Selbst.

Zusammenfassung

- Alltagsschuld wird zumeist auf moralisch-religiöser Grundlage abgeleitet. Innerhalb der jüdisch-christlichen Religion bezeichnet Schuld oder auch Sünde die Verfehlung des Menschen gegen Gott, den Mitmenschen und der Umwelt.
- Mit der theoretischen Konzeption S. Freuds (u. a. 1923) und der Dreiteilung der Psyche entstanden erste systematische erfahrungswissenschaftliche Beiträge.
- Neurotische Schuld ist ein sekundäres Phänomen, ein Resultat unbewusster Prozesse, eine unwillkürliche Reaktion auf die nur unbewusst wahrgenommenen Normübertretungen.
- Schuld als pathogener Faktor ist egozentrisch.

Unklar bleibt weiterhin, ob Schuldgefühle zu den Basisemotionen gehören, gerade in späterer Forschung wird Schuldempfinden als »angeboren und universal« verstanden. Schuldgefühle werden von verschiedenen Autoren als spezifische Form von Angst verstanden.

5.2 Entwicklungspsychologische Aspekte

Die kindliche motorische und kognitive Entwicklung ist wissenschaftlich bereits gut untersucht. Relativ wenig systematische empirische Erkenntnisse gibt es jedoch zur Entwicklung von Emotionen. *Bisherige Forschungen fokussieren auf den Emotionsausdruck, das Emotionsverständnis und die Regulation von emotionalen Prozessen.* Überraschung, Schuld und Scham gewinnen mit zunehmendem Alter an persönlicher Bedeutung. Eine Rolle für Schuld spielen dabei wiederholte Erfahrungen von Bewertungen zum kindlichen Verhalten. *Schuld und Scham zeigen auf emotionaler Ebene internalisierte Werte und Normen an.* Ebenso lässt sich daran die Art der moralischen Beurteilung erkennen, die häufig durch andere Menschen vermittelt wurden. Anfangs sind es die Beurteilungen der nahen Bezugspersonen innerhalb des familiären Rahmens. Später werden diese ergänzt durch Rückmeldungen des erweiterten sozialen Umfeldes, wenn durch die Personen soziale Normen befolgt oder verletzt wurden. *Einige Autoren ordnen Schuld, Scham und Stolz auch den normverwandten Emotionen zu.* Die bewusst wahrgenommenen Emotionen demonstrieren zumeist sehr eindeutig, dass die erhaltende Beurteilung nicht persönlich individueller Natur, sondern die der umgebenden Gruppe ist.

Das Empfinden, Erleben, die individuelle Ausprägung sowie die Zuschreibung von Schuld sind als komplexe Prozesse zu verstehen. *Mit zunehmenden Lebensjahren haben kognitive Anteile der Emotion oft einen größeren Stellenwert, auch wenn dieser meist wenig zugänglich ist. Daher ist Schulderleben ebenso abhängig von der geistigen Entwicklung eines Menschen.* Die geistige Reife wird im Zusammenhang mit den Emotionen Schuld, Scham und Stolz zumeist an der Fähigkeit der Verantwortungsübernahme gemessen. Die Analyse der Fähigkeit von Verantwortlichkeit einer Person wird mit zunehmender hirnphysiologischer Reifung sowie der Entwicklung von differenzierten kognitiven Fähigkeiten immer komplexer.

Zusammenfassung

- Bisherige Forschungen fokussieren auf den Emotionsausdruck, das Emotionsverständnis und die Regulation von emotionalen Prozessen.
- Einige Autoren ordnen Schuld, Scham und Stolz auch den normverwandten Emotionen zu.

> - Schuld und Scham zeigen auf emotionaler Ebene internalisierte Werte und Normen an.
> - Schulderleben ist ebenso abhängig von der geistigen Entwicklung eines Menschen.

5.2.1 Geburt bis zweites Lebensjahr

Bereits Säuglinge besitzen eine Disposition im Sinne einer individuellen Stressreaktion. Damit ist die Art und Weise, wie sensibel oder widerstandsfähig Säuglinge auf Stress reagieren, gemeint. Erste Stresserprobungen und -erfahrungen erlebt ein Säugling im Umgang mit dessen Bindungsbedürfnis. Wie auf eine Bindung eingegangen wird, trägt in der Folge zur biologischen und damit auch emotionalen Reaktionsweise eines Kindes bei. Störungen in der Entwicklung haben ebenso Auswirkungen auf die Resilienz eines Menschen (Feeney 2000). Auf der Grundlage der Bindungstheorie konnten Rydell et al. (2005) in einer ethologischen Beobachtungsstudie nachweisen, dass ambivalent vermeidend-gebundene Kinder weniger Interaktionen, jedoch mehr Konflikte erleben. Unsicher-vermeidende Kinder hatten sehr wenige Interaktionen, aber auch wesentlich weniger Konflikte. Insgesamt waren diese Kinder wenig eigeninitiativ. Sicher gebundene Kinder dagegen waren sehr präsent und zeigten dies sowohl verbal als auch im Verhalten.

Die individuelle Stressdisposition trifft auf das emotionale Erleben der nahen Bezugspersonen. *Die emotionale Reaktion der Erwachsenen prägt die kindliche Vulnerabilität.* Zum Beispiel zeigen ängstlich-schüchterne und weniger gut sozialisierte Mütter ein eher übersteigertes Bindungsverhalten. Grundsätzlich könnte man denken, dass sich das bei gewissen sensiblen Kleinkindern eher positiv auswirkte. Jedoch sind diese Mütter auch strenger, und sie reagieren schneller auf natürlich-exploratives Verhalten der Kinder (Andrews u. Rosenblum 1991). Tendenziell wirken dann die mütterlichen schreckhaften Reaktionen natürlich anders auf den sensiblen Säugling. Trägt ein Kleinkind bereits eine hohe Sensibilität, können die mütterlichen Überreaktionen auf gezeigten Mut und Neugierde schnell bedrohlich werden und starke emotionale Stressreaktionen auslösen. Sogenannte präverbale elterliche Verbote, die durch eine veränderte Mimik, Gestik, Körperhaltung oder Stimme gezeigt werden, signalisieren bereits sehr früh, dass eine Distanzierung droht. Bereits mit 11–12 Monaten entsteht auf diese Weise der Ansatz eines frühen Intentionsverständnisses. Mit 2–3 Jahren können Kinder bereits erste Empathieempfindungen für die Gefühle anderer zeigen (vgl. dazu auch ▶ Kap. 4).

Forschungsansätze mit psychoanalytischem Hintergrund greifen kindliche Ablehnungserfahrungen und andere Prägungen durch elterliches Verhalten auf. Die bereits erwähnte Control-Mastery-Theorie (Weiss 1993, 2002; Weiss u. Sampson 1986) postuliert, dass in der Kindheit erworbene Erfahrungen sich als zumeist unbewusste Schemata in der Beziehungsgestaltung zeigen (▶ Kap. 5.1.7). Dies zeigt sich auch in der Interaktion zwischen Patient und Therapeut. Innerhalb dieser theoretischen Betrachtung strebt jedes Individuum nach Sicherheit und Kontrolle. Individuen wollen daher grundsätzlich Gefahren vermeiden. Dies ist Teil der menschlichen Überlebensstrategie. Anpassungsprozesse an die nahen Bezugspersonen und das familiäre Umfeld sind der Ausdruck für die Gefahrenvermeidung sowie die Sicherstellung von Bindung und Kontrolle. Gerade nach der Geburt und in der folgenden wichtige Phase der kindlichen Abhängigkeit von den Eltern kann das Überleben durch Anpassung gesichert werden. Verlauf und Erfolg dieser Anpassungsmechanismen liefern wichtige Informationen für Menschen. Das Selbstkonzept wird durch seine Beziehungen zu Bezugspersonen und der Familie geprägt. Weitere Ausformungen finden dann durch den Kontakt zur Umwelt und die Rückkopplung von eigenen geglückten oder weniger erfolgreichen Anpassungsprozessen an sie statt. *Ungünstige Erfahrungen in der Kindheit können dabei sehr früh zur Herausbildung pathogener Überzeugungen und unbewusster Schemata führen.* Insbesondere Situationen, die Säuglinge und Kleinkinder ängstigen, stellen dabei eine nicht bewältigbare Gefahr dar. Solche Bedrohungen hindern Kinder daran, sich anpassen zu können. Bereits früh erlebte Blockaden stellen in der Folge ungünstige Voraussetzungen für die Herausforderungen des Lebens dar.

Strafe, Abwertungen und Liebesentzug können schon in dieser Lebensphase zu erlerntem präverbalen Schulderleben führen. Das kann sich erstmals in der Phase etwa ab dem 1. Lebensjahr äußern. Kindliches Fremdeln signalisiert dabei den Bedürfniskonflikt Autonomie versus Bindung. Zu wahrgenommenen Gefahren gehört auch die Sorge darüber, dass nahe Bezugspersonen, von denen das Kind abhängig ist, verletzt werden. Voller realer Bedrohung sind Eltern, die das Kind verletzen oder gar verlassen könnten. Aufgrund falscher Kausalschlüsse führen solche Bedrohungen zu frühen pathogenen Überzeugungen, wie z. B. existenziellen Schuldgefühlen (Silberschatz 2005; vgl. dazu auch das Schaubild in ▶ Kap. 7.4). *Frustrationen des Bindungsbedürfnisses befördern eine schon früh mögliche Überkompensation der Anpassung, z. B. durch Verantwortungsübernahme für andere.* Dabei geben sich bereits Kleinkinder über verantwortliches Verhalten Bedeutung. Häufig wird diese Art der Anpassung von außen positiv verstärkt, was dann die Verantwortungsübernahme als Verhalten aufrechterhält. Diese Erfahrungen werden ins Selbstkonzept integriert. Hier kann es zu einer gemeinsamen Schnittmenge mit der Emotion Scham kommen. Erfahrungen und Kausalschlüsse, als Person nicht liebeswert zu sein, begünstigen wiederum Schulderleben, wenn es zu negativen Rückmeldungen naher Bezugspersonen kommt. Der zumeist emotional diffus ausgeprägte Eindruck, »nicht ausreichend zu sein«, prägt viele Betroffene und gibt Hinweise auf existenzielles Schamerleben. *Ein früh entwickeltes und chronisch ausgeprägtes Schulderleben führt zu einer negativ beeinflussten Entwicklung des Selbstwertes, im Sinne eines dysfunktionalen Selbstwertschemas (»Ich bin schlecht und schuldig«).*

Bereits im Alter von 1–3 Jahren beherrschen Kleinkinder eine einfache Auswahl an sozialen Aktivitäten wie Teilen und Helfen. Ebenso können sie auf kleinkindliche Art und Weise andere Menschen aufgrund ihrer prosozialen

5.2 Entwicklungspsychologische Aspekte

oder antisozialen Tendenzen beurteilen. Spannend ist dabei auch, dass Kleinkinder eigenes prosoziales Verhalten anderen gegenüber von deren Beurteilung abhängig machen. Kleinkinder im Alter von zwei Jahren helfen eher anderen, die ihnen vorher auch schon geholfen hatten (Dunfiel u. Kuhlmeier 2010). Als Ursache kann man ein frühes Empfinden von erlernter Bringschuld vermuten. Die Bereitschaft, anderen zu helfen, ist auch bei Kleinkindern größer, wenn diese sich in einer positiven Stimmungslage befinden.

Zusammenfassung

- Die angeborene Disposition einer individuellen Stressreaktion wird durch emotionale Reaktionen der Eltern geprägt und im Laufe des Lebens ausgeformt.
- Ungünstige Erfahrungen in der Kindheit können sehr früh zur Herausbildung pathogener Überzeugungen und unbewusster Schemata führen.
    - Strafe, Abwertungen und Liebesentzug können schon in dieser Lebensphase zu erlerntem präverbalen Schulderleben führen.
    - Ausgeprägte Bedrohungen können zur Blockade von kindlichen Anpassungsmechanismen führen.
    - Frustrationen des Bindungsbedürfnisses befördern schon früh mögliche Überkompensation der Anpassung, z. B. durch Verantwortungsübernahme für andere.
- Ein früh entwickeltes und chronisch ausgeprägtes Schulderleben führt zu einer negativ beeinflussten Entwicklung des Selbstwertes, im Sinne eines dysfunktionalen Selbstwertschemas (»Ich bin schlecht und schuldig«).
- Im Alter von 1–3 Jahren sind Kinder in der Lage, bereits eine einfache Auswahl an sozialen Aktivitäten auszuführen.

5.2.2 Drittes bis sechstes Lebensjahr

Piaget (1932) beschrieb die erkenntnistheoretische Dimensionen menschlicher Reifung in seiner Theorie des »genetischen Lernens«. Anhand von Beobachtungen der eigenen Töchter konnte er nachweisen, dass die aktive Auseinandersetzung mit der Umwelt von großer Bedeutung für die kindliche Entwicklung ist. Er argumentierte jedoch, dass es keine moralischen Entscheidungen von Kindern vor dem Alter von 8–9 Jahren gibt. Damit würde auch die Entstehung von Schuldemotionen in dieses Altersspektrum fallen. Die Fähigkeit zur moralischen Urteilsentwicklung beginnt aus der Sicht Piagets also erst mit diesem Alter. Gleichzeitig stellt die entsprechende Fähigkeit ein Kernelement gegenseitiger sozialer Verantwortlichkeit und des Vermögens von Schuldempfinden dar. Die Ansicht, dass Schuld und die moralische Reifung dem Alter von 8–9 Jahren zuzuordnen ist, wurde in den letzten Jahren von vielen Wissenschaftlern und Forschern maßgeblich revidiert. Stattdessen scheint es aus heutiger Sicht zwei Arten von Moral zu geben. Dazu gehört ein frühes moralisches Verhalten von Kleinkindern, welches in direkter Interaktion mit anderen Personen zu beobachten ist. Diese einfache Moral wird auch als »Zwei-Personen-Moral« bezeichnet und findet anfangs zumeist im familiären Kontext statt. *Ältere Kindergartenkinder zeigen ein eher unpersönliches verbales Beurteilen von Moral. Diese wird auch als »normbasierte Moral« verstanden.* Sie gibt Hinweise auf die früh internalisierten Werte und Normen eines Kindes und findet ihren Ausdruck in kindlichem Schulderleben.

Eine schuldinduzierende Kommunikation von Eltern kann die Eltern-Kind-Beziehung belasten. Werden in Alltagssituationen Sätze wie »Du machst mich verrückt« oder »Du hättest besser aufpassen müssen« häufig verwendet, dann begünstigt das ein dysfunktionales Schulderleben bei Kindern. Vor dem 2. Lebensjahr empfinden Kinder bereits diese einfache Moral im Sinne von »gut« und »nicht gut«. Die einfache Moral äußert sich anfangs typischerweise in Zwei-Personen-Interaktionen. Der emotionale Ausdruck dabei ist recht undifferenziert und unsicher, irritiert, ängstlich-erwartend und zeigt sich eher durch Zu- oder Abwendeverhalten des Kindes. Kinder können in dieser Zeitspanne schon Sympathieempfinden für das Gegenüber ausdrücken. Ebenso helfen Kinder, wenn es nötig ist, Menschen, die sie mögen.

Der Aufbau von inneren Werte- und Orientierungssystemen für das Moralempfinden erfolgt anfangs durch elterliche Erziehungsmaßnahmen. Die Übertragung von Verantwortung, die Bewertung der eigenen Handlungen und des Verhaltens durch einen positiv bewerteten Erzieher (also die Eltern) findet vermutlich im Sinne des Modelllernens statt. Je unaufdringlicher die Einflussnahme, desto mehr nehmen Kinder vermutlich die normativ geprägten Inhalte und die entsprechenden Argumente wahr. Diese werden im Laufe der Zeit internalisiert und als »eigene« Werte und Normen angenommen. Interaktionelle Auffälligkeiten und intensivste emotionale Erlebnisse bei der Vermittlung von Werten und Normen führen eher dazu, dass Kinder sich erst einmal an diese erinnern.

Fehlende oder noch nicht ausreichende kognitive Fähigkeiten, z. B. aufgrund gering ausgereifter hirnphysiologischer Strukturen, begünstigen dysfunktionale Denkprozesse im Sinne ungünstiger Kausalzusammenhänge. In der Phase des kindlichen Egozentrismus können negative Rückmeldungen, Bestrafungen oder Bedrohungen dazu führen, dass das Kind ein Übermaß an Verantwortung übernimmt. Das Kind fühlt sich für entstehende oder entstandene Bedrohungen verantwortlich. Die Idee zeigt sich in pathogenen Überzeugungen, Eltern oder anderen nahen Bezugspersonen geschadet zu haben und illoyal gewesen zu sein, etwa Geschwistern gegenüber. Menschen beschreiben retrospektiv z. B., »ein anstrengendes Kind« gewesen zu sein. Diese Zuschreibungen sind vor dem Hintergrund zu verstehen, dass eine überlebenswichtige Bindung zu den Eltern besteht, die man selbst scheinbar gefährdet hat. Die Schuld dafür zu übernehmen, z. B. »anstrengend« zu sein, verhindert die weitere unkontrollierbare Gefährdung der Bindung zu den Eltern. Kinder lieben ihre Eltern und sind auf sie angewiesen. Die Beziehung darf keinesfalls gefährdet werden, und so entwickeln Kinder in der Folge den Eindruck, dass sie selbst für das Glück der anderen Familien-

5.2 Entwicklungspsychologische Aspekte

mitglieder verantwortlich sind. Doppeltes Schulderleben tritt dann auf, denn zum einen ist man schuld daran, dass Bedrohungen entstehen, zum anderen sind damit aber auch Schuldgefühle bei einem Nicht-Gelingen des »Glücklichmachens« verbunden. Schulderleben entsteht dann ebenso aus übertriebenem Pflichtgefühl bzw. übersteigerter unbewusst wahrgenommener Verantwortung. Schuldvermeidung und -verhinderung sind kaum auf Dauer möglich.

Immer wieder erhaltene Schuldzuweisungen von außen können also zur Entstehung von frühem Verantwortungsempfinden beitragen. Schuld wird dann oft diffus und unbewusst wahrgenommen. *Chronisches Schulderleben ist ein Ausdruck für mangelhafte Emotionsregulationsfähigkeit* (vgl. dazu auch ▶ Kap. 5.1.8). Es kann von den betroffenen Personen keine Minderung erreicht werden, z. B. durch aktive Wiedergutmachungsversuche. Schuld ist eher ungerichtet und tritt ohne konkrete Ereignisse auf. *Ab dem 3. Lebensjahr kann man bei Kindern bereits die Fähigkeit zu einem ersten »richtigen« Eindruck der Gleichverteilung von Dingen untereinander erkennen.* Dieses Ergebnis erbrachte eine Studie, in der sich 3-Jährige eine Belohnung, die sie in Zusammenarbeit mit anderen erlangt haben, teilen. Die Alternative, die Belohnung nur für sich selbst zu behalten, findet kaum statt (Warneken et al. 2011). In dieser Phase beginnen Kinder dann

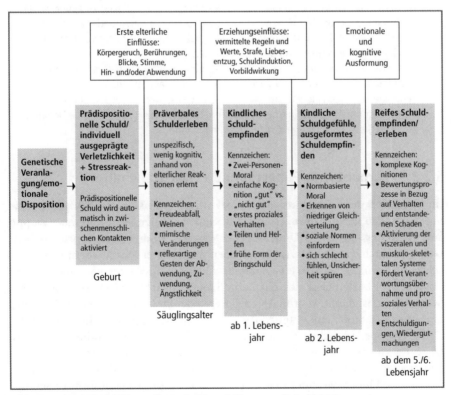

Abb. 5-1 Vereinfachte Darstellung der Entwicklung von Schulderleben

auch soziale Normen von anderen einzufordern. Dabei können sie bereits erkennen, dass eine Nichteinhaltung von Normen z. B. zu Schaden führen kann. Sie besitzen kognitiv bereits die Fähigkeit, zwischen Schaden und Nicht-Schaden zu unterscheiden. Erste Alternativen von Situationen und Verhalten sind somit verfügbar. *Zwischen 3 und 5 Jahren beginnen Kinder, soziale Normen durchzusetzen, da sie bereits Folgen erkennen und abwägen können.* Interessanterweise können Kinder bereits im Alter von 5 Jahren zwischen Schuld und Scham differenzieren. Die Vertiefung des Wissens findet bis ins Jugendalter statt. Schuld und Selbststolz scheinen dann kognitiv und emotional miteinander zusammenzuhängen. Beobachtungen zufolge können Kinder im Alter von 6 Jahren empathisch nachvollziehen, dass ein anderes Kind, dem Schaden zugefügt wurde, auch negative Gefühle erlebt (▶ Abb. 5-1). Das Wissen um Schuldgefühle und mögliche Schuldvermeidung ist jedoch noch nicht handlungsleitend (Hoffman 2000; Keller 2005), sondern erst einmal Ausdruck von Folgen der Verletzung von Verpflichtungen.

Zusammenfassung

- Ab dem 3. Lebensjahr kann man bei Kindern bereits die Fähigkeit zu einem ersten »richtigen« Eindruck der Gleichverteilung von Dingen untereinander erkennen.
- Zwischen 3 und 5 Jahren beginnen Kinder soziale Normen durchzusetzen, da sie bereits Folgen erkennen und abwägen können.
- Ältere Kindergartenkindern zeigen ein eher unpersönliches verbales Beurteilen von Moral. Dieses wird auch als »normbasierte Moral« verstanden.
- Fehlende oder noch nicht ausreichende kognitive Fähigkeiten, z. B. aufgrund gering ausgereifter hirnphysiologischer Strukturen, begünstigen dysfunktionale Denkprozesse im Sinne ungünstiger Kausalzusammenhänge.

5.2.3 Vorpubertät, Pubertät und Erwachsenenalter

Im Schulalter sind die emotionalen, kognitiven und sozialen Fähigkeiten eines Menschen weiter vorangeschritten. Kinder können sich mit einer Gruppe außerhalb des familiären Umfeldes identifizieren und sich zugehörig erleben. Daraus erwächst auch eine Art Empfinden von sozialer Verantwortung. *Kinder zeigen im Schulalter bereits eine Art kollektiver Schuld, Scham oder Stolz für ihre Gruppe.* Am besten lässt sich das beim Sport beobachten. Gewinnt die eigene Mannschaft, ist der Stolz groß. Dazu gehören der Stolz über die eigene Leistung und auch der Stolz, ein Mitglied dieser Gewinnergruppe zu sein. Verliert die eigene Gruppe, versuchen Kinder, sich und andere Gruppenmitglieder zu mehr Leistung zu motivieren. Alternative Verhaltensweisen, die antizipiert einen günstigeren Verlauf erbracht hätten, werden untereinander diskutiert. Handelt ein Mitglied lobenswert oder tadelnswert, erleben sie selbst Stolz oder Schuld, so als ob sie diese Aktion selbst vollzogen hätten (Bennett u. Sani 2008). *Inte-*

5.2 Entwicklungspsychologische Aspekte

ressanterweise können Kinder und Jugendliche Scham von Schuld unterscheiden (Olthof et al. 2004; Ferguson et al. 1991). Der motivierende und konstruktive Charakter von Schulderleben ist für Veränderungen sowohl bei den Einzelnen als auch bei der Gruppenzusammenarbeit hilfreich. Evolutionspsychologisch betrachtet, kann eine Form des Schuldgefühls eben auch als Ausdruck der Motivation, zugehörig sein zu wollen, verstanden werden.

Die Grundlagen für Schuldempfindungen des Einzelnen sind die Angst vor dem Verlust sozialer Bindungen sowie eine überhaupt vorhandene Empathiefähigkeit (Baumeister et al. 1994). Schuld gegenüber nahen Bezugspersonen ist deutlich stärker ausgeprägt als gegenüber fremden Menschen (Jones et al. 1995). Verantwortungszuschreibung und Disstress scheinen Schuldgefühle zu aktivieren. Das gilt insbesondere, wenn die Gefahr des Ausschlusses des Kindes aus einem sozialen Verbund droht. Die Angst vor dem Ausschluss führt zu einer vermehrten Verantwortungsübernahme bei einzelnen Personen. Schuld kann dabei durch Rechtfertigungen oder Erklärungen bekämpft werden. Ebenso sind gezielte prosoziale Handlungen mit der Absicht, Schuld zu vermeiden, im Schulalter vermehrt zu beobachten. Ein Übermaß an Schuldempfinden wirkt sich jedoch ungünstig aus. Die elterliche Idee, durch schuldinduzierende Kommunikation Kinder zu Verhaltensänderungen zu motivieren, kann zu einer später erlernten Kommunikation im Sinne des »Schuld-Heraushörens« führen. Kinder und später Erwachsene rechtfertigen sich häufig und neigen dazu, Schuld abzuweisen oder zu übernehmen. »Personen mit häufigen Schuldgefühlen zeichnen sich durch niedrige Werte im Faktor Beziehungskompetenz und Selbstvertrauen aus und vermeiden das Alleinsein.« (Albani et al. 2001, S. 2)

Die Verbindung zur Emotion Scham, die sich auf die gesamte Person bezieht, kann hier eine Erklärung sein (vgl. dazu auch ▶ Kap. 7.2).

Wertesysteme und Normen verändern sich im Laufe des Lebens. Frühere Interaktionen zwischen Kind und Eltern prägen uns in unserem Schulderleben und -empfinden. Das erzieherische Verhalten von Eltern, welches im Idealfall auf Empathie und Liebe aufbaut, ist für Kinder erwartbar, verstehbar und eindeutig. Zeigen Eltern im Sinne des Modelllernens ebenso verantwortliches Handeln, führt auch dies zur Vermittlung von Normen über Verantwortung. Die Grundlage ist ein gutes familiäres Beziehungsverhältnis. Die Ausformung von Werte- und Normsystemen und individueller Schuld findet weiter über das Leben hinweg statt – mit wenigen Ausnahmen. Menschen mit unflexiblen Denk-, Verhaltens- und Emotionsstrukturen, wie es z. B. bei Persönlichkeitsakzentuierungen und -störungen der Fall ist, zeigen allgemein weniger Anpassungsfähigkeit. Dysfunktionales chronisches Schulderleben hat über lange Zeit, im schlimmsten Fall über das Leben hinweg, immer ähnlich quälende Qualitäten und wird von Personen als wenig veränderbar wahrgenommen.

Die frühe Eltern-Kind-Verantwortlichkeit verschiebt sich im Laufe der Zeit. Eltern werden älter und irgendwann aufgrund altersangemessener eingeschränkter Gesundheit und Mobilität bedürftig. *Das Stichwort der Rollenumkehr wird in diesem Zusammenhang mit der Veränderung von Verantwortlichkeiten genannt.*

Kinder sind nun im Rahmen einer menschlichen Entwicklungsaufgabe für die bedürftigen Eltern zuständig. Oft genug wird dies als Bringschuld thematisiert, was besonders bei schwierigen Erlebnissen und Erfahrungen in der Kindheit später belastende innere Konflikte auslösen kann. Das, was Kinder an günstigen Erfahrungen erlebt haben, motiviert sie, sich für die Eltern verantwortlich zu fühlen. Dankbarkeit und nachhaltig wahrgenommene elterliche Unterstützung, vermittelte Wärme und Liebe sowie die Vorbildwirkung und elterliche Werteorientierung prägen das Verantwortungsempfinden genauso wie der frühere und aktuelle Interaktionsstil zwischen Eltern und Kindern. Erstgeborene erleben sich dabei vermutlich stärker verantwortlich und sind eher zu Hilfeleistungen bereit. Dieses Verhalten zugunsten jüngerer Geschwister wurde oft bereits in der Kindheit gefördert.

Exkurs
Equity-Theorie
Die sozialpsychologische Equity-Theorie von J. S. Adam (1965) ist eine Prozesstheorie zum Gleichheitsprinzip der Gerechtigkeit (nachzulesen z. B. bei Berkowitz u. Walster 1976). Sie erklärt, dass auch auf der Grundlage positiver Ungleichheit emotionales Stresserleben ausgelöst wird. Die Motivation, Verantwortung zu übernehmen, ist auch im Fall sozial besser gestellter Kinder darüber zu erklären. Ebenso kann das in ▶ Kap. 5.1.2 angeführte Überlebendenschuldempfinden, also die Schuld über den eigenen Erfolg oder das eigene Glück, die Verantwortungsübernahme für andere Familienmitglieder begünstigen. Dies geschieht insbesondere dann, wenn das eigene Wohl auf Kosten von anderer wahrgenommen wird (Weiss 1993; Niederland 1981). In diesem Zusammenhang könnte der eigene Erfolg darauf zurückgeführt werden, dass die Eltern hohe finanzielle Mittel in die Ausbildung des Kindes gesteckt haben und diese aus Sicht des Kindes nun nicht mehr den Eltern im Alter zur Verfügung stehen.

Ein weiterer wichtiger Aspekt in der menschlichen Entwicklung ist die Trennung von den Eltern, das Loslösen aus dem Elternhaus. Trennungsschuld tritt nicht nur bei der realen oder antizipierten Trennung von Bezugspersonen auf. Diese Emotion wird auch dann aktiviert, wenn Personen entgegen den Werten und Normen emotional wichtiger Bezugspersonen oder einfach nur anders handeln. Den familiären Werten und Normen durch Handlungen untreu zu sein wird als persönlich verursachte Verletzung von Familienmitgliedern wahrgenommen. Der Schaden der antizipierten Verletzung verursacht Schulderleben. In der Phase der Pubertät und des frühen Erwachsenwerdens ist die eigene Abgrenzung und Ablösung aus dem familiären Kontext notwendig. Neue Erfahrungen und Normen ergänzen und verändern bereits das internalisierte Wertesystem zugunsten notwendiger Anpassungsprozesse. *Das Streben nach eigenen, unabhängigen Zielen fördert die Autonomie auch auf die Gefahr hin, andere dadurch zu verletzen. Eigenes Schulderleben dabei aushalten zu können ist Teil des Erwachsenwerdens.* Trennungsschulderleben ist auch ein Teil von partnerschaftlichen Beziehungen. Dabei kann die antizipierte, scheinbar nicht aushaltbare Schuld zu Trennungen

5.3 Neurobiologische Aspekte

und Veränderungsprozessen motivieren. Im ungünstigen Fall kann durch quälendes Schulderleben die notwendige Beendigung einer unglücklichen Beziehung verhindert und blockiert werden.

Zusammenfassung

- Kinder zeigen im Schulalter bereits eine Art kollektiver Schuld, Scham oder Stolz für ihre Gruppe.
- Die Unterscheidung von Schuld und Scham gelingt Kindern und Jugendlichen. Der konstruktive motivierende Aspekt des Schulderlebens dient der Anpassung an neue soziale Herausforderungen.
- Die Grundlagen für Schuldempfindungen sind die Angst vor dem Verlust sozialer Bindungen sowie die individuell vorhandene Empathiefähigkeit.
- Die frühe Eltern-Kind-Verantwortlichkeit verschiebt sich im Laufe der Zeit. Rollenumkehr beschreibt den Prozess, dass Kinder sich für alternde und eingeschränkte Eltern verantwortlich fühlen.
- Das Streben nach eigenen unabhängigen Zielen fördert die Autonomie. Häufig resultiert daraus eine Trennungsschuld. Eigenes Schulderleben dabei aushalten zu können ist Teil des Erwachsenwerdens.

5.3 Neurobiologische Aspekte

Die Erkenntnisse neurobiologischer Forschung bestätigen häufig bereits Bekanntes. So auch, dass das menschliche Gehirn vor allem ein soziales Organ ist. Die Theorie wird besonders in der interpersonalen Neurobiologieforschung stark vertreten (z. B. Cozolino 2007). Prägungen, Lerneffekte und Reaktionen finden im Wesentlichen durch den Austausch mit der sozialen Umwelt statt. So zeigten Untersuchungen von Interaktionen zwischen Personen, dass bei vorhandener und ausgeprägter Empathiefähigkeit schuldinduzierende Handlungen bereits zu diffusem Stresserleben führen. *Diese Reaktion wird als »empathischer Disstress« bezeichnet und ist ein Resultat auf beobachtetes oder antizipiertes Leid anderer Personen* (Baumeister et al. 1994). Verschiedene Autoren postulieren ebenso Empathie (► Kap. 4) als eine wichtige Grundlage für Schuldempfinden (Blum 1980; Hoffman 1991, 2000). In den Veröffentlichungen von Hoffman (1991, 2000) wird der sozio-biologische Mechanismus der Empathie beschrieben. Empathie eines Menschen setzt sich aus unterschiedlichen Komponenten zusammen. Dazu gehören die kognitiven und affektiven Komponenten, die Fähigkeit zur Perspektivübernahme und zur emotionalen Mitempfindung sowie eine Disposition zur Hilfeleistung bzw. Berücksichtigung der Lage von anderen Menschen. *Die Fähigkeit, sich schuldig fühlen zu können, scheint wiederum auch genetisch begründet zu sein.* Evolutionsbiologisch sind auch Altruismus und Empathie genetisch angelegt (Hoffmann 1991, 2000). Die Ausformung der Empathie erfolgt über biografisch erlebte fürsorgliche sowie validierende Erfahrungen. Unter Berücksichtigung des Konzeptes »Theory of Mind« kann im Zusammenhang mit Empathie von vermutlich überlappenden und verschiedenen neuronale Netzwerken ausgegangen werden (Vollm et al. 2006). Die verschiedenen neuronalen Mechanismen sind z. B. durch die Forschergruppen um das Mentalisierungskonzept untersucht worden (Fonagy et al. 2004; Förstl 2012; Bischof-Köhler 2011). Die Ergebnisse verschiedener Studien konnten die Aktivierung des Spiegelneuronensystems für Handlungen und die Aktivierung des viszoro-motorischen Zentrums nachweisen (u. a. Gallese et al. 2004; Rizzolatti u. Craighero 2004). Teilweise sind es die gleichen Areale, die auch bei Schulderleben aktiviert werden. Schuldempfinden kann daher aber auch bei Reifungsstörungen oder vorübergehenden Bewusstseinsstörungen eingeschränkt sein. In diesen Bereichen müssten dann weniger Aktivitäten zu finden sein.

Die meisten *Gehirnstrukturen, die als Teil von sozialen Kognitionen mobilisiert sind, scheinen auch an der Verarbeitung von komplexen Emotionen beteiligt zu sein* (Grady u. Keightly 2002). Untersuchungspersonen der meisten Studien waren erwachsene Teilnehmer. Erwachsenes und reifes Schulderleben zeichnet sich durch hohe kognitive Anteile aus. *Schuldvermeidung im Alltag bedeutet ebenso, dass kognitive Prozesse entsprechend den situativen Anforderungen notwendig sind.* Schuldneigung führt daher auch zu einer besseren Arbeitsgedächtnisleistung (Cavalera u. Pepe 2014).

Emotionsregulation ist eine grundlegende Fähigkeit für das soziale Miteinander. Die Fähigkeit, emotional intensives Schulderleben zu regulieren, geschieht zugunsten des persönlichen Ziels der Schuldvermeidung. Die »Furcht vor Zurückweisung« und die »Hoffnung auf soziale Bindung« (Mehrabian u. Kionsky 1974) stellen dabei wesentliche Motivatoren dar. Wie in ▶ Kap. 5.1.1 ausgeführt, dient das Ziel der Schuldvermeidung der Herstellung und dem Erhalt von sozialen Bindungen. Antizipatorisch ausgelöstes Schulderleben und das Ziel der Schuldvermeidung sollten daher vermehrt zu Aktivitäten der neuronal zuständigen Bahnen führen, was die Studie von Cavalera und Pepe (2004) für die Arbeitsgedächtnisleistung nachweisen konnte. Allgemein ist die Reaktionsunterdrückung bzw. -modulation mit verschiedenen Bereichen im präfrontalen Cortex assoziiert. In einer Bildgebungsstudie von Ochsner et al. (2012) konnten in diesem Zusammenhang Reaktionen im ventrolateralen präfrontalen Cortex nachgewiesen werden. Der Bereich wird mit der Auswahl von zielführenden und angemessenen Reaktionen auf einen Stimulus in Verbindung gebracht. Ebenso finden hier Prozesse statt, die der Hemmung von unangemessenen emotionalen Reaktionen dienen. Die Aktivierung des dorsolateralen und posterioren präfrontalen Cortex konnte bei der Aufmerksamkeitslenkung, der Neubewertung und der Beibehaltung von Zielen nachgewiesen werden (Steinfurth et al. 2013). *Insgesamt besteht Einigkeit darin, dass die Hemmung von emotionalem Erleben mehr kognitive Kontrolle verlangt (z. B. Ochsner et al. 2004) und zu einer stärkeren*

5.3 Neurobiologische Aspekte

Aktivierung neuronaler Netzwerke im präfrontalen Cortex führt (u. a. Ochsner et al. 2012; Steinfurth et al. 2013; Phan et al. 2005).

Emotionen wie Schuld, Stolz und Scham können durch die Fähigkeit, sich unterschiedliche mögliche Verläufe von Situationen bewusst zu machen, ausgelöst werden. Der daraufhin notwendige Abgleich zwischen den verschiedenen Ausgängen einer Situation oder der Neubewertung eines Reizes mit den persönlichen Zielen, z. B. der Schuldvermeidung in sozialen Situationen, führt zu vermehrten kognitiven Prozessen auf neuronaler Ebene. Die Amygdala wird auch bei antizipatorisch ausgelöster Schuld aktiv. Das heißt: Durch die Aktivierung des präfrontalen Cortex im Rahmen von kognitiven Prozessen kann die Amygdala stimuliert werden. Grob vereinfacht gesagt, ist die Amygdala für die Intensität emotionalen Erlebens zuständig. Die Intensität der Region wird wiederum durch kognitiv induzierte Vorgänge im präfrontalen Cortex reduziert (Steinfurth et al. 2013). Damit einhergehend lässt sich vermuten, dass das Ziel der Schuldvermeidung zugunsten eines angemessenen sozialen Verhaltens mit hohem kognitiven Aufwand verbunden ist, der zeitgleich auch die antizipatorisch ausgelöste Aktivität der Amygdala reguliert.

Unter der weiteren Berücksichtigung, dass es bisher noch nicht gelungen ist, in Studien allein Schuld zu induzieren, sind die Ergebnisse von wissenschaftlichen Studien jedoch mit Vorbehalt und unter nötiger Sorgfalt zu bewerten. Eine weitere Auswahl an wissenschaftlichen Befunden soll hier dennoch aufgeführt werden. Die Forschergruppe um Takahashi et al. (2004) konnte mithilfe bildgebender Verfahren zeigen, dass *bei Schuld- und Verlegenheitserleben der Probanden eine gleichzeitige Aktivierung im medialen präfrontalen Cortex, im visuellen Cortex sowie im hinteren oberen temporalen Sulcus stattfindet.* Das neuronale Muster zeigt wiederum auch die hohe kognitive Beteiligung komplexen emotionalen Erlebens. Wichtig ist jedoch, dass eine Schuldinduktion über kurze Sätze erfolgte und Schuld sowie Verlegenheit untersucht wurden. Daher gelten die Befunde in Bezug auf die Emotion Schuld zwar als Hinweis, jedoch auch als nicht eindeutig und/oder ausreichend.

Shin et al. (2000) führten eine Positronenemissionstomografie-Studie (PET-Studie) durch. Im Rahmen dieser wurden Teilnehmern autobiografische Schulderlebnisse dargeboten. Diese Erlebnisse sollten mit der Idee einer einhergehenden emotionalen Aktivierung erneut imaginiert werden. Während der Imagination konnten vermehrte Aktivitäten in vorderen paralimbischen Regionen gefunden werden. Ebenso zeigten die bilateralen vorderen temporalen Pole sowie der vordere Gyrus cinguli und die linke vordere Inselrinde bzw. der inferiore frontale Gyrus Reaktionen. Spannend an dieser Studie ist jedoch auch, dass diese Muster auch bei einer ähnlichen Stärke von Scham und Traurigkeit vorhanden waren. Damit ist Schulderleben auf neuronaler Ebene aber auch von diesen Emotionen nicht eindeutig abgrenzbar. Eventuell wurden durch die Imagination autobiografischer Schulderlebnisse wie auch in der Studie vorher bei den Teilnehmern aktuelle und verarbeitende Trauer oder Scham über die Ereignisse ausgelöst.

Die Induktion spezifischer Emotionen ist aufgrund individueller Verarbeitungs- und Bewertungsprozesse aktuell nicht eindeutig. Häufig kommt es zu Verfälschungseffekten durch das Vergehen von Zeit und dem Wissenszuwachs. Werte- und Normsysteme sind über die Lebenszeit nicht ausreichend stabil, um für frühere Ereignisse dieselben Effekte hervorrufen zu können.

> **Zusammenfassung**
>
> - Die Fähigkeit, sich schuldig fühlen zu können, scheint genetisch veranlagt zu sein.
> - Schulderleben wird zumeist an erwachsenen Personen untersucht. Schuld wird in diesem Alter von vielen kognitiven Prozessen begleitet. Werte- und Normsysteme sind z. T. bereits verändert, wenn frühere Schulderlebnisse als Grundlage von Studien dienen.
> - Schuldinduzierende Interaktionen lösen bei empathiefähigen Personen diffuses Stresserleben (»empathischer Disstress«) aus.
> - Gehirnstrukturen, die als Teil von sozialen Kognitionen mobilisiert sind, sind auch an der Verarbeitung von komplexen Emotionen wie Schuld, Stolz und Scham beteiligt.
> - Daher lassen sich in verschiedenen Studien – vereinfacht ausgedrückt – neben der Aktivierung der Amygdala auch intensive neuronale Netzwerkaktivitäten in verschiedenen Arealen des präfrontalen Cortex finden.
> - Es ist bisher nicht gelungen, unter Studienbedingungen nur Schuld zu induzieren; daher haben die Ergebnisse nur Hinweischarakter und sind mit Sorgfalt einzuschätzen.

5.4 Geschlechtsspezifische Aspekte

Geschlechtsspezifische Stereotypen werden großteils durch die Umwelt geprägt. Je nach Geschlecht sind Menschen nach der Geburt unterschiedlichen Wünschen, Zuschreibungen und Erwartungen ausgesetzt. Die anfangs durch die Eltern vermittelte Vorstellungen, was männlich und was weiblich ist, dient bereits im Kleinkindalter der Orientierung. Das Ich eines Kleinkindes muss sich mit Grenzen und dem Anderssein auseinandersetzen, um das eigene Selbst ausformen zu können. Vermittelte Werte und Normen sind daher auch identitätsbildend und die Zugehörigkeit fördernd.

Das internalisierte Wertesystem dient auch als Grundlage von Bewertungsprozessen über angemessenes und weniger hilfreiches Verhalten. Mädchen werden früh an die Wichtigkeit von sozialem Wohl gewöhnt. Während Jungen eher zu Leistungsverhalten motiviert werden. *Schuldgefühle entstehen als nachrangige Bewertungen von Situationen, entstandenem Schaden und/oder auf Vorwürfe und Anschuldigungen hin. Dabei dienen die Erwartungen an geschlechtsspezifisches Verhalten oft als Grundlage.* Das Verhalten in der Situation ist zumeist

5.4 Geschlechtsspezifische Aspekte

abgeschlossen. Dies gilt auch bei antizipiertem Schulderleben. Insbesondere der Ausgang einer Situation dient als Bewertungsgrundlage für eine potenzielle Schuld. Über die gedanklichen Prozesse werden Situationen, mögliche Verhaltensalternativen zu Ende gedacht und dann bewertet. Wertesysteme stellen dabei die Orientierung dar, an denen das »angemessene versus wenig angemessene« Urteil getroffen wird. Die Verhinderung von tatsächlicher und realer Schuld durch angemesseneres Verhalten reguliert bereits das erste diffuse Schulderleben, das durch die eigene Vorstellung ausgelöst wurde. Menschen suchen immer nach Ursachen und Erklärungen von Ereignissen und entstandenen Schäden. Dieser Prozess ist besonders ausgeprägt, wenn die Ereignisse oder der Schaden für eine Person wichtig, negativ oder unerwartet eingetreten sind (Weiner 1995b). Schuld- und Schamempfinden einzelner Personen können bei gleichen Situationen (z. B. Misserfolgen) recht unterschiedlich ausgeprägt sein.

Wenn eine Person wenig Verantwortlichkeit gezeigt hat und im Zuge dessen ein Misserfolg eingetreten ist, schämt sich die Person eher. Empfindet eine Person eine hohe Verantwortlichkeit, reagiert sie auf den eigenen Misserfolg tendenziell mit Schuld (Weiner 1996). Für die Ausprägung von Verantwortlichkeiten in unterschiedlichen Lebensbereichen spielen erzieherische Aspekte eine Rolle. *Frauen wird häufig die Verantwortlichkeit auf sozialer Ebene vermittelt.* Schuldgefühle aus »übertriebener/irrationaler Fürsorge für andere« (»omnipotent responsibility guilt«) lassen sich daher vermutlich eher Frauen zuordnen. Altruismus, der aus Schuldgefühlen resultiert, gibt Hinweise auf das früh frustrierte Bindungsbedürfnis. Menschen mit altruistischen Verhaltensweisen fühlen sich eher an die Menschen gebunden, die sie unterstützen. Männer sind dagegen mehr für die Versorgung und finanzielle Zuwendung in der Familie zuständig. Auch hier lassen sich geschlechtsspezifische Einflüsse ausmachen. *Männer sollen sich eher behaupten und sind für Erfolge und Leistungen der Versorgung der Familie verantwortlich.*

Bekanntermaßen fühlen sich Frauen schneller und intensiver schuldig als junge Männer (25–33 Jahre). Das liegt aus Forschersicht jedoch daran, dass gerade Männer in jungen Jahren eher weniger und ein schwächeres Schulderleben zeigen (Etxebarria et al. 2009). Dieser Unterschied nimmt jedoch mit zunehmendem Lebensalter wieder ab. Eine Hypothese ist, dass Männer sich in jüngeren Jahren weniger gut in andere Menschen einfühlen können bzw. müssen. Der vermittelte geschlechtsspezifische Auftrag ist ein anderer. Männer im Alter von 40–50 Jahren haben dazugelernt, was sich auch auf deren Schuldempfinden auswirkt. Es wird vermutet, dass die weiblich orientierte Erziehung auf sozial angemessenes Verhalten, Einfühlungsvermögen und schnelles Empfinden für soziale Ungerechtigkeiten fokussiert. Deshalb fühlen sich Frauen besonders innerhalb sozialer Interaktionen schneller schuldig. Dazu passend wurde in einer Studie herausgefunden, dass *Frauen höhere Werte in Bezug auf Trennungsschuldgefühle sowie Schuldgefühle aus Verantwortung (Albani et al. 2002) erleben.* Die in unserer Kultur praktizierte Geschlechterrollenerziehung begünstigt immer noch, dass Frauen vermutlich mehr Schuld erleben. Frauen empfinden altersunabhängig stärker Schuld als Männer. Dies lässt sich sowohl als Disposition als auch als zeitlich befristetes Erleben nachweisen (z. B. Albani et al. 2002; Kocherscheidt et al. 2002; Tangney u. Dearing 2002).

Einfluss auf Scham- und Schulderleben hat auch der Bildungsstatus. Es liegt nahe, dass Menschen mit einem höheren Bildungsabschluss auch höhere Werte und Normen in Bezug auf Moral haben. Studierende Frauen haben einer Studie von Kocherscheidt et al. (2002) zufolge mehr Schuld- und Schamgefühle, aber auch mehr moralisches Empfinden. Interessanterweise gab es in der Stichprobe der Patienten in dieser Studie keine signifikanten Unterschiede.

Eine historische, aber dennoch wichtige Studie hinsichtlich der Einstellung zur Sexualität (Keller et al. 1978) fand in einer Querschnittstudie an Frauen zwischen 20 und 60 Jahren heraus, dass jüngere Frauen durchschnittlich weniger Schuld und vielfältigere sexuelle Erfahrungen haben. Die Generationsdifferenzen können als Ausdruck der Veränderungen von sexuellen Normen in den 60er und 70er Jahren verstanden werden.

Zusammenfassung

- Frauen erleben mehr und intensivere Schuldgefühle als Männer.
- Durch die geschlechtsspezifische Erziehung und Fokussierung von Verantwortlichkeit können unterschiedliche Effekte bei Männern und Frauen erklärt werden.
- Junge Männer erleben weniger Schuld. Ein Dazulernen auf zwischenmenschlicher Ebene begünstigt bei Männern in späteren Jahren auch mehr Schulderleben.
- Frauen neigen zu mehr Trennungsschuldgefühlen und Schuldempfinden aufgrund von sozialer Verantwortung.
- Ein höherer Bildungsabschluss geht vermutlich mit höheren internalisierten Werten, Normen und moralischem Empfinden einher.

5.5 Systemisch kulturelle Aspekte

Schuldgefühle werden auch als soziale Emotionen verstanden. Es liegt nahe, dass das kulturelle System, in dem wir aufwachsen, somit auch bedeutenden Einfluss auf individuelles Schulderleben hat. Innerhalb des Systems, in dem Menschen aufwachsen, werden unterschiedliche Werte und Normen als wichtig erachtet. Kulturelle Einflüsse findet man auch im Rahmen der Ausprägung geschlechtsspezifischen Verhaltens. In den verschiedenen Kulturen unterscheiden sich die Vorstellungen darüber, was typisch weiblich und was typisch männlich ist. Egal welche Kultur, es bleibt, dass das Zusammenwirken von sozial erwünschtem Verhalten und internalisierten Werten eine gute Voraussetzung für prosoziales Verhalten ist. Prosoziales Verhalten innerhalb einer Gemeinschaft beschreibt, dass die Verwirklichung individueller Ziele und die angemessene Befriedigung

5.5 Systemisch kulturelle Aspekte

von Bedürfnissen zugunsten des Gemeinwohls zurückgestellt werden. Grundlage für diese Abwägung stellen antizipierte ungünstige Auswirkungen auf soziale Kontakte dar. Dies dient dem Überleben innerhalb der sozialen Gemeinschaft, in der wir aufwachsen. *Prosoziales Verhalten, das sich an den Normen der Umgebung orientiert, hilft, das Verstoßen-Werden zu verhindern und Kontakte und Bindungen zu erhalten. Schulderleben ist daher mit kulturellen und normativen Bezugssystemen verknüpft.*

Ebenso ist das moralische Empfinden Teil der Kultur, die uns umgibt. Moral ist dabei als eingebettet in ein kulturelles Systems zu verstehen. Die Moral enthält Wertevorstellungen, Prinzipien, Normen, Anschauungen, Regeln des Miteinanders sowie Ausnahmeregelungen. Die umgebende Kultur steuert mit ihren Plänen, Erwartungen, Kontrollsystemen, Einrichtungen und Institutionen das Verhalten der Einzelnen (▶ Abb. 5-2).

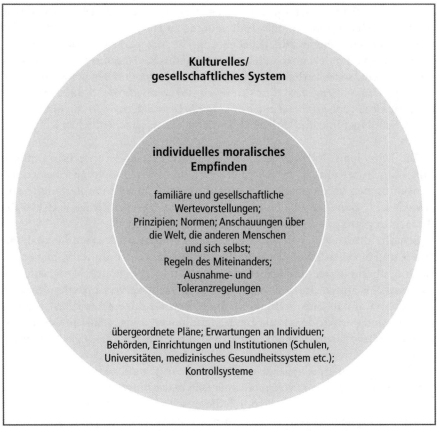

Abb. 5-2 Vereinfachte Darstellung des Zusammenhangs zwischen moralischem Empfinden und der Kultur bzw. dem gesellschaftlichen System

Kulturen und Gemeinschaften werden je nach Forschungsinteresse aufgrund verschiedener Aspekte unterschieden. Eine gängige Möglichkeit ist *die Unterteilung von individualistischen und kollektivistischen Kulturen*. Typisch für individualistische Kulturen sind sogenannte stabile Selbstrepräsentationen von Personen (Wong u. Tsai 2007). Das Selbst eines Menschen innerhalb dieser Kultur wird als stabil und weitestgehend unabhängig betrachtet. Ebenso ist das Selbst als solches deutlich unterscheidbar von zeitlich begrenzten Handlungen der Person. Kollektivistische Kulturen prägt dagegen eine andere Sichtweise. Die Zugehörigkeit zur Gruppe und die Meinung der anderen stellen demnach einen übergeordneten Wert dar. Daher ist das Selbstkonzept des Einzelnen auch von diesen abhängig, ebenso wie von Kontexten und Situationen. Daraus resultiert, dass Bewertungen und Unterscheidungen von selbstbewertenden Emotionen auch unterschiedlich interpretiert aufgefasst werden müssen.

Kollektive Schuld als emotionale Reaktion von Mitgliedern einer Gruppe (Branscombe u. Doosje 2004) lässt sich in kollektivistisch orientierten Systemen finden. So können z. B. Genozide oder Geschlechterbenachteiligungen das Empfinden von kollektiver Schuld verursachen. Grundlage dafür ist das individuelle Zugehörigkeitsempfinden eines Individuums zu einer Gruppe. Damit hat das Gemeinwohl eine übergeordnete Bedeutung. Die Akzeptanz von kollektiver Verantwortung verhindert unmoralische oder unethische Handlungen. Prosoziales und unterstützendes Verhalten zugunsten Schwächerer und Benachteiligter wird angeregt. *Zusammengefasst lässt sich sagen, dass individuelles Schuldempfinden eines Menschen entsprechend andere kulturelle Grundlagen und systemische Werte hat.* Schuldgefühle und -erleben resultieren aus unterschiedlichen Kontexten (▶ Tab. 5-3).

Die Ethnologin Ruth Benedict lieferte 1946 eine andere, recht pointierte Einteilung von Kulturen (s. Benedict 1955, 2006). Es gibt einige Überschneidungen zu den vorangegangenen Ausführungen. Obwohl die Einteilung von *Schuld- und Schamkulturen* bis heute umstritten ist, greifen einige Vertreter die Betrachtungsansätze wieder auf (z. B. Schirrmacher 2001).

Schuldkulturen haben ihren Ausgangspunkt innerhalb des Familiensystems. Werte und Normen sowie Verhaltenserwartungen werden im Rahmen der Erziehung übernommen und später moduliert und weitergeführt. Das schlechte Gewissen als innere Instanz dient der Überwachung von normkonformem Verhalten. Schulderleben wird wie in analytischen Konzepten als Bestrafungsmechanismus verstanden. Entlastende Handlungen und Gedanken werden dadurch aktiviert. Zu den Schuldkulturen sollen z. B. Amerika und Großbritannien gehören.

Als typisches Beispiel einer Schamkultur wird Japan (Benedict 2006) genannt. Schamkulturen leben von verinnerlichter Scham der Individuen. Schuldkulturen sind durch äußerliche Kontrolle durch die Gesellschaft geprägt. Schamkulturen sichern die Einhaltung von sozialen Normen durch die Umwelt, Maßnahmen wie öffentliche Beschämungen und Kritik. Einige Forscher sprechen sich jedoch gegen die Differenzierung von Scham- und Schuldkulturen aus (z. B. Bierbrauer 1992).

5.5 Systemisch kulturelle Aspekte

Tab. 5-3 Übersicht individualistische versus kollektivistische Kulturen

Kultur	Individualistisch	Kollektivistisch
Merkmale	• Individuum steht im Mittelpunkt • Individuelle Entwicklung erwünscht und gefördert • Stabile Selbstrepräsentationen der Mitglieder • Selbst ist stabil und weitestgehend unabhängig • Selbst ist unterscheidbar von zeitlich begrenzten Handlungen/Verhalten • Akzeptanz von staatlichen Gesetzen und Rahmenbedingungen	• Zugehörigkeit zur Gruppe und die Meinung anderer sind dem Selbst übergeordnet • Übergeordnete Werte: Solidarität, Gemeinschaft, Kameradschaft, Altriusmus • Selbst ist abhängig von Kontexten, gesellschaftlichen Erwartungen und Situationen • Variable Bewertung des Selbst und von angemessenem Verhalten
Auswirkungen auf Schuldempfinden, -erleben	• Schuld als Resultat von Zuwiderhandlungen gegenüber Gesetzen und Rahmenbedingungen • Schuldempfinden aus dem Eindruck heraus, Chancenfreiheit und individuelle Entwicklungsmöglichkeiten nicht oder nicht ausreichend genutzt zu haben	• Schuld gegenüber der sozialen Gemeinschaft • Individuelle Bringschuld zugunsten des Gemeinschaftswohl oder Schwächere • Schuldvermeidung durch prosoziales Verhalten • Schuld auf der Grundlage von empfundener Verantwortung
Beispiele	USA, Großbritannien, BRD	Sozialistische, religiöse Gemeinschaften, asiatische Länder, Islamismus

Exkurs
Unterschiedliche Gesellschaftssysteme

In unserer eigenen Geschichte lassen sich in Bezug auf die Gesellschaftssysteme in Ost- und Westdeutschland bereits ähnliche Unterschiede feststellen. Die DDR (1949–1990) prägte als sozialistischer Staat systemkonformes Verhalten zugunsten des Arbeiter- und Bauernkollektivs. Sätze wie »Die Gruppe ist nur so stark wie das schwächste Glied« förderten die Verantwortungsübernahme für die kollektive Gemeinschaft und schwächere Mitglieder. Vergleiche von interpersonellen Schuldgefühlen bei Personen, die in West- oder Ostdeutschland aufgewachsen sind, wurden in Studien erhoben. So konnte gezeigt werden, dass Menschen, die in Ostdeutschland aufgewachsen sind, immer noch höhere Werte für empfundenes »Schuldgefühl aus Verantwortung« haben als westdeutsche Bürger (Albani et al. 2002). Dieser Effekt ist auch noch elf Jahre nach der Wiedervereinigung messbar. Früh vermittelte Werte und Normen sind offensichtlich recht beständig. In der DDR galt soziale Unterstützung als übergeordnetes Ziel. Sich in diesem kollektiven Sinne zu verhalten führte innerhalb der Gemeinschaft zu einer stärkeren Akzeptanz und Integration. Hilfestellungen bei Alltagsproblemen zugunsten Schwächerer wurde als normales prosoziales Verhalten praktiziert. Dabei hatte der Effekt des Versinkens in der Anonymität der Gruppe wenig Einfluss.

Üblicherweise ist die individuelle Verantwortungsübernahme auch abhängig davon, wie viele potenzielle Helfer noch verfügbar sind. Je mehr Helfer da sind, desto weniger verantwortlich fühlen sich Menschen. Daraus ergibt sich manchmal das Konfliktpotenzial, das viele Menschen aus ihrer eigenen Familie kennen. Je mehr Geschwister es gibt, die sich um hilfsbedürftige Eltern kümmern könnten, desto weniger individuelle Verantwortung wird empfunden.

Zusammenfassung

- Prosoziales Verhalten, das sich an den Normen der Umgebung orientiert, hilft, ein Verstoßen-Werden zu verhindern, Kontakte und Bindungen zu erhalten.
- Schulderleben ist daher mit kulturellen und normativen Bezugssystemen verknüpft.
- Individuelles Schuldempfinden eines Menschen hat entsprechende kulturelle Grundlagen und systemische Werte.

5.5.1 Schuld und Religion
unter Mitarbeit von Dr. Dr. Isgard Ohls

Schuld und Scham spielen auch innerhalb der verschiedenen Religionen eine große Rolle. Einige afrikanische Religionen, der Leidensbegriff im ursprünglichen Buddhismus und die frühe griechische Religion orientieren sich im Schuldbegriff primär am Unglück/Schaden und den Folgen/Leiden einer Tat. Krankheit, Leiden und Tod einzelner Menschen werden nicht auf eine Schuld des Individuums, sondern der Ahnen, Eltern, Nachbarn, Gesellschaft oder des Stammes zurückgeführt. Die Folgen und das Leiden machen dabei das Thema der Schuld überhaupt erst bewusst und für die Auseinandersetzung zugänglich. Schuld kann zwischen Generationen übertragen werden in Form einer Schuld(atmos)sphäre (► Kap. 5.1.6).

Einige afrikanische Religionen sehen den Schuldbegriff eng mit Verantwortung und Verursachung durch ein Individuum verbunden (vgl. Gottesurteile zur Hexerei). Das Opfer soll auf diese Weise die Ursache seiner Leiden erfahren. Einige Schöpfungsmythen versuchen auf diesem Weg (durch die Entstehung von Leiden; Schuld und Trennung vom Göttlichen) die Ursachen der Schuld zu erklären und entsprechend darzustellen. Ursache-Folge-Beziehungen bestimmen auch Paradies- und Gerichtsvorstellungen im Jenseits, wie sie im Islam oder in Form von Höllenvorstellungen zu finden sind. In einem dualistischen Prozess

5.5 Systemisch kulturelle Aspekte

werden Gegenkräfte, z. B. der Teufel und andere Mächte, für die Folgen von Schuld verantwortlich gemacht (vgl. Islam, jüdische Prophetie).

Andere Religionen verfügen über ein normativ-kultisches Schuldverständnis. In der Erbschuldlehre dominieren Fragen der ausgleichenden Gerechtigkeit durch aktives Handeln der Gläubigen. Sühne-, Opfer- und Reinheitshandlungen sind bekannte Beispiele, genau wie das Bußetun und die Beichte. Schuld wirkt dabei wie eine Normabweichung. Tilgungs- und Kompensationsformen werden geschaffen. Dazu gehören z. B. Lebens-Buchführung in China, die gelebte Askese im Hinduismus oder die Stellvertretung durch Heilige und charismatische Führungsgestalten im Christentum und Konfuzianismus. Schuld kann also ausgeglichen und gelindert werden.

Einzelne Religionen vermitteln daher den Individuen Werte und Regeln, die für die jeweilige Gemeinschaft und ihre einzelnen Mitglieder von großer Bedeutung sind. Die Bestrafungen durch Götter, wie der Aufenthalt in der Hölle, fürchterliche Qualen bei Schuld und die Androhung von Verlust des gesellschaftlichen Ansehens sind Teile vieler religiöser Ideologien. Die Betonung von Schuld und resultierenden Strafen soll zu angemessenem Verhalten im Sinne einer guten Gemeinschaft motivieren.

Christlicher Glaube

Der christliche Glaube weiß in ureigenster Weise um die menschliche Schuld. Der ganze Mensch ist schuldig, ein Sünder gegenüber der eigenen Person, den Mitmenschen und Gott. Gleichwohl legt die christliche Theologie das Wort der Versöhnung am Kreuz Jesu Christi in die Vielfalt der Erfahrungen und Deutungen menschlicher Existenz hinein aus. Der Mensch ist als ganzer, auch mit seiner Schuldigkeit, bereits angenommen. Davon zeugen auch die Sakramente. Die Taufe ist die Rein-Waschung von der Erbsünde. Das Abendmahl gibt Anteil am Leiden und Sterben und der damit stellvertretenden Schuldübernahme des Religionsstifters als dem Ende der Schuld. In der Begegnung mit Gott, im Gewahrwerden des Wortes der Versöhnung, widerfährt dem Menschen Vergebung seiner Sünden, die Erlösung von Schuld sowie die Befreiung aus selbstverstrickter Verantwortung. Im biblischen Zeugnis ist der Mensch bereits verstanden sowie angenommen und die Frage nach der Schuld beantwortet. Der gläubige Mensch darf in der Folge den Teufelskreis aus Selbstrechtfertigung und Fremdanklage verlassen.

Die Notwendigkeit der Verhinderung und Vergebung von Schuld ist somit Teil des urchristlichen Gebets, des Vaterunsers, als Ausdruck des in Schöpfung, Versöhnung und Erlösung handelnden, in Jesus Christus offenbaren Gottes. Im bittenden Abschnitt sprechen Gläubige: »und vergib uns unsere Schuld, wie auch wir vergeben unseren Schuldigern. Und führe uns nicht in Versuchung, sondern erlöse uns von dem Bösen (allem Übel)«. Sünde als Schuld vor Gott hat unendliches Gewicht und verlangt ein Sündenbekenntnis des einzelnen Menschen.

Gleichzeitig ermöglicht die fünfte Bitte des Vaterunsers auch eine Praxis der Versöhnung bzw. Verzeihung zwischen Menschen in der Gesellschaft auf dem Weg zu politischem Frieden und sozialer Versöhnung. Gottes im Sakrament vorab zugesprochene Vergebung verlangt jedoch die ethische Entsprechung im menschlichen Handeln. Schuld bzw. Sünde und Vergebung bzw. das Aufheben der Entfremdung des Menschen von Gott, den Mitmenschen und sich selbst sind elementare Kernthemen des Glaubens.

Führt die Schuldwahrnehmung zunächst in die Einsamkeit, so erfährt der Einzelne Schuldvergebung in Gemeinschaft. So dienen Begriffe wie »christliche Nächstenliebe« und »generalisierte Hilfsbereitschaft« der sozialen Orientierung für Einzelne. Ausgehend vom Bedürfnis nach Bindung und Zugehörigkeit, identifizieren sich Menschen mit religiösen Gemeinschaften, praktizieren Handlungen und zeigen ein Verhalten, das den vermittelten Wertesystemen und übergeordneten Normen entspricht. Der Glaube an prosoziale Werte ist daher auch mit Hilfsbereitschaft verknüpft. Werte und Normen werden von Mitgliedern übernommen und internalisiert. Sie dienen als Grundlage für prosoziales Handeln innerhalb und außerhalb der Gemeinschaft. Sich für andere Menschen und deren Wohlergehen verantwortlich fühlen ist ein selbstverständliches Gut. Das Wissen darum, dieses auch empfangen zu dürfen, ist eine wichtige Ressource. *Gesunder Glaube hat daher auch einen protektiven Charakter und fördert die Resilienz bei Menschen* (Andritzky 1999; Müller u. Petzold 2002; Wallace u. Bergemann 2002). Vor diesem Hintergrund können die Tiefe der Schuldwahrnehmung im Glauben und die Breite der Schuldwahrnehmung in der Philosophie und den Humanwissenschaften einander zu einem ganzheitlichen Schuldverständnis ergänzen (▶ Kap. 5.1.9).

Versöhnung als umfassender sozialer Prozess kann sich z. B. im allgemeinen Handeln der Kirche vollziehen (Verkündigung, Gemeinschaft, Hilfe). Vergebung ist dagegen ein höchst individueller Akt, der z. B. in der Seelsorge und der Beichte seinen Ausdruck findet. Schuldgewahrwerden und Sündenvergebung sind die einzelnen Aspekte des Wortes von der Versöhnung. Im Christentum werden die Begriffe Gesetz und Evangelium entsprechend synonym verwendet. Die kirchliche Praxis vermittelt das Wort von der Versöhnung im Rahmen der Traditionen in die heutige Lebenssituation einzelner Menschen hinein. Vergebung geschieht dabei als persönlich aus- und zugesprochenes Wort im Namen Gottes. Innerhalb von Glaubenssystemen gibt es zumeist eindeutige Anleitungen dafür, wie der Einzelne sich von Schuldgefühlen befreien kann. Gläubige Katholiken haben z. B. die Möglichkeit der Beichte als einer Form der religiös-rituellen Schuldverarbeitung. Mit anschließend zugewiesenen Ritualen kann sich der Gläubige von realer Schuld befreien. Die körperliche Reinigung gehört seit Jahrtausenden zu den wichtigen religiösen Bräuchen und ist ein Initiationsritus in verschiedenen Religionsgemeinschaften. *Waschungen, körperliche Reinigungsrituale dienen innerhalb vieler Religionsgemeinschaften damit auch der moralischen Reinigung.*

5.5 Systemisch kulturelle Aspekte

Schuldvermeidung

Die Themen Schuld und Schuldvermeidung stehen bei vielen Zwangserkrankten im Fokus der ritualisierten Zwangsgedanken und -handlungen (▶ Kap. 8.2.14). Man will sich keineswegs schuldig machen, indem man ein Unglück vorhergeahnt und nichts dagegen getan hat oder indem man sich mit Krankheitserregern kontaminiert hat, andere anstecken oder gar selbst daran versterben könnte. Zwangsgedanken mit den Inhalten, andere verletzen zu wollen oder es bereits getan zu haben, machen Erkrankte zu Schuldigen.

> Herr H. (24 Jahre) berichtet vornehmlich von Zwangsgedanken, insbesondere gegenüber seiner jeweiligen Partnerin. Er könne »sie vor den Bus stoßen« oder »die Treppe herunterschubsen« oder absichtlich bei »Rot über die Ampel fahren«, wenn die Partnerin im Auto mitfährt. Beim alleinigen Fahren mit dem Auto mache er sich immer wieder Gedanken, ob er jemanden umgefahren, es aber nicht bemerkt habe. Häufig fahre er die Strecken nochmals ab, um zu überprüfen, ob es zu Verletzten gekommen sei. Natürlich leide er unter diesen Gedanken und Handlungen. Seine größte Sorge sei jedoch, dass er ein »böser Junge sei und sich schuldig machen könne«. Die Angst davor, schuld zu sein, und vor einer Strafe quäle ihn massiv. Vielleicht »sei er auch schon schuldig, weil er überhaupt solche Gedanken habe«?
>
> Herr H. ist in einem religiösen Elternhaus aufgewachsen. Christlicher Glaube und Nächstenliebe prägten die Atmoshäre, in der er als »rebellischer kleiner Junger« oft auffällig war und zurechtgewiesen wurde. Innerhalb der Familie gab es durchaus schwierige Themen, wie den sexuellen Missbrauch der Mutter in ihrer eigenen Kindheit oder die bestehende Alkoholabhängigkeit des Vaters. Eine angemessene emotionale Auseinandersetzung damit war für Herrn H. jedoch kaum möglich, denn es wurde der »brave« Junge eingefordert, der Nächstenliebe aufbringen sollte.
>
> Religiöse Rituale zu den Feiertagen und die Beichte waren ein fester Bestandteil im Familienleben. Aus den Ritualen entwickelten sich für Herrn H. in seiner Jugend anfangs Waschzwänge, aus Sorge, andere mit Erkrankungen und Bakterien zu kontaminieren. Die Waschzwänge konnte Herr H. selbst beenden. Stattdessen entstanden jedoch die eingangs geschilderten Zwangsgedanken.

Anscheinend gibt es eine psychische Verbindung zwischen Gewissenserleichterung und dem Waschdrang (Zhong u. Liljenquist 2006). In der Studie von Zhong und Liljenquist sollten sowohl moralisch problematische als auch neutrale Erinnerungen zugelassen werden. Die studentischen Versuchspersonen konnten sich nach der Erinnerung ein Geschenk aussuchen. Interessanterweise wählten die Personen, die sich an moralisch problematische Situationen erinnerten, signifikant häufiger ein antiseptisches Reinigungstuch als einen auch angebotenen Bleistift. Symbolische Reinigungsrituale haben häufig jedoch nur einen kurzfristigen Effekt – eine wichtige Erkenntnis, die auch bei Zwangserkrankten zu finden ist. Daher werden die ausgleichenden, befreienden Rituale immer häufiger wiederholt. Im therapeutischen Alltag ist aufgefallen, dass Patienten mit besonders lange anhaltendem und sehr massivem Zwangserleben oft einen sehr starken Glauben haben.

> **Zusammenfassung**
>
> - Innerhalb vieler religiöser Gemeinschaften spielen Schuld, Schuldvermeidung und Scham eine wichtige Rolle.
> - Religiöse Werte und Normen dienen der individuellen Orientierung zugunsten des sozialen Gemeinwohls.
> - Gesunder Glaube hat einen protektiven Charakter und fördert die Resilienz bei Menschen.
> - Beichten, körperliche Waschungen und Reinigungsrituale werden als eine Form der Schuldverarbeitung und der moralischen Reinigung verstanden.
> - Es scheint eine Verbindung zwischen einer Gewissenserleichterung und einem Waschdrang zu geben.

5.6 Konstruktive Aspekte von Schuld

Der positive Charakter von Schuldgefühlen, Schuldempfinden, Schuldneigung und Schulderleben ist in den vorangegangenen Kapiteln immer wieder aufgegriffen worden. Schuldgefühle sind kurzfristiger Natur. Sie sind als Reaktion des Organismus auf Situationen zu verstehen. Viele Forscher sprechen aufgrund der Komplexität einer Schuldreaktion lieber von Schulderleben. Schuld ist dabei universell und, trotz der Einordnung als negatives Empfinden, hilfreich. Negative Emotionen sind für uns Menschen ein Signal, unser Verhalten zu verändern; etwas zu tun, um dieses negative Empfinden zu beenden. *Im Fall von Schuld führt die negative emotionale Komponente dazu, dass wir kurz innehalten und unser Verhalten besser an die jeweilige Situation anpassen.* Übergeordnet dient dies dem Erhalt von Bindungen, sozialen Beziehungen. Es verhindert, dass wir aufgrund eines Fehlverhaltens aus der überlebenswichtigen Gemeinschaft ausgestoßen werden. Das negative Empfinden ist also ein wichtiges Hinweissignal. Daher wird Schuld als soziale Emotion verstanden.

Tritt Schuld in Interaktionen mit anderen Menschen auf, *dient das Äußern und Zeigen von Schuldgefühlen der Umverteilung von emotionalem Stresserleben*. Schuld als soziale Emotion dient daher der (Wieder-)Herstellung von Harmonie innerhalb eines Systems. Eine Äußerung von aktuell empfundener Schuld gegenüber der geschädigten Person entlastet erst einmal uns selbst (Baumeister et al. 1995b). Dies tun wir durch den Wunsch motiviert, unsere eigenen Schuldgefühle zu reduzieren.

5.6 Konstruktive Aspekte von Schuld

Aus der Emotionsforschung wissen wir auch, dass sehr intensiv erlebte Emotionen den präfrontalen Cortex hemmen. Die kognitiven Prozesse des präfrontalen Cortex können dann nur sehr eingeschränkt ablaufen. Jeder, der schon einmal wirklich starke Angst gespürt hat oder der sehr intensiv verliebt war, weiß, dass Denken in diesen Momenten kaum möglich ist. Daher wird im Fall von intensiven Schuldgefühlen die notwendige Denkleistung maßgeblich eingeschränkt. Normalerweise hilfreiche Gedanken, z. B. dahingehend, was jetzt zu tun sei, wie man sich besser verhalten könne, sind nicht zugänglich. *Die spontane und zumeist recht automatisiert ablaufende Äußerung ermöglicht über die Reduktion der Intensität nun auch, den präfrontalen Cortex nutzen zu können.* Erst jetzt ist es möglich, das eigene Verhalten anzupassen, über mögliche Formen der Entschuldigung oder Wiedergutmachung oder die reale Gefährdung einer Beziehung nachzudenken.

Gleichzeitig dient uns die Erinnerung an das äußerst negative Empfinden von Schuld in zukünftigen Situationen als persönliches Hinweissignal. Wir sind bemüht, Schuld im Alltag zu vermeiden. Dies geschieht zumeist unbewusst und automatisiert. Die *Schuldneigung und die Fähigkeit des Schuldempfindens aktivieren auch unsere Empathiefähigkeit*. Wir durchdenken Interaktionen und entwickeln Ideen, wie sich das Gegenüber vermutlich im Fall unseres Fehlverhaltens bzw. mit einem entstandenen Schaden wohl fühlen wird. Die Fähigkeit der Antizipation von Schuld hat daher eine sehr adaptive Funktion. Personen werden daran gehindert, destruktive Handlungen innerhalb eines sozialen Umfelds und an anderen vorzunehmen. Der Schädigung oder gar dem Abbruch von sozialen und notwendigen Beziehungen wird so vorgebeugt. Befürchtete Auswirkungen auf soziale Kontakte haben einen regulierenden Charakter. Schuld ist daher auch als ein Resultat (antizipierter) sozialer Prozesse und Regulationsmechanismen des menschlichen Zusammenlebens zu verstehen.

Schuldempfinden fördert altruistisches Verhalten und stabilisiert Beziehungen. Auch die individuelle Schuldneigung als stabiles Reaktionsmuster schützt die Grenzen anderer Menschen und verhindert aggressive Handlungen sowie negative Bewertungen. Das zumeist implizit verfügbare Wissen um diese regulierende soziale Funktion schützt zeitgleich unsere Grenzen und gibt uns Sicherheit im sozialen Miteinander. Schuld signalisiert aber auch interpersonelle Probleme und zeigt, dass wir unser Fehlverhalten als solches anerkennen. Das sichert Bindung und Zugehörigkeit. Menschen, die Schuldempfinden besitzen und sich schuldig fühlen können, gelten als moralisch integer. In den meisten Gesellschaften ist dies sehr anerkannt. Anderen gegenüber individuelle Schuld zu zeigen hat bereits eine erste wiedergutmachende Funktion. *Für das Gegenüber sichtbar unter Schuld zu leiden motiviert (es) zur Vergebungsbereitschaft. Spannenderweise erhöht das auch die Wahrscheinlichkeit dafür, dass die Bestrafung reduziert wird* (Keltner u. Anderson 2000).

Schuld begünstigt also beziehungsförderliches Verhalten, stärkt den Gemeinschaftssinn durch die Akzeptanz von Werten und Normen. Damit können interpersonelle Konflikte vermindert oder gar verhindert werden. Prosoziales Verhalten ist eine Konsequenz daraus. *Schuldempfinden und Schuldneigung regen zu beziehungsfördernden Verhaltensweisen an.* Wir sind dadurch mehr oder weniger bewusst zu gegenseitiger Rücksichtnahme motiviert. So kann die Häufigkeit von Regelverstößen zugunsten sozial übergeordneter Werte und Normen reduziert werden, was sich auch auf unser eigenes Sicherheitsempfinden auswirkt. Es ist für viele Menschen sehr beruhigend zu wissen, dass sich Personen, mit denen wir im Alltag zu tun haben, auch schuldig fühlen können. Selbst wenn es zu einem Fehlverhalten, Ausbleiben von Unterstützung oder zu einem Schaden kommt, wird dieser durch wiedergutmachende oder schadensregulierende Verhaltensweisen wieder ausgeglichen. Die Harmonie im Miteinander steht für die meisten Menschen an oberster Stelle. So hilft uns unsere Tendenz zur Schuldvermeidung z. B., das Gegenteil zu tun. Statt schuldhaften Verhaltens schenken wir anderen Menschen besondere Aufmerksamkeit, äußern ihnen gegenüber positive Gefühle. Wir erhöhen dadurch die Verbundenheit zu nahestehenden Menschen. Ebenso zeigen Entschuldigungen und Versuche der Wiedergutmachung der anderen Person, dass einem die Beziehung wichtig und man sich des Vergehens bewusst ist. Selbst dies reduziert die emotionalen Belastungen des Geschädigten.

Eine Ausnahme stellt die Situation dar, wenn Schuld nicht getilgt wird. Emotional bleibt beim Betroffenen oft eine innere Rechnung offen. Wut, Groll und Verbitterung entstehen zusätzlich zum realen Schaden, da die Schuld nicht beglichen und das Unrecht nicht anerkannt werden. Aber auch dieses Erleben schützt davor, die Beziehung mit einer derartigen Person aufrechtzuerhalten und so möglicherweise noch mehr Schaden oder Verlust zu erleiden. Schuld auszugleichen – z. B. durch Strafe, die abgegolten wird – ist nur möglich, wenn die Schuld auch anerkannt wird. Der Ausgleich und die Wiedergutmachung von entstandenen Folgen werden dabei entweder durch gesellschaftliche Regeln oder Normen oder durch betroffene Person veranlasst.

Schuld und Verantwortung sind zwei wichtige Verbündete (vgl. dazu auch ▶ Kap. 5.1.3). Interpersonale Verantwortlichkeit beschreibt die Verantwortlichkeit für andere als einen Aspekt prosozialen Verhaltens. Für viele Menschen ermöglicht es die persönliche Erfüllung durch Selbstwirksamkeitserleben in zwischenmenschlichen Beziehungen. Dazu gehört, zwischenmenschliches Verhalten den Situationen angemessen gestalten zu können, über Strategien in der Beziehungsgestaltung zu verfügen und die Bereitschaft, neue erlernen zu können. Die Gestaltung zwischenmenschlicher Interaktionen enthält immer auch individuelle Wachstumschancen. Wir Menschen als soziale Wesen sind darauf ausgerichtet, die Komplexität von Situationen zu erfassen und uns neuen Gegebenheiten anzupassen. *Die Übernahme von angemessener sozialer Verantwortung hat dabei einen selbstwertstabilisierenden Charakter.* Prosoziales Verhalten und der selbstwertstabilisierende Charakter von Verantwortungsübernahme lassen sich auch als Ursachen für »fleißiges« Verhalten deuten. Ein Übermaß an Verantwortungsübernahme ist jedoch maladaptiv, wenn die Stabilisierung des Selbstkonzept nur auf diese einseitige Strategie angewiesen ist (Montada 1981).

5.6 Konstruktive Aspekte von Schuld

Es gibt einen Zusammenhang von Schulderleben, Selbststolz und Selbstwirksamkeitserleben zugunsten sozialer Beziehungsgestaltung. *Die Fähigkeit zu Handlungen der Entschuldigung bzw. der Wiedergutmachung und Reue zu besitzen schützt unser Selbst. Wir müssen uns als Person deshalb nicht infrage stellen, wenn wir uns schuldig fühlen.* Das Wissen über und der Nutzen von regulierenden Verhaltensweisen schützt uns. *Schuld erleben zu können begünstigt entsprechend auch ein »gutes Gewissen«. Das ermöglicht es uns, Verhaltensstolz zu haben.* »Verhaltensstolz« ist ein Begriff für Stolzgefühle aufgrund eines eigenen angemessenen Verhaltens im Sinne eines positiven Selbstwirksamkeitserlebens. Die Formulierung wurde in Anlehnung an die Unterscheidung von Scham und Schuld nach Lewis (1971) entwickelt; wobei Scham sich auf die gesamte Person bezieht und Schuld auf das Verhalten eines Menschen. Dementsprechend schreiben einige Autoren von Selbststolz als Gegenspieler zu Scham und Verhaltensstolz als Gegenspieler zu Schuld.

Interessant ist auch die adaptive Funktion von schuldinduzierender Kommunikation, die der Beziehungsregulation dient. *Die Induktion von Schuld stellt eine sehr spannende Form der Beziehungsgestaltung und -einflussnahme dar.* Jede Mutter und jeder Vater ist mit einer entsprechenden Schuldneigung und Schuldempfinden gegenüber dem Säugling ausgerüstet. Das leiseste Schreien motiviert dazu, sich schnell und umfassend um die Versorgung des Kindes zu kümmern. *Die Überlebenschancen des Säuglings sind so bestens gesichert, obwohl sich dieser gegenüber den Eltern und der Umwelt offensichtlich in der schwächsten Position befindet.* Anscheinend bleibt diese Fähigkeit der Kommunikation durch Lerneffekte erhalten.

Etwas erwachsener dient der sprachlich deutlich ausgereiftere Kommunikationsstil der Person, die sich in einer Beziehung als schwächer erlebt. Vergleiche des Partners mit anderen (besseren) Menschen oder das Äußern von Enttäuschungen führen dazu, dass sich die stärkere Person schuldig fühlt. Die sich als weniger stark erlebende Person kann auf diese Art vermutlich am ehesten ihren Willen durchsetzen. Formale Machtaspekte im Sinne der Dominanz des Stärkeren finden so nicht statt. Als notwendige Voraussetzung für diese Art der Kommunikation dient jedoch die als wichtig und positiv wahrgenommene Bindung zur anderen Person. Sie ermöglicht gegenüber der nahen (schwachen) Person, mehr Empathie und Anteilnahme an deren Wohlergehen zu empfinden. Sogenannte Meta-Schuld bei Personen, die diesen Kommunikationsstil benutzen, sowie entstandener Ärger bei der »manipulierten« Personen sorgen vermutlich dafür, dass zumeist die richtige Dosierung genutzt wird.

Zusammenfassung

- Schuld hat einen positiven und konstruktiven Charakter.
- Schuld dient dem Erhalt von sozialen Beziehungen und Bindungen, der Wiederherstellung von Harmonie und verhindert, aus der Gemeinschaft ausgestoßen zu werden.
- Das Äußern und Zeigen von Schuldgefühlen dient der Umverteilung von emotionalem Stresserleben.
- Das Sichtbarmachen von Schulderleben
    - führt zur emotionalen Entlastung innerhalb von Interaktionen,
    - ermöglicht Vergebensbereitschaft,
    - reduziert das Strafmaß und manchmal die Bereitschaft, »den Täter« zu bestrafen.
- Konstruktive Denk- und Anpassungsleistungen an die jeweilige Situation werden ermöglicht und sichern die individuellen Überlebenschancen.
- Schuldneigung und die Fähigkeit des Schuldempfindens aktivieren auch unsere Empathiefähigkeit und ermöglichen prosoziales Verhalten und Verantwortungsübernahme.
- Die Übernahme von angemessener sozialer Verantwortung hat dabei einen selbstwertstabilisierenden Charakter.
- Angemessenes adaptives Schulderleben schützt uns über den selbstwertstabilisierenden Charakter vor dysfunktionaler Scham.
- Adaptives Schulderleben begünstigt ein »gutes Gewissen« und ermöglicht Verhaltensstolz für angemessene Verhaltensweisen.
- Das Wissen um Schuldneigung und -empfindung bei anderen Personen gibt uns Sicherheit im sozialen Miteinander.
- Schuldinduzierende Kommunikation erhöht die Überlebenschancen und ermöglicht der sich als schwächer wahrgenommenen Person, ihren Willen durchzusetzen.

6 Scham

6.1 Allgemeiner Teil

Schamgefühle sind alltäglich und jedem von uns gut bekannt. Die Emotion bezieht sich auf das gesamte Selbst eines Menschen (Lewis 1971). Scham drückt aus: Wir als Person sind für diesen Moment nicht akzeptabel. Damit sind wesentliche innere Bereiche des Selbst betroffen. Die eigene entdeckte Unzulänglichkeit, ein erkannter Makel, empfundene Schwächen, sichtbare oder unsichtbare Defekte können Scham auslösen. Schamgefühle signalisieren, dass unser Selbst Schutz benötigt. Die meisten Menschen sind daher bemüht, schamerzeugende Situationen zu vermeiden. Korrekte Kleidung, angemessenes Benehmen, eine gute Körperhygiene, vorwegnehmende Entschuldigungen etc. sind Ausdruck dafür. Die Befürchtung, uns vor den Augen anderer zu blamieren, uns bloßzustellen, uns peinlich oder unangenehm zu verhalten, lässt uns unser Verhalten regulieren, das eigene Aussehen überprüfen. *Damit sind potenzielle Schamthemen allgegenwärtig, auch unser Vermeidungsverhalten ist Ausdruck davon.*

Die körperlichen Aspekte des Schamgefühls kennt jeder von uns. Blick und Kopf senken sich, die Schultermuskulatur verliert an Spannung. Die Blutzufuhr zum Gehirn wird kurzfristig gestoppt, Hitze und Gesichtsröte breiten sich aus. Oft versteckt sich das Gefühl hinter einem starren Blick, einer emotionslos wirkenden Mimik oder einem eingefrorenen Lächeln. Sich schämen bedeutet, am liebsten in den Boden versinken zu wollen, um der Situation so zu entfliehen. Der Wunsch, im Erdboden zu verschwinden, geht einher damit, sich dem Blick, den Bewertungen der anderen zu entziehen, aber auch in der eigenen Schamreaktion nicht noch mehr bloßgestellt zu sein. Sich seiner Scham zu schämen ist etwas, das viele Menschen kennen. Jeder Mensch hat eine eigene individuelle emotionale Reaktion. Bei dem einen entsteht Scham, bei dem anderen Ärger vor Scham. *Scham wird daher oft als Form des Selbsthasses beschrieben* (Rosenberg 2012). Häufig verbirgt sich das Gefühl auch hinter einer Fassade von vielen Worten. Empörung über andere Personen dient dann als Schutz vor eigener Scham und Angst vor antizipierter Wertlosigkeit. Scham verbirgt sich in vielen Gestalten oder hinter Masken (Wurmser 1981, 1990).

Genau wie bei der Schuld gilt es auch bei Scham, zwischen dem grundsätzlichen Empfinden und dem individuellen Erleben, z. B. im Zuge einer aktuell angemessenen Emotion, zu unterscheiden. Schamempfinden hilft uns, uns in Situationen und Interaktionen mit anderen Menschen hineinzuversetzen (vgl. auch ▶ Kap. 4). Das Empfinden hilft uns auch, potenziell beschämende Situationen vorwegzunehmen oder rechtzeitig zu erkennen. So können wir unser Verhalten anpassen und Scham oder andere unangenehme Emotionen vermeiden. Schamempfinden lässt uns zum einen sensibel und achtsam sein – eine durchaus hilfreiche Eigenschaft im Kontakt mit anderen. Zum anderen erleben Menschen mit einem hohen Schamempfinden viel schneller Schamgefühle. Ist das Schamempfinden zu groß ausgeprägt, sind insbesondere im Kontakt mit anderen Menschen Ängstlichkeit und Unsicherheit typische Begleiterscheinungen.

Eine physiologische Besonderheit sei vorweggenommen. So ist von Dickerson et al. (2004a) *eine Immunreaktion auf Schamerinnerungen* gefunden worden. Schamvolle Erinnerungen können mit einer deutlichen Immunantwort einhergehen. Der Botenstoff Tumor-Nekrose-Faktor alpha als ein Indikator für proinflammatorische Cytokin-Aktivität war im Speichel der Versuchspersonen umso mehr zu finden, je intensiver das empfundene Schamerleben der Probanden war. Bei einer Infektion sorgt diese Immunantwort üblicherweise dafür, dass Menschen sich zurückziehen und schonen. Für Schuldgefühle konnte keine derartige Reaktion gefunden werden.

> **Zusammenfassung**
>
> - Schamgefühle und potenzielle Schamthemen sind alltäglich. Zumeist versuchen wir, die Emotion durch unser Verhalten zu vermeiden.
> - Schamempfinden und aktuelle Schamemotionen gilt es zu unterscheiden.
> - Emotion bezieht sich auf unsere gesamte Person, unser Selbst. Scham wird daher oft auch als Selbsthass wahrgenommen und beschrieben. Personen erleben sich oft als klein und unzulänglich.
> - Physiologisch zeigt sich Scham häufig hinter einem gesenkten Blick und Kopf, einem Spannungsabfall der Schultermuskulatur, im Erröten oder in einer erstarrten Mimik.
> - Der Wunsch, »im Boden versinken zu wollen« und aus der Situation zu entkommen, ist typisch für Scham.
> - Intensive Schamerinnerungen können zu einer veränderten Immunreaktion führen.

6.1.1 Scham macht Sinn

Scham dient der Regulierung sozialen Verhaltens. Damit ist Scham *ein universelles Gefühl* und in jeder Kultur zu finden. Individuell sind jedoch die Ausprägung, die Intensität und die Häufigkeit, mit der Scham bei Einzelnen und in verschiedenen Kulturbereichen auftritt. Scham wird häufig als das unangenehmste Gefühl bezeichnet. Besonders der lähmende Charakter versetzt Menschen in einen besorgniserregenden inneren Zustand. Menschen mit einem guten Schamempfinden können soziale Kontakte achtsamer gestalten.

Dennoch kann flüchtige, der Situation angemessene Scham hilfreich sein (▶ Kap. 6.1.4). *Die Emotion dient als wichtiger Entwicklungs- und Regulationsmechanismus.* Sie hilft uns, andere und die Realität zu überprüfen und mögliche Differenzen festzustellen. So motiviert das Gefühl zu Veränderungen. Scham kann uns zu besseren Leistungen anspornen. Ebenso unterstützt uns die Emotion, uns als Mensch weiterzuentwickeln und die eigene Autonomie zu fördern. Situativ angemessene Scham zeigt uns in sozialen Kontakten, dass es notwendig

6.1 Allgemeiner Teil

ist, die *bisherige Interaktion zugunsten von Regeln, Normen und anerkannten Werten zu korrigieren*. Dabei lässt die körperlich sehr intensive Reaktion uns kurz innehalten und ermöglicht so eine schnelle innere Überprüfung der schamauslösenden Situation.

Schamerleben wird von komplexen, z. T. wenig bewussten, jedoch häufig als automatisiert wahrgenommenen kognitiven Prozessen begleitet. Scham als eine *selbstreflexive Emotion* stellt das, was wir wahrnehmen, in einen Zusammenhang mit dem, was wir als verinnerlichte Norm oder Wert voraussetzen. Die Verbindung zwischen den internalisierten Werten, Normen, Regeln ist schnell und ermöglicht so ein vorausschauendes Denken sowie rasche Entscheidungen. Ein hohes Schamempfinden basiert auf guten verinnerlichten Werten und Normen sowie einer guten Empathiefähigkeit.

Scham macht schweigsam, lässt uns zurückziehen und über uns nachdenken. Selbstzweifel und Grübeln sind oft der Ausdruck von diesem Rückzug aus der Realität und den bewertenden anderen in die eigene innere Wirklichkeit. Scham gehört deshalb zu den selbstreflexiven Emotionen. Sie entsteht durch die negative Bewertung des eigenen Selbst in Kombination mit der Identifizierung mit einem realen oder imaginierten Gegenüber. Das heißt, es braucht keinesfalls die Anwesenheit eines anderen Menschen. Es genügt die Fähigkeit, sich die Bewertung, den abschätzigen Blick von Personen vorstellen zu können. Daher kann Scham auch später als in der eigentlichen oder gar ganz ohne aktuelle beschämende Situation auftreten. So können wir uns in späteren Lebensjahren z. B. unseres früheren Verhaltens schämen. Die eigenen Gedanken, das neue Wissen lässt uns dann anders über uns denken (vgl. dazu ▸ Kap. 8.3).

Die Emotion motiviert uns, z. B. unser Selbstkonzept mit der Realität zu vergleichen. Das Real-Selbst, als Teil unseres Selbstkonzeptes, steht dem Ideal-Ich gegenüber. Die Diskrepanz zwischen Real-Selbst und Ideal-Selbst kann uns auch ohne Beisein anderer Menschen beschämen. So wird die Entwicklung unseres Selbstsystems angeregt oder in ungünstigem Fall blockiert. Im Fall einer Blockade verhindert das dysfunktionale Schamgefühl, dass wir uns gesund weiterentwickeln können. Stattdessen erleben Menschen die Emotion immer und immer wieder in derselben Intensität, quälend und lähmend, unfähig, klare Gedanken zu fassen. Sie schämen sich häufiger, antizipieren ungünstige Bewertungen anderer, nehmen durch Selbstabwertungen diese vorweg oder versagen sich bedürfnisorientiertes Handeln. Der kleinste Gedanke, die eigene Bedürftigkeit, ein Blick in den Spiegel auf den eigenen Körper, ein irritierender Blick von Mitmenschen kann diese Emotion sofort und mit voller Wucht auslösen. Maladaptive Scham führt manchmal auch dazu, dass wir zu viel Verantwortung übernehmen oder uns sehr häufig schuldig fühlen (vgl. dazu ▸ Kap. 5.1.8 und ▸ Kap. 6.1.4).

Zu viel Schamerleben kann in eine psychische Erkrankung münden oder bereits Ausdruck davon sein (▸ Kap. 8). Bedürfnisbezogene Gedanken lösen Scham aus. Dies ist ein Phänomen, das nicht nur innerhalb von Psychotherapien zu beobachten ist. »Darf ich das denn denken?« und »Ist das egoistisch, wenn man an sich denkt?« sind Fragen, die auch im Alltag auftauchen. Oft helfen Freunde oder nahe Bekannte, bei denen man sich Rat holen kann, ob man »zu egoistisch denkt«. Scham und Selbstabwertung treten häufig zusammen auf. Selbstabwertung schützt wiederum davor, von anderen beschämt zu werden: »Ich bin so dumm«, »Ich bin doch wirklich wertlos«. Schlimmer kann die Bewertung anderer Menschen gar nicht ausfallen, und immerhin entsteht so der Eindruck von Kontrolle, wenn man sich dem schlimmsten Gedanken »der eigenen Wertlosigkeit« bereits selbst gestellt hat. Maladaptive Scham steht bei Patienten oft im Hintergrund. Sie beschämen sich durch selbstabwertende Gedanken selbst (▶ Kap. 8.2 ff.).

Ist das Schamerleben sehr intensiv, zeichnet es sich oft auch durch eine quälende Befangenheit oder den Eindruck des »Blockiertseins« aus. Manchmal begleitet Scham daher auch noch eine emotionale Ängstlichkeit, Hilflosigkeit oder Unsicherheit. Schamgefühle sind die am meisten verborgenen bzw. kontrollierten Emotionen (Wallbott u. Scherer 1986). Übermäßiges Schamerleben und -empfinden isoliert und bringt Menschen in eine erlebte Einsamkeit. Personen erfahren sich innerlich und äußerlich isoliert, abgelehnt sowie aller Kompetenzen beraubt. Scham und Angst sind generalisierende Emotionen mit sich schnell ausbreitendem Charakter. Beide Emotionen werden meist als plötzliche »innere Überflutung« erlebt.

Sinnvoll ist daher die Unterscheidung einer situativ kurz auftauchenden Emotion von tief verinnerlichten biografisch verankertem Schamerleben. Scham ist, wie bereits ausgeführt, eben keinesfalls nur eine schmerzhaft-defizitäre oder pathologische Emotion. Ausgeprägte Schamgefühle hemmen jedoch wichtige positive Gefühle wie Freude, Neugierde und Lust. Scham wird daher als unteilbare Emotion wahrgenommen. Das entspricht jedoch nicht der Realität. Der aktive Akt der Mitteilung »Ich schäme mich« ist angesichts der äußeren Ausprägung zumeist nicht notwendig. Menschen, die Empathie empfinden können, erkennen und erspüren die Scham des Gegenüber. Oft genug bieten sie im richtigen Moment Hilfe und Unterstützung, gar Trost an.

Scham ist auch eine moralische Emotion und signalisiert mit ihrem Auftreten, dass die Person ein moralisches Grundverständnis hat. Der Prozess des Erwachsenwerdens ist bei den meisten Menschen mit der Aneignung von Werten, Idealen, Normen und Regeln verbunden. Diese gelten für die Menschen, die zusammen leben, soziale Beziehungen unterhalten. Die Verinnerlichung dieses Wissens hilft, gemeinsam und mit anderen lebenswerte Ziele verfolgen zu können und zwischenmenschliche Rücksichtsnahme zu entwickeln. Bewertungen von eigenem und fremdem Verhalten wird gemessen an diesen Normen und Regeln. »Richtig oder falsch« ist damit schnell verfügbar und sorgt für die Aufrechterhaltung von moralischem Denken. Wichtig ist jedoch, dass diese Normen und Regeln auch für die zu bewertende Person gilt.

Probleme im Alltag lassen sich an dieser Stelle z. B. bei Menschen aus anderen Kulturkreisen festmachen. Konflikte entstehen dann aufgrund anderer moralischer Ausgangsvoraussetzungen. Die Botschaft des Schamgefühls vermittelt, dass die betroffene Person den Normen, Regeln, Kriterien der herangetragenen

6.1 Allgemeiner Teil

Rolle und des Status nicht gerecht wird. So wird das Schamgefühl zum Ausdruck der Unterlegenheit der eigenen Person. Manchmal jedoch schämt sich die bewertete Person gar nicht, weil Regeln und Normen gar nicht verfügbar oder nachvollziehbar sind. Dann ist die Empörung groß. Nicht die Dinge oder Aktivitäten an sich aktivieren Scham, sondern die Bedeutung für die eigene Person innerhalb der Gesellschaft. Die Regeln und Normen müssen für das Individuum anerkannt sein. Scham signalisiert, dass die soziale Zugehörigkeit gefährdet ist. Die Zugehörigkeit zu einer Gruppe muss also für Menschen von Bedeutung sein, um Scham empfinden zu können. Aus der eigenen Sippe ausgestoßen zu werden bedeutete in Urzeiten meist das Todesurteil. Es war kaum möglich, alleine außerhalb der Gemeinschaft zu überleben. Vielleicht kommt daher die umgangssprachliche Formulierung »Vor Scham sterben wollen«. Daher hängen Scham und Einsamkeit oft zusammen.

> **Zusammenfassung**
>
> - Das Schamgefühl hat trotz der unangenehmen Emotionsqualität auch positive Aspekte.
> - Es unterstützt und fördert individuelle Entwicklungs- und Regulationsmechanismen.
> - Schamerzeugende Situationen zu vermeiden gehört zum Alltag.
> - Die körperlichen Aspekte sind sehr eindrücklich und werden meist als »innere Überflutung« erlebt.
> - Auf gedanklicher Ebene wird die Emotion von komplexen, z. T. wenig bewussten oder häufig als automatisierten kognitiven Prozessen begleitet.
> - Es gilt, situativ angemessene Schamreaktionen von tiefsitzendem, biografisch verankertem Schamerleben zu unterscheiden.
> - Dysfunktionales Schamgefühl tritt häufiger und in der gleichen, meist zu intensiven Intensität auf.
> - Individuelle Entwicklungs- und Regulationsprozesse von Menschen werden durch dysfunktionales Schamerleben gehemmt.
> - Scham, Einsamkeit und Angst treten oft zusammen auf.
> - Scham wird auch der selbstreflexiven, sozialen, moralischen oder Attributions-Emotion zugeordnet.

6.1.2 Die sechs Ebenen der Schamaktivierung

Schamaktivierende Erfahrungen können auf verschiedenen Ebenen stattfinden:

Bindungsebene Insbesondere frühe invalidierende, fehlende oder nicht erreichbare nahe Bezugspersonen können schamprägend sein. Manche Menschen erleben Nähe als beschämend, vor dem Hintergrund der Idee, dass Scham für eine nahe Person fühlbar ist, oder der Angst, in der Schwäche entdeckt zu werden.

Leistungsebene In Wettbewerben oder Konkurrenzsituationen können bei Niederlagen Schamgefühle entstehen. »Gewinnen« muss die Bedeutung des Wertvollen haben, während »Verlieren« einhergeht mit antizipiertem Respektverlust. Selbstkritik sowie erlebte Unzulänglichkeit, fehlende Fähigkeiten zum Bewältigen von Anforderungen können dabei ebenso wie Scham die eigene Person bedrohen.

Körperliche Ebene Körperliches Aussehen, offensichtliche Defekte, Über- und Untergewicht, also jede Art von Abweichungen vom verinnerlichten Ideal können je nach individueller Bedeutung schamauslösend sein.

Autonomieebene Scham kann durch erlebte Ohnmacht oder Machtlosigkeit, Abhängigkeits- oder zu starkes Unabhängigkeitserleben, Bloßstellungen und Demütigungen aktiviert werden (vgl. auch ▸ Kap. 3.2.2 und 6.2.1).

Kognitive Ebene Erlernte und verinnerlichte Denkweisen können Scham verursachen. Dazu zählen ungünstige Attributionsstile. So werden z. B. Misserfolge und Versagen internal, dauerhaft und global auf die gesamte Person bezogen (vgl. dazu auch den Exkurs in ▸ Kap. 1). Ebenso beeinflussen Bewertungsprozesse auf der Grundlage von moralischen Urteilen, der Idee des »Verdienens« oder abgesprochenen Wahlfreiheiten (nach Larsson 2012) das Erleben von Scham. Festgeprägte moralische Werte und Normen führen zu schnellen »Richtig-falsch-Entscheidungen« in Verhalten und Handlungen. Die Person, die sich »falsch« verhält, zeigt sich entweder als unwissend, was oft als moralisch verwerflich gilt, oder das ungünstige Verhalten des Menschen zeigt an, dass er keine Moral hat, was wiederum auf seine Überzeugungen als Person schließen lässt. Fehlende moralische Grundüberzeugungen/Verpflichtungen können zum Ausschluss der Person aus der Gemeinschaft führen. Erlerntes »Verdienstdenken« bezieht sich auf Belohnungen und Bestrafungen. Eine Person, die sich nicht richtig verhält, gehört »bestraft«. Wer so ist, »hat es nicht besser verdient«. Die Idee, dass es nur eine Möglichkeit des Seins/des Verhaltens gibt, führt ebenso zu schnellen Abwertungen der gesamten Person.

Interpersonelle Ebene Scheinbare Schwächen, z. B. Kontrollverlust über eigene Impulse, Defekte, Unreinheiten also Schmutzigsein (Wurmser 1990) lassen sich als schamauslösende Anlässe finden. Für das Entstehen von Scham wird als Erklärungskonstrukt eine innere Instanz angenommen, die das Sein beurteilt. Diese Instanz wird oft das Ideal-Selbst genannt, der optimale Zustand des eigenen Selbst, und beschreibt die Dimension des Seins. Auch aus dieser Instanz heraus wird dann das reale Selbst beurteilt. Nähert sich das Real-Selbst dem Ideal-Selbst an, dann kann Selbst-Stolz resultieren. Besteht jedoch eine Diskrepanz, so folgt Schamerleben.

Vereinfacht zusammengefasst, lassen sich Auslöser für Schamerleben durch Abweichungen, Überschreitungen/Grenzverletzungen oder bei Versagen und

6.1 Allgemeiner Teil

Misserfolg feststellen. Grundsätzlich gibt es für Schamerleben jedoch keine linearen Kausalitäten, es spielen stattdessen immer mehrere Faktoren zusammen, wenn Scham entsteht.

Die tabellarische Übersicht soll Zusammenhänge zwischen den Ebenen der Schamaktivierung auf den verschiedenen Ebenen, den dazugehörigen frustrierten Grundbedürfnissen darstellen (▶ Kap. 3.2). Typische Auswirkungen im Erwachsenenalter ergänzen die Darstellung (▶ Tab. 6-1).

Tab. 6-1 Sechs Ebenen der Schamaktivierung in Bezug auf frustrierte Grundbedürfnisse und spätere Auswirkungen

Ebene	Grundbedürfnis	Mögliche Auswirkungen im Erwachsenenalter
Bindungsebene	Bindung	• Nähe als Bedrohung und Beschämung • Scham kann von nahen Personen entdeckt werden • Bindungsängste • Einsamkeitserleben
Leistungsebene	Selbstwerterhöhung	• Konkurrenzstreben • Suche nach Wettbewerben • Respekt einfordern bzw. sich darum sorgen • »Gewinnen-Müssen« oder zu frühes Aufgeben in Konkurrenzsituationen
Körperliche Ebene	Orientierung-/Kontroll-/Sicherheitsbedürfnis	• Versuch, körperliches Aussehen, Abweichungen zu kaschieren • Bemühungen, Defekte und Einschränkungen zu kompensieren – als wäre man ohne diese
Autonomieebene	Autonomie	• Angst vor Abhängigkeiten • Starkes Unabhängigkeitsstreben • Ausgeprägte Sensibilität hinsichtlich möglicher Demütigungen oder Beschämungen
Kognitive Ebene	Lustgewinn/Unlustvermeidung	• Hohe moralische Werte, Normen und Ansprüche an sich und andere • Ungünstige Attributionsstile • Genaue Vorstellungen, wie Dinge/Menschen zu sein haben • Empörungen über Freiheiten, die sich andere nehmen
Interpersonelle Ebene	Selbstwerterhöhung	• Vorhandensein eines doppelten Selbstwertkonzeptes im Sinne Ideal-Selbst vs. Real-Selbst • Schwierigkeiten im Umgang mit eigenen Schwächen, Abweichungen, Besonderheiten

6.1.3 Auslöser für Schamgefühle

Hilgers (1996, 2013) beschreibt unterschiedliche Auslöser für Schamformen, die von verschiedenen Autoren ähnlich formuliert werden: Intimitätsscham, Idealitätsscham, Kompetenzscham, Abhängigkeitsscham, ödipale Scham, existenzielle Scham, Schande und Scham-Schuld-Dilemma. Die Übersicht von Hilgers (2013) ist im Folgenden modifiziert und ergänzt:

Intimitätsscham Sie signalisiert das Überschreiten von Intimgrenzen. Diese Verletzungen können sowohl körperlicher als auch emotionaler Natur sein. Übergriffe geschehen dann in Bezug auf die Körperlichkeit der betroffenen Person. Ebenso können durch Grenzverletzungen auf emotionaler Ebene, z. B. das Lesen von persönlichen Tagebüchern durch fremde Personen, Schamgefühle auftreten. → Frustrationen des Grundbedürfnisses nach Orientierung, Kontrolle und Sicherheit

Idealitätsscham Diese Schamform tritt auf, wenn das eigene Ideal-Ich und das Real-Ich große Differenzen aufweisen. Das Ideal-Ich ist ein Teil unseres Selbstkonzeptes. Menschen sind bemüht, sich dem Ideal-Ich anzunähern. Das Real-Ich ist Ausdruck für den aktuellen Entwicklungsstand des eigenen Selbst. Schamgefühl kann sich in diesem Zusammenhang auch auf ungünstiges Verhalten beziehen. Das Nachdenken über sich selbst kann auch ohne das Beisein anderer Personen Scham auslösen, insbesondere, wenn die Diskrepanz zwischen Ideal-Ich und Real-Ich bewusst wird. → Frustrationen des Grundbedürfnisses Selbstwerterhöhung

Kompetenzscham Sie zeichnet den Verlust von Kompetenzerfahrungen aus. Dazu gehören sichtbar werdende Unfähigkeiten, z. B. beim Auftreten durch Misserfolge, negative Bewertungen von Leistungen oder Fehler. Ebenso können Kontrollverluste in der Öffentlichkeit schambesetzt sein, z. B. plötzliches Weinen oder Schreien. → Frustrationen der Grundbedürfnisse Selbstwerterhöhung und Autonomieerleben im Sinne des Kompetenzerlebens

Abhängigkeitsscham Sie ist häufig in Beziehungen zu anderen Menschen zu finden. Dabei verunsichert die wahrgenommene Abhängigkeit von einer bestehenden und erhofften Beziehung. Abhängigkeitsscham tritt auch während psychotherapeutischen Behandlungen auf, wenn Patienten sich »ohne den Therapeuten« im Alltag als kaum lebensfähig wahrnehmen. In der Phase des Erwachsenwerdens ist z. B. die Pubertät häufig durch das Abhängigkeitserleben von den Eltern und resultierende Schamgefühle geprägt. → Frustrationen des Grundbedürfnisses Autonomie

Ödipales Schamerleben Dies ist ein analytisches und tiefenpsychologisches Konstrukt. Dabei geht es um den erlebten Eindruck einer Person, minderwertig, bedeutungslos, nicht zugehörig zu sein. Der aktive Ausschluss aus einer Gruppe, z. B. durch Zurückweisungen und Nichtteilhabe an Gemeinsamkeiten, kann zu dem Eindruck führen. Ödipale Scham kann auch Erwachsene betreffen, wenn sich diese im Gruppenvergleich als geringer kompetent, unreif oder weniger Wert erleben. → Frustrationen der Grundbedürfnisse Bindung und Selbstwerterhöhung

Existentielle Scham Sie beschreibt ein biografisch sehr früh entstandenes Schamerleben. Menschen äußern dann den Eindruck, grundsätzlich nicht erwünscht oder gewollt zu sein, z. B. körperlich beeinträchtigte Kinder, aus einer ungeplanten Schwangerschaft hervorgegangene Kinder oder solche, die trotz Abtreibungsversuchen geboren wurden oder die verantwortlich gemacht werden für die bestehende (unbefriedigende) Ehe der Eltern etc. Betroffene erleben neben dem dysfunktionalen Schamerleben immer wieder auch die Empfindung, nicht gesehen, beachtet oder gehört zu werden. → Frustrationen des Grundbedürfnisses Bindung

Scham-Schuld-Dilemma »Widersprüchliche Über-Ich-Forderungen führen zu einem unlösbaren intrasystemischen Konflikt, bei dem entweder Schuld oder Scham gefühlt wird.« (Hilger 2013, S. 28) Menschen, die aus einfachen Familien kommen und sich z. B. ihr Studium und ihren Erfolg hart erarbeitet haben, erleben sich gegenüber den anderen Familienangehörigen als verantwortlich/schuldig (vgl. dazu ▸ Kap. 5.1.3). Misserfolge wiegen oft besonders schwer, da die eigenen hohen Ideale nicht erreicht wurden. Die Entwicklung hoher Ideale für sich selbst ist ein Teil ihres Selbstkonzeptes, um erfolgreich sein zu können. Hohe Erwartungen an sich selbst werden dabei als ein wesentlicher Motivator erlebt. → Frustrationen der Grundbedürfnisse Bindung und Selbstwerterhöhung

Schande oder Opferscham Diese Schamform ist Ausdruck des Erlebnisses, manipuliert, angegriffen, gefoltert oder gekränkt worden zu sein. Nach Beendigung solcher Erfahrungen erleben Betroffene zeitverzögert häufig Scham in Bezug auf eigene Verhaltensweisen, z. B. sich dem Täter angepasst zu haben, um schlimmere Folgen dadurch zu verhindern. Der Verlust von Würde prägt das Schamerleben. Traumatische Erfahrungen lösen oft Scham aus. Zum einen, weil es als beschämend wahrgenommen wird, z. B. grausame Dinge zu erläutern, und zum anderen, weil es oft an Worten für das Erlebte fehlt. Scham, die schweigsam macht, dient als anfänglicher Schutzmechanismus. → Frustrationen der Grundbedürfnisse Orientierung, Kontrolle und Sicherheit, Autonomie

> **Zusammenfassung**
>
> - Je nach Betrachtungsweise und theoretischem Grundverständnis lassen sich verschiedene schamauslösende Faktoren beschreiben.
> - Schamauslösende Situationen gehen immer auch mit einer Frustration von Grundbedürfnissen einher.

6.1.4 Adaptive, maladaptive Scham

Adaptives Schamerleben

Wie jede andere Emotion kann das Auftreten von Scham sowohl adaptiv als auch maladaptiv sein. *Adaptives Schamgefühl kann man als angemessene emotionale Reaktion auf einen konkreten Auslöser verstehen.* Die Emotion ist damit zeitlich befristet und klingt wieder ab. Das Selbstwertempfinden der betroffenen Person ist dabei stabil und keineswegs gefährdet, obwohl man sich in dem Moment als Person infrage stellt. Insbesondere selbstwertschützende Kognitionen sind nach dem Abklingen eines möglicherweise kurzen intensiven Schamgefühls wieder zugänglich. Diese unterstützen die Person, das Verhalten besser an die Situation und Umgebung anzupassen. Dabei können auch das Annehmen von Unterstützung bzw. besänftigende Gesten ein hilfreiches Verhalten darstellen. Ebenso können Sätze anderer Personen das aktuelle Schamerleben wieder abklingen lassen, z. B.: »So schlimm war es jetzt auch nicht«, »Nun schäm Dich nicht mehr so« oder »Natürlich gehörst Du zu uns«. Angemessenes und zugleich hilfreiches Schamgefühl reguliert soziale Beziehungen und hat dabei einen motivierenden Charakter. *Die selbstregulatorische Funktion unterstützt uns zugunsten einer angemessenen Identitätsbildung.* Ebenso zeigen wir der Umwelt durch adaptives Schamerleben an, dass wir die sozialen Werte und Normen anerkennen und uns die soziale Gemeinschaft wichtig ist.

(Prä-)Dispositionelles Schamerleben

Ähnlich wie bei der Schuld prägen elterliche Einflüsse und Erziehungsmaßnahmen sowie der elterliche Umgang mit Emotionen unsere individuelle Schamreaktion (vgl. dazu ▶ Kap. 5.1.8). *Die erlernte Schamneigung und -reaktion äußert sich als zeitlich stabiles Muster und kann daher auch als (prä-)dispositionelles Schamempfinden (▶ Kap. 6.2.1) bezeichnet werden. Dabei zeigt sich eine angemessene Schamneigung als hilfreich bei der Gestaltung sozialer Kontakte.* Menschen mit einer geringen oder überhöhten Schamneigung haben oft Probleme in der Nähe-Distanz-Regulation. Schamfreies Verhalten führt z. B. dazu, dass Mitmenschen eher Distanz von der Person suchen. Soziale Interaktionen sind durch den Austausch von direkten und/oder indirekten zwischenmenschlichen Signalen

6.1 Allgemeiner Teil

geprägt. Wir Menschen sind darauf angewiesen, diese richtig zu interpretieren, um unser Verhalten anpassen zu können. Zurückweisungen aus und Irritationen der sozialen Umwelt verhindern den Aufbau bzw. Erhalt von überlebenswichtigen sozialen Beziehungen. Eine überhöhte Schamneigung ist ein Hinweis auf maladaptives Schamerleben.

Anforderungen, die an uns als Person gestellt werden, ändern sich im Laufe des Lebens. Dabei dienen die neuen Herausforderungen auch der Weiterentwicklung unseres Selbst. Erfahrungen, erfolgreiche Interaktionen und bewältigte Misserfolge oder Krisen stärken unser Selbstwert- und Selbstwirksamkeitserleben. Ein stabiler Selbstwert ist Ausdruck davon. Unter dieser Voraussetzung können wir situativ angemessen mit adaptiver Scham reagieren. Mit zunehmendem Alter reduziert sich die individuelle Schamneigung (Orth et al. 2010). Die Weiterentwicklung der eigenen Persönlichkeit fördert den Umgang mit selbstreflexiven Emotionen und hilft, adaptive Anteile dieser Emotionen zu erkennen und zu nutzen. *Gesundheit, persönliches Wachstum und Anpassungsfähigkeit zeigen sich auch im Rahmen eines stabilen Selbstwertes.* Sind jedoch Schamempfinden und -neigung über die Zeit unveränderbar, gibt es Hinweise auf frühe und vor allem unflexible Strukturen, die zumeist auf ein defizitäres Selbstbild hinweisen (▶ Kap. 6.7).

Maladaptive Scham

Scham ist irrational und maladaptiv, wenn diese verstärkt und generalisiert auftritt. Dem quälenden und lähmenden Charakter fühlen sich betroffene Personen hilflos ausgeliefert. Ohnmacht und erlebte Wertlosigkeit kennzeichnen maladaptive Scham. Es ist daher verständlich, dass Personen, die diese Art von Schamerleben kennen, sehr darum bemüht sind, quälende Scham zu vermeiden. Hohe Ansprüche, Perfektionismus, aktive Schuldvermeidung, Angst vor Beschämung, Selbstabwertungen, vorauseilendes Handeln und Denken sowie dementsprechend angepasste Verhaltensweisen, wie zu frühes Abgrenzen, sind Ausdruck davon. *Chronische und maladaptive Scham zeigt sich jedoch als ein anhaltender Zustand, im Sinne eines emotional erlebten defizitären Selbstwertempfindens.*

Die zusätzliche Aktivierung durch andere Personen aus dem sozialen Umfeld ist daher besonders aversiv. Erkennbar wird dies an der Kritikempfindlichkeit, schnellem Kränkungserleben, aggressivem und/oder feindseligem Angriffsverhalten. Zumeist geht dabei der Kontakt zur anderen Person verloren. Dysfunktionale Scham zeigt sich durch schnellen inneren Rückzug, anhaltende Blockaden, Irritation und Selbsthass. Maladaptives Schamerleben hat zumeist negative Konsequenzen für alle Beteiligten. Selbst positive Erfahrungen wie Anerkennungen, Erfolge oder Lob können nicht angemessen verarbeitet werden. Vielmehr dienen diese als Auslöser von abwertenden und distanzierenden Kognitionen. Typische Sätze sind »Das meint der andere nicht ernst«, »Von dem kann ich das nicht annehmen«, »Wahrscheinlich verfolgt sie mit dem Lob ein eigenes Ziel«

oder »Das kann doch jeder erreichen«, »So besonders war das jetzt auch nicht« und »Ich hätte mehr erreichen können«. Erfolge oder Anerkennungen durch andere Personen reichen also nicht aus, um sich stabil und selbstsicher zu fühlen. Dysfunktionale, maladaptive Scham kann in der Intensität und im Auftreten nicht gemindert werden. Scham ist dabei ein ungerichtetes, emotionales Erleben. Die mangelnde Emotionsregulationsfähigkeit in Bezug auf Scham ist Teil des quälenden aversiven Charakters.

Maladaptive Scham geht zumeist einher mit einer intensiven Fokussierung auf die eigene Person. Der eigentlich funktionale Mechanismus wird bei maladaptiver Scham jedoch zum Fallstrick. Cavalera und Pepe (2013) konnten in einer Studie nachweisen, dass intensive Schamneigung von Menschen zu Interferenzen im Arbeitsgedächtnis führen. Daraus kann ein Teufelskreis entstehen. Denn die Fokussierung auf das eigene Selbst, um Scham und Beschämung in sozialen Kontakten zu verhindern, führt oft zeitgleich zur Aktivierung der Emotion, die eigentlich verhindert werden soll. Die wiederum resultierende Wert- und Machtlosigkeit wird als weitere Bestätigung des defizitären Selbst verstanden. Maladaptives Schamerleben dient also auch als Bewertungsgrundlage der eigenen Person. Unzufriedenheit, Selbsthass, Selbstärger sowie das Formulieren von überhöhten Ansprüchen an sich selbst sind Resultate von ungünstigen Selbstbewertungsprozessen. Interessanterweise schützen selbst diese negativen Emotionen vor der eigenen empfundenen Scham. Wenn ich mich über mich selbst ärgere oder unzufrieden bin, kann ich damit die eigentliche zugrunde liegende Emotion Scham gut vermeiden.

Dysfunktionales Schamerleben verhindert die Übernahme eigener Verantwortung im Sinne einer positiven Selbstfürsorge. Maladaptive Scham geht jedoch einher mit der Tendenz, andere Menschen für Misserfolge oder negative Erfahrungen verantwortlich zu machen (Tangney et al. 1992a). Auch dieser Mechanismus schützt vor weiteren Misserfolgen und persönlichem Versagen. Damit hat maladaptive Scham aber auch Auswirkungen auf die Gestaltung sowie den Erhalt von sozialen Beziehungen (Tangney 1995). Zusammenhänge zwischen unangemessenem Ärger, Misstrauen, emotionalen Distanziertheit und Irritierbarkeit sowie Selbsthass konnten in Studien nachgewiesen werden (z. B. Tangney et al. 1992a, 1996). In der Folge kommt es in Interaktionen mit anderen Menschen zu Irritationen, Zurückweisungen, Ärger und Ablehnungserfahrungen. Trotzdem neigen Menschen mit maladaptivem Schamerleben dazu, für andere zu viel Verantwortung zu übernehmen und häufig Schuld zu erleben.

Scham kann auch zeitweise und vorübergehend einen pathogenen Mechanismus haben (▶ Kap. 8 ff.). Psychisch erkrankt zu sein geht oft mit ausgeprägter Scham einher. Unkenntnis und Schuldzuweisungen führen dazu, dass betroffene Personen sich selbst infrage stellen. Psychisch Erkrankten fällt es sehr schwer, an ihrem Selbstbewusstsein festzuhalten. Fehler in der bisherigen Lebensgestaltung und/oder charakterliche Besonderheiten führen dazu, dass man sich selbst für die Erkrankung verurteilt. So haben z. B. sozialphobische und depressive Patienten eine erhöhte Schamneigung. Die erhöhte Selbstaufmerksamkeit in Bezug

6.1 Allgemeiner Teil

auf das eigene Selbst und weitere Abweichungen führen dazu, dass die jeweiligen Symptome noch stärker in den Vordergrund treten. Eigenes Verhalten oder auch normale Alltagsabweichungen werden dadurch schnell überinterpretiert, als persönliches Versagen eingeordnet und neue Schamgefühle entstehen. So lässt sich Scham auch bei Patienten mit Essstörungen im Zusammenhang mit ausgeprägten Körperschemastörungen oder im Rahmen von bulimischen Verhaltensweisen finden. Die Wahrnehmung des eigenen Körpers als »viel zu dick« und das Erbrechen nach ausgiebigen Essanfällen führen zwangsläufig zu Schamgefühlen. Zwangspatienten leiden aufgrund ihrer Andersartigkeit ebenso unter der belastenden Emotion. Nach manischen oder psychotischen Phasen, im Zuge

Tab. 6-2 Überblick

	Adaptive Scham	(Prä-)Dispositionelles Schamempfinden	Maladaptive Scham
Merkmale	• Situativ angemessen und hilfreich • Kurzzeitige emotionale Reaktion auf einen konkreten Auslöser • Selbstwertschützende Kognitionen sind verfügbar • Motivierender und flexibler Charakter • Hilft, unser Verhalten der jeweiligen Situation/Interaktion anzupassen • Aktiviert angemesseneres soziales Verhalten • Fördert die Integration in die Gemeinschaft	• Schamneigung • Zeitlich relativ stabiles emotionales Reaktionsmuster einer Person • Grundlage für Anpassungsprozesse an die Umgebung • Fördert prosoziales Verhalten und das Erreichen von persönlichen Zielen • Unterstützt eine angemessene Nähe-Distanz-Regulation • Zeigt die Verträglichkeit, moralischer und ethischer Grundhaltung einer Person	• Chronisches Schamerleben • Zumeist ähnliche Intensität und quälend lähmender Charakter • Tritt generalisiert und ohne konkreten Auslöser auf • Dient häufig als innere Bewertungsgrundlage der eigenen Person • Verhindert die Übernahme von angemessener Verantwortung im Sinne einer positiven Selbstfürsorge • Fördert Selbsthass, Aggressivität und Misstrauen • Initiiert kein schamreduzierendes Verhalten, sondern begünstigt Irritationen und Distanziertheit in sozialen Kontakten • Führt zu Problemen bei der Nähe-Distanz-Regulation • Tritt in Verbindung mit häufig empfundener Schuld auf • Kann im Rahmen psychischer Erkrankungen auch zeitweise als ein Symptom auftreten

der Reflexion über das eigene schamlose Verhalten, entsteht fast immer Scham bei den Erkrankten. Eine ausgeprägte Schamneigung infolge einer Posttraumatischen Belastungsstörung kann bis zur Entwicklung von Suizidgedanken führen (Andrews et al. 2000; Ashby et al. 2006; Brewin et al. 2000; Harper u. Arias 2004; Leskela et al. 2002). Patientinnen mit einer Borderline-Persönlichkeitsstörung zeigen ebenso eine erhöhte Schamneigung (Scheel et al. 2012, 2013). Selbstverletzende Verhaltensweisen werden oft durch starke Anspannung, die auf der Grundlage von maladaptiver Scham entsteht, ausgelöst (▶ Tab. 6-2). Ergänzend kann bei Patienten mit einer Narzisstischen Persönlichkeitsstörung auch von starkem Schamerleben ausgegangen werden.

Die Behandlung von psychischen Erkrankungen, die Übernahme von Verantwortung kann wiederum zu Schamerleben führen. Parallel dazu kann eine Verbesserung der Symptome auch mit der Reduktion von Schamerleben einhergehen.

6.1.5 Zusammenhang zwischen Scham, empfundener Minderwertigkeit und Selbstwerterleben

In der Literatur sind vereinzelt Hinweise auf eine genetische Ausstattung für die Entwicklung des Selbstwerterlebens zu finden (z. B. Neiss et al. 2002). Inwieweit sich die Ausstattung mit der genetisch bedingten Verletzlichkeit mit dem späteren Selbstwerterleben in Verbindung bringen lässt, ist jedoch noch nicht eindeutig geklärt. *Säuglinge sind mit jedoch genetischen Anlagen für Fähigkeiten und Temperamentseigenschaften ausgerüstet.* Durch Interaktionen mit der Umwelt kommt es zu Ausformungen und Weiterentwicklungen. Dabei können hilfreiche Rahmenbedingungen auch bestimmte Dispositionen und deren Weiterentwicklung wechselseitig günstig beeinflussen. »Ich versuche, von dir loszukommen, und du treibst mich in die Enge. (…) Dieses ganze grauenvolle Zeug hat mein Inneres vollgemüllt. Ich habe einfach keine Kraft mehr. (…) Du erfindest Dir die Welt, passt sie deinem inneren Chaos an und gibst ihr so eine Ordnung.« (Barbal 2008, S. 360) Umgekehrt gilt jedoch dasselbe. Weniger günstige Außenfaktoren können zu Beeinträchtigungen von ursprünglich guten oder zu dysfunktionalen Ausformungen sensibler Anlagen führen. *Genetische Faktoren bestimmen jedoch insgesamt die Art und Weise, wie Kinder sich und die Umwelt wahrnehmen, auf diese reagieren.* Damit ist ihr Einfluss sehr komplex, zeitgleich aber unstrittig.

Emotionale Präferenzen eines Säuglings werden durch die Lernerfahrungen in Bezug auf die individuellen Grundbedürfnisse gefördert. *Sehr früh erlernte Scham wird daher als emotionale Reaktion auf wiederholtes Frustrationserleben – in Bezug auf unerfüllte Grundbedürfnisse – verstanden. Präverbal entwickelte Scham stellt in der Folge ein implizites Motiv für die weitere Entwicklung von Identität und Selbstwirksamkeitserleben dar.* Diese erlernte emotionale Präferenz ist bei Menschen sprachlich sowie gedanklich nicht repräsentiert, jedoch für den weiteren Entwicklungsverlauf prägend.

6.1 Allgemeiner Teil

> **Gedankenexperiment**
>
> Für das eigene Verständnis bietet sich ein gedankliches Experiment an.
>
> Versuchen Sie sich vorzustellen, dass ein präverbales Schamgefühl einem akustisch sehr unangenehmen Ton entspricht. Mit diesem begleitenden Ton gilt es nun, sich weiterzuentwickeln – vielleicht wie ein Musikstück. Der unangenehme (emotionale) Ton ist jedoch immer da, ob man diesen fassen, verändern oder verstehen kann.
>
> Man kann sich gut vorstellen, wie Menschen versuchen, diesen Ton ganz vermeiden zu wollen. Dazu gehören z. B. Aktivitäten wie bewusstes Weghören, eine Menge anderer Töne zum Überdecken produzieren oder ähnliche Töne, die sich ein wenig angenehmer anfühlen, einzuspielen. Natürlich entstehen im Rahmen dieser Strategien auch begleitende Emotionen, wie Freude über das Gelingen, Ärger oder Resignation über diesen Ton. Oder Stolz darüber, dass es zeitweise gelungen ist, diesen Ton ganz »auszublenden«. Der Ärger, dass dieser Ton jedoch wieder auftaucht, wird dann vermutlich auch groß sein.
>
> Doch egal, wie Menschen sich verhalten, welche Strategien sie anwenden, der unangenehme Ton stellt immer das Zentrum ihrer Bemühungen dar und ist damit auch weiterhin existent.
>
> Genauso verhält es sich mit dem präverbalen Schamerleben. Es begleitet Menschen wie ein emotionales Grundrauschen. Strategien im Umgang mit diesem Grundrauschen können dabei mehr oder weniger bewusst und/oder erfolgreich sein.

Oft lassen sich nur auf körperlicher Ebene minimale Anzeichen für das präverbale Schamerleben erkennen. Diese Zeichen sind im Rahmen von Veränderungen im Muskeltonus oder in der Mimik erkennbar. Das bedeutet auch, dass für die meisten Menschen eine Selbstreflexion darüber kaum möglich ist. Die Auseinandersetzung mit einem empfundenen Minderwert geschieht häufig erst im Erwachsenenalter. Dabei berichten viele Personen von unspezifischen Empfindungen und Repräsentationen auf emotionaler und körperlicher Ebene. Typischerweise wird von diffusem körperlichen Unbehagen, unerklärbarem Stresserleben oder unangenehmen Gefühlen gesprochen, die weder sprachlich noch kognitiv zugeordnet werden können.

> **Zusammenfassung**
>
> - Zur genetischen Grundausstattung eines Menschen gehören u. a. Fähigkeiten und Temperamentseigenschaften sowie die genetische Verletzlichkeit.
> - Genetische Faktoren bestimmen die Art und Weise, wie Personen sich und die Umwelt wahrnehmen, auf diese reagieren.
> - Sehr früh erlernte Scham wird als emotionale Reaktion auf wiederholtes Frustrationserleben, in Bezug auf unerfüllte Grundbedürfnisse, verstanden.
> - Präverbal entwickelte Scham stellt ein implizites Motiv für die weitere Entwicklung von Identität und Selbstwirksamkeitserleben dar.

- Früh entwickeltes präverbales Schamerleben zeichnet sich durch diffuse Reaktionen und unspezifische Empfindungen auf körperlicher und emotionaler Ebene aus. Klare, eindeutige Kognitionen oder sprachliche Repräsentationen sind dabei nicht vorhanden.
- Die Auseinandersetzung mit dem eigenen Minderwertigkeitserleben geschieht häufig erst im Erwachsenenalter.

6.1.6 Fremdschämen – ein Modebegriff?

Eine Besonderheit ist das »Fremdschämen«, welches nur unter der Berücksichtigung des verinnerlichten sozialen Kontextes verstehbar ist. Pubertierende Jugendliche berichten, sich ihrer Eltern zu schämen. Beobachtete Peinlichkeiten anderer Personen, z. B. Versprecher von Moderatoren im Fernsehen oder plötzlich auftretendes Stottern von anderen Menschen, können Fremdscham aktivieren. Um diese Emotion zu erleben, brauchen wir empfundene Nähe zu dieser Person. Diese Form der Nähe entsteht über eine soziale Beziehung, betroffen sind dann z. B. Mitglieder der engen Familie oder enge Freunde. Es ist aber auch möglich, über die Fähigkeit, sich mit dem anderen identifizieren zu können, eine Quasi-Nähe zu empfinden. Sich mit Menschen, einer Gesellschaft, einer Gruppe identifizieren zu können ist das Resultat eines sozialen Entwicklungsprozesses. Das Näheempfinden ermöglicht, dass Menschen sich vorstellen können, wie man/oder der andere sich in dieser Situation wahrscheinlich fühlt. Die Gedanken daran oder eigene Erinnerungen an ähnliche Situationen, eigene Schamerfahrungen aktivieren wiederum eigenes Schamgefühl. Beschämendes Verhalten ganz fremder Personen empfinden Menschen eher als peinlich-irritierend, empörend oder höchst amüsant. Schadenfreude ist eine Ausdrucksform davon.

Häufig genutzte Formulierungen für Scham

Beleidigungen ertragen, Befangenheit, Beschämung, Bescheidenheit, Blamage, Bloßstellung, Demütigung, entehrt sein, ein Nichts sein, Entwertung, Erniedrigung, fehlendes Ehrgefühl, Genieren, Geschlechtsteilwörter für sich selbst benutzen, Gesichtsverlust, Hochsensibilität, Keuschheit, Kränkung, Lächerlichkeit, Mangel an Stolz, Missachtung, mutlos, Niedrigkeit, Peinlichkeit, Reue, Schande über sich gebracht, Schandfleck sein, Schikane ausstehen müssen, schikaniert werden, schlechtes Gewissen, Schmach auf sich gezogen, Selbsthass, sich klein und unbedeutend fühlen, Unfähigkeit, Unlustgefühl, Verlegenheit, Verletzlichkeit, verletzter Stolz, Verwirrung, Wertlosigkeit, zu empfindsam sein

6.1.7 Ein historischer Ausflug
unter Mitarbeit von Dr. Dr. Isgard Ohls

Scham und Schuld wurden lange Zeit als unterschiedliche Ausprägungen eines Gefühls verstanden. Tatsächlich ist es bisher nicht gelungen, diese Emotionen klar voneinander abgrenzbar zu konzeptionalisieren. Umgangssprachlich äußert sich dieses Phänomen ebenso. Menschen sprechen von Scham, wenn es um Schuld geht und umgekehrt.

Schuld als das Nichtseinsollende ist eine nicht wegzudiskutierende Wirklichkeit des menschlichen Lebens. Schuld erfordert einen existenziell menschlichen Einsatz. Einzelne Menschen verbinden damit allerdings oft ein Empfinden der Wertminderung. Diese eigene Wertminderung geht zumeist einher mit dem Impuls, sich zu verbergen, und zeigt darüber eine Verbindung zu individuell erlebter Scham. Das Ungeschütztsein bzw. das erlebte Ungeschütze werden zur Blöße, weil es sich nicht gegen den Blick des Ich, des Mitmenschen oder des Kollektivs wehren kann. Scham und Verlegenheit sind nicht nur begriffliche Alterationen. Beide emotionale Prozesse werden innerseelisch individuell erfahren und haben ihre eigenen Ausdrücke und Gebärden. Der Verlegene weiß nicht, wohin er seine Hände und Füße »angemessen« stellen soll, während der Schamhafte errötet.

Obwohl die Scham etwas vor dem fremden Blick schützen will, sträubt sie sich nicht gegen das Bewusstwerden. Im Unterschied zur Schuld, welche gerne verdrängt wird, kann sich Scham nicht gegen das Bewusstmachen und -werden behaupten. Scham ist präsent und spürbar. Scham als Emotion wird häufig von Gedanken bzw. Wahrnehmungen der Zurückhaltung, Verbergung und Wertminderung begleitet. Scham zeigt die Verbundenheit der Subjekte untereinander. Dies gilt insbesondere, wenn Scham als Folge einer unerwarteten Wahrnehmung des Einzelnen durch das Selbst, durch andere oder durch das Kollektiv verstanden wird. Darüber hinaus gibt es den Aspekt des Sich-Schämens-für-andere, was umgangssprachlich gerne als »Fremdschämen« bezeichnet wird (▶ Kap. 6.1.6).

Der frühe Ursprung des deutschen Wortes »Scham« ist vermutlich bereits im indogermanischen Ausdruck (*kam/kem*) zu finden, und der bedeutet »verbergen«, »verhüllen«, »verdecken«, »bedecken«. Die reflexive Zuschreibung wird später im Germanischen durch das vorangestellte »s« (*skam/skem*) dargestellt und beschreibt Aspekte des Sich-Verschleierns, Sich-Zudeckens oder Verbergens (Kluge 2002). Der Zusammenhang von Scham und Nacktheit bzw. Sexualität ist ein Teilaspekt des Begriffs.

Theologische Aspekte

Theologisch wird der Begriff gerne im Zusammenhang mit Sünde und Reue behandelt. Bereits im Judentum bzw. Alten Testament wird der Bezug zwischen Scham, Nacktheit und Schande hergestellt (Gen 2,25), welche allerdings unter dem Aspekt des Verlustes der Selbstkontrolle in Form des Rausches die leibseelische Integrität gefährdet. Insgesamt ist es schändlich und beschämend, was den Menschen aus der Gottesbeziehung herausfallen lässt. Dazu gehören u. a. das Anfertigen von Götzenbildern (Jes 45,16). Scham steht im alttestamentlichen Kontext für den Erhalt der – für die Selbst-, Sozial- und Gottesbeziehung zentralen – personal-sozialen Integrität. Die Komplexität des Erlebens findet sich damit auch im Scham-Verständnis wieder. Im Neuen Testament fehlt jedoch weitestgehend eine semantisch charakteristische Begrifflichkeit. Lediglich »Porneia« (1. Kor 5,9–11) bildet einen Aspekt des orgiastisch-hilflosen Taumelns ab. In Anlehnung an die hellenistisch-römische Ethik wird in Haustafeln das Ziel der Askese gerühmt. Augustinus erkennt in der *concupiscentia carnis* zwar eine die menschliche Autonomie durch Triebregungen gefährdende Größe, wendet sich allerdings nicht generell gegen die Sexualität, sondern eher gegen die menschliche Selbstsucht.

Damit wird die Erbsündenlehre begründet, welche jeden Menschen qua Geburt zum beschämten Sünder werden lässt. Diese in der kirchlichen Tradition des Mönchtums und der Beichte resultierenden Elemente wurden u. a. von Martin Luther im »Ordo salutis« auf das gesamte menschliche Leben übertragen und ein Stück weit modernisiert. Die Scham wurde historisch in der nachkantianischen Transzendentalphilosophie von den nachfolgenden theologischen, psychologischen und philosophischen Schulen ausgearbeitet. Beispielhaft sei hier noch Michel Foucaults Einsicht in die fundamentalanthropologische Bedeutung der in der Scham gegebenen Affektkontrolle genannt. Sexualität soll als Ausdruck von Vitalität domestiziert werden, was sich kulturgeschichtlich in der Thematisierung des Verschämten, des Verborgenen in der Beichte widerspiegelt. Scham erscheint darüber hinausgehend als wesentliches Element der Subjektivität und Sozialität des Menschen. Existentialistische Autoren entwickeln in der Folgezeit die wertschätzende Theorie einer die menschliche Interaktion überhaupt erst ermöglichenden Leiblichkeit. Scham gewährleistet so in Anlehnung an Jean-Paul Sartre die Integrität des Leibes als Raum und auch konkret im physikalischen wie sozialen Raum. *Damit erscheint Scham in der Geschichte wohlwollend funktional und sozial.*

Sigmund Freuds »blinder Fleck«

Neben dem vielfach postulierten »blinden Fleck« Freuds in Bezug auf Schamgefühle gibt es jedoch eine Vielzahl von analytischen und tiefenpsychologischen Beiträgen zum Thema Schamgefühl. Freud fokussierte sich in seinen Arbeiten sehr auf die Schuld- und Ekelgefühle. J. L. Tiedemann (2013) schreibt in diesem Zusammenhang von Freuds »blindem Schamfleck«, der nicht nur auf theoretischer, sondern vor allem auf persönlicher Ebene zu finden sei. *Dennoch lieferte Freud mit dem Drei-Instanzen-Konzept der Psyche eine wichtige Grundlage für analytische Betrachtungsweisen des Schamgefühls.* Daher lassen sich in den Arbeiten Freuds vier frühere Auffassungen festmachen. Erstens zeigt Scham die Angst vor Bewertungen in sozialen Kontexten an. Zweitens veröffentlicht Freud innerhalb der sexualtheoretischen Abhandlungen (1905) die Idee, Scham und

6.2 Entwicklungspsychologische Aspekte

Schüchternheit als affektive Erfahrungen zu betrachten. Daraus ergibt sich der Betrachtungsaspekt, Scham als Motiv für die Abwehr zu verstehen. Drittens äußerst er sich eher indirekt mit dem Konzept des Ideal-Ichs im Zusammenhang mit Narzissmus (»Zur Einführung des Narzissmus«, 1914). Viertens beschreibt Freud Scham »als eine Methode der Abwehr, als Reaktionsbildung im Dienste der Verdrängung« (Tiedemann 2013, S. 17). Zunehmend verändert sich jedoch die Betrachtungsweise von Schamerleben und -dynamik. Emotionstheoretische Konzepte ersetzen triebtheoretische Betrachtungsansätze (z. B. Wurmser 1986; Lewis 1987). Scham entsteht als Konflikt zwischen dem Ideal-Ich und dem Ich, also bei Verletzungen persönlicher Erwartungen und Standards (Piers u. Singer 1971).

Alfred Adler (1918–1937/2010) schrieb bereits von einem natürlichen Minderwertigkeitsgefühl, welches die Identitäts- und Autonomieentwicklung förderte. Er postulierte als einer der ersten Zusammenhänge zwischen Minderwertigkeit, Narzissmus und »Interferioritätsgefühlen«. Scham wird von Adler nicht explizit benannt, jedoch bereits umschrieben.

In früherer Zeit waren Veröffentlichungen zum Thema Scham und Schuld eher theoretischer Natur. Scham findet jedoch sowohl in der Forschung verschiedener Wissenschaften, z. B. Theologie, Philosophie, Ethnomedizin und Soziologie, als auch in der Psychotherapie zunehmend mehr Beachtung.

> **Zusammenfassung**
>
> - Scham und Schuld wurden lange Zeit als unterschiedliche Ausprägungen eines Gefühls verstanden.
> - Obwohl die Scham etwas vor dem fremden Blick schützen will, sträubt sie sich nicht gegen das Bewusstwerden.
> - Theologisch wird Scham gerne im Zusammenhang mit Sünde und Reue behandelt.
> - Scham erscheint erst spät in der Geschichte als wohlwollend funktional und sozial.
> - Trotz Freuds »blinden Flecks« in Bezug auf die Scham liefert er mit dem Drei-Instanzen-Konzept der Psyche eine wichtige Grundlage für analytische Betrachtungsweisen des Schamgefühls.

6.2 Entwicklungspsychologische Aspekte

Die menschliche Entwicklung ist nur mit regulierenden Emotionen möglich. Schamgefühl ist eine der regulierende Emotionen. *Scham begleitet uns über das gesamte Leben.* Die Entwicklung und Ausprägung der Emotion beginnt sehr früh als Ergebnis einer reziproken Interaktion zwischen Kind und Eltern (bzw. den nahen Bezugspersonen). Zu viel Scham kann sowohl kognitive als auch emotionale Entwicklungsprozesse behindern. Das fällt insbesondere im

Erwachsenenalter auf, wenn die Differenzierungsleistung zwischen Gedanken und Gefühlen wenig geschult und entwickelt ist. Die Emotion Scham stellt eine Verbindung zwischen den Bereichen des Selbstkonzeptes, der sozialen Umwelt, der umgebenden Kultur und der eigenen Individualität dar (vgl. dazu auch ▶ Kap. 7.3). *Scham dient intrapsychisch der Selbstwertregulation sowie intersubjektiv der Beziehungsregulation.* Die sich im Laufe des Lebens entwickelnde intersubjektive Dimension erklärt auch den ansteckenden Charakter. Es ist Menschen also möglich, Schamgefühl einer anderen Person mitempfinden zu können (▶ Kap. 6.1.1).

Zusammenfassung

- Scham begleitet uns über das gesamte Leben.
- Scham dient intrapsychisch der Selbstwertregulation sowie intersubjektiv der Beziehungsregulation.

6.2.1 Geburt bis zweites Lebensjahr

Eine genetische Veranlagung zeigt sich im Sinne einer *individuell angeborenen Sensibilität/Verletzlichkeit*. Säuglinge bringen eine sogenannte angeborene Verletzlichkeit mit, die sich auch als (prä-)dispostionelles Reaktionsmuster im Sinne von emotionalem Empfinden und Erleben verstehen lässt. Diese Vulnerabilität wird nach der Geburt immer dann aktiviert, wenn Säuglinge mit Menschen in Kontakt kommen (wollen). Zeitgleich ist diese Verletzlichkeit eine optimale Vorbereitung für späteres soziales Verhalten. Nahe Bezugspersonen, wie Mutter und Vater, senden bei jeder Kontaktaufnahme zum Säugling Informationen. Diese Informationen bestehen anfänglich aus Körpergerüchen, Blicken, Berührungen und Stimmeindrücken. An diese frühe Verletzlichkeit können sich nun also sehr schnell diese ersten Informationen des Außen ankoppeln. Ab dem vierten Monat beginnt das *Fremdeln, erste Signale einer Schüchternheit.* Dies wird oft *als Vorform der Scham* bezeichnet. Die angeborene Scham zeigt sich als erkennbare Vorform von Scham zwischen dem vierten Monat bis etwa Ende des ersten Lebensjahres und wird oft auch als erstes soziales Gefühl bezeichnet.

Prägende Einflüsse koppeln sich an die noch recht undifferenzierte emotionale Aktivierung. Der resultierende Interaktionsprozess zwischen Säugling und Bezugsperson bezeichnet das »Soziale Referenzieren«. Es beschreibt das Phänomen, dass sich Säuglinge etwa ab dem achten Lebensmonat am emotionalen Gesichtsausdruck der nahen Bezugspersonen orientieren. Dies geschieht besonders in Situationen, die für den Säugling neu und unvertraut sind, die Unsicherheit erzeugen (Dornes 2011). Das theoretische Konzept der Mentalisierung (▶ Kap. 6.3.1) beschreibt erste grundlegende Mechanismen der Wechselwirkung

6.2 Entwicklungspsychologische Aspekte

zwischen elterlicher und kindlicher Interaktion und deren Auswirkungen auf die sich entwickelnde Emotionsregulationsfähigkeit des Säuglings. Die frühen Interaktionen prägen ebenso die Bindungserfahrungen eines Menschen.

Exkurs
Bindungstheorie
Bowlby (2001) postuliert, dass Interaktionserfahrungen zwischen Kind und Mutter zur Entwicklung der inneren Vostellungen vom eigenen Selbst und den anderen führen. Diese »inneren Arbeitsmodelle« (internal working models) können je nach erlebten Erfahrungen sehr unterschiedlich ausgeprägt sein und in unterschiedlichen Bindungsstilen einen Ausdruck finden.
Bindungstheoretiker postulieren aufgrund von vielen Beobachtungsstudien verschiedene Bindungsstile: a) sicher b) unsicher-vermeidend, c) ambivalent-vermeidend oder d) desorganisierte Bindung. Je nach biologischer Vulnerabilität wirken also auch validierende und invalidierende Erfahrungen auf die Entwicklung von sogenannten Bindungsstilen bei Menschen (Cyrulnik 2011). Die verschiedenen Bindungsstile haben zusätzlich einen großen Einfluss darauf, wie auch später soziale Interaktionen zugunsten der anderen eigenen Grundbedürfnisse wahrgenommen und verarbeitet werden (▶ Kap. 7.4).
Existentielle Schamgefühle werden als Ausdruck einer unsicheren Bindungserfahrung verstanden (Hilgers 2013). Chronisch dysfunktionales, maladaptives Schamerleben wird ebenso in Zusammenhang mit unsicheren Bindungserfahrungen gebracht. Das Fehlen von Scham scheint ein Resultat von unzureichenden Bindungserfahrungen zu sein. Das Erlernen und Gestalten von sozialen Interaktionen, auch zugunsten der Befriedigung eigener Bedürfnisse, kann nur über ausreichende Beziehungserfahrungen stattfinden. Dazu gehören das Wahrnehmen und Respektieren von Grenzen und Alltagsfrustrationen. Schamfreies Verhalten einer Person führt im Rahmen sozialer Kontakte zu erheblichen Irritationen und intensiven Abgrenzungen durch andere Menschen.

Aus der biologisch vorbereiteten Sensibilität/Verletzlichkeit entwickelt sich über die oben beschriebenen Rückkopplungseffekte *ein frühes* und je nach genetischer Veranlagung *sehr sensibles Schamsystem, im Sinne einer (prä)dispositionellen Schamreaktion*. Dieser aus der reziproken Interaktion zwischen Eltern und Kind geprägte emotionale Prozess wird *als präverbale Scham bezeichnet und ist bereits durch ein individuelles emotionales Reaktionsmuster gekennzeichnet*. Das kindliche Schamerleben ist zu dieser Zeit meist eher unspezifisch und wenig kognitiv geprägt. Es enthält quasi keine sprachliche Ausdrucksmöglichkeit. Das Kind verfügt in diesem Alter auch noch nicht über die hirnphysiologischen Grundlagen und damit noch nicht über sprachliche (differenzierte) Fähigkeiten. Jedoch können mimische Kennzeichen und erste Gestiken, die sich in erster Linie durch den Abfall von Freude (als Fremdel-Reaktion beschrieben) auszeichnen, vermutlich ab dem ersten Lebensjahr erkennbar sein (Broucek 1991). Erste echte selbstreflexive emotionale Reaktionen werden ab dem zweiten Lebensjahr beobachtet. Damit ordnen viele Forscher Scham diesem Lebensalter zu. Verbal äußerbare Scham gilt als eine emotionale Hemmschwelle – sie hindert daran, den bisherigen eigenen Gedanken und Impulsen nachzugehen.

Die vieldiskutierte genetische Veranlagung und das sich daraus entwickelnde sensible präverbale Schamsystem können ebenso erklären, weshalb sich auch später Blicke, Erfahrungen, Kognitionen, vermittelte Werte, Normen, elterliche Zuschreibungen, Überzeugungen sehr schnell mit dem emotionalen Prozess verbinden. Da auch Scham einen generalisierenden Charakter hat, können auch später im Leben Blicke, Äußerungen, Stimmfälle oder Zuschreibungen schnell genau diese Emotion aktivieren. Dies entspricht einer Grundidee, die in der Emotionspsychologie theoretisch diskutiert wird. Die anfangs diffuse präverbale Verletzlichkeit des kindlichen Organismus wird durch äußere Reize und spätere Erfahrungen auch kognitiv zu dem Gefühl der Scham geformt. Reaktionen der Umwelt auf die kindlichen Bedürfnisse, die zusammen mit der präverbalen Verletzlichkeit gezeigt werden, bilden somit ein emotionales erinnerungsbasiertes Schema (analog zu Greenberg et al. 2006; Lammers 2007).

Dem gegenüber steht die kindliche Schamlosigkeit. Kinder gehen ohne Scham und Grund einfach nach Lustgewinn strebenden Impulsen nach. Liebevolles elterliches Beschämen unterstützt die Entwicklung von Reinlichkeit und Körperscham (Kersten 2011). Hilgers (2013) postuliert in diesem Zusammenhang, dass »maßvolle Schamaffekte«, die durch die nahe Bezugspersonen initiiert werden, die Selbstentwicklung eines Kindes fördern. Schamgefühle werden somit Ausdruck des natürlichen Bedürfniskonfliktes zwischen elterlicher Kontrolle und dem bindungsbedürftigen Kind. Teil der elterlichen Erziehung ist eben häufig eine scham- und schuldinduzierende Kommunikation.

Jedes Kind strebt aber immer auch nach Selbstwerterhaltung (Grundbedürfnis). Je nach Ausmaß der scham- und schuldinduzierenden elterlichen Kommunikation ist im schlimmsten Fall bereits hier der Selbstwert des Kindes bedroht. Greenberg et al. (2006) schreibt, dass Schamerleben für Kinder ein erniedrigendes und schlimmes Ereignis ist. Gerade das Schamgefühl erzeugt einen inneren Rückzug und begünstigt die Entwicklung einer Außenorientierung bei Kindern, um »Richtig/Falsch« besser einschätzen zu können. Kinder werden in diesem Zusammenhang als in sich zurückgezogen und beobachtend wahrgenommen.

Schambegünstigend ist ebenso die Tatsache, dass ein Kind real abhängig von den Eltern (nahen Bezugspersonen) ist. Invalidierende Erfahrungen, z.B. auf Schwächen aufmerksam machende, bloßstellende oder demütigende, abwertende, strafende Eltern, verursachen in der Folge ein intensiveres Erleben von Scham. Ebenso kann Liebesentzug und elterliches Schweigen zum beschämten inneren Rückzug führen. Dies kann im Verlauf des Lebens zur Vermeidung von engen Bindungen führen, da Menschen schneller und mit intensiveren Schamgefühlen in Beziehungen reagieren. Nähe wird bedrohlich und zu einer potenziellen Verletzungssituation. Scham ist also auch der Ausdruck des inneren Konfliktes zwischen Autonomie, Bindung und Selbstwerterleben.

Ab dem 18. Monat bilden sich die ersten Anfänge des Selbstkonzeptes. Das Selbstkonzept ist die notwendige Grundlage für das spätere Empfinden eines reiferen Schamgefühls. Damit einher geht das Kontingenzverständnis zwischen Handlung und dem eigenen Ich. Mit Reifungsprozessen und der Fähigkeit der

6.2 Entwicklungspsychologische Aspekte

Antizipation – d.h. sich vorzustellen, was andere denken, wie diese auf mich reagieren – kann man sich auch vorstellen, dass andere Personen einen selbst verurteilen, abwerten. Dieses Wissen wird somit handlungsleitend und stellt eine Grundlage für Beziehungsfähigkeit und prosoziales Verhalten dar. Erikson (1993) postuliert im zweiten Stadium des Stufenmodells psychosozialer Entwicklung den Grundkonflikt Autonomie versus Scham und Zweifel (vgl. dazu auch den Exkurs zum Stufenmodell ▶ Kap. 3.3.2). *Im Alter zwischen dem zweiten und dritten Lebensjahr beginnt die Autonomieentwicklung des Kindes. Scham spielt dabei eine wichtige Rolle.* Erste kindliche und einfache Selbstbewertungsprozesse im Sinne von gut versus schlecht werden anhand von Beobachtungen gemacht. Damit wird das erste »reifere« Schamgefühl dem zweiten Lebensjahr zugeordnet. Anfangs wird Scham jedoch noch nicht verbal hervorgerufen, später aber durch verbale Äußerungen ergänzt. Im Kleinkindalter machen jedoch beschämende Glaubenssätze und Bewertungen der nahen Bezugspersonen wenig Sinn. Die Zusammengehörigkeit von erlebtem Blick und geäußerten Sätzen wird also über verschiedene Konditionierungsprozesse erlernt. Im Sinne der Reizdiskriminierung zeigt sich Scham dann auch, wenn eben nur der Blick oder nur Sätze oder der Tonfall dargeboten wird. Diese Reaktion lässt sich auch z.B. über den Pawlow'schen Effekt und, wie oben beschrieben, aus dem generalisierenden Charakter erklären.

> **Zusammenfassung**
>
> - Bereits in den ersten zwei Lebensjahren bildet sich ein sehr sensibles präverbales Schamsystem aus.
> - Dies wird auch als (prä-)dispositionelles Schamerleben im Sinne einer Schamneigung verstanden. Bereits jetzt ist ein individuelles emotionales Reaktionsmuster erkennbar.
> - Präverbale Scham ist sonst eher unspezifisch und wenig kognitiv geprägt.
> - Dem gegenüber steht die kindliche Schamlosigkeit als Ausdruck von nach Lustgewinn strebenden kindlichen Impulsen.
> - Verbal äußerbare Scham gilt als eine emotionale Hemmschwelle, die daran hindert, den bisherigen eigenen Gedanken und Impulsen nachzugehen.
> - Scham wird auch als Ausdruck des inneren Konfliktes zwischen Autonomie, Bindung und Selbstwerterleben verstanden.
> - Ein Übermaß an Scham kann sowohl kognitive als auch emotionale Entwicklungsprozesse behindern.

6.2.2 Drittes bis sechstes Lebensjahr

Einhergehend mit dem Wissen, von anderen gesehen zu werden, wird sich meist ab dem Kindergartenalter ein Kind bestimmter Unzulänglichkeiten in Bezug auf wichtige Wertmaßstäbe und Regeln bewusst. Um Motive und Ansichten von anderen gegenüber den eigenen zu unterscheiden, benötigt es außerdem die Fähigkeit des inneren Perspektivwechsels. Dreijährige können bereits Absichten von Mitmenschen erfassen (Vaish u. Tomasello 2014). Menschen entwickeln im Laufe der frühen Kindheit die Fähigkeit, sich und anderen mentale Zustände zuzuschreiben – so, wie es die »Theory of Mind« beschreibt (Förstl 2012; Bischof-Köhler 2011). Fonagy et al. (2004) postulieren anfänglich auf der Grundlage der »Theory of Mind« mit dem Konzept der »Mentalisierung« die sich in den ersten Lebensjahren entwickelnde »Fähigkeit, sich mentale Zustände im eigenen Selbst und in anderen Menschen vorzustellen« (ebd., S. 31; Holmes 2012) und zu interpretieren (► Kap. 6.3.1). Experimente von Harris (1992) konnten aufzeigen, dass Kinder bereits im Vorschulalter erkennen, dass Emotionen auf Bewertungen beruhen. Um sich die mentale Welt des anderen zu verdeutlichen, ist der präfrontale Cortex notwendig. Neurophysiologisch wird diesem Bereich die Antizipationsfähigkeit zugeschrieben. Für die Ambivalenz und das Abwägen von Informationen ist ebenso der präfrontale Cortex zuständig. Das heißt, die Fähigkeit sich gedanklich in die Zukunft zu versetzen und zu urteilen, braucht neurologische Grundlagen. Hinweise auf solche Prozesse lassen sich über einen veränderten Cholecystokinin-Spiegel (CCK) nachweisen (Panksepp 1998).

Anfänge der Entwicklung einer Leistungsmotivation beginnen mit etwa drei Jahren. Scham kann im Zusammenhang mit Kompetenzeinbußen und bei Übertretungen, bei denen Kinder ertappt werden, auftreten (Barrett et al. 1993; Lewis 1992). Damit entsteht auch die Grundlage für die Vergleiche mit anderen in Wettkampfsituationen: Erfolg versus Misserfolg und Versagen. *In diesem Alter können daher bereits auf der Leistungsebene erste Schamerlebnisse prägend*

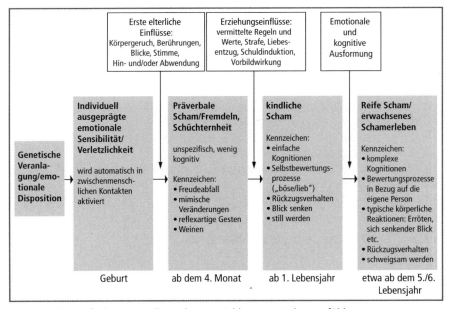

Abb. 6-1 Vereinfachte Darstellung der Entwicklung von Schamgefühl

6.2 Entwicklungspsychologische Aspekte

sein. Scham weist immer auf den Schutz des eigenen Selbstwertes hin. Erlebt ein Kind seinen Wert von erbrachten Leistungen abhängig, entsteht bereits hier die Grundlage für späteres Schamerleben in nicht erfüllten Leistungssituationen. Kognitive Reifung beinhaltet die Entwicklung der Sprache sowie das soziale Erfassen von Situationen über gedankliche Repräsentationen. Ab dem 6. Lebensjahr entwickeln sich das Erinnerungs- und Sprachvermögen weiter. In diesem Alter kann man erkennen, wie Kinder mit Stress und Emotionen umgehen (▶ Abb. 6-1). Erste soziale Vergleiche als Quelle von Selbstbewertungen fallen auf die Grundlage des bis dahin elterlich vermittelten Selbst. *Soziale Vergleiche fallen dann bereits deutlich ungünstiger aus, wenn der Selbstwert schon durch frühe Schamerfahrungen geprägt ist.* Dennoch ist ein angemessenes Schamerleben Teil der individuellen Motivationsentwicklung.

> **Zusammenfassung**
>
> - Einhergehend mit dem Wissen, von anderen gesehen zu werden, wird sich meist ab dem Kindergartenalter ein Kind bestimmter Unzulänglichkeiten in Bezug auf wichtige Wertmaßstäbe und Regeln bewusst.
> - Ab etwa drei Jahren können daher bereits auf der Leistungsebene erste Schamerlebnisse prägend sein.
> - Soziale Vergleiche fallen früh deutlich ungünstiger aus, wenn der Selbstwert schon durch frühe Schamerfahrungen geprägt ist.

6.2.3 Vorpubertät, Pubertät, Erwachsenenalter

Der Übergang von Kindheit zum Beginn der frühen Adoleszenz ist geprägt durch phasenspezifische Aufgaben, wie z. B. der Entwicklung der eigenen Identität und des Realitätsgefühls für das eigene Selbst. Viele Veränderungen müssen in der Phase der bio-psycho-sozialen Umstellung gemeistert werden. In der Vorpubertät entsteht bereits sexuelles Schamempfinden und körperbezogene Scham. Junge Mädchen möchten sich z. B. nicht mehr nur in der Bikinihose zeigen. Jungen zeigen ihren männlicher werdenden Körper gern. Körperliche Prozesse, wie z. B. die bei Mädchen eintretende Menstruation, die sich bei Jungen verändernde Stimme, führen zu Irritationen bei den jugendlichen Kindern. Die Rückmeldung von anderen über solche Veränderungen kann dann beschämen. Erröten als häufig sichtbares Erkennungsmerkmal ist besonders in der Pubertät ausgeprägt. Das schnelle Erröten führt häufig zur erneuten Schamreaktion, denn andere können damit auch erkennen, dass man sich schämt. Das Rotwerden wird als Kontrollverlust erlebt, und die körperliche Reaktion zeigt erneut das Auftreten von Scham an. Daher kommt es in dieser Zeit häufig zur versuchten Vermeidung von Scham, z. B. durch Rückzug oder Beschämung des anderen, um so von sich selbst abzulenken.

Dennoch geht die Pubertät einher mit Schamerleben als Ausdruck der Entwicklung der eigenen Identität (vgl. dazu ▶ Kap. 8.3). In dieser Zeit sind emotionale Durchbrüche Normalität. Eltern sind peinlich, man schämt sich für ihr konservatives Verhalten. Regeln und Werte werden innerhalb der Familie, aber auch in anderen sozialen Systemen, wie z. B. der Schule, neu diskutiert oder durch Veränderungen angepasst. Die manchmal übertriebene Aufopferung der Eltern oder die Entmutigung durch die Elternteile kann dabei erniedrigend oder demotivierend wirken. Eltern vermitteln in diesem Fall, dass sich Kinder ohne sie nicht behaupten können. Emotional belastend wird dies, wenn sich das Kind oder der Jugendliche selbst bereits für fähig und kompetent hält. Familiäre Konflikte entstehen und die notwendige Autonomieentwicklung wird durch überfürsorgliche Eltern begrenzt.

Bei Jungen geht dies einher mit der Weiterentwicklung des Durchsetzungsvermögens und der Bereitschaft, nach außen auch durch den Einsatz aggressiver Handlungen (verbaler, lautstarker Protest; sich abgrenzen) zu reagieren. In dieser Zeit fehlt es den Jungen oft an Übungsmöglichkeiten, sich trotz Schamerlebens sozial zu verhalten.

Bei Mädchen wird der angelegte und geförderte Mechanismus, sich sozial zu verhalten, auch in dieser Lebensphase weiter gefordert. Die Emotion begünstigt Erfahrungen zu Fragen dazu, wer man selbst ist und ob man, so wie man als Person ist, angenommen oder abgelehnt wird. Im konstruktiven Fall motiviert Scham uns dazu, uns zu verändern, dem anzunähern, was kulturelle, familiäre Werte oder Ideal-Iche betrifft. Scham begleitet also die Entwicklung der eigenen Integrität und des Selbstwertes. *Manchmal entsteht gerade in dieser Lebensphase auch die Lust, andere zu beschämen, und/oder zuweilen ein Lustempfinden dabei, sich selbst zu schämen.*

Emotionen allgemein spielen im Laufe des Erwachsenwerdens eine wichtige Rolle für die Entwicklung der eigenen Identität. In diesem Prozess wird »die mentale Repräsentation von Emotionen komplexer und differenzierter« (Kunzmann u. von Salisch 2009, S. 553). Scham kann sich verändern. Wir können uns heute dafür schämen, dass wir uns früher z. B. für unsere Eltern geschämt haben. Ein ansteigendes Alter führt oft zu einer Abnahme von erlebter Scham und kann der Entwicklung eines Reifungsprinzips der Persönlichkeitsentwicklung zugeschrieben werden. Eher entsteht dann Stolz als eine andere selbstreflexive Emotion. Hilfreich dafür ist der Blick auf die eigenen Kompetenzen, auf das bisher Erreichte.

Im späten Alter verändert sich das Schamempfinden erneut. Gerade in der Pflege und Altenpflege wird viel zu diesem Thema veröffentlicht. *Zum Ende der Lebensphase verhalten sich manche Menschen schamloser, weil bestimmte Werte und Normen nicht mehr die Bedeutung haben, wie es früher notwendig war, um prosoziales Verhalten zu entwickeln.* In Würde zu altern ist das Ziel jedes Menschen. So gilt es, sich dem zu pflegenden Menschen respektvoll zu nähern, Intimgrenzen anzusprechen und zu wahren. Scham begleitet uns während des gesamten Lebens.

> **Zusammenfassung**
>
> - Der Übergang von Kindheit zum Beginn der frühen Adoleszenz ist geprägt durch phasenspezifische Aufgaben, wie z. B. der Entwicklung der eigenen Identität und des Realitätsgefühls für das eigene Selbst.
> - Manchmal entsteht gerade in dieser Lebensphase auch die Lust, andere zu beschämen, und/oder zuweilen ein Lustempfinden dabei, sich selbst zu schämen.
> - Zum Ende der Lebensphase verhalten sich manche Menschen schamloser, weil bestimmte Werte und Normen nicht mehr die Bedeutung haben, wie es früher notwendig war, um prosoziales Verhalten zu entwickeln.

6.3 Neurobiologische Aspekte

In der aktuellen Forschung werden viele Versuche unternommen, spezifische Emotionen auch hirnorganisch zu lokalisieren. Forscher sind also auf der Suche danach, wo im Gehirn welche Emotion entsteht bzw. welche Regionen aktiviert sind, wenn eine bestimmte Emotion gezeigt wird. Verschiedene aktuelle Forschungsansätze widmen sich daher, wissenschaftlich formuliert, der Suche nach konkreten neurobiologischen Korrelaten für spezifische Emotionen. *Ob es möglich ist, auf diesem Weg eine sogenannte Emotionsspezifität als eine Besonderheit von neurobiologischen Reaktionen abzubilden, wird jedoch erst die Zukunft zeigen.* Soziale Emotionen wie z. B. Scham und Schuld sind aufgrund ihrer Komplexität und Wechselwirkungen besonders schwer neuronal zu lokalisieren. Diese Emotionen sind ein Resultat aus verschiedensten Netzwerken aus unterschiedlichen Strukturen. Verschiedene Forschungsergebnisse sind in den folgenden Unterkapiteln zusammengetragen.

6.3.1 Scham, Spiegelneurone und Mentalisierung

In den letzten Jahren ist im Zusammenhang mit der Erforschung von sozialem Verhalten und dessen Entwicklung immer wieder das Konzept der »Spiegelneuronen« aufgetaucht (▶ Kap. 4). Diskutiert wird, ob sogenannte Spiegelmechanismen bereits bei der Geburt angelegt sind und daher die Grundlage für die Fähigkeit zur Empathie bilden. Hinweise darauf lassen sich möglicherweise in der im vorherigen Kapitel beschriebenen angeborenen Verletzlichkeit (▶ Kap. 6.2.1) finden. *Die neurophysiologische Forschung über die sogenannten Spiegelneurone bestätigt z. B. den ansteckenden Charakter der Scham* (Bauer 2005). Spiegelneuronen konnten bei Rhesusaffen in Bereichen des Neokortex gefunden werden. Die Nervenzellsysteme waren aktiviert, wenn Affen Handlungen ausgeführt oder auch nur beobachtet haben (Pineda 2009). *Ebenso zeigt das menschliche Gehirn systematisch verbundene Areale, die ähnlich wie Spiegel-*

neuronen funktionieren. Beobachtete Vorgänge führen zu einer Aktivierung auf vorhandene motorische und sensorische Systeme. Der ventrale prämotorische Cortex reagiert z. B., wenn Menschen Handlungen bei anderen gezielt wahrnehmen oder wenn sie sie selbst ausführen. In beiden Fällen sind dieselben Bereiche aktiv.

Schmerzen bei anderen Personen und bei uns selbst aktivieren Bereiche im insulären Cortex. Derselbe Bereich wird auch angesprochen, wenn wir Ekel als Gesichtsausdruck anderer erkennen und wenn wir uns selbst ekeln (Pineda 2009). Ekel ist eine ähnlich komplexe Emotion wie Scham. Schamgefühl kommt eine besondere Relevanz in der Entwicklung sozialen Verhaltens und der Fähigkeit zur Empathie zu. Schulze et al. (2013) untersuchten bei Patienten mit einer Narzisstischen Persönlichkeitsstörung die hirnorganischen Strukturen, die bei Empathie aktiviert werden. Diese Patientengruppe ist assoziiert mit schweren Beeinträchtigungen bezüglich der Fähigkeit zur Empathie und damit auch bei psychosozialen Funktionen. *Es konnten in dieser Studie Beeinträchtigungen in der emotionalen Empathie nachgewiesen werden. Die kognitiven Aspekte der Empathiefähigkeit, also das »Verstehenkönnen«, waren bei den untersuchten Patienten unbeeinträchtigt.* Zusammenfassend sprechen Schulze et al. davon, dass bei Patienten mit einer Narzisstischen Persönlichkeitsstörung die Fähigkeit, emotional auf emotionale Zustände anderer Personen zu reagieren, auch neurobiologisch nachweisbar eingeschränkt ist. Dabei stellt sich die Frage, ob das eigene emotionale Schamerleben und seine bewusste Vermeidung dazu führen, dass das emotionale Einfühlungsvermögen dieser Patienten eingeschränkt ist.

Exkurs

Das Konzept der »Mentalisierung«

Mit dem Konzept der »Mentalisierung« (Fonagy et al. 2004; Allen et al. 2011) ist ein weiterer grundlegender Beitrag über die Entstehung und Ausformung von Spiegelmechanismen entstanden. Beschrieben wird, wie sich die Fähigkeit des Verstehens von eigenem und fremdem Verhalten entwickelt. *Damit ist der Prozess der Bewusstwerdung von Beziehungen und Wechselwirkungen zwischen Gedanken, Gefühlen sowie Verhalten bei sich und bei anderen Personen gemeint.* Sehr eindrücklich und verständlich werden Auswirkungen der Emotionsregulationsfähigkeiten der nahen Bezugspersonen auf die Entwicklung von kindlichen Emotionsregulationsmechanismen abgeleitet. Der Austausch zwischen Mutter und Säugling fördert nämlich die emotionale Fähigkeit, »sich in sich« und später »in andere« hineinfühlen zu können. Diese Fähigkeit nehmen wir jedoch eher implizit an uns wahr. Als Therapeuten sind wir geübter darin, und deshalb können wir auf diese Fähigkeit bewusster zurückgreifen und diese gezielt nutzen.

Mimische, stimmliche und emotionale Äußerungen der Mutter prägen den Säugling von der ersten Stunde an. Wichtig ist dabei die komplementäre Aktivierung von Bindungserfahrungen und dem möglichst passenden emotionalen Ausdruck bei der Mutter (oder anderen nahen Bezugspersonen). Mit der hirn-

6.3 Neurobiologische Aspekte

physiologischen Reifung können dann auch eher explizite kognitive Fähigkeiten, z. B. sich in den anderen hinzudenken, wachsen.

Die Fähigkeiten des Mentalisierens entstehen im frühkindlichen Austausch (Fonagy u. Target 1997) und werden auch später in sozialen Interaktionen moduliert. Mentalisierung findet also durch selbstreflexive und interpersonale Komponenten statt. Die Spiegelung dieses Austausches durch eigenes kindliches Nachahmen begünstigt das Erlernen von Kontrolle über eigene emotionale Prozesse und auch die der Mutter. Damit entsteht die Grundlage für die Entwicklung des »Selbst«. Lächelt erst die Mutter, lächelt in der Folge der Säugling oder auch umgekehrt – dann spricht man von einer Kongruenz in der Interaktion. Diese Kongruenz wirkt sich günstig auf die Entwicklung kindlicher Emotionsregulationsfähigkeiten und das spätere Selbstkonzept aus. Während Inkongruenzen es dem Säugling hingegen erschweren, eigene innere emotionale Zustände zu erkennen, auszudrücken und/oder zu regulieren. Verwirrung prägt in diesem Fall die Mutter-Kind-Interaktion, und dies kann pathologische Züge annehmen.

Entstandene Fähigkeiten oder Defizite prägen künftig das Erwachsenenverhalten in Bezug auf das eigene emotionale Erleben. *Unklar ist jedoch weiterhin, ob die Mechanismen der Mentalisierung erst durch soziale Interaktionen entstehen (Gallese 2007, 2003b) oder ob die biologischen Anlagen bereits die Interaktion anregen.* Angeborene Spiegelneurone könnten z. B. ein Hinweis darauf sein. Der Nachweis beim Menschen, in welchen Hirnbereichen welche Spiegelneurone vorhanden sind, ist bisher noch nicht gelungen.

Zusammenfassung

- Welche Emotionen in welchen hirnorganischen Strukturen entstehen und ablaufen, konnte bisher noch nicht eindeutig nachgewiesen werden. Bisher sind einzelne Bereiche bekannt, die bei bestimmten Emotionen aktiviert werden.
- Die neurophysiologische Forschung der sogenannten Spiegelneuronen bestätigt mit einzelnen Befunden den ansteckenden Charakter von Scham.
- Studien zur Beeinträchtigung von emotionaler und kognitiver Empathiefähigkeit bei Patienten können erste Erklärungsansätze zur Fähigkeit des Schamempfindens liefern.
- Das Konzept der »Mentalisierung« und die Forschung darüber beschreiben wichtige Prozesse des Bewusstwerdens von Beziehungen und der Wechselwirkung zwischen eigenen Gedanken, Gefühlen und Empfindungen zu denen von anderen. Ungeklärt ist bisher noch, ob biologische Anlagen die Interaktionen zur Umwelt bereits anregen.

6.3.2 Kognitive Strategien für die emotionale Selbstregulation

Im vorherigen Kapitel (▶ Kap. 6.3) wurde bereits auf die Entstehung und Entwicklung von menschlichen Emotionsregulationsfähigkeiten eingegangen. *Kognitive Strategien zur emotionalen Selbstregulation sind vor allem dem orbifrontalen und präfrontalen Cortex zugeordnet* (Peper 2009; eine kurze Übersicht dazu auch bei Sulz 2004). Dem *dorsolateralen präfrontalen Cortex werden verschiedene kognitive Prozessfunktionen* zugeschrieben. Diese Bereiche werden auch als funktionelle Strukturen bezeichnet, da – einfach ausgedrückt – diese Bereiche gemeinsam eine Funktion (z. B. Vorgänge wahrnehmen, darüber nachdenken) erfüllen. In diesen funktionellen Strukturen wird also die kognitive Flexibilität und Planung ausgeführt. *Grundlage dafür ist jedoch die entsprechende hirnphysiologische Entwicklung entsprechender Strukturen, die im Wesentlichen ab der Geburt bis ins frühe Erwachsenenalter stattfindet*. Diese Areale sind ebenso bei riskanten und moralischen Entscheidungsfindungen und Abwägungsprozessen involviert. Aktivität zeigt sich hier, wenn es z. B. um die Unterdrückung von egoistischem Verhalten geht (Van den Bos et al. 2010). Wir unterdrücken egoistisches Verhalten, wenn wir mit einer unangenehmen Konsequenz unserer Handlungen rechnen, also etwa starken Schamgefühlen.

Verhaltensbiologische Sichtweisen bestätigen, dass antizipiertes oder auftretendes Schamgefühl daran hindert, Verhaltensweisen auszuführen, die negative soziale Folgen haben könnten. Tiere, die in geschlossenen sozialen Verbänden auftreten, müssten somit auch Scham erleben, um ihr Verhalten regulieren zu können.

Dazu ist es notwendig, Handlungen und Verhalten zu Ende denken zu können, etwa beim Abwägen, was passiert, wenn ich mich im Supermarkt laut über einen Vordrängler beschwere. Dazu gehören Überlegungen wie:
- 1. Variante: Vordrängler – Konsequenzen sind diesem Menschen vielleicht egal – dann ist es auch egal, wenn ich etwas sage … Vielleicht unterstützen mich andere.
- 2. Variante: Ein Mensch, der es wirklich eilig hat – das kenne ich –, soll doch schnell bezahlen.
- 3. Variante: Die Einkäufe werden dringend gebraucht, seine Frau steht vielleicht am Herd und hat bemerkt, dass was fehlt, und braucht die Zutaten schnell. Abgleich: Was hat der Mensch in der Hand – ich lasse den schnell bezahlen, ich habe ja Zeit.
- 4. Variante: Der ist unverschämt – und wird vielleicht laut zurückpöbeln, dann stehe ich »dumm« da.

Wahrscheinlich fallen dem Leser noch viele Varianten mehr ein.

Menschen, die im Verhalten eher gehemmt sind, erleben jedoch Stress und Angst, wenn sie mit bedrohlichen Situationen (wie z. B. Therapie) konfrontiert sind. Sie müssen in kürzester Zeit die Situation erfassen, die Bedrohung wahrnehmen, Emotionen, Impulse und Handlungen unterdrücken. *Das ist Stress,*

6.3 Neurobiologische Aspekte

und das emotionale Erleben findet dennoch statt, mit oder ohne Ausdruck. Eine ausgeprägte Schamneigung bei Personen geht einher mit Interferenzen zum Arbeitsgedächtnis und gilt als Prädiktor für schlechtere Gedächtnisleistungen (Cavalera u. Pepe 2014).

Die Fähigkeiten zur emotionalen und kognitiven Selbstregulation sind daher notwendig, um erfolgreiche Sozialisationsprozesse innerhalb von Gruppen zu bewerkstelligen. Dazu gehört eben auch die entsprechende moralische Entwicklung. *Grundlage für diese wichtigen Entwicklungsprozesse ist die Fähigkeit zum Abgleich von emotional geleiteten spontanen Reaktionen und Handlungsbereitschaften mit den sozial erwünschten* (Kochanska et al. 1997). Die Fähigkeit zu moralischem Denken ist ein wesentlicher Bestandteil für das Erleben von Scham.

Im Rahmen der Biosozialen Theorie nach Linehan und Koerner (1992) werden biologische Dispositionen im Sinne einer unterschiedlich ausgeprägten Sensibilität beschrieben. Damit ergeben sich auch individuelle Besonderheiten der emotionalen Regulation, die oft bei Patienten mit einer Borderline-Persönlichkeitsstörung zu finden sind. Die emotionale Vulnerabilität bezeichnet eine erhöhte Empfindsamkeit sowie die Neigung zu intensiven Reaktionen gegenüber emotionalen Stimuli. Die biologische Disposition stellt damit einen Teil der Erklärung für eine emotionale Vulnerabilität und daraus resultierende Schwierigkeiten der Emotionsregulation dar. Ergänzend ist natürlich vorstellbar, dass sich diese »mitgebrachte« Besonderheit in Kombination mit dem invalidierenden Umfeld auch im komplexen und intensiveren Schamerleben der Patientengruppe wiederfinden lässt. Genetische Sensibilität sowie ein Mangel an validierenden Erfahrungen oder unsichere wie ambivalente Bindungserfahrungen begünstigen frühe vorsprachliche Schamgefühle. Eine Studie von Schoenleber et al. (2013) konnte zeigen, dass *Frauen mit Selbstverletzungen in der Vorgeschichte auf den Persönlichkeitsdimensionen Scham-Anfälligkeit und Scham-Aversion hohe Werte haben. Selbstverletzungen setzen diese Patienten dazu ein, um eigene Schamgefühle zu reduzieren.* Dennoch zeigen Studien von Behandlungserfolgen (Linehan et al. 2002), dass neurobiologische Prozesse bei Patienten mit einer Borderline-Persönlichkeitsstörung *eher mit reversiblen Mechanismen des Gehirns* in Verbindung stehen als mit dauerhaften »Abnormalitäten«.

Zusammenfassung

- Im orbifrontalen und dorsolateralen präfrontalen Cortex werden kognitive Strategien für die emotionale Selbstregulation ausgeführt.
- Grundlage dafür ist die hirnphysiologische Entwicklung dieser Strukturen, die mit dem Lebensalter zunimmt.
- Situationen, die uns emotional berühren, aktivieren immer Emotionen – egal, ob diese ausgedrückt werden oder nicht.

- Antizipierte emotionale Konsequenzen führen dazu, dass Verhalten nicht ausgeführt wird. Das emotionale Erleben entspricht dem der antizipierten Emotion und wird meist als diffuse Stressreaktion wahrgenommen.
- Scham-Anfälligkeit und Scham-Aversion kann bei Patienten mit einer Borderline-Persönlichkeitsstörung dazu führen, dass Selbstverletzungen eingesetzt werden, um Schamgefühle zu reduzieren.
- Es ist eher von reversiblen Mechanismen des Gehirns auszugehen als von biologischen Besonderheiten.

6.3.3 Implizites und explizites Gedächtnis

Die neurobiologischen Grundlagen für das implizite prozedurale Gedächtnis sind bereits mit der Geburt vorhanden. Dessen Ausprägung und Weiterentwicklung findet durch wiederholte Erfahrungen statt. *Lernerfahrungen in Bezug auf die kindlichen Grundbedürfnisse im Laufe der Biografie bilden einen wichtigen Teil des impliziten prozeduralen Gedächtnisses.* Viele Autoren postulieren, dass diese Lernerfahrungen bereits vorsprachlich ablaufen und daher dem kognitiven Wissen nicht direkt zur Verfügung stehen. Diese Erfahrungen sind jedoch durch emotionale Prägungen spürbar, oft jedoch für Menschen nur sehr diffus (vgl. dazu ▶ Kap. 10.4.1). Wie bereits beschrieben (▶ Kap. 2), zeigen die positiven Emotionen (z. B. Geborgenheit, Freude, Zufriedenheit) die Befriedigung des jeweiligen Grundbedürfnisses an. Diese Prägungen begünstigen auf neuronaler Ebene die Entstehung von Annäherungssystemen (dazu u. a. Sulz 2004). Die Frustration oder nicht ausreichende Befriedigung von Grundbedürfnissen zeigen negativen Emotionen (Angst, präverbale Scham, Trauer) an. Vermeidungssysteme oder Verhaltenshemmsysteme sind in der Folge auch auf neurobiologischer Ebene nachzuweisen, u. a. durch die Beibehaltung von Transmitteraktivität (ebd.). Im impliziten prozeduralen Gedächtnis lassen sich also Elemente von Handlungsroutinen, konditionierten Lernprozessen, emotionalen Bereitschaften (z. B. Schüchternheit) und mentalen Modellen finden. Die Verbindung ist automatisiert und damit äußerst schnell verfügbar – quasi ohne aktive Entscheidungsprozesse. Die schnelle Verfügbarkeit kann Überleben sichern und ist deshalb immens wichtig für uns Menschen.

Das explizite Gedächtnis entwickelt sich entsprechend der hirnphysiologischen Reifung erst ab der Mitte des zweiten Lebensjahres und stellt damit eine Voraussetzung für die bewusste Speicherung von Informationen und Lernerfahrungen dar. Ab dem dritten Lebensjahr beginnt die Ausformung des autobiografischen Gedächtnisses. *Hieraus erwächst die Fähigkeit, eine mentale Repräsentation im Gedächtnis behalten zu können* (Barkley 2003). Die Ausreifung dieser Regionen ist entscheidend für die Verhaltenssteuerung, die notwendig ist, um entscheiden zu können, ob Verhalten angemessen ist oder ob eher Scham droht.

Zusammenfassung

- Das implizite prozedurale Gedächtnis ist neurobiologisch bereits angelegt und mit der Geburt vorhanden. Die Ausformung und Modulation findet im Laufe des gesamten Lebens statt.
- Wiederholte Lernerfahrungen in Bezug auf kindliche Grundbedürfnisse sind ein wichtiger Teil des impliziten prozeduralen Gedächtnisses.
- Positive Lernerfahrungen in Bezug auf ein Grundbedürfnis führen zur Ausbildung von Annäherungssystemen.
- Negative Lernerfahrungen begünstigen die Entstehung von Vermeidens- oder Verhaltenshemmsystemen.
- Das explizite Gedächtnis entwickelt sich mit der hirnphysiologischen Reifung etwa ab dem zweiten Lebensjahr. Hieraus erwächst dann die Fähigkeit, mentale Repräsentationen im Gedächtnis behalten zu können.

6.4 Geschlechtsspezifische Aspekte

Im Zuge einer eher spontanen (und sicher unrepräsentativen) Befragung verschiedener Personen, »ob Unterschiede zwischen Männern und Frauen bei der Emotion Scham« vermutet werden, war das Ergebnis sehr eindeutig. Für viele Befragte lag es nahe, dass Scham eher bei Mädchen und Frauen als bei Jungen und Männern auftritt. Bei der Nachfrage, weshalb dies vermutet wird, wurden körperliche Reaktionen angeführt, vor allem die »Schamesröte« und »der gesenkte Blick«. Scheinbar sind Mädchen und Frauen eher mit diesen körperlichen Reaktionen assoziiert. Die »Schamesröte junger Mädchen« ist Bestandteil unseres Kulturgutes.

In einer Studie (Kronmüller et al. 2008) konnten tatsächlich signifikante Unterschiede im Jugendalter zwischen Jungen und Mädchen ermittelt werden. Mädchen selbst gaben jeweils für Scham und auch Schuld höhere Werte als Jungen an. Verschiedene Studien (Benetti-McQuoid u. Bursik 2005; Scheel et al. 2013) wiesen nach, dass *Frauen höhere Schamwerte als Männer aufweisen*. Unterschiede ließen sich besonders auf körperbezogene Scham ausmachen.

Soziale Vergleiche, aus denen Schamgefühle entstehen können, haben sehr unterschiedliche Motivationsquellen. Mädchen und Frauen sammeln daraus Informationen für sich als gesamte Person. Der oft aufwärtsgerichtete Vergleich findet anhand verschiedener Aspekte (z. B. eigenes Aussehen, soziales Verhalten) statt und mündet meist in eine grobe Einschätzung im Sinne von: »Stimme ich, so wie ich bin?« Jungen und Männer nutzen den Vergleich tendenziell erst einmal als Selbstwertstärkung, das mag sicher auch an der speziellen Auswahl der Vergleichsgruppe liegen. Männer und Jungs neigen nämlich oft zu Abwärtsvergleichen. Männer schneiden daher bei sozialen Vergleichen selten schlecht ab, sondern besser als die Vergleichsgrundlage. Ist es einmal umgekehrt, sind sie in der Folge eher motiviert – im Sinne eines Konkurrenzverhaltens. Positiv daran ist, dass diese Art der selektiven Wahrnehmung zugunsten der Selbstwertstabilisierung eben auch die Möglichkeit des Entstehens von Stolz erhöht (Blanton 2001).

Schamempfinden korreliert außerdem mit Externalisierung und Aggressivität (Kocherscheidt et al. 2002; Tangney et al. 1992). Aus der zuletzt genannten Studie geht hervor, dass Schamanfälligkeit zwar Wut aktiviert und indirekt mit Feindseligkeit in Zusammenhang gebracht werden kann, jedoch keine direkte verbale oder körperliche Aggression gezeigt wird. Hierin liegen möglicherweise wichtige Erkenntnisse. Wird Ärger oder Wut in dem sozialen Umfeld, in dem ein Mensch aufwächst, nicht toleriert, macht es keinen Sinn, entsprechende Emotionen auszuleben. Manche Erziehungsmethoden verhindern in der Entwicklung von Mädchen, dass Ärger und Wut ausgelebt werden können.

Zusammenfassung

- Intuitiv vermuten Menschen, dass Mädchen und Frauen sich mehr und häufiger schämen. Dies geschieht vermutlich über assoziative Vorgänge, denn der körperliche Ausdruck von Scham, wie z. B. Erröten und gesenkter Blick, wird eher bei weiblichen Personen vermutet.
- Mädchen und Frauen geben höhere Scham- und Schuldwerte an.
- Soziale Vergleiche, aus denen individuelles Schamerleben entstehen kann, haben unterschiedliche Motivationsquellen.
- Mädchen und Frauen neigen eher zum Aufwärtsvergleich und nutzen die Informationen, um sich als Gesamtperson einzuordnen.
- Jungen und Männer neigen zu abwärtsgerichteten Vergleichen. Falls sie Teil von aufwärtsgerichteten Vergleichen sind, nutzen sie die Informationen eher als Motivation für Konkurrenzverhalten. Beide Strategien haben eher selbstwertstabilisierenden Charakter.
- Schamanfälligkeit aktiviert zwar Wut, wird jedoch eher mit Feindseligkeit in Zusammenhang gebracht, insbesondere dann, wenn keine Wut ausgedrückt wird.
- Sich nicht in der Verantwortung fühlen begünstigt vermutlich Schamgefühle.
- Männer reagieren auf eigenes Schamerleben eher mit Aggression, Gewalt, Abwertungen und Demütigungen.

6.4.1 Geschlechtsspezifische Verantwortung und Attributionsstile

Das Thema Verantwortung ist ebenso relevant für die Entwicklung von Scham oder Schuld (▶ Kap. 5.1.3). Zum einen entwickeln Menschen eher Scham, wenn sie selbst wenig Verantwortlichkeit gezeigt haben und in der Folge ein Misserfolg eintritt (Weiner 1995a). Zum anderen fehlt, wenn Menschen sich wenig verantwortlich fühlen und auch noch schämen, natürlich auch die Grundlage bzw.

6.4 Geschlechtsspezifische Aspekte

Energie, aggressiv oder wütend zu handeln. Gesunde Aggression wäre z. B., sich zu behaupten, auch Fehler machen zu dürfen und Misserfolge erfahren zu können. Männer haben hier vermutlich einen besseren Mechanismus über das Thema Konkurrenzverhalten. Das wird anscheinend automatisiert aktiviert und stellt eine Menge Energie zur Verfügung, manchmal auch zu viel. *Männer reagieren auf Schamerleben vermutlich eher mit Aggression, die sich durch Gewalt, Abwertungen und Demütigungen äußern kann.* Hinter Gewalttaten – insbesondere bei Männern – scheint meist ein demütigendes Erlebnis zu stehen. Daraus entstehen meist Grundgedanken wie: Innere und äußere Konflikte sind nur durch Gewalt lösbar.

Herr E. – ein Erinnerungsbericht

Herr E. wurde im Alter von 63 Jahren zur stationären Rehabilitation – Alkoholentwöhnungsbehandlung – aufgenommen. Seit dem Entzug litt der Patient zunehmend unter Ein- und Durchschlafstörungen, später ließen sich auch Flashbacks explorieren sowie weitere Symptome einer Posttraumatischen Belastungsstörung.

Der im Kontakt recht warmherzig wirkende Patient hatte spät eine Frau geheiratet, die alleine für ihre fünf leiblichen Kinder gesorgt hatte. Nachdem das Einhalten von Schlafhygieneregeln kaum Erfolge gebracht und der Patient auch noch von Albträumen berichtet hatte, begannen wir vertiefend biografisch zu arbeiten. Herr E. berichtete erst zögerlich, dann fließend immer mehr Besonderheiten aus seiner Biografie: Er wuchs nach eigenen Angaben in der ehemaligen DDR auf und kam in früher Jugend in das Kinderheim nach Torgau. Dieses Heim diente der Umerziehung von Kindern zugunsten einer angemessenen sozialistischen Haltung. Die Umerziehung fand auch durch Folterungen statt. Herr E. sei wegen kleinsten Anlässen z. B. an Gitterstäbe einer Zelle gekettet und mit Wasser übergossen worden. Die Gitterstäbe seien dann unter Strom gesetzt worden. Er habe sich eingenässt, eingekotet und sich sowohl emotional als auch körperlich ausgeliefert gefühlt. Demütigung, Scham und Wut hätten seinen Alltag bestimmt. Glück schien er zu haben, als er über eine geheime Austauschregelung in die BRD umsiedeln konnte. Dort angekommen stellte Herr E. sich der Fremdenlegion zur Verfügung. Er berichtete, dass ihm das Empfinden für die eigene Identität in dem Heim abhanden gekommen sei. Aus seiner Sicht sei es ihm daher nicht schwergefallen, auf eine offizielle Identität zu verzichten. Stolz und Würde seien für ihn über die Identifizierung mit der französischen Fremdenlegion wieder spürbar geworden. Er war über Jahre als Fremdenlegionär im Einsatz, bevor er wieder in ein »normales ziviles Leben« eintauchte und dann die oben erwähnte Frau heiratete. Der Inhalt der Flashbacks war ihm nur schwer zu entlocken. Scham, Beschämung über das eigene Handeln, stand spürbar im Raum, denn es stellte sich heraus, dass Herr E. in seiner Zeit als Fremdenlegionär für das Hinrichten eines ganzen Dorfes per Kopfschuss verantwortlich gewesen war. Seine untergebenen Soldaten wollten seinen Befehl nicht ausführen, und um das »eigene Gesicht zu wahren«, schoss er selbst mit seiner Waffe. Herr E. konnte sich nicht genau erinnern, wie viele Menschen es waren, die er so getötet hatte. Er wusste jedoch sehr genau, dass er an seine eigenen Folterungen dachte und sich wieder an die Wut, Scham und Demütigung aus Torgau erinnerte, als er die Schusswaffe in die Hand nahm.

Studien haben auch gezeigt, dass Schamgefühle insbesondere über Väter bzw. Großväter intergenerational übertragen werden (Tangney u. Dearing 2002). Scham und Schuld sind häufige Emotionen, unter denen Soldaten nach Kriegseinsätzen und -gefangenschaften leiden.

»Du hast Deine Tage? Ich komm wieder, keine Frage« – ein Aufdruck auf einem Shirt eines Patienten, der sich in einer stationären Einrichtung befand. Herr L. litt neben der Alkoholabhängigkeit sehr stark unter seiner Erektionsstörung. Die Partnerschaft war dadurch zusätzlich belastet. Herr L. machte jedoch seine Partnerin dafür verantwortlich. Sie sei »nicht mehr so attraktiv« und auch sonst »wenig bemüht um ihn«. Mit dem Aufdruck auf dem Shirt kam der Patient nun zum Therapiegespräch bei seiner weiblichen Bezugstherapeutin. Ein sprachlicher Austausch über die Erektionsstörungen war für den Patienten im Rahmen der Therapie nicht möglich. Er konnte sich aber den medizinischen Aspekten und Untersuchungen zuwenden, da aus seiner Sicht das Problem eher bei seiner Ehefrau lag. Die Erektionsstörungen wurden untersucht, und es konnten keine organischen Befunde festgestellt werden. Herr L. sah sich in seiner Sichtweise bestätigt. Für ihn war es daher mehr als adäquat, mit einem solchen Shirt seinen Ärger und die Unzufriedenheit zum Ausdruck zu bringen.

6.4.2 Attributionsstile

Unterschiedliche Attributionsstile zwischen Männern und Frauen sind ursächlich für das häufigere und intensivere Schamerleben bei Frauen und Mädchen. Männer attribuieren Erfolge internal und Misserfolge external. Für Erfolge sind Männer selbst verantwortlich, während bei Misserfolgen die Ursache im Außen liegt. Irgendwer, irgendwas muss verantwortlich dafür sein, dass hier kein Erfolg zu holen war. *Frauen bewerten fast immer gleich, sowohl Erfolge als auch Misserfolge werden internal attribuiert.* Mädchen neigen insgesamt jedoch auch noch dazu, Erfolge weniger auf die eigenen Fähigkeiten zurückzuführen. Die Emotion Stolz ist daher weniger erreichbar.

Eine Promotionsstudie (Junker 2011) sollte das Thema Schuldgefühle bei Psychotherapeuten untersuchen. Dabei entstanden auch einige Daten zu Schamgefühlen bei Psychotherapeuten. Liierte, aber unverheiratete Psychotherapeutinnen neigen stärker zu Schamerleben als ihre in »wilder Ehe« lebenden männlichen Kollegen. Insgesamt haben sowohl männliche als auch weibliche Psychotherapeuten aber dieselbe Schamneigung, während bei Schuldgefühlen jedoch die Therapeutinnen wieder erhöhte Werte aufweisen. Da stellt sich die Frage, ob männliche therapeutisch arbeitende Kollegen insgesamt oder nur in beruflichen Belangen eine erhöhte Schamneigung haben. Vielleicht ist dies aber auch ein Ausdruck der für diesen Beruf benötigten Empathiefähigkeit, die auch bei männlichen Kollegen dazu führt, mehr Scham empfinden zu können.

Im therapeutischen Alltag kommt ein anderes Phänomen zum Vorschein. *Frauen neigen auch dazu, sich zu schämen, wenn sie zuvor wütend waren.* Ver-

6.5 Systemisch-kulturelle Aspekte

mutlich sind das Vermögen zur sozialen Zusammenarbeit und die antizipierte Gefährdung von Bindung durch Wut ursächlich. Hierbei spielt sicher die scheinbar angeborene und später aufgrund unterschiedlicher Erziehungsstile zwischen Mädchen und Jungen ausgeformte soziale Fürsorge von weiblichen Personen eine Rolle.

Stolz und Scham sind zwei gegensätzliche Emotionen. Menschen ohne Auffälligkeiten im eigenen Selbstwerterleben können diese Emotionen parallel empfinden. Dem weiblichen Narzissmus in der pathologischen Form wird nachgesagt, dass der akzeptable Teil des eigenen Selbst den defizitären Teil verdeckt. *Personen mit einer Narzisstischen Persönlichkeitsstörung erleben Scham und Stolz sehr getrennt voneinander.* Entweder ist das defizitäre beschämte Selbstkonzept aktiviert oder das grandiose Ideal-Selbst (doppeltes Selbstwertkonzept nach Sachse 2002, 2007). Das jeweils aktivierte Selbstkonzept überdeckt dann das andere, somit ist keine Verbindung zwischen den beiden Zuständen möglich. Das negative, beschämte Selbstkonzept stammt aus der Biografie (Sachse 2002, 2007) und enthält die erlernten und erschlossenen Annahmen über die eigene Person, z. B. »Ich bin ein Versager«, »Ich bin nicht liebeswert«, »Ich bin wertlos und unfähig«. Solche Annahmen gehen einher mit negativen emotionalen Stimmungen von Scham und Schuld. Das erwünschte Ideal-Selbst, das oft nur in eigenen Größenphantasien existiert, enthält positive Emotionen wie Stolz, Freude, Erhabenheit.

Zusammenfassung

- Ungünstige Attributionsstile können individuelles Scham- und Schulderleben beeinflussen.
- Männer neigen dazu, Erfolge internal und Misserfolge external zu attribuieren.
- Frauen attribuieren sowohl Erfolge als auch Misserfolge internal.
- Frauen schämen sich häufig ihrer gezeigten Wut- oder Ärgergefühle.
- Menschen mit einer Narzisstischen Persönlichkeitsstruktur haben ein doppeltes Selbstwertkonzept. Dies führt dazu, dass sie entweder das defizitäre und beschämte Selbst spüren oder das erwünschte Ideal-Selbst. Letzteres aktiviert positive emotionale Stimmungen. Es tritt immer nur einer von beiden Selbstzuständen auf.

6.5 Systemisch-kulturelle Aspekte

Die Emotion Scham stellt eine Verbindung zwischen dem eigenen Selbstkonzept, dem Ich als Individuum, den anderen Menschen im sozialen Umfeld und der umgebenden Kultur dar. Gerade der soziale Charakter von Scham verdeutlicht, dass zum Erleben immer kulturell vermittelte Standards und verinnerlichte Ideale gehören. Das Auftreten der Emotion signalisiert dabei sowohl Überschreitungen von Grenzen und Missachtungen von Standards als auch Ablehnungserfahrungen im zwischenmenschlichen Bereich. Vom Schamgefühl können wir auch durch unser soziales Umfeld »erlöst« werden. Die Erfahrungen des Angenommenseins und -werdens in Situationen, in denen wir uns schämen, helfen uns, die eigene empfundene negative Bewertung von uns als Person aufzugeben.

Zu viel Scham kann Gewalt auslösen (Fallbeispiel Herr E. aus ▶ Kap. 6.4). Der ursprünglich positive Schutzmechanismus in Bezug auf das eigene, bedroht scheinende Selbstwertgefühl kann den Schutzimpuls, jedoch nicht die Heftigkeit von gewalttätigem Verhalten erklären. In der Folge von aggressivem Verhalten ist meist jedoch die wirkliche Nähe zu Menschen des Umfeldes schwer beeinträchtigt. Scham durch die Erfahrung des Abgelehntwerdens, weil man so (gewalttätig) sein kann, verursacht erneut emotionale Spannungszustände. Ein Teufelskreislauf, aus dem es kaum eine Chance gibt, zu entrinnen.

> Herr E. (vgl. ▶ Kap. 6.4) hat dies erfahren müssen. Seine sehr aktive Entscheidung, diese »Seite von sich« nicht mehr zuzulassen, war davon stark geprägt. Er hatte sich vorgenommen, nur noch den »lieben Teil von sich zu zeigen«. Scham und Schuld quälten ihn jedoch weiter, auch im zivilen Leben.
> Seine getroffene Entscheidung, nun zukünftig nur noch »der Liebe« sein zu wollen, begünstigt die Entwicklung und Aufrechterhaltung eines Ideal-Selbst, das im zivilen Leben garantiert gemocht und angenommen wird.
> Herr E. erlebte sich selbst als liebenswert. Umso größer war jedoch die Diskrepanz zum seinem »alten Ich« – zu dem gedemütigten und gewalttätigen Fremdenlegionär, der Menschen per Kopfschuss hingerichtet hatte.
> Immer wieder kam es zu Stimmungseinbrüchen, Albträumen über eigene Erfahrungen und eigenes Verhalten. Alkoholkonsum half scheinbar über die schlimmsten Momente der Scham und des Selbsthasses hinweg.

Ob und wie sehr uns etwas beschämt, ist immer abhängig davon, ob der Auslöser und die Situation für uns als Person emotionale Bedeutungen haben. So kann Kritik durch einen Vorgesetzten im Zweiergespräch als konstruktiv erlebt werden. Dieselbe Kritik kann jedoch – vor Kollegen geäußert – schamverursachend sein. Der Kontext und die emotionale Bedeutung sind anders. Das gute Ansehen bei den Kollegen kann durch die Kritik scheinbar in Gefahr geraten. Und der gute Kontakt zu den Kollegen könnte nach der Kritik beeinträchtigt sein, weil man als Person offen kritisiert und in Frage gestellt wurde – zumindest sagt uns das unser Gefühl. Ursachen individueller Scham sind daher immer auch im sozialen Kontext zu betrachten.

Ändern sich Lebensumstände auf radikale Weise, so kann dies Auswirkungen auf unser persönliches Schamerleben haben. *Schamempfinden und -erleben können verloren gehen.* Einwanderer und Menschen mit Migrationshintergrund sind notwendigerweise mit der Überprüfung von kulturell und gesellschaftlich Erlerntem konfrontiert. Um sich den neuen Lebensbedingungen in der neuen Heimat anpassen zu können, müssen neue Werte und Normen des aktuellen Umfeldes integriert und beachtet werden. Häufig berichten Personen mit Migrationshintergrund von beschämenden Situationen aus ihrer Anfangszeit im neuen Wahlland. Aber auch ohne Länderwechsel führt der Verlust eines Arbeitsplatzes oder der teuren Wohnung manchmal zur Selbstaufgabe von bisher gelebten Werten und Normen. *Der Mechanismus, Normen und Werte den Umständen anpassen zu können, ist tatsächlich notwendig, um unter neuen Lebensbedingungen ohne quälende Scham zu überleben.* Der hemmende Charakter des Schamgefühls würde die notwendigen Anpassungsprozesse im schlimmsten Fall blockieren. Menschen, die trotz der massiven Veränderungen an alten Werten und Normen festhalten, leiden häufig unter Verbitterung und Depressionen.

Ein anderes Phänomen ist manchmal zu beobachten, vor allem in Fernsehsendungen: das *Sich-Bloßstellen vor anderen.* Eheprobleme, sexuelle Vorlieben, erlebte Demütigungen werden voyeuristisch inszeniert und dienen der Unterhaltung der Zuschauer. Scheinbar schamlos wird von Details aus dem eigenen Leben berichtet. Im ersten Moment erleben Menschen diese Darstellung vielleicht als selbstwertbestätigend. Gute Emotionen entstehen. Der eigene Eindruck, wichtig zu sein, wird bestätigt. In der Folge der Selbstoffenbarung vor laufendem Publikum kann jedoch nachträglich Scham- und Schulderleben eine Rolle spielen. Von Mitmenschen aus dem eigenen Umfeld Ablehnung zu erfahren ist nicht selten. Informationen, die im Alltag mit Mitmenschen stillschweigend geteilt werden, gelangen vor ein Publikum, das urteilt – und sei es nur durch Lacher oder Applaus. Diese Art der »Zurschaustellung« birgt auch die Gefahr, Mitmenschen aus der Umgebung bloßzustellen, deren Grenzen nicht zu wahren und dafür dann Ablehnung zu erfahren.

Zusammenfassung

- Schamerleben ist die Verbindung zwischen dem eigenen Ich, der Umwelt und der Kultur.
- Scham entsteht, wenn Auslöser und Situation eine emotionale Bedeutung für das Individuum haben.
- Schamempfinden und -erleben können verloren gehen – dies sind wichtige Anpassungsstrategien für neue, zumeist radikal veränderte Lebensumstände.
- »Sich-Bloßstellen« verursacht mittel- und langfristig häufig Ablehnungserfahrungen und begünstigt damit Schamgefühle.

6.5.1 Scham in unterschiedlichen Kulturen

»Scham ist Motiv und Ergebnis kultureller und zivilisatorischer Entwicklung.« (Reich 2008, S. 369)

Alle Kulturen und Gesellschaften kennen Scham, wenn auch in sehr unterschiedlichen Ausprägungen. So gibt es Unterschiede in Bezug auf mögliche Auslöser und das jeweils besondere Ausdrucksverhalten von Schamgefühlen.

Ebenso lassen sich in den verschiedenen Religionen Äußerungen und Hinweise zu Schamerleben finden (vgl. dazu ▶ Kap. 6.5.4). Durch die Bibel berühmt und bekannt geworden sind Adam und Eva, die ihr Nacktsein durch Feigenblätter verdecken und damit ihr Schamgefühl beenden. In verschiedenen Kulturen und selbst innerhalb dieser können Auslöser, Ausdruck und Anerkanntheit der Emotion sehr unterschiedlich sein. In Japan ist in bestimmten Kasten die Emotion Scham mehr als angemessen. Li et al. (2004) konnten zeigen, dass es in Japan ca. 113 verschiedene Begriffe für Scham gibt. Viele davon sind Variationen aus Kombinationen von Scham und Schuld. Alleine die hohe Anzahl der Worte für das Erleben zeugt von der Wichtigkeit für die japanische Kultur.

Determinanten für Schamgefühle lassen sich in der sozialen Umwelt und der Kultur finden. Insgesamt können auf ethnologischer Basis zwei Kulturen unterschieden werden (Benedict 1946). Es gibt kritische Stimmen gegen eine derartige Unterscheidung, dennoch wird diese auch in aktuellen Veröffentlichungen aufgegriffen. Beschrieben werden ganz vereinfacht Scham- und Schuldkulturen. *Schamkulturen leben von verinnerlichter Scham der Individuen, während Schuldkulturen durch äußerliche Kontrolle durch die Gesellschaft geprägt sind (ebd.).* Ehre, Stolz, Ansehen und der gute Ruf innerhalb einer Gemeinschaft sind wichtig. Geringschätzung, Verachtung, Würdelosigkeit oder Lächerlichkeit gilt es zu verhindern. Smith et al. (2002) bestätigen, dass ein öffentlicher Normverstoß intensivere Schamgefühle auslöst. Scham ist also universell, wenn auch individuell verschieden in Häufigkeit und Intensität ausgeprägt.

Larsson (2012) unterscheidet die soziale Umwelt und deren Kultursystem auf anderer Ebene. In der *Partnerschaftskultur* wird Scham oder Sensibilität zugunsten einer Aufmerksamkeit gegenüber den Bedürfnissen aller zugehöriger Mitglieder und deren Erfüllung gewertet. Das Empfinden von Scham ist daher funktional positiv. Es zeigt an, dass die Bedürfnisse der anderen Mitglieder bekannt sind und diese grundsätzlich bei einer Person Beachtung finden. *Dominanzkulturen* (Rommelspacher 1995) interpretieren jedoch insgesamt globaler und negativer. Die Person taugt nichts, ist schlecht, feige, erfüllt die Norm nicht und ist es daher nicht wert, von anderen Mitgliedern geliebt und geachtet zu werden (▶ Tab. 6-2).

Im Vergleich zu Schuld wird Scham jedoch als prototypsicher über alle Kulturen hinweg wahrgenommen (Edelstein et al. 2007). Rahmenbedingungen wie z. B. soziale Umbrüche oder die Notwendigkeit, Autoritäten zu gehorchen – das Dritte Reich sei hier als Beispiel unserer eigenen Geschichte genannt –, beeinflussen unser emotionales Erleben und die sozialen Handlungen innerhalb eines solchen Systems. Menschen lösen sich aus ihrer eigenen inneren Verantwortung, und oft geht der Zugang zur individuell regulierenden Empathie verloren. Schamlosigkeit scheint Alltag innerhalb des sozialen Umfelds zu sein. Es gibt dann keine Vergleichsmöglichkeit, die klären könnte, ob das eigene Verhalten im Sinne eines Ideals angemessen ist. Stattdessen wird ein falsches Stolzerleben begünstigt, wenn sich Personen genauso wie andere Gruppenmitglieder schamlos geben. Anerkennung von außen begünstigt die Wiederholung von scheinbar scham-

6.5 Systemisch-kulturelle Aspekte

Tab. 6-2 Unterscheidung von Scham in Partnerschafts- versus Dominanzkulturen

	Partnerschaftskultur	Dominanzkultur
Merkmale	• Bedürfnisse und das Wohl der anderen sind wichtig • Gemeinsame Ziele und Interessen werden verfolgt • Integration von Individuen	• Übergeordnete dominante und kulturelle Normen • Macht ist ein wichtiges Thema • Ausgrenzungen und Diskriminierungen sind begünstigt
Auswirkungen auf Schamempfinden und -erleben	• Schamempfinden als positives Zeichen der Aufmerksamkeit zugunsten der Bedürfnisse anderer • Schamerleben als Ausdruck von Verletzlichkeit und Empathiefähigkeit	• Scham wird als negatives Zeichen verstanden • Person defizitär, nicht tauglich, unakzeptabel • Schamerleben wird funktionalisiert zugunsten von Verhaltensänderungen
Beispiele	• Christliche Gemeinschaften	• Sekten • Rechtsextreme Gruppierungen

befreiten Handlungen. *Psychosoziale Kontexte und Prägungen tragen also zum Entstehen von Schamgefühlen oder Stolzerleben bei.* Viele Menschen erleben aber auch ihre Herkunft als beschämend. Gerade in gesellschaftlichen und historischen Umbruchprozessen können neue Emotionen entstehen.

Exkurs
Minoritäten und Majoritäten

Soziologisch betrachtet lassen sich weitere potenzielle Nährböden für Scham- und Stolzerleben innerhalb von Bevölkerungsruppen beobachten. Als sogenannte *Minoritäten* werden kleinere Gruppen innerhalb einer Bevölkerung auf einem bestimmten Territorium bezeichnet. Diese Minderheiten zeichnen sich oft dadurch aus, dass eine eigene Sprache (oder ein eigener Dialekt), aber auch andere ethische, religiöse oder moralische Werte und Vorstellungen gepflegt werden. Menschen, die in diesen Gruppen geboren werden und aufwachsen, identifizieren sich mit den vorherrschenden Normen und Werten. Dies sichert ihr Überleben, denn wir können nur mit anderen im Verbund im Leben bestehen. Die zahlenmäßig größere Gruppe, die sogenannte *Majorität*, dominiert jedoch diese kleineren Bevölkerungsgruppen mit ihren Normen, Vorstellungen und Ritualen. Über unterschiedliche Mechanismen verhindert die vorherrschende Gruppe, dass sich auch Minoritäten integrieren können. Oft werden diese *Minderheiten sozial abgewertet, als minderwertig eingestuft und ebenso behandelt*. Scham kann daher gehäuft bei einzelnen Mitgliedern der Gruppe und auch über die Gruppenmitglieder hinweg eine häufige Emotion sein. Minderheitenschutz und Menschenrechte sind daher notwendig, um auch von außen einen Rahmen für Schutz und Würde dieser Bevölkerungsgruppen bieten zu können. Der Begriff der Minderheiten findet innerhalb vieler Systeme seinen Einsatz, so gibt es religiöse Minderheiten (z. B. Katholiken in der ehemaligen DDR, Christen in China), sprachliche Minderheiten (z. B. Gebärdensprachler oder französisch sprechende Bevölkerungsgruppe in der Schweiz) oder ethische Minderheiten (z. B. die Basken und Katalanen in Spanien oder Gebirgsvölker in Vietnam). Dennoch können aus dem Zugehörigkeitsgefühl und aus den innerhalb der Gruppen gelebten Werten und Normen auch Stolz und Würde entstehen. Zugehörig zu sein ist in diesem Fall als Chance zu verstehen, später Stolz entwickeln zu können. Das jüdische Volk steht für eine solche Entwicklung.

Wichtige Unterscheidungen gibt es auch innerhalb bestehender Systeme. Dabei spielt z. B. das Geschlecht der jeweiligen Menschen eine wichtige Rolle, ob Scham- und Schulderleben begünstigt wird. Frauen erhalten in einigen Ländern einen besonderen Stellenwert; so lässt sich Indien als Beispiel für ein Land anführen, in dem Frauen weniger Rechte haben und schlechter behandelt werden. In China wurde über die Geburtenkontrolle der »Ein-Kind-Politik« ein Bevorzugen von männlichen Nachkommen beobachtet. Jahre später, als die männliche Bevölkerung in der Überzahl war und es an heiratsfähigen Frauen fehlte, wurde diese Geburtenkontrolle jedoch deutlich kritischer betrachtet.

Zusammenfassung

- Kultur und soziale Umwelt haben Einfluss auf die Entwicklung individuellen Schamerlebens.
- Es lassen sich Scham- und Schuldkulturen und auch Partnerschafts- und Dominanzkulturen unterscheiden. Scham hat in diesen Kulturen jeweils eine andere Funktion.
- Scham wird in allen Kulturkreisen als prototypisch erlebt.
- Scham ist ein universelles Gefühl.
- Psychosoziale Kontexte und Prägungen tragen zur Entstehung von Scham- und Stolzerleben bei, z. B. Minoritäts- und Majoritätsvorgänge.
- Innerhalb verschiedener kultureller Systeme gibt es geschlechtsspezifische Unterscheidungen im Umgang mit Individuen. Dies kann die Entstehung und die Entwicklung existenzieller Scham- und Schuldgefühle begünstigen.

6.5.2 Familiäre Systeme

Eine Familie ist eine engere Verwandtschaftsgruppe. Eltern und Geschwister prägen unser kleinstes familiäres System. Ab der Geburt entstehen durch den Kontakt zu unseren nahen Bezugspersonen (Mutter, Vater und, wenn vorhanden, auch Geschwister) erste Erfahrungen mit anderen Personen. *Nähe, Intimität, Geborgenheit, Zugehörigkeit, Abgrenzung und Zurückweisungen sind Bindungserlebnisse, die jeder von uns innerhalb der Familie macht.* Hier finden

6.5 Systemisch-kulturelle Aspekte

Prägungen statt, die sich auch später in der Kontaktgestaltung außerhalb der Familie zeigen. Gute Erfahrungen prägen eine günstige Einstellung zugunsten sozialer Kontakte. Wiederholt erfahrene ungünstige Prägungen zeigen sich später im Sinne einer ängstlichen oder ambivalenten oder desorientierten Einstellung in Bezug auf Nähe.

Eltern vermitteln uns ebenso Erwartungen, die sie an uns haben. *Die Erfüllung von Erwartungen an die eigene Person ist Bestandteil der individuellen Entwicklung.* Die Fähigkeit, Scham zu empfinden, unterstützt die individuelle Entwicklung. Zum einen sind Babys mit einer emotionalen Verletzlichkeit ausgestattet, und zum anderen gibt es noch die kindliche Schamlosigkeit, die Kleinkinder z. B. nackt herumspringen lässt. Die regelmäßige Aufnahme von Nahrung, das Entwickeln eines Schlaf-Wach-Rhythmus, die Sauberkeitserziehung sind nur einige der ersten Erwartungen, die Eltern an ihre Babys herantragen. *Schon früh werden Kinder durch veränderte elterliche Mimik und Stimme oder gar Äußerungen wie »Schäm dich« mit potenziell drohenden Schamgefühlen konfrontiert.* Die Diskrepanz der Veränderung zur bisher erfahrenen Freude signalisiert eine mögliche Bedrohung, die wachsam und aufmerksam sein lässt. So merkt sich ein Kleinkind bereits wichtige Informationen, ohne dass die Bedeutung bereits bewusst kognitiv zugänglich ist. *Scham und Beschämung drohen also, wenn Erwartungen nicht erfüllt werden.* Diesen Emotionen zu entgehen stellt eine wichtige Motivation für die eigene Entwicklung dar. Der Wunsch nach Zugehörigkeit zu einem Familiensystem zeugt auch von den Anfängen der Fähigkeit, soziale Beziehungen und Bindungen eingehen zu können. Begleitet sind diese Anfänge von sozialen Emotionen wie Stolz, Scham, Geborgenheit.

Familiensysteme haben Grenzen. Diese dienen Familienangehörigen auch dazu, sich anders und/oder freier verhalten und bewegen zu können. Auch dadurch wird das Zugehörigkeitserleben für die einzelnen Familienmitglieder positiv gestärkt. Man wird akzeptiert und geliebt, so wie man ist. Außerhalb dieser familiären Grenzen befolgen Menschen oft andere gesellschaftlich-kulturell vermittelte Normen und Werte. Die Fähigkeit, sich diese neuen Grenzen, Normen und Werte bewusst zu machen und sich daraufhin anders verhalten zu können, begünstigt die angemessene Gestaltung sozialer Kontakte. *Werden Grenzen nach innen und außerhalb der familiären Strukturen verletzt, kann dies Schamgefühle erzeugen.* Das Wahrnehmen und Wahren von Grenzen wird auch durch Schamerleben unterstützt. Irritationen können auftreten, wenn Grenzlosigkeiten innerhalb der Familie auf akzeptierte und gewahrte Grenzerfahrungen durch das soziale Umfeld treffen. So kann innerhalb einer Familie das Lesen des Tagebuchs eines Kindes normal sein. Erfährt ein Kind jedoch durch eine Freundin, dass deren Tagebuch verschlossen sein darf und hier eine natürliche Grenze gewahrt wird, kann auch nachträglich Scham entstehen, obwohl dies bisher nicht der Fall war. Zum einen darüber, dass die eigenen Grenzen verletzt wurden, und zum anderen, dass man sich als Kind dieser Familie dieser Grenzen nicht bewusst sein konnte. Damit unterscheidet sich ein Kind als Person von Gleichaltrigen oder anderen Mitgliedern des sozialen Umfelds.

> **Zusammenfassung**
>
> - Innerhalb der Familie erlebte Bindungserfahrungen prägen auch später die individuelle Art der Gestaltung sozialer Kontakte.
> - Die Erfüllung von elterlichen Erwartungen ist Teil unserer individuellen Entwicklung.
> - Veränderungen in der elterlichen Mimik, Stimme und Äußerungen zeigen bereits dem Kleinkind an, dass Erwartungen und Wünsche nicht beachtet wurden. Die Konfrontation mit potenziell drohenden Schamgefühlen begünstigt, dass Kleinkinder sich Informationen über Abweichung merken. Dies geschieht anfangs meist vorsprachlich und ist kognitiv nicht bewusst verfügbar.
> - Familien haben ihre eigenen Grenzen, innerhalb derer Familienmitglieder sich freier und akzeptiert fühlen. Dies unterstützt den familiären Zugehörigkeitswunsch. Diese Grenzen sind jedoch auch Quelle für Schamerleben außerhalb des familiären Kontextes.
> - Die Fähigkeit, das Wissen um unterschiedliche Normen, Werte und Grenzen zu nutzen, begünstigt sozial angemessenes Verhalten.
> - Scham kann innerhalb von Familien und Generationen durch Modelllernen, Interaktions- und Kommunikationsstile und auch durch erzieherische Maßnahmen weitergereicht werden.

Übertragung von Scham innerhalb von Familiensystemen

Scham wird innerhalb von Familiengenerationen oft weitergereicht, von den stärkeren Eltern hin zu den schwächeren Kindern. Durch vermittelte elterliche Werte, Normen und Reaktionen etc. werden diese selbst auch als drohendes Schamerleben verinnerlicht.

Tangney und Dearing (2002) beschreiben drei generelle Wege, wie Scham innerhalb von Familiensystemen übertragen werden kann.

- *Modelllernen des emotionalen Verhaltens- und Erlebensstils der Eltern*, wenn sich dieser z. B. durch eine hohe Schamneigung oder durch schamverhinderndes Verhalten auszeichnet,
- *Interaktions- und Kommunikationsmuster innerhalb einer Familie*, welche selbst schon ein hohes Schampotenzial enthalten, z. B. Substanzmittelmissbrauch und/oder psychische Erkrankungen von Familienmitgliedern, extreme Konflikt- und/oder Verstrickungsneigungen sowie
- *gezielte erzieherische Maßnahmen*, die stärker personen- als handlungsorientiert sind und sich z. B. durch Liebesentzug, Grenzüberschreitungen, Machtausübungen, Demütigungen auszeichnen.

Zu diesen Wegen lassen sich auch sogenannte *Zuschreibungen* zuordnen. »Du bist aber einfach auch sensibel« kann vieles heißen (vgl. dazu ▶ Kap. 6.5.3). In jedem Fall bedeutet es für ein Kind die Rückmeldung, »anders« als andere

6.5 Systemisch-kulturelle Aspekte

Familienmitglieder zu sein. Dies bedroht das Bedürfnis nach Bindung und Zugehörigkeit massiv. Das Kind ist zu sensibel, oder das, was das Kind bemerkt, ist einfach nicht so wichtig/richtig, dass es angesprochen werden muss. Es gibt Eltern, die ihrem Kind auf diesem Weg sehr früh mitteilen, dass es besonders ist bzw. abweicht von anderen oder dass deren Wahrnehmung einfach nicht stimmt. *Damit ist es für diese Kinder von Anfang an schwierig, herauszufinden, wie sie denn selbst sind – und ob sie so, wie sie sind, auch liebenswert sind.* Andere wohlgemeinte Zuschreibungen können sich z. B. an älteren Geschwistern orientieren. So erwarten dann Eltern wie selbstverständlich, dass auch die jüngeren Kindern so erfolgreich oder erfolgreicher sind. Zu dieser Kategorie gehören auch Familien, denen Würde und Stolz besonders wichtig sind. Im Sinne der Aussage »Von einer Krüger kann man erwarten, dass sie sich korrekt zu benehmen weiß« können kleinste Abweichungen von dieser sehr unspezifischen Zuschreibung als beschämend erlebt werden, hat man doch die Ehre der Familie für jeden erkennbar aufs Spiel gesetzt. Diese Erwartung nicht zu erfüllen oder gar nicht erfüllen zu können bringt häufig Schamerleben mit sich.

Ein weiteres wichtiges Thema sind ausgesprochene und/oder unausgesprochene Familienregeln, die unser Verhalten und Erleben prägen. So kann es sein, dass Kinder bereits früh erfahren, dass sie nicht erfolgreicher sein dürfen als ihre Eltern. Dies kann sich in elterlichen Reaktionen auf Erfolge von Kindern zeigen. Sätze wie z. B. »Bilde dir ja nicht ein, dass du etwas Besseres bist« können unterschiedliche Absichten haben, z. B. verhindern, dass das Kind zu »eingebildet und stolz« wird und dadurch vielleicht Ablehnung erfährt. Eine andere, subtilere Absicht kann aber auch sein, die eigenen Kinder daran zu hindern, erfolgreicher als die Eltern zu werden. Ängste der Eltern, an Respekt vor den eigenen Kindern zu verlieren, können ursächlich für solche Äußerungen sein. »Besser zu sein« bedeutet jedoch in jedem Fall, nicht dazuzugehören und gerade in der kindlichen Abhängigkeit von den Eltern ist dies eine echte Gefahr.

Aber auch andere nahe Familienmitglieder können mit scheinbar gut gemeinten Sätzen Scham auslösen.

> Frau O. kommt aufgrund von Panikattacken und diffusen Ängsten in die Therapie. Diese entwickelte die Patientin, nachdem sie selbst ausgezogen und ein Studium in einer anderen Stadt begonnen hatte. Auslöser für die Panik und andere Ängste waren fast immer Kontaktaufnahmen zu ihrer eigenen Ursprungsfamilie.
>
> Als dieser Auslöser identifiziert war, fiel Frau O. ein, dass sie einen Satz schon sehr früh in ihrer Kindheit von Familienmitgliedern zu hören bekam: »Du wirst erst glücklich und zufrieden sein, wenn du dir weit weg von deiner Familie ein eigenes Leben aufbaust.«
>
> Dieser Satz hatte in früher Jugend und mit dem Beginn des Ablöseprozesses eine wichtige motivierende Funktion. Jedoch war bei jeder Kontaktaufnahme zur Familie »irgendwie« das eigene Glück und die Zufriedenheit bedroht. Die eigene Familie musste etwas ganz besonders Ablehnenswertes haben, dessen Frau O. aber nicht habhaft werden konnte. Sie war selbst in dieser Familie aufgewachsen, hatte sich

> jedoch diesen Satz zu Herzen genommen. Frau O. wollte für sich unbedingt herausfinden, was mit dieser ihrer eigenen Familie nicht stimmt, vor allem, da es ja für jedermann sichtbar und klar war. Dahinter stand auch ==die Hoffnung, sich von diesem Makel eventuell befreien zu können.== Diesen Makel nicht zu finden unterstützte aber auch den merkwürdigen Eindruck, dass mit Frau O. selbst etwas nicht stimme. Scham- und Schulderleben bestimmten neben den Ängsten ihr emotionales Erleben.

Veränderungen in Familien, z. B. eine Scheidung der Eltern oder der Verlust eines Elternteils durch dessen Tod, verursachen massive Veränderungen des ursprünglich stützenden Systems. Werte und Normen, die bis zu dem Zeitpunkt galten und wichtig waren, verlieren plötzlich an Bedeutung oder werden anders betont. Gerade für Kinder ist dieser Prozess häufig sehr irritierend. So findet z. B. eine Scheidung als letztes Mittel nur selten als harmonische Trennung der Eltern statt. Eltern tragen daher zumeist schon vorher untereinander viele Konflikte aus. Gerade auf der Bedürfnisebene entstehen nun auch innere Konflikte bei den Kindern. So ist z. B. das Bindungsbedürfnis des Kindes bei einer elterlichen Trennung stark beeinträchtigt. Viele Kinder lösen diesen nun inneren Loyalitätskonflikt, indem sie sich an ein Elternteil stärker binden. Sie entfremden sich von dem anderen Elternteil und gewinnen in der emotional belastenden Situation so auch wieder mehr Orientierung und Kontrolle. Gegenüber dem Elternteil, von dem sie sich entfremdet haben, entstehen zumeist andere Emotionen wie Ärger, Wut, Angst oder Unsicherheit. Aus der vormals geliebten Person wird nun ein Feind, was wiederum zu inneren Ambivalenzen führt.

Zu ähnlichen Reaktionen kann es beim Versterben von Elternteilen kommen. Der zumeist kaum erklär- und verstehbare Verlust einer geliebten Person löst neben der Trauer auch Wut, Angst und Unsicherheit aus. Neue Strukturen müssen geschaffen werden. Die Grundbedürfnisse können im Rahmen dieser neuen Situation nicht ohne Weiteres befriedigt werden. Wird die verstorbene Person nun glorifiziert oder entsteht Wut darüber, dass diese aus der Familie verschwunden ist, führt dies auch zu einem Entfremdungserleben. Neuorientierungen sind für die gesamte Familie notwendig. Manchmal wird die Bindung zum übrig gebliebenen Elternteil intensiver, manchmal geht aber auch hier die Nähe verloren. Damit stehen aber auch die bisher gelebten Werte und Normen auf dem Prüfstand.

Der Umgang mit der Situation und den z. T. sehr intensiven Emotionen kann Auswirkungen auf die eigene Identitätsentwicklung haben. Scham- und Schuldempfindungen werden in diesen Zeiten aufgrund vieler Veränderungen begünstigt. So können sich Kinder und Eltern schämen oder Schuldgefühle erleben, es nicht als Familie geschafft zu haben. Oder Kinder schämen sich und fühlen sich für den Verlust des Elternteils verantwortlich. Im therapeutischen Alltag lohnt es sich, den Umgang und die Verarbeitung der emotional belastenden Situationen genau zu erfragen. Häufig finden sich intensive Scham- und Schuldgefühle, die später die Personen immer noch begleiten.

Zusammenfassung

- Schamübertragung erfolgt innerhalb von Familiensystemen durch
  - Modelllernen des emotionalen Verhaltens- und Erlebensstils der Eltern,
  - Interaktions- und Kommunikationsmuster innerhalb einer Familie,
  - gezielte erzieherische Maßnahmen.
- Zuschreibungen erschweren Kindern, herauszufinden, wie sie denn selbst sind – und ob sie so, wie sie sind, auch liebenswert sind.
- Weitere potenzielle schamauslösende Themen sind ausgesprochene und/oder unausgesprochene Familienregeln, die unser Verhalten und Erleben prägen.

6.5.3 Werte, Normen, Zuschreibungen, Erwartungen und Moral

»Wenn niemand zuschaut, gibt es keine Scham.« (Cyrulnik 2011, S. 229)

Die natürliche Verletzlichkeit und Sensibilität als angeborene Vorform der Scham begünstigt die Integration des von außen vermittelten Werte- und Normensystems. So treffen die Werte und Normen der Eltern und anderer naher Bezugspersonen auf diese sensible Instanz. Damit entstehen erste innere soziale Interaktions- und Identitätsstrukturen beim Säugling. Später werden diese durch Normen des sozialen Umfelds erweitert. Im Wesentlichen erfährt ein Kind über diese frühkindlichen Lernerfahrungen die Erwartungen und Wünsche naher Bezugspersonen. Dazu gehören geltende familiäre Regeln und Pflichten sowie die konkreten Erwartungen an ein Mitglied dieser Familie. Zu den frühen übernommenen Werten und Normen bildet sich im Laufe des Lebens ein eigenes Wertesystem aus, das sich aus Lernerfahrungen und Interaktionen mit der sozialen Umwelt heraus entwickelt. Diese zwei Werte- und Normensysteme können sich z. T. deutlich voneinander unterscheiden und enthalten daher durchaus inneres Konfliktpotenzial.

Das Orientierung bietende übernommene Wertesystem wird von außen auf explizitem oder implizitem Weg vermittelt. Explizite Strategien sind dabei sehr konkret. Dazu gehören ganz gezielte Äußerungen und direkt benannte Anforderungen an das Kind. Jeder kennt solche Sätze aus der eigenen Kindheit, die uns auch später noch lange begleiten: »Du bist doch die Große und kannst damit besser (als deine kleinen Geschwister) umgehen« oder »Als Junge weint man nicht«.

Eine implizite Vermittlung findet z. B. durch sogenannte Verstärkungsmechanismen statt. Dazu gehören Belohnungen bei erwünschtem oder gar Bestrafung bei unerwünschtem Verhalten. Eine gezielte Hinwendung, wie z. B. durch genaues Zuhören, kann dabei auch Belohnung sein. Aufmerksames Zuhören oder Nachfragen der Eltern, wenn ein Kind über gute Leistungen spricht oder diese zeigt, vermittelt dabei die wichtige Bedeutung von guten Leistungen. Dem Kind die gewohnte Zuwendung nicht zukommen zu lassen, wenn es den Erwartungen und Ansprüchen nicht genügt, ist eine andere Methode, dem Kind zu vermitteln, dass die Leistungen nicht ausreichen. Zuwendung, Belohnungen, Ablehnung oder Bestrafung durch andere Personen wiederholt zu erfahren führt dazu, dass Kinder lernen, sich auch aus dem Blick der anderen zu betrachten. Mit zunehmendem Lebensalter beginnen Menschen dann, diesen Blick gedanklich vorwegzunehmen. So werden Urteile vorweggenommen und können potenziell drohende Schamerlebnisse verhindert werden.

Mit dem Blick der anderen werden auch deren Denkmuster übernommen (anfangs die elterlichen). Dabei dienen die Art des Denkens, die elterlichen Urteile und deren eigenes Verhalten als wichtige Hinweise darauf, was denn richtig sei, um als Person gemocht und akzeptiert zu werden. Diese Art des Lernens bezeichnet man auch als Modelllernen. Das erwünschte Verhalten wird anfangs also nachgeahmt und über viele Wiederholungen erlernt. Dabei übernimmt ein Kind z. B. den elterlich vorgelebten Attributionsstil bei Fehlverhalten oder Abweichungen. Es lernt, genauso zu denken und zu urteilen, wie es die Eltern tun. Dabei werden die ersten Werte und Normen internalisiert. Später bilden diese dann die Grundlage für eigene Urteilsprozesse über sich und andere als Person. Daraus resultiert aber auch die Differenzierung, ob bei Abweichungen eher Scham oder eher Schuld entsteht. Das individuelle Erleben im Rahmen des emotionalen Reaktionsmusters geht damit einher. Schamempfinden und die individuelle Schamreaktion werden so im Laufe der Kindheit geprägt und ausgeformt.

Das bereits in ersten Zügen entwickelte Schamerleben trifft darüber hinaus nun außerhalb der Familie auf kulturelle Denkmuster. Weitere Erwartungen an die Person werden über Kontakte zu anderen Mitmenschen und öffentlichen Einrichtungen wie Kindergärten, Schulen, Sportvereinen etc. vermittelt. So wird auch durch das soziale Umfeld, dessen Werte und Normen, die Weiterentwicklung von individuellem Schamerleben gefördert. Dabei hat Scham vor allem erst einmal eine adaptive Funktion. Soziale Emotionen unterstützen Menschen darin, die notwendigen sozialen Regeln zu erlernen und zu achten. *Schamerleben sollte daher nicht als rein individualpsychologischer Prozess verstanden werden.* Vielmehr dient es der Etablierung einer inneren Instanz von Moral, Werten, Zuschreibungen und Erwartungen. Dies geht einher mit einer verbesserten Orientierung für das Individuum, denn internalisierte Strukturen bieten Sicherheit.

Die Entwicklung der moralischen Instanz geht einher mit der Identitätsbildung. Zuschreibungen, Erwartungen an die eigene Person, also der verinnerlichte »Blick von außen«, fördert die eigene sozial erwünschte Entwicklung. »Die Große zu sein« oder als »Junge nicht zu weinen« zeigt, was bei einer verbesserten Integration im sozialen Umfeld hilfreich sein könnte. Moralisch integre Personen sind im Miteinander besser aufgehoben und geachtet. Menschen mit Schamempfinden und -erleben bevorzugen Menschen mit denselben Werten und Normen. Sie erleben zwar Scham und Schuld, im Idealfall jedoch adaptive Scham (▶ Kap. 6.1.4), und das heißt, dass diese Emotion gut ausgehalten und sinnvoll genutzt werden kann. Dabei kommen erlernte moralische Urteile zum Einsatz. Diese »helfen« bei der Einschätzung und Einordnung dessen, ob die eigene oder eine andere Person

6.5 Systemisch-kulturelle Aspekte

»richtig« und »gut« ist. Die schnelle Einteilung von »richtig« versus »falsch« oder Abwägungen über das »noch im Rahmen des sozial Möglichen« helfen dabei, sich ohne großen Zeitverlust im sozialen Umfeld zu orientieren.

Einer früh erlernten Zuschreibung zu entsprechen erleichtert also erst einmal die eigene Entwicklung, da diese als Orientierung gilt. Natürlich können Zuschreibungen und Erwartungen auch unerfüllbar sein. Die Erwartung als Kind, es besser als die Eltern zu machen, erfolgreicher zu sein, deren unerfüllten Lebenstraum nun erfüllen zu können, kann unpassend sein. Dabei sind es vielleicht die Erwartungen und Anforderungen, die zu hoch oder nicht passend sind. Enttäuschungen in den Blicken oder Äußerungen der Eltern führen dazu, dass ein Kind erlernt, dass es selbst als Person anscheinend nicht ausreichend ist. Es manifestiert sich eine (negative) dysfunktionale Sicht auf sich selbst. Personen lernen, über das eigene Verhalten auch das eigene Dasein zu verurteilen. Abwertungen, Unzufriedenheit und Scham über sich selbst sind die Folge. Die hohen Ansprüche und Erwartungen dienen – obwohl kaum erreichbar – als scheinbare Rettung aus dem Dilemma. Abweichungen, das Scheitern bei Aufgaben, kleinste Fehler wiegen auch später zumeist besonders schwer und aktivieren schnell Schamgefühle. Scham wird als ewiges Resultat von Ab- und Zurückweisung verstanden. Die fast unkontrollierbare Ablehnung der eigenen gesamten Person prägt sich als automatisiertes Reaktionsmuster ein.

Erwartungen, Zuschreibungen und Werte an Menschen unterscheiden sich. Hier kommen geschlechtsspezifische Aspekte, familiäre Normen, auch kulturelle Besonderheiten und religiöse Glaubenssysteme zum Tragen. Bei einem Mann können sich so im Laufe des Lebens innerhalb seines sozialen Umfelds Vorstellungen entwickelt haben, dass sich Konflikte nur mit Gewalt lösen lassen. Die Erwartung an einen Mann, dass er dazu auch körperlich in der Lage ist, geht damit einher. Diesem Bild nicht zu entsprechen kann Scham auslösen.

In manchen Kulturen ist es üblich, sich für das Frausein zu schämen. Dies geschieht häufig als Resultat aus der Stellung der Frau innerhalb der umgebenden Gesellschaft. Frauen wird ein »Minderwert« zugeschrieben, der bereits durch die Geburt zum Tragen kommt. Mit der Zuschreibung des »minderen Wertes aufgrund des weiblichen Geschlechtes« aufzuwachsen prägt natürlich das eigene Verhalten und emotionale Erleben. Aber auch in unserer Gesellschaft prägen Werte und Normen z. B. das Körperbild von Frauen. Körperbezogene Scham bei Abweichungen von diesem Bild kann Essstörungen begünstigen. Existenzielle Scham weist einen Zusammenhang zu fehlender Partnerschaft auf (Scheel et al. 2013), und das, obwohl ein Großteil der Bevölkerung ohne feste Partnerschaft lebt. Die Erwartung daran, beziehungsfähig zu sein und einen Partner zu haben, ist bei vielen Menschen stark verinnerlicht. Fehlt der Partner, neigen Menschen dazu, sich als Person infrage zu stellen.

Veränderungen des kulturellen und gesellschaftlichen Kontextes können auch zu Veränderungen im Selbstwerterleben führen. Durch den Wandel von Werten und Normen kann es nun zu einer »Andersartigkeit der Person« innerhalb einer sozialen Gemeinschaft kommen. Diese neuen Zuschreibungen und Rückmeldungen können dann beschämen, insbesondere wenn das soziale Eingebettetsein eine wichtige (frühere) Bedeutung für die Person hat.

> Herr B. (52 Jahre) kommt aufgrund einer sich langsam eingeschlichenen Erschöpfungssymptomatik in die Therapie. Seinen Beruf als Ingenieur fand er zeitweise langweilig und unterfordernd. Das kompensierte er damit, dass er von Kollegen Arbeit zusätzlich übernahm. Dabei ging es ihm jedoch nicht sonderlich gut. Er war dabei zumeist unterschwellig angespannt und »genervt«. Er grübelte insgesamt viel über sich als Mensch nach, war häufig gereizt und unzufrieden. Dabei waren inhaltliche Aspekte der Grübeleien, zu egoistisch zu sein und sich zu wenig engagieren. Selbstvorwürflich äußerte er: »Andere Menschen würden sich auch nicht so anstellen«, »Er hatte doch alles im Leben und ist immer noch nicht zufrieden«. Bei den meisten Tätigkeiten stellte sich jedoch nach kurzer Zeit ein »Zuwenig« ein und das Gefühl, eigentlich auch nicht zu wissen, was ihm Freude bereiten würde.
> Herr B. war ein guter bis sehr guter, hilfsbereiter Schüler mit der berühmten schnellen Auffassungsgabe. Seine Kindheit verbrachte er in der ehemaligen DDR. Seine Eltern waren Lehrer an seiner Schule. Sie erwarteten von ihm gute Leistungen sowie das Einhalten der Werte und Normen des sozialistischen Systems. Dies taten sie auch, weil ihr eigener beruflicher Erfolg davon abhängig war. Andersartigkeit und Abweichungen Einzelner brachten Probleme mit sich, oft auch für die Angehörigen. Die Eltern hatten durch ihre Berufswahl und das Beachten der Regeln ihren Weg gefunden. Dies vermittelten sie gern an ihre eigenen Kinder weiter. Sie waren zufrieden, gut integriert und mit einfachen Privilegien, z. B. einem eigenen Telefon, ausgezeichnet.
> In der DDR wurde die Orientierung der einzelnen Bürger im Sinne der Solidarität und des Gemeinschaftswohls gefordert und gefördert. Ein typischer Leitsatz (»Die Gruppe ist nur so stark, wie das schwächste Glied in der Gruppe«) begleitete Herrn B. durch seine Kindheit. Herr B. wurde, wie von seinen Eltern erwartet, erfolgreich und leistungsfähig, besonders in den naturwissenschaftlichen Fächern. Allerdings musste er diese Fähigkeiten nun auch der Gemeinschaft zugute kommen lassen. Trotz seiner Hilfsbereitschaft verbrachte er auf Druck von außen vermehrt Nachmittage damit, schlechteren Schülern Nachhilfe in Mathematik, Physik und Chemie zu geben. Neben den eigenen Erfolgen erhielt er besonders dafür die Anerkennung der Eltern und Mitschüler.
> Das ging jedoch einher mit eigenen Einschränkungen und inneren Konflikten. Die eigene zeitliche Freiheit war begrenzt, Treffen mit Freunden mussten abgesagt werden. Für neue Hobbys oder andere angenehme Aktivitäten gab es kaum noch Platz. Herr B. berichtete darüber mit verärgerter und enttäuschter Stimme. Zu Zeiten der DDR war es für ihn jedoch auch nicht adäquat, sich dagegen abzugrenzen und z. B. die Nachhilfestunden zugunsten eigener Interessen zu reduzieren. »Egoismus« und »mangelnde Hilfsbereitschaft«, ein »schlechter Mensch« zu sein wurde ihm bei den wenigen Versuchen, dies zu tun, unterstellt. Die Eltern bemerkten die Unzufriedenheit und den Ärger ihres Sohns. Aus ihrer Sicht gab es keinen Grund dafür, denn Herr B. erhielt Anerkennung, war sozial gut integriert, war und wurde innerhalb des schulischen Systems gefördert. Seine Eltern zeigten sich enttäuscht darüber, dass es ihm offen-

6.5 Systemisch-kulturelle Aspekte

sichtlich »nie reichen würde« und er keine ausreichende Freude daran hatte, andere zu unterstützen. Er sei »egoistisch und würde es sicher dadurch später schwer haben«. Herr B. studierte zu Zeiten der DDR und konnte sich seinen Wunschberuf erfüllen. Mit dem Mauerfall änderten sich die gesellschaftlichen Konventionen, Werte und Normen. Herr B. erhielt einen guten Arbeitsplatz in einer westdeutschen Großstadt. Individualität, Abgrenzung und Durchsetzungsfähigkeit waren plötzlich wichtig, aber bei Herrn B. nur wenig entwickelt und erprobt. Die eigenen Kompetenzen fördern, sich abzugrenzen, Nein zu sagen oder sich mit den eigenen Interessen durchzusetzen – all dies fiel ihm sichtlich schwer. Schnell traten Schamgefühle, Unzufriedenheit und Ärger in den Vordergrund, was wiederum auch den Kontakt zu Kollegen behinderte. All das schränkte aus seiner Sicht auch die eigene berufliche Karriere ein. Herr B. arbeitete daher seit Jahren in derselben Position. Herr B. berichtete in diesem Zusammenhang, sich immer erschöpfter und unzufriedener zu fühlen. Ständig hinterfragte er sich als Person, fragte sich, ob er zu egoistisch sei, zu hohe Ansprüche hätte, warum er trotz ausreichend finanzieller Mittel kaum Hobbys pflegte. Wie seine Eltern meldeten ihm verschiedene Personen aus seinem Umfeld zurück, dass er einfach »anders und immer unzufrieden sei«. Man könne »mit ihm nicht gut auskommen, obwohl er viel arbeiten« würde.

Interessant in diesem Zusammenhang ist auch die Tatsache, dass die Vorstellung und die (erlernte) Antizipation einer negativen Rückmeldung völlig ausreichen kann, um Scham auszulösen. Ein Gegenüber braucht keineswegs real zu existieren. Meist ist das eigene Selbstbild bereits negativ und zeigt sich als strenger eigener Kritiker. Dies geht jedoch einher mit negativen Gefühlen wie Wut, Selbsthass, Aggressionsneigung und Unzufriedenheit. Vorhandene Schamgefühle bei jungen Straftäter erhöhen z. B. die Wahrscheinlichkeit, nach der Entlassung aus der ersten Inhaftierung innerhalb von zwei Jahren wieder rückfällig zu werden (Hosser et al. 2008). Vom eigenen Selbstbild enttäuscht, entsteht eine emotionale Verbindung zu Wut und Feindseligkeit, die nicht angemessen verarbeitet werden kann, sondern nach außen getragen wird. Eine Studie von Tibbetts (1997) bestätigt diesen Befund. Eine Neigung zu (dysfunktionaler) Scham begünstigt bei College-Studenten riskante Absichten, wie betrunken Auto zu fahren oder einen Diebstahl zu begehen. Tangey und Dearing (2002) fanden bereits bei Fünftklässlern den Zusammenhang zwischen Schamneigung und frühem Alkohol- und Drogenkonsum.

Zusammenfassung

- Das von außen vermittelte Wertesystem bietet eine erste innere Orientierung und damit Struktur und Sicherheit für die Identitätsbildung.
- Man unterscheidet übernommene und erworbene Normen- und Wertesysteme, die sich z. T. deutlich voneinander unterscheiden können.

- Die Entwicklung der moralischen Instanz geht auch einher mit der Identitätsbildung.
- Der oft zitierte verinnerlichte »böse Blick der anderen« enthält Zuschreibungen, Erwartungen an die eigene Person. Personen lernen aus diesem Blickwinkel, das eigene Verhalten, das eigene Dasein schnell und automatisiert zu beurteilen.
- Unerreichbare Zuschreibungen und Erwartungen können auch zu Störungen bei der Identitätsbildung und zu einem dysfunktionalen Selbstbild führen.
- Ein etabliertes dysfunktionales Selbstbild, das nicht den Erwartungen, Normen, Werten entspricht, begünstigt Selbsthass, Wut und Feindseligkeit nach innen und außen.
- Ein dysfunktionales Selbstbild begünstigt die Entstehung psychischer Symptome.

6.5.4 Religion und Glaube
unter Mitarbeit von Dr. Dr. Isgard Ohls

Glaube und Religion fördern bei Menschen Ideen und Vorstellungen darüber, wie das menschliche Miteinander und die Auseinandersetzung mit der Umwelt positiv gestaltet werden können. Glaube stellt dabei einen wichtigen Resilienzfaktor dar und bietet Schutz vor psychischen Erkrankungen. In vielen Religionen sind neben den Werten der Gemeinschaft jedoch auch *zwei Polaritäten menschlicher Themen* zu finden. *Scham und Ehre sowie Schuld und Vergebung* (vgl. dazu auch ▶ Kap. 5.5.1).

> »Man schämt sich oft, wo man sich nicht zu schämen brauchte. (…) Schäme dich, alles weiterzusagen, was du gehört hast, und auszuplaudern, was dir anvertraut wurde. So schämst du dich mit Recht und wirst allen Leuten lieb und wert sein. Aber über folgendes schäme dich nicht, und nimm keine falsche Rücksicht, durch die du sündigen könntest: Schäme dich nicht, Gesetz und Bund des Höchsten zu halten.« (Jesus Sirach 41,19.29–42,1 Luther Bibel, Ausg. 1984)

Scham und die konkrete Anleitung darüber, wofür Scham angemessen ist, sollen das religiös akzeptable Miteinander regeln. *Scham, Schuld und Angst stellen in diesem Zusammenhang menschliche, emotionale Reaktionen auf begangene Sünde dar.* Unter Berücksichtigung religiöser Orientierung sollen mithilfe der Emotionen auch die Individualität und Mitmenschlichkeit der Gläubigen entwickelt und gefördert werden. Der Erhalt der Ehre stellt ein wichtiges Ziel dar, dabei unterstützt individuelles Schamempfinden als Ressource.

Moralische sowie religiöse Fehltritte – also sozial unangemessenes Verhalten innerhalb der Gemeinschaft oder unpassende Kleidung – lösen eher Scham als Schuld aus. Demutsübungen gehören daher zum rituellen Alltag. Manche Menschen berichten auch von einer erwünschten Selbstaufgabe in bestimmten religiösen Randgruppen. Das Beichten bereinigt von empfundener Schuld. Vergebung kann ein Glaubender im Protestantismus erhalten oder sich im Katholizismus erarbeiten. Scham als theologisch zu würdigendes Phänomen weist auf

6.5 Systemisch-kulturelle Aspekte

eine Rückgebundenheit (re-ligio) des Menschen, auf das Leben in Beziehungen und Bezügen hin. Der Mensch befindet sich als solcher immer schon in der Beziehung zu Gott, sich selbst und seinen Mitmenschen. Das Gottesverhältnis ist im Selbstverhältnis und diese beiden sind im Verhältnis zu den restlichen Bezügen bereits vorausgesetzt. In der menschlichen Existenz, wird sie unter den Aspekten des Gottes-, Selbst- und Sozialverhältnisses definiert und ist immer schon ein als partielles Scheitern mitdefiniert. Im Sinne Heideggers reflektiert die Scham genau diesen Sachverhalt menschlicher Existenz. R. Bonelli widmet seine Abhandlung »Selber Schuld« genau solchen Gescheiterten: »auf dass ihr Scheitern Frucht bringe« (Bonelli 2013). Wie man sich als Einzelperson vom Schamerleben befreien kann, ist dabei jedoch nicht eindeutig. Zunehmend wird in aktuellen religiösen Entwicklungen die Idee der Stärkung belebt und ausformuliert. Dabei geht es darum, dass Gläubige Fähigkeiten erlernen, die eigene Scham aushalten zu können (Bammel 2009; Haas 2013).

Glaube und Religion sind schambesetzt. Außerhalb der religiösen Gemeinschaft ist Glaube eine äußerst private, eine nahezu intime Angelegenheit. Scham schützt vor der Verletzung von Intimgrenzen. Religiöse Werte und Normen können aber auch ungünstige Einstellungen und Ideen prägen. *Die Bezogenheit auf Mitmenschen, die Anleitung zur Nächstenliebe, steht häufig im inneren Konflikt mit der eigenen Individualität und Autonomieentwicklung.* Häufig lösen diese Konflikte Schamgefühle aus, die jedoch kaum angemessen thematisiert werden können. Scham vermeiden zu wollen ist ein verständliches, menschliches Bemühen. Häufig entstehen an dieser Stelle »Stellvertretergefühle« wie Wut und Ärger oder gar psychische Symptome, etwa Zwangs- oder Angststörungen. Meist versuchen die Betroffenen, sich noch stärker an den religiösen Werten und Normen zu orientieren, um so von Scham und Schuld befreit zu werden. Chronische Erkrankungsverläufe resultieren manchmal aus den Selbsthilfeversuchen. Die Angst vor Gesichtsverlust innerhalb der religiösen Gemeinschaft spielt oft eine große Rolle.

> **Ein Erinnerungsbericht**
>
> Der Erstkontakt zu Herrn M. (44 Jahre) gestaltete sich sehr besonders. Am Telefon fragte der Patient, ob die Therapeutin einer Religion angehöre. Als dies verneint wurde, entschied Herr M., nochmal darüber nachzudenken, ob er zum Erstgespräch kommen wolle. Er hatte die Therapeutin zwar empfohlen bekommen, aber der fehlende Glaube stellte ein großes Hindernis dar.
>
> Herr M. meldete sich ca. vier Monate später mit der Frage, ob die Therapeutin auch ohne religiöse Zugehörigkeit denn wenigstens an Gott glauben würde. Seine Seelsorgerin hatte ihm diesen Auftrag gegeben. Auch aus der Sicht der Seelsorgerin gab es einen dringenden Therapiebedarf. Bei einem dritten Telefonat wurden allerlei Rahmenbedingungen geklärt, denn wie sich herausstellte, konnte Herr M. seine Arme nicht mehr nutzen. Das heißt: an der Tür klingeln und Türen öffnen, etwas trinken waren ihm ohne fremde Hilfe nicht möglich.

Diese Einschränkungen waren dann auch der eigentliche Therapieanlass. Herr M. litt unter einer klassischen Konversionsstörung. Er konnte (ohne organischen Befund) seit Jahren seine Arme nicht mehr bewegen. Seine Lebenssituation hatte er darauf eingestellt. Herr M. lebte mit seiner Ehefrau in einer religiösen Wohngemeinschaft, in der Nächstenliebe im Alltag gelebt wurde. Man unterstützte sich gegenseitig. Eine Rehabilitationsmaßnahme wurde mit der Begründung abgelehnt, dass man keine Aussicht auf die Wiederherstellung der beruflichen Leistungsfähigkeit erkennen könne.

Herr M. berichtete, dass er die Bewegungsfähigkeit seiner Arme im Rahmen einer lange anhaltenden Mobbingsituation unter männlichen Führungskräften verloren hatte. Am Anfang der Mobbingsituation kam es gehäuft zu Alltagsunfällen, zu einem gebrochenen Arm und lange anhaltenden Rückenbeschwerden etc. Herr M. ignorierte dies und ging weiter in die Firma. Erst später fehlte plötzlich die Kraft in den Armen, was die Ausübung seines Berufs als Manager, mit viel Arbeit am Computer, unmöglich machte.

Biografisch konnten folgende Bezüge exploriert werden: Herr M. wuchs als ein mittleres Kind mit vier Schwestern bei seiner Mutter auf. Der Vater hatte die Familie nach dem fünften Kind verlassen. Der katholische Glaube spielte eine große Rolle innerhalb der Familie und im Heimatdorf. Innerhalb seiner Familie wurde Herr M. immer wieder für sein rebellisches und jungenhaftes Verhalten abgelehnt. Emotionen wie Ärger und Wut hatten keinen Platz. Die Familie musste unter erschwerten Bedingungen überleben. Der Glaube und die Unterstützung durch die religiöse Gemeinschaft stellten eine Unterstützung dar. Dennoch war die Mutter durch das Verhalten ihres Sohns überfordert. Ärger und Wut wurden bestraft, als Kind gehörte das Beichten zum Alltag. Herr M. spürte schnell, dass er als Junge für sein »Anderssein« abgelehnt wurde. Herr M. orientierte sich nach vielen invalidierenden Erfahrungen zunehmend an religiösen Werten und erhielt dafür Anerkennung und Zuwendung. Orientierung und Zuversicht entstanden. Herr M. lernte auch seine Ehefrau in der Gemeinde kennen. Immer häufiger schämte er sich aber auch für sein früheres kindliches Verhalten. Er nahm sich vor, Ärger und Wut durch Nächstenliebe und Herzenswärme zu ersetzen. Für die Mobbingsituation stellten diese beiden Eigenschaften jedoch keine guten Voraussetzungen dar. Beschämt und abgelehnt zu werden kannte er aus seiner frühen Kindheit. Er hatte auch die Erfahrung gemacht, dass es sich lohnt, aus- und durchzuhalten und sich an den Werten seiner Gemeinde zu orientieren. Die Emotionen Ärger und Wut über das Verhalten der Vorgesetzten und Kollegen waren für ihn kaum zugänglich. Wenn diese doch erspürbar wurden, schämte er sich und versuchte, sich durch noch mehr gute Taten und hohem Arbeitseinsatz zu zeigen. Erst die Bewegungslosigkeit der Arme ermöglichte es ihm, sich aus den ungünstigen Arbeitsbedingungen entfernen zu können.

6.6 Konstruktive Aspekte von Scham

> **Zusammenfassung**
>
> - Scham und Ehre sowie Schuld und Vergebung stellen zwei Polaritäten religiöser Gemeinschaften dar.
> - Im religiösen Kontext stellen Scham, Schuld und Angst menschliche, emotionale Reaktionen auf begangene Sünden dar.
> - Schamempfinden unterstützt den Erhalt der Ehre innerhalb der religiösen Gemeinschaft.
> - Die Bezogenheit auf Mitmenschen, die Anleitung zur Nächstenliebe, steht häufig im inneren Konflikt mit der eigenen Individualität und Autonomieentwicklung.

6.6 Konstruktive Aspekte von Scham

Die Emotion Scham ist sinnvoll, insbesondere das adaptive Schamerleben. Adaptiv ist Scham, wenn die Emotion zeitlich begrenzt und im Rahmen eines bestimmten Ereignisses als Reaktion auf einen konkreten Auslöser auftritt. Dann ist Scham aushaltbar, regulierbar und konstruktiv nutzbar. *Allgemein formuliert, zeigen Schamgefühle Grenzverletzungen verschiedenster Art an. Die Emotion stellt daher die Verbindung zwischen dem eigenen Selbst, den anderen Menschen und der Umwelt dar.* Scham erleben zu dürfen heißt auch, sich menschlich fühlen zu können. Der soziale Charakter von Scham verdeutlicht, dass im Erleben auch immer kulturell und gesellschaftlich vermittelte Standards sowie Ideale innerhalb der Person verankert sind. Scham entsteht auch hier als Hinweis dafür, dass die Person Grenzen, Normen oder Ideale verletzt. Das Auftreten der Emotion signalisiert vor allem zeitnahe die Überschreitung. Das ist wichtig, um schnell mit Anpassungsprozessen reagieren zu können.

Soziale Gefühle entstehen etwa im Alter von 2–3 Jahren und unterstützen die Entwicklung der eigenen Identität und Individualität. Das Erleben der Abhängigkeit von anderen Menschen (anfangs von den Eltern) fördert auch das Verständnis darüber, dass Menschen eine Gemeinschaft zum Überleben brauchen. Durch Schamgefühle im Zuge von Loyalitätskonflikten werden auch familiäre Grenzen von und innerhalb von Familien geschützt. Eltern schützen z. B. ihre Kinder, indem sie deren Grenzen achten und wahren. Innerhalb der familiären Strukturen machen Kinder auch die Erfahrung, sein zu dürfen, wie sie sind – frei von den Erwartungen und Ansprüchen des sozialen Umfelds.

Die Emotion lenkt also soziale Kontakte. *Schamempfinden und -erleben fördern ebenso positive emotionale Zustände wie Ehre, Würde und Stolz auf sich als gesamte Person.* So kann Zufriedenheit als Teil der eigenen Identität wachsen. Sofern Scham nicht zu häufig und/oder zu intensiv erlebt wird, hat die Emotion daher eine die eigene Entwicklung fördernde Funktion. Scham wird auch als selbstreflexive Emotion bezeichnet. Automatisierte antizipierte Prozesse über den Verlauf von Interaktionen und die potenzielle Sichtweise, die das Gegenüber von uns als Person vermutlich hat, werden angeregt. Das hilft uns, *Korrekturen vorzunehmen und unser Selbstkonzept entsprechend anzupassen und auszuformen.* Die Emotionen Scham und Stolz gehören zusammen. Aus der Sicht eines Erwachsenen, mit seiner Lebenserfahrung, kann aus früherer Scham auch Stolz entstehen, z. B. »solche« Eltern gehabt zu haben, für die man sich früher geschämt hat. Scham kann sich in Stolz verwandeln, es z. B. unter widrigsten Umständen geschafft zu haben, den eigenen Platz gefunden zu haben.

Adaptive Scham ermöglicht durch den kurzen hemmenden Charakter, sich selbst zu besinnen und Korrekturen zugunsten einer verbesserten Interaktion vorzunehmen. *Scham bietet uns in schwierigen und belastenden Situationen also die kurzfristige Rückzugsmöglichkeit von der Realität.* Die innere Wirklichkeit stellt einen Schutzmechanismus vor bewertenden Personen und vor weiteren ungünstigen Abwertungen dar. Scham ist Teil eines Selbstwertschutzes gegenüber Personen, die Macht über uns haben und diese über unsere Grenzen hinweg ausüben. Tabus und Geheimnisse können vor Scham schützen, das Wissen darum jedoch auch Scham erzeugen. Damit schützen Schamgefühle auch Intimitätsgrenzen anderer und bieten Sicherheit. Aus dem therapeutischen Alltag wissen wir, dass die Grenze zu Derealisations- und Depersonalisationserleben dabei jedoch fließend ist.

Obwohl Schamgefühle sehr komplex und nur schwer kognitiv erfassbar sind, gibt es viele Hinweise auf die Wichtigkeit der Emotion. Das schnelle, zumeist unwillkürliche Auftreten begünstigt auch schnelle automatische Bewertungen, die uns helfen, uns der Umgebung effizient anzupassen. Gerade die angeborene Verletzlichkeit als Vorläufer der präverbalen Scham (▶ Kap. 6.2.1) zeugt von einem zugrunde liegenden neuronalen Zusammenhang, wie er bei allen Basisemotionen üblich ist (Ekman 1992; Ekman et al. 1999). Ein ebenso überzeugendes Argument zugunsten der Zuordnung zur Basisemotion ist der universelle Ausdruck von Schamgefühlen: gesenkter Blick, Erröten, gesenkter Muskeltonus im Gesichts-, Nacken- und Schulterbereich (Elison 2005). Aufgrund der biografisch individuellen Ausformung lässt sich Scham aber vermutlich gut im Grenzbereich zwischen den Basisemotionen und den komplexen Emotionen einordnen. *Zu den komplexen Emotionen gehört insbesondere die kognitiv ausgeformte erwachsene Scham.*

Die Erkenntnis, dass auch andere Personen von Schamerleben betroffen sind, hilft uns, individuelle Grenzen zu kommunizieren und diese zu erhalten. Im Rahmen von Bindungsangeboten können wir andere aus deren Schamerleben befreien und selbst aus unserem befreit werden. Das festigt soziale Bindungen. Durch unser erkennbares Schamgefühl signalisieren wir unseren Mitmenschen, was wir in der Situation brauchen. Mitgefühl und Empathie werden so auch beim Gegenüber begünstigt. Interaktionen können somit beidseitig bindungserhaltend verlaufen. Scham ermöglicht also neben der Erfahrung des (kurzfristigen) Abgelehntseins vor allem die positive Erfahrung des Angenommenseins.

Schamempfinden ermöglicht schnelle Denk- und Antizipationsprozesse zugunsten einer schnellen Einteilung in richtig/falsch und fördert die Fähigkeit des

6.6 Konstruktive Aspekte von Scham

moralischen Urteilens. Die Entstehung der Demokratie in der alten griechischen Kultur ermöglichte die Schamgefühle der Mitbewohner. Scham empfinden und zeigen zu können gilt als Beweis für eine angemessene moralische Gesinnung. Das sichert uns die Integration und unseren festen Platz innerhalb der Gemeinschaft. Durch das Leiden unter Schamgefühlen zeigen wir den Mitmenschen, dass sie für uns eine Bedeutung haben. *Scham signalisiert: Menschen sind uns wichtig, wir wollen zur Gemeinschaft gehören und deren Werte und Normen anerkennen.*

Schamempfinden ermöglicht Empathie und stellt damit ein Fundament für die Gestaltung erfolgreicher Kommunikation und Interaktion mit anderen dar. Empathie ist aus phänomenologischer Sicht eine wichtige soziale Fähigkeit eines Menschen (▶ Kap. 4). Über Empathieprozesse können wir mentale Zustände eines Gegenübers repräsentieren und nutzen, um dessen Verhalten erklärbar und vorhersagbar machen zu können. Das Empfinden von Scham ist ein Selbstregulationsmechanismus zur Erreichung persönlicher Ziele und zur optimalen Anpassung an die Umwelt. Damit hat Schamerleben auch motivationale Funktionen. Veränderungsbereitschaften werden über Scham initiiert. Sich Anforderungen anzupassen, sozial kompetentes Verhalten zu zeigen, eigene Bedürfnisse und Forderungen angemessen zu äußern stellen dabei Ziele dar. So können Individuen auch ihre Selbstachtung wahren.

> **Zusammenfassung**
>
> - Adaptives Schamerleben hat einen konstruktiven und sinnvollen Charakter und motivationale Funktionen.
> - Schamgefühle zeigen Grenzverletzungen verschiedenster Art an.
> - Scham stellt die emotionale Verbindung zwischen dem eigenen Selbst, den anderen Menschen und der Umwelt dar.
> - Es gibt viele Hinweise dafür, dass gerade die angeborene Verletzlichkeit als Vorläufer der präverbalen Scham zu den Basisemotionen gehört.
> - Das biografisch ausgeformte, erwachsene Schamerleben geht mit komplexen kognitiven Prozessen einher. Daher kann Scham auch den komplexen Emotionen zugeordnet werden.
> - Schamempfinden und -erleben fördert positive emotionale Zustände wie Ehre, Selbstachtung, Würde und Stolz auf sich als gesamte Person.
> - Die selbstreflexive Emotion hilft uns über antizipatorische Prozesse, unser Selbstkonzept anzupassen und auszuformen.
> - Durch die Rückzugstendenzen können wir uns einer emotional belastenden Situation entziehen und sind vor weiteren ungünstigen Bewertungen geschützt.
> - Schamempfinden und -erleben festigen soziale Bindungen. Grenzen können auf diesem Weg kommuniziert werden.
> - Schamempfinden ermöglicht Empathie und stellt damit ein Fundament für Gestaltung erfolgreicher Kommunikation und Interaktion mit anderen dar.

6.7 Die Entwicklung des Selbstwertes auf der Grundlage von maladaptivem Schamerleben

Der Selbstwert von Menschen entwickelt sich insbesondere in der Auseinandersetzung mit der sozialen Umwelt über die eigenen Grundbedürfnisse. Selbstwert- und Selbstwirksamkeitserleben bestehen aus einer Sammlung von Erfahrungen und Strategien in Bezug auf die eigenen Grundbedürfnisse. Dabei geht es um die Art und Weise der Befriedigung eigener Bedürfnisse mit und über andere Menschen. Bei Erfolgen entwickelt sich ein positiver Selbstwert, bei Frustrationen oder ungünstigen Erfahrungen ein dysfunktionaler Selbstwert. Es können sich in Bezug auf einzelne befriedigte oder unbefriedigte Grundbedürfnisse ebenso unterschiedliche Selbstwertanteile entwickeln. Zum Beispiel kann bei einem Menschen aufgrund von angemessenen und günstigen Erfahrungen ein positives Selbstwerterleben in Bezug auf sein Bindungsbedürfnis entstanden sein. Schwierigkeiten und Einschränkungen können sich dann aber trotzdem aufgrund ungünstiger Erlebnisse in Bezug auf das eigene Autonomiebedürfnis und die Umsetzung manifestiert haben.

Scham wird als emotionaler Ausdruck einer Selbstabwertung verstanden, auch wenn diese kognitiv (noch) nicht verstehbar bzw. häufig automatisiert abläuft. Der zu kritische Blick auf sich selbst, das Wiederholen erlernter und erlebter Abwertungen und ungünstige Bewertungen durch nahe Bezugspersonen verhindern, dass Werte und Normen, Bewertungen über sich als gesamte Person überprüft und modifiziert werden können. Innere Prozesse wie Wahrnehmung, Interpretation, Bewertungen, Attributionen, Erinnerungen prägen chronisch maladaptives Schamerleben und sind gekoppelt mit einem dysfunktionalen Selbstwert. Die Studie SHAME (Scheel et al. 2013) postuliert mit dem Teilkonstrukt der existenziellen Scham auch das eigene Selbsterleben als wertlos, unwichtig und defizitorientiert. Das Auftreten dieser Art von Scham ist zumeist generalisiert und damit maladaptiv in Bezug auf die gesamte Person und deren Selbstwirksamkeitserleben.

Menschen mit einem emotional von Schmerz geprägten Selbstwert haben eine ausgeprägte Neigung zu Schamreaktionen. *Eine hohe Schamneigung, die mit der emotionalen Verletzbarkeit des Selbstwertes einhergeht, begünstigt Kränkungserleben.* Kränkung wird dabei als Reaktion auf Rückmeldungen oder geäußerte Kritik verstanden. Die hohe Schamneigung macht anfälliger für die externen Rückmeldungen aus dem sozialen Umfeld. Eine hohe Schamneigung steht auch mit intensivem Schamerleben in Zusammenhang. Die Kränkungsreaktion als innerer Rückzug fühlt sich ähnlich blockierend und lähmend an wie maladaptive Scham. Kränkungsreaktionen haben einen großen kognitiven Anteil, der Empörung darüber, »wie man von anderen behandelt wird«. *Der hohe kognitive Anteil einer Kränkung reguliert dabei das maladaptive Schamerleben und stellt deshalb einen wichtigen Kompensationsmechanismus dar, um nicht von der eigenen inneren Scham überflutet zu werden.*

6.7 Die Entwicklung des Selbstwertes

Ein wichtiger Zusammenhang zwischen Schuld und Scham ist oft im therapeutischen Alltag zu beobachten (▶ Kap. 7.2). So stellt auch das »Sich schuldig fühlen zu *müssen*, wenn man so ist« eine eher ungünstige Selbstwertquelle dar. *Internalisiertes Schamerleben kann also zu einer inneren Instanz werden, die dazu führt, dass Menschen sich anhaltend schuldig fühlen.*

Maladaptives Schamerleben führt außerdem zu einer inneren Distanzierung von sich als Person. Der Schutzmechanismus begünstigt jedoch negative Bewertungen von sich selbst. In der Folge entstehen Depersonalisation und Derealisation. In milder Form zeigen sich diese Phänomene in Tagträumereien. In sehr massiven, traumatisierenden Situationen kann es vorkommen, dass trotz eines ursprünglich stabilen Selbstwertes Beschämungen von außen und Situationen nicht durch Kampf oder Flucht abgewendet werden können. Die eigene Lage und das dazugehörige emotionale Erleben sind dann zumindest teilweise aussichtslos. In diesen Situationen kann es zu ersten Dissoziationserlebnissen in Bezug auf den eigenen Selbstwert kommen. Schamerleben führt dann zu einer inneren Distanzierung von sich als Person und bietet zumindest innerlich Schutz. Die massive Unterbrechung eines konsistenten Selbsterlebens einer Person kann dazu führen, dass es zur Ausprägung von inneren, scheinbar abgespalteten Instanzen kommt. Der ursprüngliche Schutzmechanismus begünstigt, wie oben beschrieben, auch negative Bewertungen vor sich selbst und aktiviert zumeist erneut Scham. Die Instanzen zeigen sich in Form von »Inneren Kritikern« oder »Betrachtern«. Depersonalisationserleben kann die schlimmste Folge einer solchen inneren Negativspirale sein.

Zusammenfassung

- Selbstwert und Selbstwirksamkeitserleben entwickeln sich in der Auseinandersetzung mit der sozialen Umwelt über die eigenen Grundbedürfnisse.
- Es können sich in Bezug auf einzelne befriedigte oder unbefriedigte Grundbedürfnisse ebenso unterschiedliche Selbstwertanteile entwickeln.
- Scham wird als emotionaler Ausdruck einer Selbstabwertung verstanden, auch wenn diese kognitiv noch nicht verstehbar bzw. häufig automatisiert abläuft.
- Eine hohe Schamneigung, die mit der emotionalen Verletzbarkeit des schmerzhaften Selbstwertes einhergeht, begünstigt Kränkungserleben.
- Kränkungsreaktion ist ein Kompensationsmechanismus für maladaptives Schamerleben.
- Internalisierte Scham führt zu anhaltenden Schuldgefühlen.
- Maladaptives Schamerleben kann zu Dissoziationen und Depersonalisation führen.

6.7.1 »Doppeltes Selbstwertkonzept« und Scham

Sachse (2007, 2004, 2002) formuliert im Rahmen seiner Theorie zum »doppelten Selbstwertkonzept« bei Personen mit einer Narzisstischen Persönlichkeitsstörung einen eher globalen negativen »state of mind« (vgl. dazu ▶ Kap. 10.4.2). Es liegt nahe, diesen Zustand dem ursprünglich präverbalen und später maladaptiv ausgeformten Schamerleben zuzuordnen. *Die frühe präverbale Scham ist die emotionale Grundlage für eine hohe Schamneigung und maladaptives Schamerleben.* Das frühkindliche Selbstkonzept ist dabei vor allem erst einmal nur als emotional schmerzhafter Selbstwert spürbar. Dieser kann im späteren Leben durch kleinste Stimuli aktiviert werden und führt dazu, dass neben dem aktuellen Schamerleben (▶ Kap. 1.2) auch zumeist negative Gedächtnis- und Erfahrungsbestände verfügbar sind. Über den Effekt des stimmungsabhängigen Erinnerns lässt sich dieses Phänomen gut erklären. *Die hohe Intensität der emotionalen Reaktion setzt sich also aus der Summe des aktuellen Schamerlebens und erinnerter Scham zusammen. Bei zeitgleich vorhandenen Emotionsregulationsdefiziten wird deutlich, weshalb Scham dann überflutet und lähmt.*

Die meist emotionalen Erinnerungen und automatisiert ablaufenden Denkprozesse enthalten wichtige Informationen zu früh vermittelten und übernommenen Werten und Normen. Dazu gehören ebenso früh und anhaltend erfahrene Frustrationen in Bezug auf die eigenen Grundbedürfnisse. Inhalte sind ebenso ungünstige Erfahrungen mit nahen Bezugspersonen. Typische Beziehungs- und Identitätsschemata werden nun auf dieser Grundlage (weiter) entwickelt. Viele Psychotherapeuten teilen aus dem therapeutischen Alltag den Eindruck, dass diese frühen und emotional negativen Selbstkonzepte im Rahmen von kindlichen Schamerfahrungen und -erlebnissen entstanden sind.

Der hemmende und blockierende Charakter der präverbalen und später maladaptiven Scham bewirkt auch hier den Rückzug aus der Realität, vor weiteren Abwertungen und einem Mehr an ungünstigen Erfahrungen. Eine Schutzfunktion, die jedoch nicht ohne Folgen bleibt. Einerseits sind die Betroffenen mit ihrer Aufmerksamkeit stark auf sich selbst bezogen, und andererseits fehlt ihnen dadurch die nötige Kapazität, um die Aufmerksamkeit nach außen zu richten. *Korrigierende Erfahrungen und heilsame Erlebnisse werden deshalb nicht wahrgenommen, Veränderungen so verhindert.* Das übernommene Werte- und Normensystem kann auf dieser Grundlage keine Korrekturen erfahren. Zumeist wirken Personen scheinbar egozentrisch, unempathisch, abweisend und distanziert im Kontakt. Zeitgleich wird aber auch deren Bedürftigkeit spürbar. Denn auch präverbale und später maladaptive Scham können Menschen mit ausreichender Empathiefähigkeit wahrnehmen. Dennoch kommt es oft zu Irritationen innerhalb von Interaktionen.

Alle Menschen sind erst einmal bemüht, unangenehme emotionale Zustände zu vermeiden bzw. so schnell wie möglich zu beenden. Daher kommt es auch bei geringem und dysfunktionalem emotionalen Selbstwerterleben immer wieder

6.7 Die Entwicklung des Selbstwertes

zu Vermeidungs- und Kompensationstendenzen. Die Vermeidung richtet sich bei präverbaler und maladaptiver Scham vornehmlich auf weitere ungünstige Erfahrungen wie Abwertungen der eigenen Person und/oder unbefriedigende soziale Kontakte. Ungünstige Erfahrungen und Erlebnisse können Auslöser für die Aktivierung des eigenen quälenden emotionalen Erlebens sein. Das Bemühen gilt also dem Schutz vor eigener präverbaler und maladaptiver Scham und weiteren neuen schamaktivierenden Erlebnissen. Daher neigen Personen konkret dazu, sicherheitshalber Kontakte nur emotional distanziert, also sehr rational zu gestalten oder diese so zu beeinflussen, dass sie unter scheinbarer Kontrolle sind.

Maladaptives Schamerleben zeichnet sich durch anhaltende und wiederholte negative Kognitionen in Bezug auf das eigene Selbst aus (vgl. dazu ▶ Kap. 6.1.4). Dabei können kleinste Anlässe dysfunktionale Prozesse einer erhöhten Selbstaufmerksamkeit und Abwertungen der eigenen Person auslösen. Die eigene Unzulänglichkeit, Würdelosigkeit und Ungehörigkeit sowie die antizipierte Verachtung anderer stehen dann im Vordergrund der Negativspirale. Die Art des Denkens über sich selbst ist sehr negativ, kritisch und häufig der Auslöser von Anspannungs- und Dissoziationszuständen (▶ Kap. 6.7). Automatisierte Abläufe sind wenig differenziert und führen immer wieder zum gleichen Ergebnis, nämlich als Mensch nicht akzeptabel oder liebenswert zu sein. Gerade von Patienten mit einer Borderline-Störung oder einer Narzisstischen Persönlichkeitsstörung ist dieser dysfunktionale Ablauf bekannt. Die Aktivierung des frühen Schamerlebens von außen wird dabei als äußerst aversiv wahrgenommen. Aktivierte präverbale und maladaptive Scham begünstigt impulsive Verhaltensweisen.

Exkurs
Besonderheiten des narzisstischen Selbstwertkonzeptes

Morf und Rhodewalt (2001) beschreiben die Narzisstische Persönlichkeitsstörung als ein Set von »intra- und interpersonalen Prozessen«. Zum einen dienen die Prozesse dazu, überhaupt einen Selbstwert vor dem Hintergrund von negativen emotionalen Zuständen konstruieren zu können. Zum anderen ist das Ziel der Prozesse die Aufrechterhaltung des zumeist sehr fragilen Selbstkonzeptes von Patienten mit narzisstischen Strukturen.

In diesem Zusammenhang ist vielfach postuliert worden, dass das Selbstwertkonzept von Menschen mit einer narzisstischen Persönlichkeitsstruktur aus zwei einander widersprechenden und getrennt voneinander existierenden Selbsteinschätzungen besteht (Sachse 2002; ähnlich Epstein 1994; vgl. dazu auch ▶ Kap. 10.4.2). Metcalfe und Mischel (1999) unterstützen die Grundthese, sprechen jedoch von zwei interagierenden Verarbeitungssystemen. Ein sogenanntes explizites »kühles, kognitives und wissendes« System gilt als positives Selbstkonzept. Ergänzend dazu gibt es ein implizites »heißes, emotionales und machendes« System als Ausdruck für das verletzte beschämte Selbstkonzept.

Der verletzte und beschämte Selbstanteil verkörpert das biografisch geprägte Selbstkonzept. Der Anteil enthält vor allem frustrierte kindliche Grundbedürfnisse und/oder Traumatisierungen. Das positive Selbstbild scheint demgegenüber ausgleichend und stabilisierend als Schutz für das verletzliche Selbstkonzept zu stehen. Hierin findet das explizite Selbstbewusstsein mittels stabilisierender Gedanken, Handlungen und selektiver Wahrnehmungsprozesse statt. Dazu gehören z. B. das Wahrnehmen und Entdecken von Gelegenheiten, in denen stabilisierende Selbstbestätigung zu erhalten ist.

Die Denk- und Handlungsprozesse des positiven Selbstbildes sind eher durch langsamere und anstrengende Verarbeitung gekennzeichnet. Dennoch können sie die Grandiosität, die Großartigkeit der eigenen Person aufrechterhalten. Zeitgleich ist jedoch auch immer das verletzte und beschämte Selbstkonzept mit schnelleren, direkteren Verbindungen zu negativen Emotionen (Scham, Angst) aktiviert. Die Prozesse des verletzten Selbstwertkonzeptes sind sehr schnell und hochselektiv für Bedrohungen und Gefahren in sozialen Interaktionen. Entsprechend dieses Systems sind alle emotionsverarbeitenden Strategien von »fight or flight« bereits im Vorlauf aktiviert.

Je nach entwickelten Kompensationsstrategien im Umgang mit negativem emotionalem Erleben (▶ Kap. 1) kommt es zu verschiedenen individuellen Reaktionsmustern. Diese enthalten begleitendes emotionales Erleben. Diese Emotionen werden als sekundäre Emotionen bezeichnet (vgl. dazu ▶ Kap. 10.4 und ▶ Kap. 10.5). Die primäre, dahinter liegende Emotion ist in diesem Fall eine präverbale und maladaptive Scham. Die (zumeist dysfunktionalen) Bewältigungsstrategien werden in drei Gruppen eingeteilt (Lammers 2007).

Bewältigungsschema »Ertragen« Der Minderwert bzw. der negative »state of mind« oder das präverbale Schamerleben (synonym gebraucht) ist damit ein akzeptierter Teil der eigenen Person. Dieser wird erduldet, es findet keinerlei Auseinandersetzung darüber statt. Diffuses und schnell aktivierbares Schamerleben oder Minderwertigkeitserleben gehören zum Alltag. Die maladaptive Verarbeitung negativer emotionaler Zustände im Sinne des »Ertragens« ist nach heutigem Verständnis eher Ausdruck einer zu hohen Intensität der negativen Emotion für die jeweilige Person. Dabei ist es eben nicht möglich, sich kompensatorisch zugunsten anderer Grundbedürfnisse zu verhalten. Das »Ertragen« kann daher besser als eine Art emotionaler Überflutung verstanden werden, die sogar kompensatorische Verhaltensweisen hemmt.

Bewältigungsschema »Bekämpfen« Hier werden alle meist sehr aktiven Strategien, die sich gegen das negative Selbstwerterleben richten, eingeordnet. Ziel ist es, das negative emotionale Erleben (die präverbale Scham) möglichst zu bekämpfen, unspürbar oder auch für außen unsichtbar zu machen. Die Strategien gehen zumeist mit erlebtem Ärger, mit Wut, Gereiztheit, Hass oder Unzufriedenheit einher. Die sekundären Emotionen können sich sowohl nach außen (auf andere Personen) als auch nach innen (auf sich selbst) richten.

Bewältigungsschema »Vermeiden« In Bezug auf präverbales und maladaptives schamtypisches Mindererleben bedeutet dies, dass Personen bemüht sind, diesen emotional quälenden negativen »state of mind« zu vermeiden. Dabei handelt es sich zumeist um Strategien, die der Flucht dienen. Ziel ist es, weit weg zu kommen von dem negativen emotionalen Zustand. Zumeist werden diese

6.7 Die Entwicklung des Selbstwertes

Bewältigungsstrategien von Unsicherheiten und Ängsten oder überspielendem Stolz und Zufriedenheit bei Erfolg begleitet.

Innerhalb der verschiedenen Therapieansätze finden sich ähnliche Formulierungen für dieselben Strategien wieder. Synonym werden daher auch »freeze«, »fight« oder »flight« als biologisch veranlagte Notfallstrategien oder aus dem schematherapeutischen Ansatz »Unterwerfung«, »Überkompensation« oder »Vermeidung« (z. B. Jacob u. Arntz 2011) genutzt. *Bei einem emotional negativen Selbstkonzept bemüht sich also der Organismus, ein inneres Gleichgewicht durch die oben beschriebenen Strategien herzustellen.* Diese werden auch als explizite Motive des Selbstwertes bezeichnet. Sie beinhalten zumeist übernommene Zuschreibungen, Werte, Ziele einer Person, mit denen sich die Person identifiziert.

In Bezug auf das präverbale Schamerleben, das Minderwertigkeitsgefühl, geschieht dies zumeist dadurch, dass die bereits vermittelten Werte, Zuschreibungen und Erwartungen als Zielvorstellung für ein idealisiertes Selbst genutzt werden. Eine scheinbare Rettung besteht darin, den übernommenen Werten, Normen und Vorstellungen zu entsprechen und damit endlich ein akzeptabler Mensch zu sein. Dieser Zielzustand wird vor allem mit einem angenehmen emotionalen Erleben assoziiert und antizipiert. Sachse (2007, 2004, 2002) bezeichnet dieses Selbstwerterleben als positiven »state of mind« (vgl. dazu auch ▶ Kap. 10.4.2). Einzelne positive Erfahrungen und Erlebnisse in diese Richtung werden im Sinne einer positiven (intermittierenden) Verstärkung als Bestätigung verstanden. Im analytischen Kontext entspricht dieser Zustand etwa dem Ideal-Selbst bzw. Ideal-Ich. Personen erleben sich dabei als emotional positiv, sie haben Zugang zu positiven Gedächtnisinhalten und sind insgesamt eher für Annäherungen zugänglich.

Es liegt in der Natur des Menschen, positive emotionale Zustände erhalten und vor allem wiedererleben zu wollen. Daher ist verständlich, dass Menschen mit einem negativen präverbalen Scham- und einem geringen Selbstwerterleben sehr darum bemüht sind, sich in eine angenehme emotionale Situation zu versetzen. Das kann konkret bedeuten, dass viel über Erfolge gesprochen oder eigene Vorteile und/oder besonderes Wissen betont werden. Ebenso ist es hilfreich, sich so zu verhalten, dass das positive Selbstkonzept auch von außen aktiviert und stabilisiert wird. Oder man bemüht sich, andere Menschen über vielfältige Vorgehensweisen dazu zu bringen, die eigenen Vorteile anzusprechen. Das soziale Umfeld wird dabei als Publikum wahrgenommen und erlebt sich durchaus auch als manipuliert.

Eine andere Verhaltensweise besteht darin, durch Gereiztheit, Ärger und Wut andere auf Distanz zu halten. Innerhalb dieses emotionalen Erlebens erfahren sich Menschen als energievoll und stark. Das ist im Vergleich zum maladaptiven Schamgefühl der deutlich angenehmere Zustand. Bereits Lewis (1971) beschreibt die »shame-rage spiral«, also den Versuch von Menschen, den quälenden Schamgefühlen zu entkommen. Dabei treten Scham und Wut zwar oft zeitgleich auf, die Wut nimmt jedoch im Verlauf überhand. Scham korreliert mit Wut, Feindseligkeit und der Neigung, zu externalisieren. Dies sind potenzielle Möglichkeiten, außerhalb der eigenen Person Gründe und Menschen für eigenes beschämendes Unglück verantwortlich zu machen. Das geschieht oft wissend, dass sich die Wut mittel- und langfristig negativ auf die eigene Person und die Beziehungen zu anderen auswirkt (u. a. Andrews et al. 2000; Tangney u. Dearing 2002; Harper u. Arias 2004). Scham begünstigt also wütende und aggressive Impulse, die der Verteidigung und dem sozialen Rückzug dienen.

Das angenehme, positive Erleben des eigenen idealisierten Selbst kann über sogenannte Annäherungsziele (perfekt/toll/großartig/erfolgreich/besonders/einzigartig sein wollen) erreicht werden. Die Ziele orientieren sich dabei an den internalisierten Werten und Normen. Die Annäherungsziele sind zusätzlich mit dem bereits beschriebenen emotionalen Erleben assoziiert. Menschen mit Narzisstischer und Anankastischer Persönlichkeitsstörung haben in erster Linie Annäherungsziele, die dem Ideal-Ich oder positiven »state of mind« entsprechen. Sich durch Verhaltensweisen diesem Ideal anzunähern, gar diesem zu entsprechen, wird als selbstwertstärkend erlebt. Aber auch Vermeidungsziele (verhindern, dass man beschämt wird, dass die eigene Schwäche/Unzulänglichkeit erkannt wird) können das Erleben von der primären Scham verhindern und verhaltenssteuernd sein.

Insgesamt ist jedoch das eigene Wohlbefinden bei Vermeidungszielen reduziert, da im Hintergrund das quälende emotionale Erleben spürbar ist und man sich mithilfe der Strategie gerade eben nur »gerettet« hat. Menschen mit einer Borderline-Störung, einer Selbstunsicheren oder Dependenten Persönlichkeitsstörung sind eher darum bemüht, das Schlimmste zu vermeiden (vgl. dazu ▶ Kap. 8.2.8). Sie handeln im Sinne von Vermeidungszielen, zumeist mit dem beklemmenden emotionalen Erleben im Hintergrund und manchmal impulsiven Verhaltensweisen im Vordergrund. Allen gemeinsam ist jedoch, dass Schamempfinden und -erleben den Kern für empfundene Minderwertigkeit und ein geringes Selbstwerterleben darstellt. Dabei handelt es sich anfangs um präverbale Scham, die zumeist durch weitere Erfahrungen und Interaktionen als maladaptives Schamerleben ausgeformt und verfestigt wurde.

Zusammenfassung

- Frühe präverbale Scham ist die emotionale Grundlage für später ausgeformtes maladaptives Schamerleben und eine hohe Schamneigung.
- Die hohe Intensität der emotionalen Reaktion setzt sich aus der Summe des aktuellen Schamerlebens und erinnerter Scham zusammen, bei zeitgleich vorhandenen Emotionsregulationsdefiziten, weshalb Scham überflutet und lähmt.
- Der hemmende und blockierende Charakter präverbaler und maladaptiver Scham bewirkt den Rückzug aus der Realität vor weiteren Abwertungen und ungünstigen Erfahrungen.

6.7 Die Entwicklung des Selbstwertes

- Die grundsätzliche Motivation eines Menschen, belastende und schmerzhafte emotionale Zustände zu vermeiden, ist auch bei Scham- und einem geringen Selbstwerterleben gültig.
- Maladaptives Schamerleben zeichnet sich durch anhaltende und wiederholte negative Kognitionen in Bezug auf das eigene Selbst aus.
- Zusätzlich versuchen Menschen eine Aktivierung von Scham- und Minderwertigkeitserleben von außen zu verhindern.
- Bei einem emotional negativen Selbstkonzept bemüht sich der Organismus, durch Kompensationsstrategien ein inneres Gleichgewicht herzustellen.
- Selbstbilddiskrepante Handlungen oder Erlebnisse aktivieren jedoch bei allen Menschen Scham.

Intensives Schamerleben führt in der Folge zu einer überhöhten Sensibilität und Angst vor sich selbst. Maladapative Scham geht einher mit der Tendenz zum inneren Rückzug. Die Anlassinstanz für weitere Beschämungen ist dann die Person selbst. Anhand internalisierter Erwartungen, Normen und Werten kann es im Alltag immer wieder zu ungünstigen Rückkopplungen bei nicht erreichten Zielen kommen. Das Resultat ist im Zweifelsfall, »wieder als Mensch nicht akzeptabel zu sein« oder dass »einzelne Teile der Person nicht liebenswert« sind. Scham kann auch aufgrund von gescheiterten Beziehungen außerhalb des eigenen Familiensystems auftreten und hat damit Auswirkungen auf den Selbstwert sowie das Selbstwirksamkeitserleben. Menschen mit maladaptiver Scham schämen sich ebenso oft ihrer eigenen Bedürfnisse. Dies verhindert auch, die eigenen Bedürfnisse überhaupt wahrzunehmen, anzuerkennen, zu äußern und/oder zu akzeptieren. Dies stellt eine weitere massive Beeinträchtigung des Selbstwirksamkeitserlebens dar. Die Angst, so schlecht zu sein, dass man sich nicht in Beziehungen begeben darf.

6.7.2 Selbstwertquellen und Scham

Menschen haben individuell verschiedene Selbstwertquellen. Was den eigenen Selbstwert stärkt, orientiert sich auch an internalisierten Werten und Normen, Erwartungen und Zuschreibungen (vgl. dazu ▶ Kap. 6.5.3). Insgesamt ist davon auszugehen, dass mehrere Selbstwertquellen für ein stabiles Selbstwertkonzept benötigt werden. *Der Selbstwert und das Selbstwirksamkeitserleben sind positiver und stabiler, je mehr flexible Selbstwertquellen vorhanden und zugänglich sind.* Je nach Geschlecht, Erfahrungen im Leben, kulturellem und religiösem Kontext haben die Quellen jedoch für Personen, deren Selbstwert und dessen Ausprägung unterschiedliche Bedeutungen. Im Laufe des Lebens kann sich die Bedeutung von Selbstwertquellen verändern, neue selbstwertstärkende Säulen kommen dazu. *Das Wissen um die eigenen individuellen Selbstwertquellen führt auch zu Selbstachtung und Selbstakzeptanz.*

Eine wichtige stabilisierende Selbstwertquelle bei Frauen ist z. B. die soziale Einbindung. Daher ist die Art und Weise sowie der Erfolg über die Gestaltung sozialer Kontakte besonders relevant. Männer fokussieren aufgrund ihrer Erziehung tendenziell eher auf Leistungen und daraus resultierende Ergebnisse. Das Selbstwerterleben ist durch Leistungsstreben stabilisierbar, sofern entsprechende Fähigkeiten und Fertigkeiten vorhanden und Erfolge zu verzeichnen sind. Der Selbstwert ist damit aber auch anfälliger, wenn nämlich Fähigkeiten kaum ausgeprägt sind oder gar fehlen und dadurch Misserfolge entstehen. Zudem ist das Selbstwerterleben gefährdet, wenn Leistungen und Erfolge ausbleiben oder die einzige Grundlage für die eigene Stabilisierung darstellen. Selbstbehauptung kann jedoch stattfinden, wenn Menschen sich darauf konzentrieren, die Leistungen durch Anstrengungen und Übungen dennoch zu erreichen. *Sind jedoch wichtige selbstwertstabilisierende Quellen nicht verfügbar, kann es zu einem Verlust von Selbstwerterleben kommen.* Die Suche nach neuen Selbstwertsäulen stellt daher gerade in Krisensituationen eine große Herausforderung dar.

Allgemein gilt Schamerleben als Verbindungsbrücke zwischen dem eigenen Selbst und dem sozialen Umfeld. Im emotionalen Erleben präverbaler und maladaptiver Scham sind zudem Erfahrungen darüber verankert, wer man selbst ist bzw. was einem als Person zugeschrieben wurde. Dazu gehört auch das implizite emotionale Wissen, ob das eigene Selbst innerhalb von nahen Beziehungen angenommen oder abgelehnt wurde/ist (▶ Kap. 6.2.1). Die Emotion Scham, genauer: die Vermeidung von emotionalem Schamerleben stellt vor diesem Hintergrund auch eine Quelle von Veränderungsmotivation dar. Uns zu verändern, dem anzunähern, was zum Ideal-Ich passt, fördert die Entwicklung der eigenen Integrität und des Selbstwertes.

Die Emotion Scham stellt jedoch ebenso den Kern für empfundene Minderwertigkeit und ein geringes Selbstwerterleben dar. Eine typische Selbstwertquelle ist in diesem Fall das Streben in Richtung übernommener Werte und Normen bzw. des Ideal-Ichs. Die Orientierung an den übernommenen Erwartungen und Normen verhindert aber, dass Menschen eigene Wertesysteme und weitere Selbstwertquellen entwickeln. *Die Fokussierung auf die übernommene Sicht, wann eine Person akzeptabel und liebenswert ist, dient als Unterstützung und lenkt vom eigenen Schamerleben ab.* Jedoch entstehen dabei eher starre und unflexible Denkstrukturen. Typischerweise äußern Menschen eher Kognitionen, die sich auf diese Normen und Werte beziehen. Die Kognitionen stehen in Bezug auf den unbedingt zu erreichenden Selbstwert, der wiederum als Ausdruck für die Akzeptanz der gesamten Person dient. Unterschiedliche Bereiche des Selbstwert- und Selbstwirksamkeitserlebens sind dabei im Mittelpunkt und haben bereits Bezug zu dem internalisierten Wertesystem.

Aufbau des Selbstwertes Beispielsweise helfen dabei konkrete Leistungserwartungen an sich selbst: »Wenn ich es schaffe, die Doktorarbeit zu schreiben, dann bin ich wirklich gut« oder »Ich muss unbedingt eine gute Note erreichen«. Dabei entwickeln die Personen zumeist einen ausgeprägten Ehrgeiz und sind wenig selbstfürsorglich im Umgang mit sich.

6.7 Die Entwicklung des Selbstwertes

Erhalt des Selbstwertes Dazu gehören neben (gezeigten) wichtigen Statussymbolen auch Äußerungen über die eigene Ehre, Würde oder den Stolz: »Das habe ich nicht nötig«, »So darf niemand mit mir umgehen« oder »Ich habe auch meinen Stolz«. Das Selbstwerterleben scheint häufig fragil, indirekt bedroht und braucht im Rahmen von häufigen Selbstverbalisationen guten Zuspruch.

Weiterentwicklung des Selbstwertes In diesem Fall haben die Personen immer etwas zu tun, noch zu erledigen, sich um etwas zu kümmern. Häufig stellen andere Menschen dann die Frage »Wann ist nun endlich genug?«, denn die Personen kommen eigentlich nicht zur Ruhe. »Nur noch dieses Projekt abschließen, dann ist es wirklich gut«, »Nach der Promotion möchte ich noch habilitieren und die universitäre Karriere anstreben«. Nach der beruflichen Karriere richtet sich der Fokus dann auf die private Weiterentwicklung, denn auch Familie und Kinder sind wichtig, und so gibt es immer etwas, woran man sich und die eigene Identität weiterentwickeln kann.

Das Fokussieren der Aufmerksamkeit auf die eigene Person führt jedoch zur Verminderung der Lösungsfähigkeiten für schwierige Situationen. Hierin liegt wiederum eine Gefahr für das Erleben von Niederlagen und persönlichen Misserfolgen. *Komplexe soziale Situationen werden daher als potenziell belastend erlebt, bei gleichzeitig hoher Erwartung an sich und das eigene Verhalten. Das Selbstwerterleben baut zumeist ausschließlich auf das erfolgreiche Bewältigen der sozialen Interaktionen.* Kleinere Fehlschläge des Alltags oder Abweichungen vom gewünschten Verhalten führen in der Folge zu anhaltenden Grübeleien als Ausdruck des eigenen Schamerlebens. Durch die Grübeleien und den inneren Rückzug wird das quälende emotionale Erleben aufrechterhalten. Vergleiche mit dem Ich-Ideal bzw. den Inhalten des positiven »state of mind« führen zu weiteren Frustrationen, da diesen überhöhten Ansprüchen kaum entsprochen werden kann. Es kommt zu einer lange anhaltenden emotionalen Aktivierung von Scham – statt einer kurz auftauchenden, situativ angemessenen Emotion im Alltag. Die Fähigkeiten, das innere emotionale Erleben angemessen zu regulieren, sind dabei wenig ausgeprägt.

Eine angemessene Emotionsregulation stellt aber auch eine elementare Selbstwertquelle dar. Emotionale Impulse zu beherrschen, einen angemessenen Umgang mit dem eigenen emotionalen Erleben zu finden ist für vielen Menschen Ausdruck eines stabilen Selbstwerterlebens. Handlungsorientierte selbstwertstabile Menschen verfolgen tendenziell eher Ziele, die zu ihrem impliziten emotionalen Erleben passen. Sie verfügen dabei auch über die entsprechenden Fähigkeiten, aktuell auftauchendes Erleben und situativ resultierende unangenehme Emotionen zu regulieren. Zu einem guten Selbstwirksamkeitserleben gehört es daher, Zustände von Anspannung und Entspannung selbst herstellen und regulieren zu können. Wichtig für einen gesunden Selbstwert ist es, auch in der Entspannung oder situativen Anspannung angemessene Ziele an sich selbst zu generieren.

Präverbales und maladaptives Schamerleben ist weiterhin als ein implizites emotional repräsentiertes Motiv zu verstehen (vgl. dazu ▸ Kap. 2.3.1). *Die übernommenen, erworbenen Werte und Normen bilden im Laufe des Lebens ein ergänzendes, vornehmlich kognitives Motivationssystem. Dieses Motivationssystem wird als eine Selbstwertquelle verstanden.* Es enthält externe und interne Ziele für die eigene Identitätsentwicklung. Diese Ziele zu erfüllen kann frühere Scham überformen und umwandeln. So entsteht unter günstigen Voraussetzungen dennoch ein relativ stabiles Selbstwerterleben. Wichtige Grundlagen sind vorhandene Fähigkeiten sowie eine ausreichende Entwicklung der kognitiven Fähigkeiten und der Sprache. Damit besteht die Möglichkeit, das eigene Verhalten in Übereinstimmung mit kulturellen und sozialen Werten zu bringen. Vorausschauendes Planen und Reflektieren stellen weitere Voraussetzungen dar. Resultierende erfolgreiche Interaktionen, in denen es gelingt, eigene Bedürfnisse angemessen zu befriedigen, vermitteln wichtiges Selbstwirksamkeitserleben.

Im Fall maladaptiven Schamerlebens zeichnen sich die Ziele jedoch meist durch sehr hohe, kaum zu erreichende Maßstäbe an die eigene Person aus. Einerseits sind die Ziele weiterhin eine wichtige Motivationsgrundlage und als Selbstwertquelle zu verstehen. Andererseits können die Ziele meist nur durch intensivste Anstrengungen erreicht werden. Ist das Ziel erreicht, entsteht ein sehr positives emotionales Erleben. Jedoch hält dies oft nur kurz an und ist zeitgleich mit dem hohen Anspruch verbunden, das erreichte Ziel dauerhaft zu halten. *Die Selbstwertquelle der übernommenen internalisierten Werte und Normen hat also ihre Tücken und hohe Folgekosten für die Identitätsentwicklung.*

Unerfüllbare Erwartungen und Anforderungen an sich selbst führen häufig zu Misserfolgen und inneren Niederlagen. Manche Menschen geben aufgrund eines solchen anhaltenden Misserfolgserlebens völlig auf, sich weiterzuentwickeln. Sie bleiben »lieber« im eigenen quälenden Schamerleben gefangen. Der Umgang damit scheint weniger schmerzhaft, als sich Misserfolgen und Versagen zu stellen. Scham korreliert positiv mit Depressivität und negativ mit dem eigenen Selbstwertgefühl (Kronmüller et al. 2008; Lewis 1986). Menschen mit präverbaler und maladaptiver Scham neigen dazu, zu hohe Erwartungen und Anforderungen an sich (und andere) zu stellen. *Antizipierte Interaktionen oder imaginierte Geschehnisse können bei Menschen mit Selbstwertproblemen bereits zur Vorwegnahme von Misserfolgen und zu einem Versagen in sozialen Situationen führen.* Ein Phänomen, das bei Patienten mit sozialer Phobie neben den Ängsten im Vordergrund steht. Die Grundlage dafür ist das im Hintergrund aktivierte Schamerleben, was durch die gedankliche Auseinandersetzung erneut Scham auslösen kann, selbst wenn man mit sich alleine ist. Ein Thema, das auch Menschen mit geringem Selbstwerterleben betrifft. Ein Teil der Problematik liegt jedoch darin, dass das gedankliche Vorbereiten auf kommende Interaktionen eigentlich vor Beschämungen und Niederlagen schützen soll.

Allgemein stellt Stolz- und Selbstwirksamkeitserleben eine wichtige Selbstwertquelle dar. Stolz ist zumeist der Ausdruck einer kognitiven Bewertung über günstiges Verhalten (Verhaltensstolz) oder über sich als gesamte Person (Selbststolz)

6.7 Die Entwicklung des Selbstwertes

(► Kap. 5.6). *Stolzerleben ist immer dann besonders hilfreich, wenn der Selbstwert bedroht ist bzw. eine Stabilisierung braucht.* Ein Zusammenhang zwischen Selbststolz und Scham bei Jugendlichen konnte in einer Studie (Kronmüller et al. 2008) nachgewiesen werden. Dieser Zusammenhang konnte bei Erwachsenen nicht bestätigt werden. *Der eigentlich hemmende Charakter von maladaptiver Scham verhindert, dass positive Gefühle wie Stolz, Freude, Neugierde, Interesse etc. erlebt werden können.* Das Selbstwirksamkeitserleben ist daher gefährdet, da auch Selbstfürsorge und resultierendes emotionales Erleben als wichtige Selbstwertquellen keine ausreichende Bestätigung liefern.

In der Studie von Kocherscheidt et al. (2002) konnte weder bei Patienten noch bei Studierenden ein Zusammenhang zwischen Scham und Selbststolz ermittelt werden. Eine Erklärung kann das theoretische Modell des doppelten Selbstwertkonzeptes von Sachse anbieten (Sachse 2007, 2004, 2002; vgl. ► Kap. 10.4.2 und ► Kap. 10.4.1). Der negative »state of mind« und der positive »state of mind« sind zwei emotional deutlich voneinander getrennte und erlebte Zustände einer Person. Die beiden »states« haben keine Verbindung untereinander. Entweder ist der positive oder der negative Zustand aktiv. Korrigierende Rückkopplungsprozesse zwischen Selbststolz und Scham sind so unmöglich.

Menschen mit maladaptivem Schamerleben besitzen zudem nur mangelhafte Emotionsregulationsfähigkeiten. Die Korrekturen der beiden unflexiblen Zustände können auch deshalb nicht stattfinden, weil aktivierte maladaptive Scham von Personen immer als überflutend und einnehmend wahrgenommen wird. Der empfundene Stolz des positiven Zustands stellt daher nur eine Art Schutzmechanismus vor dem Entdecktwerden in der eigenen Unzulänglichkeit dar. Die Angst vor einer potenziellen Demütigung »in der Unzulänglichkeit als Person« verhindert auch das wirkliche Gesehenwerden als Mensch mit Stärken und Schwächen. Stolz stellt in diesem Fall also keine Selbstwertquelle dar. Insgesamt stellt sich daher auch die Frage, ob das Stolzerleben von Patienten mit einer Narzisstischen Persönlichkeitsstörung als Symptom oder als Ausdruck einer Selbstwertthematik verstanden werden kann.

Situativ angemessenes Schamerleben ist adaptiv. *Die Sicherheit im Umgang mit angemessenen Schamgefühlen begünstigt die Entwicklung von Selbstachtung und fördert die Entstehung von wertebezogenem Stolz.* Zur Entwicklung eines gesunden, flexiblen Selbstwertkonzeptes gehört es, die eigenen Selbstwertquellen zu kennen und Selbstwirksamkeit im Umgang mit eigenen Bedürfnissen in sozialen Interaktionen zu erreichen. Im optimalen Fall kommt es im Laufe des Lebens immer wieder zu Erfahrungen von angemessenem Stolz, erlebter Wertschätzung und Würde sowie zu einem hilfreichen, flexibel handhabbaren Ehrgefühl. All diese Erfahrungen und Erlebnisse bieten dann wiederum eine Hilfestellung bei der Weiterentwicklung und Stabilisierung eines guten Selbstwertkonzeptes. Durch veränderte Werte- und Normensysteme können auch das Selbstwertkonzept und seine Quellen modifiziert werden und so überlebenswichtige Veränderungen initiieren.

Zusammenfassung

- Der Selbstwert und das Selbstwirksamkeitserleben sind umso positiver und stabiler, je mehr flexible Selbstwertquellen vorhanden und zugänglich sind.
- Das Wissen um die eigenen individuellen Selbstwertquellen führt auch zur Selbstachtung und Selbstakzeptanz.
- Sind wichtige selbstwertstabilisierende Quellen nicht verfügbar, kann es zu einem Verlust von Selbstwerterleben kommen.
- Präverbales und maladaptives Schamerleben führt dazu, dass Personen nur wenige Selbstwertquellen zur Verfügung haben und diese sehr fokussieren.
- Die Fokussierung auf die übernommene Sicht darauf, wann eine Person akzeptabel und liebenswert ist, dient als Unterstützung und lenkt vom eigenen Schamerleben ab.
- Selbstwertquellen, die maladaptiver Scham zugrunde liegen, sind übernommene, erworbene Werte und Normen im Rahmen eines vornehmlich kognitiven Motivationssystems.
- Übernommene und internalisierte Selbstwertquellen führen zu einer großen Anstrengung bei der Erreichung von Zielen und haben hohe Folgekosten für die Identitätsentwicklung.
- Präverbale und maladaptive Scham verhindert, dass natürliche Selbstwertquellen wie Stolz, Selbstfürsorgestrategien und emotional positive Rückkopplungsprozesse eines guten Selbstwirksamkeitserlebens genutzt werden können.
- Gute Emotionsregulationsfähigkeiten bilden eine Selbstwertquelle. Menschen mit präverbaler und maladaptiver Scham haben jedoch eingeschränkte Emotionsregulationsfähigkeiten.
- Die Sicherheit im Umgang mit angemessenen Schamgefühlen begünstigt die Entwicklung von Selbstachtung und fördert die Entstehung von wertebezogenem Stolz.

7 Vergleich von Schuld und Scham

Scham und Schuld klar voneinander abzugrenzen bereitet sowohl in der Forschung und Lehre als auch in der Praxis immer wieder Schwierigkeiten. Laut Olthof et al. (2004) gibt es bisher keine Studien, die Situationen eindeutig identifizieren, die ausschließlich mit Schulderleben einhergehen. Scham oder auch Trauer scheinen immer begleitende Emotionen zu sein. *Die theoretischen Konstrukte der Emotionen Scham und Schuld zeigen immer auch Überschneidungen.* So ist zu vermuten, dass eindeutige schuld- oder schaminduzierende Situationen unter Laborbedingungen kaum erzeugbar sind. Zusätzlich führen die Komplexität sowie die vielen gemeinsamen Aspekte der Emotionen auf kognitiver und emotionaler Ebene vermutlich dazu, dass Schamerleben auch Schuld aktiviert und umgekehrt. Bei beiden Emotionen lassen sich neben negativen Selbst- und Verhaltenseinschätzungen physiologische Anspannungen sowie bedrückendes subjektives Empfinden ausmachen. Manche Forscher berichten auch, dass Scham und Schuld mit ähnlicher Mimik einhergehen (z. B. Tomkins 1964).

7.1 Unterschiede zwischen Schuld und Scham

Trotz der Gemeinsamkeiten werden nach heutiger Meinung sowohl in der Forschung als auch im therapeutischen Alltag Scham und Schuld voneinander unterschieden. Es gibt dabei mehr als nur phänomenologische Unterschiede. Scham geht einher mit dem Sich-bloßgestellt-Fühlen und dem Gefühl, sich als Mensch unzulänglich zu erleben. Schuld wird bei Verfehlungen, Handlungen, die bei anderen Personen Schaden verursachen, aktiviert. Beide Emotionen sind bewusste Emotionen, weil sie Ergebnisse von reflektierenden Gedankenprozessen über sich selbst sind (Dost u. Yamurlu 2008). Einen wichtigen Beitrag zur Unterscheidung von Scham- und Schuldemotionen leistete H. B. Lewis (1971). Die Konzeption gilt noch heute als gängiges Paradigma, und so beziehen sich die meisten Forschungsansätze darauf.

Das integrierte und ausgeformte Selbst eines Menschen wurde zum wesentlichen Unterscheidungsmerkmal zwischen Scham und Schuld. Dies gilt bis heute als das Paradigma zur Unterscheidung von Scham und Schuld. Scham wird dann aktiviert, wenn der Misserfolg dem gesamten Selbst/der Person zugeordnet wird. Entsprechend erlebt die Person eine Wert- und Machtlosigkeit sowie sich selbst, im Gegensatz zu anderen Menschen, als klein und defizitär. Rückzugstendenzen lassen sich auch aus dem emotionalen Ausdruck ableiten – z. B. der niedergeschlagene Blick und der gesenkte Muskeltonus im Schulter-Nacken-Bereich. Die eigene Aufmerksamkeit wird auf sich als Person, auf das Selbst fokussiert.

Schuld greift das Selbst keinesfalls an, sondern resultiert aus der negativen Bewertung eigenen Verhaltens und Handelns. Wesentlich scheint der motivierende adaptive Charakter von Schulderleben (Tangney et al. 2007). Die Forschergruppe um Tangney hat das Konzept von Lewis aufgegriffen und weiter ausgebaut. Die Auffassung, dass Schuld einen funktionalen adaptiven Charakter hat, wird geteilt, sofern es sich nicht um maladaptives, dysfunktionales Schulderleben handelt (► Kap. 5.1.8). Verschiedene Autoren haben mit recht guten Ergebnissen bereits die diskriminante Validität von Scham und Schuld in Studien nachgewiesen (u. a. Tangney et al., 1995; Kocherscheidt et al. 2002; Tracy u. Robins 2006).

In ► Tab. 7-1 sind Schuld und Scham unter Berücksichtigung verschiedener Aspekte in ihrer Unterschiedlichkeit gegenübergestellt. Ausführlichere Beschreibungen zu diesen Emotionen sind in den ► Kap. 5 und 6 zu finden.

Tab. 7-1 Übersicht: Vergleich von Schuld und Scham

	Schuld	Scham
Subjektiv-empfindende Komponente	• Aufregung, in Sorge sein, beängstigend, sich schuldig fühlende • ggf. Bestrafungsängste	• Quälend, lähmend, teilweise sehr schmerzhaft • Sich klein/wertlos/machtlos/bloßgestellt/minderwertig/ohnmächtig/hilflos/inkompetent fühlen
Somatische Komponente	• Keine besonderen Kennzeichen, jedoch eine allgemeine Aktivierung der visceralen und muskulo-skelettalen Systeme	• Blutzufuhr im Kopfbereich/Gehirn kurzfristig verändert → Erröten/blass werden, eingefrorene Mimik • Kopf/Blick senkt sich • Schultermuskulatur verliert an Spannung • Physiologische Besonderheit im Sinne einer Immunreaktion (Proinflammatorische Cytokin-Aktivität) – kann langfristig zu gesundheitlichen Beeinträchtigungen führen
Kognitive Komponente	• Bezieht sich auf das eigene Verhalten • Sorge, anderen Schaden zugefügt zu haben • Gedanken an möglichen Beziehungsverlust	• Bezieht sich auf die gesamte Person • Wenige und wenig differenzierte Kognitionen • Sich selbst als Gesamtes infrage stellen

7.1 Unterschiede zwischen Schuld und Scham

Tab. 7-1 (Fortsetzung)

	Schuld	Scham
Motivationale Komponente	• Aktivierend zugunsten der Verantwortungsübernahme • Fehler eingestehen • Entschuldigungen, Wiedergutmachungen, Ausgleich, Reue, Bedauern	• Passives Rückzugsverhalten • In-sich-gekehrt-Sein • Sich als gesamte Person verantwortlich fühlen • Selbstzweifel • Grübeln, Ruminieren • Wenig Aufnahmekapazitäten für Informationen von außen
Typische Attributionen	• Internal, unstabil und spezifisch auf eigenes Verhalten bezogen • Ereignisse müssen durch Person als kontrollierbar erlebt werden	• Internal, dauerhaft und auf die gesamte Person bezogen
Selbstwertbezogene Kognitionen	• Selbstwerterhaltende Gedanken • Ursprüngliche Absicht verdeutlichen	• Globale Entwertung des eigenen Selbst • Abwertungen, sich selbst beschämen
Strategien im Umgang mit der Emotion	• Insgesamt eher konstruktive Reaktionen • Aktiviert die Fähigkeit nach konstruktiven Lösungen unter Berücksichtigung von Selbstvertrauen • Suche nach Gründen, die das Verhalten erklären • Wunsch, es ungeschehen zu machen • Schuld gestehen	• Erhöhte Selbstaufmerksamkeit • Flucht und Rückzug aus der aktuellen Situation • Problemlösefähigkeit manchmal kaum zugänglich, wenn der Selbstwert und Selbstwirksamkeit bedroht sind • Als Person unsichtbar sein wollen • Sich verstecken wollen • Emotional von sich selbst distanzieren durch kognitive Bewertungsprozesse
Erleben des Gegenübers	• Ärger, Unzufriedenheit, Wut	• Mitleid, Mitgefühl • Kurzfristiger Verlust von Bindungserleben im Kontakt • Selbst Scham fühlend • Bei nicht vorhandener positiver Bindung auch Schadenfreude

Tab. 7-1 (Fortsetzung)

	Schuld	Scham
Soziale Aspekte	• Aktiviert Empathie zugunsten der Person, die Schaden erlitten hat • Rückversicherungen zugunsten der Bindung des Gegenübers	• Sich einsam, abgelehnt und isoliert erleben • Währenddessen reduzierte Empathiefähigkeit • Soziale Situationen werden schnell als komplex und überfordernd erlebt
Entwicklungspsychologische Aspekte	• Genetisch bedingte Verletzlichkeit/Präverbale Schuldgefühle ab dem 2. Lebensjahr • Ausformung des Schulderleben ab dem 3./4. Lebensjahr • Unterscheidung von Scham und Schuld im Kindergartenalter möglich	• Genetisch bedingte Verletzlichkeit/Präverbale Scham im 1. Lebensjahr erkennbar, im 2. Lebensjahr eindeutig • Ausformung von Schamerleben ab dem 2. Lebensjahr
Neurobiologische Aspekte	• Genetischer Einfluss vermutet	• Genetischer Einfluss vermutet
Geschlechtsspezifische Aspekte	• Frauen erleben eher Trennungsschuldgefühle, Schuldgefühle aus Verantwortung und Bindung heraus • Männer haben in frühen Jahren weniger Schuldempfinden – später entwickeln sie mehr Schuldgefühle • Männer erfahren eher Schuld, wenn sie Leistungen wie die Versorgung der Familie nicht erbringen können	• Frauen erleben häufiger Scham als Männer • Frauen schämen sich häufiger für empfundenen Ärger/Wut • Männer reagieren nach außen eher aggressiv, feindselig und misstrauisch
Systemisch kulturelle Aspekte	• Anerkennen von kulturell vorherrschenden internalisierten Werten, Normen, Regeln, Grenzen	• Anerkennen von kulturell vorherrschenden internalisierten Werten, Normen, Regeln, Grenzen
Konstruktive Aspekte	• Soziales Gefühl, das die optimale Gestaltung zwischenmenschlicher Kontakte unterstützt • Sichert Anpassungsprozesse	• Soziales Gefühl, das die optimale Gestaltung zwischenmenschlicher Kontakte unterstützt • Sichert Anpassungsprozesse

Tab. 7-1 (Fortsetzung)

Schuld	Scham
• Motiviert zu Veränderungen/ Ausgleich/Entschuldigungen/Wiedergutmachungen • Schutz der Grenzen des anderen • Schutz vor Bindungsverlust	• Motiviert zu Veränderungen • Schutz der eigenen Grenzen • Zeigt eine moralische Gesinnung an • Fördert die Entwicklung von Ehre, Würde, Stolz

7.2 Zusammenhänge zwischen Scham und Schuld

Zwischen Schuld- und Schamerleben gibt es neben den bereits beschriebenen konzeptionellen Unterscheidungsmerkmalen viele Zusammenhänge und Verbindungen. Insbesondere hinsichtlich des Entstehungs- und Ausformungsprozesses der Emotionen Schuld und Scham lassen sich viele Gemeinsamkeiten finden. Die Möglichkeit des Empfindens für Schuld und Scham ist die Grundlage für Anpassungsprozesse im Sinne des sozialen Verhaltens. Besonders spannend ist die Verknüpfung zwischen empathischem Empfinden für andere, moralischem Denken, internalisierten Normen und Werten sowie den erlernten Urteilen über uns und unser Verhalten.

Ebenso lassen sich die sinnvollen funktionalen Aspekte im Rahmen sozialer Einbindung als wesentlich übereinstimmend herausstellen. Beide Emotionen, das Empfinden für Schuld und Scham, sind ein wichtiger Bestandteil zur angemessenen Gestaltung sozialer Kontakte. Sowohl Scham als auch Schuld dienen dem Erhalt von sozialen Beziehungen, der Herstellung eines harmonischen Gleichgewichts zwischen Menschen. Beide Emotionen sichern das Überleben, denn scham- und schuldloses Verhalten führt im schlimmsten Fall zur Ausgrenzung aus einem sozialen Umfeld. Zu früheren Zeiten war damit das Überleben tatsächlich gefährdet.

Soziale Emotionen entstehen im Alter von etwa 2–3 Jahren. Dazu gehören auch Schuld und Scham. *Grundlage für das emotionale Erleben bildet die Reifung der eigenen Identität und Individualität.* Das Bewusstwerden von Unterschieden und Grenzen zu anderen Personen, anfangs den Eltern, ist ein wesentlicher Aspekt für die eigene Identitäts- und Individualitätsentwicklung. Damit einher gehen auch die Erkenntnisse, dass es andere Menschen gibt und man selbst zu ihnen in einer Verbindung steht. Diese Verbindung ist anfangs durch starke Abhängigkeit geprägt. Ängste vor dem Verlust dieser überlebenswichtigen Verbindung stellen erste Emotionen dar. *Präverbale Scham und Schuld sind erste Differenzierungsemotionen in sozialen Bindungen.* Insgesamt sind diese Prozesse und das Empfinden jedoch wenig spezifisch, sondern vorerst durch körperliche und mimische Veränderungen gekennzeichnet.

Der Wunsch nach einem respektvollen Miteinander begleitet alle Menschen. *Sich sichtbar zu schämen oder schuldig zu zeigen vermittelt anderen Menschen individuelle Erkenntnisse über die eigene Person.* Das können Eindrücke dessen sein, was der Anlass für das emotionale Erleben war, welche Werte und Normen akzeptiert sind und ob das Miteinander der Person überhaupt wichtig ist. Auch deshalb gehören Scham und Schuld zu den sozialen Emotionen. Das Miteinander ist im Wesentlichen erleichtert, da Mitmenschen sicher sein können, dass ihre Grenzen gewahrt werden und bei Fehlverhalten ein Ausgleich im Sinne von Wiedergutmachungen oder Reue erfolgt. Werte und Normen des Miteinanders sind so ein fester Bestandteil von Interaktionen. Das Wertesystem wird gewahrt und weitervermittelt. Es dient der Motivation, sich angemessen zu verhalten.

Die später dazukommenden moralischen Grundlagen für beide Emotionen werden im Zuge hirnphysiologischer Reifungsprozesse und einhergehender kognitiver Fähigkeiten entwickelt. Hierbei spielen auch Erfahrungen, Erlebnisse und Modelllernprozesse sowie die entsprechende kognitive Verarbeitung wesentliche Rollen. Scham und Schuld richten sich auf die eigene Person und deren Verhalten. Später entstehen diese Emotionen auch, wenn Personen z. B. moralisch falsch gehandelt haben. Damit haben internalisierte moralische Werte und Normen eine ursächliche Bedeutung in der Entwicklung. Schuld und Scham werden daher auch den moralischen Emotionen zugeordnet. Scham- und Schuldempfinden führen im sozialen Umfeld zur Anerkennung als eine moralisch integere Person. Schuld und Scham werden also auch den Emotionen zugeordnet, die bei der Entwicklung und Regulierung von moralischem Verhalten notwendig sind. Solidaritätsempfinden für andere Menschen entsteht aus der Fähigkeit, deren Scham- und Schulderleben empathisch mitempfinden zu können.

Moralische Emotionen resultieren immer auch aus inneren Attribuierungsprozessen (vgl. dazu auch den Exkurs in ▶ Kap. 1). Diese werden im interpersonellen Kontext erlernt und erlebt. Dabei steht die angemessene Befriedigung eigener Bedürfnisse mit anderen Personen und durch sie im Mittelpunkt. Negativ wahrgenommene Emotionen zeigen jedoch an, dass die Befriedigung der Bedürfnisse nicht oder nicht ausreichend gelungen ist. Damit sind die Emotionen wichtige Wegweiser im Rahmen von nahen Beziehungen. *Schuld und Scham können durch ähnliche Ereignisse wie Versagen, Grenzüberschreitungen, Bewertungsprozesse von außen/innen ausgelöst werden.* Welches emotionale Erleben im Vordergrund eines Menschen steht, ist von vielen Faktoren abhängig, z. B. von kulturellen und religiösen, geschlechtsspezifischen oder familiären Prägungen. Ebenso vielfältig ist die Ausgestaltung des individuellen emotionalen Erlebens der Emotionen. Schuld und Scham zeigen sich bei uns Menschen sehr unterschiedlich und in vielen Qualitäten.

Der selbstreflexive Charakter von Schuld und Scham zeigt an, dass es um die Bewertung und Beurteilung des eigenen Verhaltens und/oder der eigenen Person geht. Beide Emotionen führen dazu, dass wir innerhalb einer Situation kurz innehalten und so unser Verhalten unterbrechen und überprüfen können (▶ Abb. 7-1). Internalisierte Werte und Normen bilden dabei die Grundlage für

7.2 Zusammenhänge zwischen Scham und Schuld

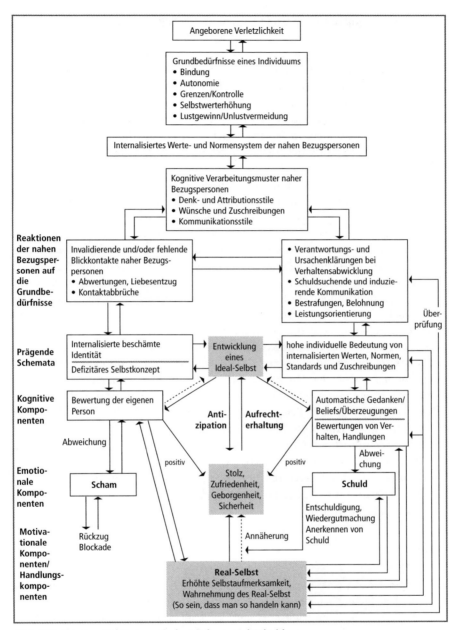

Abb. 7-1 Zusammenhänge zwischen Scham und Schuld

die Bewertungsprozesse. Sind diese gut erlernt und automatisiert verfügbar, können wir uns auch ohne Beisein anderer Menschen bewerten. Implizites Wissen ist Bestandteil für automatisierte und damit schnelle Urteilsprozesse (vgl. dazu ▶ Kap. 6.3.3). Einerseits erleichtern diese schnellen Denkstrukturen die Einschätzung und unterstützen bei wichtigen zeitnahen Korrekturen. Andererseits finden jedoch nur selten Korrekturen der erlernten Denkstrukturen statt. So kommt es meist zu ähnlichen Ergebnissen unserer selbstreflexiven Prozesse. Scham und Schuld werden daher von einigen Autoren auch selbstbewertende Emotionen, Selbstvorwurfsemotionen oder Übertretungsemotionen genannt.

In der Kindheit immer wieder erlebte Strafe, Abwertung und empfundener Liebesentzug führen häufig zu automatisierten dysfunktionalen Erwartungen seitens anderer Personen. In der analytischen Literatur findet sich dazu immer wieder die Beschreibung des internalisierten »bösen Blickes« (Wurmser 1990, 1981). Konkret bedeutet dies, dass wir erlernt haben, wie andere auf uns schauen, was und auf welche Art sie über uns denken. Im Sinne antizipierter Reaktion der Umwelt erleben Menschen auch später innerlich erneut Abwertungen und Bestrafungen – ohne dass diese real stattfinden. Dennoch führen solche dysfunktionalen kognitiven Prozesse dazu, dass es Menschen sehr schwerfällt, überhaupt eigene Bedürfnisse wahrzunehmen oder einzufordern. Sie sind in ihrem »selbst ausgelösten« Scham- und Schulderleben gefangen und machen sich dadurch schuldig, etwas in Anspruch zu nehmen. Schaffen es Personen, diese Schwelle zu überwinden, löst es ein wirkliches inneres Drama aus, wenn der andere sich ablehnend verhält oder »Nein« zu den Wünschen sagt. Daher spielen beide Emotionen bei der Entstehung und Aufrechterhaltung von psychischen Störungen eine entscheidende Rolle (vgl. dazu ▸ Kap. 8).

Selbstreflexive Emotionen gehen dabei anfangs mit emotionaler Distanzierung zugunsten der kognitiven Prozesse einher. Die Denkprozesse verursachen jedoch häufig eine ansteigende Intensität der Emotionen Schuld und Scham. Ebenso tragen kognitive Prozesse, sofern diese keine Verhaltensänderungen herbeiführen, zur Aufrechterhaltung von Ruminationen und Selbst- bzw. Verhaltensbewertungen bei. Chronisches und dysfunktionales Schulderleben hat eine enge Verbindung zu maladaptivem Schamerleben (vgl. dazu ▸ Kap. 5.1.8). Maladaptives Schamerleben fördert mehr Schulderleben, Angst, Selbstkritik und die Distanzierung zum eigenen inneren Erleben. Häufig kommt es in der Folge zu Beziehungsabbrüchen.

Exkurs
Polarität des narzisstischen Selbstwertkonzeptes

Die Kernproblematik einer narzisstischen Persönlichkeitsstruktur stellt die Polarität von narzisstischem Stolz gegenüber einer antizipierten oder realen Demütigung dar. Das System kann durch Misserfolge, Zurückweisungen, Vorenthaltungen von Anerkennungen und geäußerter Kritik ins Schwanken geraten. Rettungsversuche stellen meist die Reaktionen dar, Schuld im Außen zu suchen. Schuld über eigenes gewalttätiges Verhalten ist daher für aggressive junge Männer leichter zu ertragen als Scham (Kersten 2011). Scham bedroht zu sehr den Selbstwert und ist damit Ausdruck für zu wenig vorhandene Verarbeitungsmöglichkeiten der Emotion. Wird die Emotionsregulation, Scham zu verarbeiten, nicht vermittelt und/oder erlernt, stellt die nach außen gerichtete Aggression einen wesentlichen Kompensationsmechanismus dar. Schuld statt quälender Scham bedeutet auch, dass man

7.2 Zusammenhänge zwischen Scham und Schuld

dem nach außen sichtbaren defizitären Selbst entgehen kann. Schuldgefühle haben also eine protektivere Wirkung. Im Rahmen einer Studie von Hosser et al. (2005) zu Scham, Schuldgefühlen und Delinquenz wird u. a. eine Tendenz (jedoch ohne signifikante Ausmaße) zwischen Scham und höherer Rückfälligkeit festgestellt. Das bedeutet: Gelingt es nicht, Scham zu kompensieren oder zu regulieren, ist die Wahrscheinlichkeit für delinquentes Verhalten trotz abgegoltener Strafe weiterhin hoch.

Dysfunktionale Scham kann den Blick auf die eigenen realen Schuldanteile verstellen und stellt somit ein Entwicklungshindernis auf dem Weg zu selbstverantwortlichem und -fürsorglichem Handeln dar. Schuldgefühle offen zu zeigen und Schuld anzuerkennen beinhaltet die Erkenntnis, jemandem Schaden zugefügt zu haben. Liegt jedoch eine maladaptive Scham dahinter, hat sich der Eindruck manifestiert, man sei »nichts wert«. Es fällt durch die Fokussierung auf sich selbst schwer, sich in die Lage des anderen zu versetzen. Mit der inneren Haltung bezüglich der eigenen Wertlosigkeit wird oft die Anerkennung von realer Schuld verhindert (da man ja nichts wert ist, ist auch die Wiedergutmachung nichts wert). Als Mensch zu akzeptieren bzw. es hinzunehmen, scheinbar nutzlos zu sein, bedeutet auch, dass man keine Verantwortung innerhalb des sozialen Umfelds tragen kann/muss – erst recht nicht die Verantwortung der Wiedergutmachung. Hat sich dieser Eindruck auch im sozialen Umfeld gefestigt, kommt es zu einer hohen Funktionalität von maladaptiver Scham und Schuld. Erwartungen und Verantwortung werden an die Person nicht mehr herangetragen. So wird verhindert, sich erneut schuldig zu machen bzw. beschämt zu werden.

Frau Ä. kommt mit 34 Jahren in die Therapie. Sie erlebe immer wieder starke Schuldgefühle, insbesondere der eigenen Familie und den bisherigen Partnern gegenüber. Als Therapieanlass stellt Frau Ä. die Wünsche nach einem anderen Zustand (»glücklich sein dürfen«) sowie nach einer festen Beziehung und späterer Familie dar.
Im Rahmen der biografischen Anamnese wird deutlich, dass neben dem häufigen Schulderleben auch noch starke Trauer über den frühen Verlust des Vaters dominierend ist. Dieser starb an einem Unfall, als die Patientin ca. eineinhalb Jahre alt war. Die Bindung zum Vater sei vorher recht intensiv gewesen. Infolge des Verlustes war das Bedürfnis nach Bindung und Sicherheit zur Mutter besonders stark ausgeprägt. Die Patientin erzählt, dass ihr berichtet wurde, dass sie sich lange am sprichwörtlichen »Rockzipfel/Bein der Mutter« angeklammert habe, diese jedoch immer wieder die Patientin weggestoßen habe. Äußerungen wie »Sei nicht so anhänglich« und »Du bist ein echter Klotz am Bein« haben sich der Patientin sehr eingeprägt. Trauer hatte im Alltag keinen Platz. Der ältere Bruder sei psychisch erkrankt gewesen. Bereits früh sei die Patientin durch die Mutter angehalten worden, sich um diesen zu kümmern. Natürlich sei die Mutter mit der gesamten Situation überfordert gewesen.
Als jüngere Schwester konnte sich Frau Ä. trotz intensivster Versuche nicht wie eine Erwachsene um den Bruder bemühen. Immer wieder wurde sie für Missgeschicke verantwortlich gemacht. Stundenlanges Schweigen der Mutter, nachdem sie z. B.

Schäden beseitigen mussten, führten zusätzlich dazu, dass Frau Ä. schon früh Scham und Schuld erleben musste. Zeitgleich gab es hohe Anforderungen an das gesunde jüngere Kind, denen sie offensichtlich auch nicht entsprechen konnte. Dieser Eindruck entstand aufgrund der mütterlichen Reaktionen.

In Beziehungen zeigte sich ein ähnliches Dilemma. Frau Ä. hatte zumeist Partner, um die sie sich kümmern musste. Ihr Bedürfnis nach Bindung und Kontrolle war sehr ausgeprägt. Einerseits hatte sie hohe Erwartungen an sich, arbeitete viel, um ausreichend finanzielle Sicherheit zu haben. Andererseits zeigte sie ein anklammerndes und kontrollierendes Verhalten. Viele Partnerschaften endeten, und weitere Verlusterfahrungen prägten Frau Ä. Trauer konnte die Patientin nicht zulassen, Scham und Schuld standen im Vordergrund der lange anhaltenden depressiven Symptomatik. Selbstfürsorgliche Strategien zu etablieren ging einher mit intensivem Schuld- und Schamerleben.

Zusammenfassend lassen sich hinsichtlich des Entstehungsprozesses und der begleitenden emotionalen und resultierenden motivationalen Konsequenzen viele Gemeinsamkeiten bei Schuld und Scham finden. Scham und Schuld werden oft als unteilbare Emotionen bezeichnet. Scham kann durch Schuld hervorgerufen werden, und Scham lässt sich leichter auslösen als Schuld. Viele Menschen haben im Alltag Schwierigkeiten, Schuld und Scham zu definieren und zu differenzieren. Das ist unabhängig vom ihrem jeweiligen Bildungsstand und der vorhandenen Introspektionsfähigkeit. Scham und Schuld treten sehr häufig gemeinsam auf. Kritische Meinungen behaupten, dass es unklar bleibt, ob von einer emotionalen oder kognitiven Differenzierung auszugehen ist. Tatsächliche Unterschiede beruhen aber auf den Voraussetzungen, den Erlebnisaspekten sowie den inter- und intraindividuellen Konsequenzen.

Zusammenfassung

- Schuld- und Schamerleben haben neben den konzeptionellen Unterscheidungsmerkmalen viele Gemeinsamkeiten und Verbindungen.
- Ebenso lassen sich die sinnvollen funktionalen Aspekte im Rahmen sozialer Einbindung als wesentlich übereinstimmend herausstellen.
- Grundlage für das emotionale Erleben von Schuld und Scham bildet die Reifung der eigenen Identität und Individualität.
- Präverbale Scham und Schuld stellen erste Differenzierungsemotionen innerhalb sozialer Bindungen dar.
- Die moralischen Grundlagen für beide Emotionen werden im Zuge hirnphysiologischer Reifungsprozesse und einhergehender kognitiver Fähigkeiten entwickelt.
- Moralische Emotionen resultieren immer auch aus inneren Attribuierungsprozessen.

7.3 Innere und äußere Instanzen

- Sich sichtbar zu schämen oder schuldig zu zeigen vermittelt anderen Menschen individuelle Erkenntnisse über die eigene Person.
- Schuld und Scham können durch ähnliche Ereignisse wie Versagen, Grenzüberschreitungen, Bewertungsprozesse von außen/innen ausgelöst werden.
- Der selbstreflexive Charakter von Schuld und Scham zeigt an, dass es im Wesentlichen um die Bewertung und Beurteilung des eigenen Verhaltens und/oder der eigenen Person geht.
- Selbstreflexive Emotionen gehen anfangs mit emotionaler Distanzierung zugunsten der kognitiven Prozesse einher.
- Dysfunktionale Scham kann den Blick auf die eigenen realen Schuldanteile verstellen und stellt somit ein Entwicklungshindernis auf dem Weg zu selbstverantwortlichem und -fürsorglichem Handeln dar.

Ältere pathopsychologische Ansätze unterscheiden die beiden Emotionen überhaupt nicht voneinander. Scham wurde als eine besondere Form der Schuld zugeordnet. Damit war der sprachliche Unterschied früher auch unbedeutend. Heute ist es jedoch sehr sinnvoll, beide Emotionen voneinander abzugrenzen. Die zunehmende Anzahl von wissenschaftlichen Studien und Veröffentlichungen sowohl zu Scham als auch zu Schuld verdeutlicht trotz vieler Gemeinsamkeiten die Notwendigkeit der Abgrenzung. Besonders im therapeutischen Alltag hat es sich gezeigt, dass man für Schuld und Scham auch unterschiedliche therapeutische Vorgehensweisen benötigt. Scham und Schuld sollte auch im Rahmen einer Therapie differenziert behandelt werden, um die Bearbeitung dysfunktionaler und maladaptiver Prozesse zu ermöglichen.

7.3 Innere und äußere Instanzen, die bei Schuld- und Schamerleben beteiligt sind

»Der Sinn, den wir den Dingen verleihen, hängt von unserem persönlichen Kontext, unserer persönlichen Geschichte ab.« (Cyrulnik 2011, S. 156)

In den zwei vorangegangenen Kapiteln lag der Schwerpunkt zum einen auf den Unterschieden und zum anderen auf den Gemeinsamkeiten sowie verbindenden Elementen von Schuld und Scham. In diesem Kapitel sollen die inneren und äußeren Instanzen, die zum emotionalen Erleben von Schuld und Scham gehören, zusammenfassend dargestellt werden. *Innere und äußere Instanzen beeinflussen sich wechselseitig und stehen untereinander in ständiger Verbindung.* Eine getrennte Betrachtung der Instanzen dient zwar dem besseren Verständnis, ist jedoch im Alltag und in der Forschung so nicht haltbar. Äußere Faktoren werden internalisiert und sind somit auch als innere Instanzen verfügbar. Häufig stehen die verschiedenen Faktoren miteinander in Verbindung und lassen sich daher nicht eindeutig explizieren. *Im Laufe des Lebens kann es außerdem immer wieder zu Veränderungen und Anpassungsprozessen der Instanzen auf den unterschiedlichen Ebenen kommen. Beide Instanz-Systeme haben jedoch großen Einfluss auf die Persönlichkeitsentwicklung des Menschen.* Inwieweit jeder der genannten Punkte einen tatsächlichen, gar unmittelbar messbaren Einfluss hat und wie groß dieser dann anteilig ist, ist von der erlernten Bedeutung für das jeweilige Individuum abhängig.

In ▶ Tab. 7-2 wird auf den Prozess der Internalisierung hingewiesen. Dabei handelt es sich um den Prozess des »Sich-zu-eigen-Machens« äußerer Faktoren, wie Werte, Normen und Standards. Im Rahmen der elterlichen Erziehung und des Aufwachsens findet das Internalisieren meist unbewusst durch Lernprozesse statt. Das frühe Lernen wird durch Wiederholungen im Laufe der Kindheit und Jugend gefestigt. Innere und damit internalisierte Instanzen sind zumeist bereits moralische Urteile, die sich aus vermittelten Werten und Vorerfahrungen geformt haben. Das erlernte Werte- und Normensystem bildet damit die Grundlage, uns und unser Verhalten zu bewerten und Urteile darüber zu fällen. Die z. T. stark emotional geprägten Lernerfahrungen sind im Selbstkonzept enthalten und werden daher auch später im Leben als ichsynton, selbstverständlich und a priori wahrheitsgemäß betrachtet.

Tab. 7-2 Übersicht der inneren und äußeren Instanzen von Schuld und Scham

Äußere Instanzen	Innere Instanzen
Biologische Aspekte	
• Genetisch vererbbare Besonderheiten der Eltern • Einflüsse der Umweltunterschiede auf die genetischen Anlagen eines Individuums einwirken lassen und diese verändern können	• Individuelle Besonderheiten der genetischen Ausstattung eines Individuums in Bezug auf die emotionale Verletzlichkeit • Disposition der individuellen Stressreaktion • Geschlecht • Individuelle Fähigkeiten, z. B. in Bezug auf Emotionsregulation • Veränderungen im Alter, z. B. durch hormonelle Prozesse • Ausstattungsmerkmale im Rahmen von Intelligenz • Resilienzfaktoren
Familiäre Aspekte	
• Fürsorgeverhalten • Erziehung • Belohnungen, Bestrafungen für Verhalten	• Eigene Bedürfnisse • Erlebte und erlernte Erfahrungen in Bezug auf die eigenen Grundbedürfnisse

7.3 Innere und äußere Instanzen

Tab. 7-2 (Fortsetzung)

Äußere Instanzen	Innere Instanzen
• Eltern als Modell, z. B. im Umgang mit eigenem emotionalem Erleben • Elterliche Kommunikation • Rollenerwartungen und Zuschreibungen • Wirtschaftliche Grundlagen • Familiäre Rahmenbedingungen • Werte und Normen der Familie • Regeln innerhalb der Familie • Generationsübergreifende Familienthemen • Einbettung in die Großfamilie/Verwandtschaft	• Lerneffekte im Rahmen von Erziehungsmaßnahmen • Übernommene und weiterentwickelte (Kausal-)Attributions- und Kommunikationsstile • Erlernte Emotionsregulationsstrategien • Individuell ausgeformte emotionales Reaktionen • Internalisierte Werte und Normen • Moral-, Schuld- und Schamempfinden • Übernommene Zuschreibungen, Verantwortungsempfinden und -verhalten • Empathiefähigkeit • Entwickelte Fähigkeiten der Verhaltensregulation
Soziale Aspekte	
• Soziale Einrichtungen wie Kindergarten, Schule, Freizeitgruppen und deren Werte- und Normsysteme • Freunde, nahe Bezugspersonen außerhalb der Familie, Lebenspartner mit deren internalisierten Werten und Normen • Einbettung innerhalb der sozialen Umwelt • Vermittelte Erwartungen und Standards an das Individuum innerhalb der sozialen Umwelt • Erziehungs- und Förderungsmaßnahmen des sozialen Umfeldes	• Übernahme, ggf. Korrektur und Internalisierung neuer Werte und Normen • Erfahrungen in Bezug auf erfüllte/nicht erfüllte Erwartungen aus dem sozialen Umfeld • Erlerntes geschlechtsspezifisches Verhalten innerhalb sozialer Gruppen • Sexuelle Ausrichtung oder Vorlieben • Wunsch nach Zugehörigkeit, Anerkennung • Fähigkeiten, Beziehungen zu gestalten und aufrechtzuerhalten • Durchsetzungsfähigkeiten innerhalb sozialer Gruppen • Fähigkeiten zur Selbstbestimmung in Bezug auf die Lebensplanung und Alltagsgestaltung
Kulturelle Aspekte	
• Kulturelle Werte, Standards und Gewohnheiten der Gemeinschaft • Moralische Normen in Bezug auf kulturelle Ausrichtungen	• Internalisiertes Werte- und Normensystem • Interesse an kultureller Weiterentwicklung

Tab. 7-2 (Fortsetzung)

Äußere Instanzen	Innere Instanzen
• Erwartungen an ein Mitglied der Gemeinschaft zu den Themen Sprache, Bildung, Moral, Recht, Denkart, Arbeit, Religion, Wissenschaft, Philosophie etc.	• Individuelle Bedeutung von kulturellen Werten und Normen • Kritische Auseinandersetzungsfähigkeit mit kulturellen Aspekten • Fähigkeiten, sich unterschiedlichen kulturellen Kontexten einzufügen auf kognitiver, emotionaler und Verhaltensebene • Interaktionsfähigkeit • Empathiefähigkeit
Religiöse Aspekte	
• Religiöses Werte- und Normensystem • Religiöse Sozialisierung • Bräuche und Rituale • Integration in die religiöse Gemeinschaft • Erwartungen an Mitglieder der Glaubensgemeinschaft	• Internalisiertes Gottes- und Welt- und Glaubensverständnis • Individuelle Bedeutung des religiösen Werte- und Normensystems • Erlernte Vorerfahrungen in Bezug auf Religion, z. B. im Rahmen des Aufwachsens in der Ursprungsfamilie • Individuelle Fähigkeiten zum Glauben • Eigener Umgang mit Werten und Normen innerhalb einer religiösen Gemeinschaft vs potenzieller Konflikte in Bezug auf das eigene Autonomiebedürfnis • Individuelle Fähigkeiten zur Empathie und Nächstenliebe
Gesellschaftliche Aspekte	
• Übergeordnete Pläne • Politische Funktionen • Erwartungen an Individuen/die Bevölkerung • Rechtliche Rahmenbedingungen • Platzierung innerhalb der Gesellschaft (Minorität/Majorität) • Behörden, Ämter • Einrichtungen und Institutionen • Bildungs- und Gesundheitssysteme	• Internalisiertes gesellschaftliches Werte- und Normensystem • Individuelle Bedeutung der Gebräuche, Verhaltensnormen und rechtlichen Rahmenbedingungen • Individuelles Streben nach Weiterentwicklungen innerhalb des Gesellschaft • Fähigkeiten, gesellschaftliche Rahmenbedingungen in Anspruch zu nehmen, einfordern zu können • Integrationsfähigkeiten • Eigene wirtschaftliche, emotionale und soziale Ressourcen

7.3 Innere und äußere Instanzen

Die Übersicht erhebt aufgrund der Komplexität der Wechselwirkungen, Einflüsse und Ausprägungen keineswegs den Anspruch an eine Vollständigkeit. Auch stellt die Reihenfolge keinen Hinweis auf etwaige Wertigkeit dar. Manche der aufgeführten Punkte lassen sich auch anderen Aspekten zuordnen. In dieser Übersicht sind erste oder besonders intensive Prägungen/Einflüsse ausschlaggebend für die Eingruppierung.

Grundlegend ist noch einmal anzumerken, dass die individuelle erlernte emotionale Reaktion einen großen Einfluss darauf hat, ob Scham oder Schuld bei einer Person entsteht. Ausführlichere Beschreibungen zu den Zusammenhängen zwischen den Instanzen und den Emotionen sind in den Kapiteln 5 und 6 und deren Unterkapiteln zu finden. In ▸ Kap. 5.1.2 sowie in ▸ Kap. 6.1 wird der Unterschied zwischen Schuld und Scham im Hinblick auf die internale und externale Orientierung ausführlicher beschrieben.

Zusammenfassend und stark vereinfacht ist Schuld demnach ein Resultat wahrgenommener Abweichung von internalisierten Standards und Werten. Scham kann entstehen durch die äußere bewertende Umwelt. Diese kann sowohl als äußere real anwesende Instanz als auch als internalisiert, als innere Instanz verstanden werden. Zu weiteren Ausführungen im Sinne analytischer Theorien, möglicher Unterscheidungen und Überschneidungen von äußeren und inneren Instanzen sei auf ▸ Kap. 5.1.2 und ▸ Kap. 6.5.3 verwiesen. Im Wesentlichen spielen auch hier der Aspekt der Übernahme von äußeren Werten und Normen sowie Lernerfahrungen in die eigene Identität und das Selbstkonzept einer Person eine wichtige Bedeutung. Die internalisierten Systeme werden dabei jedoch in das Drei-Instanzen-Modell eingeordnet. Scham und Schuld sind Ausdruck für (potenzielle) Konflikte zwischen den unterschiedlichen Instanzen bzw. ungünstig internalisierter Konzepte des eigenen Selbst.

Interpersonelle Ansätze stellen soziale und interpersonale Dimensionen von Schuld und Scham in den Vordergrund. Damit gibt es auch unter diesem Betrachtungsfokus Unterschiede zwischen inneren und äußeren Instanzen. Ausführlichere Informationen sind in ▸ Kap. 5.1.1 und in ▸ Kap. 6.1.1 zu finden.

Zusammenfassung

- Innere und äußere Instanzen beeinflussen sich wechselseitig und stehen untereinander in ständiger Verbindung.
- Im Laufe des Lebens kann es außerdem immer wieder zu Veränderungen und Anpassungsprozessen der Instanzen auf den unterschiedlichen Ebenen kommen.
- Beide Instanz-Systeme haben großen Einfluss auf die Persönlichkeitsentwicklung des Menschen.
- Zusammenfassend und stark vereinfacht ist Schuld demnach ein Resultat wahrgenommener Abweichung von internalisierten Standards und Werten.

> • Scham kann entstehen durch die äußere bewertende Umwelt. Diese kann sowohl als äußere real anwesende Instanz oder als internalisiert, als innere Instanz verstanden werden.

7.4   Scham, Schuld und Grundbedürfnisse

Emotionen zeigen an, ob die jeweiligen Bedürfnisse angemessen und ausreichend befriedigt oder frustriert worden sind. Positives emotionales Erleben entsteht bei einer Sättigung des jeweiligen Bedürfnisses. Negative Emotionen entwickeln sich infolge gescheiterter Befriedigungsversuche. So signalisieren also sowohl Scham und Schuld als auch kurzfristiges emotionales Erleben, dass das jeweilige Grundbedürfnis innerhalb der aktuellen Situation frustriert worden ist. *Maladaptives und dysfunktionales Schuld- oder Schamerleben, das in meist ähnlicher Intensität und Qualität auftritt, gibt zusätzliche Informationen. Es zeigt die wiederholten Erfahrungen von frustrierten Grundbedürfnissen innerhalb der wichtigen ersten Lebensjahre an.* Häufig wird von den betroffenen Personen auch in aktuellen Situationen ein ähnlich frustraner Ablauf antizipiert. Dies führt bereits im Vorwege oder innerhalb der Interaktion zu sehr schnellen automatisierten und »alten«, immer wieder auftretenden Schuld- und/oder Schamreaktionen. Die Chance auf korrigierende Erfahrungen kann aufgrund des überflutenden Erlebens kaum oder gar nicht wahrgenommen werden. Intensivstes emotionales Erleben verhindert aufgrund der blockierenden Wirkung im präfrontalen Cortex die Wahrnehmung und angemessene Verarbeitung von realem Geschehen.

Bedürfnisse und deren angemessene Befriedigung haben auf den verschiedenen Entwicklungsstufen eines Individuums unterschiedliche Bedeutungen. So können wiederholte oder massive Frustrationserfahrungen zu sensiblen Zeiten häufig schwerwiegende Probleme und Folgen für die Identitätsentwicklung verursachen. *Schuld und Scham sind immer dann ein emotionales Resultat, wenn die Bedürfnisse während dieser wichtiger Entwicklungsphasen wiederholt frustriert worden sind.* Beeinträchtigungen in Bezug auf Bindungserfahrungen führen z. B. zur Ausprägung der verschiedenen Bindungsstile (▶ Kap. 6.2.1). Die verschiedenen Bindungsstile sind Ausdruck für die ersten Prägungen und bilden verschiedene Varianten, Interaktionen zur sozialen Umwelt zu gestalten. *Aus den verschiedenen Bindungsstilen resultieren später die ersten emotional unterschiedlich eingefärbten Selbstwertkonzepte.*

Menschen mit einem sicheren Bindungsstil verfügen über die emotionale Grunderfahrung, »okay zu sein« und »geliebt zu werden, so wie sie sind«. Ausgerüstet mit einem unsicher-vermeidenden Bindungsstil entstehen frühe unspezifische emotionale Unsicherheiten in Bezug auf Bindungen zu anderen Menschen und die eigene Person. Der desorganisierte Bindungsstil begünstigt distanzlose unstrukturelle Beziehungserfahrungen, die wenige oder kaum ausreichende

7.4 Scham, Schuld und Grundbedürfnisse

Rückschlüsse auf die eigene Person geben. Zusammenfassend bedeutet dies: *In Interaktionen leiten die emotionalen Selbstschemata in Bezug auf die Befriedigung eigener Grundbedürfnisse. Dies wird erkennbar anhand des motivationalen Annäherungs- oder Vermeidungsverhaltens zugunsten von Bedürfnissen.*

So gilt es z. B. in der Phase der Adoleszenz, für das Individuum einen Weg und Strategien zu finden, die die Befriedigung des Grundbedürfnisses nach Autonomieerleben ermöglicht. Kommt es in dieser Phase zu tiefgreifenden Störungen oder wiederholten Behinderungen von notwendigen Erfahrungen mit dem sozialen Umfeld, kann sich dies auf das weitere Leben der Person ungünstig auswirken. Frustrationen in Bezug auf das Bedürfnis nach Selbstwerterhöhung haben dabei deutlich weniger Einfluss, wenn das Bedürfnis in früheren Zeiten angemessen befriedigt worden ist. Vorstellbar ist aber auch, dass die Auseinandersetzungen zugunsten des Autonomiebedürfnisses auf der Grundlage eines unsicher-vermeidenden oder sicheren Bindungsstils anders verlaufen würden.

Einen angemessenen Umgang mit normalen Alltagsfrustrationen von Grundbedürfnissen zu erlernen oder es auszuhalten und diese situativ nicht ausreichend erfüllt zu erfahren ist existenziell für die psychische Gesundheit eines Menschen. Wie bei vielen Fähig- und Fertigkeiten gilt auch hier: Flexibilität ist wichtig. Um sich schnell und angemessen anpassen zu können, sind flexible Strukturen notwendig. Das zeigt sich auch im emotionalen Erleben. Werden Grundbedürfnisse im Alltag frustriert, entwickeln sich z. T. sehr unterschiedliche emotionale Reaktionen. Dazu gehören Wut, Ärger, Traurigkeit, Enttäuschung etc.

Restriktives Verhalten und unflexible Denkmuster führen dazu, dass es zu ungünstigen Auswirkungen auf die Umsetzung der anderen Grundbedürfnisse innerhalb der sozialen Umwelt kommen kann. Das Fehlen von Scham scheint dabei ein Resultat von unzureichenden Bindungserfahrungen zu sein. Das Erlernen und Gestalten von sozialen Interaktionen, auch zugunsten der Befriedigung eigener Bedürfnisse, kann nur über ausreichende Beziehungserfahrungen stattfinden. Dazu gehören das Wahrnehmen und Respektieren von Grenzen und Alltagsfrustrationen. *Schamfreies Verhalten einer Person führt im Rahmen sozialer Kontakte zu erheblichen Irritationen und intensiven Abgrenzungen durch andere Menschen. Damit können andere Grundbedürfnisse der Person, die sich schamlos verhält, auch nicht angemessen befriedigt werden.*

Die verschiedenen Bindungsstile stellen also eine jeweils andere Grundlage für Folgeerfahrungen in Bezug auf die anderen Grundbedürfnisse dar. Wesentlich in diesem Zusammenhang ist aber auch, dass dabei die Art und Weise der Wahrnehmung sowie die Verarbeitung von sozialen Informationen Einfluss haben. Menschen mit einem sicheren Bindungsstil können die unterschiedlichen, z. T. recht komplexen Informationen besser wahrnehmen und verarbeiten. *Bei unsicher- oder ambivalent-vermeidenden Bindungsstilen unterliegt bereits die Wahrnehmung einem entsprechenden Selektionsprozess. Dabei können Informationen – bedingt durch die selektive Wahrnehmung – anders gefiltert oder gar nicht gefiltert, z. B. als überfordernd bedrohlich eingeordnet werden.* Damit werden aber auch Informationsverarbeitungs- und Wechselwirkungsprozesse beeinflusst. Das hat wiederum Auswirkungen auf Erfahrungen zugunsten der anderen Grundbedürfnisse. Die Lernerfahrungen treffen somit auf eine jeweils andere Grundlage.

Intensive und häufige Schamgefühle werden von unterschiedlichen Autoren in einen Zusammenhang mit unsicheren Bindungserfahrungen und resultierender Selbstabwertung gebracht. Die Entwicklung und Ausprägung von präverbaler Scham beginnt früher als die von Schuld (▶ Kap. 7.1). Dies kann auch als Hinweis darauf verstanden werden, dass frühe Scham sich insbesondere dann entwickelt, wenn das Bedürfnis nach Bindung nicht angemessen und/oder ausreichend befriedigt wird. Ein negatives und ungünstiges, »nicht ausreichendes« Selbstbild kann sich auf emotionaler Ebene etablieren und die Grundlage für weitere Selbstabwertungen werden.

Bringen Menschen dann aufgrund ihrer besonders ausgeprägten Verletzlichkeit noch eine genetische Disposition zu intensiven Stressreaktionen mit, kann selbst die präverbale Scham schnell einen überflutenden Charakter einnehmen. Schon früh gelingt es diesen Menschen zumeist nicht, frühzeitig Emotionsregulationsstrategien zu entwickeln, da sie immer wieder von überflutender Scham blockiert werden. Emotionsregulationsdefizite begleiten die Personen über ihr Leben (vgl. dazu ▶ Kap. 10.3). Stattdessen kommt es in der Phase des kindlichen Egozentrismus zu (kindlich naiven) Schlussfolgerungen. Diese ersten kindlichen Schlussfolgerungen stehen auch in Zusammenhang mit dem bis dahin entstandenen dysfunktionalen Selbstbild (▶ Abb. 7-2). Meist führen die Schlussfolgerungen des Kindes nun auch zu inneren Beschämungen.

Maladaptive, prädispositionelle Scham begünstigt in der Folge auch chronisches Schulderleben. Zu einem Teil lässt sich das aufgrund fehlender Emotionsregulationsstrategien erklären. Wesentlich ist aber das intensive Schuld- und Schamerleben, wenn Menschen weitere Entwicklungsaufgaben zugunsten der Grundbedürfnisse nicht meistern. Sie erleben Fehlschläge und Misserfolge im Rahmen der eigenen Entwicklung als »selbst verursacht«. Häufig entstehen typische ruminierende Kognitionen, es aufgrund des »Nicht-ausreichend-Seins« nicht geschafft zu haben. Ein Teufelskreislauf, aus dem kaum zu entkommen ist. Im Vordergrund vieler Alltagssituationen steht dann das Thema »Schuld zu haben und/oder möglichst zu vermeiden«. Die Auseinandersetzung mit dem (potenziellen) Schuldthema stellt dabei ein kompensatorisches Verhalten dar (▶ Tab. 7-3).

Statt sich jedoch den Entwicklungsaufgaben oder der Auseinandersetzung mit den Grundbedürfnissen stellen zu können, kommt nun noch die wichtigere Aufgabe der Schuldvermeidung hinzu. Schuldvermeidung bedeutet auch, quälende unspezifische Schamgefühle nicht spüren zu müssen. Dieser Fokus verhindert jedoch das Aufbringen von Ressourcen, Fähigkeiten und kognitiven Kapazitäten zugunsten einer angemessenen Lebensgestaltung. *Stattdessen gilt die Erreichung des obersten Vermeidungsziels »Schuld« (und dahinterliegendes prädispositionelles Schamerleben) als elementar.*

7.4 Scham, Schuld und Grundbedürfnisse

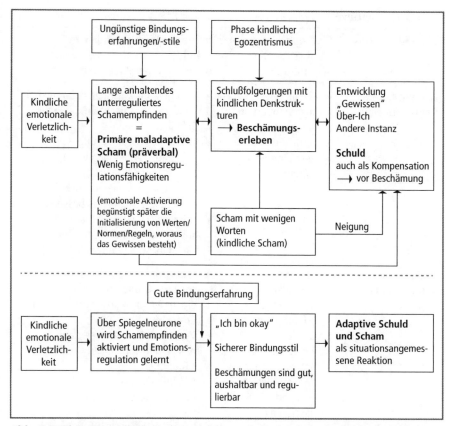

Abb. 7-2 Obere Darstellung: Zusammenhang zwischen maladaptiver Scham und späterer Schuld; untere Darstellung: sicherer Bindungsstil – adaptives emotionales Erleben mit ausreichenden Emotionsregulationsstrategien

Tab. 7-3 Beispielhafte Zusammenhänge zwischen frustrierten Grundbedürfnissen, maladaptiver Scham und der Verbindung zu chronischem Schulderleben

Grundbedürfnis	Maladaptive, (prä-) dispositionelles Schamerleben	Mögliche Verbindungen zu Schuldthemen über die verschiedenen Kompensationsstrategien
Bindung	• Präverbale Scham • Nähe als Bedrohung vor weiteren Beschämungen • Ängste entdeckt zu werden • Einsamkeitserleben	• *Ertragen:* Fokussierung auf Schuldvermeidung, um Beschämungen zu verhindern • *Vermeiden:* Perfektes Verhalten, um sich nicht angreifbar zu machen • *Bekämpfen:* Aufopferung und Verantwortung für andere übernehmen

Tab. 7-3 (Fortsetzung)

Grundbedürfnis	Maladaptive, (prä-) dispositionelles Schamerleben	Mögliche Verbindungen zu Schuldthemen über die verschiedenen Kompensationsstrategien
Lustgewinn/ Unlustvermeidung	• Scham über Lustorientierung und/oder Unlustvermeidung • Beschämung, »so zu sein«	• *Ertragen:* Prokrastenieverhalten bei gleichzeitig schlechtem Gewissen/ Schuldempfinden • *Vermeiden:* Orientierung an Leistung, Vermeidung von Spaß, Freude und Selbstfürsorge, Schuld, weil es nie ausreicht • *Bekämpfen:* sich wider besseren Wissens schuldig machen, z. B. selbstschädigendes Verhalten (Bulimie, Spiel- und Internetsucht)
Orientierung/ Kontrolle/Grenzen	• Scham über z. B. erlebte Missbrauchserfahrungen, Grenzverletzungen • Beschämung darüber, dass es gerade »mir« passiert ist	• *Ertragen:* Schuldauseinandersetzung: Gründe suchen für die eigene Verantwortlichkeit an dem Erfahrenen • *Vermeiden:* automatisierte Externalisierung von Schuld in Alltagssituationen • *Bekämpfen:* sich lieber schuldig machen, als Scham empfinden zu müssen • Scham externalisieren, indem andere beschämt werden
Selbstwerterhöhung, -erhaltung	• Scham über defizitäres Selbst • Scham, »nicht ausreichend zu sein«	• *Ertragen:* frühes Aufgeben und sich hinterher schuldig darüber fühlen • *Vermeiden:* Verantwortungsübernahme, die viel Anerkennung und Bestätigung einfordert • *Bekämpfen:* aggressive Schuldverneinung und Externalisierung von Verantwortung
Autonomie	• Abhängigkeitsscham • Scham in Phasen ohne partnerschaftliche Beziehung	• *Ertragen:* sich als schwach, sensibel und unfähig darstellen • *Vermeiden:* Unabhängigkeitsstreben (»alles alleine machen«) • *Bekämpfen:* arrogantes, überhebliches Betonen von Unabhängigkeiten und Fähigkeiten

7.4 Scham, Schuld und Grundbedürfnisse

> **Zusammenfassung**
>
> - Maladaptives und dysfunktionales Schuld- oder Schamerleben zeigt wiederholte Erfahrungen frustrierter Grundbedürfnissen innerhalb der wichtigen ersten Lebensjahren an.
> - Bedürfnisse und deren angemessene Befriedigung haben auf den verschiedenen Entwicklungsstufen eines Individuums eine jeweils andere Bedeutung und führen zu unterschiedlichen emotionalen Reaktionen.
> - Schuld und Scham sind immer dann ein emotionales Resultat, wenn die Bedürfnisse während wichtiger Entwicklungsphasen wiederholt frustriert worden sind.
> - Verschiedene Bindungsstile bilden die Grundlage der ersten emotional unterschiedlich eingefärbten Selbstwertkonzepte.
> - In Interaktionen und in Bezug auf die Auseinandersetzung mit den eigenen Grundbedürfnissen leiten die emotionalen Selbstschemata.
> - Emotionale Selbstschemata zeigen sich im Sinne motivationalen Annäherungs- oder Vermeidungsverhaltens zugunsten eigener Bedürfnisse.
> - Schamfreies Verhalten einer Person führt zu erheblichen Irritationen und intensiven Abgrenzungen durch andere Menschen. Damit wird die Umsetzung der anderen Grundbedürfnisse in sozialen Kontakten erschwert.
> - Die unterschiedlichen Bindungsstile und emotional geprägten Selbstwertkonzepte begünstigen selektive Wahrnehmungs-, Informationsverarbeitungs- und Wechselwirkungsprozesse.
> - Intensive und häufige Schamgefühle stehen im Zusammenhang mit unsicheren Bindungserfahrungen, resultierender Selbstabwertung und Emotionsregulationsdefiziten.
> - Maladaptive (prä-)dispositionelle Scham begünstigt auch chronisches Schulderleben.

Verschiedene aktuelle Situationen werden unter dem Aspekt der Schuld- und Schamvermeidung wahrgenommen und verarbeitet. In der Therapie gilt es, den roten Faden zu finden, der meist zu einem unbefriedigten oder frustrierten Grundbedürfnis führt – oder gleich zu mehreren. Aus therapeutischer Sicht sind die mangelhaften Bindungserfahrungen besonders relevant. Gerade für Patienten mit maladaptiver Scham ist es wesentlich, auf der Bindungsebene bessere Erfahrungen innerhalb einer Therapie zu machen. Ein sicheres Bindungsangebot ermöglicht es, sich im Verlauf zu öffnen. Scham kann dann auftreten, wenn das Bedürfnis nach Zugehörigkeit und Bindung über eine empathische Art ermöglicht wird.

7.5 Abgrenzung zu anderen Emotionen

Allen Emotionen ist gemeinsam, dass es bis heute für die Vorgänge keine eindeutige und allgemeingültige Definition gibt. Laut Damasio (2006) sind emotionale Prozesse bereits mit der Geburt aktiv und somit Bestandteil überlebensnotwendiger Mechanismen. Die komplexen prägenetischen Verhaltensmuster sind im Laufe der Evolution immer weiter ausgeformt worden. Emotionen sind somit ein komplexes Informationssystem des Organismus. Weitere individuelle Ausformungen in der Intensität, im Verlauf und der Dauer emotionaler Prozesse finden über die gesamte Lebensspanne hinweg statt. Allgemein findet auf einen auslösenden inneren oder äußeren Reiz eine zeitlich befristete emotionale Reaktion statt. Diese emotionale Erregung kann über den Verlauf hinweg in unterschiedlicher Intensität auftreten.

Emotionale Prozesse und Emotionen werden häufig in verschiedene Gruppen eingeteilt: Basisemotionen, komplexe, selbstreflexive, moralische und soziale Emotionen und viele mehr. Je nach Forschungsinteresse wird eine solche Einteilung vorgenommen und betont damit zeitgleich den wissenschaftlichen Schwerpunkt der Untersuchung.

Trotz der genetischen und evolutionären Determiniertheit werden sowohl prädispositionelle Scham als auch Schuld wesentlich durch Lernerfahrungen und -vorgänge weiterentwickelt. Scham und Schuld dienen ebenso dem Überleben, besonders im sozialen Umfeld. Schuld- und schamauslösende Reize können schneller erkannt und vermieden werden, wenn es dazu bereits emotionale Vorerfahrungen gibt. Daraus entwickelt sich ein generelles Empfinden für diese Emotionen. *Die Wichtigkeit von Schuld und Scham wird bereits dadurch deutlich, dass wir frühzeitig ein Schuld- und Schamempfinden für uns und für andere Menschen entwickeln.* Das Empfinden grenzt sich von einer aktuellen emotional kurzfristigen Reaktion deutlich ab. *Scham- und Schuldempfinden sichert die Fähigkeit, sehr automatisiert Einschätzungen über sich und das eigene Verhalten zu liefern.* Darüber wird eine schnelle Anpassungsreaktion ermöglicht. Beide Emotionen begünstigen ein kurzes Innehalten, welches es ermöglicht, sich bereits in der jeweiligen Interaktion besser anpassen zu können.

Positive Emotionen wie Freude, Glück und Stolz zeigen sich als angenehm empfundene innere Erregung. Negative Emotionen wie Ärger, Trauer, Angst, Schuld und Scham haben einen unangenehmen Charakter. Dennoch liefern uns negative Emotionen wichtige Informationen, die das Überleben sichern. Daher gibt es vermutlich auch mehr negative Emotionen. Über die unangenehme emotionale Qualität wird der Person auch vermittelt, dass das jeweilige Grundbedürfnis innerhalb der Situation nicht oder nicht ausreichend befriedigt wurde. Umgekehrt zeigen positive emotionale Reaktionen die Sättigung des Grundbedürfnisses an. Innerhalb aktueller Situationen kann also jede Emotion als kurzfristiges Reizreaktionsmuster auftreten und damit ein Signal bezüglich des Grundbedürfnisses darstellen.

7.5 Abgrenzung zu anderen Emotionen

Das gilt auch für adaptive, also kurzfristig angemessene Scham und/oder Schuld. Dennoch gibt es in Bezug auf Schuld und Scham Besonderheiten. Scham entsteht sehr früh. Präverbale Scham ist Ausdruck für ein unbefriedigtes Bindungsbedürfnis und entwickelt sich bei wiederholter Frustration zumeist zu maladaptivem Schamerleben. *Prädispositionelles Schamerleben hat Auswirkungen auf die Entwicklung unseres frühen, vor allem emotional empfundenen Selbstwertkonzepts* (▶ Kap. 6.7). *Damit beeinflusst frühes Schamerleben in der Folge auch das Entstehen, den Reizreaktionsverlauf und die spezifische Ausprägung anderer emotionaler Prozesse.* Diese Prozesse entstehen als Ausdruck für die Umsetzung und Beschäftigung mit den Grundbedürfnissen. Scham und Schuld bilden sich insbesondere dann in dysfunktionaler und maladaptiver Form aus, wenn es zu wiederholten Frustrationen der jeweiligen Grundbedürfnisse innerhalb der Lerngeschichte kommt. Die im Laufe des Lebens notwendige Bewältigung von Entwicklungsaufgaben kann aufgrund dieser mehrfachen Frustrationen kaum oder nur eingeschränkt stattfinden. Daraus resultieren wiederum Scham- und Schulderleben bzw. eine besonders ausgeprägte Sensibilität und hohes Empfinden für diese Emotionen.

Entscheidungen, die wir im Alltag treffen, wären ohne Emotionen kaum möglich. Erfahrungen, die wir in unserem Leben machen, werden über die emotionale Erregung im Organismus verankert und bilden später eine emotionale Entscheidungsgrundlage. Umgangssprachlich taucht in diesem Zusammenhang die Formulierung »Bauchgefühl« auf. Je intensiver eine Emotion, umso besser die Fähigkeit, uns an das auslösende Ereignis und dessen Verlauf zu erinnern. Für diese Regel gibt es jedoch Ausnahmen: Ist das auslösende Ereignis emotional zu massiv, also traumatisierend, kann es zu einzelnen unterschiedlichen Erinnerungslücken und/oder dissoziativen Zuständen aufgrund der emotionalen Überflutung kommen.

Scham und Schuld werden als besonders intensiv wahrgenommen. Daher empfinden Menschen diese Emotionen auch in adaptiver Form als überflutend. Beide Zustände sind zudem wesentlich differenzierter als andere negative Emotionen. *Scham und Schuld treten bei Menschen nach traumatisierenden und massiven Erfahrungen auf.*

Das emotionale Bewertungssystem eines Menschen vergrößert sich mit der Zunahme an Lebenserfahrungen. Stehen jedoch intensive Lernerfahrungen im Sinne emotionaler Prägungen wie Scham und Schuld im Vordergrund, werden Menschen zunehmend durch diese komplexen und differenzierten Emotionen bestimmt. Das individuelle Reizreaktionsmuster verändert sich normalerweise im Laufe des Lebens. Gibt es ein Übermaß oder ein zu intensives emotionales Scham- oder Schulderleben, wird dies von Menschen als überflutend und belastend erlebt. Ist das Scham- und Schuldempfinden einer Person weiterhin sehr ausgeprägt, können kaum Korrekturen stattfinden. Die Emotionsregulationsfähigkeiten sind gerade bei maladaptiver Scham deutlich eingeschränkt. Häufiges Schulderleben ist Ausdruck von dysfunktionalen Emotionsregulationsstrategien.

Das Phänomen der emotionalen Reaktion ist untrennbar von kognitiven, physiologischen, subjektiv empfindenden, motivationalen Komponenten zu betrachten. Jede Emotion zeigt sich auf diesen Ebenen. Das gilt auch für Schuld und Scham. Je intensiver eine Emotion, desto deutlicher deren Ausprägung auch auf den anderen Ebenen. Scham und Schuld haben jedoch eine Sonderstellung im emotionalen Erleben von Menschen. *Beide Emotionen werden als besonders komplex, intensiv und verhaltenssteuernd erlebt.* Schuld motiviert zur Wiedergutmachung und Reue. Scham blockiert und lähmt. Schuld und Scham in angemessener Ausprägung machen Sinn. Als angemessen werden also kurzfristige stimulusabhängige emotionale Erregungen verstanden. Beide Emotionen sind ein Ausdruck für das innere Motivationssystem, sich an die soziale Umgebung anzupassen. *Schuld und Scham stehen in besonders engem Zusammenhang mit Empathie und sozialen sowie moralischen Kompetenzen.* Im Wesentlichen führt das Erleben der sozialen und moralischen Emotionen dazu, dass Menschen Strategien und Verhaltensmuster zugunsten einer sozialen Angepasstheit an die Umwelt entwickeln. Scham und Schuld gehören als selbstbewertende Emotionen auch zu der Gruppe der sozialen und moralischen Emotionen. Weitere negative moralische Emotionen sind z. B. Empörung, Ärger und Verachtung. Dem gegenüber stehen positive moralische Emotionen wie Bewunderung, Zufriedenheit und Stolz. Ohne Scham und Schuld gibt es kein Stolzempfinden.

Die Sonderstellung von Scham und Schuld ergibt sich auch aus der Tatsache, dass diese Emotionen zumeist mit psychischen Erkrankungen in Verbindung gebracht werden. Sowohl bei deren Entstehung als auch als aufrechterhaltender Faktor spielen beide Emotionen eine zentrale Rolle. Im Fall von psychischen Erkrankungen haben Scham und Schuld komplexe Verbindungen, wesentliche Wirkungen auf die therapeutische Beziehung und spielen im Behandlungsverlauf eine elementare Rolle.

Zusammenfassung

- Die Wichtigkeit von Schuld und Scham wird bereits darin deutlich, dass wir frühzeitig auch ein Schuld- und Schamempfinden für uns und für andere Menschen entwickeln.
- Scham- und Schuldempfinden sichert die Fähigkeit, sehr automatisiert Einschätzungen über sich und das eigene Verhalten zu liefern und so schnelle Anpassungen an das soziale Umfeld zu ermöglichen.
- Prädispositionelles Schamerleben hat Auswirkungen auf unser frühes, vor allem emotional empfundenes Selbstwertkonzept. Es beeinflusst damit auch das Entstehen, den Reizreaktionsverlauf und die spezifische Ausprägung anderer emotionaler Prozesse.
- Scham und Schuld entstehen insbesondere dann in dysfunktionaler und maladaptiver Ausprägung, wenn es zu wiederholten Frustrationen der jeweiligen Grundbedürfnisse kommt.

7.5 Abgrenzung zu anderen Emotionen

- Scham und Schuld treten genauso wie Angst bei Menschen nach traumatisierenden und massiven Erfahrungen auf und können aufgrund des überflutenden Charakters in dissoziative Zustände münden.
- Intensives Scham- und Schulderleben bei Menschen hat Einfluss auf das emotionale Bewertungssystem und dessen Weiterentwicklung.
- Scham und Schuld werden auf den kognitiven, physiologischen, subjektiv empfindenden und motivationalen Ebenen als besonders komplex, intensiv und verhaltenssteuernd erlebt.
- Schuld und Scham stehen in besonders engem Zusammenhang mit Empathie sowie sozialen und moralischen Kompetenzen.
- Die Sonderstellung von Scham und Schuld ergibt sich auch aus der Tatsache, dass diese Emotionen zumeist mit psychischen Erkrankungen direkt und indirekt in Verbindung stehen.

8 Scham und Schuld bei psychischen Störungen

8.1 Einführung

»Eine psychische Störung ist ein Syndrom, das durch eine klinisch bedeutsame Beeinträchtigung im Denken, der Emotionsregulation oder im Verhalten charakterisiert ist.« (Schramme 2014, S. 20) Verantwortung für unsere Emotionen und das emotionale Erleben übernehmen zu können sichert unsere psychische Stabilität. Einen guten Zugang zu den eigenen Emotionen und verschiedene Emotionsregulationsstrategien zu besitzen bedeutet auch, sich lebendig fühlen zu können. Im Kontakt mit sich und der Umwelt können Interaktionen so gestaltet werden, dass eigene Grundbedürfnisse angemessen zu befriedigen sind. Psychische Störungen beinhalten jedoch verschiedenste Probleme in Bezug auf Emotionen. Auf diese allgemeineren Probleme wird in diesem Kapitel näher eingegangen, bevor in ▶ Kap. 8.2 das Augenmerk auf die speziellen psychischen Störungen und die Zusammenhänge mit Scham und Schuld gelegt wird.

8.1.1 Über- und unterregulierte Emotionen

Über- und unterregulierte Emotionen sowie deren Auswirkungen auf das Denken und das Verhalten bilden den Schwerpunkt bei jeder Art von Therapie psychischer Erkrankungen. Zu den Erkrankungen mit überregulierten Emotionen gehören z. B. Zwangsgedanken, Schmerzstörungen, Anankastische Persönlichkeitsstörung und Dysthymie. Emotionen sind in der Intensität zu gering ausgeprägt oder es sind keine oder nur einzelne wenige zugänglich. Zu den Störungen, die mit unterreguliertem emotionalen Geschehen einhergehen, gehören Ängste oder Impulskontrollstörungen. Genauso leiden Patienten mit einer Borderline-Persönlichkeitsstörung an einem Mangel an Emotionsregulationsfähigkeiten. Das emotionale Erleben ist meist sehr intensiv und überflutend. Die Emotionen lassen sich bei unterregulierten Emotionen für Patienten kaum regulieren. Stattdessen entsteht z. B. bei Menschen mit einer Borderline-Störung eine hohe innere Anspannung bis hin zur Dissoziation. Angst-Patienten erleben Panikattacken bis hin zu Derealisations- und Depersonalisationserlebnissen.

Emotionale Prozesse finden meist innerhalb einer Person statt. Sich z. B. aufgrund seiner eigenen Bedürfnisse schuldig zu fühlen ist nach außen nicht unmittelbar erkennbar, dennoch kann die Emotion eine hohe Intensität erreichen. Das Fehlen an Selbstfürsorgestrategien oder positivem emotionalen Erleben bei und nach selbstfürsorglichen Handlungen gibt jedoch schon eher Hinweise darauf, dass z. B. ein Übermaß an Scham und/oder Schuld im Erleben der Person eine große Rolle spielt. *Bei vielen psychischen Erkrankungen sind maladaptive Scham und Schuld bereits in der Pathogenese zu finden.*

8.1 Einführung

Die Entstehung und Aufrechterhaltung vieler psychischer Störungen ist eng verknüpft mit Schuld- und Schamerleben. *Zumeist sind es jedoch die anderen Emotionen wie Ärger, Wut, Hass, Angst, die vordergründig als problematisch wahrgenommen werden. Obwohl diese Emotionen den ursprünglichen Therapieanlass darstellen, sind sie häufig lediglich Ausdruck von fehlenden Bewältigungsstrategien im Umgang mit dem eigenen Scham- und Schulderleben.* Die Korrelationen zwischen Scham und Wut oder Aggressivität im Sinne von sekundärem emotionalen Erleben wird vielfach postuliert (► Kap. 6.1.4, ► Kap. 6.3.2 und ► Kap. 6.4). Ein zu hohes Maß an Scham und Schuld kann auch verhindern, dass professionelle Hilfe überhaupt in Anspruch genommen wird. Die Bedeutung vor allem der selbstbewertenden Emotionen im Rahmen psychischer Erkrankungen wird jedoch auch kontrovers diskutiert. Dabei haben die unterschiedlichen theoretischen Ausrichtungen großen Einfluss auf die Perspektive und Konzeptionalisierung der Emotionen. In ► Kap. 8.4 ist dazu eine Auswahl von Konzeptionalisierungsversuchen durch verschiedenste Fragebögen und Inventare zu finden. Die unterschiedlichsten Ergebnisse dieser Betrachtungsweisen und die jeweilig unterschiedlichen Auswirkungen auf psychische Erkrankungen sind quasi eine logische Konsequenz daraus. Dennoch gibt es Einigkeit in Bezug auf maladaptive Scham und Schuld.

8.1.2 Interpersonelles Scham- und Schulderleben und -empfinden

Interpersonelles Scham- und Schulderleben ist aus vielerlei Sicht klinisch relevant. Ebenso kann ein hohes Scham- und Schuldempfinden sehr bedeutsam sein. Wie in den vorangegangenen Kapiteln dargestellt, wird Scham- und Schuldempfinden von der emotionalen Reaktionsbereitschaft (Neigungen und Erleben) abgegrenzt. Verschiedene Autoren betonen den dysfunktionalen und symptomgenerierenden Charakter eines hohen Schamempfindens. Hohes Schamempfinden im Sinne einer Schamneigung steht im Zusammenhang mit Neurotizismus (Lewis 1971; Hirschfeld et al. 1986; Kocherscheidt et al. 2002). *Erhöhte Schamgefühle erleben bereits Kinder und Jugendliche, die psychisch erkrankt sind* (Kronmüller et al. 2008). Dies ist besonders relevant vor dem Hintergrund, dass damit auch die Entwicklung und Regulierung moralischen Verhaltens in den frühen Lebensphasen entscheidend geprägt wird. Die Einhaltung sozialer Normen und die Selbstregulationsfähigkeit stehen ebenso in enger Verbindung mit Schamempfinden und -erleben. Frühe ungünstige Erfahrungen innerhalb des umgebenden Umfelds führen neben den möglichen nachteiligen Prägungen auch zu unangenehmem emotionalen Erleben sowie zu Emotionsregulationsdefiziten. Schmerzhafte und belastende Emotionen in Form des Leidensdrucks sind die Hauptursachen für die Aufnahme einer Psychotherapie.

Situativ angemessene Schuld scheint aus vielerlei Sicht einen eher adaptiven Charakter zu haben. Dasselbe lässt sich auch für Scham sagen. Schuld und/oder

Scham, die aufgrund einer Erkrankung entstehen, lassen sich relativ einfach bearbeiten und klingen mit den allgemeinen Symptomen ab. Dem quälenden und lähmenden Schamgefühl wird grundsätzlich eine potenzielle Dysfunktionalität zugeschrieben. Scham und Schuld sind jedoch eng miteinander verknüpft, insbesondere, wenn maladaptives Schamerleben bei einer Person zugrunde liegt. Typischerweise gehören dann auch chronisch dysfunktionales Schulderleben sowie eine hohe Scham- und Kränkungsneigung zur emotionalen Ausrichtung einer Person (▶ Kap. 7.2). *Erhöhtes Scham- und Schulderleben sind Vulnerabilitätsindikatoren für die Entstehung psychischer Störungen.*

Liegen bei Patienten pathologisch ausgeprägte Scham- und Schuldemotionen vor, fällt es ihnen zumeist sehr schwer, Verantwortung für die eigenen Emotionen und Bedürfnisse zu übernehmen. Dies ist ein Wechselwirkungsprozess, der bereits früh im Leben begonnen hat. »Nichts wert zu sein« bzw. sich emotional wertlos zu erleben verhindert die Übernahme von Verantwortung zu eigenen Gunsten. *Das heißt auch, dass eine erhöhte Schamneigung und die Infragestellung des eigenen Selbst Ausdrucksformen eines niedrigen Selbstwerts sind. Dies wiederum verstärkt die Vulnerabilität für viele psychische Erkrankungen*, z. B. Depressionen, Essstörungen, Posttraumatische Belastungsstörungen bis hin zu Suizidgedanken (u. a. Andrews et al. 2000; Ashby et al. 2006; Brewin u. Rose 2000; Crossly u. Rockett 2005; Harper u. Arias 2004; Leskela et al. 2002).

8.1.3 Selbstabwertungen, Scham und Schuld als innere Distanzierungsmechanismen

Zumeist orientieren sich Menschen mit einem schmerzhaft niedrigen Selbstwert und maladaptivem Schamerleben an Idealen, Werten, Regeln und Normen, die kaum erreichbar sind. Das Streben danach ist »nur« ein Kompensationsmechanismus, der die Aufmerksamkeit vor allem von dem eigenen defizitären Selbst weglenkt (▶ Kap. 6.7.2). Die Aufmerksamkeit und die Orientierung der Personen richten sich dennoch auf Insuffizienz, Fehler sowie ungünstige Behandlungen durch andere Menschen. Diese Art der selektiven Wahrnehmung und Übersensibilität erhält den Teufelskreislauf aufrecht. Das Erleben von Misserfolgen, ungerechten Behandlungen, Kränkungen und frühe Erfahrungen im Sinne des Konzeptes »Erlernte Hilflosigkeit« (Seligman 1979) begünstigen depressive Störungen. Depressivität steht mit Überlebendenschuld und Schuld aus Verantwortung in enger Verbindung (Albani et al. 2007; vgl. dazu auch ▶ Kap. 8.2.2). Aber auch kann ein ausgeprägtes und eher unflexibles Selbstbild mit hohen Erwartungen an sich selbst dazu führen, dass mit dem Erkranken an einer psychischen Störung sekundäre Schuld und Scham zusätzlich entstehen. Stehen diese Emotionen im Vordergrund, kann dadurch die Krankheitsbewältigung deutlich erschwert sein.

Zusammenhänge gibt es ebenso zwischen sozialer Unsicherheit und interpersonalen und intrapersonellen Schuldgefühlen (Albani et al. 2007; vgl. auch ▶ Kap. 8.2.12). In einer Studie von Michal et al. (2006) werden *Depersonalisa-*

8.1 Einführung

tions- und Derealisationsphänomene als Kompensationsmechanismus für pathologische Scham und soziale Ängste postuliert. *Selbstbewertende Emotionen gehen mit einer inneren Distanzierung einher.* Beide Phänomene sind Ausdruck davon und führen dazu, dass sich Menschen in Träumereien, in ihre inneren Fantasien zurückziehen. So geht über die Zeit der notwendige Bezug zur eigenen Person verloren. Kann Schamerleben innerhalb der Therapie bearbeitet werden, müsste es demnach zu einer Reduktion von Derealisations- und Depersonalisationserleben kommen.

Beziehungen zwischen psychischen Erkrankungen und Scham sowie Schuld lassen sich also vielerorts finden. Insbesondere bei ichsyntonen Symptomen (z. B. im Rahmen von Persönlichkeitsstörungen) werden von den Patienten am ehesten Scham und Schuld als quälend wahrgenommen. Emotionen wie Scham, Schuld und Angst haben neben den eigentlichen Symptomen im Sinne der Erkrankung eine sehr hohe Bedeutung. Scham, Schuld und Angst üben im Wesentlichen den Leidensdruck aus. Scham und Schuld sind also zentrale Emotionen, aus deren Kern sich ein Verständnis für viele psychische Erkrankungen erschließen lässt. *Maladaptive Scham und Schuld können sich ungünstig auf alle anderen Bedürfnisse und Emotionen ausdehnen und emotionale Dysfunktionen sowie Emotionsregulationsstörungen hervorrufen.* Scham ist genau wie Angst generalisierend. Ein hohes Schamempfinden geht auch mit einer hohen Ängstlichkeit einher. Interpersonelle Schuld korreliert positiv mit interpersonellen Problemen; je höher die Schuld, desto mehr Probleme werden empfunden (Albani et al. 2007). (Interpersonelles Schulderleben wird in dieser Studie als persönlichkeitsnahes Konzept verstanden. Es enthält relativ stabile, aber durchaus veränderbare Anteile und Merkmale eines Persönlichkeitskonzeptes.)

Ein anderer wichtiger Aspekt verdient genauso Beachtung. Erfahrenes schamloses Verhalten, Grenzverletzungen, fehlende Entschuldigungen oder nicht beglichenes Unrecht können bei Menschen zu Niedergeschlagenheit, Groll, Bitterkeit und depressiven Verstimmungen führen. Missbrauchs- und Gewalterfahrungen, Traumatisierungen oder andere massive Bedrohungen begünstigen das Entstehen Posttraumatischer Belastungsstörungen (▶ Kap. 8.2.9). Zumeist sind es Beschämungserfahrungen, die oft mit Schuld bei den betroffenen Personen einhergehen. Komorbiditäten und Folgeerkrankungen gehen insbesondere aufgrund des für Patienten unlösbaren Scham-Schuld-Dilemmas mit Beschämungserfahrungen einher.

Zusammenfassung

- Bei vielen psychischen Erkrankungen sind maladaptives Scham- und Schulderleben in der Pathogenese zu finden.
- Obwohl Emotionen wie Wut, Angst, Ärger den ursprünglichen Therapieanlass darstellen, sind diese häufig nur der Ausdruck von fehlenden Bewältigungsstrategien im Umgang mit eigenem Scham- und Schulderleben.

- Leidensdruck besteht zumeist aus den Emotionen Schuld, Scham und Angst.
- Maladaptive Scham und Schuld können sich ungünstig auf alle anderen Bedürfnisse und Emotionen ausdehnen und emotionale Dysfunktionen sowie Emotionsregulationsstörungen hervorrufen.
- Depersonalisations- und Derealisationsphänomene sind Kompensationsmechanismen für pathologische Scham und soziale Ängste. Sie sind daher Ausdruck von fehlenden Bewältigungsstrategien im Umgang mit überflutendem Scham- und Schulderleben.
- Interpersonelle Scham- und Schuldgefühle sowie eine hohe Schamneigung sind aus vielerlei Sicht klinisch relevant. Ebenso kann ein hohes Scham- und Schuldempfinden sehr bedeutsam sein.
- Psychisch erkrankte Kinder und Jugendliche erleben erhöhte Schamgefühle. Dadurch werden auch die Entwicklung und die Regulierung von moralischem Verhalten bereits früh beeinflusst.
- Erhöhtes Scham- und Schulderleben ist ein Vulnerabilitätsindikator für die Entstehung psychischer Störungen.
- Eine erhöhte Schamneigung und die Infragestellung des eigenen Selbst sind Ausdrucksformen eines schmerzhaften Selbstwertes, was wiederum als Vulnerabilität für psychische Erkrankungen verstanden wird.
- Selbstabwertung, Scham und Schuld sind innere Distanzierungsmechanismen.

Fast alle psychischen Erkrankungen stehen in einem Zusammenhang mit entweder einem zugrunde liegenden maladaptiven Scham- oder Schulderleben oder resultierender Scham und Schuld darüber, überhaupt psychisch erkrankt zu sein. Ein hohes Scham- und Schuldempfinden sowie eine ausgeprägte Scham- und Schuldneigung stellen die Grundlage für emotionale Verletzlichkeit und Kränkungserleben dar. Die Unterscheidung von Schuldgefühl, Schuldbewusstsein bzw. realer Schuld gelingt im Rahmen psychischer Erkrankungen, wie z. B. Depressionen oder wahnhaften Störungen, nur sehr selten. Die Unterscheidung zwischen dem symptomhaften Charakter von Scham und Schuld sowie möglichen biografischen Bezügen beider Emotionen sollten daher Bestandteil einer Therapie sein.

8.2 Scham- und Schulderleben bei ausgewählten psychischen Erkrankungen

Schuld und Scham zu verstehen heißt viel über psychische Erkrankungen und Gesundheit zu verstehen (Broucek 1991). Bei der Entstehung und Aufrechterhaltung vieler psychischer Erkrankungen haben Scham und Schuld eine große Bedeutung. Insbesondere das fehlende Wissen um psychische Erkrankungen und das eigene, vielleicht dysfunktionale Selbstbild spielen dabei eine wichtige Rolle. Der Umgang mit körperlichen Erkrankungen wird meist früh gelernt. *Das*

8.2 Scham- und Schulderleben bei ausgewählten psychischen Erkrankungen

Prinzip der Ursachenfindung, wie es bei körperlichen Erkrankungen angewendet wird, und die folgende Entscheidung, wie die Behandlung danach ausgerichtet wird, ist auf psychische Erkrankungen meist nicht übertragbar. Gerade die bisher erlernte Ursachensuche führt eher dazu, dass Betroffene sich selbst infrage stellen. Sie machen sich und ihre Lebensweise für die psychische Erkrankung verantwortlich und erleben dadurch Schuld und/oder Scham.

Psychisch erkrankte Kinder und Jugendliche haben nach einer Studie von Kronmüller et al. (2008) ein höheres Schamerleben. Damit ist aber auch die Wahrscheinlichkeit erhöht, im Erwachsenenalter erneut psychisch zu erkranken. Psychische, aber auch körperliche Symptome stellen eine Herausforderung für die menschliche Selbstregulation dar. Gerade psychische Erkrankungen finden zumeist und vor allem am Anfang im Inneren des Menschen statt. Sie verursachen im Vergleich mit der gesunden Umwelt oft schamauslösende Gedanken darüber, dass »etwas mit einem nicht in Ordnung ist«. *Gescheiterte Versuche, aus der Erkrankung selbst herauszukommen, sind zumeist Anlass für neues Schulderleben* (▸ Kap. 9.1.2). Im Verborgenen versuchen sich Erkrankte den Bewertungen und Ratschlägen des sozialen Umfeldes zu entziehen. Die Isolation durch den inneren Rückzug führt aber auch dazu, dass nur eigene internalisierte Werte, Normen und Erfahrungen zur Verfügung stehen. Je nach Ansprüchen und Erwartungen an sich selbst kann so unterschiedliches dysfunktionales Schuld- und Schamerleben entstehen und einen störungsaufrechthaltenden Charakter gewinnen.

Aufgrund des fehlenden Krankheitsverständnisses und einer erhöhten Selbstaufmerksamkeit mit Fokussierung auf die psychischen und damit »unnormalen« Symptome kommt es in der Folge immer wieder zu neuem Scham- und Schulderleben. Scham und Schuld können damit sowohl als Teil der Störung als auch als Folge derer auftreten. In einer Studie ließen sich Hinweise darauf finden, dass Scham und Schuld auch als Neigungen im Sinne von emotionsbezogenen Persönlichkeitseigenschaften zu verstehen sind (Kocherscheidt et al. 2002). Da Scham- und Schuldempfinden und die Neigung zu Scham und Schuld sich bereits sehr früh aus der individuell ausgeprägten Verletzlichkeit entwickeln, werden auch dazugehörige emotionale Prozesse oft als Ausdruck der eigenen Persönlichkeit empfunden.

Scham und Schuld als pathogene Faktoren Scham und Schuld sind daher bei fast allen psychischen Erkrankungen wesentliche pathogene Faktoren, die es auch im Rahmen der Behandlung zu beachten gilt. Oft wird dies in der Behandlung verkannt bzw. nicht ausreichend gewürdigt. Veränderungen, Abweichungen vom Gesunden oder den eigenen Vorstellungen aktivieren Scham und die Suche nach Zusammenhängen. Sobald Verantwortungen und Zusammenhänge für die Veränderungen innerhalb der eigenen Person gefunden werden, ist das Erleben von Schuld nicht weit. Ähnlich verhält es sich mit Erfahrungen der massiven Grenzüberschreitungen. Diesen ausgesetzt (gewesen) zu sein beschämt Menschen und macht sie hilflos. Im Umgang mit solchen Erlebnissen können die Emotionen

Scham und Schuld so stark werden, dass die Verarbeitung des Erfahrenen kaum stattfinden kann. Substanzmittelkonsum kann Erleichterung verschaffen, stellt aber eine neue Scham- und Schuldquelle dar.

Chronisches Schulderleben und maladaptive Scham Unabhängig davon, welche psychische Störung sich symptomatisch äußert, lässt sich sagen, dass chronisches Schulderleben fast immer in Verbindung mit maladaptiver Scham steht. Häufige Schuldgefühle werden außerdem in Zusammenhang mit mangelnder Beziehungskompetenz, schmerzhaft emotionalem Erleben sowie ungünstiger Selbstbeurteilung gebracht (Albani et al. 2001). Die Vermeidung von Scham- und Schuldgefühlen führt zu Ruminationen, Misstrauen anderen Menschen gegenüber und wenig Selbstwerterleben. Aber auch das Ausbleiben oder Fehlen von Scham- und Schuldempfinden ist ein Hinweis auf psychische Erkrankungen.

In diesem Kapitel werden ausgewählte psychische Erkrankungen mit dem Fokus auf zugrunde liegendes oder resultierendes Schuld- und Schamerleben dargestellt. Dabei sind es die Dysregulationen von Emotionen, die den Leidensdruck und Krankheitswert für Patienten ausmachen. *Allgemein gesagt, sind psychische Erkrankungen auch der Ausdruck von lange andauernden, zeitweise auftretenden fehlenden oder zu exzessiv ausgeführten Emotionsregulationsstrategien.* Grundlage der meisten psychischen Erkrankungen sind daher emotional problematische und belastende Prozesse. *Die vereinfachte Einteilung von überreguliertem und unterreguliertem emotionalen Erleben hat sich im therapeutischen Alltag bewährt.* Überreguliert sind emotionale Vorgänge z. B. bei Somatisierungsstörungen – unterregulierte Emotionen lassen sich z. B. in Form von Ängsten bei Angsterkrankungen und Scham bei sozialen Phobien finden (▶ Kap. 8.1; vgl. dazu auch Lammers 2007).

Oft sind es auch die resultierenden Emotionen, deren Prozesse auf der physiologischen Ebene, der Verhaltensebene und der subjektiv empfundenen Ebene sowie die Bewältigungsstrategien zugrunde liegender emotionsphobischer Konflikte (Lammers 2007), die den Leidensdruck verursachen. Das heißt, Patienten versuchen über die verschiedenen Bewältigungsstrategien problematische und schmerzhafte Emotionen, wie z. B. Scham und Schuld, zu vermeiden. Die Bewältigungsstrategien gehen dennoch mit belastendem emotionalen Erleben einher. Stehen dann andere schmerzhafte Emotionen im Vordergrund, stellen diese oft den ursprünglichen Therapieanlass dar. *Meist lassen sich jedoch Schuld und Scham bereits als ein Symptom der Erkrankung festhalten. Schuld und Scham sind aber oft auch sekundär, also die Folge von psychischen Erkrankungen.* Steht das Erleben dieser beiden Emotionen jedoch im Mittelpunkt für den Patienten, ist von dysfunktionalen Emotionsregulationsstrategien und/oder -defiziten auszugehen. Die Fokussierung verhindert dann die Bewältigung und Genesung der eigentlichen psychischen Erkrankung. Im Folgenden werden die Zusammenhänge exemplarisch anhand einzelner ausgewählter psychischer Erkrankungen dargestellt. Patientenindividuelle Zusammenhänge gilt es dann in der Therapie zu erarbeiten.

8.2 Scham- und Schulderleben bei ausgewählten psychischen Erkrankungen

Zusammenfassung

- Psychische Erkrankungen sind auch der Ausdruck von lange andauernden, zeitweise auftretenden, fehlenden oder zu exzessiv ausgeführten Emotionsregulationsstrategien.
- Die vereinfachte Einteilung von überreguliertem und unterreguliertem emotionalen Erleben bei psychischen Erkrankungen hat sich im therapeutischen Alltag bewährt.
- Scham und Schuld sind bei fast allen psychischen Erkrankungen wesentliche pathogene Faktoren, die es auch im Rahmen der Behandlung zu beachten gilt.
- Schuld und Scham können bereits ein Symptom der psychischen Störung darstellen. Oft sind Schuld und Scham sekundär und damit Folgen von psychischen Erkrankungen.
- Unabhängig davon, welche psychische Störung sich symptomatisch äußert, lässt sich sagen, dass chronisches Schulderleben fast immer in Verbindung mit maladaptiver Scham steht.

8.2.1 Ängste

Angsterkrankungen, Scham- und Schuldemotionen stehen bei den meisten Patienten in unmittelbarem Zusammenhang. Mit Ausnahme der sozialen Phobien entstehen Schuld und Scham zumeist infolge der Auseinandersetzung mit der Erkrankung und den individuellen Symptomen. Einen wesentlichen Anteil trägt dabei das bisherige Selbstbild des Erkrankten. Viele Menschen arrangieren sich früher, leichter und besser mit körperlichen Erkrankungen als mit pychischen Störungen. Der Umgang mit körperlichen Erkrankungen ist Teil der Erziehung und wird von nahen Bezugspersonen vorgelebt. Kaum eine Person denkt darüber nach, später im Leben an einer psychischen Störung zu erkranken. Es sei denn, in der Ursprungsfamilie oder im nahen sozialen Umfeld sind Menschen psychisch erkrankt. Wegen der fehlenden Wissensvermittlung und dem mangelnden Krankheitsverständnis fällt auch der Umgang mit der eigenen Angsterkrankung schwer. Die Übergänge von normalen Ängsten und Sorgen hin zur Erkrankung sind manchmal fließend und davon abhängig, wie viele Ängste bereits in der Ursprungsfamilie vorhanden waren (Modelllernen).

Die Suche nach möglichen Ursachen – einer der ersten Bewältigungsversuche – kann je nach persönlicher Veranlagung im Sinne der individuellen Schuld- und Schamneigung sowohl Schuld als auch Scham auslösen. Dies geschieht insbesondere, wenn das bisherige Vorgehen zur erfolgreichen Bewältigung nicht ausreicht, um die Symptome zu beherrschen. Verläuft die Ursachenfindung zusätzlich erfolglos oder führt sie gar auf die eigene Lebensweise und/oder die Biografie zurück, können Schuld und Scham entstehen. Sich selbst gegenüber als schuldig zu erleben, weil man sich nicht früher um sich gekümmert hat, wird häufig von Erkrankten berichtet. Ebenso erleben viele Betroffene Schuld und Scham gegenüber den Angehörigen, weil sie nun eine zusätzliche Belastung darstellen.

Am Anfang der Erkrankung stehen meist schuld- und schambegünstigende Kognitionen als Ausdruck der Auseinandersetzung mit der Störung. Die Tatsache, zu wissen, dass Ängste und Befürchtungen unrealistisch, übertrieben und/oder unvernünftig sind, sich aber dennoch nicht beeinflussen lassen, verursacht häufig große Irritationen. Die bisher unerklärlichen Reaktionen des eigenen Organismus werden begleitet durch die Analyse der Situation und deren Bewertung. In der Folge können die Ursachen später in sich selbst gesucht werden. *Typischerweise kommt es anfangs zur Fokussierung auf den Körper, der heftig reagiert und sich trotz aller Bemühungen nicht kontrollieren lässt.* Das führt dazu, dass Betroffene die Funktionalität und die Verlässlichkeit des eigenen Körpers infrage stellen. Körperliche Untersuchungen bei Ärzten, Fahrten in die Notaufnahme oder Bedarfsmedikationen für Akutsituationen sind Ausdrucksformen dieser Irritation. Die erhöhte Selbstaufmerksamkeit und Fokussierung auf einzelne körperliche Symptome wie Herzklopfen, Pulsschlag, Schwindel sollen helfen, bei Folgeuntersuchungen dem Phänomen auf die Spur zu kommen. Sind die Versuche, Ursachen zu finden, missglückt, werden die Situationen ganz bewusst vermieden, denn der erlebte Kontrollverlust oder der Eindruck, »wahnsinnig zu werden«, erzeugt parallel auch schaminduzierende Kognitionen – »etwas mit der eigenen Person kann einfach nicht stimmen«.

Viele Patienten haben zusätzlich Angst davor, in ihrer Besonderheit entdeckt und dafür bewertet zu werden. Die Empfehlung eines Arztes, sich statt weiterer Untersuchungen zu stellen, psychotherapeutische Hilfe zu holen, kann daher beschämen und empören. Scham vor dem Kontrollverlust durch die Erkrankung oder durch die Angst, entdeckt worden zu sein, begleitet viele Erkrankte. Die Rückmeldung, dass sich keine organischen Befunde feststellen lassen, führt oft zu Unverständnis. Hinter ärgerlichen und empörten Reaktionen ist häufig bereits aktiviertes Scham- und Schulderleben zu finden.

Gerade bei der *generalisierten Angststörung* berichten Patienten oft die zusätzliche Befürchtung, »dass etwas mit ihnen nicht in Ordnung sein kann«. Damit ist zugleich die Grundlage für neue Ängste und Befürchtungen gelegt. Die Angst vor Bewertungen aus dem sozialen Umfeld, wohlgemeinte Ratschläge, die nicht helfen wollen, führen zum sozialen Rückzug. Parallel sind jedoch die Sorgen um einen möglichen Unfall oder eine Erkrankung eines Angehörigen alltäglich. *Scham und Selbstvorwürfe begleiten viele Betroffene, bis der Weg in eine Therapie unausweichlich geworden ist.* Oft verzögert/verhindert das in den Vordergrund gerückte Erleben von Schuld und Scham gar die Aufnahme einer Therapie (► Kap. 9.1.1 f.): »Ich weiß, dass die Ängste unsinnig sind, aber ich kann sie nicht kontrollieren«, »Ich habe schon viel versucht, aber nichts erreicht«. Diese und ähnliche Formulierungen werden in Erstgesprächen geäußert und sind Ausdruck von bereits vorhandenem Schuld- und Schamerleben. Stehen Schuld und Scham bzw. die Vermeidung beider Emotionen im Vordergrund, kann die eigentliche Therapie der Angsterkrankung deutlich erschwert sein. Wichtig ist

8.2 Scham- und Schulderleben bei ausgewählten psychischen Erkrankungen

daher, dass Therapeuten sich früh einen Überblick über das emotionale Erleben im Umgang mit der Erkrankung verschaffen.

> **Zusammenfassung**
>
> - Schuld und Scham entstehen zumeist infolge der Auseinandersetzung mit der Angsterkrankung und den individuellen Symptomen.
> - Ein wesentlicher Anteil trägt dabei das bisherige Selbstbild.
> - Schuld- und schambegünstigende Kognitionen sind Ausdruck der Auseinandersetzung mit der Erkrankung.
> - Eingeschränkte Emotionsregulationsstrategien führen dazu, dass sowohl Angst als auch Schuld und Scham als überflutend erlebt werden.
> - Die Fokussierung auf körperliche Symptome ist auch als Ausdruck der Vermeidung dieser Emotionen zu verstehen.

8.2.2 Depression

Bereits die Kriterien des ICD-10-Klassifikationssystems der WHO enthalten eindeutige Hinweise auf Schuld- und Schamerleben im Rahmen von depressiven Erkrankungen. »Selbstwertgefühl und Selbstvertrauen sind fast immer beeinträchtigt. Sogar bei der leichten Form kommen Schuldgefühle oder Gedanken über die eigene Wertlosigkeit vor.« (Dilling u. Freyberger 2008, S. 133) Scham und Schuld sind sowohl als Vulnerabilitätsfaktoren als auch als psychische Symptome depressiver Erkrankungen zu verstehen. Schulderleben ist entsprechend genauso ein diagnostisches Merkmal wie Selbstvorwürfe und die eigene empfundene Wertlosigkeit. Mehrfach wird in der gängigen Literatur auf Zusammenhänge zwischen der Intensität von Schamerleben und Depressivität hingewiesen, insbesondere der Körperscham kommt dabei eine besondere Bedeutung zu (Kämmerer 2010). Körperscham ist dabei der Ausdruck für Kognitionen, dass mit dem eigenen Körper aufgrund der Erkrankung etwas nicht stimmen kann. Hierin liegt vielleicht eine mögliche Verbindung der Komorbiditäten zwischen Essstörungen und depressiven Erkrankungen. Körperschemastörungen bringen neben den kognitiven und behavioralen Aspekten auch die Scham über den eigenen Körper im Vergleich mit anderen zum Ausdruck (► Kap. 8.2.5).

Im Kern der meisten depressiven Erkrankungen stehen scham- oder schuldinduzierende Kognitionen. Diese aktivieren die Emotionen. Ein angemessener Umgang ist jedoch aufgrund der eingeschränkten Emotionsregulationsfähigkeit nicht möglich. Vielfach kommt es stattdessen zu einer vermehrten kognitiven Auseinandersetzung mit diesen Emotionen in Form lange anhaltender Grübelschleifen. *Die Vermeidung des Ausdrucks der Emotionen Schuld und Scham durch Rumination ist oft der Versuch, den Inhalten der scham- und schuldinduzierenden Kognitionen entgegenzutreten.* Dabei stehen die restlichen Symptome wie Antriebslosigkeit, Verlust der Fähigkeit von Freude und Interesse sowie Müdigkeit und Erschöpfung auch noch wie ein Beweis dafür, dass man sich selbst nicht genug angestrengt hat, um aus der depressiven Spirale zu entkommen. So wird auch das Erleben von anderen Emotionen verhindert. Dies ist eine Beobachtung, die auch im therapeutischen Alltag zu finden ist. Trachsel et al. (2010) beschreiben das Unterdrücken des Emotionsausdrucks als einen wichtigen Vulnerabilitätsfaktor für die Entwicklung von Depressionen.

Das Unterdrücken von Emotionen führt in der Folge dazu, dass auch im Rahmen von angenehmen Aktivitäten oder entlastenden Gesprächen keine Stimmungsaufhellungen erreicht werden. *Das Schulderleben im Rahmen von Depressionen fördert stattdessen auf verschiedenen Ebenen Selbstzweifel und Selbstkritik.* Patienten stellen sich und die Erlaubnis, »sich um sich kümmern zu dürfen«, oder Interventionen infrage. Sie beschämen sich in inneren Dialogen selbst. *Zumeist gestehen sich diese Patienten keine Selbstfürsorge oder angenehme Aktivitäten zu.* Werden sie im Rahmen der Therapie dazu angeleitet, sind manche depressiv Erkrankte besonders mit Schuld und Scham konfrontiert, da ihnen im eigenen inneren Erleben so etwas nicht zusteht. Die Minderwertigkeitsidee bei Depressionen kann ausarten und den Charakter von Kleinheit-/Nichtigkeitswahn annehmen. Selbstvorwürfe oder Selbsterniedrigungen, Leere und Orientierungslosigkeit können ebenso wahnhafte Züge annehmen (▶ Kap. 8.2.10).

> Herr E. ist erstmals depressiv erkrankt. Nachdem er nun wiederholt die Empfehlung für die Aufnahme einer Psychotherapie bekommen hat, meldet er sich zum Erstgespräch an. Die Auseinandersetzung mit dem Störungsmodell gelingt Herrn E. aus therapeutischer Sicht recht gut. Die Umsetzung von Veränderungen führt jedoch immer wieder zu depressiven Einbrüchen, die sich im Wesentlichen auf Themen wie Verantwortung, Schuld und Scham fokussieren.
> Insbesondere der Aufbau der antidepressiven Selbstregulation durch angenehme Aktivitäten stellt eine besondere Herausforderung für Herrn E. dar. »Nicht arbeiten zu müssen« sei aus seiner Sicht bereits ein Privileg, aber nun den Tag zu nutzen und angenehme Aktivitäten zu integrieren falle ihm besonders schwer. Zum einen erlebe er dies als ungerecht gegenüber seiner Familie, da sich »seit Monaten eh alles um ihn drehe«. Zum anderen könne er die Aktivitäten deshalb gar nicht genießen. Er fühle sich schuldig und würde sich schämen dafür, dass er »es sich nun gutgehen lassen solle«. Einen weiteren wichtigen Grund stelle auch die Befürchtung dar, von Arbeitskollegen dabei gesehen zu werden. Diese wissen bisher nicht um die Erkrankung. »Ich kann ja schlecht sagen, dass meine Therapeutin meint, ich solle Dinge tun, die mir guttun.«

Nicht selten geschieht der soziale Rückzug aus dem Eindruck heraus, für andere Menschen eine Belastung oder den Anstrengungen von sozialen Interaktionen nicht gewachsen zu sein. Schuld oder Scham werden so aufrechterhalten, da Betroffene mit sich und der eigenen Erkrankung beschäftigt sind. Depressionen werden oft als eigenes Versagen wahrgenommen. Erkrankte erleben sich der eigenen Depression gegenüber ausgeliefert und vor dem sozialen Umfeld als

8.2 Scham- und Schulderleben bei ausgewählten psychischen Erkrankungen

»schwierig oder krank« bloßgestellt. Scham darüber führt dazu, dass Betroffene sich innerlich von sich selbst distanzieren.

Neben den Kernthemen Scham und Schuld im Rahmen der depressiven Erkrankung kann es aber auch infolge der Erkrankung zu Schuld- und Schamerleben kommen. Dabei erfordert auch diese Erkrankung eine Neuorientierung des Selbstbildes und die Herausforderung, mit den Symptomen der Erkrankungen einen Umgang zu finden. Oft steht nach einer erfolgreichen Therapie jedoch die Angst im Vordergrund, erneut zu erkranken. Das Auftreten eines kurzen Rückfalls in depressive Denk- und Verhaltensmuster oder gar einer erneuten Episode führt manchmal zu neuem Schuld- und Schamerleben. Dabei stehen dann die Gedanken, »das Gelernte nicht richtig angewendet zu haben« oder trotz Therapie »nicht fähig genug zu sein«, wieder am Anfang einer Schuld-Scham-Spirale (► Kap. 5.1.8, Fallbeispiel Frau S.).

Depressive Symptome können aber auch infolge ausbleibender Entschuldigungen, Reue oder Wiedergutmachungsversuche entstehen. Dabei bietet das Konzept der Erlernten Hilflosigkeit (Seligman 1979) eine mögliche Erklärung. Neben dem real entstandenen Schaden durch andere Personen, z. B. Kündigung des Arbeitsplatzes im Rahmen von Umstrukturierungen, oder dem tatsächlichen Verlust, z. B. durch das Versterben einer nahe stehenden Person, kann der Wunsch nach Ausgleich oder Entschuldigung unerfüllt bleiben. Sich solchen Erfahrungen hilflos ausgeliefert zu fühlen und daher Emotionen wie Trauer, Angst oder Wut nicht ausleben zu können, verursacht ebenso scham- und schuldinduzierte Depressionen.

Zusammenfassung

- Die Kriterien des ICD-10-Klassifikationssystems der WHO enthalten eindeutige Hinweise auf Schuld- und Schamerleben im Rahmen von depressiven Erkrankungen.
- Scham und Schuld sind sowohl als Vulnerabilitätsfaktoren als auch als psychische Symptome depressiver Erkrankungen zu verstehen.
- Die Vermeidung des Ausdrucks der Emotionen Schuld und Scham durch Rumination ist oft der Versuch, den Inhalten der scham- und schuldinduzierenden Kognitionen entgegenzutreten.
- Das Schulderleben im Rahmen der Depression führt stattdessen auf verschiedenen Ebenen zu Selbstzweifeln und Selbstkritik. Zumeist gestehen sich diese Patienten keine Selbstfürsorge oder angenehme Aktivitäten zu.

8.2.3 Derealisations- und Depersonalisationserleben

Derealisation und Depersonalisation werden im klinischen Alltag häufig als Symptom einer Erkrankung (Depression, soziale Phobie, Panikstörung, Borderline-Persönlichkeitsstörung etc.) und damit als episodisch sekundär erfasst. Depersonalisations- und Derealisationsphänomene sind z. B. Ausdruck eines Kompensationsmechanismus für pathologische Scham und soziale Ängste (Michal et al. 2006). Im ICD-10 wird unter F48.1 Derealisation und Depersonalisation jedoch auch als ein eigenständiges Syndrom klassifiziert. Die Vergabe der eigenständigen Diagnose erfolgt aber nur sehr selten. Derealisation und Depersonalisation wird auch im DSM-5 (2013) als eigenständige Diagnose aufgeführt.

Psychodynamisch werden Derealisation und Depersonalisation auch als Abspaltungsmechanismen für besonders schmerzhafte und belastende Emotionen verstanden, vor allem von Scham und Schuld. *Depersonalisation ist das Ergebnis der eigenen inneren Ablehnungen und Bewertungen des eigenen Selbst. Der Zustand wird vor allem durch die Wahrnehmung defizitärer Anteile aktiviert.* Keinen Zugang zum eigenen Selbst zu haben schützt vor überflutender Scham. Dennoch birgt der Zustand die Gefahr, erneut Scham und Beschämung zu erleben. Die Nichtteilhabe an Interaktionen der umgebenden Welt bzw. das »Anderssein« führt zu ungünstigen Erfahrungen und Rückmeldungen aus der sozialen Umwelt. Menschen mit Depersonalisationserleben versuchen durch die Identifizierung mit dem kritisch bewertenden Teil, den Zustand sowie eigenes Verhalten zu kompensieren. Die kritisch bewertende Instanz ist fokussiert auf internalisierte Standards und Normen und damit besonders kritisch. Innere Abwertungen, Selbsthass, Selbstverachtung, Minderwertigkeit und andere selbstverletzende Tendenzen gehen damit einher. Ebenso sind der Zugang und die Erlaubnis, sich um eigene Bedürfnisse bemühen zu können, verwehrt. Dies wird begleitet durch die Unfähigkeit, über eigenes inneres Erleben sprechen zu können. Damit stellt Depersonalisation zwar einen Kompensationsmechanismus bei einer hohen Schamneigung dar, jedoch sind die Folgekosten sehr hoch.

> Frau K. (45 Jahre), eine psychotherapeutische Kollegin, beschreibt im Erstgespräch, sich selbst als fremd und fern zu erleben. Sie habe nur noch zeitweise den Eindruck, einen Zugang zu sich und den eigenen Emotionen zu haben. Der Zustand mache ihr zunehmend Sorge. Sie müsse als Therapeutin »ansprechbar und authentisch« sein. Beides würde ihr jedoch in den letzten zwei Jahren scheinbar verloren gehen.
> Den zwei Jahren vorausgegangen sei eine sehr intensive Krisensituation mit ihrem Sohn. Dieser habe sich in der 8. Klasse entschieden, nicht mehr zur Schule zu gehen. Viele Gespräche, Motivationsversuche oder auch vereinbarte Verhaltensänderungen seien jedoch ohne Erfolg geblieben. Frau K. sei das alles sehr unangenehm. Gerade sie als Psychotherapeutin wisse um die Vorgänge. Sie habe sich insbesondere in der Zeit sehr vor den anderen stationär arbeitenden Kollegen geschämt. In der Zeit habe sie viele Termine an der Schule und beim Jugendamt wahrnehmen müssen. Ihr Arbeitsausfall sei auf dem Rücken der Kollegen ausgetragen worden. Seit sie nun akzeptiert habe, dass ihr Sohn einfach nicht zur Schule gehen würde, lehne Frau K. sich insbesondere in ihrer Mutterrolle ab. Ihr Sohn sei nun auch noch zu seinem Vater gezogen. Frau K. habe außerdem den Eindruck, den Anschluss und Zugang zu den Kollegen im Job verpasst zu haben. Ihr Selbstwert leide massiv, die anderen Kollegen seien »gebildeter und eloquenter«. Dennoch müsse sie arbeiten, es gebe einfach keine andere Alternative.

8.2 Scham- und Schulderleben bei ausgewählten psychischen Erkrankungen

Bei überflutender intensiver Scham kommt es aufgrund des blockierenden Charakters der Emotion automatisch erst einmal zu einer Distanzierungsreaktion. Der ursprünglich funktionale Charakter, der es ermöglicht, Verhalten neu auszurichten, kann bei zu intensiven Emotionen und wenig vorhandenen Emotionsregulationsstrategien dysfunktionalen Charakter annehmen. Die Distanzierung ist dann sehr stark ausgeprägt, bzw. bleibt länger aufrechterhalten. So kann es zu einem Entfremdungserleben kommen. Die innere Distanzierung richtet sich entweder gegen die Realität (Derealisation) oder die eigene Person (Depersonalisation; s. Fallbeispiel Frau K.). Grundsätzlich ist Distanzierung jedoch auch eine schützende Strategie im Umgang mit überflutendem Schamerleben.

Unwirklichkeitserleben gegenüber der Realität entsteht zumeist aus frühen beschämenden Erfahrungen. Die Antizipation, dass sich die Erfahrungen wiederholen werden, führt dazu, dass der Zustand möglichst aufrechterhalten wird. Wird die Realität als unwirklich und fern wahrgenommen, kann darin keine Beschämung (mehr) stattfinden. Sich als entfremdet, die Wirklichkeit als unwirklich wahrzunehmen hat jedoch hohe Nebenkosten. Zugehörigkeitserleben und die Bedürfnisbefriedigung von Bindung werden nachhaltig durch das Erleben beeinträchtigt. Das Fehlen von Erfahrungen des Angenommenseins verhindert insbesondere in diesem Zustand zeitgleich korrigierende Erfahrungen in Bezug auf die schmerzhaften Emotionen, die zugrunde liegen.

> **Zusammenfassung**
>
> - Depersonalisation ist Ausdruck der eigenen inneren Ablehnungen und Bewertungen des Selbst mit den defizitären Anteilen.
> - Depersonalisation ist ein Kompensationsmechanismus für überflutende Scham bei vorhandener hoher Schamneigung, jedoch mit hohen Folgekosten.
> - Derealisation, also Unwirklichkeitserleben gegenüber der Realität, entsteht zumeist aus frühen beschämenden Erfahrungen.
> - Die Antizipation, dass sich die Erfahrungen wiederholen werden, führt dazu, dass Derealisation als Schutzmechanismus möglichst lange aufrechterhalten wird.
> - Beide Zustände führen dazu, dass es kaum möglich ist, sich um sich und die eigenen Bedürfnisse zu kümmern oder angemessen am sozialen Leben teilzuhaben. Sie verhindern somit korrigierende Erfahrungen.

8.2.4 Dissoziation

Im Alltag ist die Fähigkeit zur Dissoziation grundsätzlich eine adaptive und funktionale Strategie, die kreative Prozesse anregt und Blockaden lösen kann. Diesen Prozess für sich kreativ und zu eigenen Gunsten nutzen zu können unterstützt die seelische Gesundheit. Alltagsbeispiele sind das Eintauchen in einen spannenden Film, ein Computerspiel oder in ein interessantes Buch. Die Wahrnehmung von Außenreizen aus der Umwelt wird reduziert. Genauso kann eine Vorlesung dazu führen, dass Teilnehmer in Gedanken abschweifen und die vermittelten Inhalte nicht mehr wahrnehmen. Christ (2005) beschreibt Dissoziation als Vorgang und als Zustand. Der Prozess des Vorgangs besteht aus einer Wahrnehmungseinengung mit einhergehender, veränderter Aufmerksamkeit. Der Zustand wird als besonderes Bewusstsein oder eine Art Versenkung in einen speziellen Zustand beschrieben. Viele therapeutische Ansätze wie Meditation, Achtsamkeit, Akzeptanz- und Commitment-Therapie oder Hypnotherapie arbeiten mit dieser Art von Dissoziation. Patienten werden darin unterstützt, gesunde Dissoziation für sich und die eigenen Themen zu nutzen.

Anders verhält es sich jedoch mit Dissoziation, die überflutet und als unkontrollierbar erlebt wird. *So kann innere und äußere Reizüberflutung dissoziative Zustände verursachen und schwere Störungen begünstigen. Es ist zu vermuten, dass ein hohes Scham- und Schuldempfinden bei gleichzeitiger Scham- und Schuldneigung begünstigt, dass Rückmeldungen aus der Umwelt oder eigene Bewertungsprozesse schnell einen überflutenden und bedrohlichen Charakter annehmen.* Dissoziation als meist anhaltender Zustand schützt davor. Neben dem Schutzmechanismus kann Dissoziation daher aber auch schwere pathologische Ausmaße annehmen. Insbesondere wenn der dissoziative Prozess schnell initiierbar und als einzige Bewältigungsstrategie zur Verfügung steht. Meist verhindert der dysfunktionale Zustand, dass Informationen angemessen verarbeitet werden. Eine vielleicht notwendige Verhaltenskorrektur wird verhindert. Mehrere Prozesse, die Wahrnehmung, die emotionale Reaktion und das Verhalten, finden nebeneinander statt, sind aber nicht miteinander verbunden. Mit dem komplexen psychophysiologischen Prozess geht die teilweise oder ganze Desintegration psychischer Funktionen einher.

Die individuelle Dissoziationsfähigkeit wird mit frühen Bindungserfahrungen (▶ Kap. 6.2.1) in Verbindung gebracht. *Pathologische Dissoziation ist dementsprechend eine Folge früherer Beziehungstraumata (Schore 2012).* Dissoziation ist bei ungünstigen frühen Vorerfahrungen ein Ausdruck des Versuchs von Selbstregulation. *Ein desorganisierter Bindungsstil wird als frühes Dissoziationssymptom beschrieben. Dieser begünstigt späteres Auftreten von Dissoziation* (Cyrulnik 2011). Das bedeutet: Fehlende sichere Bindungserfahrungen führen dazu, dass Dissoziation schneller als verfügbare Strategie aktivierbar ist. Eine schnelle emotionale Distanzierung von der Situation ist darüber möglich. In diesem Zustand ist die Aufmerksamkeitsfokussierung meist selektiv auf potenzielle Verletzungen hin gesteuert. Ausgangspunkt der selektiven Aufmerksamkeit für aktuell mögliche Beschämungen und Verletzungen durch andere sind die unsicheren und unkontrollierbaren Bindungserfahrungen. Damit werden Informationen zwar in ihrer Komplexität reduziert, aber korrigierende Erfahrungen verhindert. Die Integration von mehr und anderen Informationen, wie z. B. aktueller Sicherheit, Wertschätzung und Anerkennung, kann nicht stattfinden.

Dissoziation im pathologischen Ausmaß dient zumeist der Spannungs- und Emotionsregulation. Dieser Zustand schützt vor überflutender dysfunktionaler Scham und Schuld. Dissoziation ist daher eine Art Notfallstrategie, zum

8.2 Scham- und Schulderleben bei ausgewählten psychischen Erkrankungen

Rückzug von der Außen-, aber auch von der eigenen Innenwelt. Dissoziation ist damit auch als eine mögliche Bewältigung von traumatisch bedrohlichen Ereignissen zu verstehen. Im Rahmen von Traumatisierungen wird die Positivsymptomatik der Dissoziation als physiologischer Erregungszustand, der auf maladaptive Scham, Intrusionen oder Flashbacks hinweist, verstanden (Boos 2005) (▶ Kap. 8.2.9). Die Negativsymptomatik ist innerer Rückzug, Erstarrung und Ohnmachtserleben. Dies bildet eine Blockade, die als unüberwindbar erlebt wird. Ein Wechsel zwischen Positiv- und Negativsymptomatik ist typisch.

Dissoziation als dysfunktionaler Zustand und Prozess begünstigt im Alltag hohe Folgekosten wie Wertlosigkeitserleben, Scham und Schuld sowie resignative Prozesse. Emotionen sind zwar vorhanden, jedoch können diese weder wahrgenommen, ausgedrückt noch genutzt werden. Eine unter Umständen notwendige adaptive Anpassung an die soziale Umwelt kann nicht geleistet werden (Linehan 1992).

Zusammenfassung

- Innere und äußere Reizüberflutung kann dissoziative Zustände verursachen und schwere Störungen begünstigen.
- Dissoziation im pathologischen Ausmaß dient zumeist der Spannungs- und Emotionsregulation.
- Ein hohes Scham- und Schuldempfinden bei gleichzeitiger Scham- und Schuldneigung begünstigt, dass Rückmeldungen aus der Umwelt und/oder eigene Bewertungsprozesse schnell einen überflutenden und bedrohlichen Charakter annehmen.
- Die individuelle Dissoziationsfähigkeit wird mit frühen Bindungserfahrungen in Verbindung gebracht.
- Ein desorganisierter Bindungsstil wird als frühes Dissoziationssymptom beschrieben – er begünstigt späteres Auftreten von Dissoziation.
- Dissoziation als dysfunktionaler Zustand und Prozess begünstigt im Alltag hohe Folgekosten wie Wertlosigkeitserleben, Scham und Schuld sowie resignative Prozesse.

8.2.5 Essstörungen

Unzulänglichkeitserleben und Scham über das defizitäre Selbst oder den unattraktiven Körper sind ursächlich an der Entstehung von Essstörungen beteiligt. Eine Studie zu der erlebten Intensität von Schamgefühlen bei psychischen Störungen (Kämmerer 2009) zeigt, dass ca. 80 % der 320 befragten Patienten mehr Körperscham als die Teilnehmer der Normstichprobe erlebten. Frauen sind deutlich stärker betroffen. Dieses Ergebnis kann als eine grundlegende Verunsicherung bezüglich des Körperselbstwertes verstanden werden. Essstörungen gehen mit Körperschemastörungen einher. *Schamerleben stellt den emotionalen Ausdruck einer Körperschemastörung dar.* Die Wahrnehmung und Bewertung,

»fett« zu sein, aktiviert Ekel und defizitäres Makelerleben. Scham über das eigene Aussehen begünstigt den Wunsch, »attraktiver und schlanker« zu sein. Schamerleben über den eigenen Körper führt zu einer hohen Anspannung, zu Selbstabwertungen und Rückzugsverhalten. Essattacken bei bulimischer Ausprägung dienen anfangs als Regulationsmechanismus für diese Art der emotionalen Anspannung.

Später aktivieren gerade die Impulsdurchbrüche (und/oder auch geplante) Ess-/Brechattacken sekundäre Scham und Schuld. Essen und Sich-Übergeben unter Ausschluss der Öffentlichkeit verhindern, in der Unzulänglichkeit entdeckt zu werden. Dennoch findet intrapsychisch die Auseinandersetzung mit der eigenen Unzulänglichkeit (schaminduzierend) und Unfähigkeit (schuldinduzierend) statt. Der Eindruck, dem eigenen Wunschbild nach internalisierter Schönheit nicht zu entsprechen, und die Erkenntnis, was man sich und dem eigenen Körper antut, halten den emotionalen Scham-Schuld-Teufelskreislauf aufrecht (Scham über den eigenen Körper – Schuld daran, so auszusehen, sein Verhalten nicht regulieren zu können – Scham darüber – Schuldempfinden bezüglich dessen, was man sich und dem Körper antut).

Anorexie kann als ein Versuch verstanden werden, Stolzerleben über Verzicht und die Gewichtsreduktion für sich aufzubauen. *Kontrollerleben durch Nahrungsverweigerung hilft, Schamempfindungen zu bekämpfen.* Die Körperschemastörung verhindert die Wahrnehmung der Veränderung bzw. verfälscht den Wahrnehmungsvorgang durch sehr selektive Prozesse. Der Fokus liegt weiterhin auf der eigenen Unzulänglichkeit/Unfähigkeit und dem beschämenden Körper. Scham bei Essstörungen hat unbearbeitet einen störungsaufrechterhaltenden Charakter. *Scham- und Schulderleben begünstigt die selektive Wahrnehmung im Rahmen der Körperschemastörung. Aber auch im Therapieprozess können Scham und Schuld bezüglich dessen, was man sich und dem Körper über die lange Zeit angetan hat, aktiviert werden.* Es sind daher Fähigkeiten im Umgang mit Scham und Schuld notwendig, um Selbstabwertung zu verhindern und stattdessen eine wohlwollende, selbstfürsorgliche, selbstakzeptierende Haltung zu entwickeln. So kann der emotionale Scham-Schuld-Teufelskreislauf durchbrochen werden.

Zusammenfassung

- Unzulänglichkeitserleben und Scham über das defizitäre Selbst/den unattraktiven Körper sind ursächlich an der Entstehung von Essstörungen beteiligt.
- Schamerleben stellt den emotionalen Ausdruck der Körperschemastörung dar.
- Scham- und Schulderleben begünstigt die selektive Wahrnehmung im Rahmen der Körperschemastörung.
- Kontrollerleben durch Nahrungsverweigerung im Rahmen einer Anorexie hilft, Schamempfindungen zu bekämpfen.
- Im Therapieprozess können Scham und Schuld bezüglich dessen, was man sich und dem Körper über die lange Zeit angetan hat, aktiviert werden.

8.2.6 Hypochondrie

Eine hypochondrische Störung führt die meisten Patienten erst einmal in die medizinische Versorgung. Vermutlich gibt es deshalb auch keine eindeutigen Zahlen zur Prävalenz der Erkrankung. Die Zahlen reichen von 0–0,4 % (Bleichhardt u. Hiller 2007) bis zu höheren Prävalenzen von 0,8–10,3 % in den medizinischen Versorgungseinrichtungen (Noyes 2001). Ein wesentliches Merkmal der Erkrankung ist die ständige Beschäftigung mit sich selbst, um vor allem frühe Krankheitszeichen nicht zu übersehen und sich vor sich selbst nicht schuldig fühlen zu müssen. *Exzessive Selbstbeobachtung ist daher zum einen Ausdruck von Schuldvermeidung und zum anderen ein Bewältigungsversuch, um mit dem defizitären Immunsystem zurechtzukommen.*

Der Eindruck, einen Defekt zu haben, sich gegen Ansteckung, Krankheiten und deren Folgen nicht wehren zu können, ist Ausdruck eines defizitären Selbst. Diese Einstellung begünstigt die selektive Wahrnehmung vor allem von krankheitsrelevanten Informationen und Reizen. Sich mit möglichen Krankheiten frühestmöglich, also noch rechtzeitig zu befassen, ist ein Versuch, dem »defizitären Immunsystem« wenigstens etwas entgegenstellen zu können. Aus analytischer Perspektive könnte man sagen, dass im Patient Angst davor besteht, etwas in sich zu entdecken, was man nicht sein will/haben möchte. Dazu gehören Befürchtungen wie: chronisch krank und damit dauerhaft bedürftig zu sein, dahinsiechen zu müssen, antizipierte quälende Schmerzen nicht aushalten zu können. Das Immunsystem wird als Symbol für das eigene Selbst verstanden, das sich gegen Krankheiten, Gefahren und Bedrohungen nicht wehren kann – denen man dann gar hilflos ausgeliefert ist.

Die Suche nach Ursachen für die unerklärliche und unkontrollierbare Reaktion des eigenen Körpers führt viele Betroffene erst einmal zum Arzt oder in die Notaufnahme. Eine wesentliche Motivation ist dabei, die Bedrohung frühzeitig abzuwenden und zu verhindern, sich später Schuld eingestehen zu müssen, nicht alles getan, sich nicht rechtzeitig gekümmert zu haben. *Die Angst davor, später in einem antizipierten ungünstigen Erkrankungsverlauf bedürftig und von anderen abhängig zu sein, ist zeitgleich ein Schutzmechanismus. Er führt dazu, dass sich scheinbar recht- bzw. frühzeitig um medizinische Abklärung bemüht wird – auch aus der Sorge heraus, in der Bedürftigkeit Scham und Beschämung erleben zu müssen.* Ein Dahinsiechen im Rahmen einer Krebs- oder Aidserkrankung wird vor dem Hintergrund des eigenen Ich-Ideals als nicht angemessen erlebt. Demgegenüber besteht eine Schamangst vor Abwertung durch das soziale Umfeld.

> Herr L. berichtet im Erstgespräch davon, dass sein langjähriger Hausarzt ihn nun aufgefordert habe, sich therapeutische Unterstützung zu holen. Vorangegangen sei eine wiederholte Serie von Untersuchungen, um eine Tumorerkrankung auszuschließen. Das Schlimmste an einer Tumorerkrankung sei für Herrn L. die Aussicht darauf, den chronisch quälenden Schmerzen ausgesetzt zu sein und durch seine Familie gepflegt

werden zu müssen. Dabei sei die Tatsache, dass diese ihn so leidend und hinfällig erleben, einerseits fast ein bisschen Genugtuung dafür, dass Herr L. häufig wegen seiner Krankheitsängste ausgelacht worden sei. Andererseits befürchte er, dass gerade seine Frau ihn dann nicht so pflegt, wie er es für sich brauchen könne. Dieser innere Konflikt führe dazu, dass Herr L. sich gerade während der Untersuchungsmarathons am liebsten den schnellen Tod vorstelle – um auf keinen Fall von seiner Familie abhängig zu werden.

Innerhalb der Krankheitshistorie machen viele Betroffene bereits die Erfahrungen, dass das soziale Umfeld sich über die geäußerten Krankheitsängste und dazugehörigen Verhaltensweisen »lustig macht«. Erkrankte fühlen sich nicht ernst genommen, stattdessen eher beschämt und abgewertet. *Häufig entsteht sekundäre Scham und mündet in die Sorge, bei einer wirklichen Erkrankung genau von diesen Personen abhängig zu sein.* Der Wunsch nach Sicherheit (»absolut gesund zu sein«) und danach, diesen Zustand nicht zu gefährden, führt zu Schonverhalten und Sicherheitsverhalten.

Zusammenfassung

- Exzessive Selbstbeobachtung ist Ausdruck von Schuldvermeidung und ein Bewältigungsversuch, um mit dem eigenen defizitären Immunsystem zurechtzukommen.
- Sekundäre Scham resultiert häufig aus den abwehrenden und abwertenden Reaktionen der Umwelt und mündet in der Sorge, bei einer wirklichen Erkrankung genau von diesen Personen abhängig zu sein.
- Die Angst vor Abhängigkeiten und davor, in der Bedürftigkeit der antizipierten späten Erkrankungsfolgen erkannt zu werden, kann als Schutzmechanismus vor antizipiertem Scham- und Beschämungserleben verstanden werden.

8.2.7 Körperdysmorphe Störungen

Dysmorphophobie geht einher mit einer eingeengten Wahrnehmung auf die eigene Person bzw. scheinbar defizitär ausgeprägten Körperteilen/-bereichen. Diese abnormalen »Abweichungen« sind zumeist nur für die Patienten erkennbar. Dennoch lösen diese »Unnormalitäten«, »Abweichungen«, »Defizite« am eigenen Körper intensivstes Schamerleben aus. In sensiblen Lebensphasen wie in der Adoleszenz, in der das Aussehen eine enorme Wichtigkeit hat, können Kritik am Äußeren oder intensive Vergleiche mit anderen die Erkrankung auslösen. Zu ca. 84 % entsteht die Störung in der Adoleszenz (Brunhoeber 2009). Als Folge werden sozialer Rückzug und depressive Verstimmungen beschrieben oder häufige Korrekturbehandlungen durch Zahnärzte, plastische Chirurgen, Dermatologen (Wegner et al. 1999) in Anspruch genommen. Die Bemühungen, dem eigenen Äußeren ein Gleichgewicht zu geben oder Harmonie herzustellen,

8.2 Scham- und Schulderleben bei ausgewählten psychischen Erkrankungen

gelingt meist nur kurzfristig. Dabei spielen auch die Antizipation einer negativen Bewertung des Selbstbildes und die Sorge vor Ablehnung und Beschämung wesentliche Rollen. *Die Scham über Abweichungen und das defizitäre Selbst in Bezug auf den eigenen Körper führen dazu, dass die exzessive Fokussierung auf die äußeren Merkmale und deren Korrektur aufrechterhalten werden – teilweise mit wahnhaften bzw. psychotischen Ausmaßen.*

> Herr Z. (24 Jahre) berichtet von seiner Homosexualität. Für ihn ist klar, dass er dringend noch etwas an seinem Aussehen ändern müsse. Er habe bereits sein Kinn operieren lassen, damit es noch maskuliner aussieht. Regelmäßiges Lippenaufspritzen und Botoxbehandlungen gehören zum Alltag. Er sei froh, dass ihn der plastische Chirurg auf die Dysharmonie seiner Augenbrauen aufmerksam gemacht habe. Da es ihm schwerfalle, wegen seines unangemessenen Aussehens zum Sport zu gehen, habe er darüber nachgedacht, sich für bestimmte Muskelgruppen Silikonimplantate einsetzen zu lassen.
> Wirklich beschämend sei für ihn allerdings der zu kleine Penis. Eine Penisverlängerung im vorletzten Jahr habe er rückgängig machen lassen müssen, da dieser in der verlängerten Form nicht mehr »funktionierte«. Nun habe er allerdings Angst, diesen Schritt erneut zu gehen. Er erhoffe sich Unterstützung darin, diese Angst zu überwinden.

Den meisten Patienten fehlt eine Toleranz gegenüber natürlichen Abweichungen und Individualität. Der eigene meist nur sehr gering ausgeprägte Selbstwert orientiert sich an den durch die Medien vermittelten Werten und Normen. In Bezug auf Schönheit, Erfolg, Selbstdarstellung sowie die notwendigen Maßnahmen zur Erreichung des Idealzustands gibt es bei Betroffenen keine Toleranz. Scham- und Schulderleben verhindert, dass eine Selbstöffnung stattfindet. Die Befürchtung, von anderen zusätzlich beschämt und abgewertet zu werden, verhindert den Austausch oder das Inanspruchnehmen von psychotherapeutischen Hilfsangeboten. *Jegliche wahrgenommene Abweichung und Individualität aktualisiert das maladaptive Schamerleben in Bezug auf die eigene Person und begünstigt die intensive Beschäftigung mit dem eigenen defizitären Körper.* Ritualisierte Verhaltensweisen begleiten den Alltag der Betroffenen, beispielsweise stundenlang vor dem Spiegel zu stehen, an Körperteilen zu ziehen oder zu schieben, um eine Verbesserung zu erreichen, sich mit anderen zu vergleichen oder aufwändiges Schminken, um Entstellungen abzudecken, häufige Solariumbesuche. »Die körperdysmorphe Störung geht mit starken Schamgefühlen einher und wird deshalb auch als Schamkrankheit bezeichnet.« (Sonnenmoser 2007, S. 29) Scham ist damit zentral für die Entstehung einer körperdysmorphen Störung.

> **Zusammenfassung**
>
> - Die körperdysmorphe Störung wird auch als Schamkrankheit bezeichnet.
> - Die Scham über Abweichungen und das defizitäre Selbst in Bezug auf den eigenen Körper führen dazu, dass die exzessive Fokussierung auf die äußeren Merkmale und deren Korrektur aufrechterhalten werden – teilweise mit wahnhaften bzw. psychotischen Ausmaßen.
> - Jegliche wahrgenommene Abweichung und Individualität aktualisiert das maladaptive Schamerleben in Bezug auf die eigene Person und begünstigt die intensive Beschäftigung mit dem eigenen defizitären Körper.
> - Sekundäres Scham- und Schulderleben verhindert, dass Patienten sich öffnen und therapeutische Unterstützung suchen.

8.2.8 Persönlichkeitsstörungen

Persönlichkeitsstörungen sind Beziehungsstörungen (Sachse 2006). Damit findet sich das Hauptmerkmal der Erkrankung im Bereich der Interaktion. Interaktionsstörungen sind zumeist ein Resultat aus den frühkindlichen Erfahrungen. *Frühe Frustrationen eigener Grundbedürfnisse, Kontrollverlusterfahrungen und Beschämungen sowie Invalidierungserfahrungen (Linehan 1996) in Bezug auf Verhaltensweisen, Emotionen oder gar die eigene Person betreffend führen dazu, dass Scham sich im Selbstkonzept eines Menschen etablieren kann.* Der Zusammenhang zwischen maladaptiver Scham und den Bewältigungsmechanismen ist für eine Auswahl an Persönlichkeitsstörungen dargestellt. Schwerpunkt dieser Ausführungen sind vornehmlich Beobachtungen aus dem therapeutischen Alltag und deren Auswirkungen.

Borderline-Persönlichkeitsstörung

Existenzielle Scham ist bei Patienten mit einer Borderline-Persönlichkeitsstörung zu finden (Scheel et al. 2013). Menschen mit einer Borderline-Persönlichkeitsstörung erleben aber auch immer wieder sekundäre Scham und Schuld darüber, nahe Beziehungen und Bindungen zu anderen Personen nicht aushalten zu können. Grundlage für diese Erfahrungen ist die internalisierte Erfahrung, nicht genug wert zu sein (existenzielle Scham). Dennoch besteht der Wunsch nach Erfahrungen von guten Bindungen und einem Akzeptiertwerden, so wie man ist. Das erzeugt eine Ambivalenz und ein intensives Spannungsfeld zwischen Bedürftigkeit und der Unfähigkeit, Beziehungen gestalten zu können, oder der Angst vor Abhängigkeiten von intimen Beziehungen im Sinne einer Abhängigkeitsscham (▶ Kap. 6.1.3). Selbstabwertung und -hass sind die typische Folge und als innere Distanzierungsstrategien vom maladaptiven Schamerleben zu verstehen.

8.2 Scham- und Schulderleben bei ausgewählten psychischen Erkrankungen

Dependente Persönlichkeitsstörung

Menschen mit ausgeprägten dependenten Strukturen haben die Angst, nicht alleine auszureichen. Das eigene Selbst ist daher defizitär und ohne eine andere Person nicht ausreichend. Sie beschämen sich z. T. selbst, indem eigene Bedürfnisse zurückgestellt werden. Die Außenorientierung an einer nahen Person steht für ein dysfunktionales Verständnis von Beziehungserfahrung und lenkt zeitgleich vom eigenen defizitären Selbst ab. Patienten mit einer Dependenten Persönlichkeitsstörung erleben immer wieder die Angst vor Ablehnung und Beschämung.

Narzisstische Persönlichkeitsstörung

> »Die Diskrepanz zwischen dem, wie ein Narzisst gesehen werden will und wie er sich selbst in der Tiefe seines Selbstgefühls wahrnimmt, schafft den Boden für eine starke Schambereitschaft und für andere, mit ihr verbundene narzisstische Affekte: Neid, Eifersucht, Trotz und Empörung.« (Tiedemann 2013, S. 275)

Im therapeutischen Alltag sind zwei Ausprägungen einer Narzisstischen Persönlichkeitsstörung zu beobachten: der grandiose und der vulnerable Typus (vgl. Lammers 2015). *Der grandiose Typ hat wenig Zugang zum eigenen maladaptiven Schamerleben. Kompensationsmechanismen sind auf den ersten Blick stark nach außen gerichtet bei zeitgleich geringem Interesse an Mitmenschen. Die vulnerable Ausprägung der narzisstischen Strukturen geht einher mit dem häufigen Erleben von Scham.* Das daraus resultierende Verhalten, sich selbst nicht zu sehr und offen in den Mittelpunkt zu stellen, schützt davor, im eigenen Schamerleben erkannt zu werden. Studien von Ritter et al. (2011) und Schulze et al. (2013) konnten zeigen, dass der häufig postulierte Mangel an Empathie so nicht aufrechtzuerhalten ist. Beeinträchtigungen lassen sich in der emotionalen Empathie finden. Für die kognitive Empathiefähigkeit sind jedoch keine Beeinträchtigungen zu finden (vgl. dazu die Konzeptionalisierung von Empathie in ▶ Kap. 4). Es stellt sich die Frage, inwieweit kognitive Strukturen der Empathie und des Kompensationsstils z. B. im Verständnis des »doppelten Selbstwertkonzeptes« (▶ Kap. 6.7.1) die emotionalen Strukturen des zugrunde liegenden Schamerlebens regulieren.

Anankastische Persönlichkeitsstörung

Im Rahmen einer Anankastischen Persönlichkeitsstörung findet ein wesentlicher Teil der Kompensation des maladaptiven Schamerlebens zugunsten der Identifikation mit hohen Normen, Regeln, Werten und Standards statt. Dies geschieht vornehmlich auf kognitiver Ebene, bietet jedoch Orientierung und dient der Vermeidung von emotionalem Erleben. Zeitgleich haben Menschen mit anankastischen Strukturen eine fehlende Schamtoleranz – sich selbst und anderen gegenüber. Die internalisierten hohen Werte und Normen führen zu zeitgleich hohen Erwartungen an sich und die Umwelt. In den eigenen Gedanken ist das Verhalten, das sich oft an Schuld- und Schamvermeidung orientiert, einzig richtig und angemessen.

Kernthema der Persönlichkeitsstörungen ist die Angst, dass das, was in früher Kindheit erfahren wurde, real ist: selbst nicht ausreichend und liebenswert zu sein. Den frühen Erfahrungen von Wertlosigkeit, gedemütigt und bloßgestellt worden zu sein, steht der Versuch, dem etwas entgegensetzen zu müssen, gegenüber. In diesem Versuch manifestieren sich Vorstellungen über das Ideal-Selbst, das es zu erreichen gilt. Sich z. B. narzisstisch zu überhöhen, sich anankastisch in starren Strukturen Orientierung zu verschaffen, sich dependent nur nach den Bedürfnissen anderer zu richten oder sich maximal ambivalent in nahen Bindungen zu verhalten sind nur einige der Überlebensstrategien des Ideal-Selbst, um sich aus früh etabliertem maladaptiven Schamerleben zu befreien bzw. es nicht spüren zu müssen.

Ständiger Begleiter in Interaktionen ist jedoch die mehr oder weniger bewusste Angst davor, dennoch in der eigenen Unzulänglichkeit, Hilflosigkeit und im Minderwertigkeitserleben entdeckt zu werden. Das *Verhalten, Emotionsregulationsmechanismen und die Gedanken orientieren sich einerseits am mangelhaften Selbstkonzept (Real-Selbst) und andererseits am idealisierten Selbstkonzept.* Aus diesem Spannungsfeld heraus ist die Beziehungsgestaltung so beeinträchtigt, dass es immer wieder auch in aktuellen Interaktionen zu negativen Rückmeldungen kommt. Häufig ist das Gegenüber mit den sekundären Emotionen des Bewältigungsmechanismus konfrontiert. Dazu gehören Kontaktabbrüche, verärgerte Abwertungen, Überhöhungen, Dissoziationen, Angst etc. Eine Korrektur dahinter liegender maladaptiver primärer Emotionen wie Scham und Schuld ist auf diese Weise wenig erfolgreich. Mehr noch, empfundene Minderwertigkeit, Scham und Schuld werden immer wieder erlebt und verfestigen die ungünstige Annahmen über den eigenen (als real wahrgenommenen) Selbstwert.

Ein weiteres Kernthema von Menschen mit einer Persönlichkeitsstörung ist daher die Angst davor, zu erkennen, dass das Ideal-Selbst nicht erreicht werden kann, nie erreicht werden wird. Eine sensible und fragile Balance zwischen Real- und Ideal-Selbst verursacht hohe Kosten und begünstigt komorbide Erkrankungen. Der Anlass für eine Psychotherapie ist oft in verletzlichen Stadien einer Persönlichkeitsstörung zu finden. Dazu gehören vor allem Depressionen, Ängste, Scham oder sogar Suizidalität (Pincus et al. 2014).

Zusammenfassung

- Frühe Frustrationen eigener Grundbedürfnisse, Kontrollverlusterfahrungen und Beschämungen sowie Invalidierungserfahrungen für Verhaltensweisen, Emotionen, gar für die eigene Person führen dazu, dass Scham sich im Selbstkonzept eines Menschen etablieren kann.

8.2 Scham- und Schulderleben bei ausgewählten psychischen Erkrankungen

- Existenzielle Scham ist bei Patienten mit einer Borderline-Persönlichkeitsstörung zu finden.
- Menschen mit ausgeprägten dependenten Strukturen haben die Angst, alleine nicht auszureichen.
- Die Narzisstische Persönlichkeitsstörung zeigt sich in verschiedenen Ausprägungen, auch in Bezug auf zugrunde liegendes Schamerleben:
  - Der grandiose Typ hat wenig Zugang zum eigenen maladaptiven Schamerleben.
  - Der vulnerable Typ geht einher mit dem häufigen Erleben von Scham.
- Im Rahmen einer Anankastischen Persönlichkeitsstörung findet ein wesentlicher Teil der Kompensation des maladaptiven Schamerlebens zugunsten der Identifikation mit hohen Normen, Regeln, Werten und Standards statt.
- Kernthema der Persönlichkeitsstörungen ist die Angst, dass das, was in früher Kindheit erfahren wurde, real ist: selbst nicht ausreichend und liebenswert zu sein.
- Verhalten, Emotionsregulationsmechanismen und Gedanken orientieren sich einerseits am schamhaften Selbstkonzept (internalisiertes Real-Selbst) und andererseits am idealisierten Selbstkonzept.

8.2.9 Posttraumatische Belastungsstörungen

Einmalig massive und chronische Traumatisierungen mit bedrohlichem Ausmaß können in jedem Lebensalter eine Posttraumatische Belastungsstörung auslösen (Boos 2005). *Scham spielt bei der Entwicklung von Posttraumatischen Belastungssyndromen neben der Angst eine wesentliche Rolle.* Scham führt immer auch zu Rückzugstendenzen und vermeidenden Verhaltensweisen, die damit störungsaufrechterhaltend wirken (z. B. Leskela et al. 2002). Menschen mit einem frühen interpersonalen Trauma haben eine höhere Vulnerabilität für die Entwicklung eines Posttraumatischen Belastungssyndroms, wenn sie zu dem Zeitpunkt der traumatisierenden Erfahrung Scham empfunden haben (La Bash u. Papa 2013). Das emotionale Erleben von traumatisierten Menschen ist häufig geprägt durch intensive Angst, Schuld, Scham, Traurigkeit, Ärger sowie emotionale Taubheit.

Opfer von massiven sexuellen Traumata in früher Kindheit und Jugend entwickeln dysfunktionale Bewertungsprozesse, Körperkonzepte und intensive Emotionen. Häufig entstehen daraus negative Selbstkonzepte, die mit Schuldgefühlen, Scham und Ekel gegenüber dem eigenen Körper einhergehen. Intrusionen, dissoziative Phänomene und Suizidalität sind – daraus resultierend – die häufigsten Probleme (Bohus u. Brokuslauf 2006). Bei unbehandelten lange anhaltenden Traumatisierungen entwickelt sich eine Gleichgültigkeit und Teilnahmslosigkeit gegenüber anderen Menschen und der Umwelt (Boos 2005). Es kann auch zu einer Entfremdung von den Angehörigen kommen. *Die Distanzierung der eigenen Person von der umgebenden Umwelt bietet Schutz vor weiteren Verletzungen, Reizüberflutungen oder erneuten Schamerlebnissen.* Die Distanzierung hat jedoch Nebenkosten und geht einher mit dem weiteren

Verlust der Selbstachtung, Selbstvorwürfen sowie mit sekundärem Scham- und Schulderleben.

Massive Grenzverletzungen sind beschämend und als außergewöhnliche Bedrohung der eigenen Identität zu verstehen. Scham und Selbsthass sind häufige Folgen schwerer Traumatisierungen. Das mit einem Trauma einhergehende Ohnmachtserleben und die erfahrene Hilflosigkeit können Betroffene nicht aushalten. Die Suche nach Verantwortung und Schuld ist eine Bemühung, dem Ohnmachts- und Hilflosigkeitserleben zu entfliehen. *Die Auseinandersetzung mit realer Schuld ist auch ein aktiver Versuch, aus dem blockierenden und lähmenden Beschämungserleben herauszukommen.* Die Schuldklärung hat die Absicht, retrospektives Kontrollerleben herzustellen. Durch den neu entstandenen Eindruck steigt jedoch die emotionale Belastung, doch mehr Einfluss auf das traumatisierende Ereignis gehabt zu haben (Kubany u. Watson 2002).

> Herr J. (35 Jahre) berichtet von einem Autounfall mit Todesfolge für einen kleinen Jungen. Das Auto sei von seinem Onkel gefahren worden. Sein Onkel habe ihn auf einen »Männerausflug« eingeladen. Herr J. war zu dem Zeitpunkt 13 Jahre alt und sehr beeindruckt von seinem damalig 25-jährigen Onkel. Dieser habe bereits einen Porsche gefahren. Herr J. freute sich auf die »Spritztour an den Strand«. Unterwegs habe er seinen Onkel gebeten, ab und zu »mal richtig aufs Gas zu drücken«. Die hohe Geschwindigkeit habe beiden Freude gemacht. Ein echter Männerausflug, weit weg von den ängstlichen Eltern.
> Herr J. habe, als der Unfall passierte, seine Sonnenbrille aus seinem Rucksack geholt. Dazu musste er sich auf dem Beifahrersitz nach vorne beugen. Zuvor seien sie wieder sehr schnell gefahren. Dann gab es einen dumpfen Knall, und Herr J. selbst wurde erst in den Vorderraum des Beifahrersitzes und dann durch die Vollbremsung wieder zurück in den Sitz gedrückt. Es sei für ihn erst nicht klar gewesen, was passiert war. Ihm sei jedoch sein Onkel im Gedächtnis geblieben, der im Gesicht kreidebleich war. Das Aussteigen habe gefühlt eine Ewigkeit gedauert. Als er den Jungen dann gesehen habe, sei Herr J. zusammengebrochen.
> Seit vielen Jahren versuche er zu verstehen, was genau passiert sei. Er grüble, ob er durch die Aufforderung, schnell zu fahren, den Unfall mitverursacht habe. Genauso mache er sich Vorwürfe, weshalb er dem Jungen unter dem Auto nicht geholfen habe. Vielleicht hätte er sein Leben noch retten können. Er stelle sich einfach viele Fragen und finde keine Antworten. Er fühle sich schuldig, verantwortlich und hilflos. Sein Onkel sei seither viermal stationär wegen Depressionen und dem Trauma behandelt worden. Dessen Leben sei aus den Fugen geraten. Herr J. sagte, er habe Angst, dass auch er sich davon nicht erhole.

In der Therapie äußern Patienten manchmal Angst davor, dass der Therapeut sich ekelt und »schlecht« über sie denkt. Trauma-Exposition ist gleichzeitig auch eine Konfrontation mit der eigenen Scham und dem Beschämungserleben. Der blockierende Charakter intensiver Scham beeinträchtigt die emotionale Verar-

8.2 Scham- und Schulderleben bei ausgewählten psychischen Erkrankungen

beitung des Traumas. Patienten haben zusätzlich Sorge, sich in der Auseinandersetzung mit dem Trauma und den demütigenden, beschämenden Inhalten zu zeigen. *Während der Behandlung entsteht bei Patienten oft sekundäre Schuld und Scham. Sekundäre Scham und Schuld kann sich auch gegenüber den bisherigen Selbsthilfeversuchen entwickeln.* Substanzmittelkonsum, sozialer Rückzug, Veränderungen der Emotionsregulationsfähigkeiten und impulsives Verhalten etc. werden dabei als Schwäche der eigenen Person wahrgenommen.

> **Zusammenfassung**
>
> - Scham spielt bei der Entwicklung von Posttraumatischen Belastungssyndromen neben der Angst eine wesentliche Rolle.
> - Opfer von massiven sexuellen Traumata in früher Kindheit und Jugend entwickeln oft negative Selbstkonzepte, die mit Schuldgefühlen, Scham und Ekel gegenüber dem eigenen Körper einhergehen.
> - Innere Distanzierungsprozesse (z. B. Dissoziationen, Derealisationen, Depersonalisationen) bieten Schutz vor weiteren Verletzungen, Reizüberflutungen oder erneuten Schamerlebnissen.
> - Die Auseinandersetzung mit Schuld und Verantwortung ist ein aktiver Versuch, aus dem blockierenden und lähmenden Beschämungserleben herauszukommen und retrospektiv Kontrolle aufzubauen.
> - Während der Behandlung entsteht bei Patienten oft sekundäre Schuld und Scham.
> - Sekundäre Scham und Schuld kann sich auch gegenüber den bisherigen Selbsthilfeversuchen entwickeln.

8.2.10 Schizophrenie/Psychosen

Umgangssprachlich wird Schizophrenie häufig als Ich-Störung bezeichnet. Neuere phänomenologische Ansätze betrachten Schizophrenie als grundlegende Selbststörung (Parnas 2003). Aus analytischer Sicht formuliert, ist insbesondere das basale Selbst betroffen. Das basale Selbst formt sich über die Lebensjahre in das primäre leibliche Selbst, das ökologische Selbst und das soziale Selbst aus (Fuchs 2003). Kommt es also zu frühen Störungen des basalen Selbst, treten auch auf den drei Differenzierungsstufen Defizite und Beeinträchtigungen auf. *Die mit einer Schizophrenie einhergehende Affektverflachung könnte verhindern, dass Schamerleben über die Störung des Selbst überhaupt emotional spürbar wird.* Stattdessen wird jedoch die Beeinträchtigung auf der kognitiven Wahrnehmungsebene und in Wahninhalten, manchmal auch auf körperlicher Ebene deutlich. So erstaunt es nicht, dass Wahninhalte* sich thematisch durchaus auf Scham und Schuld beziehen.

---

* Anmerkung: Wahn wird meist mit Schizophrenie und psychotischen Episoden in Verbindung gebracht, obwohl Wahn auch im Zuge anderer Störungen [z. B. Demenzen, Depressionen, Manien etc.] auftreten kann. Deshalb ist der Wahn auch hier aufgeführt.

Es gibt z. B. folgende Zusammenhänge zwischen den verschiedenen Arten von Wahn und den aversiven Emotionen Scham und Schuld:
- *Verfolgungswahn* als Idee, von anderen verfolgt, erniedrigt, beleidigt oder beschämt zu werden.
- *Schuld-/Versündigungswahn* geht einher mit der Überzeugung, Verantwortung für Ereignisse zu tragen, mit denen die Person jedoch nichts zu tun hat (Kriege, Hungersnöte etc.).
- *Nichtigkeits-/Kleinheitswahn* als Ausdruck dafür, besonders klein und unwichtig, wertlos zu sein.
- *Schädigungswahn* beschreibt die Idee, andere ungewollt durch eigenes Handeln geschädigt oder verletzt zu haben sowie die Ursache für Unheil zu sein.
- *Verarmungswahn* meint die übertriebene Befürchtung, zu verarmen, ohne dass sich die finanzielle Situation verändert hat. Die Sorge vor Abhängigkeiten und Blamage und Scham geht damit einher.

Psychosoziale Faktoren einer Schizophrenie postulieren daher auch typische »Ich-Entwicklungsdefizite«. Diese sind vermutlich auf eine gravierende Vernachlässigung in den ersten Lebensjahren zurückzuführen. Aufgrund der Vernachlässigung können notwendige Emotionsregulationsfähigkeiten nicht entwickelt werden (z. B. Fonagy et al. 2004). Die dadurch entstehende erhöhte Vulnerabilität kann in Kombination mit den biologischen Faktoren und aktuell belastenden Stressoren zur schizophrenen Erkrankung führen.

Denkstörungen, Wahnvorstellungen, Halluzinationen und Realitätsverlust können als mögliche Symptome im Vordergrund der Erkrankung stehen. *Scham und ein schwindendes Selbstwerterleben sind zu Beginn der Erkrankung zu beobachten, mit dem Auftreten der Affektverflachung geht jedoch das emotionale Erleben wieder verloren. Im Zuge einer akuten psychotischen Phase gibt es kein Scham- und Schulderleben bzw. ist nicht zugänglich.* Sekundäre Scham und Schuld begleiten Patienten dann erst nach einer akuten psychotischen Episode. »Sich so verhalten zu haben, so zu sein« und »So sein zu können, dass solches Verhalten möglich ist« sind typische Sätze aus dem therapeutischen Alltag.

> Frau Y. (48 Jahre) kommt auf Empfehlung einer Ärztin in Therapie. Ihr sei die Tatsache, nun auch noch nach dem stationären Aufenthalt ambulante Hilfe zu brauchen, sehr unangenehm. Eigentlich wolle sie mit der ganzen Geschichte nichts mehr zu tun haben.
> Ihr sei ohnehin unerklärlich, was »da mit ihr losgewesen« sei. Alles habe mit einem Volkshochschulkurs für »Kunst und Religion« angefangen. Frau Y. berichtete, sich mit den anderen Teilnehmerinnen anfangs sehr gut verstanden zu haben. Als sie jedoch immer mehr in die Auseinandersetzung mit »Kunst und Religion« eingestiegen sei und Kunstwerke gekauft habe, sei der Kontakt verloren gegangen. Frau Y. habe angefangen, im eigenen Haus Installationen über die gesamten Räumlichkeiten hinweg zu entwerfen. Irgendwie habe das eine eigene Dynamik entwickelt. Sie habe den Eindruck gehabt, Schuld verhindern zu müssen und den Engeln (aus dem ersten

> gekauften Werk) eine angemessene Unterkunft geben zu müssen. Sie und die Engel seien »in ihrem Kopf verfolgt worden«. Worum es genau ginge, können sie heute nicht mehr sagen. Angeblich sei sie nach einer selbst initiierten Vernissage dann »schreiend aus dem Haus gelaufen«. Sie »hätte die Engel warnen wollen«.
> Danach seien alle sehr beunruhigt gewesen. Ihr Mann habe Frau Y. in die Klinik gefahren. Sie wisse ehrlich nicht, was mit ihr nicht in Ordnung sei, sich so aufgeführt zu haben. Sie fühle sich schuldig und schäme sich. Den Besuchern der Vernissage und ihren Freunden könne sie jedenfalls nicht mehr unter die Augen treten.

Ein wesentliches Krankheitssymptom der Schizophrenie ist, wie eingangs aus analytischer Perspektive beschrieben, eine Störung des Ich-Erlebens. Die Kriterien in der ICD-10 (Dilling et al. 2008) und im DSM-IV (Saß et al. 2003) enthalten beispielsweise folgende Diagnosen: Hinweise auf ein defizitär funktionierendes Ich in Form von fehlenden Grenzen, das Gefühl, beeinflusst, durchschaut oder gesteuert werden, sowie die Vermutung, dass Gedanken und Gefühle von außen »gemacht« werden. Wesentlich scheint auch die Tatsache, dass ein Schutz eigener Grenzen nicht möglich ist. Diese Unfähigkeit vermittelt Angst und Schulderleben. Die Unsicherheit und Beschämung, dass etwas mit der eigenen Person, dem eigenen Selbst nicht in Ordnung ist, führt häufig dazu, dass viele Betroffene lange Zeit mit der Erkrankung alleine bleiben und sich aus dem sozialen Umfeld zurückziehen.

Zusammenfassung

- Die mit einer Schizophrenie einhergehende Affektverflachung könnte verhindern, dass Schamerleben über die Störung des Selbst überhaupt emotional spürbar wird.
- Scham und ein schwindendes Selbstwerterleben sind zu Beginn der Erkrankung zu beobachten, mit dem Auftreten der Affektverflachung geht jedoch das emotionale Erleben verloren.
- Im Zuge einer akuten psychotischen Phase gibt es kein Scham- und Schulderleben bzw. es ist nicht zugänglich.
- Wahninhalte beziehen sich thematisch durchaus oft auf Scham und Schuld.

8.2.11 Sexuelle Funktionsstörungen

Der Wunsch nach der Einhaltung und Wahrung der individuellen Intimsphäre begleitet die meisten Menschen bis hin in die gelebte Sexualität. Geheime Wünsche und Bedürfnisse vor dem anderen zu offenbaren und gar zu praktizieren gibt viel über uns als Person preis. Sich so zu zeigen geht auch mit einer Angst vor Bewertung und Ablehnung einher. *Nur sehr wenige Menschen können sich völlig schamfrei der Sexualität hingeben. Adaptive, Grenzen schützende Scham begleitet die Entwicklung einer individuell befriedigenden Sexualität.* Die Intimsphäre für einen anderen Menschen zu öffnen aktiviert Schamerleben. Die Angst und Sorge, in der eigenen körperlichen Blöße und Unvollständigkeit erkannt und gar darin abgelehnt zu werden, ist ein wichtiges Thema – insbesondere in der Adoleszenz. Dennoch sind auch die Neugierde und die Unbefangenheit Ausdrucksformen jugendlicher Sexualität. Eine gute Sexualität leben zu können und Lust zu empfinden trägt zur körperlichen und seelischen Gesundheit bei.

Sexuelle Funktionsstörungen sind vielfältig und vor allem sehr verbreitet. *Leistungsfokussierung und Idealisierung von Schamlosigkeit im Zuge der Pornographisierung erhöhen den innerpsychischen Druck, auch in der Sexualität funktionieren zu müssen. Es entsteht oft Schuld darüber, dass man dem Partner/der Partnerin nicht das geben kann, was vielfach in den Medien verbreitet wird.* Versagensängste und gegenseitige Schuldzuweisungen tragen zur Aufrechterhaltung sexueller Funktionsstörungen innerhalb von Partnerschaften bei. Das komplexe Zusammenwirken verschiedener physischer, psychischer, partnerschaftlicher und sozialer Faktoren erschwert jedoch die Ursachenfindung. *Sekundäres Schamerleben darüber, dass Körperteile oder der Mann/die Frau selbst nicht »funktionieren«, begleitet viele Betroffene.* Nicht selten geht damit der Verlust der Selbstachtung in Bezug auf das eigene Geschlecht einher. Ein niedriges Selbstwertgefühl, ein negatives Selbstbild, Stimmungslabilität und die Neigung, sich Sorgen zu machen, werden oft zusammen mit einem wenig befriedigenden Sexualleben angegeben.

Zusammenfassung

- Nur sehr wenige Menschen können sich völlig schamfrei der Sexualität hingeben.
- Adaptive, Grenzen schützende Scham begleitet die Entwicklung einer individuell befriedigenden Sexualität.
- Leistungsfokussierung und Idealisierung von Schamlosigkeit im Zuge der Pornographisierung erhöhen den innerpsychischen Druck, auch in der Sexualität funktionieren zu müssen.
- Es entsteht oft Schuld darüber, dass man dem Partner/der Partnerin nicht das geben kann, was vielfach in den Medien verbreitet wird.
- Sekundäres Schamerleben darüber, dass Körperteile oder der Mann/die Frau selbst nicht »funktionieren«, begleitet viele Betroffene.

8.2.12 Soziale Phobie

Soziale Phobie ist eine häufig chronisch verlaufende Störung mit hoher Lebenszeitprävalenz. *Die soziale Phobie wird auch als Schamerkrankung bezeichnet.* »Furcht vor prüfender Betrachtung durch andere Menschen« oder »sich peinlich oder erniedrigend zu verhalten« (Dilling et al. 2008, S. 159), geben eindeutige Hinweise darauf, dass mit einer sozialen Phobie Schamerleben einhergeht. *Scham ist also die antizipierte Angst, in der Unzulänglichkeit eindeckt zu werden.*

8.2 Scham- und Schulderleben bei ausgewählten psychischen Erkrankungen

Die eingangs erwähnte prüfende Betrachtung durch andere Menschen kann die Unzulänglichkeit und Peinlichkeit offenlegen. Die Befürchtung, sich erniedrigend zu verhalten, ist zugleich auch die Angst vor Beschämung.

Viele Erkrankte beschreiben die oft im Vorfeld bereits entstehende Grundüberzeugung, als Person klein, minderwertig, lächerlich und unzureichend zu sein. Innere Dialoge über die eigene Person werden nach außen bzw. auf andere Personen übertragen. Im Zuge der Manifestation der Störung sehen sie sich in dieser Grundüberzeugung bestätigt. In der Folge werden soziale Situationen ruminativ bearbeitet. Der Fokus ist die Selbstbewertung und Reflexion des eigenen Verhaltens in Interaktionen. Sozialphobiker weisen sich im Zuge dieser Auseinandersetzung selbst Scham und Schuld zu, »nicht mal das hinzubekommen«. Die Fokussierung auf Abweichungen im Verhalten soll dabei unterstützen, es beim nächsten Mal besser zu machen. *Scham- und Schuldvermeidung kennzeichnen die Bemühungen von sozialphobischen Patienten.* Die Orientierung an Werten und Normen (z. B. Einhalten einer Kleidungordnung, Ess- und Trinkverhalten in der Öffentlichkeit) soll dazu beitragen, unauffällig in der Anonymität zu versinken.

Stangier und Leichsenring (2008) unterscheiden den nicht-generalisierten Subtyp und den generalisierten Subtyp. Der nicht-generalisierte Subtyp erlebt sozialphobische Ängste auf konkrete Situationen bezogen (Vorträge halten, Restaurantbesuche). Der häufiger auftretende generalisierte Subtyp geht zumeist mit eher ichsynton erlebten Ängsten in Bezug auf die eigene Person einher. Fast alle sozialen Situationen und Interaktionen, insbesondere außerhalb des familiären Kontextes, führen zur Aktivierung sozialer Ängste (ebd.). Substanzmittelkonsum verschafft oft Erleichterung und macht es möglich, sich den Situationen zu stellen. Später entsteht jedoch genau darüber Schuld und Scham, als emotionaler Ausdruck für die innere Abwertung.

Für viele Patienten sind gerade die körperlichen Symptome wie Erröten und Schwitzen großer Anlass zur Sorge, in der Erkrankung und Abweichung erkannt zu werden. Die Sorge vor einer möglichen Blamage, diese durch z. B. Erröten selbst ausgelöst zu haben, verursacht zusätzlich Schulderleben. Sozialphobische Patienten haben eine hohe Erwartung im Rahmen von sozialen Interaktionen an sich. *Fehlende Emotionsregulation im Umgang mit Ängsten und Scham führen zu Kompensations- und Vermeidungsverhalten.* Über die Kontrolle des Verhaltens und Auftretens durch Orientierung an Werten, Regeln und Normen bei zugleich hohen Erwartungen soll weitere antizipierte Beschämung und Bloßstellung verhindert werden. Wenn dies nicht gelingt oder im Zuge der eigenen kritischen Bewertung nicht ausreichend war, kommt es zur Vermeidung von Blickkontakten oder gar zur Kontaktvermeidung als Schutz vor der Bewertung durch andere. Die inneren Bewertungen durch Selbstdistanzierung finden jedoch weiterhin statt. Schamerleben kann durch diese Strategien vermieden werden. Zeitgleich entsteht jedoch eine fehlende Frustrations- und Abweichungstoleranz, denn nur ein Verhalten scheint aufgrund der internalisierten Werte und Normen wirklich richtig.

> **Zusammenfassung**
>
> - Die soziale Phobie wird auch als Schamerkrankung bezeichnet.
> - Scham ist die antizipierte Angst, in der Unzulänglichkeit entdeckt zu werden.
> - Viele Erkrankte beschreiben die oft im Vorfeld bereits entstehende Grundüberzeugung, als Person klein, minderwertig, lächerlich und unzureichend zu sein.
> - Im Zuge der Manifestation der Störung sehen sie sich in dieser Grundüberzeugung bestätigt.
> - Scham- und Schuldvermeidung kennzeichnen die Bemühungen von sozialphobischen Patienten.
> - Fehlende Emotionsregulation im Umgang mit Ängsten und Scham führt zu Kompensations- und Vermeidungsverhalten.

Aufmerksamkeit und Zuwendung im Zuge der Selbstöffnung verursachen erneut Scham, da Patienten von der Unzulänglichkeit überzeugt sind. Die therapeutischen Sitzungen sind anfangs sehr belastend für Patienten. Die Konfrontation mit der eigenen Scham ist äußerst anstrengend und verhindert, dass Patienten sich Inhalte der Therapie merken können bzw. sich darauf konzentrieren.

> Frau L. (27 Jahre) kommt mit sozialphobischen Symptomen in die Therapie. Dieser Schritt habe sie nach eigenen Angaben echte Überwindung gekostet. Nach einigen Stunden berichtet Frau. L., dass sie vor der Sitzung Wodka getrunken habe, um es überhaupt zum Erstgespräch zu schaffen. Alkohol nutze sie auch bei Firmenmeetings, wenn sie selbst einen Vortrag halten müsse oder auch sonst in exponierter Stellung sei. Der Konsum von Wodka würde sie zwar erleichtern, aber hinterher erneut beschämen, es nicht ohne geschafft zu haben.
> Gerade die ersten Stunden der ambulanten Therapie seien an »ihr vorübergezogen«. Sie habe sich eigentlich nichts merken können. Und das, obwohl die Therapie für sie so wichtig sei. Sie habe sich verurteilt dafür, es nicht mal mehr zu schaffen, sich zu konzentrieren. »Was müssen Sie (die Therapeutin) wohl von mir gedacht haben?«, »Ich habe mich oft geschämt, wenn Sie nochmal die Inhalte der letzten Sitzung aufgegriffen und sich besser als ich erinnert haben«, »Peinlich war das«.

8.2.13 Suizidale Syndrome

Tiefer liegende Probleme, die über einen langen Zeitraum nicht zu bewältigen sind, oder psychische und körperliche Erkrankungen gehen suizidalen Syndromen voraus. Allen Gründen gemeinsam ist die Unfähigkeit der eigenen Person, mit dem eigenen Selbst/dem Leben umgehen zu können. *Suizidphantasien gehen daher mit der Idee einher, so krank, wie man ist, dem Leben nicht mehr gewachsen zu sein. Sozialer Rückzug aus Scham, in dieser Unfähigkeit erkannt zu werden, verstärkt die bereits vorher oft empfundene Einsamkeit.* Dem ersten Stadium der

8.2 Scham- und Schulderleben bei ausgewählten psychischen Erkrankungen

Erwägung des Suizids folgt eine ambivalente Phase, bis in der letzten dritten Phase der Entschluss feststeht. *Sich selbst aus dem Leben zu nehmen/nehmen zu wollen entspricht der Entscheidung, nicht ausreichend zu sein.* Die Aggressivität richtet sich gegen sich selbst und kann als Kompensationsstrategie gegenüber dem blockierenden maladaptiven Scham- und Einsamkeitserleben verstanden werden. Suizid wird dabei als Stärke fehlverstanden. Aggressivität und kognitive Vermeidung im Sinne des eingeengten Denkens vermitteln scheinbar Auswege aus der Schwäche und der Unzulänglichkeit.

Appellative Suizidversuche können auch als dysfunktionaler Versuch der Bedürfnisbefriedigung verstanden werden. Die Aufmerksamkeit, Beachtung und Sorge von nahen Bezugspersonen, Freunden etc. vermitteln eine Befriedigung der Grundbedürfnisse nach Bindung und Selbstwerterhalt (▶ Kap. 2.2 ff.). Nach einem Suizidversuch entsteht oft eine sekundäre Scham über den Versuch sowie das Schulderleben, sich und dem nahen Umfeld das angetan zu haben. Genauso können Schuldvorwürfe über die *Unfähigkeit*, das Suizidziel zu erreichen, wiederum das zuvor defizitäre Erleben der eigenen Person erneut aktivieren.

Zusammenfassung

- Suizidphantasien gehen mit der Idee einher, so krank, wie man ist, dem Leben nicht mehr gewachsen zu sein.
- Sozialer Rückzug aus Scham, in der Unfähigkeit erkannt zu werden, verstärkt die bereits vorher oft empfundene Einsamkeit.
- Sich selbst aus dem Leben zu nehmen/nehmen zu wollen kommt der Entscheidung gleich, nicht ausreichend zu sein.

8.2.14 Zwänge

Zwangsgestörte Menschen »müssen für Außenstehende seltsame Zählrituale einhalten, weil sonst ›etwas‹ passieren wird; manche fürchten sich, sie könnten plötzlich sexuelle Übergriffe begehen« (Lorenz 2012, S. 343). »Hinzu kommt das unerträgliche Schamgefühl, das diese Menschen Tag für Tag begleitet, die Angst, dass jemand entdecken könnte, dass mit ihnen ›etwas nicht stimmt‹, dass in ihnen ein ›Monster‹ lebt.« (ebd.) Wie aus dem Zitat hervorgeht, sind Zwangserkrankungen für viele Patienten sehr schambesetzt.

Zwangsstörungen – egal, welcher Art – stehen in sehr enger Verbindung mit Scham und Schuld. Dennoch lenken gerade die Zwangsgedanken und -handlungen von den eigentlichen, dahinter liegenden Emotionen ab. Zu Zwangsgedanken gehören lange anhaltendes Zweifeln, ob eine Handlung (z. B. die Tür richtig abschließen, Herd wirklich ausschalten) tatsächlich vollständig durchgeführt wurde. Unerwünschte Vorstellungen (wie jemanden absichtlich geschädigt zu haben), aber auch unwillkommene Impulse (aggressiver oder sexueller Art) drängen sich scheinbar unkontrollierbar auf. Zwangshandlungen und -gedanken nicht kontrollieren zu können, sie dennoch irrational zu finden, verunsichert Betroffene massiv. Die innere Verzweiflung, »nicht mehr Kontrolle über sich zu haben«, führt einerseits zu extremem Hilflosigkeitserleben. Andererseits entsteht oft die Sorge, dass Gedanken auch zu Handlungen werden und genauso unkontrollierbar sind.

Der Wunsch nach Schuldvermeidung steht im Zentrum vieler Zwangsgedanken und -handlungen. Erleichterung verschafft es, sich dem bereits ritualisierten Verhalten hinzugeben, auch wenn es unsinnig scheint. Die Sorge, selbst mit Keimen und Krankheitserregern kontaminiert zu sein und andere damit anzustecken, ist scheinbar nicht auszuhalten. Zwangshandlungen neutralisieren das dahinter liegende emotionale Erleben. Erkrankte wollen sich keineswegs schuldig machen, indem man z. B. ein Unglück vorhergeahnt, aber nichts dagegen getan hat, oder indem man sich mit Krankheitserregern kontaminiert hat, andere angesteckt oder gar selbst daran versterben könnte. *Zwangsgedanken mit den Inhalten, andere verletzen zu wollen oder es bereits getan zu haben, machen Erkrankte in ihren eigenen Gedanken zu Schuldigen:* »So etwas denkt man doch nicht, wenn man normal ist.« Sich selbst für die eigenen Gedankeninhalte in Frage zu stellen verursacht zusätzliches Schamerleben oder Bestrafungsängste (Fallbeispiel Herr H. in ▸ Kap. 5.5.1).

Zwangsgedanken haben einen hohen kognitiven Anteil. Nicht selten leiten sich die Zwangshandlungen aus Alltagsritualen ab, die noch exzessiver und genauer ausgeführt werden müssen. Die einhergehende übermäßige Beschäftigung z. B. mit Idealen, religiösen oder humanistischen Themen soll dabei zusätzliche Orientierung bieten. Gerade wenn Gedanken und Gefühle von sich selbst als unkontrollierbar erlebt werden, ist der Wunsch nach Orientierung am Außen durch internalisierte Regeln, Werte und Normen besonders groß. Über die kognitive Beschäftigung und das sich zwanghafte Orientieren an ritualisierten Abläufen wird emotionales Erleben überdeckt. Hohe Maßstäbe an das eigene Verhalten und die eigene Person, die jedoch oft nicht erreicht werden, verursachen Versagenserlebnisse. Ein häufiger Bestandteil der Erkrankung ist der Eindruck, innerlich wie leer oder blockiert zu sein. Dieser Zustand kann sich steigern, und Erkrankte erleben sich als keine ganze, voll lebendige Person (zu Depersonalisation ▸ Kap. 8.2.3).

Das sekundäre Schamerleben resultiert daraus, Zwangshandlungen und -gedanken selbst als unsinnig zu erleben. Es muss mit einem etwas nicht stimmen, sonst könnte man doch die Zwangsgedanken und -handlungen unterlassen. Diese Unfähigkeit verunsichert zutiefst. Trotz des Wissens über die »Unsinnigkeit« ist die Zwangsstörung durch Betroffene allein nicht beeinflussbar. Die Befürchtung von Mitmenschen, dafür verurteilt zu werden, ist vielen Patienten gemeinsam. Daraus resultiert der Wunsch, besonders Gedanken und Handlungen äußerlich möglichst nicht sichtbar werden zu lassen.

8.3 Schamlos, schuldlos?

> **Zusammenfassung**
>
> - Zwangsstörungen – egal, welcher Art – stehen in sehr enger Verbindung mit Scham und Schuld.
> - Der Wunsch nach Schuldvermeidung steht im Zentrum vieler Zwangsgedanken und -handlungen.
> - Zwangsgedanken mit den Inhalten, andere verletzen zu wollen oder es bereits getan zu haben, machen Erkrankte in ihren eigenen Gedanken zu Schuldigen: »So etwas denkt man doch nicht, wenn man normal ist.«
> - Das sekundäre Schamerleben resultiert daraus, Zwangshandlungen und -gedanken selbst als unsinnig zu erleben.

8.3 Schamlos, schuldlos?

Scham und Schuld, die Vermeidung von Scham und Schuld sowie scham- und schuldloses Verhalten gehören zum Menschsein unabdingbar dazu. Jeder von uns hat sich schon schamlos und frei von Schuldempfindungen verhalten. Schamloses Verhalten in der frühesten Kindheit, Alltagslügen, Phasen und Erlebnisse der Adoleszenz und des frühen Erwachsenseins, Fantasien und Praktiken individueller Sexualität, das schamlosere Verhalten im Alter etc. – all das sind kleine Beispiele, die jeder für sich mit individuellen Erlebnissen verbinden kann. Genauso weiß jeder von uns, dass extreme physische Schmerzen uns am Scham- und Schuldempfinden hindern. Der Wunsch, die Schmerzen zeitnah zu beenden, motiviert manchmal zu unglaublichen Verhaltensweisen. *Nicht immer ist ein scham- und schuldloses Verhalten der Ausdruck einer psychischen Erkrankung, sondern stattdessen Teil einer normalen menschlichen Entwicklung.*

So können veränderte Rahmenbedingungen, z. B. durch neue soziale Werte oder eine völlig neue finanzielle Lebenssituation, zu einem anderen Scham- und Schulderleben beitragen. In der Einschätzung, ob etwas scham- und schuldlos ist, wird jedoch immer noch an den bisher internalisierten Werten, Normen und Regeln bzw. dem bisherigen Umgang festgehalten. Scham- und Schuldempfinden sind weiterhin in der Einsicht vorhanden, man setzt sich jedoch darüber hinweg. Oft entwickeln Menschen auch eine nachträgliche Einschätzung über ihr eigenes Verhalten. *Sich scham- und schuldlos verhalten zu haben wird aus der Perspektive von neu erlerntem Wissen, das man sich im Laufe der Zeit/Jahre angeeignet hat, beurteilt.* Manchmal schämen wir uns für unser junges Ich in der Adoleszenz oder fühlen nachträglich Schuld für unser damaliges Verhalten.

8.3.1 Grenzen zwischen scham- und schuldlosem Alltagsverhalten und einer Störung

Kritisch wird es, wenn scham- und schuldloses Verhalten dazu führt, dass man selbst leidet oder andere sich nachhaltig beeinträchtigt oder manipuliert fühlen. Ein zu geringes Scham- und Schuldempfinden kann z. B. zu Problemen in der Nähe-Distanz-Regulation führen. Das Nichtwahren von hierarchischen Grenzen innerhalb gesellschaftlicher Systeme oder die inadäquate Zurschaustellung oder Selbstöffnung oder inadäquate Kontaktaufnahme, z. B. auf körperlicher Ebene, können zu Konflikten führen. In der schlimmsten Ausprägung kann es zu einem Ausschluss aus der Gemeinschaft oder dem alltäglichen Leben führen. Scham- und schuldloses Verhalten ist immer dann prekär, wenn adaptive Funktionsmechanismen nicht zur Verfügung stehen. Damit ist keineswegs das kurzzeitige Drüber-Hinwegsetzen im Rahmen der menschlichen Entwicklung gemeint, sondern das Fehlen der sozialen Regulations- und Funktionsmechanismen oder der zeitweise Verlust derer – mit schwerwiegenden Folgen.

Ein Nachlassen von Scham- und Schuldempfingen lässt sich z. B. bei Drogen- und anderen Substanzmittelabhängigkeiten, akuten Intoxikationen, Manien, psychotischen Phasen, Schizophrenie, Abbauprozessen im Gehirn und hirnorganischen Schädigungen beobachten. *Das Fehlen von Scham- und Schulderleben reduziert die soziale Anpassungsfähigkeit, die erlebte und gelebte Solidarität mit anderen.* Menschen empfinden in diesen Phasen/Situationen keine echte Empathie für andere Menschen. Im Vordergrund steht eher Gleichgültigkeit bzw. der Eindruck, dass nur die eigene Person zählt. Der innere Rückzug auf sich selbst und die Erhebung in ein spürbares Stolz-/Größengefühl wird in diesem Kontext als Schutz bzw. Vermeidung von Angst vor den unerträglichen Scham- und Schuldgefühlen verstanden. In analytischen Theorien wird dieses Phänomen auch als »Pseudoakzeptanz« beschrieben. Die Realität wird nur scheinbar anerkannt, aber auch zeitgleich geleugnet und ignoriert. Das zeigt sich darin, dass keine »Verantwortung« angenommen wird. Das eigene Verhalten dient nur der eigenen Person.

Zeitweise auftretende Scham- und Schuldlosigkeit kann aus schweren psychischen Erkrankungen resultieren, z. B. schweren Depressionen. In Studien wurden vorübergehend auftretende Defizite in der »Theory of Mind« nachgewiesen, was eine wesentliche Grundlage für das Erleben von Scham und Schuld ist (Wang et al. 2008; Kerr et al. 2003; vgl. auch ▸ Kap. 4). Einige Störungen, in denen der Zugang zu Scham und Schuld fehlt oder nicht mehr möglich ist, sind exemplarisch im Folgenden ausgeführt.

Manische Phasen So führen manische Phasen dazu, dass bei zeitgleich wenig vorhandener Emotionalität auch regulierende Furcht und Angst nicht zugänglich sind. Oft gehen Betroffene übertriebene Risiken ein. Im ICD-10 heißt es dazu: »Verlust normaler sozialer Hemmungen, was zu einem unangemessenen

8.3 Schamlos, schuldlos?

Verhalten führt«, »tollkühnes oder rücksichtloses Verhalten, dessen Risiken die Betroffenen nicht erkennen« sowie »gesteigerte Libido oder sexuelle Taktlosigkeit« (Dilling et al. 2008, S. 124). Scham und Schuld können sekundär, nach dem Abklingen der Phase, entstehen. Emotionen sind wieder zugänglicher und scheinbar besonders intensiv.

Psychopathie Psychopathie geht mit einem Mangel an Scham- und Schuldempfinden einher. Das Psychopathie-Konzept nach Cleckley (2011) beschreibt Psychopathie mit folgenden Kriterien: Fehlen von Reue- und Schamgefühl sowie ein Mangel an Schuld(-Einsicht). Hare (2003) postuliert in der Checkliste der Psychopathie-Symptome (PCL-R) u.a. das Fehlen von Reue oder Schuldbewusstsein sowie das Vorliegen von Gefühlskälte als Ausdruck von fehlendem empathischen Einfühlungsvermögen bzw. Mitgefühl. In diesem Zusammenhang wird auch das Fehlen von hinreichenden Bindungserfahrungen diskutiert, denn Menschen haben scheinbar keine Bedeutung.

Neurobiologische Hinweise für das Fehlen von Scham und Schuld werden im Rahmen von Antisozialen Persönlichkeitsstörungen vielfach thematisiert. Neuere Hypothesen vermuten jedoch das Vorhandensein dazugehöriger neuronaler Strukturen (z.B. Glenn u. Raine 2008; Blair 2003). Diese werden vermutlich nur anders verarbeitet. Allerdings widersprechen die Studien einander zum Teil. Unklar ist etwa, ob die Amygdala vergrößert oder verkleinert ist. Aufgefallen ist in einigen Studien, dass in Zukunft das Zusammenspiel der limbischen Strukturen, von Hormonen, Neurotransmittern und genetischen Faktoren weiter erforscht werden sollte. Damit wird die Funktionalität der einzelnen Hirnstrukturen weniger wichtig werden.

Menschen mit einer Narzisstischen Persönlichkeitsstörung haben Scham- und Schulderleben. Daher ist die neue Einteilung im DSM-5, Narzisstische Störungen den Antisozialen Persönlichkeitsstörungen zuzuordnen, fragwürdig.

Hirnorganische Beeinträchtigungen Scham- und Schuldempfinden als Fähigkeit kann bei hirnorganischen Schädigungen, z.B. Frontallappenschäden, präfrontaler Demenz, Kosakow-Syndrom, und bei Patienten, bei denen eine Lobotomie durchgeführt wurde, verloren gehen (Beer et al. 2003). Damit geht der Verlust der Fähigkeit einher, Ereignisse vorwegzunehmen, sich diese vorzustellen (Vetter 2007; Miller 1967).

Menschen, die sich mit Scham und Schuld schwertun, neigen zu externalen Attributionsstilen (Weiner 1980, 1986; ▶ Kap. 1). Die Ursachen für mögliches Scham- und Schuldempfinden werden außerhalb des eigenen Wirkbereichs geortet. Dahinter steht häufig die Angst vor Verantwortung, auch im Rahmen von aktuellen Bindungen, in denen man für sich und andere einsteht. Dieses Phänomen scheint verknüpft zu sein mit Entscheidungsschwierigkeiten, denn die Angst, Verantwortung für eigene Entscheidungen zu übernehmen, ist groß. Zeitgleich ermöglicht dieser Attributionsstil, Groll und Rachegefühle anderen gegenüber zu entwickeln, insbesondere, wenn diese »einen« in die Situationen gebracht haben/bringen, in denen Entscheidungen und Verantwortungsübernahme notwendig sind.

> **Zusammenfassung**
>
> - Scham und Schuld, die Vermeidung von Scham und Schuld sowie scham- und schuldloses Verhalten gehören zum Menschsein unabdingbar dazu.
> - Nicht immer ist ein scham- und schuldloses Verhalten der Ausdruck einer psychischen Erkrankung, sondern stattdessen Teil einer normalen menschlichen Entwicklung.
> - Sich scham- und schuldlos verhalten zu haben wird aus der Perspektive von neu erlerntem Wissen, das man sich im Laufe der Zeit/Jahre angeeignet hat, beurteilt.
> - Kritisch wird es, wenn scham- und schuldloses Verhalten dazu führt, dass man selbst leidet oder andere sich nachhaltig beeinträchtigt oder manipuliert fühlen.
> - Das Fehlen von Scham- und Schulderleben reduziert die soziale Anpassungsfähigkeit, die erlebte und gelebte Solidarität mit anderen.
> - So führen manische Phasen dazu, dass bei zeitgleich wenig vorhandener Emotionalität auch regulierende Furcht und Angst nicht zugänglich sind.
> - Psychopathie geht mit einem Mangel an Scham- und Schuldempfinden einher.
> - Scham- und Schuldempfinden als Fähigkeit kann bei hirnorganischen Schädigungen verloren gehen.
> - Menschen, die sich mit Scham und Schuld schwertun, neigen zu externalen Attributionsstilen.

8.4 Fragebögen/Inventare zu Scham und Schuld

Auf den folgenden Seiten ist eine Auswahl an aktuell genutzten Fragebögen zusammengestellt, die sich mit Scham und Schuld aus unterschiedlichen Perspektiven und mit verschiedensten Zusammenhängen beschäftigen (▶ Tab. 8-1). Viele Inventare und Fragebögen sind in den letzten Jahren/Jahrzehnten entstanden und Ausdruck des gestiegenen Forschungsinteresses zugunsten des emotionalen Erlebens von Scham und Schuld. Die kurze Beschreibung der gemessenen Variablen erhebt keinen Anspruch auf Vollständigkeit.

8.4 Fragebögen/Inventare zu Scham und Schuld

Tab. 8-1 Fragebögen/Inventare zu Scham und Schuld im klinischen und wissenschaftlichen Kontext

Fragebogen/Inventar	Gemessene Variablen
Test of Self-Conscious Affects 3 (TOSCA-3) Kocherscheidt et al. 2002; Tangney et al. 2000; Woien et al. 2003	• Fragebogen zur Messung selbstbewertender Emotionen anhand kurzer Szenarien • Erfasst typische affektive, kognitive und verhaltensbezogene Aspekte, die mit einer Neigung, mit Schuld bzw. Scham zu reagieren, assoziiert sind • Neben Scham, Schuld und Stolz werden Externalisierung (von Verantwortung) und Distanzierung (Gleichgültigkeit) als emotionsrelevante Attributionsmuster erfasst
Guilt Inventory Jones et al. 2000; Kugler 1989; Kugler u. Jones 1989; Kugler et al. 1988	• Erhebung von drei verschiedenen Schuld-Domänen: – Schuld im Sinnes eines Persönlichkeitsmerkmal (trait guilt), d. h. Schuld als anhaltendes Gefühl, das über unmittelbare Umstände hinaus erlebt wird – Schuldgefühle als momentaner Zustand (state guilt), bezeichnet Schuldgefühle aufgrund aktueller oder kürzlich entstandener Verstöße – Moralische Normen im Sinne eines internalisierten Codex von moralischer Prinzipien, diese sind ohne Bezug zu spezifischen Verhaltensweisen und Überzeugungen vorhanden
Interpersonal Guilt Questionnaire (IGQ) O'Connor et al. 1997	• Erfasst Schuld in Bezug auf die Sorge, andere zu verletzen • Die 45- und 67-Item-Versionen erfassen theoriegeleitete, klinisch relevante Kategorien von Schuld, dazu gehören: – Überlebendenschuld – Trennungsschuld – Allgegenwärtiges Schuldgefühl aus Verantwortung – Schuld aus Selbsthass
Fragebogen zu interpersonellen Schuldgefühlen (FIS) Albani et al. 2002	• Kurzform des Interpersonal Guilt Questionnaires (IGQ) • 21 Items zu den Kategorien – Überlebendenschuldgefühl – Trennungsschuldgefühl – Schuldgefühl resultierend aus Verantwortung/Pflicht

Tab. 8-1 (Fortsetzung)

Fragebogen/Inventar	Gemessene Variablen
Trauma-Related Guilt Inventory (TRGI) Kubany et al. 1996	• Misst Schuldgefühl, das mit einem spezifischen Kontext assoziiert ist • Das Erleben von Schuld wird als Folge eines Traumas verstanden und ist damit typischerweise eine unangemessene Zuschreibung von persönlicher Verantwortung für ein unkontrollierbares Ereignis

Heidelberger Fragebogen zu Schamgefühlen (HFS)
Kämmerer et al. 2003
	• Projektives Verfahren zur Messung der Intensität des Schamgefühls
	• Im Aufbau eines Szenarienansatz, mit jeweils unterschiedlichen geschlechtsspezifischen Fassungen
	• Erfassung der individuellen Reaktion auf kurze situationale Beschreibungen potenziell schamauslösender Begebenheiten
	• Zwei Subkalen:
	   – Skala 1: Körper und Sexualität
	   – Skala 2: Leistung und soziale Kompetenz

Compass of Shame Scale (CoSS)
Elison et al. 2006
	• Erfassung des Gebrauchs der von Nathanson (1992) beschriebenen vier Bewältigungsstilen bei Schamerleben:
	   – Selbst-Angriff
	   – Rückzug
	   – Angriff anderer
	   – Vermeidung

The Shame Inventory Rizvi 2010	• Erfassung von umfassenden und globalen Schamgefühlen • Scham als Reaktion auf spezifische Lebensereignisse oder persönliches Verhalten

Guilt and Shame Proneness scale (GASP)
Cohen et al. 2011
	• Messung individueller Unterschiede bezüglich der Neigung zu Schuld und Scham in bestimmten Situationen – entweder als persönliche oder moralische Verstöße zu erleben:
	   – Zwei Schuld-Subskalen zur Erhebung negativer Verhaltens-Bewertungen und zu dazugehörigen Handlungstendenzen, z. B. persönliche Verfehlungen zu beheben
	   – Zwei Scham-Subskalen zur Erfassung negativer Selbst-Bewertungen mit den jeweiligen Rückzugstendenzen nach persönlichen Verstößen in der Öffentlichkeit

8.4 Fragebögen/Inventare zu Scham und Schuld

Tab. 8-1 (Fortsetzung)

Fragebogen/Inventar	Gemessene Variablen

Internalized Shame Scale (ISS)
 Cook 1987, 1994, 2001
	• Messung von Scham als Persönlichkeitsmerkmal (trait) bei Jugendlichen und Erwachsenen auf zwei Subskalen:
	    — Internalisierte Scham
	    — Selbstbewertung
	 • Test-Ergebnisse werden innerhalb Nathansons (1992) theoretischen Überlegungen verstanden und interpretiert
	    — Die verschiedene Scham-Kognitionen motivieren Individuen, positive Emotionen möglichst beizubehalten bzw. zu erhöhen und negative Emotionen zu verringern
	 • Als klinisches Screening- und Behandlungsinstrument geeignet

Achievement Guilt and Shame Scale (AGSS)
 Thompson et al. 2008
	• Szenarien-basierter Fragebogen zur Erfassung von Schuld- und Schamgefühlen
	 • Szenarien zu Bereichen:
	    — Studium/Lehre
	    — Arbeit
	    — Sport
	    — Allgemeine Leistungssituationen
	 • Externalisierung von Schuld und wahrgenommener Sorglosigkeit im Leistungsbereich jeweils auf kognitiver, affektiver und behavioraler Ebene

Experience of Shame Scale (ESS)
 Andrews et al. 2002
	• Aufbauend auf ein Interviewverfahren
	 • Skala mit 27 Items erfasst spezifische Bereiche von Scham in Bezug auf das Selbst und Leistung
	 • Erhebung von drei Ebenen der intern empfundenen Scham:
	    — Charakter (z. B. »Have you felt ashamed of the sort of person you are?«)
	    — Verhalten (z. B. »Have you tried to cover up or conceal things you felt ashamed of having done?«)
	    — Körper (z. B. »Have you felt ashamed of your body or any part of it?«)
	 • Jedes Item zeigt die Häufigkeit des Erlebens, Denkens und Vermeidens auf jeder der drei Ebenen von Scham (im Verlauf des vergangenen Jahres an)
	 • Dient u. a. der Vorhersage depressiver Symptome

Tab. 8-1 (Fortsetzung)

Fragebogen/Inventar	Gemessene Variablen
Personal Feelings Questionnaire 2 (PFQ-2) Harder u. Zalma 1990	• Erfassung der Neigung zu Scham und Schuld mittels globaler Wortlisten • Hat eine hohe Augenscheinvalidität
State Shame and Guilt Scale (SSGS) Marschall et al. 1994	• Erhebt momentan wirkende »States« von Scham und Schuld — Scham (z. B. »I want to sink into the floor and disappear«) — Schuld (z. B. »I feel remorse«)
Adapted Shame/Guilt Scale (ASGS) Hoblitzelle 1982	• Misst Einschätzung/Beschreibung des eigenen Selbst • Es sollen zehn schambezogene und zwölf schuldbezogene Adjektive auf einer 7-Punkte-Skala zur Beurteilung der eigenen Person eingeschätzt werden
Perceived Guilt Index (PGI) Otterbacher u. Munz 1973	• Erfasst Selbstauskunft zur Schwere von Schuld anhand einer Auswahl von elf mit Schuld assoziierten Bedingungen entlang eines Kontinuums — Keine Schuld: 1 = unschuldig bis schwere Schuld: 11 = unverzeihlich
Body and Appearance Self-Conscious Emotions Scale (BASES) Castonguay et al. 2014	• Umfassende Erfassung der psychometrischen Bestandteile von Emotionen — Auf körpertypischer Ebene — bezüglich des äußeren Erscheinungsbildes • Scham (z. B. »Ashamed of my appearance«) • Schuld (z. B. »Guilty that I do not do enough to improve the way I look«) • Authentischer Stolz (z. B. »Proud of my appearance efforts«) • Anmaßender Stolz (z. B. »Proud that I am a great looking person«)
Shame and Guilt Eating Scale (SG) Frank 1990	• Skala misst das individuelle Erleben von Scham und Schuld in Bezug auf Essen • Vier Items erfragen Grad des Erlebens von Scham und Schuld in Bezug auf normales Essverhalten und Überessen

8.4 Fragebögen/Inventare zu Scham und Schuld

Tab. 8-1 (Fortsetzung)

Fragebogen/Inventar	Gemessene Variablen
Body Image Guilt and Shame Scale (BIGSS) Thompson et al. 2003	• Erfasst Scham und Schuld bezogen auf Sorgen bezüglich des Körperbildes – In Zusammenhang mit persönlicher und sozialer Identitäts-Orientierung – In Abgrenzung zu Scham- und Schuldgefühlen hinsichtlich interpersoneller Verstöße
Objectified Body Consciousness Scale (OBCS) McKinley u. Hyde 1996	• Wurde entwickelt auf Basis eines feministischen theoretischen Ansatzes, nach dem der weibliche Körper als »Betrachtungs-Objekt« gesehen wird: »Objectified body consciousness« – Frauen betrachten ihren eigenen Körper wie ein außenstehender Beobachter • Drei Skalen zur Erfassung des Konstrukts: – Beobachtung/Überwachung – eigener Körper wie ein außenstehender Beobachter betrachten – Körper-Scham – Scham empfinden, wenn der Körper äußeren Standards nicht entspricht, – Kontrollüberzeugungen über das eigene äußere Erscheinungsbild
Weight and Body-Related Shame and Guilt Scale (WEB-SG) Conradt et al. 2007	• Erhebt körperbezogene Scham und Schuld als Persönlichkeitsmerkmal (trait) – Scham (z. B. »I am ashamed of myself when others get to know how much I really weigh«) – Schuld (z. B. »When I can't manage to work out physically, I feel guilty«)
Shame-Guilt-Scale (SCV) Batacchi et al. 1994; Suslow et al. 1999	• Instrument zur Erfassung von Schuld- und Scham-Neigung auf elf Subskalen (Übersetzung aus dt. Version): – Selbstkritik als Gegenstand in Bezug auf das Selbst und Zaghaftigkeit – Schüchternheit – Soziale Schamangst – Anti-delophile Einstellung – Selbstkritik als Gegenstand in Bezug auf psychische Zustände – Punitive Schuld – Selbstkritik als Gegenstand von Handlungen – Moralischer Perfektionismus – Empathie-Reparation – Bedürfnis nach Zustimmung – Bedürfnis nach Dominanz

Tab. 8-1 (Fortsetzung)

Fragebogen/Inventar	Gemessene Variablen
Other As Shamer (OAS) Allan et al. 1994	• Selbstauskunfts-Skala erfasst über 18 Items externalisierte Scham im Rahmen von globalen Urteilen, z. B. wie Personen denken, dass andere sie sehen

Shame Assessment for Multifarious Expressions of shame (SHAME)
Scheel et al. 2013
	• In der Erprobung/Veröffentlichung
	• Fragebogen zur Erfassung von individueller Schamneigung als Disposition
	• Messung von drei Scham-Facetten:
	  – Körperliche Scham – körperliches Idealbild, Intimität, Sexualität
	  – Kognitive Scham – kognitiv moralisches Idealbild, Kompetenz, soziale Zugehörigkeit
	  – Existenzielle Scham im Sinne von Selbsterleben als makelbehaftet, Selbsterleben als unwichtig, wertlos
	• Grundannahmen: Körperliche und kognitive Scham sind als adaptive Scham-Facetten zu verstehen, die von allen Menschen in unterschiedlichem Ausmaß empfunden werden.
	  – Adaptive Scham, die situativ abgrenzbar, auf Anteile der Person bezogen und zeitlich begrenzt ist
	  – Existenzielle Scham als maladaptive, pathologische Seite der Scham und damit situativ nicht abgrenzbar, generalisiert auf die ganze Person, chronische Scham

Gudjonsson Blame Attribution Inventory (GBAI-R)
Gudjonsson u. Singh 1989
	• Selbstberichts-Fragebogen über 42 Items – Straftäter sollen die Zuschreibung von Schuld für ihre Tat angeben
	• Drei Subskalen:
	  – Mentale Komponente
	  – Externale Attribution
	  – Schuldgefühle

Offence-Related Shame and Guilt Scale (ORSGS) Wright u. Gudjonsson 2007	• Noch in der Erprobung • Instrument zur Messung von Scham und Schuld als getrennte emotionale Reaktionen bezogen auf eine Straftat

Praxis

9 Therapiealltag

9.1 Einleitender Teil

9.1.1 Emotionen von Scham und Schuld in der Therapie

Im Therapiealltag ist jeder praktizierende Therapeut mit den Emotionen Scham und Schuld konfrontiert. Das Wissen darum ist bekannt. *Dennoch werden von Therapeuten gerade diese Emotionen als schwer bemerk- oder diagnostizierbar eingeordnet.* Ein Erklärungsansatz für diesen Widerspruch lässt sich aus dem Prozess des negativen emotionalen Priming ableiten (▶ Kap. 2.3.1 und 6.3.2). *Reize, die wir als negativ wahrnehmen, bahnen Assoziationen, Repräsentationen sowie Verhaltensprogramme im Vermeidungssystem.* Scham und Schuld sind bei allen Menschen oft als besonders schmerzhaft und negativ assoziiert. Daraus resultiert bereits im ersten Kontakt sowohl bei Therapeuten als auch bei Patienten eine natürliche innere Vermeidungshaltung hinsichtlich dieser Emotionen. Problematisch ist dies, wenn wichtige und notwendige Interventionen deshalb nicht genutzt werden.

Eine weitere Erklärung stellt die wahrgenommene Komplexität im Erleben dieser beiden Emotionen dar. Wie in den vorherigen Kapiteln ausgeführt, sind es gerade diese selbstreflexiven Emotionen, die in intensiver Ausprägung als »innere Überflutung« erlebt werden. *Der sich schnell ausbreitende Charakter von Scham und die Wiedergutmachung einfordernde Schuld erleben sowohl Patienten als auch Therapeuten häufig als blockierend, dem therapeutischen Prozess nicht dienlich.* Scham- und Schulderleben offen anzusprechen wird daher trotz der eindeutigen Hinweise auf diese Emotionen oft vermieden. *Die Befürchtung des Therapeuten, Patienten vielleicht bloßzustellen oder durch das Erleben dieser schmerzhaften Emotionen zu verschrecken oder gar deshalb einen Therapieabbruch zu verursachen,* steht neben dem natürlich gebahnten Vermeidungsverhalten im Vordergrund. Schließlich wird durch die innere Vermeidungshaltung sowohl eigenes als auch das Schuld- und Schamerleben beim Patienten scheinbar erfolgreich vermieden. *Vor diesem Hintergrund entstehen jedoch erste invalidierende Erfahrungen im therapeutischen Setting, bevor überhaupt an den Themen des Patienten gearbeitet wurde.*

Wie in ▶ Kap. 8.1 erläutert, machen jedoch die schmerzhaften Emotionen und insbesondere das Scham- und Schulderleben sowie Ängste einen beachtlichen Teil des empfundenen Leidensdrucks der Patienten aus. Einen weiteren wichtigen Aspekt stellt die Tatsache dar, dass Menschen, bevor sie sich in Therapie begeben, bereits mit den eigenen Strategien und Ressourcen versucht haben, sich zu helfen. Somit wird häufig bereits das Aufsuchen(-Müssen) eines Therapeuten als Niederlage oder Unfähigkeit erlebt. Diese Misserfolge sich und dem Therapeuten einzugestehen stellt daher für die Patienten immer wieder eine Herausforderung dar und ist oft von zusätzlichen Scham- und Schuldgefühlen begleitet. So geben Patienten bereits im Erstkontakt z. T. recht eindeutige Hinweise auf das Erleben dieser Emotionen (s. auch Fallbeispiel Frau Z. ▸ Kap. 3.2.5).

Ein Beispiel aus dem Alltag soll zur Verdeutlichung dargestellt werden. Hinweise auf Scham und Schuld sind der *kursiven Schriftweise* zu entnehmen:

> Frau O. berichtet beim ersten Kontakt am Telefon mit *empörter Stimme*: Nun *war ich schon zweimal in der Klinik*, und es ist immer noch nicht gut. *Irgendwas muss ich doch falsch machen*, dass meine Depression nicht weggeht. Wie soll denn das nur weitergehen, wenn *ich es nicht mal in der Klinik schaffe, davon loszukommen*?
>
> Das im Telefonat vereinbarte Erstgespräch findet eine Woche später statt. Frau O. erzählt anfangs recht *emotionslos* von einem *Selbstwertthema*, das sich darin äußere, dass *sie nicht bei sich bleiben könne*, und davon, dass sie *an ihrer Wahrnehmung* besonders *in sozialen Interaktionen zweifle*. Immer wieder erhalte sie Rückmeldungen von anderen, dass »*es nicht stimmen würde*«, wie sie die Dinge sieht. Zusätzlich zur Depression *quälen sie noch Tinnitus und Magenschmerzen*, die immer wieder auftauchen. *Auch hier könne Frau O. keinen Boden unter die Füße bekommen.*

Um als Therapeut einen konstruktiveren Umgang mit Scham und Schuld zu finden, hilft es, sich die »Therapie« aus der Sicht der Patienten zu verdeutlichen. In der eigenen inneren Not wird der Therapeut wahlweise als »allwissend«, als potenzieller »Retter« oder besonders kritisch zu prüfende Person wahrgenommen. Nur sehr selten kommen Patienten unvoreingenommen in eine Therapie. Die eigenen (früheren) Bewertungen hinsichtlich der Notwendigkeit der Inanspruchnahme professioneller Hilfe tragen ebenso zu emotionalen Blockaden und damit zur Erhöhung des persönlichen Leidens bei.

9.1.2 Therapie aus der Sicht des Patienten

In der ersten Therapiephase besteht dann die Tätigkeit des Therapeuten aus dem Erkennen von möglichen Störfaktoren, die beim Gegenüber vorliegen. Patienten kommen mit einem Anliegen zum Erstgespräch, und der Therapeut bemüht sich zu verstehen, worin das Problem besteht. Tatsächliche Abweichungen werden mithilfe des psychopathologischen Befundes auf verschiedenen Ebenen festgehalten, erste Überlegungen im Sinne einer möglichen zu vergebenen Diagnose angestellt. Teilweise entstehen bereits erste Hypothesen, auch geleitet von den eigenen Ideen des Patienten. Die Konfrontation damit kann wiederum beschämen, wenn z. B. »falsch« über den Patienten gedacht wird oder zu schnell »Richtiges« erkannt wird. Der Behandler entwirft ein erstes mögliches Störungsmodell im Sinne der eigenen therapeutischen Heimat. Am Ende der Sitzung steht die Aufgabe, dem potenziellen Patienten einen möglichen Ausblick auf die Therapie zu geben. Vielfach erhalten Patienten am Ende der ersten Sitzung Fragebögen. Auch diese dienen dem Zweck, »Abweichungen vom Gesunden« zu erfassen.

9.1 Einleitender Teil

Die bereits aus dem Erstgespräch resultierende Asymmetrie wird oft verstärkt, da es im weiteren Therapieverlauf auch darum geht, die eigene Biografie und die bisherige Lebensgestaltung zu beleuchten. Als schwierig erlebte Themen und Verhaltensweisen gilt es zu offenbaren und sich mit den eigenen Unzulänglichkeiten und Schwächen quasi »bloßzustellen«. Aufgabe des Therapeuten ist es ebenso, im vertiefenden Gespräch besonders sensible Themen und Tabus zu erfragen. Zu manchen Dingen lässt sich schnell eine Antwort finden und äußern. Andere Antworten wollen erst durch Nachdenken erschlossen und vielleicht auch erst nach der Prüfung des Therapeuten im späteren Therapieprozess gegeben werden. Oft genug ist der Therapieanlass dann nur die »Eintrittskarte«, und die Stellvertreterthemen sind recht schnell bearbeitet.

> Frau G. (24 Jahre), Rechtswissenschaftsstudentin, meldet sich als Selbstzahlerin zum Erstgespräch an. Ihr Anliegen seien Ess- und Brechattacken, die sie nicht beeinflussen könne. Das Weglassen des Übergebens habe dazu geführt, dass Frau G. ca. 15 kg in den letzten sechs Monaten zugenommen habe. Ziel der Therapie soll sein, das seit drei Jahren bestehende Essproblem in den Griff zu bekommen und das frühere, normale Essverhalten wieder neu aufzubauen.
> Die Therapie hatte am Anfang einen starken Coaching-Charakter. Die Elemente Psychoedukation, Essprotokolle, regelmäßige Mahlzeiten, Aktivitätsaufbau konnte Frau G. schnell umsetzen. Das Essverhalten war normalisiert und der »Auftrag erfüllt«. Frau G. kam weiterhin in die Therapie und brachte zu jeder Sitzung ein gut vorbereitetes Anliegen mit. So arbeiteten wir an den Themen des sozialen Rückzugs, der sich aus den intensiven Lernphasen für die Patientin ergeben hatte. Nach solchen langen und intensiven Lernphasen für das Examen ist es Frau G. schwergefallen, sich bei ihren Freunden und Bekannten zurückzumelden. Das aktuelle Fehlen einer Partnerschaft erlebte Frau G. im Moment sogar als hilfreich, da sie sich nicht »rechtfertigen« müsse. Dann brauchte Frau G. für das zweite bevorstehende Examen Unterstützung, mithilfe von Lernplänen.
> Nach bestandener Prüfung berichtete Frau G. erstmals von einer früheren Partnerschaft und immer wieder auftauchenden Träumen und Erinnerungen. Schnell stellte sich heraus, dass es sexuelle Übergriffe in Form von Praktiken gab, die von der Patientin nicht erwünscht waren. Frau G. schämte sich, so lange in solch einer Beziehung gewesen zu sein, und beschuldigte sich selbst. Besonders unangenehm waren ihr dabei die Schilderungen der Maßnahmen, die zur Heilung von Verletzungen dienten. Frau G. wollte erst einmal nur wissen, ob man daran in einer Therapie arbeiten könne – und wenn ja, auf welche Art und Weise.

Besonders schwierig ist es für Patienten, vom Therapeuten abgewiesen zu werden (s. dazu die Sicht des Therapeuten in ▸ Kap. 9.5.2). Natürlich haben auch Therapeuten Grenzen. Manchmal findet sich vielleicht einfach keine Verbindung zum Patienten. Trotz der Bekundung, in diesem Bereich fehlende Kompetenzen zu haben, bleibt für viele Patienten die Erfahrung der Zurückweisung und

Ablehnung bestehen. Besonders schwierig ist für Patienten die Zurückweisung aufgrund des nicht herstellbaren Kontaktes, wie er bei maladaptiver Scham fast immer zu finden ist, zu verarbeiten. Und das obwohl aufgrund des Leidensdruckes gerade jetzt die therapeutische Unterstützung elementar notwendig ist. Die Scham oder Kränkung darüber wird meist beim neuen Therapeuten bereits im Erstgespräch eingebracht, sofern Patienten es erneut versuchen, sich Hilfe zu suchen.

> **Zusammenfassung**
>
> - Unabhängig von der therapeutischen Ausrichtung besteht Einigung darüber, dass es Angst vor Scham und Schuld sowohl bei Therapeuten als auch bei Patienten gibt.
> - Die Komplexität der Emotionen Scham und Schuld stellt sowohl Patienten als auch Therapeuten vor besondere Herausforderungen.
> - Beide Emotionen aktivieren eine innere Vermeidungshaltung im Sinne des negativen emotionalen Primings.
> - Die Vermeidungshaltung seitens des Therapeuten führt oft zu erlebten Invalidierungen beim Patienten.
> - Scham- und Schulderleben sind wesentliche Teile des persönlichen Leidensdrucks beim Patienten.
> - Im Therapiealltag hilft ein Perspektivwechsel, um einen konstruktiveren Umgang mit Scham und Schuld zu finden.
> - Jedes Erstgespräch ist eine Herausforderung, auch aufgrund der ersten Konfrontation mit der empfundenen Asymmetrie im Kontakt zwischen Therapeut und Patient.
> - Das Abweisen von Patienten verstärkt und/oder verursacht Scham- und Schuldgefühle.

9.2 Therapiesetting

In der aktuellen Psychotherapie-Diskussion gibt es von verschiedenen Vertretern integrative Bestrebungen, die sich auch in der Erforschung allgemeiner Wirkfaktoren von Therapien wiederfinden. *Allgemeine Wirkfaktoren lassen sich natürlich auch für das Psychotherapie-Setting festmachen*, denn eine erfolgreiche Therapie ist immer ein Resultat aus verschiedenen komplexen und interagierenden Prozessen. Psychotherapie als dynamischer und vor allem zielgerichteter Prozess soll in einem angemessenen Setting stattfinden. *Das Therapie-Setting ist damit eine wichtige und notwendige Grundlage für die Durchführung einer Psychotherapie.* Mit Professionalität und Klarheit sowie der Methode des Perspektivwechsels auf die Seite des Patienten kann hier gute Vorarbeit für ein erfolgreiches Therapiebündnis geleistet werden. Ein gutes Therapiebündnis in einem strukturierten

9.2 Therapiesetting

Setting stellt die Ausgangsbasis für die Arbeit an schmerzhaften Emotionen und belastenden Themen dar.

Patienten und Therapeuten sollen sich miteinander, auch in den Räumlichkeiten, wohlfühlen. *Die Räumlichkeiten, Einrichtungen, Mitarbeiter und der Therapeut lösen eine Vielzahl von Eindrücken aus.* Der erste Eindruck entscheidet mit, ob sich der Patient öffnen kann und eventuell eine Behandlung über einen längeren Zeitraum beginnt. Das therapeutische Setting sollte dies durch eine entsprechend angemessen klare Gestaltung ermöglichen. Überladene Therapieräume und Schreibtische können neben »viel Wissen« auch andere Eindrücke vermitteln, z. B. die Unfähigkeit, Ordnung und Struktur zu halten, oder Respektlosigkeit gegenüber Patienten und einer angemessenen Arbeitsatmosphäre.

> »Gesprochen werden kann überall« – ein Satz, den ein junger Kollege in seiner Ausbildung von der Klinikleitung zu hören bekommen hat. In der stationären Einrichtung hatte er keinen Therapieraum zur Verfügung gestellt bekommen und arrangierte sich mit Vorräumen, Wartezimmern, bei gutem Wetter mit dem Klinikpark. Natürlich kann man überall reden, aber redet man überall auch über alles? Für jeden Patienten ist es wichtig, einen geschützten Raum zu haben, in dem man seinen Platz hat, wo man sich öffnen kann, der vertraut ist, an den er auch später in seinen Erinnerungen denken wird.

9.2.1 Transparenz und Struktur im therapeutischen Setting

Schon die Tatsache, 50 Minuten, je nach Methode auch mehrfach in der Woche, über sich und die eigene Thematik sowie das bisherige Leben mit einem Therapeuten zu reden, ist aus Sicht des Patienten gerade am Anfang eine echte Herausforderung. Das Erstgespräch ist für viele Menschen der erste Kontakt zu einem Therapeuten. Unmengen an Fragen, Befürchtungen und Vorurteilen sind an diese Begegnung geknüpft. Manchmal so viele, dass Patienten nichts mehr davon im ersten Kontakt einfällt. *Transparenz und eine gute Struktur für die ersten Sitzungen sind daher sehr hilfreich. Natürlich sollte der Patient darüber ausreichend aufgeklärt werden.* Genauso wichtig kann es sein, den Patienten in der Kostenübernahme zu unterstützen bzw. das übliche Vorgehen dafür ausführlich zu erläutern. Für uns Behandler ist das Alltag, für Hilfesuchende jedoch ein neues Gebiet. Das Ausgeben von Fragebögen für die Diagnostik und für eine vertiefende biografische Anamnese ist mittlerweile Standard. Zu oft enthalten jedoch gerade die Lebensfragebögen Lücken. Bereiche für »Tabuthemen«, unangenehme Vorerfahrungen oder zu Sexualität fehlen manchmal. Hier lohnt es sich, die eigenen Fragebögen zu überprüfen. Manche Patienten sind mutig und sprechen von sich aus Themen an, die in der Anamnese fehlen oder nicht erfragt wurden. Patienten mit maladaptivem Scham- und Schulderleben verstehen das eher als Ausdruck, darüber besser wieder nicht zu reden. Professionalität auch im Umgang mit Rahmenbedingungen sind wesentlich, damit sich ein Patient auf die Behandlung einlassen kann.

9.2.2 Räumliche Voraussetzungen

Neben den Räumlichkeiten ist die Auswahl angemessener Sitzmöbel bzw. der Liegemöbel wichtig. *Für die Arbeit an sozial orientierten Schuld- und Schamgefühlen sowie dahinterliegenden Bedürfnissen ist zumindest anfangs die Möglichkeit wichtig, Blickkontakt mit dem Patienten halten zu können.* Dies steht im Widerspruch zum analytischen Grundgedanken in Bezug auf den Therapeuten. Größtmögliche Neutralität, Anonymität und Abstinenz wird durch die Abwesenheit des Blickkontaktes gewahrt. Für die Arbeit an intensiven, überflutenden und schmerzhaften Emotionen mit sozialem Charakter ist jedoch die Möglichkeit des Blickkontaktes zu einer wohlwollenden Person notwendig. Jeder, der intensive Scham und Schuld erlebt hat, möchte zwar von sich aus den Blickkontakt am liebsten vermeiden oder im Boden versinken. *Dennoch ist man in solchen Momenten unglaublich auf den akzeptierenden, einladenden wohlwollenden Blick des Gegenübers angewiesen – auch dann, wenn dieser am Anfang nicht für sich genutzt werden kann, weil die Emotion so überflutend ist.*

Blickkontakt hat auch für Therapeuten einen großen Vorteil. Denn durch das Anschauen des Patienten sind Informationen und Hinweise über die Sprache hinaus verfügbar. Das emotionale Erleben lässt sich öfter aus der Mimik, der Körperhaltung, dem Blick und den Veränderungen erkennen. Die Sprache und Stimme alleine reichen meist nicht aus, insbesondere dann nicht, wenn es um präverbales emotionales Erleben geht. Es lohnt sich also auch aus der Sicht des Therapeuten, einen realen Blick auf den Patienten zu haben.

> »Es war der Urheber der Psychoanalyse selbst, so kann man vermuten, der durch seine eigene unreflektierte Schamsensitivität eine psychoanalytische Beziehung mit der Abwesenheit des Blickkontakts geschaffen hat.«
> (Tiedemann 2013, S. 22)

Eine kurze Beschreibung zu Freuds »blindem Fleck« in Bezug auf die Scham ist in ▶ Kap. 6.1.7 zu finden.

Anfängliches Schweigen im Sinne einer analytischen Abstinenz verursacht zudem bei vielen Patienten starke Verunsicherung. Diagnostisch betrachtet sind diese Situationen sicher sehr wertvoll. Der Therapeut steht dennoch als Modell für den Patienten. Keine oder wenige Reaktionen sind gerade bei sozialen Emotionen wie Schuld und Scham ungünstig. Es findet im Zweifel dasselbe statt, was innerlich immer wieder erlebt wird. Kein Therapeut, trotz größter Bemühungen, ist wirklich neutral. Er ist stattdessen ein mögliches Ideal für den Patienten. Ein Behandler stellt Vergleiche an, er löst sie aber auch aus. Nicht selten werden Konflikte um Macht und Autorität deshalb sehr schnell aktiviert. *Ein Therapeut, der angemessen emotionale Erlebensinhalte anspricht, eventuell gezielte Selbst-*

9.2 Therapiesetting

offenbarung betreibt, ist ein gutes Modell, um den Patienten zu ermutigen, über eigene schmerzhafte Emotionen zu sprechen.

Die Verbalisierung emotionaler Erlebnisinhalte sollte ein Schwerpunkt einer jeden Therapie sein. Das Versprachlichen von Emotionen wird daher gezielt gefördert. Dies geschieht auch durch die Bereitstellung verschiedener Arbeitsmittel, die den Patienten unterstützen. Weiterführende Arbeitsblätter zur Arbeit an den Grundbedürfnissen sind daher in ▶ Kap. 13 ff. zu finden. Die Verhaltenstherapie arbeitet mit Erklärungs- und Störungsmodellen. Diese Kernelemente der Verhaltenstherapie bedienen zeitgleich das Grundbedürfnis nach Orientierung und Kontrolle. Die Frustration dieser Bedürfnisse kann so verhindert werden und bietet bereits korrigierende Erfahrungen. *Der Patient kann durch eigenes Expertenwissen und eigene Beispiele individuelle Ergänzungen beitragen und ebenso zur Befriedigung der Bedürfnisse nach Selbstwerterhöhung und Autonomie beitragen.* Dies positiv zu verstärken fördert ebenso den berühmten Beziehungskredit und die Motivation zugunsten der Mitarbeit.

Zusammenfassung

- Das Therapiesetting ist eine wichtige und notwendige Grundlage für die Durchführung einer Psychotherapie.
- Räumlichkeiten, Einrichtungen, Mitarbeiter und auch der Therapeut lösen eine Vielzahl von Eindrücken aus.
- Das therapeutische Setting trägt wesentlich dazu bei, ob ein Patient sich auf die Behandlung einlassen und sich öffnen kann.
- Transparenz und eine gute Struktur sind zumindest für die ersten Sitzungen sehr hilfreich. Unterstützung und Erläuterung des Vorgehens zur Kostenübernahme ist genauso wichtig.
- Genutzte Fragebögen sollten möglichst eine vollständige Anamnese erfragen.
- Die Verhaltenstherapie arbeitet mit Erklärungs- und Störungsmodellen sowie Arbeitsblättern und bedient dadurch das Grundbedürfnis nach Orientierung und Kontrolle beim Patienten.
- Ein Therapeut, der angemessen emotionale Erlebensinhalte anspricht, eventuell eine gezielte Selbstoffenbarung betreibt, ist ein gutes Modell, um den Patienten zu ermutigen, über eigene schmerzhafte Emotionen zu sprechen.
- Für die Arbeit an Schuld- und Schamgefühlen sowie dahinterliegenden Bedürfnissen ist unbedingt die Möglichkeit notwendig, Blickkontakt mit dem Patienten halten zu können.
- Emotional belastete Patienten sind auf den akzeptierenden, einladenden, wohlwollenden Blick des Behandlers angewiesen – auch, wenn dieser am Anfang nicht genutzt werden kann.
- Der Patient kann durch eigenes Expertenwissen und eigene Beispiele individuelle Ergänzungen beitragen und ebenso zur Befriedigung des Bedürfnisses nach Selbstwerterhöhung beitragen.

9.3 Scham- und Schuldgefühle im therapeutischen Kontakt

9.3.1 Leidensdruck und Emotionsregulationsstörungen

Schuld und Scham sind zumeist Emotionen, die aus sozialen Kontakterfahrungen, verinnerlichten Werten und Normen sowie antizipierten Urteilen entstehen. So ist es nur logisch, dass auch diese Emotionen in jeder Form des Kontaktes aktiviert werden können. Die Angst vor und Belastung durch solche schmerzhafte Emotionen ist für viele Patienten aber auch der Anlass, sich überhaupt Unterstützung zu suchen. Dieses emotionale Erleben prägt bereits den therapeutischen Kontakt und die Schilderungen der Patienten. Im therapeutischen Miteinander bedeutet dies, die Emotionen erst einmal wahrzunehmen, einzuordnen sowie wohlwollend und validierend weitere notwendigen Informationen zu explorieren. *Der therapeutische Kontakt ist daher insbesondere in der Anfangsphase einer Therapie häufig durch den Leidensdruck und zugrunde liegende Emotionsregulationsstörungen überladen.*

Es selbst nicht geschafft zu haben aktiviert oft zusätzliche Scham und Schuld
Scham und Schuld resultieren z. B. aus der Diskrepanz, sich einerseits als kompetent, wissend und reflektiert wahrzunehmen, es jedoch andererseits nicht geschafft zu haben, mit all den Fähigkeiten und Strategien sich selbst zu helfen. Je nach eigenem Anspruch an sich selbst wiegt dieses bisherige Scheitern unterschiedlich schwer, löst Scham (eben doch nicht ausreichend zu sein) und/oder Schuld (nicht alles gewusst zu haben, sich nicht genug angestrengt zu haben) aus. Im Vordergrund steht daher manchmal die Befürchtung, vom Therapeuten in dieser Niederlage »ertappt« zu werden. Dazu gehören auch wahrgenommene Vorbehandlungen. Aus der aktuellen Situation heraus werden diese neu bewertet und vielleicht als wenig hilfreich eingeordnet bzw. die eigenen Bemühungen als nicht ausreichend. Manchmal vermeiden Patienten, diese zu erwähnen bzw. fühlen sich bei dem Gedanken, dass Kontakt zu den Vorbehandlern aufgenommen wird, sichtlich unwohl.

Beginnt der Therapeut (zu) früh, genau nachzufragen, kommt es zu noch mehr emotionalen Aktivierungen in Richtung Scham und Schuld. Insbesondere der der Scham zugrunde liegende blockierende Charakter führt dazu, dass auch Blockaden und Gesprächspausen entstehen. Manchmal reicht dann der berühmte »falsche Blick« des Therapeuten, um die Emotionen nachhaltig in der Therapiesitzung zu erleben. *Therapie aktiviert immer Schuld, Scham und Angst vor diesen schmerzvollen Emotionen.* Für den Therapeuten bedeutet dies, Blockaden und Gesprächspausen zu akzeptieren und mit dem Patienten zu tragen – so lange, bis die Intensität abnimmt. Die meisten Patienten berichten, dass das erfragte scham- und schuldauslösende Thema dennoch innerlich weiterarbeitet. Die Fragen darauf können häufig erst gegen Ende der Sitzung beantwortet

9.3 Scham- und Schuldgefühle im therapeutischen Kontakt

werden. Die Intensität der Emotion ist dann entweder abgeklungen oder der Patient daran habituiert.

Unbearbeitetes Schuld- und Schamerleben kann Behandlungsfortschritte verhindern und ist ein häufiger Grund für Stagnation innerhalb des therapeutischen Prozesses. Die Angst, mit überflutender Schuld und Scham wieder alleine zu bleiben belastet die therapeutische Beziehung und kann zu Behandlungsabbrüchen führen. Da insbesondere das Schamgefühl ansteckend ist, erlebt auch der Behandler diese Emotionen im Kontakt. Natürlich können darüber ebenso eigene, tief verinnerlichte Scham- und Schulderinnerungen ausgelöst werden. Aufgabe des Therapeuten ist es dennoch, den von Patienten eingebrachten Themen angemessen zu begegnen, emotional und kognitiv empathisch zu bleiben. Es gilt, das eigene Scham- und Schuldempfinden im Sinne einer emotionalen Sensibilität zu nutzen, um den Therapieprozess effektiv zu gestalten. Ein hilfreiches Mittel dazu stellt weiterhin die Unterscheidung von flüchtigen, der Situation angemessenen Emotionen versus dysfunktionalen, biografisch tief verankerten Emotionen dar. Therapie induziert also sowohl beim Therapeuten als auch beim Patienten Scham- und Schulderleben.

Das Phänomen der Befürchtung, »durchschaut« oder in der Unzulänglichkeit gesehen zu werden, kennen viele Patienten. Natürlich hinterlässt diese Sorge auch ihre emotionalen Spuren im therapeutischen Kontakt. Entdeckt ein Patient durch geleitetes Nachfragen des Therapeuten neue Erkenntnisse über sich, z. B. weil er etwas übersehen oder eben nicht in den Zusammenhang mit dem eigentlichen Problem gebracht oder bestimmte Aspekte gar nicht berücksichtigt hat, erlebt er sich auch vor sich selbst »bloßgestellt«. *Die Gegenüberstellung von Real-Selbst und Ideal-Selbst induziert daher im Therapieprozess häufig Scham- und Schuldgefühle. Die Angst vor einem Scham- und Schulderleben verhindert jedoch oftmals die Selbsterforschung.* Die Fähigkeit der Selbstreflexion als heilender Faktor ist blockiert und kann nicht genutzt werden. Der Therapeut kann dies am eigenen Engagement wahrnehmen, er arbeitet intensiv für den Patienten, während dieser sich immer mehr zurückzieht, aus Angst, als noch unzulänglicher erkannt zu werden. Dennoch: Emotionen, die für Patienten kaum spürbar sind, erlebt der Therapeut häufig intensiver. Das bedeutet auch, dass Schuld- und Schamerleben den Beteiligten in der Therapie zugeordnet werden müssen.

Beachtenswert ist dies auch bei Patienten, die tief verankertes Scham- und Schulderleben kennen. Sie kommen bereits beschämt in die Behandlung und sind meist besonders um äußere Kompetenz bemüht. Dass sie dennoch Therapie in Anspruch nehmen müssen, bestätigt das defizitäre Selbstbild erneut. Es sind Patienten, die Ausflüge in die eigene Biografie »verweigern« und Therapeuten mit Alltagsproblemen konfrontieren. Eigene Anteile im Rahmen der geförderten und geleiteten Selbstreflexion in diesen Alltagsthemen zu erkennen ist für diese Patienten vor dem Hintergrund biografisch verankerter Scham- und Schuldgefühle kaum möglich.

> Herr M. äußert sich ganz aufgebracht auf die Nachfrage hin, ob er im Rahmen des aktuellen Partnerschaftskonfliktes, den er als Thema in die Sitzung eingebracht hatte, einen Bezug zur eigenen Biografie erkennen könne. Er halte überhaupt nichts davon, in der Kindheit nach Erklärungen zu suchen. Er sei schließlich erwachsen und müsste doch nun durchaus in der Lage sein, wenn auch mit therapeutischer Unterstützung, die Beziehungskonflikte im Hier und Jetzt in den Griff zu bekommen. Die Sitzung zur Biografie sei für ihn schon eine Zumutung gewesen.

Angst vor der eigenen Biografie und vor Abhängigkeiten Im Therapiealltag kennt jeder Behandler die unterschiedlich ausgeprägte Angst der Patienten, wenn die Sprache auf die eigene Biografie kommt. Fragen nach der Herkunft, der Ursprungsfamilie, Erkrankungen – gar psychischer Art – in der Herkunftsfamilie lösen schnell Scham- und Schuldgefühle auch für die vorherigen Generationen aus (Fallbeispiel Herr G. ▶ Kap. 10.5.2). Insbesondere Patienten, die aus wirklich ungünstigen familiären Verhältnissen kommen, kennen Emotionen von tief verankertem Scham- und Schulderleben. Die aktive Gestaltung der therapeutische Beziehung stellt bei diesen Patienten bereits eine wichtige Intervention dar. So machen Patienten durch die therapeutische Beziehung bereits korrigierende Erfahrungen.

Dem gegenüber steht jedoch dann die Sorge, dass schmerzhafte Emotionen in der Therapie durch Fragen des Therapeuten aktiviert werden. Ebenso befürchten unsicher gebundene Patienten, dass sich eine Abhängigkeit von der Therapie oder vom Therapeuten entwickelt. Abhängigkeitsscham ist ein Ausdruck davon. Sowohl Sorgen als auch Abhängigkeitsscham verhindern, dass die Patienten sich wirklich öffnen, aus Scham und Angst vor Ablehnung ihrer Person durch den Therapeuten. Unter keinen Umständen soll die nun wichtig gewordene therapeutische Beziehung gefährdet werden. So war wahlweise alles wunderbar in der Kindheit, oder alternativ nehmen Patienten die Umstände und die nahen Bezugspersonen in Schutz, suchen nach Gründen, weshalb es in der Vergangenheit so doch richtig war. Meist waren sie daher selbst »schwierige Kinder«, sodass selbst das ungünstigste Verhalten der Eltern scheinbar versteh- und erklärbar ist. Dafür Verständnis zu entwickeln und nahe Bezugspersonen in Schutz zu nehmen bedeutet wiederum, sich als stark und fähig wahrzunehmen. Ein emotionales Erleben, das viel akzeptabler und annehmbarer ist. So sind zwei getrennte emotionale Zustände in einer Person verankert, die einander gegenüberstehen.

Manchmal zeigen Patienten aber auch eine Art Erleichterung, endlich über die Biografie sprechen zu können. Sie haben sich sehr genau auf die Behandlung vorbereitet. Das zeigt sich darin, dass schwierige Themen aus der Kindheit unmittelbar berichtet werden. Gelegentlich wird schon die antizipierte Bewertung des Therapeuten vorweggenommen: »Ich weiß schon, worauf Sie anspielen ...«

Traumatisierte Patienten neigen dazu, entweder gar nicht oder zu schnell von Traumatisierungen zu berichten. So vermeiden sie eigenes Scham- und Schulderleben, das durch den Therapeuten ausgelöst werden könnte. Behandler werden

9.3 Scham- und Schuldgefühle im therapeutischen Kontakt

stattdessen mit sehr detaillierten, fast emotionslosen Berichten geprüft, ob sie all dem von Patienten Erlebten standhalten können. Therapeuten können dies als beschämend erleben. Die Gefühle, die für die Patienten kaum zugänglich sind, spürt der Therapeut durch die kognitive und emotionale Empathiefähigkeit oftmals umso stärker (vgl. folgendes Fallbeispiel Frau E.).

> Eine Patientin sagte am Anfang des Erstgesprächs: »Ich habe Sie als Therapeutin ausgewählt, weil ich glaube, dass Sie eine Menge aushalten können.« Im Anschluss daran begann die Patientin, wenig emotional, stattdessen sehr kognitiv und konkret von den Traumatisierungen zu berichten. Passagenweise entstand der Eindruck, als hätte sie von den Traumatisierungen eben erst in einer Tageszeitung gelesen und berichte davon. Der Inhalt machte die Therapeutin zeitweise hilf- und hoffnungslos. Stellvertretende Scham entstand über die Grenzverletzungen, die Frau E. erleben musste. Dennoch waren die traumatischen Erfahrungen gar nicht der Therapieanlass. Ursprünglich wollte Frau E. nur eine Kurzzeittherapie in Anspruch nehmen. Ihre Schwester sei seit Jahren in Therapie, und es sei aus ihrer Sicht keine Verbesserung der Gesamtsituation erkennbar. Frau E. hatte sich überlegt, die Therapie vielleicht im Sinne eines Coachings in Anspruch zu nehmen. Sie brauche Unterstützung im Umgang mit Kollegen, nachdem sie zur stellvertretenden Abteilungsleiterin befördert worden sei. Das Coaching der Firma hätte zwar hilfreiche Gedanken angeregt, dennoch sei ihr bewusst, dass diese alleine nicht ausreichen. Ihr Coach habe ihr ebenso zu einer Kurzzeittherapie geraten.

Therapie induziert also sowohl beim Patienten als auch beim Therapeuten Scham und Schuld in unterschiedlichem Maße. Innerhalb der therapeutischen Beziehung wird dies spürbar und sollte daher vom Therapeuten auch entsprechend beachtet werden. Scham ist ansteckend, und jeder, der Empathie empfindet, kann spüren und antizipieren, wie sich der Patient in diesem Moment fühlt. Für die Therapeuten ist es von größter Bedeutung, flüchtige Scham- und Schuldemotionen von alter dysfunktionaler, immer wieder erlebter Scham und Schuld zu unterscheiden. Letztere zeigen sich häufiger durch sogenannte sekundäre Emotionen oder kompensatorische Verhaltensweisen. Unbearbeitete Scham- und/oder Schuldgefühle können Behandlungsfortschritte verhindern, das therapeutische Bündnis belasten und im äußersten Fall zum Therapieabbruch führen. Zurückweisungen und Begrenzungen durch Therapeuten vermitteln oft das Gefühl von Beschämung. Das Wissen darum sollte den Behandler motivieren, Emotionen wie Schuld und Scham zu thematisieren, um dem Patienten auch einen vielleicht notwendigen Therapeutenwechsel zu erleichtern.

> **Zusammenfassung**
>
> - Scham- und Schuldgefühle gehören zu einer Therapie wie Patient und Therapeut.
> - Therapie induziert beim Therapeuten und Patienten Scham- und Schulderleben.
> - Biografisch verankerte Scham- und Schuldgefühle werden durch Therapieaufnahme oft »bestätigt« und können in der Folge die notwendige Selbstoffenbarung sowie Selbstreflexion verhindern.
> - Therapie aktiviert oft zusätzlich Scham und Schuld, z. B. durch die Gegenüberstellung von Real-Selbst und Ideal-Selbst.
> - Unbearbeitetes Schuld- und Schamerleben kann Behandlungsfortschritte verhindern und ist ein häufiger Grund für eine Stagnation innerhalb des therapeutischen Prozesses.
> - Die Unterscheidung zwischen dysfunktionalen biografisch verankerten versus flüchtigen, der Situation angemessenen Emotionen ist elementar.
> - Schamgefühle sind ansteckend – besonders für Menschen, die Empathie empfinden.
> - Emotionen, die für Patienten kaum spürbar sind, erlebt der Therapeut häufig deutlich intensiver.

9.4 Prinzip der korrigierenden Erfahrungen

Das Prinzip der korrigierenden Erfahrungen ist einer der mächtigsten Wirkmechanismen einer psychotherapeutischen Behandlung. Patienten verändern sich vor allem durch neue Erfahrungen. Da sowohl Scham als auch Schuld einen hohen sozialen Charakter haben, kann das Prinzip der korrigierenden Erfahrungen am besten in sozialen Interaktionen wirken. *Eine vertrauensvolle und vor allem empathisch unterstützende Beziehung zwischen Patient und Therapeut ist eine soziale Interaktion und ermöglicht die Konfrontation des Patienten mit dessen problematischem und meist schmerzvollem emotionalen Erleben. Bereits solche korrektiven Erfahrungen innerhalb der therapeutischen Beziehungen können neue Motive zugunsten von Bedürfnissen etablieren.* Die motivorientierte Beziehungsgestaltung fördert bedürfnisbefriedigende Erfahrungen im therapeutischen Kontext. (Die Unterscheidung und die Zusammenhänge von Bedürfnissen und Motiven sind im Theorieteil vertiefend ausgeführt [▶ Kap. 2.3].) Das Wissen um die individuellen biografischen Erfahrungen des Patienten zugunsten seiner Grundbedürfnisse sind die Grundvoraussetzung für therapeutisches Handeln. Biografisch häufig frustrierte Grundbedürfnisse führen meist sehr schnell zur Aktivierung von Annährungs- und/oder Vermeidungsverhalten. Die schnelle emotionale Aktivierung ist daher ein wichtiger Hinweis für den Behandler.

Soziale Emotionen entstehen vornehmlich im Rahmen von Interaktionen oder der entsprechenden Antizipation. Im Beisein des Therapeuten diese Emotionen erleben und ausdrücken zu können ist Teil des korrigierenden Wirkkon-

9.4 Prinzip der korrigierenden Erfahrungen

zeptes. *Dysfunktionales Erleben von Scham und Schuld benötigt daher ein darin verlässliches Gegenüber, um Korrekturen zu ermöglichen.* Die wohlwollende therapeutische Haltung und die empathisch vertiefende Exploration des belastenden emotionalen Erlebens bieten Unterstützung bei der Versprachlichung und Interpretation. Erst neue Erfahrungen führen zu neuen Erkenntnissen über sich, die eigene Biografie und die soziale Umwelt, in der Patienten leben. *Ziel von korrigierenden Erfahrungen ist es, den Patienten zu ermutigen, seinen Alltag so zu gestalten, dass solche angenehmen Erfahrungen sich wiederholen können.* Der Patient schafft durch die neu etablierten Annäherungsziele bessere Rahmenbedingungen, die zur Befriedigung eigener Bedürfnisse führen und soziale Beziehungen aktiver gestalten. Es gilt, das eigene Leben zu gestalten, statt es wie bisher zu verwalten.

Erfahrene Therapeuten nutzen ihr Wissen im Umgang mit dem Patienten und dessen Vermeidungszielen. Wiederholte und neue Erfahrungen zugunsten der bisherigen Vermeidungsziele werden während der Therapie möglichst gering gehalten. Stattdessen fördern Therapeuten durch gezielte Interventionen neue Strategien zugunsten der Annäherung an die erfolgreiche Bedürfnisbefriedigung. Zeigen aktivierte Vermeidungsziele frustrierte Grundbedürfnisse an, gilt es, mit entsprechenden Strategien die dahinterliegenden Bedürfnisse zu bearbeiten (Grosse Holforth u. Castonguay 2007). *Korrektive emotionale Erfahrungen sollen durch die Verbalisierung unterstützt und kognitiven, neuronalen Strukturen zugänglich gemacht werden* (Greenberg 2002). Nur so lassen sich neues emotionales Erleben, alternative Kognitionen und Verhaltensweisen beim Patienten nachhaltig verankern. Die neuen Erfahrungen werden in bestehende Erlebnis- und Sichtweisen integriert sowie durch passendere Handlungsoptionen erweitert. Mit diesem Wissen gilt es, die Befriedigung von Bedürfnissen auch außerhalb der Therapie zu ermöglichen sowie neue Annäherungsschemata zu schaffen. Eine gute Therapie bietet den Raum, die störungsaufrechterhaltende Vermeidung zu unterbrechen und von neu gemachten Erfahrungen zugunsten der eigenen Bedürfnisse zu lernen.

9.4.1 Limited reparenting

Emotionsaktivierende Techniken helfen, dysfunktionale Schemata zu bearbeiten. »Limited reparenting« ist ein Begriff, der durch die schematherapeutischen Ansätze eindeutig konzeptionalisiert worden ist. Die aktive Gestaltung der therapeutischen Beziehung orientiert sich an fürsorglich mitfühlenden Eltern. Innerhalb der Behandlung wird der Patient über dieses Therapeutenverhalten unterstützt, sich die Verbindungen zwischen Grundbedürfnissen und Emotionen zugänglich zu machen. Dabei schaffen sich Patienten auch eine Art »innere Erlaubnis«, sich um sich, die eigenen Emotionen und Grundbedürfnisse kümmern zu dürfen. Der Therapeut dient in diesem Zusammenhang als ermutigendes Modell und bietet den Rahmen. Auf dieser Basis wird emotionsbezogen und erlebnisorientiert Wissen zugänglich gemacht. Das fördert einen wohlwollenden inneren Dialog, Selbstakzeptanz und die eigene Anerkennung. Die therapeutische Beziehung entwickelt sich darüber hinaus für Patienten und Therapeuten als immer tragfähiger. *Je mehr der Therapeut über den Patienten, dessen Bedürfnisse und Motive erfährt, desto besser kann er die Beziehung gestalten, sodass korrigierende Erfahrungen möglich sind.* Vor diesem Hintergrund werden auch die therapeutischen Interventionen passender ausgewählt.

> Herr G. (46 Jahre) kommt in die Therapie, weil es ihm nicht gelinge, Beziehungen zu halten. Sein Wunsch nach einer Partnerschaft besteht schon sehr lange. Herr G. habe gute langjährige Freundschaften. Doch in Bezug auf sein Ziel nach einer »echten Partnerschaft mit einer guten Bindung« scheinen ihm die Mittel zu fehlen. Immer wieder habe er es in der Vergangenheit erlebt, dass er durch seine jeweilige Partnerin vor anderen offen kritisiert und bloßgestellt worden sei. Aus Angst davor, dass sich dies noch einmal wiederholen würde, scheint er partnerschaftliche Bindungen und Beziehungen »irgendwie« selbst zu boykottieren.
> Herr G. berichtet, dass er sich lange überlegt habe, ob er überhaupt eine Therapie beginnen solle. Zum einen sorge er sich, dass er auch hier kritisiert werden würde, und zum anderen wisse er eigentlich gar nicht mehr, wie es sich anfühlt, wenn man sich in der Gegenwart anderer öffnet. Es sei ihm sichtlich unangenehm, in dem Alter sein Ziel nach einer Beziehung und Familie nicht erreicht zu haben. »Sieht wohl für Sie nach Torschlusspanik aus?!«
> Am Ende der Langzeittherapie war Herr G. stolz darauf, es überhaupt geschafft zu haben, so lange in der Therapie geblieben zu sein. Das sei für ihn der wichtigste Erfolg, all den Impulsen der Vermeidung und der vorzeitigen Beendigung so gut wie möglich widerstanden zu haben. Sich eigene Anteile wohlwollend anschauen zu können, mehr auf eigene Bedürfnisse zu achten mache ihn auch stabiler im Umgang mit Kritik.

Hinter dysfunktionaler Scham und Schuld stehen unbefriedigte Bedürfnisse sowie der Wunsch, respektvoller als bisher behandelt zu werden. Damit liegt es insbesondere am Anfang der Behandlung in der Hand des Therapeuten, ernstnehmend und wohlwollend die Bedingungen zu schaffen, dass Patienten sich öffnen können. Bereits dadurch werden erste korrigierende Erfahrungen angeboten. Auch wenn Patienten das therapeutische Angebot anfangs noch nicht annehmen können, wird sehr wohl registriert, wie der Therapeut sich verhält. Scham und Schuld ansprechen zu dürfen kann bereits erleichternd sein und bildet die Grundlage für die weiterführende Arbeit an diesen Emotionen. Unausgesprochenes intensives Scham- und Schulderleben hemmt die Offenheit für angenehme Emotionen. Denn sowohl durch Scham als auch durch Schuld werden Interaktionen und Gespräche erst einmal unterbrochen. Sind die Emotionen so intensiv, dass es kaum möglich ist, sich auf das Gegenüber einzulassen, werden auch korrigierende Erfahrungen verhindert. Daher ist es wichtig, auch bei überflutendem Erleben dieser Emotionen in Kontakt zu bleiben.

Eine andere Beobachtung aus dem therapeutischen Alltag zeigt, dass es sowohl bei Scham als auch bei Schuld manchmal auch leichter ist, sich einem

9.4 Prinzip der korrigierenden Erfahrungen

Unbekannten anzuvertrauen. Insbesondere wenn man dessen wohlwollende empathische Haltung antizipiert, was viele Menschen bei Therapeuten automatisch tun. Worte über belastende Themen und das Erleben von Emotionen haben gelegentlich eine andere Bedeutung, wenn man am Ende der Behandlung den Therapeuten nie wieder sieht. All die schmerzhaften Emotionen mitzuteilen und dort an einem sicheren Ort zu lassen kann auch angenehm sein. Um sich gerade am Anfang auf eine neue Art den Themen zu stellen, ist eine gute therapeutische Beziehung mit wohlwollenden, tragenden Elementen nötig. Sich mit einer neuen wohlwollenden Haltung zu begegnen ist Teil von korrigierenden Erfahrungen. So ist es für den Patienten möglich, sich seinen Ängsten zu stellen, auch in Bezug auf die Selbstöffnung.

Korrigierende Erfahrungen schaffen eine neue innere Bewertungsgrundlage. Auf dieser neuen Grundlage werden auch autobiografische Erinnerungen neu überdacht und eingeordnet. So können diese emotional anders verarbeitet werden. Eine korrigierende angenehme Erfahrung durch einen fürsorglichen Therapeuten stellt eine gute Vergleichsgrundlage dar. Die eigenen Eltern und deren Verhalten können z. B. neu »eingeordnet« werden. Das eigene Erleben und Verhalten wird mit den bisherigen Erfahrungen verstehbar, und so ist nun z. B. Trauer oder Wut über Erlebtes zugänglich. Korrigierende Erfahrungen führen also auch dazu, dass Patienten etwas (von sich) neu und/oder anders verstehen. Sie ordnen erlebte Sachverhalte sowie Problembereiche und -verhalten neu ein und können dazugehörige Emotionen bewusst wahrnehmen. Ein neues Verständnis von früher Erlebtem und logischen Konsequenzen im eigenen Interaktionsverhalten und die Reflexion über bisheriges emotionales Erleben gehören dazu. Das stellt die Grundlage dafür dar, dass etwas Neues beginnen kann und erfahrbar wird – zuerst innerhalb des therapeutischen Prozesses, später auch in der Umwelt.

Zusammenfassung

- Eine vertrauensvolle und vor allem empathisch unterstützende therapeutische Beziehung ist eine soziale Interaktion. Sie ermöglicht bereits die Konfrontation des Patienten mit dessen problematischem und meist schmerzvollem emotionalen Erleben.
- Korrektive Erfahrungen innerhalb der therapeutischen Beziehungen können schemaverändernd sein und neue Motive zugunsten von Bedürfnissen etablieren.
- Je mehr der Therapeut über den Patienten, dessen Bedürfnisse und Motive erfährt, desto besser kann er die Beziehung gestalten, sodass korrigierende Erfahrungen möglich sind.
- Ein Ziel von korrigierenden Erfahrungen ist es, darüber den Patienten zu ermutigen, seinen Alltag so zu gestalten, dass sich solche angenehmen Erfahrungen wiederholen können.
- Korrigierende Erfahrungen schaffen eine neue innere Bewertungsgrundlage.

- Dysfunktionales Erleben von Scham und Schuld benötigt ein darin verlässliches Gegenüber, um Korrekturen zu ermöglichen.
- Korrigierende emotionale Erfahrungen werden durch die Verbalisierung unterstützt und kognitiven, neuronalen Strukturen zugänglich gemacht.
- Hinter dysfunktionaler Scham und Schuld stehen immer unbefriedigte Bedürfnisse sowie der Wunsch, respektvoller als bisher behandelt zu werden.

9.5 Therapeut-Patient-Beziehung

»Man kann sich als Therapeut nicht ›allgemein‹ oder gar ›unspezifisch‹ verhalten.« (Pfammatter et al. 2012, S. 23)

Die Therapeut-Patient-Beziehung wird in verschiedenen Studien immer wieder als ein wesentlicher Wirkfaktor der Psychotherapie beschrieben (z. B. Barber et al. 2000). Neuere, onlinegestützte Therapiemanuale verzichten dagegen z. T. fast auf die reale therapeutische Beziehung. Dem gegenüber steht jedoch häufig die von den Benutzern antizipierte emotionale Beziehung. Menschen haben Ideen davon, wie ein idealer Therapeut sein sollte, der ihnen helfen kann. Programme werden von Menschen entwickelt, und es gibt daher die Möglichkeit, auch eine therapeutische Beziehung zu antizipieren, wenn auch recht individuell. Neutralität und unspezifisches Therapeutenverhalten sollen die Möglichkeit zur Projektion anbieten. Auch hier kommen natürlich die bisherigen Beziehungserfahrungen und die Antizipation an einen idealen Therapeuten zum Tragen.

In der klassischen Therapie, in der Patient und Therapeut einander im Rahmen von Therapiesitzungen begegnen, umfasst die therapeutische Beziehung wechselseitige Gefühle sowie innere Haltungen. Die zwischenmenschliche Interaktion im Therapieprozess wird dabei ebenso geprägt von der Art und Weise, wie die Erfahrungen, Emotionen und Haltungen von Patient und Therapeut ausgedrückt werden. Besonders aufmerksam sind Patienten im Rahmen der Selbstöffnung, denn die Reaktion des Gegenübers ist existenziell wichtig. Mit der inneren Zerrissenheit, welche Scham- und Schulderleben häufig mit sich bringen, wird auch die Therapeut-Patient-Beziehung beeinflusst. Gerade Scham und Schuld können sich über die verschiedenen anderen emotionalen Prozesse ausdehnen. Bei Patienten entsteht manchmal eine Angst vor Abhängigkeit, weil sie sich darin anders als bisher angenommen erleben.

Einfluss auf die Gestaltung der therapeutischen Beziehung und deren Rahmenbedingungen hat vor allem die therapeutische Kompetenz des Therapeuten. Entsprechend der Therapieschule, die ein Therapeut erlernt hat, wird therapeutische Beziehung nun praktiziert – oder auch nicht, wenn es darum geht, erst einmal grundsätzlich Neutralität anzubieten. Die Funktion sowie die Gestaltung der therapeutischen Beziehung werden jedoch in den verschiedenen Therapieschulen unterschiedlich betrachtet. Dennoch erlebt jeder Patient bereits im

9.5 Therapeut-Patient-Beziehung

Erstgespräch einen Ausblick auf die verfahrenstypische Beziehungsgestaltung. Ein Therapeut sollte jedoch unabhängig von seiner therapeutischen Heimat in der Lage sein, Patienten einladen zu können, neue Erfahrungen zu machen.

In der klientenzentrierten Psychotherapie zählen die wichtigen Basiskomponenten wie Wertschätzung, bedingungslose Akzeptanz, Echtheit und Empathie zu den wesentlichen Gestaltungselementen der therapeutischen Beziehung. Ziel ist es, durch die therapeutische Haltung auch die Selbstheilungskräfte des Patienten zu reaktivieren. *Analytische und psychodynamische Konzepte verstehen die therapeutische Beziehung bereits als Intervention, die zumeist korrigierende Beziehungserfahrungen beim Patienten auslösen soll.* Insbesondere darin, dass sich ein Behandler eben nicht so verhält, wie es der Patient erwartet bzw. bisher erfahren hat. *Im klassischen verhaltenstherapeutischen Kontext wird die therapeutische Beziehung als Voraussetzung für die Motivation (Compliance) verstanden, quasi als Grundlage, um spezifische Interventionen anwenden zu können.* Viele neuere interpersonelle Ansätze, wie z. B. DBT nach Linehan oder die Schematherapie nach Young und emotionsfokussierte Therapien im Sinne Greenbergs, betonen die individuelle Gestaltung der therapeutischen Beziehung zugunsten des Patienten.

Die Annäherungen der verschiedenen Therapieschulen im Zuge viel diskutierter integrativer Ansätze führen auch dazu, dass die therapeutische Beziehung immer wieder im Mittelpunkt des Diskussionsaustausches steht. Die Kompetenz der individuellen Ausrichtung der therapeutischen Beziehung zugunsten der Motive und der Bedürfnisse des Patienten sollte zum Repertoire des modernen Therapeuten gehören. Dabei bringen erfolgreiche Therapeuten häufig eine Sammlung von Interventionsstrategien aus verschiedenen spezifischen Therapieschulen mit. Der Einsatz von schulenübergreifenden Ideen und Methoden gehört längst zum Alltag. Insbesondere geschieht das, wenn innerhalb der eigenen therapeutischen Heimat Grenzen bestehen und der Therapieprozess stagniert. Positive Verstärkung, Rollenspiele, Stuhltechniken, freies Assoziieren, Expositionsübungen, Analysen von Widerständen und Störungen in der Therapie sowie Reflexionen zur Übertragung und Gegenübertragung seien hier nur auszugsweise genannt und sind Bestandteil jeder Therapeutenausbildung.

9.5.1 Wirkfaktoren der Therapie

Die drei wichtigsten Wirkfaktoren einer Therapie werden schulenübergreifend immer wieder benannt (z. B. Tschitsaz u. Stucki 2013):

Therapiebeziehung Ein Psychotherapeut bietet eine stabile Arbeitsbeziehung unter klar kommunizierten Rahmenbedingungen an. Die professionell gestaltete Therapeut-Patient-Beziehung gemäß den Richtlinien der erlernten und praktizierten therapeutischen Heimat ist Grundlage des weiteren therapeutischen Handelns. Der Einsatz von gezielten und professionell eingesetzten Beziehungsgestaltelementen erfolgt immer dann, wenn es notwendig wird, die

Therapeut-Patient-Beziehung als eine Intervention zu nutzen, beispielsweise, um korrigierende, empathisch-fürsorgliche Beziehungserfahrungen anzubieten. Da sowohl Scham als auch Schuld einen hohen sozialen und interaktionellen Anteil in ihrer Entstehung haben, ist die bewusst gestaltete Therapeut-Patient-Beziehung notwendig. Schmerzhafte emotionale Prozesse und der hemmende Charakter beider Emotionen werden durch empathisch-fürsorgliches Verhalten moduliert und verändert.

Motivationale Aspekte des Patienten Optimalerweise bringt ein Patient bereits auf der motivationalen Ebene die Bereitschaft mit, Engagement aufzubringen und Veränderungen zuzulassen. Insbesondere bei dysfunktionaler Schuld und Scham ist von einer Vielzahl von Einflussfaktoren und gegenseitig interagierenden Prozessen auszugehen. Ambivalenzen sind Alltag in der Therapie – bedingt durch bisherige Vermeidungsziele, z. B. um weitere Beschämungen und Verletzungen zu vermeiden. Der hemmende und die Interaktion unterbrechende Charakter führt zu inneren Rückzügen und Beziehungstests. Verantwortung und Schuldzuweisungen, Berichte über alltägliche Probleme überlagern den eigentlichen emotionalen Prozess. Dennoch verbergen sich hinter all diesen Strategien der Wunsch nach Anerkennung der eigenen Person und die Veränderung von schmerzhaftem emotionalen Erleben. Meist lässt sich die Motivation daran erkennen, dass die Patienten trotz länger stagnierenden Therapieprozessen oder anhaltender Ambivalenzen, Konflikte und Beziehungstests weiterhin in die Behandlung kommen. Die Therapeut-Patient-Beziehung ist wiederum die Grundlage, all das auszuhalten. Sie bleibt auch dann bestehen und bietet die Möglichkeit, scham- und schuldbesetzte Themen einzubringen.

Therapeutische Veränderungsprozesse Das therapeutische Wirkprinzip wird durch die Vielzahl von Interventionen erreicht. Nur einige seien hier exemplarisch benannt: kognitive Umstrukturierung, Imagination, Ressourcenaktivierung, Klärungsarbeit, Achtsamkeit, Entspannungsverfahren, Reiz-Reaktions-Verhinderung, Expositionen, aktiver Einsatz von Interventionen zur Gestaltung der therapeutischen Beziehung, z. B. im Rahmen der komplementären Beziehungsgestaltung. In Bezug auf die Arbeit an dysfunktionalem Scham- und Schulderleben sind anfangs insbesondere die klärungsorientierten Elemente der vertiefenden Exploration unter angemessener emotionaler Aktivierung relevant. Emotionsvertiefende Techniken (▶ Kap. 11.5) und die Herstellung des Bezugs zu den Grundbedürfnissen (▶ Kap. 11.6) sind Teile emotionaler Veränderungsprozesse.

Eine erfolgreiche Therapie ist immer ein multifaktorielles Geschehen aus den genannten Wirkfaktoren. *Dabei gilt es für Therapeuten, mittels Aspekten des Manualbezuges, allgemeiner therapeutischer Wirkfaktoren sowie der Therapeuten- und Patientenmerkmale eine spezifische, für jeden Patienten individuell zugeschnittene Behandlung zu gestalten* (Norcross u. Lambert 2011a,b; Pfammatter u. Tschacher 2012).

9.5 Therapeut-Patient-Beziehung

Die Therapeut-Patient-Beziehung ermöglicht auch Veränderungen der Schwerpunkte zugunsten der eingebrachten Themen des Patienten. Ziele eines Patienten verändern sich, auch vor dem Hintergrund neuen Wissens und bisher gemachter korrektiver Erfahrungen. Dementsprechend liegt die Inhaltsexpertise beim Patienten. Dieser bringt all sein Wissen um sich, seine Beobachtungen, Erfahrungen, Wertungen und Ideen ein.

Zahlreiche Therapiestudien betonen den Einfluss der Therapeut-Patient-Beziehung auf den Behandlungserfolg (Lutz 2010; Norcross u. Lambert 2011a, b). Nach Schulte (1993) wird ein Therapieerfolg auf drei inhaltlichen Ebenen festgestellt:

- Symptom- und Beschwerderückgang,
- Verständnis für das eigene Störungsmodell inkl. der Klärung bezüglich der urprünglichen Störungsursache sowie aufrechterhaltender Faktoren,
- die Reduktion der Störungsfolgen.

Dieses Konzept lässt sich ebenso auf dysfunktionales Schuld- und Schamerleben übertragen. Durch eine erfolgreiche Behandlung kommt es

- zu deutlich seltenerem bzw. zu einem angemesseneren Auftreten von Scham- und Schuldemotionen beim Patienten,
- zur Herstellung des biografischen Bezugs sowie Klärung der Entstehungsursachen und Korrektur tiefsitzenden Scham- und Schulderlebens und dessen aufrechterhaltender Faktoren,
- zu einer Reduktion von den Folgen lange anhaltenden Scham- und Schulderlebens wie sozialem Rückzug und sozialen Ängsten.

Stattdessen gilt es, den Aufbau von Selbstfürsorgeverhalten und angenehmen Aktivitäten sowie der Förderung der Gestaltung zwischenmenschlicher Beziehungen zugunsten der eigenen Grundbedürfnisse etc. zu ermöglichen.

Aus Patientensicht ist der Erfolg einer Therapie auch daran zu erkennen, »inwieweit über die eigentliche Symptomatik hinausgehende Störungsfolgen, wie Aspekte des Selbstwerts, der Hilflosigkeit, der Demoralisierung und des Sinnerlebens, im Verlauf der Therapie reduziert wurden« (Michalak et al. 2003, S. 102).

Zusammenfassung

- Die Therapeut-Patient-Beziehung wird in verschiedenen Studien immer wieder als ein wesentlicher Wirkfaktor der Psychotherapie beschrieben.
- Drei wichtige Wirkfaktoren einer Therapie werden schulenübergreifend immer wieder benannt:
  - Therapiebeziehung
  - Motivationale Aspekte des Patienten
  - Therapeutische Veränderungsprozesse

- In der klassischen Therapie, in der sich Patient und Therapeut im Rahmen von Therapiesitzungen begegnen, umfasst die therapeutische Beziehung wechselseitige Gefühle sowie innere Haltungen.
- Die klientenzentrierte Psychotherapie beschreibt wichtige Basiskomponenten: Wertschätzung, bedingungslose Akzeptanz, Echtheit und Empathie als wesentliche Gestaltungselemente.
- Analytische und psychodynamische Konzepte verstehen die therapeutische Beziehung bereits als Intervention, die zumeist korrigierende Beziehungserfahrungen beim Patienten auslösen soll.
- Im klassisch-verhaltenstherapeutischen Kontext wird die therapeutische Beziehung als Voraussetzung für die Motivation (Compliance) verstanden, quasi als Grundlage, um spezifische Interventionen anwenden zu können.
- Die emotionsbezogene Therapie betont die individuelle Gestaltung der therapeutischen Beziehung zugunsten des Patienten.
- Für Therapeuten gilt es, mittels Aspekten des Manualbezuges und allgemeiner therapeutischer Wirkfaktoren sowie der Therapeuten- und Patientenmerkmale eine spezifische, für jeden Patienten individuell zugeschnittene Behandlung zu gestalten.

9.5.2 Beziehungsgestaltung

Die therapeutische Haltung als ein Element der Beziehungsgestaltung

Für jeden Behandler ist es notwendig, eine therapeutische Haltung zu entwickeln, die es Patienten ermöglicht, schmerzhaftes emotionales Erleben und die Angst davor zuzulassen. Mit dieser inneren Haltung gelingt es, die »Aufgabe des therapeutischen Multitaskings« (Ubben 2013) besser zu bewerkstelligen. Dazu gehört es, die Beziehung zum Patienten aktiv nach dessen Bedürfnissen und Motiven zu gestalten – wohlwissend, dass genau in diesem Kontext schmerzhafte Emotionen aktiviert werden. Statt dem natürlichen Impuls der Vermeidung negativen emotionalen Erlebens soll nun diesem aktiv der Weg geebnet werden. In diesem Zusammenhang gilt es oft, eigene innere Prozesse zu regulieren. Vor dem Hintergrund, dass sowohl Scham- als auch Schulderleben Zugang zur eigenen emotionalen Sensibilität und Empathie eröffnen, ist die aktive Auseinandersetzung damit lohnenswert. *Der Therapeut wird von Patienten oft als Modell wahrgenommen. Ist dessen therapeutische Haltung wohlwollend, emotional sensibel und empathisch, gelingt auch die Auseinandersetzung mit emotional schmerzhaftem Erleben.* Mit dessen Hilfe ermöglichen sich Patienten, flexiblere Lösungsstrategien, mehr Selbstwirksamkeitserleben und Selbstvertrauen sowie angemessene nachhaltige Selbstfürsorgestrategien aufzubauen.

Patienten versuchen im Vorlauf, mittels der eigenen Lösungsstrategien ihre Themen selbst zu bewältigen. Menschen, die häufig Scham oder Schuld erleben, halten diese Emotionen und auch die ursprünglichen und aktuellen Auslöser oft in sich verschlossen. Sie schützen sich auf diese Weise, um nicht erneut bewertet

9.5 Therapeut-Patient-Beziehung

oder gar verachtet zu werden. Es ist besonders wichtig, ein bestimmtes, meist kompetentes oder gar unberührbares Bild nach außen aufrechtzuerhalten.

Der therapeutische Prozess ist geprägt von Scham- und Schuldemotionen. Diese sind in Form emotionaler Selbstabwertung zu finden. Der Selbstabwertungscharakter ist ungeheuer bedeutsam. Für viele Menschen ist es erträglicher, sich selbst abzuwerten, als (antizipiert) abgewertet zu werden. Für den Therapeuten ist es elementar, Scham- und Schuldempfinden sowohl beim Patienten als auch bei sich empathisch und taktvoll anzusprechen. *Die Fähigkeit, schmerzhaft belastende Emotionen anzusprechen und bearbeitbar zu machen, gehört zu den therapeutischen Kernkompetenzen.* Diese Fähigkeit haben erfolgreiche Therapeuten – trotz möglicherweise vorhandener eigener innerer Vermeidungstendenzen.

Wesentlich für die angemessene Gestaltung der therapeutischen Beziehung ist daher das Wissen um die eigenen Stärken und Schwächen. Dies bildet die Grundlage, um eine stabile Selbstregulationskompetenz innerer Prozesse zu entwickeln und den inneren Vermeidungstendenzen entgegenzuwirken. Die Schulung des Kommunikationsvermögens erleichtert den Anpassungsprozess an die für jeden Patienten neu notwendige Beziehungsgestaltung ebenso wie das Vertrauen in die eigenen Fachkompetenzen (Ubben 2013). Zeitgleich bieten Therapeuten Schutz vor Beschämung und unterlassen hartnäckiges Insistieren. Stattdessen nutzen Therapeuten das empathisch-taktvolle Fragen auf der Grundlage emotionaler Sensibilität und Empathie.

Empathie und emotionale Sensibilität

Empathie ist das wichtigste Instrument der Beziehungsgestaltung. Studien zeigen jedoch, dass Empathie und Schamempfinden nahe beieinanderliegen (▶ Kap. 4). Das bedeutet auch: *Je mehr Empathie der Therapeut erlebt, umso empfänglicher ist er für Scham- und Schuldemotionen.* Scham und Schuld ermöglichen dabei den Zugang zur eigenen emotionalen Sensibilität. Empathie bildet das Fundament für eine erfolgreiche Therapeut-Patienten-Kommunikation und -Interaktion. Im therapeutischen Alltag lohnt es sich, das theoretische Konstrukt der Empathie als Bild nutzbar zu machen. *Ein beliebtes Konstrukt ist es, Empathie in kognitive und emotionale Empathie zu unterteilen.*

> **Praxistipp: Empathie-Waage**
>
> Das wissenschaftliche Empathie-Konstrukt lässt sich wunderbar als mentales Bild nutzbar machen.
> Stellen Sie sich eine »alte« Waage vor, mit zwei Schalen. Die eine Schale steht für die kognitive Empathie, die andere für die emotionale Empathie. Das Verhältnis beider sollte in der therapeutischen Beziehung ausgewogen sein. Die kognitive Schale enthält Elemente und Interventionen, die nötig sind, um sich in das Thema und den Patienten hineindenken zu können, etwas verstehbar zu machen. Die emotionale Schale enthält Techniken zu emotions- und erlebnisorientiertem Vorgehen.

> Taktvolles empathisches Nachfragen bedeutet, beide Schalen durch die Nutzung der jeweiligen Techniken etwa gleich zu befüllen.
>
> Neigen Therapeuten dazu, sich zu sehr hineinzufühlen, fehlt häufig die kognitiv-stabilisierende Distanz, um an den schmerzhaften Themen weiterarbeiten zu können. Die emotionale Schale der Empathie ist überladen und verhindert den aktiven Einsatz von notwendigen Interventionen.
>
> Ist die kognitive Seite der Empathie überladen, haben Therapeuten oft ein gutes Verständnis von den Rahmenbedingungen, die zu solchen Emotionen beitrugen. Hier fehlen jedoch die Techniken, um mit dem Patienten an den Emotionen arbeiten zu können. Verstanden bedeutet keinesfalls Begreifen und Erfahren. Emotionale Empathie macht Emotionen spür-, begreif- und erfahrbar. Der Therapeut sollte Einfühlung, Sicherheit und Geborgenheit vermitteln.

Die Grundlage zur effektiven Gestaltung der Therapie ist im Wesentlichen die mentale Repräsentation der emotionalen Lage des Patienten. Menschen mit einem hohen Schamempfinden versuchen, »alles richtig zu machen«. Das gilt natürlich auch für Psychotherapeuten. Alles »richtig« machen kann ein Therapeut, wenn er sich warmherzig, fürsorglich, begrenzend, schützend und empathisch, auch eigene Emotionen ansprechend verhält. Dabei hilft die verinnerlichte Erkenntnis, dass der Weg über Scham und Schuld auch Annäherungsziele wie emotionale Sensibilität und Empathie zugänglich macht.

Konfrontationen mit Defiziten und Unzulänglichkeiten als anfängliche Techniken sollte man vermeiden. Dazu gehören z. B. Expositionen, Hausaufgaben und vorzeitige Rollenspiele, die emotionale Schemata von Scham- und Schulderleben aktivieren. Hier können die eigene (angemessene) Angst, den Patienten zu beschämen, sowie gutes Scham- und Schuldempfinden unterstützende Ratgeber sein. Gerade am Anfang einer Behandlung gilt es, Misserfolge zu verhindern, um Patienten nicht unnötig zu beschämen. *Die therapeutische Beziehung soll so gestaltet werden, dass der Zugang zu den tief verinnerlichten Emotionen möglich ist.* Dazu gehört es,

- Grenzen, Bedürfnisse und Blockaden insbesondere bei Schamthemen zu akzeptieren,
- das Wissen aus der Biografie des Patienten aktiv zu nutzen,
- durch Transparenz und eindeutig kommunizierte Rahmenbedingungen Angst vor der therapeutischen Beziehungen zu lindern,
- den Aufbau einer tragfähigen Beziehung zu fördern,
- das Wissen darum bewusst zu halten, dass sich manche Patienten ihrer eigenen Bedürfnisse schämen oder mit unangemessener Schuld darauf reagieren,
- den Bedürfnissen der Patienten wohlwollend gegenüberzustehen, statt diese zu früh zu verbalisieren.

9.5 Therapeut-Patient-Beziehung

Validierende und akzeptierende Vorgehensweise des Therapeuten

Dysfunktionales Scham- und Schulderleben führt immer wieder zu Störungen und Irritationen in der therapeutischen Beziehung. Wie im Alltag scheint der Kontakt abzubrechen, Patienten ziehen sich in sich zurück. Ähnliches passiert manchmal auch, wenn Therapeuten sich an eigene Schuld- und Schamthemen erinnern. Ein Rückzug aufgrund überflutenden Schuld- und Schamerlebens kann zu Dissoziationen führen. Wichtig ist es, wahrzunehmen, wann eine Pause das Maß des angemessenen Innehaltens überschreitet. Kontakt- und Gesprächsangebote helfen, den inneren Rückzug zu beenden. Überflutendes Scham- und Schulderleben ist selbst in der präverbalen Form erst einmal als Ausdruck eines unbeantworteten oder frustrierten Grundbedürfnisses zu verstehen. Der überflutende Charakter signalisiert fehlende Emotionsregulationsstrategien im Umgang mit den maladaptiven Emotionen. Kontaktangebote zugunsten des Grundbedürfnisses ermöglichen korrigierende Erfahrungen. Das Gespräch bei dem problematischen Thema zu belassen signalisiert Patienten, dass es durchaus normal ist, dass solche Pausen entstehen.

Therapeuten unterscheiden zwischen adaptivem und maladaptivem emotionalen Erleben

Zur aktiven Beziehungsgestaltung gehört es, zwischen adaptivem und maladaptivem Erleben bei Patienten zu unterscheiden. Adaptive Schamgefühle wie z. B. angemessene körperbezogene Scham oder reale Alltagsschuld und typische Scham- und Schuldkognitionen (in Bezug auf das moralische Ideal-Selbst, die Zugehörigkeit und das Kompetenz-Selbst) sind situativ und besitzen durchaus einen funktionalen Wirkmechanismus. Dieser ist oft darin erkennbar, dass Menschen nach Gründen und Erklärungen für ihr Verhalten in der Situation suchen. Ist die Emotion adaptiv, gilt es, Patienten zu ermutigen, einen angemessenen Umgang damit zu finden. So lädt Schuld dazu ein, z. B. aktiv um Entschuldigung zu bitten und/oder nach Wiedergutmachungsmöglichkeiten zu suchen. Adaptive Scham motiviert uns, uns als Person weiterzuentwickeln.

Blickkontakt ist wichtig – insbesondere bei Emotionen mit hohen sozialen Anteilen

Im analytischen Kontext wird bei der Entstehung von Scham und Schuld dem Blick eine große Bedeutung zugeordnet. Dabei wird insbesondere dem biografisch frühen Blickkontakt zwischen Mutter und Kind, später auch zwischen Vater und Kind, als Erfahrung des Verstehens und Verstandenwerdens zentrale Bedeutung zugemessen. Das Auge erscheint als »Projektionsorgan«, das eben mehr als nur Sinneseindrücke aufnimmt. Therapeutisch angebotener Blickkontakt schließt die Erfahrung des Angeschaut- und Gesehenwerdens ein. *Um korrigierende Erfahrungen zu ermöglichen, bietet es sich an, warmherzige, auf den*

Patienten gerichtete Blicke anzubieten. Ein respektierender Blick in Bezug auf die Bedürfnisse und Motive des Patienten vermittelt Verstehen und Akzeptanz.

Der Vorschlag, Blickkontakt gezielt einzusetzen, steht im Widerspruch zu den Richtlinien des analytischen Therapieansatzes. Blickkontakt beeinflusst Idealisierungsprozesse:

> »Der Blick kann dann zu einem emotional bedeutsamen Kontakt mit dem Objekt führen, wie wenn man jemandem direkt in die Augen schaut; dieser Kontakt stört Idealisierungsprozesse und lenkt die Aufmerksamkeit auf die Mängel des Objektes. Er kann den Patienten auch in Kontakt mit den guten Eigenschaften des Objektes bringen, die den Neid des Patienten erregen, und wenn er schließlich zum Erkennen von guten Eigenschaften im Patienten führt, dann kann er Furcht vor dem Neid anderer hervorrufen.« (Steiner 2011, S. 145 f.)

Aus therapeutischer Sicht ist Blickkontakt als emotionsaktivierende Ressource jedoch erwünscht, denn die Arbeit an schmerzhaftem emotionalen Erleben (mit sozialem Charakter) ist nur unter der Voraussetzung einer Emotionsaktivierung möglich (▸ Kap. 11.1).

Das Angebot von Blickkontakt als respektierender und wertschätzender Ausdruck ist elementar, um eine korrigierende Erfahrung in Momenten intensiver Scham und Schuld zu ermöglichen. Patienten, denen das unangenehm ist, schließen meist selbstständig die Augen oder meiden Blickkontakt. Natürlich kann der Therapeut dem Patienten anbieten, die Augen zu schließen. Eine vorher getroffene Vereinbarung darüber, auf welche Art und Weise angemessen Kontakt gehalten werden kann, um z. B. Dissoziationen zu verhindern, gehört dazu. Dringlichst zu vermeiden sind herabschauende oder heraufschauende Blicke. Diese aktivieren bei Patienten die Angst, »durchschaut« oder »überhöht« zu werden in all der empfundenen Unzulänglichkeit. Das therapeutische Augenmerk liegt dann auf dem Gesagten, darauf, wie es, auf welche Art es gesagt wird. Es wirkt dem Eindruck des »Hellsehens« und »Durchschauens« entgegen. Blicke und Blickkontakte bzw. das Sich-einlassen-Können auf Blickkontakte ist weiterhin als Fortschritt bei Patienten zu werten.

Therapeutische Arbeit an Scham- und Schulderleben aktiviert oft andere intensive Emotionen

Einen weiteren Schwerpunkt bei der Beziehungsgestaltung an der Arbeit von maladaptiver Schuld und Scham stellen überflutende andere Emotionen dar. Korrigierende Erfahrungen machen Emotionen zugänglich (▸ Kap. 9.4). Neue Erfahrungen durch eine bewusste Beziehungsgestaltung zugunsten der Motive und Bedürfnisse des Patienten aktivieren z. B. Trauer über nicht Erlebtes/Erfahrenes oder die Sehnsucht nach Zuwendung als Ausdruck von Bindungsbedürfnissen. Genauso können Enttäuschung, Scham oder Neid zugänglich werden, bzw. neu auftreten. Hier wird der Therapeut gebraucht, um Emotionsregulationsstrategi-

9.5 Therapeut-Patient-Beziehung

en zu fördern. *Das »zusammen tragen und aushalten« von schmerzhaft intensiven Emotionen des Patienten hat heilsame Effekte.*

> **Praxistipp**
>
> **»Containing« bildhaft verstanden**
>
> Der Container-Contained-Begriff nach Bion (1962) ist aus Melanie Kleins Formulierung der projektiven Identifizierung hervorgegangen (Härtel u. Knellessen 2012). Das bedingungslose »Aufnehmen« und »Verwandeln« schmerzlicher Erfahrungen, Emotionen und des Beziehungsangebotes des Patienten ist eine wesentliche therapeutische Kompetenz. Sinngemäß bedeutet es, den Patienten mit guten wie auch destruktiven Regungen und Impulsen anzunehmen, mit ihm schmerzhafte und für ihn zu intensive Emotionen zu tragen. Die Spiegelung der emotionalen Prozesse durch den Therapeuten ist vergleichbar mit dem Prinzip des »emotionalen Lernens«, wie es in der Mutter-Kind-Interaktion geschieht (Till 2009). Dieser Begriff lässt sich wunderbar verbildlichen: Metaphorisch betrachtet verhält sich der Therapeut als eine Art (leerer) Container. In diesem therapeutischen Container werden z. B. die intensiven Emotionen aufgenommen. Dort sind sie erst einmal sicher aufbewahrt, und der Patient ist geschützt. (Diese Idee erinnert auch an die Tresorübung von L. Reddemann.) Es wird der Teil an den Patienten zurückgegeben, der durch den Patienten selbst bearbeitet werden kann. Das Zurückgeben geschieht über die Versprachlichung, das geäußerte Verständnis, das Mitfühlen, das Akzeptieren und Validieren.
> Ein zu großer innerer Container, in dem sich die intensive Emotion »verliert«, ist wenig hilfreich. Der zu große Container ist z. B. Ausdruck von zu viel emotionaler Empathie. Die Be- und Verarbeitung der Emotionen ist weder für den Therapeuten noch den Patient möglich. Ein zu großer Container kann auch Ausdruck einer Emotionsregulationsstörung sein. Emotionen sind dann unterreguliert – zu wenig bearbeitet.
> Ein kleiner Container gleicht entsprechend einem Übermaß an kognitiver Empathie und ist damit Ausdruck von einer Neigung, Emotionen überzuregulieren. Kleine Container können dann keine intensiven, überflutenden Emotionen aufnehmen. Patienten bleiben trotz des therapeutischen Verständnisses mit ihren Emotionen ohne Unterstützung.
> Je nach Intensität der Emotion sind entsprechend große Container nötig, die der Therapeut bereithält und für den Patienten öffnet. »Denn wenn unsere unbewusste innere Welt das Sensorium und der Container für die unbewussten Beziehungsangebote der Patienten ist, sollten wir auf alle Angebote auch reagieren können.« (Krause 2013, S. 103)

Maladaptive Scham und Schuld sind eng verbunden mit dem Circulus vitiosus, der inneren Konflikten zugrunde liegt. Konflikte resultieren aus den verinnerlichten Werten und Normen oder dem Widerspruch zwischen Ideal- und Real-Selbst. Durch eine durch den Therapeuten gestaltete Beziehung wird der Rahmen geschaffen, um die inneren Konflikte nach außen zu tragen. Die therapeutische Grundhaltung stellt ein Gleichgewicht zwischen notwendiger Zurückhaltung und dem Einsatz von Interventionen dar. Entsprechend ist bei maladaptiver Schuld und Scham sowohl Toleranz als auch Geduld vonnöten. Eine dialektische Betrachtungsweise berücksichtigt die zwei Polaritäten der inneren und äußeren Realität. Dabei hilft die sprachliche Arbeit mit der Formulierung »sowohl als auch«. In der Wirklichkeit gilt es, Bewertungen und Verurteilungen durch wertfreies Wahrnehmen und Akzeptieren zu ersetzen. *Akzeptierendes therapeutisches Verhalten ist durch klare Regeln, das die Perspektive des Patienten berücksichtigt, gekennzeichnet. Dazu gehört auch der Verzicht auf Abwertungen und Bestrafungen. Stattdessen gilt es, Erfolge wahrzunehmen sowie zu erinnernde Reflexionen anzuregen.*

Eine Besonderheit für die Beziehungsgestaltung stellt die Angst vor Abhängigkeit vom Therapeuten oder der Therapie dar. Diese prägt gerade unsicher gebundene Patienten. Die Aussicht auf eine langjährige Therapie oder die Befürchtung, sich ohne den Therapeuten im eigenen Alltag kaum noch zurechtzufinden, verursacht auch »Abhängigkeitsscham« (▶ Kap. 6.1.3). *Klare Strukturen und Transparenz im therapeutischen Vorgehen und eindeutige Rahmenbedingungen gemäß den Richtlinien des praktizierten Therapieansatzes wirken einer Abhängigkeitsscham entgegen.*

Zusammenfassung

- Für jeden Behandler ist es notwendig, eine therapeutische Haltung zu entwickeln, die es Patienten ermöglicht, schmerzhaftes emotionales Erleben und die Angst davor zuzulassen.
- Die therapeutische Beziehung soll so gestaltet werden, dass der Zugang zu den tief verinnerlichten Emotionen möglich ist.
- Therapeuten und deren Haltung werden von Patienten oft als Modell im Umgang mit belastenden Erfahrungen und schmerzhaften Emotionen wahrgenommen.
- Ein warmherzig wohlwollender Blickkontakt des Therapeuten kann bereits eine korrigierend Erfahrung sein.
- Die Fähigkeit, schmerzhafte und belastende Emotionen anzusprechen und dadurch bearbeitbar zu machen, gehört zu den therapeutischen Kernkompetenzen.
- Je mehr Empathie der Therapeut hat, umso empfänglicher ist er für Scham- und Schuldemotionen.
- Das Konstrukt der Fähigkeit zur Empathie lässt sich unterscheiden in kognitive und emotionale Empathie.
- Zur aktiven Beziehungsgestaltung gehört es ebenso, zwischen adaptivem und maladaptivem Erleben bei Patienten zu unterscheiden.
- Das »Zusammentragen und Aushalten« von schmerzhaft-intensiven Emotionen des Patienten hat heilsame Effekte.
- Akzeptierendes therapeutisches Verhalten ist durch klare Regeln, die die Perspektive des Patienten berücksichtigen, den Verzicht auf Abwertungen und Bestrafungen, die Wahrnehmung von Erfolgen sowie von einer Anregung zu erinnernder Reflexionen gekennzeichnet.
- Klare Strukturen, Transparenz im therapeutischen Vorgehen, eindeutige Rahmenbedingungen gemäß der Richtlinien des praktizierten Therapieansatzes wirken einer Abhängigkeitsscham entgegen.

9.5.3 Schuld und Scham bei Therapeuten

Das Studium und die lange Ausbildung zum Psychotherapeuten führen dazu, dass auch die therapeutisch arbeitenden Kollegen bereits eine Menge Lebenserfahrung haben. Sie sind also keineswegs geschichtslos, sondern durch vielzählige Erfahrungen und Erlebnisse geprägt. Das Studium und die Ausbildung halten zur Reflexion der eigenen Biografie an. Oft genug sind es psychisch auffällige, gar erkrankte Eltern oder nahe Verwandte, die den eigenen Weg als Therapeut bahnen. *Selbsterfahrung ist daher ein wichtiger Bestandteil der Psychotherapie-Ausbildung. Tief verinnerlichtes Scham- und Schulderleben verhindert oft die Selbstreflexion. Maladaptive Schuld und Scham der Patienten werden meist deshalb als überflutend wahrgenommen, weil Therapeuten selbst Strategien fehlen für den Umgang mit eigener Scham und Schuld.* Intensive Schuld- und Schamemotionen haben einen ansteckenden Charakter und aktivieren eigene Schuld- und Schamerinnerungen. Angeleitete Reflexion und die Auseinandersetzung mit der eigenen Geschichte sowie der Umgang mit emotionalem Erleben sollten gefördert werden, damit innerhalb der Therapien den Patienten professionelles Verhalten entgegengebracht werden kann.

> Frau G., eine Medizinerin in Facharztausbildung zur Psychiaterin, bespricht in der Einzelselbsterfahrung wichtige Stationen ihrer eigenen Biografie. Dabei erlebt sie immer wieder ausgeprägte Scham und Schuld. Besonders als Frau G. über ihren ersten Mann, mit dem sie zwei Kinder hat, spricht. Beide haben sich während des Studiums kennengelernt. Schnell sei der Wunsch nach Kindern entstanden. Dem ersten Sohn folgte der zweite Sohn. Ihr erster Mann entwickelte sich in dieser Zeit aus der Sicht der Kollegin recht »seltsam«. Er brach das Studium ab und versuchte mit »ominösen Geschäftsideen«, den Lebensunterhalt zu bestreiten. Frau G. hatte jedoch damit zu tun, sich um die Kinder zu kümmern und ihr Studium sowie den Nebenjob zu schaffen. Heute, zehn Jahre später, nachdem sie nun Psychiaterin wird, kann Frau G. die »seltsame« Entwicklung besser einordnen. Das Fachwissen führt jedoch auch dazu, dass sie sich selbst beschuldigt, die psychotische Erkrankung des Mannes nicht rechtzeitig erkannt zu haben. Der Scham darüber, dem Mann nicht zur Seite gestanden zu haben, steht auch die Scham gegenüber, ihren Kindern »so einen Vater ausgesucht« zu haben. Die Sorge um eine genetische Belastung beider Söhne ist sehr groß.
> Dankbarkeit habe Frau G. ihrem neuen Partner gegenüber. Es sei nun endlich eine Familie entstanden. Gemeinsam hätten sie ein Haus gekauft, in dem sich auch die zwei Söhne wohlfühlen. Frau G. engagiert sich mit dem neuen Partner auch noch beim Technischen Hilfswerk. Obwohl sie bereits durch die Facharztausbildung und den beruflichen Alltag sehr ausgelastet sei, sei ihr die ehrenamtliche Tätigkeit sehr wichtig. In der örtlichen Struktur, in der Frau G. ihre Kindheit verbracht habe, sei Hilfe untereinander ein wichtiger Wert gewesen.
> Schwierigkeiten würden Frau G. besonders die Angehörigengespräche bereiten. Es falle ihr schwer, sich den Fragen zu stellen, Aussichten zu geben und Rat zu erteilen. Frau G. habe sich daher zunehmend auf Erstuntersuchungen und die Verschreibung von Medikamenten zurückgezogen.

Jeder therapeutisch arbeitende Kollege weiß, wie schwer es manchmal ist, mit den eigenen Themen gut umzugehen. Oft genug ist das eigene Leben in größter Unordnung, vielleicht ist die Stelle in der Klinik, das Team oder der Vorgesetzte unbefriedigend. Oder die eigene Beziehung erfüllt nicht die Wünsche und Erwartungen, Konflikte belasten. Es ist schwer, sich gegenüber der Herkunftsfamilie abzugrenzen, Klärungen zurückzustellen oder Freunde nicht zu vernachlässigen, was ja bereits über die lange Ausbildungszeit hinweg geschehen war. Neue Kontakte und Freundschaften entwickeln sich nicht ausreichend, der neue Job bringt einen Stadtwechsel mit sich, und es gilt, an einem neuen Standort neu zu beginnen. Kurzum, das Leben des Therapeuten ist genau wie das Leben der anderen. Aber all das soll in die Behandlungen nicht einfließen – und wenn, dann gezielt als therapeutisch eingesetzte Intervention im Sinne der gezielten Selbstoffenbarung.

Aus der Sicht der Therapeuten ist bereits jedes Erstgespräch eine Herausforderung, der es sich zu stellen gilt. Meist wissen Therapeuten kaum etwas vom Gegenüber, sollen intuitiv die Beziehung zu potenziellen Patienten günstig gestalten, wichtige Informationen erfragen und überprüfen, ob ausreichende Kompetenzen zu den mitgebrachten Themen vorliegen. Das »therapeutische Multitasking« (Ubben 2013) wird meist um eigene Themen bereichert, die durch den Patienten oder dessen Anliegen emotional aktiviert werden und die es im Verlauf zu regulieren gilt (▶ Kap. 9.3). Im therapeutischen Alltag bedeutet dies den Wechsel von Absichten zwischen strategischen Entscheidungen bezüglich des gesamten Therapieablaufes, Realisationsentscheidungen für einzelne Schritte (Schulte u. Meyer 2002) und häufiger Selbstreflexion.

Therapeut und Patient bringen also eigene Erlebnisse und Erfahrungen in den therapeutischen Kontext ein. Beide haben Grundbedürfnisse, die befriedigt oder frustriert worden sind und noch werden. Die Selbstverständlichkeit, mit der Therapeuten in der Ausbildung akzeptieren, dass sie genauso oft mit dem Patienten lernen und ihre Kompetenzlücken während der Therapien schließen, geht im therapeutischen Alltag meist leider verloren. Durch die Schilderung des Patienten wird man an eigene (verdrängte) Themen erinnert. Die Arbeit an den Themen des Patienten, die Fragen, die Behandler Patienten stellen, haben oft auch einen Nachhall im eigenen Leben. Lebensgeschichten regen uns an, auch über unser derzeitiges Leben nachzudenken, uns dieselben Fragen zu stellen. Häufig möchten auch Therapeuten unangenehme Emotionen oder Beziehungserfahrungen vermeiden. Deshalb erleben sie sich bestimmten Patienten gegenüber nicht gewachsen oder gar unzulänglich.

»Die Wiederholung der Traumata in abgeschwächter Form erwecken oft ähnlich tiefe Gefühle« (Wurmser 2011, S. 15) – sowohl beim Patienten als auch beim Therapeuten. Die Erinnerung an frühere Traumata durch die Geschichte des Patienten führt durchaus zu unterschiedlichen therapeutischen Reaktionen. *Therapeuten sind keineswegs unvoreingenommen oder gar eine leere Projektionsfläche. Psychotherapeuten erleben sogar häufiger Schuld als andere Berufsgruppen.* Die hohe Verantwortung, große ethische und moralische Erwartungen an

9.5 Therapeut-Patient-Beziehung

Therapeuten, Kompetenzlücken, ungünstige Therapieverläufe, Suizidversuche, geglückte Suizide, Symptomverschiebungen, Trennungen als Nebenwirkungen von therapeutischen Behandlungen, Wissen um die eigenen Defizite etc. – all diese Faktoren begünstigen Schulderleben bei professionellen Helfern. Behandler kennen die Angst vor starken Scham- und Schuldgefühlen. Schamerleben ist ansteckend und generalisierend. Die Verbalisation von Schuld- und Schamerinnerungen durch den Patienten aktiviert auch eigene emotionale Erinnerungen. Daher sollten Therapeuten einen guten Umgang mit eigenem, verinnerlichtem Schuld- und Schamerleben haben. Das Fehlen der Möglichkeit des Blickkontaktes zwischen Patient und Therapeut kann auch der Vermeidung der eigenen schmerzlichen und ansteckenden Emotionen dienen.

Geschlechtsspezifische Besonderheiten in Bezug auf Scham und Schuld sind natürlich auch in unserer Berufsgruppe zu finden. Weibliche Therapeuten sind schneller empathisch und einfühlender. Dadurch erleben sie aber auch Scham und Schuld. *Therapeutinnen haben mehr Schuldempfinden als die männlichen Kollegen. Schamempfinden ist jedoch bei Männern und Frauen in der Berufsgruppe gleich verteilt* (Junker 2011). Das ergab eine kleine quantitative Studie von 374 psychotherapeutisch tätigen Personen im deutschsprachigen Raum. Männer ergreifen den Beruf häufig, weil sie mehr Scham erleben, aber auch (dadurch) empathischer sind.

Psychoanalytiker, Tiefenpsychologen und systemische Therapeuten neigen insgesamt weniger zu Schuldgefühlen – bei gleicher Schamneigung. Es stellt sich die Frage, ob dies als Gegenübertragung oder Abwehr zu verstehen ist. Psychoanalytiker und Tiefenpsychologen sind im Vergleich zu Verhaltenstherapeuten weniger aktiv in den Interventionen. Weniger Aktivität bedeutet unter Umständen auch weniger Verantwortung. Damit ist aber die adaptive Funktion von Scham und Schuld ebenso weniger für den therapeutischen Prozess verfügbar. Vielleicht machen Analytiker oder Tiefenpsychologen dadurch aber auch weniger Fehler und müssen sich deshalb nicht schuldig fühlen. Die Diskussion darüber, ob Schuld und Scham als Gegenübertragung wahrgenommen wird, dient einerseits der inneren Distanz. Andererseits lässt sich aber auch argumentieren, dass es sich um Abwehr seitens des Therapeuten handeln kann.

Zugang zu Emotionen zu haben bedeutet auch, sich lebendig zu fühlen und die Emotionen des Gegenübers deutlicher zu spüren. Damit sind sowohl adaptive als auch maladaptive Emotionen des Patienten für dessen Behandlung verfügbar. Interventionen aus dem verhaltenstherapeutischen Ansatz können falsch sein. Die Aktivität und der Einsatz gezielter Interventionen können bedeuten, dass Therapeuten auch falsch intervenieren oder interagieren. Gesprächspsychotherapeuten sind um eine wertschätzende, empathische, bedingungslose und kongruente Haltung bemüht. Aber auch hier stellt sich die Frage: Ist das so immer möglich? Oder hat man sich schon Scham und Schuld ausgesetzt, wenn diese Haltung nicht haltbar ist oder notwendige Interventionen vorenthalten werden?

Systemiker bevorzugen als therapeutische Haltung eher Neutralität und arbeiten mit Wissen. Damit vermeiden die Kollegen, dass die eigene Meinung in die

Behandlung einfließt. Dies ist durchaus eine nützliche und strategische Haltung. Fehler und Nicht-Veränderungen nehmen systemisch arbeitende Therapeuten daher nicht persönlich. Argumentieren kann man über das »Nicht-Kennen« von Einflussfaktoren, die bisher so nicht erkennbar waren. Durch diese Strategie sind Therapeuten auch vor Schulderleben geschützt. *Je nach therapeutischer Heimat entstehen auch innerhalb der Berufstätigkeit neue Quellen für Schuld- und Schamerleben.*

Ein weiterer wichtiger Punkt ist das vielleicht notwendige Abweisen von Patienten (► Kap. 9.1). Häufig werden aus der eigenen Wahrnehmung, für eben diesen Patienten oder die notwendige Behandlung in den eigenen Kompetenzen oder mit der therapeutischen Methode nicht ausreichend zu sein, falsche Schlüsse gezogen. Allein diese Feststellung verursacht in Therapeuten Scham oder Schuld. Zum einen ist das Bekennen zu der eigenen Kompetenzlücke und zwischenmenschlichen Grenzen eine Schwierigkeit. Zum anderen ist es nicht gerade einfach, einen Patienten zu einem Kollegen zu schicken, denn häufig weiß man, dass sich der Name des Patienten am Ende einer langen Warteliste befinden wird. Jeder Behandler kennt Patienten, die abgewiesen werden/wurden und sich deshalb manchmal selbst für einen Therapeuten als nicht ausreichend erleben. Dennoch wird es immer wieder passieren, dass Patienten an einen anderen Therapeuten überwiesen werden müssen.

Zusammenfassung

- Therapeut und Patient bringen eigene Erlebnisse und Erfahrungen in den therapeutischen Kontext ein. Beide haben Grundbedürfnisse, die befriedigt oder frustriert worden sind und noch werden.
- Selbsterfahrung ist ein sinnvoller und wichtiger Bestandteil der Psychotherapie-Ausbildung.
- Maladaptive Schuld und Scham der Patienten werden meist deshalb als überflutend wahrgenommen, weil Therapeuten im Umgang mit eigenem Scham- und Schulderleben selbst Strategien fehlen.
- Tief verinnerlichtes Scham- und Schulderleben, das nicht bearbeitet wird, verhindert die Selbstreflexion.
- Psychotherapeuten erleben häufiger Schuld als andere Berufsgruppen.
- Psychoanalytiker, Tiefenpsychologen und systemische Therapeuten neigen insgesamt weniger zu Schuldgefühlen als Verhaltenstherapeuten – bei gleicher Schamneigung.
- Je nach therapeutischer Heimat entstehen auch innerhalb der Berufstätigkeit neue Quellen für Schuld- und Schamerleben.

9.6 Fragen für Therapeuten zur Verdeutlichung eigener potenzieller Schuld- und Schamthemen

9.6.1 Ausblick

Wie bereits dargestellt, ist es auch für Behandler wichtig und notwendig, sich mit den eigenen Voraussetzungen in Bezug auf Scham und Schuld auseinanderzusetzen. »Nicht nur du besitzt ein inneres Land, wie ich lange geglaubt habe. Jetzt weiß ich, dass jeder von uns eine vielfältige und einzigartige Landschaft in sich trägt, mit geheimen Orten, so wie man sie in einem jeden Land findet.« (Barbal 2008, S. 352) Dabei ist es hilfreich, zwischen dem grundsätzlichen individuellen Empfinden von Scham und Schuld, dem aktuellen Erleben der Emotionen und dem persönlichen Scham- und Schuldbewusstsein zu unterscheiden. Ebenso ist die Reflexion darüber notwendig, ob Therapeuten eher eine Schuld- oder Schamneigung haben. Die Auswahl an möglichen Fragen der folgenden Kapitel soll bei der Auseinandersetzung damit helfen.

Ein hohes Scham- und Schuldbewusstsein führt zu einer selektiven Aufmerksamkeit auf kognitiver Ebene zugunsten der Emotionen. Oft kommt es zu entsprechendem Vermeidungsverhalten, als Schutz vor diesen Emotionen. So können plötzlich der Bezug auf Regeln, Werte und Normen im Vordergrund einer Behandlung stehen. Unpünktliche Patienten oder vergessene Termine können die Behandler emotional über die Maßen aktivieren. Einher geht zumeist aber eine Angst davor, auch andere zu beschämen oder Schuld auszulösen. So werden Unpünktlichkeit, vergessene Termine oder Hausaufgaben in der Folge mit den Patienten nicht angemessen thematisiert. In Bezug auf den therapeutischen Alltag bedeutet dies z. B., dass auch andere Tabuthemen nicht angesprochen werden, dass das mitfühlende Spiegeln und Validieren der Emotionen ausbleibt, dass z. B. in der Anamnese Lebensbereiche ausgelassen, Konflikte vermieden werden. Auswirkungen lassen sich aber auch darin finden, dass diese Therapeuten zu intensiv das eigene therapeutische Verhalten reflektieren, sie wenig spontan auf aktuelles emotionales Erleben der Patienten reagieren oder sich zu sehr an Manualtherapien orientieren – um zu verhindern, dass Schuld und Scham entstehen. Diese Therapeuten werden meist als recht kognitiv arbeitend wahrgenommen. Die therapeutische Beziehung ist entweder weniger emotional oder wiederum zu sehr emotional auf Schuld- und Schamvermeidung ausgerichtet.

Die Emotionsreaktion in Bezug auf Scham- und Schulderleben kann natürlich auch individuell sein. Intensives überflutendes Erleben von Scham und Schuld, insbesondere aufgrund eigener frühkindlicher Erfahrungen, führt häufig zur Ausprägung von Bewältigungsschemata (Ertragen, Bekämpfen, Vermeiden) mit resultierenden sekundären Emotionen (► Kap. 10.5). So stehen vielleicht Hilflosigkeit/Ohnmacht, Ärger, Gereiztheit, Kränkung oder Perfektionismus,

Empörung und ein hoher Selbststolz im Rahmen der Therapeutenrolle im Vordergrund. Dies kann sich in der Therapeutenhaltung als Schutzmechanismus vor überflutendem emotionalen Erleben manifestieren oder auch als emotionales Erleben, wenn eigene schmerzhafte Themen aktiviert werden. Natürlich haben auch allgemeine Emotionsregulationsfähigkeiten Einfluss. Aktuell angemessene emotionale Reaktionen werden dementsprechend ausgeprägt sein und sich auf das therapeutische Miteinander auswirken. Gute Emotionsregulationsfähigkeiten ermöglichen es auch, Empathie gegenüber den Emotionen der Patienten bzw. überhaupt anderer zu zeigen. Empathie unterstützt dabei, sowohl eigene Emotionen als auch die des Patienten wahrzunehmen, zu regulieren und darüber nachzudenken.

Schuld- und Schamempfinden bei Therapeuten kann eine gute Ressource für die therapeutische Arbeit darstellen. Ein zu hohes Scham- und Schuldempfinden aktiviert meist die unrealistische Angst, den Patienten zu belasten. Es gibt Hinweise darauf, dass biografisch unbearbeitete Erfahrungen von Scham und Schuld Therapeuten belasten. Sie sind oft schnell emotional »verletzbar«, reagieren gekränkt und ziehen sich gern auf kognitive Betrachtungen und Wertungen, Normen und Regeln zurück. Scham- und Schuldempfinden stellt jedoch die Grundlage für emotionale Sensibilität und Empathiefähigkeit dar. Das emotionale Erleben der Patienten wird im therapeutischen Kontakt spürbar. *Diese emotionale Sensibilität gezielt eingesetzt, ermöglicht ein taktvolles Vorgehen im Umgang mit schmerzhaftem emotionalen Erleben des Gegenübers.* So kann ein Therapeut reflektieren, wann eine Konfrontation mit Scham und Schuld sinnvoll, wann eine gezielte Selbstoffenbarung hilfreich ist und wann Pausen notwendig sind, um Patienten die Möglichkeit zu geben, das Erleben zu verbalisieren. Scham- und Schuldempfinden ermöglicht auch das Mitfühlen und Tragen von schmerzhaften Emotionen. *Die therapeutische Arbeit an maladaptivem Scham- und Schulderleben kann nur über ein angemessenes Schuld- und Schamempfinden des Therapeuten stattfinden.*

Ziel der Auseinandersetzung mit dem eigenen Scham- und Schulderleben – anhand der Fragen in den folgenden Unterkapiteln – soll es sein, das Empfinden von Scham und Schuld, das Bewusstsein darum sowie die emotionale Reaktion miteinander in Einklang zu bringen. Die Auseinandersetzung mit den eigenen scham- und schuldinduzierenden Themen – auch in der Biografie – ist dafür oft notwendig. Auf diese Weise können innere Prozesse besser reguliert, emotionale Verletzungsreaktionen gemildert, Empörung und Kränkung reduziert werden. Die emotionale Sensibilität als Ressource beider sozialer Emotionen macht Empathie zugänglich, hilft, die schmerzhaften Emotionen der Patienten angemessen zu verbalisieren und so der Bearbeitung zugänglich zu machen.

9.6 Fragen für Therapeuten

> **Zusammenfassung**
>
> - Ein hohes Scham- und Schuldbewusstsein führt zu einer selektiven Aufmerksamkeit auf kognitiver Ebene zugunsten der Emotionen. Oft kommt es zu entsprechendem Vermeidungsverhalten, zum Schutz vor diesen Emotionen.
> - Schuld- und Schamempfinden bei Therapeuten kann eine gute Ressource für die therapeutische Arbeit sein.
> - Emotionale Sensibilität gezielt eingesetzt, ermöglicht ein taktvolles Vorgehen im Umgang mit schmerzhaftem emotionalen Erleben.
> - Gute Emotionsregulationsfähigkeiten der Therapeuten ermöglichen es, auch Empathie gegenüber den Emotionen der Patienten und überhaupt anderer zu zeigen.
> - Die therapeutische Arbeit an maladaptivem Scham- und Schulderleben kann nur über ein angemessenes Schuld- und Schamempfinden des Therapeuten stattfinden.

9.6.2 Fragen zum Thema Schuld

Selbsteinschätzungsfragen

1) Bitte schätzen Sie auf einer Skala von 0–10 Ihre eigene Sensibilität in Bezug auf das eigene Schulderleben ein. Dabei stellt »0« den niedrigsten Wert – also gar nicht sensibel – und »10« den höchsten Wert – sehr sensibel – dar. Machen Sie ein Kreuz auf dem Pfeil.
0 ———————————→ 10

2) Bitte denken Sie an eine Ihnen nahestehende Person aus Ihrem Umfeld. Schätzen Sie nun auf einer Skala von 0–10 Ihre eigene Sensibilität in Bezug auf die Wahrnehmung von deren Schulderleben ein. Dabei stellt »0« den niedrigsten Wert – also gar nicht sensibel – und »10« den höchsten Wert – sehr sensibel – dar. Machen Sie wieder ein Kreuz auf dem Pfeil.
0 ———————————→ 10

3) Bitte denken Sie an einen Ihrer Patienten/Klienten, der sie emotional aktiviert. Schätzen Sie nun auf einer Skala von 0–10 Ihre eigene Sensibilität in Bezug auf die Wahrnehmung von dessen Schulderleben ein. Dabei stellt »0« den niedrigsten Wert – also gar nicht sensibel – und »10« den höchsten Wert – sehr sensibel – dar. Machen Sie wieder ein Kreuz auf dem Pfeil.
0 ———————————→ 10

4) Gibt es Unterschiede?   Ja/Nein

5) Wenn es Unterschiede gibt, welche drei Gründe fallen Ihnen spontan dazu ein? Notieren Sie sich diese bitte.

- --

- --

- --

6) Woran erkennen Sie Ihre eigene emotionale Sensibilität in Bezug auf Schuld? Bitte schreiben Sie bis zu drei Merkmale auf.

- --

- --

- --

7) Was sind die Kehrseiten von Ihrer emotionalen Sensibilität?

8) Welche Themen lösen bei Ihnen Schulderleben aus?

9) Woran erkennen Sie bei nahestehenden Personen, dass diese Schuld erleben? Bitte schreiben Sie bis zu drei Merkmale auf.

- --

- --

- --

10) Woran erkennen Sie bei Patienten/Klienten deren Schulderleben? Bitte schreiben Sie bis zu drei Merkmale auf.

- --

- --

- --

9.6 Fragen für Therapeuten

11) Gibt es Unterschiede? Wenn ja, welche?

- --
- --
- --

12) Was hilft Ihnen, sich von eigenem Schulderleben zu befreien?

13) Was hilft Ihnen im Umgang mit Schulderleben von Ihnen nahestehenden Personen?

14) Was hilft Ihnen im Umgang mit Schulderleben von Patienten/Klienten?

- --
- --
- --

15) Haben Sie einen Patienten behandelt, der sich während der Therapie suizidiert hat? Was haben Sie erlebt, getan? Wie stehen Sie zu dem Suizid des Patienten?

Allgemeine Fragen zu Schuld

1. Gibt es etwas, für das Sie sich schuldig fühlen?
2. Gibt es in Ihrer Biografie Erfahrungen, die mit Schulderleben zu tun haben?
3. Gibt es Tabuthemen in Ihrer Geschichte?
4. Woran erkennen Sie bei sich, dass es sich um Schulderleben handelt?
5. Wie intensiv erleben Sie Schuld, wenn die Emotion spürbar wird?
6. Wann haben Sie sich das letzte Mal entschuldigt?
7. Wofür haben Sie sich entschuldigt? Welche Funktion hatte die Entschuldigung? Wäre sie überhaupt notwendig gewesen?
8. Wann haben Sie das letzte Mal eine kleines Präsent, eine Geste als Wiedergutmachung verschenkt. Wofür war diese?
9. Was haben Sie während der letzten Weiterbildung gelernt? Wie sind Sie vorher ohne dieses Wissen zurechtgekommen?

10. Wofür erleben Sie sich häufig als verantwortlich?
11. Worüber haben Sie mit noch niemandem gesprochen?
12. Wie vermeiden Sie eigene Schuld?
13. Gibt es Dinge, die Sie in einer Therapie nicht mehr tun würden? Wenn ja, welche waren das? Weshalb tun Sie diese Dinge nun nicht mehr? Gelingt es Ihnen konsequent, das zu vermeiden?
14. Gehen Sie Konflikte ein? Mit welcher inneren Haltung tun Sie das?
15. Wann sind Sie das letzte Mal für Ihre eigenen Bedürfnisse trotz Widerstands von außen eingestanden?
16. Weshalb helfen Sie anderen Menschen?
17. Was an Ihnen entspricht nicht Ihren eigenen Vorstellungen?
18. Welche Fragen fallen Ihnen noch ein, die bei Ihnen Schuld aktivieren?

19. --

20. --

21. --

9.6.3 Fragen zum Thema Scham

Selbsteinschätzungsfragen

1) Wie verletzbar erleben Sie sich? Bitte schätzen Sie Ihre eigenen Verletzlichkeit auf einer Skala von 0–10 ein. Dabei stellt »0« den niedrigsten Wert – also gar nicht sensibel – und »10« den höchsten Wert – sehr sensibel – dar. Machen Sie ein Kreuz auf dem Pfeil.
0 ──────────────────────────→ 10

2) Bitte schätzen Sie auf einer Skala von 0–10 Ihre eigene Sensibilität in Bezug auf das eigene Schamerleben ein. Dabei stellt »0« den niedrigsten Wert – also gar nicht sensibel – und »10« den höchsten Wert – sehr sensibel – dar. Machen Sie ein Kreuz auf dem Pfeil.
0 ──────────────────────────→ 10

3) Bitte denken Sie an eine Ihnen nahestehende Person aus Ihrem Umfeld. Schätzen Sie nun auf einer Skala von 0–10 Ihre eigene Sensibilität in Bezug auf die Wahrnehmung von deren Schamerleben ein. Dabei stellt »0« den niedrigsten Wert – also gar nicht sensibel – und »10« den höchsten Wert – sehr sensibel – dar. Machen Sie wieder ein Kreuz auf dem Pfeil.
0 ──────────────────────────→ 10

9.6 Fragen für Therapeuten

4) Bitte denken Sie an einen Ihrer Patienten/Klienten, der Sie emotional aktiviert. Schätzen Sie nun auf einer Skala von 0–10 Ihre eigene Sensibilität in Bezug auf die Wahrnehmung von dessen Schamerleben ein. Dabei stellt »0« den niedrigsten Wert – also gar nicht sensibel – und »10« den höchsten Wert – sehr sensibel – dar. Machen Sie wieder ein Kreuz auf dem Pfeil.

0 ─────────────────────→ 10

5) Gibt es Unterschiede?   Ja/Nein

6) Wenn es Unterschiede gibt, welche drei Gründe fallen Ihnen spontan dazu ein? Notieren Sie sich diese bitte.

- --
- --
- --

7) Woran erkennen Sie Ihre eigene emotionale Sensibilität in Bezug auf Schamthemen? Bitte schreiben Sie bis zu drei Merkmale auf.

- --
- --
- --

8) Woran erkennen Sie bei nahestehenden Personen, dass diese Scham erleben? Bitte schreiben Sie bis zu drei Merkmale auf.

- --
- --
- --

9) Woran erkennen Sie bei Patienten/Klienten deren Schamerleben? Bitte schreiben Sie bis zu drei Merkmale auf.

- --
- --
- --

10) Gibt es Unterschiede? Wenn ja, welche?

- --

- --

- --

11) Was hilft Ihnen, sich von eigenem Schamerleben zu befreien?

12) Was hilft Ihnen im Umgang mit Scham nahestehender Personen?

13) Was hilft Ihnen im Umgang mit Schamgefühlen von Patienten/Klienten?

Allgemeine Fragen zu Scham

1. Gibt es etwas, für das Sie sich schnell schämen?
2. Gibt es eine Situation, an die Sie sich erinnern, die heute noch Scham auslöst?
3. Wann sind Sie das letzte Mal beschämt worden?
4. Woran erkennen Sie bei sich, dass es sich um Scham handelt?
5. Wie intensiv erleben Sie Scham, wenn die Emotion spürbar wird?
6. Was ist Ihnen wirklich Unangenehmes im Leben passiert?
7. Auf welche Erfahrung im Leben hätten Sie gern verzichtet?
8. Wem gegenüber sind Sie dankbar?
9. Haben Sie Unzulänglichkeiten?
10. Wie gehen Sie im Alltag mit Ihren Unzulänglichkeiten um?
11. Wie vermeiden Sie Scham?
12. Auf welche Art sprechen Sie über Ihre eigene Sexualität?
13. Wer hat Sie aus einem beschämenden Moment, einer Situation, in der Sie sich geschämt haben, »befreit«?
14. Wie oft am Tag erleben Sie Scham?
15. Worüber haben Sie mit noch niemandem gesprochen?
16. Was empört Sie? Welche Emotion steht eigentlich dahinter?
17. Gehen Sie Konflikte ein? Mit welcher inneren Haltung tun Sie das?
18. Wann sind Sie das letzte Mal für Ihre eigenen Bedürfnisse trotz Widerstands von außen eingestanden?
19. Weshalb helfen Sie anderen Menschen?
20. Was an Ihnen entspricht nicht Ihren eigenen Vorstellungen?
21. Welche Emotion steckt bei Ihnen tatsächlich in einer erlebten Kränkung?
22. Welche Frage zum Thema Scham sollte man Ihnen besser nicht stellen?
23. Welche Fragen fallen Ihnen noch ein, die Scham aktivieren?

24. ---
25. ---
26. ---

9.7 Besonderheiten für die Gestaltung der therapeutischen Beziehung

»Jemandem zu helfen, mit seinen Gefühlen umzugehen, bedeutet auch, dass Menschen erkennen sollen, welchen Gefühlen sie vertrauen und folgen können.« (Greenberg, 2006, S. 13)

9.7.1 Angst vor überflutender Scham und Schuld

Die Angst vor überflutender Scham und Schuld führt dazu, dass Therapeuten vermeiden, Offensichtliches anzusprechen oder Tabuthemen zu konkretisieren. Unbearbeitete Schamgefühle stehen jedoch im Zusammenhang mit Ärger, Misstrauen, Distanziertheit und Irritierbarkeit (Tangney 1992). In Supervisionen und Selbsterfahrungen sind solche Reaktionen bei Therapeuten und die Auswirkungen auf die therapeutische Haltung (▶ Kap. 11.1) oft ein Anliegen. Natürlich kommt es auch in der Ausübung des therapeutischen Berufs zu Frustrationen der eigenen Grundbedürfnisse. Genauso können über die Anliegen der Patienten, deren Berichte eigene schmerzhafte und belastende Emotionen aktiviert werden. Eigenes aktualisiertes und intensives Schamerleben reduziert durch die erst einmal verstärkte Beschäftigung mit sich selbst das Empathievermögen, das Therapeuten den Patienten entgegenbringen. Damit fehlt zumindest zeitweise ein wichtiges Element für eine gute Therapeut-Patient-Beziehung. *Eigene Emotionen zuzulassen, aushalten zu können und deren wichtigen Informationscharakter zu erkennen ist daher auch für Therapeuten und die therapeutische Beziehung elementar.* Dazu gehört ebenso, Akzeptanz für das eigene emotionale Erleben aufzubringen, den individuellen Ängsten vor Emotionen auf die Spur zu kommen und die Fähigkeit unterschiedliche und z. T. widersprüchliche Emotionen auszubalancieren.

Zurückliegende Scham- und Schuldthemen sind in jeder Biografie zu finden, denn sie gehören zu jeder Entwicklung dazu. Das individuelle Erleben dieser Emotionen in Worte zu fassen und zusätzlich andere Ausdrucksmöglichkeiten zu finden kann und sollte Bestandteil der Selbsterfahrung sein. *Sich mit den Besonderheiten eigener emotionaler Prozesse auszukennen hilft auch, diese abzugrenzen von denen, die der Patient aktiviert oder die wahrgenommen werden. Es schafft auch die Grundlage, um sich auf gegenwärtige und zukünftige Themen sowie aktuelles Schuld- und Schamerleben vorzubereiten.* Denn Scham und Schuld gehören zu einer Therapie wie Patient und Therapeut. Für viele Kollegen liegt jedoch die Selbsterfahrung im Rahmen der eigenen Therapieausbildung viele Jahre zurück. Daher sind auch nach der Ausbildung Selbstreflexionen, Intervisionen oder Supervisionen eine gute Möglichkeit, sich auch mit dem eigenen Scham- und Schulderleben auseinanderzusetzen.

9.7.2 Informationscharakter von Scham und Schuld nutzen lernen

Selbst einen guten Umgang mit den eigenen Emotionen und Bedürfnissen zu haben bietet Patienten eine Orientierung. *Genau wie jede andere Emotion können Scham und Schuld uns einen Zugang zu den eigenen Grundbedürfnissen ermöglichen.* Mehr noch, gerade Scham und Schuld zeigen aufgrund ihres sozialen Charakters eine emotionale Berührbarkeit auch für andere Menschen an. Die emotionale Sensibilität und Empathiefähigkeit sind wichtige Ressourcen, auch im Umgang mit anderen. Emotionale Sensibilität öffnet die Türen auch für selbstfürsorgliches Verhalten zugunsten von Grundbedürfnissen. In allen Therapieschulen stellt die Verbindung zwischen Emotionen und Bedürfnissen den kleinsten gemeinsamen Nenner dar. Als Therapeut dient die Auseinandersetzung mit eigenen Schuld- und Schamthemen und dem entsprechenden Erleben auch dem Gewinn an (therapeutischen) Handlungskompetenzen. Empathiefähigkeit wird geschult und kann für den therapeutischen Prozess gewinnbringend eingesetzt werden. Innerhalb der Therapien gilt es daher, dem Vermeiden und Ignorieren, genauso wie dem vorschnellen Thematisieren dieser Emotionen, entgegenzuwirken. Nicht jedes aktuelle und flüchtige Scham- und Schulderleben zeigt eine Bedürfnisfrustration an. Manchmal ist es nur die Erinnerung an die eigenen Emotionen oder Situationen, in denen Schuld oder Scham aufgetreten ist. Dennoch ermöglicht ein eigener angemessener Umgang mit Emotionen den Patienten, sich in diesen schmerzhaften Emotionen durch den Therapeuten angenommen und bei ihm sicher zu fühlen. Viele der Übungen aus dem ▸ Kap. 13 können daher auch von Therapeuten genutzt werden. Selbsterfahrung bedeutet auch die Möglichkeit, verschiedene Methoden und Übungen für eigene Anliegen auszuprobieren.

9.7.3 Vergleiche aktivieren Scham und Schuld auch bei Therapeuten

Therapeutisch tätig zu sein bedeutet, dass Vergleiche angestellt werden. Aber Vergleiche aktivieren zumeist sowohl bei Therapeuten als auch beim Patienten Schuld und Scham. So erinnern sich Therapeuten z. B. an frühere Patienten, deren Behandlungen und vielleicht auch Fallstricke innerhalb der Therapien. Das hat natürlich Auswirkungen auf die aktuelle Behandlung. Vielleicht möchte der Therapeut frühere Fehler vermeiden, oder es werden eigene Kompetenzlücken bewusst. Alternativ können sich auch die »Ziele« des Therapeuten, z. B. frühere Behandlungsfehler vermeiden zu wollen, in den Vordergrund schieben. Das Anliegen der Patienten und der therapeutische Kontakt zu diesen sind dann gefährdet. Wissen auch aus Vergleichen zu nutzen und aktuelles emotionales Erleben regulieren zu können sind wichtige therapeutische Kompetenzen. Intervision macht vielleicht das Mehrwissen/-können der Kollegen deutlich. Daraus kann Kompetenzscham entstehen. Der motivierende Charakter des emotionalen Erlebens von Schuld und Scham hilft uns, uns den Interaktionen und Erfordernissen anzupassen.

Genauso wichtig ist es, zu wissen, dass das Mitfühlen von Schuld und Scham die eigenen internalisierten Werte, Normen und Regeln aktiviert. Diese dienen dann als Grundlage für Vergleiche und Bewertungen. Das kognitive Disputieren ist zugleich auch ein Ausdruck der Vermeidung des emotionalen Erlebens. Aktivierte Scham und/oder Schuld beim Therapeuten führen oft zu langwierigen, kognitiv orientierten Diskussionen über »richtige oder falsche« Werte, Normen und Regeln oder auch Vorgehensweisen in der Therapie. Diese Auseinandersetzungen signalisieren den Patienten manchmal leider auch, dass dessen Werte und Normen keine gute Grundlage sind. Hierin liegt wiederum das Potenzial für aktuelles Schuld- und Schamerleben auf beiden Seiten.

Stattdessen ist es sinnvoll, sich die Besonderheit des therapeutischen Berufs zu verdeutlichen. In kaum einem anderen Beruf ist die menschliche Vielfalt in ihrer Art und Weise und mit unterschiedlichsten Lebenskonzepten so zugänglich. *Ausgerüstet mit wohlwollendem Interesse und Neugierde, können auch Therapeuten ihre Werte, Normen und Regeln bereichern.* Die Welt verträgt mehr als Therapeuten denken, und sie ist bunter in ihren Ausprägungen. Potentielle Scham- und Schuldquellen durch zu starre Werte und Normensysteme können so reduziert werden.

9.7.4 Schuldinduzierende Kommunikation

Natürlich beeinflussen auch Patienten den Therapeuten und den aktuellen Behandlungsverlauf, z. B. durch schuldinduzierende Kommunikation. Dazu gehören manchmal auch die Vergleiche mit früheren Therapeuten oder Vorwürfe wie: »Das müssten Sie doch wissen.« Eine wichtige Besonderheit ist daher die schuldinduzierende Kommunikation durch Patienten. Für Therapeuten bedeutet dies, reagieren zu können und die eigenen Themen gut zu kennen, die bei schuldinduzierender Kommunikation schnell aktiviert werden. Neben der Ausbalancierung dieser Prozesse gilt es, die kommunikative Strategie als Ausdruck eines Menschen zu verstehen, der sich aktuell als schwach wahrnimmt. Je nach Ausprägung des eigenen Schuldempfindens und der Intensität des Schulderlebens bietet diese Art der Kommunikation das Potenzial, in unnötige Konflikte zu gehen oder Rechtfertigungen anzubieten. Stattdessen hat es sich bewährt, in das Schulderleben des Patienten hineinzuspüren. Handelt es sich um ein aktuell angemessenes Schulderleben, kann der Therapeut unterscheiden zwischen ängstlicher Schuld als Ausdruck von antizipierter Bestrafung und empathisch mitfühlender Schuld. Diese signalisiert dagegen Wiedergutmachungswünsche. Beide Arten von Schuld, sowohl die ängstliche als auch die empathische Form, lassen sich gut thematisieren und in ihrer Angemessenheit überprüfen.

Stehen bei Patienten dysfunktionales Schuld- und/oder Schamerleben im Vordergrund, ist es für diese Patienten schwer, Verantwortung für sich, die eigenen Bedürfnisse und notwendige Veränderungen zu übernehmen. Die Grundideen des dysfunktionalen Schamerlebens – »als Mensch nicht in Ordnung zu sein« oder bei maladaptiver Schuld »sich schnell schuldig machen/fühlen« – führen dazu, dass es Patienten schwerfällt, für sich zu sorgen. Manche glauben auch, »es nicht verdient zu haben«.

Ambivalenzen und Störungen prägen das therapeutische Miteinander. Keineswegs sollte das als Ausdruck mangelnder Motivation verstanden werden. Drängende und motivierende Interventionen führen dazu, dass Patienten entweder die Behandlung vorzeitig beenden oder es dem Therapeuten recht machen wollen, um die wichtige Behandlung nicht zu gefährden. Das Grundproblem bleibt jedoch bestehen, denn die Übernahme an Verantwortung für sich und die eigenen Bedürfnisse kann so nicht gelernt werden. *Neben dem Therapeuten als Modell für eine gute Selbstfürsorge zugunsten der Bedürfnisse ist ein wohlwollendes empathisches Aufmerksam-Machen auf Bedürfnisse notwendig.* Dabei hat sich die Technik des Markierens (Sachse 2001) bewährt. Konkret bedeutet dies, dass Gelegenheiten, also etwa Situations- und Interaktionsschilderungen, genutzt werden, um Patienten auf deren eigene Bedürfnisse aufmerksam zu machen.

9.7.5 Therapie kann »Bringschuld« aktivieren

Das Eingehen einer therapeutischen Beziehung ist für Patienten mit einem hohen Schuldempfinden und dysfunktionaler Scham oft verbunden mit einer »Bringschuld«, die sich in mitgebrachten Geschenken oder anderen Aufmerksamkeiten zeigen kann.

> Frau C. kam nach einem stationären Aufenthalt in eine weiterführende ambulante Therapie. Obwohl Frau C. zu den Sitzungen regelmäßig kam, fiel es ihr sehr schwer, sich auf die therapeutische Beziehung einzulassen. Blickkontakte vermeidend, kümmerte sie sich jedoch rührend um die Zimmerpflanze – nach vorheriger Nachfrage. Sie brachte Düngestäbchen mit und empfahl hin und wieder, die Pflanze zu gießen. Manchmal tauschte sie die Pflanze aus und pflegte sie einige Monate bei sich zu Hause. Dann brachte Frau C. die Pflanze wieder mit.
> Ähnlich verhielt es sich mit den Hortensien auf der kleinen Praxisterrasse. Auf dieser steht eine Hollywood-Schaukel. Im Sommer nutzen viele Patienten die Möglichkeit, dort zu warten. Frau C. kümmerte sich während der Wartezeit um die alten Blütenköpfe nach der Überwinterung und gab gelegentlich Empfehlungen ab, wie die Pflanzen zu versorgen seien. Blickkontakt konnte Frau C. anfangs nur in den Kurzgesprächen über die Pflanzen halten.

Ein wohlwollendes, warmherziges Beziehungsangebot überrascht Patienten mit Schamerleben aufgrund frustrierter Bindungs- und Selbstwerterfahrungen. Sie sind es gewohnt, sich selbst mit innerer Härte und Abwertung zu begegnen. *Oft stellt die therapeutische Haltung daher einen großen Gegenpol zur inneren Haltung sich selbst gegenüber dar.* Eine empathisch validierende Beziehung steht im großen Widerspruch zur eigenen inneren wenig selbstfürsorglichen und selbstabwertenden Haltung. Und emotionale Nähe ängstigt. Oft sind das Hinweise auf unsichere Bindungserfahrungen (Baljon u. Pool 2013). Aus diesen heraus entsteht oft eine Angst vor Abhängigkeit.

Manchmal gestalten Patienten für sich bereits die therapeutische Beziehung, indem sie sich zu Beginn maximal auf eine Kurzzeittherapie festlegen wollen, wenn die Probatorik nicht ausreichen sollte. Als Behandler ist es wichtig zu erkennen, dass das ein Beziehungsangebot ist. Dieses ermöglicht Patienten überhaupt den Zugang zur Therapie. Warmherzigkeit ist auch hier angebracht, obwohl es kurzfristig vielleicht auch die eigenen Bedürfnisse nach Orientierung und Kontrolle oder Selbstwerterhöhung frustriert. Der berühmte Perspektivwechsel hilft bei Patienten mit Angst vor Bloßstellung und Beschämung oder bei solchen, bei denen Schuldempfinden aktiviert wird. So kann der Behandler vor hartnäckigem Insistieren und vorschnellem Offenlegen von dysfunktionalen Strategien schützen.

9.7.6 Tabuthemen zumindest als solche thematisieren

Dennoch kann Erniedrigung und Beschämung auch dadurch entstehen, dass Therapeuten etwas nicht ansprechen. Die Vermeidung, Offensichtliches anzusprechen, sondern darauf zu warten, dass Patienten das selbst tun, kann bereits zu Invalidierungserfahrungen führen. Daher ist die Förderung der eigenen Mentalisierungsfähigkeit, sich in andere hineinzuversetzen, Gedanken, Gefühle im anderen und in der eigenen Person vorauszusetzen und zu erkennen, wichtig. Es regt auch die Mentalisierungsfähigkeiten beim Patienten an (Fonagy et al. 2004). Die im Patient-Therapeut-Kontakt auftretenden Emotionen sollten genutzt werden, um erlebnis- und emotionsbezogen aktiv Einfluss auf die Emotionen zu nehmen. Dabei spielt eine wohlwollende, einladende innere Haltung des Therapeuten eine große Rolle. Das in der Auseinandersetzung gewonnene Wissen um emotionales Erleben, den Bezug zu den Grundbedürfnissen sowie typische Kompensationsstrategien fördert die bessere Selbstwahrnehmung des Patienten. Die empathische Validierung des belastenden und schmerzhaften Charakters durch einen mitfühlenden Therapeuten stellt bereits eine emotionale Entlastung dar. Für den Therapeuten bietet es die Gelegenheit, wichtige Informationen zugunsten der therapeutischen Beziehungsgestaltung zu sammeln. So kann diese individueller zugunsten korrigierender Erfahrungen ausgerichtet werden.

Die Aktivierung kognitiver Strukturen der Selbstbewertung (z. B. bei Stolz) aktiviert über das assoziative Denken auch Schamerleben. Es sind die gleichen Strukturen (die verinnerlichten Werte und Normen), die dann als Bewertungsgrundlage dienen. Das erklärt auch, weshalb manche Menschen sich schämen, wenn sie gelobt werden. Negativ bewertende Kognitionen sind meist bei Menschen besser trainiert, wenn kindliche Frustrationen des Grundbedürfnisses Selbstwerterhöhung zugrunde liegen. Die Kognitionen sind deshalb schneller und aktiver verfügbar. *Daher sollte man Schamgefühle möglichst lange halten, um so auch die anderen Kognitionen zum Tragen kommen zu lassen* (▸ Kap. 10.4.2).

Zusammenfassung

- Eigene Emotionen zuzulassen, aushalten zu können und deren wichtigen Informationscharakter zu erkennen ist auch für Therapeuten und die therapeutische Beziehung elementar.
- Genau wie jede andere Emotion können uns Scham und Schuld einen Zugang zu den eigenen Grundbedürfnissen ermöglichen.
- Sich mit den Besonderheiten eigener emotionaler Prozesse auszukennen hilft, diese abzugrenzen von denen, die der Patient aktiviert oder die wahrgenommen werden. Es schafft auch die Grundlage, um sich auf gegenwärtige und zukünftige Themen sowie aktuelles Schuld- und Schamerleben vorzubereiten.
- Ausgerüstet mit wohlwollendem Interesse und einer Neugier können auch Therapeuten ihre Werte, Normen und Regeln bereichern.
- Oft stellt die therapeutische Haltung einen großen Gegenpol zur eigenen inneren Haltung sich selbst gegenüber dar.
- Neben dem Therapeuten als Modell für eine gute Selbstfürsorge zugunsten der Bedürfnisse ist ein wohlwollendes, empathisches Aufmerksam-Machen auf Bedürfnisse nötig.
- Die Förderung der eigenen Mentalisierungsfähigkeit, sich in andere hineinzuversetzen, Gedanken, Gefühle im anderen und in der eigenen Person vorauszusetzen und zu erkennen, regt auch die Mentalisierungsfähigkeiten beim Patienten an.
- Schamgefühle sollte man möglichst lange halten, um auch andere Kognitionen zum Tragen kommen zu lassen.
- Natürlich beeinflussen auch Patienten den Therapeuten und den aktuellen Behandlungsverlauf, z. B. durch schuldinduzierende Kommunikation.

10 Emotionsbezogene/-fokussierte Psychotherapie

10.1 Einleitung

Im therapeutischen Alltag kann man immer wieder erleben, dass Denkmuster der vorwiegend sozialen Emotionen, wie Scham und Schuld, nur ein Teil des komplexen emotionalen Prozesses sind. Selten hilft jedoch die kognitive Auseinandersetzung damit, dahinter liegende Grundbedürfnisse zu identifizieren. Im Gegenteil, sie lenkt davon ab, fokussiert stattdessen auf internalisierte Normen, Regeln und aktiviert noch mehr metakognitives Wissen. So kommt es in den Behandlungen oft zu Äußerungen wie: »Ich verstehe das alles, aber ich fühle es nicht«, »Ich weiß die meisten Dinge selbst, dennoch fühle ich anders und kann eben doch nicht anders handeln«, »Mein Wissen hilft mir nicht«. *Kognitive Prozesse und Auseinandersetzungen verstärken häufig bereits entstandene Emotionen, da diese Abwertungen, ungünstige Zuschreibungen oder Erinnerungen und Vorerfahrungen enthalten.*

Sowohl Scham- als auch Schuldgefühle werden den selbstreflexiven bzw. komplexen Emotionen zugeordnet. So enthalten auch die aktivierten Emotionen eine Vielzahl automatisierter, komplexer kognitiver Prozesse. Das gilt insbesondere für das reifere, erwachsene Scham- und Schulderleben. Der Zugang über die kognitiven Vorgänge hat sich somit als wenig nachhaltig bewiesen. *Stattdessen liegen den kognitiv nicht veränderbaren reiferen Schuld- und Schamemotionen ungünstige Erfahrungen in Bezug auf die Grundbedürfnisse zugrunde.* Ziel der emotionsbezogenen Techniken ist es, diese frühen Erfahrungen zugänglich zu machen. Patienten lernen so über sich und die Zusammenhänge der individuellen emotionalen Reaktionen. Innerhalb der therapeutischen Beziehung können frühkindliche emotionale Reaktionsmuster (neu) geformt, erwachsener reflektiert und neue Einstellungen zugunsten der Selbstfürsorge und der eigenen Bedürfnisse erarbeitet werden. Emotionsbezogene Psychotherapie wendet daher emotionsaktivierende und -vertiefende Techniken an, die erlebnisorientiert einen biografischen Bezug herstellen und Zusammenhänge zu aktuellem Erleben verstehbar machen. Die Interventionen finden in verschiedenen Therapierichtungen ergänzend Einsatz. *Schon jetzt bieten sich Gemeinsamkeiten und Schnittpunkte für Interventionen aus den unterschiedlichen Therapierichtungen an (z. B. Schematherapie, körperorientierte Verfahren, Hypnotherapie etc.), um innerhalb der Therapien individualisiert und emotionsbezogen an schmerzhaften, dysfunktionalen Emotionen arbeiten zu können.* Emotionsbezogene Psychotherapie ist ein schulenübergreifendes methodisches Verfahren.

Zeitweise benötigt man dafür ein Mehr an Wiederholungen, um alte Erfahrungen und emotionale Erlebensweisen zu »überschreiben«. Patienten mit maladaptivem Scham- und chronischem Schulderleben benötigen oft Zeit, Veränderungen für sich annehmen zu können. Die Motivation dazu findet sich dennoch im allgemeinen Wirkmechanismus, unangenehm emotionales Erleben möglichst zu beenden, die Emotionen abklingen zu lassen. Angenehme Emotionen wollen wir stattdessen wiedererleben. In der Therapie erfahrene Bedürfnisbefriedung bringt neues angenehmes emotionales Erleben, z. B. Stolz, Freude, Geborgenheitserfahrungen. Aus dem natürlichen Impuls, dies wiedererleben zu wollen, folgen auch Bemühungen außerhalb der Therapie, solch angenehme Erfahrungen zu machen. *Aus der emotionsbezogenen Arbeitsweise an Scham und Schuld resultiert auch eine neue innere Einstellung sich selbst und den eigenen Emotionen gegenüber.* Daher ist die Vielzahl an notwendigen Korrekturerfahrungen nur verständlich und lohnenswert.

Psychische Gesundheit resultiert aus der Fähigkeit, Emotionen regulieren zu können und einen selbstfürsorglichen Umgang mit sich zu haben. Eine Behandlung, die emotionsfokussierte Elemente enthält, berücksichtigt dabei die Komplexität und Komorbidität eines jeden Patienten. *Die individuelle, wirkfaktorenbasierte Therapie maladaptiven Scham- und Schulderlebens enthält passende Interventionen zugunsten der zugrunde liegenden unbefriedigten Bedürfnisse und der emotionalen Dysregulation.*

Zusammenfassung

- Kognitive Prozesse und Auseinandersetzungen verstärken oft bereits entstandene Emotionen, da diese Abwertungen, ungünstige Zuschreibungen oder Erinnerungen und Vorerfahrungen enthalten.
- Kognitiv nicht veränderbaren Schuld- und Schamemotionen liegen ungünstige Erfahrungen in Bezug auf die Grundbedürfnisse zugrunde.
- Gemeinsamkeiten und Schnittpunkte für Interventionen aus den unterschiedlichen Therapierichtungen bieten sich an, um innerhalb der Therapien individualisiert und emotionsbezogen an schmerzhaften, dysfunktionalen Emotionen arbeiten zu können.
- Aus der emotionsbezogenen Arbeitsweise an Scham und Schuld resultiert auch eine neue innere Einstellung sich selbst und den eigenen Emotionen gegenüber.
- Die individuelle, wirkfaktorenbasierte Therapie maladaptiven Scham- und Schulderlebens enthält passende Interventionen zugunsten der zugrunde liegenden unbefriedigten Bedürfnisse und der emotionalen Dysregulation.

10.2 Einbettung in andere psychotherapeutische Schulen – Schnittpunkte zu anderen Therapierichtungen

Grundsätzlich ist das Streben nach Veränderungen emotional belastender Prozesse ein Anliegen aller therapeutischen Schulen. Eine Auswahl der wichtigsten, lange etablierten und neu entstandenen Ausrichtungen wird in diesem Kapitel beispielhaft dargestellt. *Mit emotionsbezogenen Interventionen ist es möglich, Therapien aller dargestellten Ausrichtungen individuell für den Patienten zu konzipieren.* Emotionsbezogene Techniken können daher unabhängig von der theoretischen Orientierung der jeweiligen Behandler zusätzlich von diesen angewendet werden. So ist es möglich, die Behandlungen mit dem Fokus auf emotionale Prozesse auch zeitweise neu auszurichten. Das ist der Fall, wenn z. B. der Behandlungserfolg stockt, die Patient-Therapeut-Beziehung belastet scheint, erreichte Veränderungen emotionale Nebenwirkungen verursachen (z. B. Schuldgefühle bei selbstfürsorglichen Aktivitäten auftreten) und/oder problematisches emotionales Erleben im Vordergrund steht.

Eine Grundannahme emotionsbezogenen Arbeitens ist die Erkenntnis, dass wiederholt gemachte Lernerfahrungen in Kindheit und Jugend in Bezug auf die Grundbedürfnisse dazu führen, dass Menschen emotionale Schemata entwickeln. Diese können sowohl angenehm als auch schmerzhaft sein. Angenehme emotionale Schemata in Bezug auf Bindung stellen z. B. Geborgenheitsgefühle dar. Schmerzhafte emotionale Schemata, sogenannte Primäremotionen, führen oft zur Ausprägung von Bewältigungsstrategien (▶ Kap. 10.5). Meist sind diese schmerzhaften Emotionen sehr früh entstanden, oder es gab innerhalb des familiären Systems keine Möglichkeiten, sinnvolle Handlungen zur Beendigung des Erlebens zu entwickeln. Bewältigungsstrategien können lange Zeit sehr hilfreich, oft auch sinnvolle Überlebensstrategien sein. *Sowohl Scham als auch Schuld können sich als emotionales Erleben etablieren, insbesondere dann, wenn Grundbedürfnisse anhaltend frustriert wurden und werden.* Genauso ist es möglich, dysfunktionales Schuld- und Schamerleben zu entwickeln, wenn Menschen im Sinne von Traumatisierungen einmalige und/oder wiederholt massive ungünstige Erfahrungen machen.

Vertreter aller Psychotherapie-Schulen sind sich einig über die Tatsache, dass sich Emotionen, wenn man ihnen nicht Ausdruck verleiht oder sie in sinnvolle Handlungen umsetzen kann, noch stärker bemerkbar machen. Oft findet sich eine anhaltende Aktivierung auf körperlicher Ebene wieder, oder die Fokussierung der kognitiven Anteile des emotionalen Erlebens steht im Vordergrund. Bollas (2005) betont in diesem Zusammenhang die stärkere Beachtung nonverbaler Verhaltensweisen und der Atmosphäre der Patienten innerhalb des Therapie-Settings. Diese geben wichtige Hinweise auf frühe, vorsprachliche Lebenserfahrungen der Patienten. Beziehungserfahrungen werden als implizites Unbewusstes, z. B. durch Stimmungen wahrgenommen. Dies sind Ansätze, die auch von

Leuzinger-Bohleber et al. (2013) geteilt werden. Frühe Erfahrungen sind zwar unbewusst, jedoch körperlich verankert (»embodied«). Das gilt natürlich auch in Bezug auf Schuld und Scham. Diese Emotionen haben einen sozialen Charakter, der oft aus den Bindungserfahrungen resultiert (zu Schuld ▶ Kap. 5.2.1, zu Scham ▶ Kap. 6.2.1). Daher ist die Therapeut-Patient-Beziehung eine wichtige Grundlage für die Behandlung von dysfunktionaler Schuld und Scham.

In der Arbeit mit den maladaptiven Ausprägungen dieser Emotionen hat sich das Grundverständnis bewährt, dass emotionale Prägungen oft im vorsprachlichen Lebensalter zu finden sind. Das emotionale Erleben ist dann eher präverbal und drückt sich auf körperlicher Ebene oder in Stimmungen im Rahmen von Beziehungen aus. Präverbale emotionale Prozesse oder Blockaden werden in der Körper- oder Gestalttherapie fokussiert. Die selbstreflexiven kognitiven Prozesse der Emotionen entstehen später, im Zuge der kognitiv-neuronalen Reifung. Unangenehmes emotionales Missempfinden wird also später versprachlicht und in einen Kontext (Ich/die Welt/das Miteinander) gesetzt. Dies geschieht je nach kognitiver Reife auf unterschiedlich komplexen Ebenen. Frühe, meist wenig komplexe Kognitionen zu präverbaler Scham und Schuld werden mit zunehmendem Lebensalter jedoch immer komplexer und vernetzter. »Erwachsene« Scham und Schuld sind daher stark kognitiv und selbstreflexiv ausgeprägt. Patienten kommen also auch mit viel Wissen sowie einer hohen Tendenz, Werte, Normen und Regeln zu betonen, und/oder intensiven Selbstbewertungsprozessen in die Therapie.

10.2.1 Analytische Ansätze

Im analytischen Setting nach Freud gilt die Einladung für Patienten entsprechend der Grundregel der freien Assoziation. *Freies Assoziieren findet jedoch emotionsgesteuert statt.* Denn auch wenn intensive kognitive Prozesse beim Scham- und Schulderleben im Vordergrund stehen, sprechen die meisten Patienten doch über die dahinter liegenden Emotionen. Wir denken, wie wir fühlen (▶ Kap. 1.2) – auf der Grundlage dieser Hypothese entstehen die »spontanen« Gedanken vor dem Hintergrund des jeweilig emotionalen Erlebens. Spontane Einfälle laut auszusprechen, auch wenn diese unangenehm, unsinnig und unwichtig scheinen, macht emotional zugrunde liegendes Erleben bewusst. Ebenso werden internalisierte Normen, Werte, Ideale über das freie Assoziieren zugänglich gemacht.

Der Analytiker ist die Übertragungsfigur, die im ungünstigen Falle verhindert, alles auszusprechen. Hinweise darauf lassen sich dann in Konflikten zwischen unbewussten Fantasien, Beziehungsfantasien und/oder individuellen Bedeutungen finden. Frühe assoziative Eindrücke und Erinnerungen haben aufgrund der emotional prägenden Bedeutung einen nachhaltigen Effekt. Diese Lernerfahrungen wirken sich aufgrund der emotionalen Bedeutung besonders prägend für die Persönlichkeitsentwicklung aus. Ergänzt wurde die Assoziationslehre durch verschiedene Elemente der Logik der Gestaltungspsychologie, die

10.2 Einbettung in andere psychotherapeutische Schulen

sich z. B. in der Traumdeutung wiederfinden lassen. Nonverbale Kommunikationsanteile sollen dabei ausgeschlossen werden. Betrachtet man aber den häufig beschriebenen »bösen Blick«, der Scham bereits bei Kindern und Säuglingen auslöst, so stellt sich die Frage, an welchen Stellen Korrekturen möglich sind, wenn nicht der Therapeut einen wohlwollenden akzeptierenden Blick anbieten kann. *Das analytische Verfahren hat jedoch ein hohes Potenzial an Möglichkeiten zur Arbeit an maladaptivem Scham- und Schulderleben.* Die Ergänzung des Verfahrens durch Interventionen, z. B. körperorientierter Verfahren (vgl. dazu auch Hilgers 2013), wird immer wieder angeregt. Die Ergänzung von emotionsbezogenen Interventionen unterstützt Therapeuten im Umgang mit überflutender Scham und Schuld des Patienten.

10.2.2 Mentalisierung

Mentalisierungsansätze (z. B. Fonagy et al. 2002; Allen et al. 2011) haben einen analytischen und tiefenpsychologischen Ursprung. Das Konzept, das entwicklungspsychologische und neurobiologische Erkenntnisse integriert, lädt Therapeuten unabhängig von deren theoretischer Orientierung ein, die Interventionen des Mentalisierens zu nutzen. Die Fähigkeit zur Mentalisierung wird ursprünglich im Rahmen des sensiblen Entwicklungsprozesses zwischen dem Säugling und der Bezugsperson entwickelt.

Therapeuten stellen Patienten ein hilfreiches Beziehungsangebot zur Verfügung, um früh entstandene Störungen und Defizite der Mentalisierungsfähigkeit zu korrigieren. Mentalisierungsbasierte Therapien (MBT = Mentalization-Based Treatment) fordern deshalb eine aktive Haltung des Therapeuten (Bateman u. Fonagy 2008). Der Fokus des Mentalisierens liegt auf dem »Sich-Vergegenwärtigen psychischer Vorgänge« (Allen et al. 2011) und auf der Förderung von Fähigkeiten zum Perspektivwechsel (Asen u. Fonagy 2012). *Unmittelbare Emotionen des Patienten werden genutzt, um ihre Entstehungsbedingungen und den Zusammenhang im aktuellen Kontext zu verdeutlichen. Das Verhalten und Erleben des Gegenübers wird gemeinsam analysiert und in einen erklärenden Beziehungskontext gesetzt.* Über emotionale Prozesse nachzudenken und sich diese zu vergegenwärtigen sind grundlegende Vorgänge in der Psychotherapie. Aktuelle emotionale Prozesse aufzugreifen ist auch ein Bestandteil emotionsbezogenen Arbeitens. An den wahrgenommenen Prozessen, dahinter liegenden frustrierten Bedürfnissen weiterzuarbeiten und Patienten zu günstigeren Verhaltensweisen anzuleiten ist Schwerpunkt des emotionsbezogenen Ansatzes.

10.2.3 Gestalttherapie

Die Gestaltpsychologie hat mit dem von Fritz Perls (1989, 1992) postulierten »Topdog-Underdog-Spaltungsprinzip« den Ablauf emotionaler Prozesse aufgegriffen. Aus dem emotionalen Erfahrungsgedächtnis resultieren in kürzester Zeit Bewertungen. Diese entstehen automatisiert schnell und sind von somatischen Markern begleitet. Über die vereinfachte (kindlich-naive) Unterscheidung von »Mag ich« versus »Mag ich nicht« kommt es zur Aktivierung von Annäherungs- oder Vermeidungssystemen. Der schnellere neuronale Draht zum Motivations- und Belohnungssystem führt dazu, dass der bewusste Verstand zumeist wenig verfügbar und damit nutzbar ist.

Im gestaltpsychologischen Vorgehen wird dem emotionalen Erfahrungsgedächtnis das Lustprinzip zugeordnet, aber auch individuell und gesellschaftliche internalisierte Normen. Scham, Schuld, soziale Ängste manifestieren sich häufig über das Scham- und Schuldbewusstsein in diesen Werten und Normen. »Topdog« ist nun die bewusste Instanz, vergleichbar mit dem psychoanalytisch definierten Über-Ich oder dem Gewissen. Der »Underdog« als Ausdruck des emotionalen Erfahrungsgedächtnisses bleibt in emotional konflikthaften Situationen, die bei Schuld- und Schamthemen üblicherlicherweise auftreten, jedoch oft der Sieger. Der »Underdog« hat die schnellere neuronale Verbindung und ist somit die Instanz, die das Verhalten steuert. Die Lösung wäre es, wenn Patienten lernten, beide Instanzen miteinander verhandeln zu lassen.

In der Gestalttherapie wird der Underdog als motivationales System sichtbar gemacht. *Die Förderung eines konstruktiven Dialogs zwischen dem unbewussten emotionalen Erfahrungsgedächtnis als motivationales System (»Underdog«) und der bewussten Instanz des Verstandes (»Topdog«) ist somit das Ziel der Gestalttherapie und kann durch emotionsbezogene Interventionen bestens ergänzt werden.* Der konstruktive Dialog wird mittels unterschiedlicher erlebnisaktivierender Interventionen gefördert. Dazu gehört neben dem Zeichnen und Malen der Ausdruck über Töne, Klänge und Bewegung. Bekannt ist auch die Arbeit mit dem »leeren Stuhl«, der als Projektionsfläche Zugang zu bisher unbewussten Themen ermöglicht.

10.2.4 Körpertherapie

In der Körpertherapie wird die Grundidee, dass Störungen auf vielen Ebenen stattfinden, für das therapeutische Arbeiten genutzt. Jede Störung, also auch das emotional dysfunktionale Erleben von maladaptiver Scham und chronischer Schuld, findet daher auf den verschiedenen Ebenen Ausdruck. »Der Körper lügt nicht«, sagt der Begründer und Pionier der Bioenergetik Lowen (1979). Reaktionen, Blockaden und emotionales Erleben lassen sich daher auf den verschiedenen Ebenen wiederfinden. Insbesondere die vorsprachlichen Erfahrungen zugunsten der Grundbedürfnisse und deren emotionale Folgen wie maladaptive Scham und Schuld sind auf körperlicher Ebene verankert. So berichten Patienten von körperlichen Schmerzen und hoher Sensibilität z. B. im Rahmen von Hyperakusis oder Berührungsempfindlichkeiten. Ebenso lassen sich emotionale Verletzbarkeit und Überforderungserleben als undifferenzierte, somatische Missempfindungen wiederfinden. Sprachlich wird dies meist durch vage Formulierungen wie »Es ist unangenehm, nicht greifbar« oder »Ich möchte am liebsten weg davon« geäußert.

10.2 Einbettung in andere psychotherapeutische Schulen

Frühere ungünstige Erfahrungen führen zu somatischen Repräsentationen im Sinne von Impulsen. Diese Impulse zeigen sich auf verschiedene Arten, z. B. in einer Erregung, einer Hemmung oder einer Blockade. Diese Ausdrucksarten lassen unmittelbar an die Bewältigungsschemata (Ertragen = Hemmung auf körperlicher Ebene; Bekämpfen = Erregungsimpuls; Vermeiden = Blockade) denken (s. Lammers 2007). *Teil des emotionsbezogenen Ansatzes ist es, den Patienten anzuleiten, im Körper nachzuspüren, wo emotionales Erleben stattfindet. In der Körpertherapie soll der ursprünglich emotional geprägte Impuls wiederhergestellt werden.* Für den Patienten bedeutet dies, sich dessen bewusst zu sein und dabei Unterstützung zu erhalten, dysfunktionale Prozesse um die eigenen Bedürfnisse besser zu verarbeiten. So werden die blockierten (kognitiv überregulierten) oder intensivst emotionalen (kognitiv unterregulierten) Prozesse wieder in das Gesamtgeschehen psychischen Erlebens eingebettet. Stütz- und Kontaktfunktionen des Therapeuten sind dabei hilfreich und begünstigen korrigierende Erfahrungen.

Die rekonstruktiven Prozesse fördern den Zugang zu früher Erlebtem und können durch die sprachliche Fokussierung emotionsbezogener Interventionen ergänzt werden. Auf diese Weise kann eine frühe emotionale Reaktion wiederhergestellt und das dazugehörige Grundbedürfnis zugänglich gemacht werden. Das Selbstgefühl, sensomotorische Erinnerungen und das Körpererleben dienen als Quellen der individuellen Gesundheit und Lebendigkeit, denn »Seelenleben entwickelt sich aus dem Körpererleben« (Müller-Braunschweig u. Stiller 2010, S. 65).

Körpertherapien können beziehungs-, wahrnehmungs-, bewegungs- oder handlungsorientiert sein. *In jedem Fall sind sie emotional aktivierend und erlebnisorientiert – ein Vorgehen, das auch in der emotionsbezogenen Konzeptionalisierung aktiv genutzt wird.* Patient und Therapeut können sich auf non- und präverbale Prozesse als Ausdruck ursprünglich erlernten emotionalen Erlebens konzentrieren. Genauso ist es möglich, einen Dialog des Bewusstseins (kognitiver Teil) mit dem Körper oder Körperteilen (emotional verankerte Anteile) zu inszenieren. *Das Zurückversetzen und das bessere Verstehen der jeweiligen Zustände der noch heute vorhandenen Blockaden und erlebten Begrenzungen finden sich auch im emotionsbezogenen Ansatz wieder.* Die »Emotions- oder Affektbrücke« ist hierfür eine spezielle Intervention. Das Lösen von Blockaden und Aktivieren von Ressourcen zugunsten der Grundbedürfnisse und Korrektur z. B. maladaptiv ausgeprägten Schamerlebens sind gemeinsame Ziele. Sowohl in den körpertherapeutischen als auch in den emotionsbezogenen Ansätzen sind verschiedene Facetten der individuellen Emotionalität zugunsten der Grundbedürfnisse verankert. In beiden therapeutischen Behandlungsausrichtungen werden diese Facetten vom Patienten durchlebt und der aktiven Wahrnehmung zugänglich gemacht. Insbesondere bei Scham und Schuld, die aus frustrierten Grundbedürfnissen resultieren, ist das therapeutische Miteinander notwendig.

10.2.5 Schematherapie

Der entwicklungspathogenetische Ansatz der Schematherapie (dazu u. a. Young et al. 2003; dazu auch ▶ Kap. 2.1.1) postuliert, dass *Störungen durch Traumatisierungen oder das Nichterfüllen von kindlichen Grundbedürfnissen entstehen. Ziel ist es, emotional belastende Erfahrungen oder gar Traumatisierungen mit emotionsaktivierenden Interventionen aufzuarbeiten.* Die kreative Integration und Weiterentwicklung von Techniken aus verschiedenen Therapie-Schulen bereichern den schematherapeutischen Ansatz zugunsten der Bearbeitung schmerzhafter emotionaler Schemata. *Der Einsatz von emotionsaktivierenden Interventionen ist eine der wichtigsten Behandlungsstrategien.* Die Imaginationsübung (Young et al. 2003; dazu auch Roediger 2009) hat mittels emotionsaktivierender Interventionen auch die Korrektur eines belastenden emotionalen Erlebens zum Ziel. Diagnostisch wertvolle Informationen können auf diese Weise gewonnen werden und in die therapeutische Beziehungsgestaltung einfließen. So kann die Passung zwischen Patient und Therapeut zugunsten korrigierender Erfahrungen (▶ Kap. 9.4) optimiert werden.

10.2.6 Hypnotherapie

Der hypnotherapeutische Ansatz nach Milton Erickson ist die moderne Form der Hypnose. *Hypnotherapeutische Ansätze nach Milton Erickson bieten über den Weg der Trance und den berühmten hypnotherapeutischen Sprachmustern gute Möglichkeiten, emotionsaktivierend mit dem Patienten zu arbeiten.* »Die Psychotherapie sollte (deshalb) so definiert werden, dass sie der Einzigartigkeit der Bedürfnisse eines Individuums gerecht wird«, so Milton Erickson (zit. nach http://www.meg-hypnose.de/home.html). Insbesondere durch den vielfältigen und kreativen Einsatz der Sprache durch den Therapeuten und die Technik der Erzeugung der heilsamen und gewollten »Dissoziationen« ist es möglich, sich schmerzhaftem und belastendem emotionalen Erleben oder den Ressourcen des Patienten zu nähern (Peter u. Revenstorf 2009). Hypnotische Phänomene als Ausdruck des Unbewussten sind dabei emotionsaktivierend und stellen eine Grundlage für korrigierende Erfahrungen dar. Pacing und Leading (Meiss 1997) als therapeutische Haltung des Mitgehens und Führens stellt eine Form der intensiven Empathie dar. Unter dieser Voraussetzung wird das therapeutische Miteinander vom Patienten als besonders tragfähig erlebt, weshalb es ihm möglich ist, sich belastenden und schmerzhaften emotionalen Prozessen zu widmen. *Pacing und Leading sind elementare Bestandteile der Techniken zur Vertiefung emotionalen Erlebens des emotionsbezogenen Ansatzes* (Lammers 2007).

> **Zusammenfassung**
>
> - Das Streben nach Veränderungen emotional belastender Prozesse ist ein Anliegen aller therapeutischen Schulen.
> - Emotionsbezogene Interventionen können von allen Behandlern genutzt werden, unabhängig von deren theoretischer Ausrichtung.
> - Mit emotionsbezogenen Interventionen ist es möglich, Therapien aller dargestellten Ausrichtungen noch einmal individueller auf den Patienten hin zu konzipieren.
> - Sowohl Scham als auch Schuld können sich als emotionales Erleben etablieren, insbesondere dann, wenn Grundbedürfnisse anhaltend frustriert wurden und werden.
> - Emotionsbezogenes Arbeiten ist immer dann sinnvoll, wenn z. B.
>   - der Behandlungserfolg stockt,
>   - die Patient-Therapeut-Beziehung belastet scheint,
>   - erreichte Veränderungen emotionale Nebenwirkungen verursachen (z. B. Schuldgefühle bei selbstfürsorglichen Aktivitäten auftreten),
>   - problematisches emotionales Erleben im Vordergrund steht.
> - In der Arbeit mit den maladaptiven Ausprägungen von Emotionen hat sich das Grundverständnis bewährt, dass emotionale Prägungen oft im vorsprachlichen Lebensalter zu finden sind.
> - Maladaptives emotionales Erleben wird entsprechend der hirnphysiologischen Reifung später versprachlicht und in einen Kontext (Ich/die Welt/das Miteinander) gesetzt.

10.3 Ziele der emotionsbezogenen Psychotherapie

Problematisches emotionales Erleben oder gar der fehlende Zugang zu eigenem emotionalen Erleben sowie unzureichende Emotionsregulationsstrategien sind Bestandteile der meisten psychischen Erkrankungen. Zu intensive, zu häufig auftretende Emotionen, der fehlende Zugang zum eigenen emotionalen Erleben, die Fokussierung auf nur wenige Emotionen oder gar der Wunsch, bestimmte Emotionen ganz zu vermeiden (z. B. Schuld, Scham, Angst), stellen Beispiele für Störungen im emotionalen Erleben des Menschen dar. Ärger, Angst, Traurigkeit, Ekel, Hass, Peinlichkeit, Schuld und Scham sind dabei die am häufigsten auftretenden Emotionen in einer Psychotherapie, die Patienten als schmerzhaft erleben (Mahoney 1996).

Psychische Gesundheit geht jedoch einher mit einer Erlebnisvielfalt von situationsangemessenen Emotionen, hilfreichen Emotionsregulationsfähigkeiten und der Möglichkeit, emotionales Erleben durch sinnvolle Handlungen umzusetzen. Dazu gehört auch das Vermögen, für die eigenen Grundbedürfnisse mit zunehmendem Alter selbst zu sorgen sowie eine Zeit lang Bedürfnisaufschub aushalten zu können.

> Frau H. berichtet davon, unangenehme Tätigkeiten immer wieder aufzuschieben. Dazu gehören auch Alltagserledigungen, sodass es in ihrer Wohnung entsprechend »chaotisch« aussehe. Sobald sie sich vornehme, nun z. B. die Wäsche zu machen, stelle sie sich die Frage, ob sie dazu »gerade Lust habe« (Bedürfnis nach Lustgewinn). Die Antwort lautet bei vielen Gelegenheiten natürlich: »Nein. Es ist viel spannender, sich mit Freunden zu treffen, einkaufen zu gehen etc.«. Die unangenehmen Gefühle beim Gedanken an die eigene Wohnung würden immer intensiver, sodass sie sich kaum noch motivieren könne, tagsüber nach Hause zu kommen.

Grundsätzlich strebt die emotionsbezogene Psychotherapie wie viele andere psychotherapeutische Ansätze die Beeinflussung von emotional schmerzhaften Prozessen an. Emotionsbezogene Interventionen ermöglichen die direkte Arbeit an und mit Emotionen, um seelische Gesundheit wiederherzustellen bzw. zu fördern. Ziel ist es, Freiheit innerhalb des eigenen emotionalen Erlebens zu erlangen. Dabei gilt es, nicht frei von Emotionen, sondern frei in und mit einer Vielfalt von eigenen Emotionen zu sein. Die angemessene Versorgung zugunsten der eigenen Grundbedürfnisse (▶ Kap. 2.2 und 3), eine wohlwollende Haltung sich selbst gegenüber und der Aufbau von angemessenen Emotionsregulationsstrategien stellen dabei wesentliche Schwerpunkte dar. Schritte auf dem Weg zu mehr psychischer Gesundheit sind
- das angemessene Wahrnehmen und Erfahren von Emotionen,
- deren Informationscharakter für sich nutzen lernen,
- der adäquate Emotionsausdruck, sinnvolles Handeln zugunsten adaptiver Emotionen sowie
- der Abbau maladaptiven emotionalen Erlebens.

10.3.1 Abbau von Vermeidungsverhalten in Bezug auf Emotionen

Maladaptives emotionales Erleben prägt die Ätiopathogenese von psychischen Störungen. *Der Schwerpunkt des emotionsbezogenen Ansatzes liegt darin, an den schmerzhaften und maladaptiven Prozessen unmittelbar zu arbeiten.* Patienten versuchen jedoch gerade diese Emotionen zu vermeiden, was einen wesentlichen Teil des psychischen Leidens darstellt. Bewältigungsstrategien sind ein Ausdruck des Vermeidens von maladaptiven und als problematisch wahrgenommenen adaptiven primären Emotionen. *Die sichere, wohlwollend-empathische Grundhaltung des Therapeuten prägt dabei die Therapie und ermöglicht den Zugang zu schmerzhaftem emotionalen Erleben.* Jedoch werden über die Grundhaltung des Therapeuten und dessen Umgang mit emotionalem Erleben bereits korrigierende Erfahrungen in Bezug auf frustrierte Grundbedürfnisse und Motive (▶ Kap. 2.2 und 2.3 und folgendes) angeboten. Patienten sollen unterstützt werden, emotionale Prozesse wahrzunehmen und diese angemessener erleben zu

10.3 Ziele der emotionsbezogenen Psychotherapie

können. Durch das direkte Aufgreifen emotionaler Vorgänge werden mittels vertiefender Techniken biografische Bezüge hergestellt und in einen Gesamtkontext des eigenen Lebens eingebettet. Patienten lernen so, ein Verständnis für sich und das individuelle emotionale Erleben zu entwickeln. Emotionsauslösende Stimuli können bewusst und die den Emotionen zugrunde liegenden Grundbedürfnisse erkennbar gemacht werden. Die Vermittlung dazugehöriger notwendiger und angemessener Emotionsregulationsstrategien moduliert bisher überregulierte und unterregulierte Prozesse im Umgang mit den eigenen Emotionen.

10.3.2 Im emotionalen Erleben Ressourcen neu entdecken und für sich nutzen

Ein wesentlicher Bestandteil der emotionsbezogenen Arbeit ist es, Ressourcen im Umgang mit Emotionen neu zu entdecken. Emotionen liefern eine Vielzahl von Informationen in Bezug auf die eigenen Grundbedürfnisse als auch die individuellen Ziele. Die Arbeit an emotional problematischem Geschehen verdeutlicht automatisiertes Annäherungs- und Vermeidungsverhalten, das manchmal z. B. die Verfolgung von selbstgesteckten Zielen verhindert. Automatisiertes Annäherungs- und Vermeidungsverhalten kann sich auch zugunsten eines Grundbedürfnisses entwickeln und zeitgleich aktiviert sein (▶ Kap. 10.4.2). Deshalb gilt es durch die direkte Arbeit an Emotionen, sinnvolle adaptive Handlungen zugunsten adaptiver emotionaler Prozesse und Strategien zu entdecken und weiterzuentwickeln. Neubewertungen und positive Selbstverbalisationen zugunsten eigenen emotionalen Erlebens fördern auch eine wohlwollende Haltung sich selbst gegenüber.

Ein Ziel der emotionsbezogenen Psychotherapie besteht darin, über Emotionen und deren Erleben zu lernen, eigene Probleme besser bewältigen und angemessenere Selbstfürsorge aufbauen sowie eigene Ziele erreichen zu können. Emotionale Prozesse sind ein Kommunikationsmittel, die auch Mitmenschen Auskünfte über uns und unsere Ziele vermitteln. Gute Emotionsregulationsstrategien, eine Einsicht in emotionale Prozesse und ein angemessener Umgang mit dahinterliegenden Grundbedürfnissen ermöglichen es, auch Mitmenschen und deren Emotionen gegenüber Empathie aufzubringen. Gerade der soziale und selbstreflexive Charakter von Schuld und Scham machen diese Emotionen zu einem sehr komplexen Geschehen, denen Patienten sich oft hilflos und ohnmächtig ausgeliefert fühlen. Innerhalb der Therapie sollen die Versprachlichung und die Einordnung von emotionalem Erleben gefördert werden. Ungünstige Überzeugungen und Ansichten in Bezug auf emotionales Geschehen werden abgebaut. *Patienten erlernen adaptives und maladaptives emotionales Erleben zu unterscheiden, primäre und sekundäre Emotionen sowie Bewältigungsschemata und deren Folgekosten zu erkennen.*

10.3.3 Reduktion der Übersensibilität

Ein Hauptziel des emotionsbezogenen Arbeitens ist die Reduktion der Übersensibilität in Bezug auf emotionales Erleben. Gerade schmerzhafte Emotionen, denen kein Ausdruck verliehen werden kann oder für die es nicht möglich ist, sinnvolle Handlungen zu entwickeln, stellen für viele Patienten die Hauptbelastung dar. Genauso zeigt sich im therapeutischen Alltag, dass widersprüchliches emotionales Erleben, das zeitgleich zugunsten eines Grundbedürfnisses aktiviert ist, einen hohen Leidensdruck verursacht (▸ Kap. 10.4.1). Bewältigungsstrategien, Vermeidungsverhalten und die übermäßige Fokussierung auf das emotionale Erleben sind Ausdruck der bisherigen Strategien.

> **Praxistipp**
>
> **Thema Übersensibilität**
>
> Viele Patienten brauchen für die Auseinandersetzung mit den Emotionen, die sie bisher vermieden haben und auf die sie sehr sensibel reagieren, Unterstützung bei der Förderung von Veränderungsmotivation. Veränderungsmotivation lässt sich neben psychoedukativen Elementen oft auch über eine Metapher entwickeln. Im Praxisalltag haben sich die Formulierung und das Bild »Allergie in Bezug auf die jeweilig schmerzhafte Emotion« bewährt. Die kleinste Polle im Raum, also ein emotionsauslösender Reiz, oder eine minimale Ausprägung der Emotion in Situationen führt so dann zu einer vollen allergischen Reaktion. »Allergien« werden oft durch systematische Desensibilisierung behandelt. Was in der Medizin hilft, stellt für viele Patienten ein Grundverständnis und die Motivation dar, sich dem eigenen emotionalen Erleben zu widmen und sich durch das systematische Aufsuchen damit auseinanderzusetzen.

Ziel der Therapie ist es, dem Patienten zu ermöglichen, sich diesen Emotionen zu stellen und sie wahrnehmen zu können. Mit einer akzeptierenden Grundhaltung lernen Patienten, den Informationsgehalt eigenen emotionalen Erlebens zu nutzen und ggf. besser für frustrierte Bedürfnisse und eigene Ziele sorgen zu können. Eine sich stattdessen entwickelte »gutartige und wohlwollende Aggression« ist Ausdruck einer angemessenen Selbstbehauptung zugunsten der eigenen Bedürfnisse und Lebensziele. Die Aufklärung über Emotionsregulation stellt ein hilfreiches Konstrukt dar und ermutigt Patienten, neue Strategien im Umgang mit eigenen Emotionen zu erlernen. Emotionsregulation ist dementsprechend die Fähigkeit eines Menschen, aktiven Einfluss auf emotionales Geschehen und die Handlungsbereitschaften nehmen zu können.

Zu den wesentlichen Emotionsregulationsstrategien (in Anlehnung an Ochsner u. Gross 2005) gehören:

Reiz- oder Stimuluskontrolle Reizkontrolle fördert das Erkennen von emotionsauslösenden Reizen und unterstützt den gezielten Umgang damit (z. B. das gezielte Vermeiden, Ausschließen oder Aufsuchen von Reizen). Stimuluskontrolle

10.3 Ziele der emotionsbezogenen Psychotherapie

beschreibt die Beeinflussung durch eigenes Verhalten, z. B. Vermeiden, gezieltes Aufsuchen oder Verändern der Reizbedingungen. – *Beispiel:* Ein herablassender Tonfall kann einen emotionsauslösenden Reiz darstellen. So kann in einem Konfliktgespräch deshalb Ärger beim Gesprächspartner entstehen. Gelingt es diesem dann trotz des Ärgers, weiterhin sachlich zu argumentieren, stellt das die Beeinflussung des eigenen Verhaltens dar.

Aufmerksamkeitsfokussierung Die eigene Aufmerksamkeitsausrichtung entscheidet darüber, wie wir Situationen innerlich erleben. Zur Aufmerksamkeitsfokussierung gehört die Steuerung der eigenen Wahrnehmung auf verschiedene Faktoren einer Situation. Ist die Aufmerksamkeit zu sehr fokussiert, können die unterschiedlichen Reize und Informationen nicht wahrgenommen und/oder verarbeitet werden. – *Ein Beispiel* dafür stellt die Wahrnehmung von ausschließlich bedrohlichen Aspekten eines Fluges dar. Angst kann ein Resultat dieser Aufmerksamkeitsfokussierung sein. Ist die Aufmerksamkeitsverteilung zu groß ausgeprägt, fällt es schwer, relevante von irrelevanten Informationen zu trennen und so z. B. aktiv Entscheidungen über sinnvolles Verhalten zu treffen.

Reiz- oder Situationsmodifikation Reize, die Emotionen bei uns auslösen, können durch die aktive Beeinflussung verändert werden. – *Beispiel:* So ist es möglich, z. B. die Person mit dem herablassenden Tonfall (aus dem ersten Beispiel) zu bitten, angemessener zu sprechen.

Genauso können Situationen, in denen Emotionen schnell aktiviert werden, auch verändert werden. – *Beispiel:* In Partnerschaften etablieren sich oft Kommunikationsstrukturen. Konflikte werden z. B. eben schnell in der Küche ausgetragen. Auseinandersetzungen können grundsätzlich einen anderen Verlauf haben, wenn sich beide Partner Zeit nehmen und sich beispielsweise an den Küchentisch setzen und in Ruhe sprechen.

Kognitive Bearbeitung Bewertungen, innere Einstellungen und Haltungen, also die Art der Bewertungen und unser Denken gegenüber einer Situation, Person oder eines Reizes, tragen entscheidend dazu bei, welche Emotionen entstehen. *Beispiel:* Die Einladung zum Mitarbeitergespräch kann als Bedrohung für den Arbeitsplatz erlebt werden. Grundlage dafür ist z. B. der Gedanke, dass uns der Chef nicht wohlgesinnt ist. Alternativ kann mit einer anderen Einstellung (Chef schätzt meine Arbeit) Freude auf die Gelegenheit zum Austausch entstehen.

Modifikation der Reaktion Handlungen tragen entscheidend dazu bei, wie Emotionen sich weiterentwickeln. – *Beispiel:* Den Partner trotz aktuellen Ärgers in die Arme zu nehmen führt dazu, dass Ärger schnell abklingt. Stattdessen kann sich eine Nähe einstellen, auf deren Grundlage z. B. Versöhnung möglich ist.

Eine ausführliche Darstellung von Emotionsregulationsstrategien ist in dem Buch »Emotionsbezogene Psychotherapie« (Lammers 2007) zu finden.

Je mehr Emotionsregulationsstrategien ein Mensch beherrscht, umso freier ist er innerhalb des eigenen emotionalen Erlebens. *Patienten lernen im Rahmen der Therapie, zu unterscheiden, wann welche Emotionsregulationsstrategien eingesetzt werden.* Wichtig ist jedoch, dass Patienten in Bezug auf die eigene Lebensgeschichte lernen, im Umgang mit dem eigenen emotionalen Erleben aus der Vielfalt der möglichen Strategien und Ressourcen zu schöpfen.

Zusammenfassung

- Problematisches emotionales Erleben oder gar der fehlende Zugang zu eigenem emotionalen Erleben sowie unzureichende Emotionsregulationsstrategien sind Bestandteile der meisten psychischen Erkrankungen.
- Psychische Gesundheit geht einher mit einer Erlebnisvielfalt von situationsangemessenen Emotionen, hilfreichen Emotionsregulationsfähigkeiten und der Möglichkeit, emotionales Erleben durch sinnvolle Handlungen umzusetzen.
- Grundsätzlich strebt die Emotionsbezogene Psychotherapie wie viele andere psychotherapeutische Ansätze die Beeinflussung von emotional schmerzhaften Prozessen an.
- Der Schwerpunkt des emotionsbezogenen Ansatzes liegt darin, an den schmerzhaften und maladaptiven Prozessen unmittelbar zu arbeiten und den Bezug zu den Grundbedürfnissen herzustellen.
- Die sichere, wohlwollend-empathische Grundhaltung des Therapeuten prägt dabei die Therapie und ermöglicht den Zugang zu schmerzhaftem emotionalen Erleben sowie zu korrigierenden Erfahrungen.
- Ein wesentlicher Bestandteil der emotionsbezogenen Arbeit ist es, Ressourcen im Umgang mit Emotionen neu zu entdecken.
- Patienten lernen adaptives und maladaptives emotionales Erleben zu unterscheiden, primäre und sekundäre Emotionen sowie Bewältigungsschemata und deren Folgekosten zu erkennen.
- Ein Hauptziel des emotionsbezogenen Arbeitens ist die Reduktion der Übersensibilität in Bezug auf einzelne Emotionen.
- Patienten lernen im Rahmen der Therapie zu unterscheiden, wann welche Emotionsregulationsstrategien eingesetzt werden.

10.4 Emotionsphobischer Konflikt

Ein Grundbegriff des emotionsbezogenen Arbeitens ist der »emotionsphobische Konflikt« (vgl. Lammers 2007). Der Begriff »Emotionsphobie« wurde auch durch McCullough et al. (2003) geprägt. *Die Angst vor bestimmten Emotionen entwickelt sich insbesondere aus den frühkindlichen Erfahrungen zugunsten der Grundbedürfnisse. Die Angst kann unabhängig von der erlebten Valenz des emotionalen Erlebens auftreten.* Angenehme Emotionen können dabei genauso

10.4 Emotionsphobischer Konflikt

ängstigend sein, wenn es wiederholte invalidierende Erfahrungen in Bezug auf diese Emotionen gab (vgl. Fallbeispiel Frau L. in Kapitel 10.4.1).

10.4.1 Erinnerungsbasierte emotionale Schemata

Lebensgeschichtliche Erfahrungen in Bezug auf die Grundbedürfnisse führen zur Ausprägung von emotionalen Schemata, deren Ausdruck primäre Emotionen sind (▶ Kap. 10.5.1). Als Schema lassen sich in diesem Zusammenhang organisierte Einheiten der psychischen Regulation verstehen. Die emotional stark eingefärbten Schemata entwickeln sich aufgrund früher und wiederholter Lernerfahrungen vor allem im vorsprachlichen Lebensalter. *Zu einem emotionalen Schema gehören zugrunde liegende Bedürfnisse, Motive sowie Emotionen, meist sehr einfache (oft auch nachträglich entstandene) Kognitionen, Handlungsmuster und physische Empfindungen.* Emotionale Schemata haben aufgrund der wiederholten Lernerfahrungen oft einen automatisierten Charakter. Sie stellen eine erste emotional geprägte Bewertungsinstanz dar und fördern die selektive Wahrnehmung von Informationen und Reizen in aktuellen Situationen. Sowohl angenehme als auch schmerzhafte Emotionen können sich so etablieren und scheinbar unkontrollierbar ablaufen. Angenehme emotionale Schemata in Bezug auf Bindung stellen z. B. Geborgenheitsgefühle dar. Schmerzhafte emotionale Schemata in Bezug auf dasselbe Grundbedürfnis können Einsamkeitserleben oder Scham sein.

> Frau L. (35 Jahre) berichtet im Zuge der Behandlung von ihren Erinnerungen zugunsten des Bedürfnisses Selbstwerterhöhung. Im Rahmen früher kindlicher Erfolge entwickelte Frau L. z. B. Stolz und Freude (Befriedigung der Grundbedürfnisse nach Selbstwerterhöhung und Autonomie), was ja angemessen war. Sobald Frau L. diese Emotionen zeigte, seien immer wieder verbale Sanktionen seitens der Eltern erfolgt. Insbesondere beinhalteten diese Äußerungen Drohungen in Bezug auf das Bindungsbedürfnis, z. B.: »Bilde dir ja nicht ein, dass du etwas Besseres bist«, »Sei nicht überheblich, sonst will niemand etwas mit dir zu tun haben«. (Kindlicher) Stolz und Freude waren selbst in der Ausdrucksform nicht erwünscht. Frau L. lernte, dass diese Emotionen nicht gezeigt werden sollten. Deshalb vermied sie diese eigentlich angenehmen Emotionen auch zukünftig.
>
> Der emotionsphobische Konflikt zeigt sich im zweiten Fallbeispiel auf andere Art.
> Die ersten Lebensjahre von Herrn B. (24 Jahre) waren durch die Depression der Mutter und deren stationäre Aufenthalte geprägt. Zeitgleich schien der Vater mit der Situation überfordert, sodass er sich unter dem Vorwand, der »Versorgungsrolle« gerecht werden zu müssen, beruflich stark engagierte. Herr B. entwickelte in Bezug auf Bindung immer wieder starke Ängste und Verlustängste. Diese konnten innerhalb der familiären Strukturen weder ausgedrückt noch in Handlungen umgesetzt werden. Die Sensibilität der Mutter führte dazu, dass Herr B. sich in guten Phasen zwar emotional stark auf seine Mutter einließ, sich jedoch immer wieder im Stich gelassen

fühlte. Die Ängste waren in guten Phasen umso stärker. Väterlicherseits wurde Herr B. motiviert, stark zu sein, immerhin habe er noch einen Vater, der immer für ihn da sei. Um diese Beziehung nicht zu gefährden, vermied Herr B. die schmerzhaften Emotionen und gab sich nach außen tapfer und standhaft. Therapieanlass war der Wunsch nach einer Familie: »Jetzt bin ich erwachsen, weiß das alles und bekomme es doch nicht hin.«

Sowohl angenehme als auch belastende Emotionen können emotionsphobisch vermieden werden. Dies geschieht insbesondere dann, wenn es innerhalb des familiären Systems keine Möglichkeiten gab, sinnvolle Handlungen zum emotionalen Erleben zu entwickeln, oder bereits der Ausdruck der Emotion nicht erwünscht war.

Grundsätzlich ist deshalb im Rahmen der Therapie davon auszugehen, dass Patienten die Wahrnehmung, das Erleben dieser Emotionen vermeiden. Dabei kommen vielfältige Strategien zum Einsatz, die ihren Ausdruck z. B. in gedanklichen Blockaden, Ablenkungen durch Alternativthemen, Ärger und Gereiztheit auf den Therapeuten oder gar Therapieabbrüche (»weil es schlechter als vorher geht«) finden. »Emotionsphobische Konflikte« zugunsten der primären Emotionen gehen meist einher mit fehlenden Ausdrucksmöglichkeiten, Handlungskompetenzen und Emotionsregulationsschwierigkeiten. Treten diese primären Emotionen als Ausdruck des emotionalen Schemas dennoch auf, haben sie entweder einen intensiven, überflutenden oder einen blockierenden Charakter. Die primären Emotionen sind für Patienten kaum differenzierbar und nur als »sehr unangenehme Empfindung« verbalisierbar. Bewältigungsstrategien (Bekämpfen, Ertragen, Vermeiden; ▶ Kap. 10.5.2) entwickeln Menschen, um das ursprünglich erlernte belastende emotionale Erleben nicht spüren zu müssen. *Der »emotionsphobische Konflikt« beschreibt also die Angst davor, die frühe, meist präverbale Emotion spüren zu müssen.* Bewältigungsstrategien können lange Zeit sehr hilfreich, oft auch sinnvolle Überlebensstrategien sein.

Sowohl Scham als auch Schuld können sich sowohl als Primär- oder Sekundäremotionen etablieren, insbesondere dann, wenn Grundbedürfnisse anhaltend frustriert werden. Genauso ist es möglich, dysfunktionales Schuld- und Schamerleben zu entwickeln, wenn Menschen im Sinne von Traumatisierungen einmalige und wiederholt massiv ungünstige Erfahrungen machen.

Zusammenfassung

- Die Angst vor bestimmten Emotionen entwickelt sich insbesondere aus den frühkindlichen Erfahrungen zugunsten der Grundbedürfnisse.
- Der »emotionsphobische Konflikt« beschreibt die Angst davor, die frühe, meist präverbale Emotion spüren zu müssen.
- Diese Angst kann unabhängig von der erlebten Valenz des emotionalen Erlebens auftreten.

10.4 Emotionsphobischer Konflikt

- Lebensgeschichtliche Erfahrungen in Bezug auf die Grundbedürfnisse führen zur Ausprägung von emotionalen Schemata, deren Ausdruck primäre Emotionen sind.
- Zu einem frühen emotional eingefärbten Schema gehören zugrunde liegende Bedürfnisse, Motive sowie Emotionen, meist sehr einfache (oft auch nachträglich entstandene) Kognitionen, Handlungsmuster und physische Empfindungen.
- Emotionale Schemata stellen eine erste emotional geprägte Bewertungsinstanz dar und fördern die selektive Wahrnehmung von Informationen und Reizen in aktuellen Situationen.
- Sowohl angenehme als auch belastende Emotionen können emotionsphobisch vermieden werden.

10.4.2 Komplexität erinnerungsbasierter emotionaler Schemata

In diesem Kapitel sind eingangs zum besseren Verständnis die Lernerfahrungen um emotionale Schemata vereinfacht dargestellt worden. Das Leben und insbesondere die Erfahrungen der ersten Lebensjahre sind jedoch meist nicht ganz so einfach und eindimensional ausgerichtet. Auch ist davon auszugehen, dass genetische Prädispositionen die Entwicklung von Vulnerabilitäten und Ambivalenzen fördern.

In den Fallbeispielen Frau L. und Herr B. (vgl. erstes Fallbeispiel in Kapitel 10.4.1) gibt es auch andere hilfreiche Erfahrungen zugunsten der Grundbedürfnisse. Emotionale Schemata enthalten neben den Grundbedürfnissen ebenso motivationale Verhaltensweisen. Bedürfnisse stellen die Grundlage von impliziten und expliziten Motiven dar (▶ Kap. 2.3 und 2.3.1). Implizite und explizite Motive sind Ausdruck unseres motivationalen Steuerungssystems und enthalten innere Repräsentationen von Handlungsoptionen (Vermeidungs- und Annäherungsverhalten). *Zugunsten eines Grundbedürfnisses kann das erlernte emotionale Schema mehrere, auch gegensätzliche Erfahrungen enthalten.*

Bei näherer Exploration der lebensgeschichtlichen Erfahrungen von Frau L. zugunsten des Grundbedürfnisses Selbstwerterhöhung konnten auch Anerkennung und Lob seitens der Eltern gefunden werden. Lob richtete sich zumeist auf sozial erwünschte und altruistische Verhaltensweisen. Anerkennung erhielt Frau L. auch durch den älteren Bruder (5 Jahre älter). Und Frau L. konnte im Sinne des Modelllernens beobachten, wie der ältere Bruder Anerkennung und Bestätigung für Erreichtes und Erfolge von den Eltern erhielt.

Herr B. hatte natürlich auch sehr intensive Bindungserfahrungen in den Zeiten, in denen es der Mutter besser ging und sie zu Hause war. Seine Mutter bemühte sich insbesondere in diese Phasen um den Ausgleich. Herrn B.s Mutter passte sich in den Verhaltensweisen besonders an die kindlichen Bedürfnisse ihres Sohnes an, war permanent verfügbar und reagierte sehr früh auf kleine Zeichen des Sohnes. So entwickelte Herr B. Bindungserfahrungen, die sich in sehr ambivalenten Emotionen zeigen. Herr B. berichtet, dass er sich sehr wohl auf Nähe innerhalb von Partnerschaften

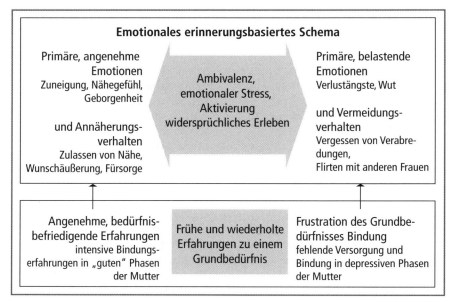

Abb. 10-1 Emotionales Schema mit gegensätzlichen Erfahrungen für Fallbeispiel Herr B.

einlassen könne, diese sogar recht schnell und intensiv entstehen würde, es jedoch irgendwann »kippen« würde. Aus seiner Sicht zeige er dann Verhaltensweisen, die dazu führten, dass sich die Partnerinnen trennten (▶ Abb. 10-1).

Je nach Intensität und Häufigkeit der Erfahrungen sind die impliziten Motive und primären emotionalen Prozesse zugunsten eines Bedürfnisses unterschiedlich stark repräsentiert. Im Rahmen eines solchen emotionalen Schemas sind die differierenden Emotionen aktiviert, jedoch mit unterschiedlicher Ausprägung. Vordergründig wird meist die primäre Emotion wahrgenommen, die sich unangenehm und schmerzhaft anfühlt. Dennoch ist das andere primäre emotionale Erleben vorhanden. Die Aktivierung des erinnerungsbasierten emotionalen Schemas über die belastende und schmerzhafte primäre Emotion ist Grundvoraussetzung dafür, das andere angenehme Erleben der Wahrnehmung und dem Bewusstsein zugänglich zu machen.

Exkurs

Ergänzende Überlegungen zum »doppelten Selbstwertkonzept«

In ▶ Kap. 6.7.1 und 7.2 ist die Theorie des »doppelten Selbstwertkonzeptes« (Sachse 2007, 2004, 2002) eingehend erläutert. Die Entstehungsgrundlagen für die postulierten zwei gegensätzlichen, getrennt voneinander existierenden Selbstkonzepte sind vermutlich die gegensätzlichen Erfahrungen zugunsten eines Grundbedürfnisses. Das explizite »kühle, kognitive und wissende« System als positives Selbstkonzept (dazu z. B. Metcalfes u. Mischel 1999)

10.4 Emotionsphobischer Konflikt

mit einem Selbstverständnis von Grandiosität und Großartigkeit kann sich nur vor dem Hintergrund von erlebten Erfahrungen zugunsten eines Grundbedürfnisses (z. B. Selbstwert) entwickeln. Bestandteil des erinnerungsbasierten emotionalen Schemas sind aber auch z. B. abwertende, schaminduzierende Erfahrungen, die das implizite »heiße, emotionale und machende« System in der Entwicklung fördern.

Das verletzte und beschämte Selbstkonzept eines Menschen mit narzisstischer Persönlichkeit könnte sich vielleicht auch aufgrund einer besonderen Vulnerabilität zugunsten der angeborenen individuellen Verletzlichkeit entwickeln. In diesem Fall würden vermutlich auch wenige ungünstige Erfahrungen/Traumatisierungen und Frustrationen bezüglich frühkindlicher Grundbedürfnisse ausreichen sowie eine selektive Wahrnehmung, um das verletzte und beschämte Selbst entstehen zu lassen. Verletzungen und ungünstige Erfahrungen können dabei derartig intensiv empfunden werden, dass diese auch aufgrund fehlender Emotionsregulationsstrategien, dann ausschließlich im Vordergrund stehen. In der Arbeit mit Patienten, bei denen eine Narzisstische Persönlichkeitsstörung vorliegt, zeigen sich nicht immer auffällige biografische Besonderheiten. Daher sind weitere Überlegungen notwendig, um das Auftreten einer Narzisstischen Persönlichkeit erklären zu können.

Typischerweise sind zu einem Bedürfnis zusätzlich oft Annäherungs- und Vermeidungsschemata aktiviert, denn es gibt neben den Verletzungen von Grundbedürfnissen in der Kindheit auch angenehme Erfahrungen. Bei der emotionsbezogenen Arbeit mit Patienten ist deutlich geworden, dass emotionale Schemata sowohl Annäherungs- als auch Vermeidungsverhalten beinhalten. Das primäre emotionale Erleben ist dann ebenfalls unterschiedlich geprägt. Neben angenehmem emotionalen Erleben sind parallel auch unangenehme, schmerzhafte Emotionen aktiviert. Frühkindliche Erfahrungen in Bezug auf Grundbedürfnisse haben implizite Motive als Grundlage, während sich spätere Erfahrungen zunehmend in expliziten Motiven äußern. Beide Motivvarianten können jeweils Annäherungs- und Vermeidungsverhalten aufweisen. *Patienten, bei denen ein emotionsphobischer Konflikt zugrunde liegt, vermeiden das primäre emotionale Erleben.* Sie berichten in den Therapien von widersprüchlichen Verhaltensweisen, von Annäherung und Vermeidung bei zeitgleich fehlendem Zugang zum dahinter liegenden emotionalen Erleben. So können sowohl anhaltende Ambivalenzen als auch das zeitlich versetzte Ausleben von beiden Verhaltensweisen entstehen (▶ Fallbeispiel Herr B. S. 324 und Abb. 10-1). Manche Patienten berichten auch von Verhaltensweisen, die eigene Wünsche und Ziele boykottieren.

Ein (zeitweise) unbefriedigtes Grundbedürfnis nach Bindung kann dazu führen, dass Menschen versuchen, im Erwachsenenalter dieses schnell zu befriedigen. Dabei kann die bewusste Entscheidung, als explizites Motiv eine Familie gründen zu wollen, eine eher kognitive Motivation darstellen. *Emotionale Schemata, deren Ausdruck die primären Emotionen darstellen, enthalten implizite Motive samt erlernter Verhaltensprogramme zugunsten des jeweiligen Grundbedürfnisses.* Die oft automatisch ablaufenden Verhaltensmuster der impliziten Motive (▶ Kap. 2.3 und 2.3.1) werden meist erst dann aktiviert, wenn diese Menschen sich in einer nahen Beziehung befinden. *Das Vermeidungsverhalten des impliziten Motivs und das primäre emotionale Erleben werden trotz Aktivierung oft missachtet oder kognitiv überreguliert.* Das emotionale Erleben bleibt, genau wie die gegensätzlichen Verhaltensweisen, dennoch aktiviert. Kleinste Auslöser in aktuellen Situationen oder Veränderungen können dazu führen, dass Patienten sich zurückziehen oder dysfunktionale Verhaltensweisen in einer Beziehung zeigen oder sich scheinbar impulsiv trennen. Sie schützen sich so z. B. vor einer antizipierten Verletzung des Grundbedürfnisses.

Herr B. – eine Fortführung

Herr B. kann sich aufgrund der zeitweise vorhandenen frühen intensiven Bindungserfahrungen gut auf eine Partnerin einlassen. Ihm stehen dazu aufgrund der intensiven Bindungserfahrungen auch erlernte Verhaltensprogramme der Annäherung (implizites Motiv) zur Verfügung. Seine Motivation, eine Familie gründen zu wollen, stellt ein explizites Motiv dar und erhöht die Motivation, sich auf Nähe einzulassen. Natürlich beherrscht Herr B. auch bewusste Strategien der Annäherung zur Erreichung des Ziels, »eine Familie gründen«. Er ist z. B. verlässlich, fürsorglich und äußert zukunftsorientierte Wünsche mit der Partnerin. Sobald sich auch emotional über einen längeren Zeitraum ein Nähegefühl und Geborgenheit einstellen, ist das frühe emotionale Schema zugunsten des Bindungsbedürfnisses aktiviert. In diesem sind neben den intensiven Bindungserfahrungen aber auch die frühen Verlusterfahrungen verankert. Die impliziten Motive zum Bindungsbedürfnis enthalten gegensätzliche Handlungsoptionen (Annäherung und Vermeidung). Die emotional spürbare Ambivalenz (Nähe versus Verlustängste) versucht Herr B. zu vermeiden. Er verhält sich anfangs in Partnerschaften sehr nähe- und geborgenheitsorientiert. Dennoch steigt hinter den angenehmen Emotionen, die aus der Nähe resultieren, die emotionale Anspannung unangenehmer, belastender Emotionen auf. Das führt dazu, dass er immer wieder Verhaltensweisen zeigt, die eine Partnerin irritieren, z. B. vergisst er Verabredungen, gibt seine Telefonnummer im Beisein der Partnerin anderen, bisher unbekannten Frauen etc.

Einen großen Teil des schmerzhaften Erlebens machen genau diese scheinbar gegensätzlichen Bestrebungen der entstandenen impliziten Motive zugunsten eines Grundbedürfnisses aus. Neben dem z. T. widersprüchlichen und kaum verbalisierbaren primären emotionalen Erleben sind also gegensätzliche Handlungsoptionen der Annäherung und Vermeidung aktiv. Genau dieses Erleben scheint ursächlich und begünstigend für die Entstehung eines emotionsphobischen Konfliktes. Es gibt keine Handlungsoption, die sich »richtig anfühlt«, und damit sind scheinbar sinnvolle Handlungen zugunsten der Emotionen oder des Grundbedürfnisses möglich. Diese innere Zerrissenheit, gepaart mit intensivem, meist präverbalem emotionalen Erleben, führt oft in eine empfundene »Blockade« oder in ein Ohnmachtserleben.

Sinnvolle und hilfreiche Erfahrungen, annähernde Verhaltensweisen zugunsten eines Grundbedürfnisses stellen jedoch wichtige Ressourcen der Patienten dar. Mit der Vermeidung des schmerzhaften emotionalen Erlebens fehlt in der Folge auch der Zugang zu den hilfreicheren und angenehmen Erfahrungen.

10.4 Emotionsphobischer Konflikt

Diese sind erst dann explorierbar, wenn der emotionsphobische Konflikt überwunden ist. Im Rahmen der Exposition mit dem schmerzhaften und scheinbar gegensätzlichen Erleben werden widersprüchliche Handlungsoptionen zugunsten des Grundbedürfnisses offengelegt. Der Leitgedanke für den Therapeuten und den Patienten ist dabei das grundsätzliche Streben nach der Befriedigung von Grundbedürfnissen. Das Nachgehen von annähernden und bedürfniserfüllenden Verhaltensweisen wird anfangs auch die anderen widersprüchlichen Erfahrungen aktivieren und kann als Ausdruck von korrigierenden Erfahrungen verstanden werden (▶ Kap. 9.4).

Die weiterführende Aufgabe des Therapeuten besteht darin, neben der motivationalen und emotionalen Unterstützung des Patienten auch Anreize zugunsten der Erreichbarkeit von Grundbedürfnissen zu schaffen und bedürfnisbefriedigende Strategien zu fördern. Dazu gehört es, Ausnahmen im Leben herauszuarbeiten und realistische Ziele mit Patienten zugunsten ihrer Grundbedürfnisse zu formulieren. Menschen streben danach, eigene Grundbedürfnisse zu befriedigen und Strategien zur Befriedigung der Grundbedürfnisse zu erlernen. *Jeder erkannte und zugänglich gemachte emotionsphobische Konflikt beim Patienten ist zugleich auch eine Chance für den Patienten, Vermeidungsschemata zu reduzieren und Annäherungsschemata zugunsten der Grundbedürfnisse auszuformen, zu vertiefen bzw. Strategien zu erarbeiten.*

Zusammenfassung

- Patienten, bei denen ein emotionsphobischer Konflikt zugrunde liegt, vermeiden das primäre emotionale Erleben.
- Emotionale Schemata, deren Ausdruck die primären Emotionen darstellen, enthalten implizite Motive samt erlernter Verhaltensprogramme zugunsten des jeweiligen Grundbedürfnisses.
- Zugunsten dieses Grundbedürfnisses kann das emotionale Schema mehrere, auch gegensätzliche Erfahrungen enthalten.
- Typischerweise sind zu einem Bedürfnis oft Annäherungs- und Vermeidungsschemata aktiviert, denn es gibt neben den Verletzungen von Grundbedürfnissen in der Kindheit auch angenehme Erfahrungen.
- Einen großen Teil des schmerzhaften Erlebens machen genau diese scheinbar gegensätzlichen Bestrebungen der entstandenen impliziten Motive zugunsten eines Grundbedürfnisses aus.
- Das Vermeidungsverhalten des impliziten Motivs und das primäre emotionale Erleben werden trotz Aktivierung oft missachtet oder kognitiv überreguliert.
- Sinnvolle und hilfreiche Erfahrungen, annähernde Verhaltensweisen zugunsten eines Grundbedürfnisses stellen wichtige Ressourcen der Patienten dar.
- Jeder erkannte und zugänglich gemachte emotionsphobische Konflikt beim Patienten ist zugleich auch eine Chance für den Patienten, Vermeidungsschemata zu reduzieren und Annäherungsschemata zugunsten der Grundbedürfnisse auszuformen, zu vertiefen – bzw. Strategien zu erarbeiten.

10.5 Primäre, sekundäre Emotionen und Bewältigungsschemata

Das Konzept des emotionsphobischen Konfliktes ist bereits ausgeführt worden. Zum besseren Verständnis wird nun kurz auf die wesentlichen Bestandteile des emotionsphobischen Konfliktes eingegangen. Grundlagen stellen dabei jene Teile dar, die sich in der Praxis als besonders hilfreich erwiesen haben. Für ein vertiefendes Grundlagenwissen wird auf das Buch »Emotionsbezogene Psychotherapie« (Lammers 2007) hingewiesen. Primäre und sekundäre Emotionen sind die wesentlichen Bestandteile eines emotionsphobischen Konfliktes.

10.5.1 Primäre Emotionen

Primäre Emotionen sind Ausdruck der wiederholten Lernerfahrungen in Bezug auf ein Grundbedürfnis. Wie in ▶ Kap. 10.4.2 ausführlich dargestellt, haben Menschen oft unterschiedliche, manchmal auch gegensätzliche Erfahrungen in Bezug auf die eigenen Grundbedürfnisse. Wiederholt gemachte lerngeschichtliche Erfahrungen rund um ein Grundbedürfnis zeigen sich in Form eines frühen emotionalen Schemas. Schemata helfen uns Menschen, schnell in komplexen Situationen zu reagieren (Greenberg 2006). *Die Aktivierung eines frühen erinnerungsbasierten und damit emotional geprägten Schemas zeigt sich meist in Form von primären Emotionen. Gibt es unterschiedliche Erfahrungen zugunsten der Grundbedürfnisse, enthält das emotionale Schema häufig auch mehrere, gleichzeitig aktivierte primäre Emotionen.* Diese stehen – wie wir bereits gesehen haben – manchmal im Widerspruch zueinander und bahnen unterschiedliche Handlungsoptionen. Daher zeigt sich ein emotional belastendes Schema oft auch als recht »undifferenzierte Empfindung der inneren Zerrissenheit«, als Körperempfindung oder durch gegensätzliche Handlungsoptionen, die scheinbar nur kognitiv verfügbar sind.

> Im Zuge der emotionsbezogenen Arbeit und der angeleiteten Exposition mit dem emotionalen Schema zum Grundbedürfnis Bindung berichtet Frau T. von »starken Bauchschmerzen« und den Impulsen, einerseits Nähe herstellen zu wollen und andererseits dabei noch mehr »Bauchschmerzen« zu empfinden, und zwar schon bei der Vorstellung von Nähe. Somit ist der Fluchtimpuls in den Momenten der Antizipation von Nähe viel stärker ausgeprägt. Genau jenes Empfinden, das »Hin und Her«, erlebe Frau L. als sehr anstrengend und schmerzhaft. Es blockiere sie in Entscheidungen darüber, wie sie nun sinnvoll für sich sorgen soll. Dabei auch noch die Bauchschmerzen aushalten zu müssen mache sie sehr hilflos.

Innere Zerrissenheit, einander widerstrebende Handlungsoptionen und gegensätzliches primäres emotionales Erleben sind Hinweise auf ein aktiviertes emotionales Schema. Zeigen sich die erinnerungsbasierten emotionalen Schemata in dieser Form, ist davon auszugehen, dass mehrere primäre Emotionen Bestandteil des Schemas sind. Implizite Motive als Handlungsoptionen (▶ Kap. 2.3 und 2.3.1) können dann sowohl der Annäherung als auch der Vermeidung (zur Verhinderung weiterer Frustrationen) zugunsten eines Grundbedürfnisses dienen.

Sehr stark vereinfacht, aber für den Praxisalltag treffend und dem Patientenverständnis nützlich, lässt sich daran auch die Unterscheidung zwischen maladaptiven primären Emotionen und adaptiven primären Emotionen treffen. Implizite Motive der Vermeidung und schmerzhaftes Erleben können aus dem Grundverständnis heraus zwar vor weiteren Frustrationen schützen, aber sie sind dennoch als wenig hilfreich einzuordnen. Die vereinfachte maladaptive Einordnung geschieht vor dem Hintergrund, dass Menschen grundsätzlich bestrebt sind, Grundbedürfnisse zu befriedigen (Grawe 2004). Vermeidungsverhalten verhindert die Bedürfnisbefriedigung und kann damit trotz schützenden Charakters nur maladaptiv sein.

Wenn Menschen frei von ungünstigen Lernerfahrungen und Frustrationen sind, sind sie bestrebt, bedürfnisbefriedigende oder zumindest annähernde Verhaltensweisen und Strategien zu entwickeln. Eine als angenehm empfundene primäre Emotion ist Ausdruck der gelungenen Bedürfnisbefriedigung. Primäres emotionales Erleben, das unangenehm oder gar schmerzhaft ist, zeigt die (zeitweise) Frustration des Grundbedürfnisses an. Genauso kann das emotional belastende Erleben auch die zeitgleich aktivierten widersprüchlichen Erfahrungen und gegensätzlichen Handlungsoptionen zugunsten eines Bedürfnisses anzeigen. Daher hat das schmerzhafte, unangenehme emotionale Erleben zwar sinnvollen Signalcharakter, jedoch dient es nicht unmittelbar der Bedürfnisbefriedigung. *Werden komplexere emotionale Schemata mit sowohl angenehmen als auch unangenehmen primären Emotionen aktiviert, gilt es im Rahmen der Therapie, die annähernden Verhaltensweisen zugunsten des jeweiligen Grundbedürfnisses zu fördern.* Neben der Einsicht in das erinnerungsbasierte Erleben mit den teilweise widersprüchlichen primären Emotionen, Empfindungen und Handlungsoptionen brauchen Patienten oft auch Unterstützung im Umgang mit den vermeidenden Handlungsoptionen oder intensiven Körperempfindungen.

10.5.2 Sekundäre Emotionen und Bewältigungsschemata

Unangenehmes emotionales Erleben, auch die eingangs ausgeführte empfundene Zerrissenheit oder körperlich schmerzhafte Empfindungen wollen Menschen vermeiden. Die Befriedigung von Bedürfnissen geht mit angenehmem, adaptivem emotionalen Erleben einher. Im Fallbeispiel Frau L. (▶ Kap. 10.4.1 ff.) konnten bzw. durften weder das adaptive angenehme emotionale Erleben ausgedrückt werden noch konnten sinnvolle Handlungen (Stolz über Erfolge mitzuteilen, sich selbst zu loben) dazu weiterentwickelt werden. Frühe ungünstige Lernerfahrungen in Bezug auf ein angenehmes und adaptives Erleben verhindern, dass dies auch so eingeordnet und »gelebt« wird. Vor diesem Hintergrund können sich Bewältigungsschemata als Kompensationsmechanismus entwickeln. Bewäl-

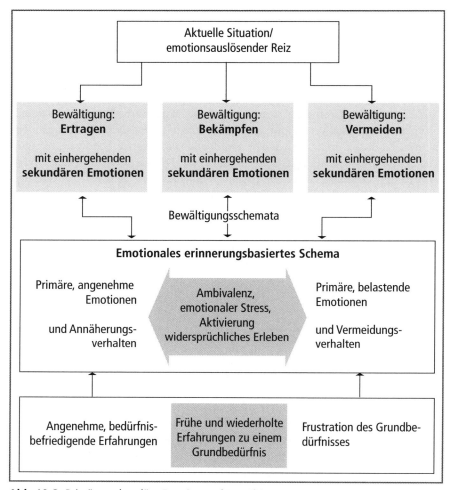

Abb. 10-2 Primäre, sekundäre Emotion und Bewältigung

tigungsstrategien gehen jedoch ebenso mit emotionalem Erleben einher. *Diese Sekundäremotionen sind Ausdruck der Bewältigungsschemata. Bewältigungsschemata mit sekundären Emotionen fühlen sich für Menschen besser an als das dahinter liegende primäre, oft widersprüchliche emotionale Erleben.* Aus dem emotionsbezogenen Ansatz lassen sich drei wesentliche Bewältigungsschemata (Greenberg 2002, 2006 sowie Lammers 2007) benennen. Diese gehen mit sekundären Emotionen einher (▸ Abb. 10.2).

> Herr G. (43 Jahre) kommt nach einer verhaltenstherapeutischen Behandlung wegen sozialphobischer Symptome nach fünf Jahren erneut in Therapie. Er berichtet, von der ersten Behandlung sehr profitiert zu haben. Jedoch sei ihm aufgefallen, dass in der

10.5 Primäre, sekundäre Emotionen und Bewältigungsschemata

Therapie das eigentliche Thema nicht bearbeitet worden sei. Herr G. befürchtet, dass sein Selbstwert nicht ausreichend stabil sei – obwohl er seinen Weg recht erfolgreich gestaltet und eine gute berufliche Karriere gemacht habe. Das habe er lange Zeit nicht wahrhaben wollen.

Herr G. ist erfolgreicher Geschäftsführer einer gut laufenden Werbeagentur. Therapieanlass ist vordergründig die Trennung von seiner Ehefrau, einhergehend mit einer partnerschaftlichen Neuorientierung. Ihm sei im Zuge der Trennung aufgefallen, dass er gegenüber der bisherigen Ehefrau aufgrund von Scham- und Schuldgefühlen *(primäre Emotionen)* Zugeständnisse machen würde. Dies sei ihm in anderen Lebenssituationen auch schon aufgefallen. Die Zugeständnisse im Zuge der Scheidung, insbesondere die finanziellen, gefährden jedoch bereits seine Existenz. Mit dem logischen Verstand wisse er, dass viele Dinge rechtlich geregelt sind und er darauf vertrauen könne. Jedoch sei die existenziell-finanziell bedrohliche Lage dafür verantwortlich, dass er sich »wie früher in seiner Kindheit fühlen würde«. Seine Eltern hatten nur sehr wenig Geld, ständig sei er darüber von Mitschülern beschämt worden. Seine Herkunft erlebe er noch heute als belastend und beschämend. Versuche er doch, seit dem hart erarbeiteten und selbst finanzierten Studium erfolgreich und unabhängig zu sein.

Reflektiert berichtet Herr G., dass er vermute, dass auch seine cholerischen Wutausbrüche sowie die sozialphobische Symptomatik und der ihn begleitende Perfektionismus *(sekundäres emotionales Erleben als Ausdruck von Bewältigungsschemata)* wohl auf die zugrunde liegende Scham- und Schuldgefühle (primäres emotionales Erleben) zurückzuführen seien.

Bewältigungsschema: Ertragen Im oben genannten Beispiel Herr G. wäre die sozialphobische Symptomatik dem »Ertragen« zuzuordnen. Sekundäre Emotionen wie Unsicherheit, Angst und Minderwertigkeitserleben sind als sozialphobische Symptomatik auf emotionaler Ebene explorierbar. Die sekundären Emotionen haben oft eine ähnliche emotionale Erlebnisqualität wie dahinter liegende primäre Emotionen (Scham und Schuld). Zu diesem Bewältigungsschema gehören auch die vielen Zugeständnisse, die Herr G. im Rahmen der Scheidung macht.

Bewältigungsschema: Bekämpfen Die »cholerischen Wutausbrüche« von Herrn G. lassen, als sekundäres emotionales Erleben, sich dem Bewältigungsschema des Bekämpfens zuordnen. Diese recht aggressive Verhaltensweise bekämpft das dahinter liegende primäre Erleben von Scham und Schuld.

Bewältigungsschema: Vermeiden Perfektionismus und Übernahme von Verantwortung für den Lebensstil als vermeidendes Bewältigungsschema gehen mit der sekundären Emotion des Verhaltensstolzes einher. Das dahinter liegende primäre Erleben von Scham und Schuld kann darüber vermieden werden.

Das Fallbeispiel Herr G. wird zur Verdeutlichung in der Übersicht (▶ Abb. 10-3) schematisch dargestellt.

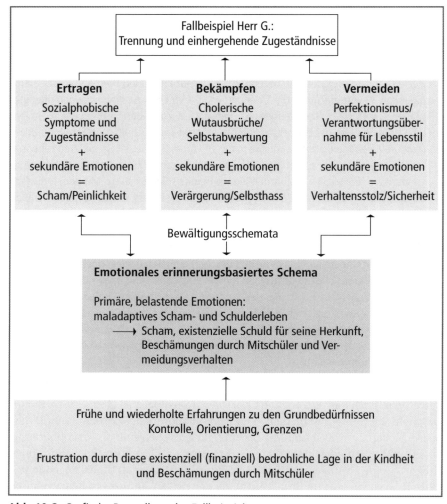

Abb. 10-3 Grafische Darstellung des Fallbeispiels Herr G.

Bewältigungsschemata und einhergehende sekundäre Emotionen verhindern, dass das primäre emotionale Erleben für Menschen spürbar wird. Die Auseinandersetzung mit dem erinnerungsbasierten emotionalen Schema und dem primären Erleben wird vermieden bzw. ist nicht zugänglich. Young et al. (2003) beschreibt ein viertes hilfreiches Bewältigungsschema (leicht modifiziert dargestellt).

Bewältigungsschema: Akzeptanz und Emotionen ausdrücken und in adaptive Handlungen umsetzen Dieses Schema wird in der Therapie gefördert und ausgeformt. In Bezug auf die grundsätzliche Motivation der Befriedigung von Grundbedürfnissen bedeutet es auch, über das jeweilige emotionale Erleben das

10.5 Primäre, sekundäre Emotionen und Bewältigungsschemata

dahinter liegende Grundbedürfnis erkennen zu lernen und über angemessene sinnvolle (annähernde) Verhaltensweisen zu befriedigen. Im Fallbeispiel Herr G. bedeutet es, ein ausgewogenes Verhältnis von Selbstwert und finanziell notwendiger Sicherheit zu fördern.

Der emotionsphobische Konflikt beschreibt eine »Angst« vor dem dahinter liegenden erinnerungsbasierten emotionalen Erleben. Diese Angst kann auch aufgrund von aktuellen Ereignissen bewusst werden (▶ Fallbeispiel Herr G.). Die meist jedoch »unbewusste Angst« ergibt sich daraus, dass

- der Umgang mit dem dahinter liegenden emotionalen Erleben über die Kompensationsmechanismen verlernt wurde,
- Strategien im Umgang mit widersprüchlichem primären emotionalen Erleben und empfundener Zerrissenheit kaum vorhanden sind/fehlen,
- resultierende innere Blockaden nur durch Kompensationsmechanismen überwunden werden können,
- die Bedürfnisbefriedigung nicht gelingt bzw. sich die erlernte und damit antizipierte Erwartung, das jeweilige Bedürfnis auch in aktuellen Situationen nicht befriedigen zu können, erfüllt.

Zusammenfassung

- Die Aktivierung eines frühen erinnerungsbasierten und damit emotional geprägten Schemas zeigt sich meist in Form von primären Emotionen.
- Gibt es unterschiedliche Erfahrungen zugunsten der Grundbedürfnisse, enthält das emotionale Schema oft auch mehrere, gleichzeitig aktivierte primäre Emotionen.
- Innere Zerrissenheit, widerstrebende Handlungsoptionen und gegensätzliches primäres emotionales Erleben sind Hinweise auf ein aktiviertes emotionales Schema.
- Werden komplexere emotionale Schemata mit sowohl angenehmen als auch unangenehmen primären Emotionen aktiviert, gilt es im Rahmen der Therapie, die annähernden Verhaltensweisen zugunsten des jeweiligen Grundbedürfnisses zu fördern.
- Bewältigungsschemata und damit einhergehende sekundäre Emotionen dienen der Kompensation des primären emotionalen Erlebens.
- Bewältigungsschemata mit sekundären Emotionen fühlen sich für Menschen besser an als das dahinter liegende primäre, oft widersprüchliche emotionale Erleben.
- Es gibt verschiedene Bewältigungsschemata:
  - Ertragen,
  - Bekämpfen,
  - Vermeiden.

(Diese drei Bewältigungsschemata sind Kompensationsmechanismen. Sie verhindern die Befriedigung dahinter liegender Grundbedürfnisse.)

- Akzeptanz und Emotion ausdrücken sowie in adaptive Handlungen umsetzen: Dieses adaptive Schema wird in der Therapie gefördert, da es hilft, dahinter liegende Grundbedürfnisse zu befriedigen.

10.6 Bedeutung von Scham und Schuld in der emotionsbezogenen Psychotherapie

Wie in ▸ Kap. 9 ausführlich dargestellt, sind die Emotionen Scham und Schuld Bestandteile einer jeden Therapie. *Unabhängig vom Verfahren, das Therapeuten im Praxisalltag anwenden, sind es insbesondere die selbstreflexiven und sozialen Emotionen, die im Rahmen einer therapeutischen Beziehung aktiviert werden.* Therapie ist Selbstreflexion, und natürlich aktiviert genau dieser Prozess auch dazugehöriges emotionales Erleben. Neben den wahrgenommenen Defiziten, Misserfolgen oder individuellen Besonderheiten, die unter Umständen scham- und schuldinduzierend sind, können auch angenehme Emotionen wie Stolz, Freude und Zufriedenheit Ausdruck von selbstreflexiven Prozessen sein. Die therapeutische Beziehung ist eine soziale Interaktion in einem geschützten Raum. Auch deshalb ist es nur logisch, dass Emotionen mit sowohl sozialem als auch selbstreflexivem Charakter regelmäßige Begleiter einer Therapie sind.

Der emotionsbezogene Ansatz fokussiert die direkte Arbeit am emotionalen Erleben der Patienten. Dabei sind es auch aktuelle, in der Therapiesitzung entstehende Emotionen, die eine Ausgangsbasis für emotionsbezogene Interventionen darstellen. *Sowohl Schuld als auch Scham können sich als primäres und sekundäres emotionales Erleben bereits in der Therapie zeigen. Aktuell angemessene emotionale Reaktionen, die z. B. Ausdruck des selbstreflexiven Therapieprozesses sind, gilt es von maladaptivem Erleben abzugrenzen, also z. B. von chronischem Schulderleben, Selbsthass oder maladaptiver Scham.* Oft führt die Kommunikation über das eigene innere Erleben der Patienten, die bisherige Biografie und Lebensführung, partnerschaftliche Erfahrungen, den Misserfolgen und das Scheitern jedoch direkt zu den maladaptiven emotionalen Prozessen. »Sich bloßzustellen«, »in der Unzulänglichkeit zu zeigen«, »Fehler und falsche Entscheidungen getroffen zu haben« – all dies sich und dem Therapeuten einzugestehen ist eine große Herausforderung für Patienten. Die therapeutische Arbeit an bislang vermiedenem, emotional manchmal schmerzhaftem Erleben ist der Weg emotionsbezogener Psychotherapie. Der Umgang mit intensiver Schuld und generalisierender Scham gehört dabei zum therapeutischen Alltag.

Das Grundverständnis, dass emotionale, erinnerungsbasierte Schemata oft im vorsprachlichen Lebensalter geprägt werden, hilft, maladaptive Scham und Schuld in Stimmungen, irritierenden Prozessen, scheinbaren Kontaktabbrüchen oder körperlich diffusen unangenehmen Empfindungen und Vermeidungsimpulsen/-strategien zu erkennen. Es ist eher sehr selten, dass Patienten Scham und Schuld für sich als Emotionen benennen können. Eine Ausnahme stellen aktuelle emotionale Prozesse und/oder die entsprechenden Schilderungen dar. Hier ist es im Allgemeinen für Menschen etwas leichter zu sagen: »Ich schäme mich«, »Ich habe mich geschämt«, »Ich fühle mich schuldig«. Klingen die aktuellen Emotionen nach einer angemessenen Zeit nicht ab, sondern aktivieren Selbstabwertungen, -hass oder Rumination, lange anhaltenden inneren Rückzug, häufiges Rechtfertigen oder Entschuldigungen, Vermeiden von Blickkontakten,

10.6 Bedeutung von Scham und Schuld

nicht enden wollende Empörungen etc., dann ist davon auszugehen, dass auch das aktuelle Erleben ein auslösender Stimulus für chronisches Schulderleben und maladaptive Scham ist.

Die Konfrontation mit dem dahinter liegenden emotionsphobischen Konflikt des Patienten stellt daher einen wichtigen Therapieschwerpunkt dar. Gerade Emotionen wie Scham und Schuld werden von Patienten zu vermeiden versucht. Dennoch sind Scham und Schuld Bestandteile des Leidensdrucks von Patienten und damit häufig ihre Therapiemotivation. Beide Emotionen haben einen hohen Stellenwert bei der Entstehung und Aufrechterhaltung psychischer Erkrankungen (▸ Kap. 8). Daher bringen Patienten die Emotionen mit in die Therapie, direkt oder indirekt.

10.6.1 Scham und Schuld als primäres emotionales Erleben

Erinnerungsbasiertes emotionales Erleben ist Ausdruck für die wiederholten frühen Erfahrungen, die Menschen zugunsten der eigenen Grundbedürfnisse gemacht haben. Aus allen Grundbedürfnissen heraus, wenn diese anhaltend, wiederholend oder auch einmalig (mit traumatisierendem Ausmaß) massiv frustriert werden, können sich präverbale Scham- und Schuldempfindungen entwickeln. *Üblicherweise zeigen sich die frühen primären Scham- und Schuldempfindungen im Rahmen eines diffusen emotionalen Missempfindens, von Verhaltenstendenzen oder in körperlichen Reaktionen.* Wie in ▸ Kap. 10.4.2 ausführlich dargestellt, sind es unterschiedliche Erfahrungen zugunsten eines Grundbedürfnisses, die zusätzlich intensiven Leidensdruck verursachen. Neben maladaptivem Scham- und Schuldempfinden können sich auch angenehme Emotionen zu dem Grundbedürfnis etabliert haben. Gerade diese Widersprüchlichkeit fördert zusätzlich Irritationen. Patienten fragen sich in Bezug auf das eigene emotionale Erleben häufig, »ob ihre Wahrnehmung stimmt« oder »sie selbst richtig sind«. Auf diese Fragen keine Antwort zu haben verursacht oft sekundäre Scham und Schuld, die für das primär-maladaptive Erleben aufrechterhaltend wirkt, weil Patienten sich selbst damit infrage stellen.

Eine sehr vereinfachende Grundregel lautet: Je weniger Worte, desto früher sind Frustrationen zugunsten der Bedürfnisse entstanden. Je mehr und je komplexere Kognitionen zu einem primären emotionalen Erleben vorhanden sind, desto eher ist zu vermuten, dass das emotionale Schema in späteren Jahren der Kindheit entstanden ist. Frühe Frustrationen des Bindungsbedürfnisses und daraus resultierendes primäres Schamempfinden zeigen sich z. B. in der Qualität der therapeutischen Beziehung – seltener in der Sprache des Patienten. In der folgenden Tabelle sind Möglichkeiten für primäres Scham- und Schuldempfinden zugunsten des jeweiligen Grundbedürfnisses dargestellt (▸ Tab. 10-1).

Maladaptives, primäres Scham- und Schulderleben zeichnet sich vor allem aus durch ein
- anhaltend aktiviertes emotionales Empfinden,
- eine schnelle Neigung, mit diesen Emotionen zu reagieren sowie

Tab. 10-1 Unterschiedliche Qualitäten beim Empfinden von Scham und Schuld

Grundbedürfnis	Beispielhaft ungünstige Erfahrungen zugunsten des Grundbedürfnisses	Mögliche Empfindensqualität der primären Scham	Mögliche Empfindensqualität primärer Schuld
Bindung	• Zeitweises Fehlen von Bezugspersonen oder emotional kaum zur Verfügung stehende nahe Bezugspersonen	• Scham darüber, nicht liebenswert zu sein • Kontakt-/bindungsverhindernde Scham • Als Mensch nichts wert zu sein, ein »Nichts« zu sein, bedeutungslos für andere	• Überlebensschuld • Existenzielle Schuld • Verantwortungsschuld • Empathisches Schuldempfinden
Autonomie	• Fehlende Möglichkeiten der Selbstverwirklichung und -bewahrung • Bezugspersonen, die einem Kind nichts zutrauen – ihm alles abnehmen	• Scham in Kombination mit Hilflosigkeitserleben • Scham, nicht an sich glauben/ sich vertrauen zu können	• Ängstliche Schuld • Immer anderen etwas schuldig sein
Orientierung und Kontrolle/ Auseinandersetzung mit Grenzen	• Grenzverletzungen durch übergriffige und kontrollierende Bezugspersonen • Missbrauchserfahrungen jeder Art • Fehlende Unterstützung naher Bezugspersonen • Kaum erhaltende Erklärungen oder Unterstützungen, die Orientierung bieten können • Fehlende Grenzsetzungen • Fehlende Modelle in der Kindheit	• Wertlosigkeitsempfinden und Scham • Scham, nicht wichtig zu sein • Scham, nicht schützenswert zu sein • Scham mit starkem Ohnmachtserleben • Orientierungslose Scham – »Nichts mehr wissen«	• Ängstliche Schuld • Schuld mit der Angst vor Bestrafungen • Handlungsschuld • Schuldempfinden ohne Ideen, was sinnvolle Handlungen sein könnten, um Schuldempfindungen zu beenden

10.6 Bedeutung von Scham und Schuld

Tab. 10-1 (Fortsetzung)

Grund-bedürfnis	Beispielhaft ungünstige Erfahrungen zugunsten des Grundbedürfnisses	Mögliche Empfindensqualität der primären Scham	Mögliche Empfindensqualität primärer Schuld
Selbstwerterhöhung-/erhalt-/schutz	• Abwertungen, Bloßstellungen, • Ungünstige Vergleiche mit älteren oder anderen Kindern	• Scham und Unzulänglichkeit • Angst/Sorge z. B. bei selbstgestellten Aufgaben, in der eigenen Kleinheit entdeckt zu werden	• Ständig aktiviertes Schuldempfinden • Sich verantwortlich machendes Schuldempfinden
Lustgewinn/ Unlustvermeidung	• Überbetonungen von Lustgewinn • Überbewertung von Leistungen und Erfolgen • Strenge, leistungsorientierte Eltern	• Sich nicht spürende Scham • Scham, nicht genügend zu leisten • Scham mit fehlender Daseinsberechtigung	• Quälende Schuld über Nicht-Erreichtes oder nicht ausreichend Erreichtes • Schuld kaum spürend bei Fokussierung auf Lustgewinn

- eine sehr selektive Wahrnehmung zugunsten schuld- und schaminduzierender Informationen.

In den präkognitiv ablaufenden Bewertungen sind diese emotionalen Schemata meist bedrohlich, bewertend und aktivieren Handlungsoptionen im Sinne der Vermeidung und des Schutzes vor antizipierter Verletzung. Scham- und Schuldvermeidung führt dabei zu erhöhtem Grübeln. Die oft begleitende Vermeidung von stabilisierenden oder korrigierenden Beziehungen führt dazu, dass Patienten sich nur in den eigenen Gedankenkreisen bewegen. Maladaptives primäres Scham- und Schulderleben ist daher Bestandteil der therapeutischen Arbeit an belastenden und schmerzhaften Emotionen.

»Erwachsene« Scham und Schuld sind, als sekundäre Emotionen, stark kognitiv und selbstreflexiv ausgeprägt. Die erwachsenen Emotionen können Hinweise auf maladaptives primäres Erleben sein. Das gilt insbesondere dann, wenn Patienten sich in der Therapie immer wieder mit Regeln, Werten und Normen z. B. über Empörungs- oder Kränkungserleben recht wortreich auseinandersetzen.

10.6.2 Scham und Schuld als sekundäre Emotionen

Sowohl Scham als auch Schuld können als sekundäre Emotionen Ausdrucksformen eines Bewältigungsschemas sein. Die Emotionen gehen also auch mit emotionsphobischen Konflikten einher. Dahinter liegendes primäres emotionales Erleben wird darüber vermieden. *Scham und Schuld als sekundäre Emotionen haben einen hohen kognitiven Anteil.* Bewältigungsstrategien entstehen lebensgeschichtlich später als das erinnerungsbasierte emotionale Schema. *Meist sind es die kognitiven Bewertungen, Attributionen oder Schlussfolgerungen, die aus dem eigentlichen schmerzhaften emotionalen Erleben befreien sollen oder helfen, das zu überdecken.* Sekundäre Scham und Schuld ist die »erwachsenere Form« des emotionalen Erlebens. Internalisierte Werte, Normen, Regeln, Ideen über das Ideal-Selbst und Überzeugungen stellen die Grundlage von inneren Bewertungs- und Vergleichsprozessen dar.

Sekundäre Scham und Schuld können sich im Rahmen der verschiedenen Bewältigungsstrategien sehr unterschiedlich zeigen. Meist können Patienten sehr gut erklären, weshalb die (sekundäre) Scham/Schuld entstanden ist/entsteht. Die Emotionen sind also kognitiv gut repräsentiert.

> **Fallbeispiel für sekundäre Scham**
>
> Frau M. berichtet in der Therapiesitzung von einem gehaltenen Vortrag. Vor vielen Kollegen wird sie von ihrem Vorgesetzten für die sehr guten Ausführungen gelobt. Die Art und Weise der Schilderungen Frau M.s in der Therapiesitzung zeigen bereits, dass es ihr sogar unangenehm ist und als unangemessen erscheint, davon überhaupt in der Therapie zu berichten. Sie vermeidet Blickkontakt, erzählt sehr unemotional – ohne Betonung, wie beiläufig, jedoch mit vielen Worten und Rechtfertigungen von dieser Situation. Darauf vom Therapeuten angesprochen, errötet Frau M. und wird für einen kurzen Moment sprachlos.

Anhand des Fallbeispiels werden die Bewältigungsstrategien und sekundäres emotionales Erleben deutlich:

Bewältigungsschema: Ertragen Die Art und Weise, wie Frau M. über die Situation berichtet, zeigt bereits, dass es ihr sichtlich unangenehm ist. Dennoch möchte Frau M. über die Situation reden. Es ist ihr wichtig, dass der Therapeut erfährt, dass Frau M. gelobt wurde. Sie muss es also »ertragen«, darüber zu berichten, und schämt sich während des Berichtes bereits. Zum einen darüber, dass sie es überhaupt nötig hat, über diese Situation in der Therapie zu erzählen, und zum anderen, dass es ihr nicht gelingt, sich darüber zu freuen. Weshalb es ihr so unangenehm ist, kann sie sehr gut kognitiv ausführen. *Das eigene Selbstbild mit den hohen Erwartungen an sich und die antizipierte negative Bewertung durch den Therapeuten sind bereits schamauslösend.*

10.6 Bedeutung von Scham und Schuld

Bewältigungsschema: Bekämpfen Frau M.s vielen Erklärungen dafür, dass es völlig normal ist, einen guten Vortrag zu halten, sind aber auch subtile Selbstabwertungen zu entnehmen. Einen guten Vortrag zu halten sei das Minimum vor Kollegen. Sie wolle deren Zeit ja nicht verschwenden. Es gebe aber auch Sachen, die sie noch besser hätte machen können. Dringend müsse sie »endlich mal lernen, wie man Präsentationen schneller erstellt«. Aus dem Bericht geht auch ein wenig Ärger über die verursachte Beschämung durch den Vorgesetzten hervor. Es war aus der Sicht Frau M.s eigentlich unnötig, sie so vor den Kollegen »bloßzustellen«. »Was sollen die über mich jetzt denken?« *Beschämungserleben, schamauslösende Selbstabwertungen und eine Verärgerung auf den Vorgesetzten stellen sekundäres Erleben dar.*

Bewältigungsschema: Vermeiden Motivierende, selbstkritische Gedanken, gepaart mit hohen Anforderungen an sich, zeigen sich darin, dass Frau M. mit einer inneren Distanzierung über sich, die Situation und den Umgang mit Lob spricht. Mit dem inneren Abstand kann sie auf sich schauen und urteilen, Dinge auch für gut (wenn auch nicht perfekt) anerkennen. Das Zurückziehen auf internalisierte Werte, Regeln und Normen äußert sich darin, dass Frau M. genaue Vorstellungen darüber hat, die »Lebenszeit der Kollegen« nicht durch einen schlechten Vortrag verschwenden zu wollen. Das sei ihr zwar ganz gut gelungen, aber es hätte an einigen Stellen noch besser laufen können. *Thema dieser Gedanken ist eine Mischung aus Verhaltensstolz (es mit Abstand doch recht gut gemacht zu haben) und Scham/Verlegenheit (den Abstand zu brauchen, um über sich berichten zu können)* (▶ Abb. 10-4).

> **Fallbeispiel für sekundäre Schuld**
>
> Herr L. ist seit drei Jahren mit seiner Partnerschaft sehr unzufrieden. Gespräche darüber führe er jedoch mit seiner Frau nicht. Sie habe bereits so viele Belastungen zu tragen, dass er nicht auch noch Druck machen wolle. Er wünscht sich dennoch mehr Aufmerksamkeit und Zuwendung, auch auf sexueller Ebene. Als erwachsener Mann das nicht für sich geregelt zu bekommen macht ihn manchmal ärgerlich. Zeitweise könne er jedoch den Wunsch nach einer Affäre nicht mehr verdrängen. Er berichtet, sich bereits umzuschauen, welche Frau dafür infrage kommen könnte. Gern flirte er, um zu schauen, ob sein weibliches Gegenüber dafür offen ist. Dennoch fühle sich Herr L. deshalb schuldig. Seine Partnerin sei attraktiv, weltoffen und liebevoll zu den Kindern. Wenn Herr L. es nicht mehr aushalte, mache er seiner Partnerin Vorwürfe wegen Kleinigkeiten. Diese seien aber für ihn symbolisch für deren Verhalten ihm gegenüber.

Bewältigungsschema: Ertragen Herr L. hält diese für ihn unbefriedigende Situation seit drei Jahren aus. Er möchte nicht noch mehr Druck auf seine Partnerin ausüben. Dennoch fühlt er sich für seine Bedürftigkeit als erwachsener Mann schuldig. *Überhaupt den Wunsch nach einer Affäre zu haben beschäftigt ihn innerlich und löst immer wieder sekundäres Schuldempfinden aus.*

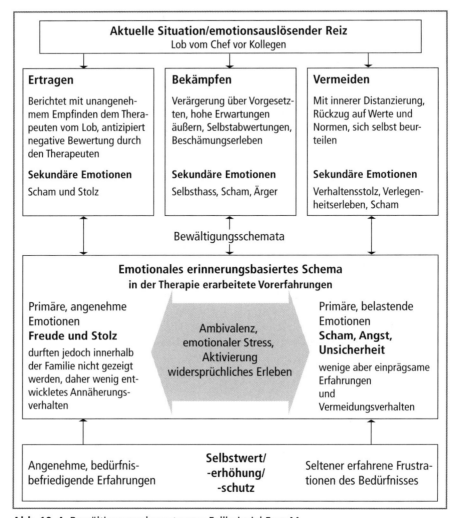

Abb. 10-4 Bewältigungsschemata zum Fallbeispiel Frau M.

Bewältigungsschema: Bekämpfen Herrn L.s Schilderung, seiner Frau Vorwürfe wegen Kleinigkeiten zu machen und sie deshalb in Konflikte zu verwickeln, stellt eine schuldinduzierende Kommunikation dar. Er hofft, dass seine Frau über diese Streitigkeiten selbst auf die Idee kommt, dass diese nur symbolisch dafür ausgetragen werden, dass er Aufmerksamkeit und Zuwendung braucht. *Herr L. fühlt sich nach den Konflikten oft schuldig und ist über sich verärgert, weil sie aus seiner Sicht peinlich sind.*

Bewältigungsschema: Vermeiden Über die innere Auseinandersetzung mit dem Wunsch nach einer Affäre und flirtende Verhaltensweisen entsteht immer wieder Schuld als sekundäres Erleben. Diese kann Herr L. jedoch gut für sich rechtfertigen, *»sich für sich entschuldigen«*. Grundlage dafür stellen die Werte und Normen dar, die für ihn in einer Partnerschaft wichtig sind. *Eigentlich ist Herr L. auch ein wenig empört, dass sich seine Frau ihm gegenüber so verhält.* Das sekundäre Schuldempfinden hat Herr L. darüber gut im Griff. An der grundsätzlichen Situation ändert sich jedoch nichts.

Sekundäre Scham und Schuld entstehen oft auch nur intrapsychisch. Menschen berichten nicht immer darüber, sondern sind in den entsprechenden Momenten ihren Gedanken und ihrem Erleben verhaftet. Leichter lässt sich jedoch das sekundäre Erleben in den geäußerten Bewertungen über andere, die Welt und sich erkennen. Der kognitive Anteil der Sekundäremotionen steht in der Wahrnehmung meist im Vordergrund (vgl. dazu auch ▶ Kap. 11.5). Typischerweise äußern Menschen dann Empörungen, Kränkung über das Verhalten anderer oder sie ziehen sich auf scheinbar allgemein gültige Werte, Regeln und Normen zurück. Sie vermeiden es dabei, selbst Stellung zu beziehen oder eine eigene Meinung zu haben. Eigenes Verhalten orientieren sie an den verinnerlichten Werten und Normen, um Schuld und Scham zu vermeiden.

10.6.3 Zusammenhang zwischen chronischem Schulderleben und maladaptiver primärer Scham

Eine Besonderheit bei chronischem Schulderleben stellt das Thema Verantwortung dar. Um zu verhindern, sich schuldig zu machen, noch mehr Schuld zu erleben oder gar beschuldigt und kritisiert zu werden, wird oft (unreflektiert) jede Form der Verantwortung übernommen. *Chronisches Schulderleben ist sekundär und Ausdruck des emotionsphobischen Konfliktes für zugrunde liegendes primäres maladaptives Schamerleben.* Die Angst davor, maladaptive Scham spüren zu müssen, führt dazu, dass Menschen sich in der Schuld einrichten oder/und allzu oft Verantwortung übernehmen. Daraus ergibt sich folgende Einordnung innerhalb der Bewältigungsschemata:

Bewältigungsschema: Ertragen Sich für gemachte Fehler schuldig fühlen, aber keine sinnvolle Handlungen (z. B. sich entschuldigen, Wiedergutmachung) ausüben. Das »schlechte Gewissen« lässt sich denjenigen nur schlecht fühlen, auf selbstquälerische Art grübeln. Trost und Unterstützung oder Fehlerzugeständnisse werden zwar gehört, führen aber zu keinen Veränderungen.

Bewältigungsschema: Bekämpfen Menschen neigen dazu, häufig Schuld zu übernehmen, aber sich dafür entweder recht aggressiv zu rechtfertigen oder sich selbst abzuwerten. Passiv-aggressive Aufopferung stellt eine weitere Variante des Bewältigungsschemas dar. Dazu gehört z. B. die Pflege von Angehörigen, zu denen eigentlich keine nahe, emotionale Verbindung vorhanden war/ist. Fehlende

Würdigung ihrer Unterstützung/Verantwortungsübernahme bzw. des altruistischen Verhaltens kann anfangs motivieren, noch mehr zu tun, später entsteht darüber aber auch Unzufriedenheit und Ärger – gepaart mit Selbsthass, »sich wieder ausgenutzt haben zu lassen«.

Bewältigungsschema: Vermeiden Dazu gehört die Verantwortungsübernahme, z. B. im Rahmen der Helferroller. Die professionelle Distanz ist dabei hilfreich. Menschen fühlen sich in ihrem Selbstwert gestärkt, wenn sie anderen helfen können. Oft sind sie Ansprechpartner für Familienangehörige, Freunde oder Bedürftige. Sie haben viel Energie für die Fürsorge anderer, ein großes Wissen und Lösungen für Probleme parat und machen dadurch manchmal andere Menschen von sich abhängig.

Antizipierte Scham/Schuld fördert Vermeidungsstrategien. »Misserfolgsgewöhnte« Menschen arrangieren sich innerhalb der Vermeidungssysteme, um noch schlimmere Verletzungen zu verhindern. Sie haben kaum Strategien und annähernde Verhaltensweisen zugunsten eigener Bedürfnisse entwickelt. Es fehlt an der inneren Erlaubnis und am Durchhaltevermögen, sich auf selbstfürsorgliche Art um sich zu kümmern und angemessen Verantwortung für sich zu übernehmen. Die Befriedigung der eigenen Bedürfnisse kann meist nur durch andere Menschen erfolgen. So ist von den Mitmenschen viel Aufmerksamkeit, Fürsorge, lobende Worte und ein hohes Maß an motivierender Unterstützung nötig. Unzufriedenheit, der Eindruck, benachteiligt zu sein, »fallen gelassen zu werden«, sind häufige Begleiter antizipierter Scham- und Schuldempfindungen. »Erfolgsgewöhnte« Menschen wagen stattdessen das Risiko von Schuld und Scham, Kritik und Fehlern. Sie versuchen, Annäherungssysteme zugunsten der eigenen Bedürfnisse weiterzuentwickeln, und haben eine wohlwollende innere Haltung sich selbst gegenüber.

> **Zusammenfassung**
>
> - Unabhängig vom Verfahren, das Therapeuten im Praxisalltag anwenden, sind es insbesondere die selbstreflexiven und sozialen Emotionen, die im Rahmen einer therapeutischen Beziehung aktiviert werden.
> - Es können sich sowohl Schuld als auch Scham als primäres und sekundäres emotionales Erleben in der Therapie zeigen.
> - Aktuell angemessene emotionale Reaktionen, die z. B. Ausdruck des selbstreflexiven Therapieprozesses sind, sollten von maladaptivem Erleben (z. B. chronischem Schulderleben, Selbsthass oder maladaptiver Scham) abgegrenzt werden.
> - Maladaptive primäre Scham und Schuld zeigen sich üblicherweise in Stimmungen, irritierenden Prozessen, scheinbaren Kontaktabbrüchen oder körperlich diffusen unangenehmen Empfindungen und/oder Vermeidungsimpulsen/-strategien.
> - Scham und Schuld als sekundäre Emotionen haben einen hohen kognitiven Anteil.

- Meist sind es die kognitiven Bewertungen, Attributionen oder Schlussfolgerungen, die aus dem eigentlichen schmerzhaften emotionalen Erleben befreien sollen. Manchmal helfen sie aber auch, all das zu überdecken.
- Chronisches Schulderleben ist sekundär und Ausdruck des emotionsphobischen Konfliktes für zugrunde liegendes primär maladaptives Schamerleben.
- Antizipierte Scham/Schuld fördert Vermeidungsstrategien.

10.7 Typische Kompensationsstrategien bei Scham- und Schulderleben und Auswirkungen auf die Therapie

Im vorangegangenen Kapitel wurden mögliche Bewältigungsmechanismen und sekundäre Emotionen beschrieben, die als Kompensationsstrategien für maladaptives Scham- und Schulderleben entstehen können. Auf diese wird im Folgenden näher eingegangen. Scham scheint aufgrund der Komplexität geeignet, den Ausdruck anderer Emotionen zu unterdrücken (Lewis 1986). Intensive Scham generalisiert, ist ansteckend und überdeckt anscheinend alle anderen Emotionen. Eine Hypothese, die sich im Therapiealltag, aber auch für maladaptive Schuld bestätigt zeigt. *Der hemmende Charakter von chronisch dysfunktionalem Scham- und Schulderleben führt dazu, dass Patienten kaum angenehme Emotionen wie Freude, Glück, Zufriedenheit und Neugierde erleben können.*

Dies hat Auswirkungen auf den Therapieprozess/-fortschritt. *Fehlendes angenehmes emotionales Erleben als Verstärkungsmechanismus verhindert auch das Selbstwirksamkeitserleben. Verhaltensveränderungen, Therapiefortschritte, positive Verstärkungen durch den Therapeuten, eine warmherzige Atmosphäre innerhalb der therapeutischen Beziehung – all dies aktiviert anfangs statt angenehmer Emotionen eher Ungläubigkeit, Irritation, Ärger, Misstrauen, Distanziert, Neid, Eifersucht und manchmal auch Feindseligkeit.* Diese Emotionen stellen oft eine echte Belastungsprobe für die therapeutische Beziehung dar. Schamvermeidung in der Therapie führt jedoch zu Grübeleien, die häufig mit Kränkungserleben und latenten Ärgergefühlen verbunden sind. Andere schmerzhafte und unangenehme Emotionen sind also anfangs immer Begleiter der Behandlung von maladaptivem Scham- und Schulderleben.

Die warmherzige wohlwollende Atmosphäre in der Therapie stellt einen Gegenpol zur inneren Haltung des Patienten sich selbst gegenüber dar. Die Kälte, Strenge, Härte und Aggression oder auch die Verzweiflung und Hilflosigkeit gegenüber dem eigenen (beschämten) Selbst richtet sich nach außen, oft auf den Therapeuten. Nicht selten wird der Therapeut beschämt, verglichen oder abgewertet, worüber nachträglich sekundäre Scham und Schuld entstehen kann. Ein Teufelskreislauf, denn dieses Verhalten bestätigt primäres maladaptives Scham- und Schulderleben.

Psychoedukative Elemente, Transparenz und die Arbeit mit Erklärungsmodellen sollten daher feste Bestandteile für die Arbeit an maladaptivem Scham- und Schulderleben sein. Genauso sollte die therapeutische Beziehung ausreichend sein, diese Emotionen gemeinsam mit dem Patienten zu tragen. Es sind intensive schmerzhafte (sekundäre) Emotionen, die sich im Rahmen der Bewältigungsstrategien dann wiederum gegen den Patienten selbst richten können. In der Folge sind dysfunktionale Strategien wie Rückzug, ruminierende Selbstabwertung, inneres Aufgeben, Perservationen, Katastrophisieren und Schuldzuweisung in Richtung anderer besonders häufig bei Patienten mit maladaptivem Scham- und Schulderleben zu finden. Gerade deshalb eignen sich emotionsbezogene Interventionen besonders für diese Patienten. *Das wertfreie Aufgreifen aktueller emotionaler Prozesse unterstützt den Patienten darin, neue Erfahrungen zu ermöglichen.* Der Therapeut trägt mit dem Patienten dessen schmerzhafte und belastende Emotionen und begünstigt die bereits korrigierende Erfahrung, eben nicht »mit all dem Schmerzhaften alleine zu sein«.

Innere Vernachlässigung ist immer auch ein Hinweis auf maladaptive Scham (es nicht wert zu sein, sich um sich zu kümmern). Die innere Härte gegen sich selbst verhindert auch den Zugang zur Empathie/Selbstempathie. Vor diesem Hintergrund eine wohlwollende Haltung sich selbst gegenüber zu etablieren braucht Geduld, Kreativität und viele korrigierende Erfahrungen. Auch hier unterstützt der emotionsbezogene Ansatz, denn die wiederholte Aktivierung maladaptiven Scham- und Schulderlebens und die modellhafte wohlwollende Haltung des Therapeuten können so leichter internalisiert werden.

Viele Patienten mit maladaptivem Scham- und Schulderleben nutzen die Therapie anfangs, um Alltagsprobleme mit dem Therapeuten zu besprechen. Es gilt nun einmal, Scham- und Schuld sowohl im Alltag als auch in der Therapie zu vermeiden. Die internalisierten Werte, Regeln und Normen und Inhalte des Ideal-Selbst erzeugen bereits hohe Erwartungen an das eigene Verhalten. All das bietet Orientierung und im Idealfall die Möglichkeit, sich – scham- und schuldvermeidend – gut durch den Alltag zu bewegen. Aber die hohen Erwartungen an die eigene Person erzeugen auch Anspannung und Anstrengung. Diese zu erfüllen, ist nicht immer ganz einfach. Therapienotwendigkeit zeigt diesen Patienten auch, dass das, was sie als scham- und schuldvermeidende Standards internalisiert haben, keine ausreichende Orientierung bietet. Die Alltagsproblembewältigung ist häufig Inhalt der Sitzungen und dient indirekt der Überprüfung der Werte und Normen. *Obwohl Patienten mit maladaptiver Scham und Schuld sich selbst gegenüber »harte Kritiker« sind, sind sie sehr kritiksensibel, wenn Rückmeldungen von außen kommen.* Sie erleben schnell Verantwortungszuweisungen bei der Suche nach eigenen Anteilen sowie schnellen Lösungen bei Alltagsproblemen und schnelle Veränderungsorientierungen als Bestätigung für die eigenen abwertenden Prozesse. Diese wiegen dann schwer, weil sie von außen – und sogar von einem Therapeuten – kommen. Das bedeutet, dass zu frühe wohlwollende empathische Konfrontationen massive Scham und Schuld induzieren können. Wohlwollende empathische Konfrontationen sollten

10.7 Typische Kompensationsstrategien

erst Bestandteil einer Therapie sein, wenn Patienten sich selbst gegenüber eine empathische Haltung und Selbstakzeptanz entwickelt haben.

> Kritik und Reflexion stellten für Herrn G. anfangs die höchste Therapiehürde dar. Die Vorstellung, auch noch durch den Therapeuten auf Defizite aufmerksam gemacht zu werden, war unerträglich.
> Herr G. berichtet im Zuge der fortgeschrittenen Therapie davon, wie sich eine neue Haltung gegenüber sich selbst entwickelt hat. »Anfangs habe ich mich gefragt: ›Wie würde ich in der Therapie mit dem Therapeuten mit meinen schmerzhaften Emotionen umgehen?‹« Aus dem gemeinsamen Arbeiten sei die Idee deutlich geworden, wohlwollend auf das emotionale Erleben zu schauen. Herr G. erinnerte sich besonders an verständnisgebende und unterstützende Worte des Therapeuten und wendete diese bei sich selbst an. So entstand langsam eine andere, selbstfürsorgliche Haltung. Mit dieser Haltung konnte Herr G. mehr Verantwortung für sich übernehmen und auch ab und zu aus dieser Haltung heraus auf eigene Anteile in schwierigen Situationen schauen.

Eine weitere Besonderheit gilt für Patienten mit maladaptivem Scham- und Schulderleben. Fast immer haben sie hohe Erwartungen an sich selbst bzw. denken in internalisierten Regeln, Normen und Werten. Diese hohen Anforderungen richten sich nicht nur an die eigene Person, sondern zeigen sich auch in fordernden und unzufriedenen Verhaltensweisen. Die Idee dahinter – sich schnell aus dem sehr schmerzhaften emotionalen Erleben befreien zu wollen – ist verständlich. Im Alltag ist diese Strategie kurzfristig durchaus hilfreich. Daher sollen auch Therapiefortschritte und -erfolge schnell erreicht werden. *Oft hoffen Patienten und fordern vom Therapeuten, schnelle und direkte Lösungen für das emotionale Spannungsfeld zu finden.*

Um Patienten an dieser Besonderheit abholen zu können, hat sich die komplementäre Beziehungsgestaltung (Sachse 2007) in der aktiven Form bewährt. Erfüllt jedoch ein Therapeut zu leichtfertig mögliche Grundbedürfnisse in einer Therapie, kompensiert dies keineswegs die geringe Selbstwirksamkeitserwartung des Patienten. Aussagen wie »Bei Ihnen ist das leicht« oder »Das geht nur bei Ihnen, dass ich das zulasse« fördern unter Umständen Abhängigkeitsängste der Patienten. *Insbesondere die Ermutigung durch den Therapeuten, sich um die eigenen Bedürfnisse kümmern zu dürfen, nach bisherigen Strategien im Umgang damit zu suchen und das resultierende emotionale Erleben zu betonen, ist für viele Patienten anfangs hilfreich.* Seelische Konflikte sind im Zuge maladaptiven Scham- und Schulderlebens auch als Ausdruck von Konflikt und Komplementarität zu verstehen. Konflikt meint dabei den Widerstreit von Gegensätzen, die einander ergänzen können (Wurmser 1997).

> **Zusammenfassung**
>
> - Der hemmende Charakter von chronisch dysfunktionalem Scham- und Schulderleben führt dazu, dass Patienten kaum angenehme Emotionen wie Freude, Glück, Zufriedenheit und Neugierde erleben können.
> - Fehlendes angenehmes emotionales Erleben als Verstärkungsmechanismus verhindert Selbstwirksamkeitserleben.
> - Erfolge im Therapieprozess und eine wohlwollende therapeutische Beziehung aktivieren anfangs statt angenehmer Emotionen oft eher Ungläubigkeit, Irritation, Ärger, Misstrauen, Distanziertheit, Neid, Eifersucht und manchmal auch Feindseligkeit.
> - Die warmherzige wohlwollende Atmosphäre in der Therapie stellt einen Gegenpol zur eigenen inneren Haltung der Patienten sich selbst gegenüber dar.
> - Das wertfreie Aufgreifen aktueller emotionaler Prozesse des Patienten unterstützt darin, neue Erfahrungen zu ermöglichen.
> - Obwohl Patienten mit maladaptiver Scham und Schuld sich selbst gegenüber »harte Kritiker« sind, sind sie dennoch sehr kritiksensibel, wenn Rückmeldungen von außen kommen.
> - Oft hoffen Patienten, schnelle und direkte Lösungen für das emotionale Spannungsfeld zu finden (und fordern dies vom Therapeuten). Hier hat sich die komplementäre Beziehungsgestaltung (Sachse 2007) in der aktiven Form bewährt.
> - Insbesondere die Ermutigung durch den Therapeuten, sich um die eigenen Bedürfnisse kümmern zu dürfen, nach bisherigen Strategien im Umgang damit zu suchen und das resultierende emotionale Erleben zu betonen, ist für viele Patienten hilfreich.

10.8 Kontraindikationen

Die Veränderung von und der Umgang mit emotionalen Prozessen bei Patienten ist Schwerpunkt einer jeden Therapie. Fehlannahmen in Bezug auf eigenes emotionales Erleben und fehlende Emotionsregulationsstrategien können auch zeitweise im Rahmen einer psychischen Erkrankung auftreten (► Kap. 8). Genauso haben organische und körperliche Faktoren Auswirkungen auf das emotionale Erleben. *Im Rahmen einer emotionsbezogenen Behandlung gilt es, abzuwägen, wann welcher Prozess im Vordergrund stehen sollte.* Dazu gehören Überlegungen, ob unterstützende Verfahren und Techniken für die Arbeit an maladaptivem Scham- und Schulderleben notwendig sind.

Anhand der Fragen auf S. 345 können Therapeut und Patient überlegen, ob eine emotionsbezogene Arbeit zum derzeitigen Zeitpunkt sinnvoll und notwendig ist. *Medizinisch notwendige Indikationen sollten entsprechend geklärt und eingeleitet werden. Gegebenenfalls bedarf es auch der zusätzlichen Vermittlung von Entspannungsverfahren oder Emotionsmanagement-Strategien, bevor mit*

10.8 Kontraindikationen

> **Praxistipp zur Unterstützung bei diesen Überlegungen**
>
> - Ist eine (begleitende) medikamentöse Behandlung der emotionalen Störung notwendig, medizinisch indiziert? – *Beispiele:* schwere depressive Episoden, manifeste Angsterkrankungen, psychotische Störungen etc.
> - Gibt es organische/hirnorganische Faktoren, die die emotionale Störung verursachen? – *Beispiele:* hirnorganische Schäden, Autismusspektrumsstörungen, demenzielle Prozesse, Erkrankungen der Schilddrüse und andere hormonelle Dysbalancen
> - Gehen die emotionalen Störungen mit einem aktuellen Substanzkonsum einher? – *Beispiele:* Alkohol-, Drogen-, Koffein- und Nikotinkonsum etc.
> - Gehen die emotionalen Störungen mit einer ungünstigen Lebensführung einher bzw. führt diese zu einer zusätzlichen Instabilität? – *Beispiele:* Schlafstörungen, fehlende Bewegung, ungesunde oder mangelhafte Ernährung
> - Welche Strategien der Emotionsregulation und Stressregulationsfähigkeiten sind vorhanden?
> - Sind emotionale Anspannungszustände bereits regulierbar, oder reagiert ein Patient mit Dissoziation/Derealisation/Depersonalisation?
> - Gibt es aktuell (anamnestische) Selbst- und/oder Fremdgefährdung?
> - Ist mit unkontrollierbaren und bedrohlichen aggressiven Verhaltensweisen des Patienten zu rechnen?
> - Gibt es andere, bisher nicht erfragte Gründe/Ideen, die intensives, unkontrollierbares emotionales Erleben begünstigen? – *Beispiele:* aktuelle Traumata, massive Unzufriedenheit mit der Therapie, aber auch positive Ereignisse wie Hochzeit, Geburt etc.
> - Gibt es aktuelle Gründe, die die emotionsbezogene Arbeit verhindern? – *Beispiel:* akute Schmerzen, Ereignisse, die im Sinne einer Krisenintervention zuerst bearbeitet werden sollten, fehlende Passung zwischen Patient und Therapeut etc.

der direkten Arbeit an schmerzhaftem emotionalen Scham- und Schulderleben begonnen werden kann.

Genauso wichtig sind psychoedukative Elemente zur Förderung der Einsicht und zum Aufbau der Veränderungsmotivation (vgl. dazu Lammers 2007). Für die Entwicklung eines individuellen Erklärungs- und Störungsmodells wird auf ► Kap. 11.4.1 verwiesen.

> **Zusammenfassung**
>
> - Im Rahmen einer emotionsbezogenen Behandlung gilt es, abzuwägen, wann welcher Prozess im Vordergrund stehen sollte.
> - Eine medizinische Abklärung möglicher organischer Ursachen sollte im Vorfeld erfolgen.
> - Die Vermittlung von zusätzlichen Strategien wie Entspannungsverfahren oder Emotionsmanagement-Strategien ist ein wichtiger Bestandteil der Therapie.

11 Techniken der emotionsfokussierten Psychotherapie

11.1 Therapeutische Haltung

11.1.1 Allgemeine Variablen

Das Einnehmen einer bewussten inneren therapeutischen Haltung stellt ein großes Entwicklungspotenzial dar. Zugunsten der allgemeinen professionellen Rolle gegenüber den Patienten gelingt das Therapeuten meist gut. Anders sieht es jedoch mit der therapeutischen Haltung zugunsten von speziellen Themen wie z. B. Emotionsarbeit, Expositionen, kognitive Umstrukturierung etc. aus. Dabei ist es wichtig, sich als Therapeut diesen Themen stellen zu können. In Bezug auf den Grundgedanken der emotionsbezogenen therapeutischen Arbeit bedeutet es, selbst Freiheit innerhalb des eigenen emotionalen Erlebens zu haben und dies als gutes Modell anzubieten.

Eine gute innere therapeutische Haltung besteht aus folgenden Komponenten:

Kognitiv-wissende Komponente Dazu gehört das allgemeine Wissen um jeweilige Störungsbilder sowie die Fähigkeit zu reflektieren, zu analysieren und zu abstrahieren. In diesen Bereich gehört aber auch vertiefendes Wissen um Emotionen sowie deren Entstehungsbedingungen und Funktionen. Notwendig sind Kenntnisse im Umgang mit Emotionsregulationsstörungen. Therapeuten sollten zudem sprachlich versiert sein und Wissen, z. B. im Rahmen von Psychoedukation, Manualen oder Störungsmodellen, vermitteln können. Patienten brauchen in Bezug auf belastendes emotionales Erleben vor allem Unterstützung in der Verbalisation.

Beziehungskomponente Die Beziehungskomponente enthält die gezielte Entscheidung des Therapeuten, sich zugunsten einer aktiven Beziehungsgestaltung zu verhalten, also z. B. komplementär und effizient störungsspezifisch. Hierzu gehört ebenso die Bereitschaft, die therapeutische Beziehung als Intervention zu verstehen, zu nutzen und dies auch dem Patienten anzubieten. Entsprechend gilt es, eine wohlwollende Mischung aus konfrontierenden, verstehenden, fördernden und validierenden Anteilen zu haben. Die Balance aus diesen Anteilen als Zielzustand wirkt Invalidierungen und Grenzverletzungen entgegen. Therapeuten sind gleichzeitig auch immer ein Modell für Patienten, insbesondere in Bezug auf jene Bereiche, die Entwicklung brauchen. Da Scham und Schuld soziale Emotionen sind und einen hohen funktionalen Charakter im zwischenmenschlichen Bereich haben, dient gerade die therapeutische Beziehung als wesentliche Interventionsmethode.

11.1 Therapeutische Haltung

Motivationale Komponente Diese Komponente besteht aus der Bereitschaft, Interventionsmethoden bei Patienten einzusetzen. Dazu gehören im Rahmen der emotionsbezogenen Arbeit vor allem die erlebnisorientierten Interventionsmethoden, da diese die Gesamtheit der sensorischen Modalitäten ansprechen. Lern- und Korrektureffekte lassen sich dadurch vergrößern. Genauso benötigt man Kreativität im Einsatz und in der Anpassung von Interventionen auf die individuellen Voraussetzungen des Patienten. Patienten lernen vor allem durch Veränderungen. Auf eine andere, für Patienten neue Art erlebnisorientiert und emotionsaktivierend zu arbeiten vermittelt, dass es sich lohnt, sich belastendem, schmerzhaftem emotionalen Erleben zu widmen. Dazu gehört die motivationale Bereitschaft, schmerzhafte belastende Emotionen gemeinsam mit dem Patienten auszuhalten. Dahinter liegende Ambivalenzen und Bedürfniskonflikte, wie sie für maladaptive Scham und Schuld typisch sind, sollten mit Geduld aufgenommen werden. Emotionales Erleben ist eine Informationsquelle und deshalb auch als Ressource zu betrachten.

Emotionale Komponenten Aus den ersten drei Komponenten leitet sich die »emotionale« Grundhaltung gegenüber den Patienten und deren emotionalen Erleben ab. Diese besteht wiederum aus einer grundsätzlichen (professionellen) Grundhaltung gegenüber den Emotionen der Patienten. Ergänzt wird diese Haltung durch die individuellen Besonderheiten des Patienten, die sich aus dessen Erkrankung, Biografie und Beziehungserfahrungen ergeben. Aktiviertes maladaptives Scham- und Schulderleben bringt manche überraschende Veränderung, die Toleranz, Flexibilität und Kompetenz vom Therapeuten einfordert. So können plötzlich andere intensive Emotionen wie Ärger, Zorn, Hilflosigkeit, Ohnmacht, Trauer etc. als sekundäres Erleben entstehen. Eine positive emotionsbezogene und einladende Haltung auch gegenüber anderen Emotionen jeder Art dient als Modell.

Der Therapeut braucht also eine offen warmherzige Haltung gegenüber emotionalen Prozessen. Die bewusste Wahrnehmung von Abweichungen und Störungen innerhalb der therapeutischen Beziehung gehört zur therapeutischen Kompetenz. Das individuelle Störungsmodell (▶ Kap. 11.3 und ▶ Kap. 11.4.1) hilft sowohl dem Patienten als auch dem Therapeuten, die Aufmerksamkeit zugunsten von sekundären Emotionen und Kompensationsstrategien auszurichten. Wie in den vorherigen Kapiteln ausführlich erläutert, sind es Scham- und Schuldgefühle sowie die resultierenden sekundären Emotionen, mit denen Therapeuten konfrontiert sind. Wichtig ist, dass der Therapeut ein Verständnis von den Rahmen- und Entstehungsbedingungen des Scham- und Schulderlebens bekommt. Dazu gehört es, nachzufragen und zu validieren, um emotionale Entstehungs- und Kontextbedingungen offenzulegen. Die Angst vor den tiefsitzenden schmerzhaften Scham- und Schuldgefühlen behindert anfangs die Selbstreflexionsfähigkeit beim Patienten.

Therapie ist immer ein Ort, an dem man gesehen wird und gesehen werden kann. Therapieunerfahrenen Patienten fehlt das Verständnis, dass mit Veränderungen und durch Selbstöffnung neue Gefühle wie Verletzlichkeit, Bedürftigkeit und Verlegenheit auftreten. *Glorifizierung und Idealisierung des Therapeuten kann Patienten von eigenem Scham- und Schulderleben ablenken – daher ist es wichtig, dass sich der Therapeut menschlich verhält und auf Selbstwertstärkung durch Glorifizierung bewusst verzichtet.* Patienten mit unsicheren Bindungserfahrungen neigen anfangs dazu, Therapeuten aufzuwerten. Sie wollen die therapeutische Beziehung nicht gefährden. Und die Kehrseite davon ist die Angst vor Abhängigkeit von Therapie. Die Aussicht auf eine »lange« Therapie frustriert erst einmal das Bedürfnis nach Unabhängigkeit und Autonomie. Hier gilt es, gemeinsam mit dem Patienten zu überlegen, wie der therapeutische Kontakt dennoch zugunsten des Autonomiebedürfnisses gestalten werden kann. Zusammenfassend ist das Verständnis für (frustrierte) Bedürfnisse und Motive des Patienten Teil der therapeutischen Haltung.

Der Interaktionsprozess zwischen Therapeut und Patienten, die unter dysfunktionalem Scham- und/oder Schulderleben leiden, bedarf eines anhaltenden empathischen Einfühlungsvermögens. Dabei ist es gerade für Therapeuten wichtig, auf eigenes Scham- und Schulderleben im Sinne einer emotionalen Spiegelung zurückzugreifen. Das Vorgehen sichert zum einen die notwendige emotionale Empathie, zum anderen das kognitive Einfühlungsvermögen als Grundlage einer guten therapeutischen Haltung. Sobald wir Therapeuten einen guten Umgang mit beiden Emotionen für uns gefunden haben, ist es einfacher, sich einzufühlen und adaptive Strategien zu vermitteln. Zur therapeutischen Haltung gehört eine gute Balance zwischen taktvollem Explorieren und Intervenieren bei zeitgleich notwendiger Entschlossenheit, an und mit Emotionen zu arbeiten.

Zusammenfassung

- Eine gute innere therapeutische Haltung besteht aus folgenden Komponenten:
  - kognitiv-wissende Komponente,
  - Beziehungskomponente,
  - motivationale Komponente,
  - emotionale Komponente.
- Glorifizierung und Idealisierung des Therapeuten können Patienten von eigenem Scham- und Schulderleben ablenken – daher ist es wichtig, dass sich der Therapeut menschlich verhält und auf Selbstwertstärkung durch Glorifizierung bewusst verzichtet.
- Der Interaktionsprozess zwischen Therapeut und Patienten, die unter dysfunktionalem Scham- und/oder Schulderleben leiden, bedarf eines anhaltenden empathischen Einfühlungsvermögens.
- Für den Therapeuten ist es wichtig, auf eigenes Scham- und Schulderleben im Sinne einer emotionalen Spiegelung zurückzugreifen.

11.1.2 Therapeutische Beziehungsgestaltung

Das Zusammenspiel von therapeutischer Haltung, angewendeten Techniken, allgemeinen Therapiewirkfaktoren, Störungs- und Beziehungsmerkmalen bewirkt Veränderungen beim Patienten. In Anlehnung an den Ansatz der »Responsiveness« ist das regelmäßige »Sich-Einstellen« des Therapeuten einer störungsspezifischen Therapie überlegen (Caspar u. Grosse Holtforth 2009; Kramer et al. 2011). *Gerade in der emotionsbezogenen Arbeit mit den Patienten sind daher die stabile therapeutische Haltung (► Kap. 11.1) sowie die ständige Anpassung des Therapeuten an den Prozess notwendig.* Die Individualisierung in Bezug auf die direkte Arbeit an und mit (schmerzhaften, belastenden) Emotionen geschieht mittels Orientierung auf die motivationalen Aspekte zugunsten der Grundbedürfnisse und der biografischen Erfahrungen. Dementsprechend gilt es, die therapeutischen Wirkmechanismen sowie die individuelle Beziehungsgestaltung auch über den Therapieverlauf immer wieder zu überprüfen und ggf. anzupassen.

Motivorientierte Beziehungsgestaltung erhöht die Wahrscheinlichkeit von korrigierenden Erfahrungen im therapeutischen Prozess. Die Flexibilität des Therapeuten bzw. seine Fähigkeit, sich zugunsten der Motive des Patienten anzupassen, fördert auch den Erwerb interpersonaler Fertigkeiten und insgesamt die therapeutische Beziehung. Die immer wieder notwendige neue Einstellung hilft, emotionale Prozesse zu fokussieren und Grundbedürfnisse hinter emotionalen Prozessen zugänglich zu machen. Das kann auch für den Prozess des Lernens am (Therapeuten-)Modell hilfreich sein. Die Beziehungsgestaltung zugunsten der Grundbedürfnisse des Patienten fördert das Wissen des Therapeuten, wann ein Patient maladaptive Strategien und Verhaltensweisen zur Befriedung seiner Grundbedürfnisse einsetzt. Bedürfnis- und motivorientierte Beziehungsgestaltung erfordert insgesamt ein spontanes Verhalten beim Therapeuten.

Ambivalenzen verstehen Eine Besonderheit in der Beziehungsgestaltung sind Ambivalenzen des Patienten. In der Biografie des Patienten gibt es neben (wiederholten) Frustrationen von Grundbedürfnissen, deren Ausdruck schmerzhaftes emotionales Erleben darstellt, auch Erfahrungen der Befriedigung von Grundbedürfnissen. Verhält sich ein Therapeut nun bedürfnis- und motivorientiert, werden meist auch die gegensätzlichen Erfahrungen zugunsten des Bedürfnisses aktiviert (► Kap. 10.4.2). *Sind zu einem Bedürfnis Annäherungs- und Vermeidungshandlungen verfügbar, stellt dies innerhalb einer Therapie sowohl eine Herausforderung als auch eine Methode der Ressourcenaktivierung dar.* Der Patient spürt den Konflikt und wird sich ambivalent und emotionsphobisch verhalten. Er reagiert dann sehr sensibel auf das Therapeutenverhalten. Die Ausrichtung des Therapeuten auf eine Handlungsoption, z. B. die der Vermeidung, wird dazu führen, dass Patienten sich kurzzeitig auf das gegensätzliche Motiv der Annährung beziehen. *Das Grundbedürfnis zu fokussieren und den Patien-*

ten auf angenehme Erfahrungen aufmerksam zu machen sollte einhergehen mit Überlegungen, wie mit den gegensätzlichen Bestrebungen (Vermeidungsverhalten) umgegangen werden könnte.

Besonderheiten in der Veränderungsphase Für viele Patienten, aber auch für Therapeuten, ist es überraschend, festzustellen, dass es gerade in der Phase der Veränderungen zu emotionalen Instabilitäten kommen kann. Die »alten« emotionalen Verhaltensweisen melden sich weiterhin, während die neuen, die zu einer besseren Bedürfnisbefriedigung führen sollen, geübt werden sollen. Das Üben von Emotionsregulationsfähigkeiten und die Anpassung zugunsten einer späteren psychischen Gesundung bringen oft eine Instabilität mit sich. Manchmal resultieren emotionale Turbulenzen aus der Tatsache, dass Patienten es kaum gewohnt sind, sich für sich selbst nachhaltig und geduldig einzusetzen. Das neue Wissen ist verfügbar, aber es will auch eingesetzt werden, und zwar immer häufiger. Die Motivation und das Durchhaltevermögen lassen kurzzeitig nach. Therapeuten sollten dies wissen, in ihre Haltung integrieren und zeitgleich überlegen, inwieweit die Anpassungsleistung des Patienten unterstützt werden kann, z. B. durch ein Ermutigen zur Motivation oder ein noch kleinschrittigeres Vorgehen.

Wann immer eine Öffnung zugunsten der schmerzhaften und belastenden Emotionen in der Therapie nicht gelingen will, gilt es auch für den Therapeuten zu prüfen, ob er durch eigenes Verhalten den Patienten in seinen Kompensationsstrategien oder in seinem inneren Schutzraum hält. Scham- und Schuldgefühle, gerade biografisch früh etablierte, sind für die Patienten schmerzhaft. Eine mögliche Angst des Therapeuten, den Patienten damit (zu früh) zu konfrontieren, ist auch für den Patienten spürbar. Das gilt auch für antizipierte Schuldgefühle des Therapeuten dahingehend, den Patienten wirklich dem emotionsbezogenen Prozess aussetzen zu müssen. Wann immer solche Überlegungen oder ein solches Vermeidungsverhalten seitens des Therapeuten auftreten, sollte man gemeinsam überlegen, welche Strategien der Patient benötigt, um sich den Emotionen zu widmen.

Beziehungsgestaltung und kindliche Interventionen Die Grundidee, dass die emotionalen Schemata zugunsten eines Grundbedürfnisses durch wiederholte Erfahrungen in der frühen Kindheit entstanden sind, führt dazu, dass Patient und Therapeut sich auf eine Reise in diese Zeiten einlassen. Retrospektiv soll in dieser Zeit für das Kind von damals besser gesorgt werden. *Die primären Emotionen der emotionalen Schemata sind in diesen Zeiten entweder präverbal oder meist kindlich versprachlicht.* Das Kind von damals braucht etwas. Kinder lernen vor allem sensomotorisch, denn wesentliche Inhalte des biografischen Gedächtnisses sind nicht gedanklich oder sprachlich codiert bzw. gespeichert. Damit haben Kunsttherapie, musik- und gestalttherapeutische Ansätze einen wichtigen Stellenwert. Zu den einzelnen Grundbedürfnissen stehen verschiedene Übungen sowie Arbeitsblätter aus den verschiedenen therapeutischen Schulen

11.1 Therapeutische Haltung

zur Verfügung (▶ Kap. 12 und ▶ Kap. 13) – Vielfalt aktiviert. Die begleitende Reflexion und damit Versprachlichung von emotional Verankertem und Erfahrungen mittels dieser Methoden hilft, nonverbales Wissen zu nutzen.

Die Beziehungsgestaltung durch den Therapeuten fordert Flexibilität. Neben den Aspekten der Nachbeelterung sollte der Therapeut auch eine »kindlich spielerische« Herangehensweise zeigen. *Emotionsbezogene Arbeit und die Versorgung der Grundbedürfnisse können am besten über emotionsaktivierende und erlebnisorientierte Methoden stattfinden.* Kinderinterventionen, -arbeitsmaterialien und -vorgehensweisen machen es daher manchmal für Patienten leichter, spielerisch mit den eigenen Themen umzugehen (▶ Kap. 13). Die Bearbeitung der emotionalen Schemata in früher Kindheit braucht manchmal kindliche Methoden und Herangehensweisen, denn Kinder lernen anders. *Die kindgerechten Methoden und Vorgehensweisen eignen sich auch für einfach strukturierte Patienten.* Spielerisch ist es oft leichter, Sicherheit anzubieten und zeitgleich den Vermeidungstendenzen entgegenzuwirken. Aus Kinderperspektive eröffnet Scham einen Zugang zu Empathie und Mitleid. Schuld verursacht beim Gegenüber eher Betroffenheit, Mitgefühl. Erlaubt sich der Therapeut, auch einen kindlich-spielerischen Anteil in die therapeutische Beziehung einzubringen, ist manche Blockade oder innere Hürde viel einfacher zu überwinden.

Zusammenfassung

- In der emotionsbezogenen Arbeit mit den Patienten sind die stabile therapeutische Haltung sowie die ständige Anpassung des Therapeuten an den Prozess notwendig.
- Eine Besonderheit in der Beziehungsgestaltung sind Ambivalenzen des Patienten.
- Sind zu einem Bedürfnis Annäherungs- und Vermeidungshandlungen verfügbar, stellt dies innerhalb einer Therapie sowohl eine Herausforderung als auch eine Methode der Ressourcenaktivierung dar.
- Das Vorgehen, welches auf das Grundbedürfnis fokussiert und den Patienten auf angenehme Erfahrungen aufmerksam macht, sollte einhergehen mit Überlegungen, wie mit den gegensätzlichen Bestrebungen (Vermeidungsverhalten) umgegangen werden könnte.
- Für viele Patienten, aber auch für Therapeuten, ist es überraschend festzustellen, dass es gerade in der Phase der Veränderungen zu emotionalen Instabilitäten kommen kann.
- Wann immer eine Öffnung zugunsten der schmerzhaften und belastenden Emotionen in der Therapie nicht gelingen will, gilt es auch für den Therapeuten, zu prüfen, ob er durch eigenes Verhalten und seine Haltung dazu beiträgt.
- Die Grundidee, dass die emotionalen Schemata zugunsten eines Grundbedürfnisses durch wiederholte Erfahrungen in der frühen Kindheit entstanden sind, führt dazu, dass Patient und Therapeut sich auf eine Reise in diese Zeiten einlassen.
- Die primären Emotionen der emotionalen Schemata sind in diesen Zeiten entweder präverbal oder kindlich versprachlicht.

> - Emotionsbezogene Arbeit und die Versorgung der Grundbedürfnisse können am besten über emotionsaktivierende und erlebnisorientierte Methoden stattfinden.
> - Kindgerechte Methoden und Vorgehensweisen eignen sich auch für einfach strukturierte Patienten.

11.2 Ziele der emotionsbezogenen Arbeit an Scham- und Schulderleben

Therapie ist der Ort, an dem Patienten sich und ihrem schmerzhaften emotionalen Erleben begegnen können. Emotionsbezogene Therapie unterstützt durch gezielte Interventionen die Möglichkeit, den eigenen Emotionen begegnen zu können, das Wissen um emotionales Geschehen und dessen Entstehungsbedingungen in der eigenen Biografie besser nutzen zu können und mehr Verständnis für sich und die eigenen Grundbedürfnisse zu haben sowie eine selbstempathische Grundhaltung zu entwickeln. *Emotionsbezogene Psychotherapie strebt als oberstes Ziel die Freiheit und Vielfalt innerhalb des eigenen emotionalen Erlebens an.* Teilziele sind:
- Emotionen zulassen zu können,
- widersprüchliche Emotionen nebeneinander aushalten zu können,
- den Informationscharakter wahrzunehmen und zu nutzen lernen,
- Emotionsregulationsfähigkeiten zu fördern und auszuformen,
- bedürfnisbefriedigende Strategien zu entwickeln sowie
- den Bedürfnisaufschub aushalten zu können.

Freiheit im eigenen emotionalen Erleben fördert die Empathie anderen gegenüber. Soziale Emotionen wie Scham und Schuld fördern die Integration und die Kontaktgestaltung zu anderen Menschen.

Es gibt nicht die *eine* Scham oder das *eine* Schuldgefühl. »Überflutende Scham« macht selbst Therapeuten Angst. Scham ist wie »ein schreckliches Gespenst«, dem man nicht begegnen will, weder bei sich noch bei Patienten. Aber Scham ist wichtig, genau wie Schuld. Es gibt unterschiedliche Qualitäten und Intensitäten von Scham und Schuld. Beide Emotionen machen Sinn und sind daher ein wichtiger Bestandteil unseres emotionalen Erlebens. Individueller Scham und Schuld begegnen zu können, sie genau wie andere Emotionen regulieren zu können, frustrierte Bedürfnisse dahinter zu erkennen und besser für sich Verantwortung übernehmen zu können, ist wichtig. *Statt frei von Scham und Schuld zu sein, sollen beide Emotionen wieder als angemessenes emotionales Erleben erkannt und gelebt werden.* Ohne Scham findet keine persönliche Entwicklung statt. Auftretende Scham signalisiert Grenzüberschreitungen. Viele andere sinnvolle Eigenschaften lassen sich adaptiver Scham zuordnen.

11.2 Ziele der emotionsbezogenen Arbeit an Scham- und Schulderleben

Schuld wird meist als hilfreichere Emotion verstanden. Es wirkt sinnvoll, wenn sich Entschuldigungen, Wiedergutmachungen und Reue zeigen. Der aktivierende Charakter von Schuldgefühlen hilft uns, Verständnis für diese Emotion aufzubringen. Chronischem Schulderleben stehen wir wiederum skeptisch gegenüber. Es lässt sich nicht durch das Ausdrücken und Umsetzen in sinnvollen Handlungen beenden. Diese Art von Schuld wird oft als Überlebendenschuld oder existenzielle Schuld verstanden und macht auch uns Therapeuten manchmal hilflos. Chronische Schuld steht jedoch in engem Zusammenhang zu maladaptiver Scham (▶ Kap. 5.1.8), und damit sind sowohl wir Therapeuten als auch die Patienten wieder aufgefordert, einen Umgang mit Scham zu finden. Entscheidend bei der Arbeit an belastender Scham und Schuld ist, was wir Therapeuten durch unsere innere Haltung und den Umgang damit den Patienten vermitteln. Motivation, sich den schmerzhaften Emotionen zu stellen, gelingt nur vor dem Hintergrund der Überzeugung, dass beide Emotionen sinnvoll und notwendig sind und man lernen kann, auch mit diesen gut umzugehen.

Anknüpfend an die allgemeinen Ziele emotionsbezogener Therapie (▶ Kap. 10.3) lassen sich auch für Scham und Schuld verschiedene Anliegen formulieren. Allgemeine Ziele sind:

- Reduktion des »überflutenden« Charakters von Scham- und Schulderleben
- Förderung von Emotionsregulationsstrategien in Bezug auf dysfunktionale, maladaptive Schuld und Scham
- Reduktion der Übersensibilität und selektiven Wahrnehmung von scham- und schuldinduzierenden Informationen
- Akzeptanz von situationsbezogenem Scham- und Schulderleben
- Unterscheidung von Schuld- und Schamempfinden und Erkennen, welche Reaktionsneigung zu Scham oder Schuld biografisch erlernt wurde
- Gegensätzliche primäre Emotionen und Handlungstendenzen zugunsten eines Bedürfnis erkennen und damit umgehen lernen
- Reduzieren von dysfunktionalen kurzfristigen Bedürfnisbefriedigungsstrategien zugunsten von mittel- und langfristigen Bedürfnisbefriedigungsstrategien
- Akzeptanz und Anerkennen eigener dahinter liegender Grundbedürfnisse
- Förderung der Kommunikation von Grundbedürfnissen
- Schaffung einer emotionalen Widerstandsfähigkeit im Sinne der Resilienz
- Übernahme von Verantwortung für sich selbst und andere
- Korrigierende Erfahrungen etablieren
- Funktionen von Scham und Schuld für sich einsetzen können, z. B.:
  - Abbau von zu intensiv ausgeprägter Scham- und Schuldvermeidung
  - Lernen zu vergeben und angebotenen Schuldausgleich/Entschuldigungen annehmen zu können
  - Schuld als Ausdruck von Verantwortung verstehen und lernen, sich zu entschuldigen oder Wiedergutmachungshandlungen anzubieten, Reue zu zeigen

- Reduktion von scham- und schuldinduzierenden Kognitionen, wie selbstabwertende und schuldzuweisende Gedanken
- Scham als Motivation, sich zu überprüfen
• Förderung der Annäherung von dysfunktionalen emotionalen Schemata bei Patienten mit Persönlichkeitsstörungen, z. B. Größengefühl und Erhabenheit versus Scham- und Schulderleben

Das sind nur einige der Ziele, die mit der Arbeit an Scham und Schuld einhergehen können. Es gibt aber auch gewollte Nebenwirkungen der Arbeit an chronisch dysfunktionaler Schuld und maladaptiver Scham. *In der Auseinandersetzung mit Scham und Schuld ist es wichtig, dass Patienten erkennen, dass auch andere Menschen Scham und Schuld empfinden.* Der soziale und selbstreflexive Charakter ermöglicht es, uns besser in der Gemeinschaft zu integrieren. Statt ständiger Scham- und Schuldvermeidung gilt es, sich Schwächen zuzugestehen und diese zu akzeptieren. *Sich in den eigenen Schwächen zu zeigen, ermöglicht auch anderen Menschen, etwas für uns zu tun.* So können andere Menschen z. B. Mitgefühl äußern, wenn wir Scham und Schuld offen kommunizieren. Sich auch in der antizipierten Schwäche zeigen zu können ermöglicht, dass Mitmenschen mit uns darüber ins Gespräch kommen. Sie können uns darin unterstützen, Lösungen für Probleme zu finden (Verantwortung übernehmen), und uns motivieren, besser für uns zu sorgen. Selbstakzeptanz und Selbstempathie sind neue Modeworte für eine wohlwollende Haltung uns selbst gegenüber. Damit gehen vor allem wohlwollende innere Dialoge und positive Selbstverbalisationen sich selbst gegenüber einher. Die neue Haltung ermöglicht es uns, mit anderen Menschen mitfühlen zu können, ihnen gegenüber Empathie aufzubringen (▶ Kap. 4). *Zusammenfassend ist es in einer wohlwollenden Gemeinschaft und mit einer selbstempathischen Haltung uns gegenüber leichter, unsere Bedürfnisse zu befriedigen und für seelische Gesundheit zu sorgen.*

Zusammenfassung

- Emotionsbezogene Psychotherapie strebt als oberstes Ziel die Freiheit und Vielfalt innerhalb des eigenen emotionalen Erlebens an.
- Freiheit im eigenen emotionalen Erleben fördert zudem auch das Mitgefühl und die Empathie anderen gegenüber.
- Soziale Emotionen wie Scham und Schuld fördern die Integration und die Kontaktgestaltung zu anderen Menschen.
- Es gibt unterschiedliche Qualitäten und Intensitäten von Scham und Schuld.
- Statt frei von Scham und Schuld zu sein, sollten beide Emotionen wieder als angemessenes emotionales Erleben erkannt und gelebt werden.
- In der Auseinandersetzung mit Scham und Schuld ist es wichtig, dass Patienten erkennen, dass auch andere Menschen Scham und Schuld empfinden.

- Sich in den eigenen Schwächen zu zeigen ermöglicht auch anderen Menschen, etwas für uns zu tun.
- In einer wohlwollenden Gemeinschaft und mit einer selbstempathischen Haltung uns gegenüber ist es leichter, unsere Bedürfnisse zu befriedigen und für seelische Gesundheit zu sorgen.

11.3 Vorgehen bei Scham- und Schulderleben allgemein

Das frühe Erkennen und angemessene Bearbeiten von emotionalen Prozessen ist Teil des emotionsbezogenen Arbeitsansatzes. Dementsprechend gilt es, den Fokus der therapeutischen Arbeit auch auf die Emotionen des Patienten auszurichten. Sowohl die intrapsychische als auch die interpersonale Regulation von Emotionen in der Psychotherapie gelten als Erfolgskriterien (Znoj et al. 2004). Eine gelungene Aktivierung dysfunktionaler Schemata und dazugehöriger Emotionen durch Therapeuten fördert die Entwicklung einer flexiblen und den Situationen angemessenen Emotionsregulation des Patienten. Die Arbeit an und mit aktivierten Emotionen stellt einen wesentlichen Therapieerfolg dar (ebd.).

Durch äußeres Therapeutenverhalten werden wertschätzende und wohlwollende Erfahrungen gefördert. *Patienten mit maladaptivem Scham- und Schulderleben nehmen vor dem Hintergrund der ausgeprägten emotionalen Sensibilität sehr wohl die Haltung des Therapeuten wahr.* Diese Haltung dient auch Jahre später als Modell und unterstützt den eigenen selbstempathischen Umgang. Das innere Erleben von Wertschätzung – trotz maladaptiver Scham und Schuld – ist für viele Patienten unglaublich bedeutsam. Eine zwischenmenschliche Grundlage ist bei jedem Menschen der Wunsch nach Respekt.

Kommunikationsmuster nutzen Kommunikationsmuster werden von unseren Denkmustern und Emotionen geprägt. Neben den geschilderten Inhalten für den Anlass der Therapie gilt es auch, genau hinzuhören: Wie, mit welcher Betonung sagt jemand etwas? Auch muss man sich fragen, ob Inhalt und Darstellung kongruent sind. *Wie jemand etwas sagt, was er betont und auf welche Art er Erlebtes schildert, vermittelt uns zusätzliche Informationen.* Hieraus lassen sich viele Hinweise ableiten, welche Denkmuster bei Patienten vorherrschen, wie er zu den Dingen steht und welche emotionalen Prozesse zugrunde liegen.

Die Bearbeitung von tiefen Scham- und Schuldgefühlen ist für den Patienten notwendig. In diesem Zusammenhang ist das Wissen des Therapeuten nötig, dass sich sowohl maladaptive Scham als auch Schuld anfangs nur in Verbindung mit anderen Menschen, sprich: dem Therapeuten bearbeiten lassen. Es gilt, früh erlernte Strukturen aufzuspüren und neue Erfahrungen zu etablieren. Aktuelles emotionales Erleben und Darstellungen von emotionsauslösenden

Situationen stellen die Ausgangsbasis für emotionsbezogene Interventionen dar. Bereits vorhandene Fähigkeiten des Patienten werden genutzt und im Zuge der erlebnisorientierten, aktivierenden und vertiefenden Methoden erste neue Fertigkeiten entwickelt. Kurzzeitige und angemessene Emotionen sind ein gutes Übungsfeld, sowohl für den Therapeuten als auch den Patienten. Zum einen ist es möglich, dem Patienten so das Vorgehen zu vermitteln, und zum anderen liefert es diagnostische Informationen. Gelingt es, mit diesen Emotionen ein gutes Miteinander zu entwickeln, erleben sowohl Patienten als auch Therapeuten die therapeutische Beziehung als tragfähiger. Eine positive, einfühlende Grundhaltung des Therapeuten zugunsten emotionalen Erlebens ist unabdingbar.

> Frau R. (59 Jahre) kommt im Rahmen einer Trennungssituation in die Therapie. Die Kinder der Patientin haben sie ermutigt, sich therapeutische Unterstützung zu holen. Nach 22 Jahren Beziehung hat sich Frau R. von ihrem Lebenspartner getrennt. Anlass war dessen aktuelle außerpartnerschaftliche Beziehung. Dies sei nicht die erste Affäre des Mannes gewesen. Viele Krisensituationen, nächtelange Diskussionen, versprochene und nicht eingehaltene Veränderungen belasteten die Partnerschaft. Frau R. fühlte sich massiv schuldig, es »wieder nicht geschafft zu haben«, eine Beziehung aufrechtzuerhalten. Sichtlich unangenehm berührt, berichtet Frau R. über weitere Probleme, die sie innerhalb der Partnerschaft getragen hatte. Der Partner sei außerdem spielsüchtig, es gab häufig finanzielle Probleme. Außerdem gab es seit Jahren keine Sexualität mehr zwischen beiden. Frau R. berichtete in der vorangeschrittenen Therapie, dass ihr Partner sie beim Geschlechtsverkehr mit falschem Namen angesprochen hatte. In Kombination mit den Affären sei bei ihr ein »echtes Vertrauensproblem« entstanden. Zudem sei sie von ihm wegen ihres Verhaltens kritisiert worden: »Du bist so konservativ, angestrengt«, »Dir fehlt Leichtigkeit und Lebenslust«, »Du kannst dich nicht fallenlassen«. Dies seien für ihn Argumente gewesen, sich mit anderen Frauen zu treffen. Nach 22 Jahren machte Frau R. sich Vorwürfe, fühlte sich schuldig, den Partner im Stich gelassen zu haben. Sie hatte Sorge, von der Therapeutin für diese Art der Beziehung verurteilt zu werden. »Was sagt das auch über mich aus, mit so einem Mann jahrelang zusammen gewesen zu sein?«

Zeigen sich Patienten in ihrem Scham- und Schulderleben, ganz gleich welcher Art, ist dies für die Behandlung ein wichtiger Moment. Dieser sollte durch die therapeutische Kompetenz des »Umschaltens« auf die Bearbeitung von emotionalen Prozessen begleitet sein. Oft spürt der Therapeut diese Emotionen selbst. Dann gilt es, sich den Emotionen zuzuwenden. Methode und Vorgehen sollten transparent gemacht und mit dem Patienten abgestimmt werden. Nur dann kann auch ein Patient lernen, sich selbstverantwortlich den eigenen emotionalen Prozessen zuzuwenden. So sollte nach einer Psychoedukation über Scham und Schuld gesprochen sowie das individuelle Störungsmodell (▶ Kap. 11.4.1) gemeinsam entwickelt werden. Patienten lernen, dass emotionale Sensibilität/Verletzlichkeit (wie sie für Empathie gebraucht wird) die Grundlage für das Scham- und Schuldempfinden ist. Die Neigung, ob mit Scham oder Schuld

11.3 Vorgehen bei Scham- und Schulderleben allgemein

regiert wird, ist oft erlernt und z. T. auch geschlechtsabhängig. Die emotionale Reaktion kann nur vor diesem Hintergrund stattfinden. Das emotional individuelle Emotionserleben braucht Emotionsregulationsfähigkeiten. *Ohne die Fähigkeit, Einfluss auf die Emotion nehmen zu können, wird diese fast immer als überflutend wahrgenommen.* Die Unterscheidung der beiden Emotionen sollte geübt werden. Damit ist eine wichtige Grundlage für emotionsbezogene Arbeit geschaffen.

> **Praxistipps**
>
> **Besonderheiten in der Arbeit an maladaptivem Scham- und Schulderleben und der therapeutische Umgang damit**
> - Vollständige lückenlose Anamnese erfragen, z. B. auch durch Lebensfragebögen – wichtig ist, keinen Raum für Tabuthemen zu lassen
> - Genau hinhören, wie jemand über etwas spricht – wenn es Diskrepanzen oder Hinweise auf emotionales Erleben gibt, dieses vorsichtig ansprechen
> - Blockaden, Sprech- und Denkpausen des Patienten erst einmal akzeptieren und trotzdem am Thema bleiben
> - Ambivalenzen als Ausdruck eines emotionsphobischen Konfliktes verstehen oder als Ausdruck von unterschiedlichen Erfahrungen zugunsten der Grundbedürfnisse (erinnerungsbasiertes emotionales Schema)
> - Angebot, über dahinter liegendes emotionales Erleben zu sprechen, mit Geduld aufrechterhalten
> - Kreativen Spracheinsatz anbieten, z. B. ängstliche Scham, bedrückende Schuld
> - Hohe moralische/ethische Ansprüche als solche markieren
> - Empörung und Kränkung als sekundäre Emotionen/Reaktionen verstehen – darüber das Thema Scham oder Schuld als Grundproblem benennen
> - Sich über Begrifflichkeiten austauschen, ein gemeinsames Verständnis finden und versuchen, eine gemeinsame Sprache zu finden
> - Maladaptive Scham und Schuld mit emotionaler und kognitiver Empathie ansprechen
> - Maladaptive Scham und Schuld auf allen Ebenen (somatisch, kognitiv, motivational, subjektiv, in der wahrgenommenen Empfindensqualität und -intensität) und in Bezug zur eigenen Person des Patienten explorieren
> - Gezielte Selbstoffenbarung als Modell anbieten, um Scham und Schuld zugänglich zu machen
> - Selbstoffenbarung macht auch internalisierte Werte, Normen und Einstellungen des Therapeuten transparent – hier auf Flexibilität achten
> - Scham und Schuld ansprechen zu können verschafft Erleichterung – dieses Wissen dem Patienten zugänglich machen

Verständnis haben für Alltagsprobleme und Übersensibilität Patienten mit maladaptivem Scham- und Schulderleben wollen die Therapie anfangs nutzen, um Alltagsprobleme mit dem Therapeuten zu besprechen. Dabei ist der Wunsch, schnelle Lösungen für Alltagsthemen zu erhalten, ein zweischneidiges Schwert.

Patienten wollen es nach bisherigen »Misserfolgen« (deshalb ist eine Therapie notwendig) möglichst besser machen. Die Motivation hierfür ist natürlich die Vermeidung von potenzieller Scham und Schuld als natürlicher Prozess. Internalisierte Werte und Standards haben keine ausreichende Orientierung. Es ist kein Schutz vor Scham und Schuld gegeben. Das irritiert und verunsichert Patienten. Überraschend ist für viele die Erkenntnis, dass gerade die internalisierten Werte, Normen und Standards und/oder das Ideal-Ich die Ausgangsbasis für Selbstabwertungen und Verurteilungen des eigenen Selbstwertes sind. Damit wird der Teufelskreislauf von damals aufrechterhalten, Bedürfnisse bleiben weiterhin unbefriedigt. Die Bewältigungsschemata mit den sekundären Emotionen sind Überlebensstrategien.

Am Anfang der Therapie ist die Fähigkeit, eigene Anteile zu erkennen, entweder kaum vorhanden und entwicklungsfähig oder wird aufgrund antizipierter Scham- und Schuldinduktion vermieden. Schnelle Lösungen des Therapeuten können jedoch wiederum Selbstkritik auslösen. Überlegenheit und Perfektion des Therapeuten lassen manche Patienten sich klein und minderwertig fühlen. *Denn ein weiteres Phänomen von Patienten mit maladaptiver Scham und Schuld ist deren Übersensibilität und Wachsamkeit.* Die übersteigerte Aufmerksamkeit – besonders auf antizipierte scham- und schuldinduzierende Sätze/Worte des Therapeuten – dient als Schutzmechanismus (▶ Kap. 10.3.3).

> Frau R. berichtet anfangs sehr ausführlich von den Bemühungen, eine neue Wohnung zu finden. Sie sei während der Trennungsphase vorübergehend zu ihrer Schwester gezogen. Das alleine sei bereits eine massive Veränderung, zumal das Verhältnis zur Schwester nicht immer besonders einfach sei. Dennoch sei Frau R. ihrer Schwester dankbar für die Unterstützung. Konfliktsituationen versuche sie aus dem Weg zu gehen, sie sei im Moment diejenige, die dankbar sein müsse. Über die Konflikte wolle sie aber nicht ausführlich reden, sondern diese nur kurz benennen, damit die Therapeutin wisse, was sonst noch alles in ihrem Leben los sei.
> Der Umzug in die neue Wohnung, die im selben Haus wie die gemeinsame Wohnung liegt, sei maximal belastend für Frau R. Sie könne sich nur schwer von Dingen trennen – was aber noch nichts gegen die Sammlerleidenschaft des Partners sei. Veränderungen fallen ihr jedoch sehr schwer. Den Haushalt aufzulösen, zu reduzieren, sich zu trennen sei eine echte Belastungsprobe.

Das therapeutische Wissen um den emotionsphobischen Konflikt gegenüber dem zugrunde liegenden Scham- und Schulderleben ist wichtig. Es gilt seitens des Therapeuten, abzuwägen, wann eine konkrete Unterstützung nötig ist bzw. wann zumindest die Themen benannt werden können (im Sinne des Markierens). Das taktvolle Vorgehen, vor dem Hintergrund der eigenen emotionalen Sensibilität, ist hier notwendig. Insbesondere wenn Therapiesitzungen geprägt sind von Schwierigkeiten im Umgang mit Alltagsproblemen, ist es anfangs kaum möglich, den Patienten zur Selbstreflexion zu ermutigen. Dennoch können vorbereitend bereits dessen Bedürfnisse benannt und validiert werden.

11.3 Vorgehen bei Scham- und Schulderleben allgemein

Bewältigungsschemata gehen auch mit emotionalem Erleben einher Sekundäre Emotionen wie Erhabenheit und Stolz stehen meist primären Emotionen wie Scham- und Schulderleben gegenüber. Minderwertigkeit steht oft synonym für Scham. Das Wort »fühlt« sich fast noch besser an, als das eigene Schamerleben spüren zu müssen. »Minderwertigkeit« ist ein so kognitives Konstrukt, dass die Nutzung des Wortes als kognitive Vermeidung verstanden werden kann. Vor dem Hintergrund primärer Scham oder Schuld sind alle Bewältigungsstrategien fragile Konstrukte, die im Dauereinsatz hohe Folgekosten, wie psychische Symptome und z. B. Einsamkeitserleben, haben. Das ganze Überlebenssystem ist schnell bedroht. Kleine Schritte der Akzeptanz und Annäherung aktivieren zwar auch die emotionale Sensibilität/Verletzlichkeit sowie das Scham- und Schuldempfinden. In dieser Phase sind Patienten aber sehr kritiksensibel, reagieren schnell mit Scham, Schuld und Verlegenheit. Und im Umgang mit den Emotionen fehlen oft die Emotionsregulationsfähigkeiten. Diese müssen in der Therapie entwickelt und gefördert werden. Ausflüge in den Bereich Emotionsmanagement (vgl. auch Lammers 2007) gehören gelegentlich dazu. Die Vermittlung von Stressbewältigungsstrategien und Entspannungsverfahren ist genauso wichtig.

Der Mut, zu Scham zu stehen, diese aushalten zu können, aktiviert die Empathiefähigkeit. Empathiefähigkeit ist jedoch ausgerichtet auf die Bedürftigkeit des Menschen, also bedürfnisorientiert statt be- und abwertend. Emotionale Sensibilität zugunsten der Bedürfnisse erhöht die Aufmerksamkeit für das Gegenüber, einschließlich in Bezug auf dessen Emotionen und Bedürfnisse. Emotionale Sensibilität oder auch Empathie kann als Achtsamkeitsprozess verstanden werden: sich achtsam und wertfrei dem eigenen emotionalen Erleben zuwenden, um Kontakt zu Grundbedürfnissen des Patienten herzustellen. Die therapeutische Leitfrage ist daher: *Worum geht es bei dem Patienten wirklich?* Zum Bedürfnisdenken gehört also Ehrlichkeit, Empathie, Wahlfreiheit. Eine weitere therapeutische Leitfrage ist: *Wie wollen Sie damit umgehen?*

Die Bedürfnisse im Blick haben Scham und Schuld zulassen und aushalten zu können und ihnen einen adaptiveren Charakter zu geben eröffnet auch die Fähigkeit, etwas zu betrauern, ohne uns selbst zu kritisieren. Das ermöglicht Patienten neue Handlungsoptionen zugunsten eigener Grundbedürfnisse. Der emotionale Trauerprozess in der Therapie über die in der Kindheit gemachten Erfahrungen kann jedoch erst begonnen werden, wenn Scham und Schuld den wahrgenommenen überflutenden Charakter verloren haben.

Es gibt verschiedene Wege der Bedürfniserfüllung. In der Therapie gilt es auch, Optionen zu eröffnen. Ein großes Problem stellt für Patienten eine erlebte Ambivalenz in Bezug auf Grundbedürfnisse dar. Dies ist jedoch normal. Die Ambivalenz resultiert aus den durchaus auch angenehmen Erfahrungen, die ein Patient zu einem Grundbedürfnis gemacht hat (▶ Kap. 10.4.2). Ambivalenzen sollten durch den Therapeuten (mit) getragen werden. Das Erkennen, dass Annäherungs- oder Vermeidungsoptionen in Bezug auf das Grundbedürfnis vorliegen, überrascht Patienten, denn häufig stehen die ungünstigen Erfahrungen im Vordergrund.

Maladaptives Scham- und Schulderleben aktiviert erst einmal nur die Assoziationen, die zu diesen Emotionen gehören. Mit Patienten diese Emotionen länger vertieft aktiviert zu halten (▶ Kap. 11.5) macht auch die gegensätzlichen Erfahrungen zugänglich. Diese brauchen nur mehr Zeit und ein wenig Pioniergeist auf beiden Seiten. *Scham und Schuld sind also auf spezifische Sozialisationsbedingungen zurückzuführen.* Daher sollte auch der Kontext von Scham- und Schulderleben genau exploriert werden. Bereits hier kann es Hinweise auf gegenteilige Erfahrungen geben.

Zusammenfassung

- Patienten mit maladaptivem Scham- und Schulderleben nehmen vor dem Hintergrund der ausgeprägten emotionalen Sensibilität sehr wohl die Haltung des Therapeuten wahr.
- Wie jemand etwas sagt, was er betont und auf welche Art er Erlebtes schildert, vermittelt uns zusätzliche wichtige Informationen.
- Zeigen sich Patienten in ihrem Scham- und Schulderleben, ganz gleich welcher Art, ist dies für die Behandlung ein wichtiger Moment.
- Ohne die Fähigkeit, Einfluss auf die Emotion nehmen zu können, wird diese fast immer als überflutend wahrgenommen.
- Patienten mit maladaptivem Scham- und Schulderleben wollen die Therapie anfangs nutzen, um Alltagsprobleme mit dem Therapeuten zu besprechen.
- Am Anfang der Therapie ist die Fähigkeit, eigene Anteile zu erkennen, entweder kaum vorhanden und entwicklungsfähig oder wird aufgrund antizipierter Scham- und Schuldinduktion vermieden.
- Ein weiteres Phänomen von Patienten mit maladaptiver Scham und Schuld ist deren Übersensibilität und Wachsamkeit.
- Scham und Schuld zulassen und aushalten zu können, ihnen einen adaptiveren Charakter zu geben, eröffnet auch die Fähigkeit, etwas zu betrauern, ohne uns selbst zu kritisieren.
- Scham und Schuld sind auf spezifische Sozialisationsbedingungen zurückzuführen, die genau exploriert werden sollten.

11.4 Patientenorientierte Psychoedukation, Erklärungs- und Störungsmodell

Für die direkte Arbeit an und mit schmerzhaft belastenden Emotionen wie Scham und Schuld braucht der Patient eine Einsicht in sein emotionales Geschehen. Er sollte Emotionen wahrnehmen und sie verbalisieren können. Genauso wichtig ist es, unterscheiden zu lernen, wann eine Emotion hilfreich und

11.4 Patientenorientierte Psychoedukation, Erklärungs- und Störungsmodell

adaptiv und wann der emotionale Prozess maladaptiv ist. Gemeinsam gilt es, den Zusammenhang zur eigenen Biografie herzustellen und sich die Besonderheiten der eigenen Geschichte zu verdeutlichen. Das fördert Selbstakzeptanz und -empathie. *Um eine Veränderungsmotivation zugunsten der belastenden und schmerzhaften emotionalen Prozesse aufzubauen, ist ein Verständnis über die Zusammenhänge zwischen dem emotionalen Erleben und der psychischen Erkrankung mit deren individuellen Symptomen notwendig.* Förderlich ist auch die Entwicklung eines Störungsmodells, das Zusammenhänge und die Einsicht in die Notwendigkeit der Arbeit an maladaptivem und dysfunktionalem emotionalen Erleben verdeutlicht.

Eine allgemeine Psychoedukation zu Emotionen und deren Bedeutung ist in vielen Veröffentlichungen der letzten Jahre zu finden (z. B. Lammers 2007; Berking 2014; Glasenapp 2013; aus der Kunsttherapie: Ameln-Haffke 2015; aus dem Kinderbereich: Hillenbrand et al. 2010). *Im folgenden Kapitel finden Sie ein Arbeitsblatt, das psychoedukative und explorative Elemente in Kombination enthält. In der therapeutischen Arbeit mit und an Scham und Schuld hat sich gerade diese Kombination gut bewährt.* Patienten haben die Möglichkeit, die Entstehungsbedingungen und Zusammenhänge nachzulesen und zu ergänzen, z. B. während der Therapie. Aus dem Störungsmodell können Patient und Therapeut individuelle Ziele und Vorgehensweisen ableiten. In Anlehnung daran können Fehlannahmen, Besonderheiten, Ängste und Befürchtungen thematisiert werden. Die Förderung der Veränderungsmotivation und -bereitschaft stellt, wie eingangs beschrieben, eine elementare Grundlage dar, um an den belastenden Emotionen des Patienten arbeiten zu können.

Zusammenfassung

- Um eine Veränderungsmotivation zugunsten der belastenden und schmerzhaften emotionalen Prozesse aufzubauen, ist ein Verständnis über die Zusammenhänge zwischen dem emotionalen Erleben und der psychischen Erkrankung mit deren individuellen Symptomen notwendig.
- Die Kombination aus psychoedukativen und explorativen Elementen hat sich in der therapeutischen Arbeit mit und an Scham und Schuld gut bewährt.

11.4.1 Arbeitsblatt: Psychoedukation und Entwicklung eines Störungsmodells zu Scham und Schuld

Viele Menschen fürchten sich vor Scham und Schuld. Ihre Vermeidung im Alltag ist eine ganz gesunde Art, um sich besser mit den Mitmenschen zu verstehen. Manchmal haben wir jedoch eine falsche Vorstellung von Scham und Schuld, oder die Gefühle werden zu intensiv erlebt. Dreht sich unser Denken, Fühlen und Verhalten ausschließlich darum, diese Emotionen zu vermeiden und sie möglichst nicht zu spüren, dann haben Scham und Schuld einen zu großen Platz im Leben eingenommen. Scham und Schuld sind dann mitverantwortlich, dass psychische Erkrankungen entstehen können. All das kann passieren, wenn auch ungünstige und schreckliche Erfahrungen unseren Lebensweg geprägt haben. Jeder hat seine eigene Geschichte, weshalb Scham und Schuld so eine große Bedeutung gewonnen haben. Einige mögliche Erlebnisse sind z. B.:

- Eltern, die Kinder nach der Geburt nicht liebevoll versorgen konnten/wollten, weil sie entweder krank und abwesend waren oder zu sehr mit sich und den eigenen Problemen beschäftigt waren
- Kindlicher Stolz ist nicht unterstützt worden – stattdessen wurden Vergleiche mit anderen und scheinbar besseren Kindern gemacht
- Das Zeigen von Leistung war besonders wichtig, nur dann wurde man als Kind gemocht
- Das Kind von damals wurde zu sehr gelobt und hat darüber den Eindruck bekommen, dass normale Schwächen nicht erlaubt sind
- Eltern, die Kindern nicht die Chance geben, sich auszuprobieren und Fehler zu machen, sondern stattdessen dem Kind alles abgenommen haben
- Scham und Schuld sind ständige Themen in der Familie gewesen
- Körperliche und emotionale Misshandlungen, denen das Kind von damals ausgesetzt war
- Grenzen und Intimbereiche eines Kindes wurden nicht respektiert und z. B. das Tagebuch in der Abwesenheit gelesen
- Massive Beschämungen und Bloßstellungen vor anderen Menschen
- …

Ihnen fallen vielleicht noch einige eigene Beispiele aus Ihrer Geschichte ein, die es möglich gemacht haben, dass Scham und Schuld sich in Ihnen so ausbreiten konnte. Oft ziehen sich Menschen dann zurück, fühlen sich einsam oder machen anderen ständig Vorwürfe. Sie sind dann mit den unangenehmen und belastenden Emotionen alleine, und schon fühlen sie sich noch schlechter, so schlecht, dass sie noch weniger auf andere Menschen zugehen mögen. Dabei hilft Kontakt und Austausch. Jeder kennt Scham und Schuld. Oft genug sind Scham oder Schuld einfach ganz normale Reaktionen des Alltags.

Sie schämen sich, oder Sie fühlen sich schuldig? Wunderbar! Auch wenn Sie es nicht glauben können: Scham und Schuld sind wichtige, notwendige und sinnvolle Emotionen. Ein bisschen mehr über diese beiden Emotionen und deren Entstehung zu wissen, hilft, sich dann den schmerzhaften und belastenden Formen der Emotionen zu stellen. Die folgende Darstellung ist zum besseren Verständnis etwas vereinfacht ausgedrückt. Lassen Sie sich gern ein bisschen Zeit damit. Sie brauchen die Fragen auch erst einmal gar nicht oder auch nicht alle Fragen zu beantworten.

11.4 Patientenorientierte Psychoedukation, Erklärungs- und Störungsmodell

Entstehung

Wir werden mit einer sogenannten emotionalen Sensibilität geboren. Die emotionale Sensibilität ist auch von der genetischen Ausstattung abhängig. Das kann man daran erkennen, dass Babys bereits einen »ganz eigenen Charakter« haben. Diese emotionale Sensibilität hilft uns, in Kontakt mit unserer Mutter und unserem Vater zu treten. Reagieren diese durch liebevolle Zuwendung, entwickeln wir ein sicheres Empfinden in Bindungen. Bindung als eine Basis stellt unser erstes und zu dem Zeitpunkt wichtigstes Grundbedürfnis dar.

Was wissen Sie darüber, wie Sie als Baby waren?

Versorgen uns die Eltern nicht verlässlich und liebevoll oder können uns die Eltern keine sicheren Bindungserfahrungen geben, kommt es zu Frustrationen des Bindungsbedürfnisses und manchmal auch der anderen Grundbedürfnisse – je nachdem, wie es in Ihrem Leben weitergegangen ist.
Was wissen Sie darüber, wie Sie als Baby versorgt worden sind?

Gab es Besonderheiten bei Ihren Eltern, die eine verlässlich liebevolle Versorgung verhindert haben?

Frustrationen in der verlässlichen und liebevollen Versorgung zeigen sich darin, dass aus der emotionalen Sensibilität eine emotionale Verletzlichkeit entsteht. Wichtig ist, dass diese Vorgänge passieren, wenn Babys noch nicht sprechen können. Die emotionale Verletzlichkeit spüren wir deshalb eher körperlich als Unbehagen oder Stress. Deshalb fehlen uns auch oft die Worte für das, was da in uns los ist.
Wo im Körper spüren Sie dieses Unbehagen, den frühen emotionalen Stress?

Wenn Sie diesem Empfinden doch Worte geben könnten, welche wären es am ehesten?

Normale kleine alltägliche Frustrationen (z. B. wenn ein Baby weint, es auch kurz weinen zu lassen) unserer Bedürfnisse können Babys und Menschen gut verarbeiten. Es ist sogar wichtig, später zu lernen, dass nicht jedes Bedürfnis und jeder Wunsch sofort befriedigt wird. Emotionale Verletzlichkeit ist auch die Grundlage für Empathie, die wir anderen und uns selbst gegenüber aufbringen. Damit fühlen wir uns in andere Menschen ein. Menschen besser zu verstehen lernen wir erst später, wenn das Gehirn reift und sich Sprache entwickelt.
Sind Sie ein empathischer Mensch? Können Sie sich in andere Menschen hineinversetzen und einfühlen? Spüren Sie manchmal auch ohne Worte, wie es Ihrem Gegenüber geht?

Aus der emotionalen Sensibilität wird also eine emotionale Verletzlichkeit, und die ist mal mehr und mal weniger ausgeprägt. Daraus entwickelt sich überhaupt erst das Schuld- und Schamempfinden eines Menschen. Es gibt also bereits hier erste Unterschiede. Mit Scham- und Schuldempfinden ist noch gar nicht die emotionale Reaktion gemeint, sondern erst einmal nur die Fähigkeit, überhaupt später diese Emotionen spüren zu können. Diese Fähigkeit hilft uns auch, unser Verhalten gegenüber anderen Menschen zu überprüfen, kurz nachzudenken, ob es okay ist, sich so zu verhalten und ggf. das Verhalten anzupassen. Ohne diese Fähigkeit können wir in einer Gemeinschaft nicht existieren. Wir würden uns scham- und schuldlos verhalten und schnell aus der Gemeinschaft »verstoßen« werden. Niemand hat gern Kontakt zu Menschen, die keine Empathie empfinden oder kein Scham- und Schuldempfinden haben und sich entsprechend rücksichtslos verhalten.

Scham- und Schuldempfinden sind daher sehr geachtet. Menschen können sich darauf verlassen, dass mit ihnen sorgsam umgegangen wird und z. B. Grenzen und Regeln respektiert werden. Ihr Therapeut besitzt vermutlich auch eine große emotionale Sensibilität sowie ein ausgeprägtes Scham- und Schuldempfinden. Woran Sie das merken? Daran, dass er sich in Sie, in Ihre Situation, hineinversetzen und einfühlen kann, er die richtigen Fragen stellt und zum richtigen Moment auch ermutigende oder tröstende Worte findet.

Was wissen Sie über Ihr Scham- und Schuldempfinden?

Manchmal spüren wir das Scham- und Schuldempfinden auch nur körperlich. Wir können dann förmlich die Angst im Bauch unseres Gegenübers fühlen, als wäre es unser Bauch, der schmerzt.
Welche körperlichen Signale können Sie z. B. spüren, wenn Sie sich in andere Menschen einfühlen? Vielleicht denken Sie einfach einen Moment an jemanden, der Ihnen nahe steht. Dann können Sie die Frage leichter beantworten.

Was sind die Unterschiede zwischen Ihren eigenen Empfindungen und denen, die Sie mit anderen spüren können?

Manche Menschen haben ein sehr großes Scham- und Schuldempfinden. Diese Menschen können sich tatsächlich auch für andere schämen und schuldig fühlen. Sich fremdzuschämen oder stellvertretend Verantwortung zu übernehmen sind einige Beispiele dafür. Ein großes oder sehr sensibles Scham- und Schuldempfinden kann aber auch dazu führen, dass man Scham und Schuld »hinter jeder Ecke« erwartet. Insbesondere dann, wenn man auch die entsprechenden Erfahrungen gemacht hat. Innerhalb von Familien wird z. B. viel beschuldigt, oder es ist wichtig, »nach außen den guten Schein« zu wahren. Wer sich an diese Regeln nicht hält, »macht sich schuldig« oder »sollte sich schämen«. Diese Ausprägung kann auch dazu führen, dass psychische Erkrankungen entstehen.

11.4 Patientenorientierte Psychoedukation, Erklärungs- und Störungsmodell

Was wissen Sie über den Umgang mit Scham und Schuld in Ihrer Familie?

Gab es wichtige Familienregeln, die es als Familienmitglied einzuhalten galt?

Welche Konsequenzen hatte es, wenn die Regel nicht eingehalten wurde?

Welche Konsequenzen haben Sie davon zu spüren bekommen?

Was haben Sie dann für ein Gefühl gespürt? Wie haben Sie sich gefühlt?

Wo im Körper spüren Sie (jetzt noch) dieses Gefühl, wenn Sie jetzt daran denken?

Manchmal bringen Eltern auch eigene Themen in das Familienleben ein. Das geschieht z. B. wenn es Eltern in ihrer Kindheit schwer hatten, wenn ein Elternteil im Krieg war, selbst krank war/ist oder wenn Eltern aus irgendeinem Grund ganz besonders sind, z. B. ängstliche Mütter oder reizbare Väter.
Was fällt Ihnen dazu ein?

Ob Menschen sich später im Leben eher schämen oder sich eher schuldig fühlen, ist oft davon abhängig, was ihnen durch die Eltern vorgelebt wurde. Genauso sind es typische Sätze von Eltern, die beeinflussen können, welche Neigung sich entwickelt: sich zu schämen oder sich schuldig zu fühlen.
Welche Neigung ist bei Ihnen entstanden?

Welche Gründe fallen Ihnen dazu ein?

Wofür war es für das Kind damals wichtig, sich zu schämen oder sich schuldig zu fühlen?

Wie das persönliche Erleben von Scham und Schuld aussieht, ist von weiteren Faktoren abhängig. Einen wichtigen Faktor haben Sie schon kennengelernt: die emotionale Sensibilität/Verletzlichkeit. Je größer die emotionale Sensibilität/Verletzlichkeit ausgeprägt ist, desto schneller und intensiver kann sich auch eine dazugehörige Emotion entwickeln. Jede Emotion entwickelt sich auf verschiedenen Ebenen. Die folgenden Fragen helfen Ihnen, Ihre Emotionen besser kennenzulernen. Einige Ebenen sind Ihnen schon in den vorangegangenen Fragen begegnet. Wenn Sie mögen, können Sie die Fragen auch für Scham und Schuld, also für beide Emotionen beantworten.
Wo im Körper spüren Sie Scham/Schuld?

Wie fühlt sich diese Emotion für Sie persönlich an?

Welche Gedanken gehen mit dieser Emotion typischerweise einher?

Was würden Sie am liebsten tun, wenn diese Emotion da ist?

Es lohnt sich, sich den typischen Gedanken von Scham und Schuld noch genauer zu widmen. Am Anfang haben Sie erfahren, dass Scham- und Schuldempfinden sowie erste Emotionen vor allem ohne Worte und Gedanken entsteht. Gedanken und Worte entwickeln wir erst später, wenn wir sprechen lernen. Zu der Zeit sind aber manchmal ganz einfache Gedanken möglich. Das erkennen Sie daran, dass Ihnen, wenn Sie über das Scham- und Schuldempfinden nachdenken, das sich einstellte, als Sie z. B. 3 oder 4 Jahre alt waren, auch nur wenige Worte einfallen. Das sind genau die, die damals überhaupt möglich waren. Unser Gedächtnis entwickelt sich weiter, und die Gedanken und die Sprache werden immer komplexer. Denken und Sprechen lernen wir, indem wir uns die Art und Weise von den Eltern abschauen. Erst im Erwachsenenalter entwickeln wir vielleicht eine andere/unsere eigene Art zu denken und zu sprechen. Daher sind die typischen Gedanken zu Ihrer Scham- und Schuldemotion auch erst später entstanden. Eine einfache Regel lautet: je komplexer die Gedanken, desto später sind sie entstanden.

Seit wann existieren diese typischen Gedanken, die Ihre Emotion Scham/Schuld begleiten?

Von wem haben Sie so denken gelernt? Von wem haben Sie diese typischen Gedanken vielleicht übernommen?

Und jetzt noch ein paar Fragen zu diesen Emotionen Scham und/oder Schuld. Sie helfen Ihnen, sich und die Emotion besser kennenzulernen.
Wie intensiv ist das Gefühl? Sie können die Intensität auf einer Skala von 0–100 einschätzen, wobei 100 die stärkste Intensität darstellt.

Wie verhalten Sie sich wirklich, wenn Sie diese Emotion spüren?

Tut Ihnen das Verhalten gut?

Was brauchten Sie stattdessen? … auch wenn es Ihnen erst einmal schwerfällt, dafür zu sorgen.

Wie können Sie die Emotion schnell beenden? Welche Strategien funktionieren gut?

Veränderungsorientierter Teil

Weil sich Scham und Schuld erst einmal nicht sonderlich angenehm anfühlen und oft auch recht schmerzhaft sind, verstecken sich einige Menschen. Sie wollen keinesfalls darin erkannt werden, dass sie sich schämen und schuldig fühlen. Im Laufe unseres Lebens entwickeln wir also leider die Idee, dass wir Emotionen (auch Scham und Schuld) nur mit uns selbst ausmachen müssen. Dabei sind gerade dann die Kontakte zu anderen Menschen unglaublich wichtig. Weshalb? Denken Sie daran, wie das Empfinden und die Emotion entstehen – im Kontakt mit anderen Menschen, früher mit den Eltern. Das heißt: Wenn wir wollen, dass sich diese Emotionen normaler anfühlen, brauchen wir ein Gegenüber. Einige wenige Menschen dürfen vielleicht schon dabei sein, wenn Sie sich so fühlen. Falls nicht, geben Sie Ihrem Therapeuten die Chance. Später, wenn es für Sie etwas leichter wird, können Sie es auch mit Freunden und ihrer Familie ausprobieren. Andere Menschen sind übrigens auch ganz erleichtert, wenn sie sehen können, dass jeder diese Emotionen kennt. Nur Mut!

Wie verhalten sich andere Ihnen gegenüber, wenn Sie bemerken, dass Sie sich so fühlen?

Wer darf/dürfte Ihnen, etwas Gutes tun, wenn Sie sich so fühlen?

Was darf denn der andere für Sie tun, wenn Sie sich so fühlen?

Vielleicht haben Sie nun etwas mehr über Ihr persönliches Scham- und Schuldempfinden, Ihre Neigung zu reagieren und die eigentliche Emotion gelernt oder verstanden. Ohne Schuld und Scham wäre das Zugehörigkeits- und Gemeinschaftsgefühl bedroht. Nächstenliebe und Hilfe entstehen vor diesem Hintergrund.

Wobei unterstützt Sie Scham- und Schuldempfinden?

Welches sind z. B. typische Handlungen, die auf dieser Grundlage entstehen?

Ohne Scham würden wir unsere Persönlichkeit gar nicht weiterentwickeln oder uns für unsere Grenzen einsetzen oder ärgerlich auf Beschämungen oder Bloßstellungen reagieren. Ohne Scham keine Gegenspieler – die Emotionen Würde, Selbststolz und Zufriedenheit –, und diese Emotionen möchten viele Menschen gern spüren.

Wofür ist Scham für Sie wichtig?

Dieselben Überlegungen können Sie auch für Schuld anstellen. Ohne Schuld keine Entschuldigungen, keine Wiedergutmachung, keine Reue. Und die Gegenspieler zu Schuld – Verantwortungsübernahme, (Verhaltens-)Stolz, Freude und Glück –, auf die möchte man doch gar nicht verzichten.

Wofür ist Schuld für Sie wichtig?

Und nun folgt ein kleines Gedankenexperiment. So wie wir anderen Menschen empathisch begegnen können, so können wir dieselbe Haltung auch uns gegenüber entwickeln. Wenn Sie sich erlauben, sich vorzustellen, es gäbe Sie ein zweites Mal: Sie begegnen sich also selbst und würden sich selbst gegenüber Empathie und emotionale Sensibilität aufbringen. Nehmen Sie sich dafür ruhig einen Moment Zeit.

Was würden Sie im Umgang mit sich anders machen?

Wie würden Sie sich dann fühlen? Lohnt es sich?

Wenn ja, dann haben Sie die Möglichkeit, zu überlegen, ob Sie im Alltag etwas anders machen wollen. Sie können es auch nur mal ausprobieren.

Falls Sie viele oder einige Fragen noch gar nicht beantworten konnten oder wollten: keine Sorge. Einige dieser Fragen sind Bestandteil der Therapie. Ihr Therapeut kann Ihnen helfen, Antworten und neue Wege zu finden. Scham und Schuld zu verändern bedeutet auch, ein Abenteuer einzugehen. Und zu jedem Abenteuer gehören Mut, Durchhaltevermögen für die schwierigen, schmerzhaften Momente und Ehrlichkeit sich selbst und anderen gegenüber. Ihr Therapeut unterstützt Sie dabei. Keinesfalls sollen Sie das Abenteuer alleine bewältigen. Das Gegenteil ist der Fall, Kontakt und Unterstützung hilft, sich den Themen zu stellen.
Was möchten Sie schon jetzt Neues im Umgang mit Scham und Schuld ausprobieren?

Womit kann der Therapeut Sie dabei unterstützen?

Sie fragen sich bestimmt, was jetzt in der Therapie auf Sie zukommen kann. Besprechen Sie das bitte mit Ihrem Therapeuten. Legen Sie gemeinsam fest, was Sie erreichen wollen. Brauchen Sie noch Unterstützung, z. B. beim Entspannen oder beim Aufbau von angenehmen Aktivitäten? Vielleicht möchten Sie auch erst noch die Zusammenhänge zu Ihrer psychischen Erkrankung/zu Ihrem Befinden besser verstehen?

Mögliche Ziele für die Therapie können sein:
- Aus der »alten« emotionalen Verletzlichkeit wieder eine emotionale Sensibilität für sich und andere machen
- Einen Umgang finden für intensive, überflutende Scham und Schuld
- Beschämungen und falsche Schuldzuweisungen in der eigenen Geschichte aufspüren und damit umgehen lernen
- Widerstandskraft gegen unnötige Beschuldigungen/Beschämungen entwickeln

- Lernen, über Emotionen und Bedürfnisse richtig zu sprechen
- Lernen, die Emotionen für sich zu nutzen, um besser für sich sorgen zu können
- ...

Welche Ziele fallen Ihnen ein?

Zu guter Letzt: Heben Sie die Unterlagen gut auf. Wann immer Sie es brauchen, oder während der Therapie, können Sie Ihre Antworten und die Zusammenhänge hier nachlesen. Und richtig spannend ist es am Ende der Therapie, noch einmal auf das Arbeitsblatt zu schauen und zu erkennen, was sich verändert hat. Und auch die Kleinigkeiten sind dann wichtig.

11.5 Vertiefung von emotionalem Erleben

Der Ausgangspunkt für die emotionsbezogene Arbeit ist eine gute Psychoedukation. Davon ausgehend wird klärungsorientiert ein individuelles Störungsmodell erarbeitet. Patienten brauchen ein Verständnis von der Entstehung und Aufrechterhaltung ihrer Problematik. Auf dieser Grundlage kann nun Einsicht in das maladaptive und dysfunktionale Erleben emotionaler Vorgänge bei Patienten gefördert werden. Das unmittelbare Aufgreifen emotionaler Vorgänge in der Therapie kann anfangs auch an einem »Stellvertretergefühl« erfolgen, gern auch an einer angenehmen Emotion. Daran anknüpfend wird das gemeinsame Vorgehen besprochen.

Patienten, die bisher emotionales Erleben vermieden haben, sind trotz des Leidensdrucks ambivalent in ihrer Motivation. Ermutigende und unterstützende Interventionen durch den Therapeuten werden daher auch im Prozess immer wieder notwendig sein. Dazu gehört die wiederholte Aktivierung und Vertiefung emotional angenehmen Erlebens, z. B. der Emotionen, die mit Therapiefortschritten, neuen Erfolgen in der Bedürfnisbefriedigung und anderen Veränderungen einhergehen. Die Methode der erlebnisorientierten Aktivierung und Vertiefung wird so für den Patienten zugänglich und alltäglich. Später soll das Vorgehen auch ohne therapeutische Unterstützung anwendbar sein. Als Motivationsauffrischung kann das Arbeitsblatt aus ▶ Kap. 11.4.1 erneut bearbeitet oder neue Antworten darin ergänzt werden. Ermutigende Worte und Bilanzierung des bisher Erreichten sind genauso hilfreich.

Förderung emotionalen Erlebens Die emotionale Aktivierung und Intensität innerhalb der Therapiesitzungen hat eine sehr zentrale Bedeutung für den Therapieerfolg (dazu z. B. Whelton 2004; Znoj et al. 2004) und ist den rein kognitiven Strategien deutlich überlegen. Bereits die vertiefende Exploration im Rahmen des Störungsmodells kann zur Aktivierung von Bewältigungsschemata oder von primären Emotionen im Rahmen des emotionalen Schemas führen. Sowohl für den Patienten als auch den Therapeuten stellt dies eine gute Gelegenheit dar, Emotionen im therapeutischen Setting zu erleben und diese auszudrücken. Die Förderung der Verbalisierung und Differenzierungsfähigkeiten verschiedener Emotionen stellt dabei einen wesentlichen Wirkmechanismus dar. Im therapeutischen Alltag hat sich der Einsatz eines kreativen, unkonventionellen Sprachstils bewährt. Schuld und Scham können mit zusätzlich emotional eingefärbten Adjektiven versehen werden. Eine ängstliche Scham kann sich durchaus von einem blockierenden Schamgefühl oder einer wütenden Scham in der Erlebnisqualität für den Patienten unterscheiden. Genauso gibt es z. B. eine bedrückende Schuld oder eine Wiedergutmachungsschuld. Eine lähmende Schuld kann trotz Entschuldigungsimpuls quälend sein (► Kap. 10.6.1, Tab. 10-1 und Kap. 11.7.2).

Die vertiefende Exploration für das individuelle Störungsmodell ist eine erste Übung im Sinne einer Desensibilisierung und Exposition mit schmerzhaften emotionalen Inhalten von Situationen, die als problematisch erlebt wurden. Die ersten Übungen haben aber auch diagnostischen Charakter. So kann überprüft werden, welche Emotionsregulationsstrategien der Patient bereits anwendet, ohne dass es ihm bewusst ist, und welche Strategien er unterstützend noch erlernen sollte. Der Therapeut hat die Möglichkeit, in der Nachbesprechung mehr darüber zu erfahren, wie ein Patient eigenes schmerzhaftes emotionales Erleben wahrnimmt und was an Veränderung der therapeutischen Haltung und in der Beziehungsgestaltung noch benötigt wird. Genauso kann an dieser Stelle besprochen werden, ob Blickkontakt zum Therapeuten hilfreich ist oder ob Patienten anfangs noch die Augen schließen möchten. Geschlossene Augen können dazu führen, dass ein Patient noch mehr in sein Inneres versinkt. Kontaktabbrüche und Dissoziationen können während der Übungen auftreten. Die bessere Alternative sind Blicke, die auf einen Punkt gerichtet sind, und die Option, zum Therapeuten schauen zu können.

Für das gemeinsame Arbeitsmotto eine Metapher entwickeln Empfehlenswert ist im Anschluss die Entwicklung einer gemeinsamen Metapher für die emotionsbezogene Arbeit. Die Metapher lässt sich wunderbar aus der bisherigen Wahrnehmung eigenen emotionalen Erlebens und den gemeinsam erarbeiteten Zielen ableiten. Mögliche Beispiele können sein:
- Reduktion der Übersensibilität: »Allergiemetapher« (► Kap. 10.3.3)
- Wahrnehmen und sich den belastenden Emotionen stellen: »Abenteuer« (Ende des Arbeitsblattes ► Kap. 11.4.1)
- Beschämungen aufspüren und ihnen etwas entgegensetzen: »Expedition« mit guter Ausrüstung

Das Arbeitsmotto lässt sich durch eine Metapher besser definieren und im Sinne einer gemeinsamen Sprache im Prozess einsetzen.

11.5 Vertiefung von emotionalem Erleben

Unterscheidungsmerkmale primärer maladaptiver Scham und Schuld vs sekundäre Scham und Schuld Maladaptive Scham und Schuld als primäres emotionales Erleben wird häufig vermieden und über entsprechende Bewältigungsschemata kompensiert. Das primäre emotionale Erleben von Scham und Schuld ist, wie bereits ausgeführt, häufig präverbal und daher sprachlich nur wenig codiert. *Sind maladaptive primäre Scham und Schuld aktiviert, wird der Patient automatisch weniger sprechen. Stattdessen ist davon auszugehen, dass wenige undifferenzierte Worte sich auf unangenehme Körperwahrnehmungen beziehen.* Die Verbalisierung dessen, was er unter der Aktivierung erlebt, ist bereits ein wichtiger Teil der gemeinsamen Arbeit. In diesem Kontext können Scham und Schuld bereits an den Handlungsimpulsen unterschieden werden. Schuld aktiviert und motiviert zu Handlungen. Scham blockiert und lässt innehalten.

Meist kommen Patienten jedoch mit den Folgekosten der Bewältigungsstrategien und deren sekundären Emotionen in die Behandlung. Aktivierte »erwachsene« Scham und Schuld, als sekundäre Emotionen, haben einen hohen kognitiven Anteil. *Viele Worte, Gesten, Wiederholungen, Selbstabwertungen, Empörungen und geäußerte Kränkungen sind ein guter Hinweis auf die später entstandenen, sekundären Emotionen.* Diese sind als Ausdruck von Bewältigungsschemata (Ertragen, Bekämpfen, Vermeiden) zu verstehen. Mittels der Bewältigungsstrategien wird belastendes, primäres emotionales Erleben kompensiert. Ausgangspunkt der emotionsbezogenen Arbeit sind meist die sekundären Emotionen.

Sekundäre (»erwachsene«) Scham und Schuld sind sehr komplex. Die hohen kognitiven Anteile stellen die Ausgangsbasis für die emotionale Aktivierung und spätere Vertiefung dar. Die bewusste Wahrnehmung und Aktivierung kognitiver Strukturen, z. B. der Selbstbe- und abwertung, der Empörung oder der Gedanken über allgemeine Regeln und Werte, machen sekundäres Erleben zugänglich. Es sind dieselben Strukturen, die verinnerlichte Werte, Regeln und Normen beinhalten, die dann als Bewertungsgrundlagen für das eigene Selbst dienen. Über assoziative Prozesse werden diese Anteile zugänglich. Das erklärt auch, weshalb manche Menschen sich schämen, wenn sie gelobt werden. Negativ bewertende Kognitionen sind meist bei Menschen besser trainiert, wenn z. B. kindliche Frustrationen des Grundbedürfnisses Selbstwerterhöhung zugrunde liegen. Die Kognitionen sind deshalb schneller und aktiver verfügbar. Die vertiefenden Interventionen sollten sprachlich an das Vorgehen angepasst werden.

Techniken zur Aktivierung und Vertiefung emotionalen Erlebens Ein elementarer Bestandteil emotionsbezogenen Vorgehens sind die in diesem Abschnitt ausgeführten Techniken zur Aktivierung und Vertiefung emotionalen Erlebens. Die Interventionen sind vielen Therapeuten aus anderen Arbeitsweisen bekannt. Mit dem Ziel der erlebnisorientierten Emotionsaktivierung und -vertiefung sollten sie jedoch zur Grundausstattung eines Therapeuten gehören. Tiefergehende Erläuterungen zu den einzelnen Techniken sind dem Grundlagenbuch »Emotionsbezogene Psychotherapie« zu entnehmen (Lammers 2007).

Sekundäre Scham und Schuld haben große kognitive und bewertende Anteile. Emotional sind sie meist wenig repräsentiert. Maladaptive primäre Scham und Schuld sind gar nicht oder nur sehr wenig versprachlicht. Für das Erleben Worte zu finden ist ein wesentliches Element der Aktivierung und Vertiefung. In den folgenden Ausführungen werden daher die Techniken mit dem Blick auf diese Besonderheiten erläutert (▸ Tab. 11-1). Das konkrete individuelle Vorgehen ergibt sich jedoch meist aus der gemeinsamen Arbeit. Daher sind es mögliche Optionen, die für jeden Patienten genau geprüft werden sollten.

Tab. 11-1 Techniken zur Aktivierung und Vertiefung emotionalen Erlebens

Allgemeine Technik	Mögliche Modifizierung für sekundäre Scham, sekundäre Schuld	Mögliche Modifizierung für primäre, maladaptive Scham und Schuld
Beziehungsgestaltung mit empathisch validierender Haltung des Therapeuten	• Therapeut begegnet dem Patienten bewusst auf Augenhöhe • Aufmerksamer Blick ist auf den Patienten gerichtet • Erfragt Kognitionen, Grundhaltung zu dem Thema • Hören des Gesagten bezieht sich weniger auf die Inhalte, sondern mehr auf die Art und Weise, wie etwas gesagt wird (welche Betonung) • Fokussierung auf emotionale Prozesse durch besondere sprachliche Formulierungen, z. B.: »Wie fühlt man sich, wenn man so denkt?«, »Das sind viele Eindrücke und Gedanken. Welche Emotion würde am ehesten dazu passen?«	• Wechsel in die nachbeelternde Haltung – therapeutische Beziehung als Interventionsmethode • Besonders warmherzige, etwas leisere Stimme • Patienten in der Arbeit mit einem wohlwollenden warmherzigen Blick begleiten • Hoher Anteil von Validierung und Einfühlungsvermögen • Interventionen von kindlicher Ermutigung und Motivation • Verbalisierungsunterstützung, um welche Emotionen es sich handeln könnte
Sicheren Rahmen der Therapie betonen und einladende Interventionen	• Sicherheit, Verschwiegenheit betonend • Vorgehen transparent erläutern • Fragen, ob Patient sich ausreichend sicher fühlt – Sicherheit betonen und, daran anknüpfend, Einladung zur weiterführenden emo-	• Arbeit mit dem inneren Kind, das im heutigen Erwachsenen und in der Therapie Sicherheit erfährt – doppelter Schutz • Beschützende Formulierungen benutzen (»Ich achte auch auf Sie«)

11.5 Vertiefung von emotionalem Erleben

Tab. 11-1 (Fortsetzung)

	tionsbezogenen Arbeit aussprechen: »Darf ich Sie einladen, an diesem Thema weiterzuarbeiten« • Verständnis für komplexe Gedankengänge aufbringen und gleichzeitig einladen, »genauer hinzusehen und zu fühlen«	• Gemeinsames (Aus-)Halten belastenden Erlebens betonen • Anfangs Möglichkeiten von kurzen Pausen anbieten – entsprechende Signale vereinbaren • Therapie als Ort, wo man sich und was Neues ausprobieren kann • Anbieten kreativer Methoden, die »Emotion« ein Bild malen lassen; Leidensdruck und Schmerzhaftigkeit als Bücherstapel darstellen lassen
Rollenspiel – emotionsauslösende Ausgangssituation wird nachgestellt	• Rollenspiel als Unterstützungsmethode für ein besseres gemeinsames Verständnis anbieten	• Scham und Schuld als Interaktions-/Rollenspielpartner – »Wie reagieren die Beteiligten«, »Was würde die Körperempfindung sagen wollen, wenn sie sprechen könnte?« • Im Rollenspiel mit der Emotion kommunizieren, so als sei sie ein eigenständiges Wesen (▸ Kap. 11.7.2)
Imagination	• Einladen auf ein »Gedankenexperiment« • Gegebenenfalls anknüpfen an Vorerfahrungen mit Imaginationsübungen • Meinung dazu erfragen, sich die Erlaubnis dafür einholen • Verbildlichung des Gedankenprozesses »Knäuel von Gedanken« • Dem Real-Selbst und Ideal-Selbst ein Äußeres geben – sich das beschreiben lassen	• Übung des sicheren Ortes (Reddemann 2011) kann vorher geübt und für das Kind von damals genutzt • Idee der Tresortechnik (Reddemann 2011) aufgreifen und schmerzhaft emotionales Erleben beim Therapeuten sichern • Sich die Scham/Schuld als Wesen vorstellen, mit dem man in Kontakt treten kann (▸ Kap. 11.7.2) • Gegebenenfalls vorgeschaltete Übungen zu Grundbedürfnissen, z. B. Nachholen nicht gemachter Erfahrungen (Arbeitsblatt zum Bindungsbedürfnis; ▸ Kap. 13.2.2)

Tab. 11-1 (Fortsetzung)

Allgemeine Technik	Mögliche Modifizierung für sekundäre Scham, sekundäre Schuld	Mögliche Modifizierung für primäre, maladaptive Scham und Schuld
Pacing und Leading – als Grundlagenstrategien des Mitgehens/-fühlens und Führens als besondere Form der Empathie (Anmerkung: aus dem hypnotherapeutischen Ansatz; ▶ Kap. 10.2.6)	• Wiederholen der Äußerungen des Patienten (Pacing) und an mögliche Emotionen anknüpfen (Leading) • Aufgreifen dessen, wie jemand etwas sagt – »Das klingt, als seien Sie empört/gekränkt/entsetzt …«; »Wenn man Ihnen zuhört, bekommt man den Eindruck, dass es Ihnen unangenehm/egal ist?« (Leading)	• Nonverbales Aufgreifen der Veränderungen in der Körperhaltung – ähnliche Haltung einnehmen (Pacing) • Die benannten Stellen des Körpers, an denen sich das primäre Erleben zeigt, am eigenen Körper markieren – und nachfragen: Hand auf den Bauch legen (Pacing), »Hier an der Stelle« (Pacing) • Äußerungen über Körperempfindungen wiederholen (Pacing) und durch vorsichtige zusätzliche Worte versprachlichen (Leading): »Das fühlt sich an, als sei in dem Bauchweh auch ein bisschen Schamgefühl enthalten« • Warmherzig, ermutigende Interventionen genauer hinzufühlen (Leading) • Wiederholung der Äußerungen des Patienten (Pacing) und einladen, den Therapeuten anzuschauen, »um zu sehen, dass man nicht damit alleine ist« (Leading)
Fokussierung auf emotionale Vorgänge	• Internalisierte Werte, Normen und Regeln durch Fragen und Angebote in eine emotionale Sprache übersetzen: »Wie erleben Sie all die Regeln, wenn Sie sich dabei zuhören?«; »Was löst dieser Wert in Ihnen aus, wenn Sie in beachten« • Zielemotion erfragen, die sich einstellen könnte, wenn der Patient sich an all die Regeln und Werte hält	• Emotionale Vorgänge sind meist Körperempfindungen, diffuse Stressreaktionen – körperliche Ebene anfangs betonen: »Was fühlen Sie da im Brustbereich?« • Sich Zeit für die genaue Beschreibung der Körperempfindungen nehmen • Empfundene Qualität des Empfindens erfragen: »Wie fühlt es sich an – angenehm, belastend?«

11.5 Vertiefung von emotionalem Erleben

Tab. 11-1 (Fortsetzung)

	• Pacing und Leading einsetzen – Ziel des Leadings sind emotionale Prozesse • »Wie fühlt man sich, wenn man so denkt?«	• Anfangs sprachlich einfache Angebote für Emotionen machen, im Verlauf mehr Differenzierungen von Scham und Schuld, z. B. ängstliche Scham, traurige Schuld
Fokussierung auf Details und sinnliche Wahrnehmung fördern	• Offene Fragen am Anfang nach Details in der Situation – »Welche Details fallen Ihnen im Moment auf?«, • Details liegen meist außerhalb der eigenen Person • im Verlauf möglichst Nachfragen unterlassen, da sich die Patienten sonst wieder auf die kognitive Ebene zurückziehen	• Details sind eher im eigenen Inneren des Patienten zu finden • Wahrgenommene Details sind oft die aus der Sicht eines Kindes • Bei maladaptiver Scham sind es wegen des blockierenden Charakters und des inneren Rückzugs nur wenige Details – dennoch die Blockade genauer beschreiben lassen
Fokussierung auf die Körperwahrnehmung	• Gedanken sind üblicherweise im Kopf • Wo im Kopf nehmen Sie all die Gedanken wahr? • Die Metaebene von Gedanken und Art der Gedankenprozesse erfragen: »Welche Art von Gedanken sind es?«, »Viele einzelne Gedanken oder ein zusammenhängendes Knäuel?«	• Gute Einstiegsmöglichkeit, da präverbales Erleben sich meist auf der körperlichen Ebene ausdrückt
Taktvolles Anbieten möglicher Emotionen	• Ausgangsbasis ist »die Art und Weise«, wie jemand spricht, mit welcher Betonung – darüber können taktvoll mögliche emotionale Vorgänge, aber auch Einstellungen dem Patienten angeboten werden	• Körperempfindungen emotional verbalisieren – mehrere Angeboten machen: »Wie fühlt es sich am ehesten an – wie Angst, wie Schuld etc. an?« • Schuld und Scham zusätzliche Qualitäten geben: ängstliche Schuld, beunruhigende Scham (vgl. dazu die Tabelle in ► Kap. 10.6.1)

Tab. 11-1 (Fortsetzung)

Allgemeine Technik	Mögliche Modifizierung für sekundäre Scham, sekundäre Schuld	Mögliche Modifizierung für primäre, maladaptive Scham und Schuld
Mitteilung des eigenen emotionalen Erlebens	• Um Erlaubnis bitten, Angebote machen zu dürfen • Sollte sehr warmherzig und respektvoll geschehen, da Patienten in den Bewältigungsschemata kritiksensibel sind	• Ausgehend von dem Nachempfinden der körperlichen Wahrnehmung • Einfühlen in die Körperhaltung und Mimik
Präsentation emotionsauslösender Reize	• Für viele Patienten schnell verfügbar • Liegt meist außerhalb der eigenen Person • Oft eine Regel oder Normverletzung	• Gedanken über sich selbst: »Ich bin zu dumm«, »Es lohnt sich nicht für mich« • Oder andere Prozesse, die innerhalb einer Person stattfinden, wie die Angst davor, »entdeckt zu werden« • Herausarbeiten, wann sich die Gedanken gebildet haben bzw. von wem sie übernommen wurden

Emotionsexposition findet bereits mit sekundärem emotionalen Erleben statt Ausgangspunkt für emotionsbezogene Interventionen sind meist die sekundären Emotionen, die aus den Bewältigungsschemata resultieren. Bei sekundärer Scham oder Schuld kann man auch mit den kognitiven Prozessen internalisierter Werte, Regeln und Normen beginnen. Dabei gilt es, die Art der kognitiven Prozesse möglichst genau zu erfragen, um viele Assoziationen zu ermöglichen. Aus den kognitiven Instanzen heraus werden das eigene Verhalten und die eigene Person bewertet. Diese inneren Bewertungsprozesse verursachen dann die sekundäre Scham oder Schuld. Manchmal kommt es jedoch auch durch andere Menschen zu Beschämungserlebnissen oder löst beispielsweise schuldinduzierende Kommunikation (▸ Kap. 5.1.7) des Gegenübers sekundäres Schulderleben aus. Chronisches Schulderleben ist immer sekundär und ein Hinweis auf dahinter liegende primäre maladaptive Scham. *Die genaue und empathische Exploration emotionsauslösender Reize ist ein wichtiger Bestandteil der Vorgehensweise.* Die Auseinandersetzung mit dem sekundären emotionalen Erleben verschafft Patienten bereits einen Eindruck von der weiteren Vorgehensweise, sekundäre Scham oder Schuld aushalten zu können. Daher sollten sich Therapeut und Patient viel Zeit dafür lassen und die neuen Erfahrungen nachbesprechen.

11.5 Vertiefung von emotionalem Erleben

Aktivieren und Vertiefen sekundärer Scham

Frau E. (47 Jahre) berichtet von einem Abendessen mit einem befreundeten Ehepaar. Der Freund hätte eine neue Stelle in seinem Unternehmen angenommen und sei nun völlig unzufrieden mit seiner Tätigkeit. Viele Arbeiten würden ihm keine Freude machen, und nun überlege er, nach 18 Jahren das Unternehmen zu verlassen. Frau E. hatte nur wenig Verständnis für die Tatsache, dass jemand so lange in einem Unternehmen arbeitet und sich nicht genau über die neue Position informiert. Noch fassungsloser war sie darüber, dass ihr Freund die 18 Jahre Betriebszugehörigkeit aus freien Stücken aufgeben will. So viel Sicherheit aufzugeben sei »beruflicher Selbstmord in dem Alter«.

Frau E. sei schockiert darüber gewesen, »wie wenig reflektiert und logisch« sich Menschen äußern können. »Dabei sind viele Dinge ganz klar geregelt, und vieles weiß man einfach, wenn man sich ein bisschen damit beschäftigt.« Ihr sei an dem Abend deshalb außer dem üblichen »Smalltalk« kein Gesprächsbeitrag eingefallen, so empört sei sie gewesen – »ist sie eigentlich immer noch«.

Therapeut (sehr warmherzig): *Sie wirken ja richtig empört.* (Anbieten einer möglichen Emotion)

Frau E.: *Genau das trifft es. Empörung.*

Therapeut: *Was macht Ihre Empörung aus?* (Aufgreifen der Empörung)

Frau E.: *Das sind langjährige Freunde, die ich nicht für so verrückt gehalten habe.*

Therapeut: *Ihre Freunde haben sich anders verhalten, als Sie es gedacht haben.* (Pacing)

Frau E.: *Genau und mich in eine sehr unangenehme Situation gebracht.*

Therapeut: *Worin bestand die unangenehme Situation genau?* (Fokussierung auf Details)

Frau E.: *Ich habe dagesessen wie eine »dumme Gans«. Dabei bin ich wirklich kommunikativ.*

Therapeut: *Dieser Teil, der »Wie eine dumme Gans« – wo im Körper sitzt der Teil?* (Fokussierung auf Körperwahrnehmung)

Frau E. (kurz nachdenkend): *Im Kopf.*

Therapeut: *Wie fühlt sich der Teil, der so über Sie denkt, für Sie an?* (Fokussierung auf emotionale Vorgänge)

Frau E.: *Ziemlich streng und anstrengend und irgendwie auch sehr unangenehm herablassend.*

Therapeut: *Und wie geht es »der dummen Gans«, wenn ich das sagen darf?* (Fokussierung auf emotionale Vorgänge und Präsentation emotionsauslösender Reize)

Frau E.: *Dürfen Sie, ich sage es ja auch zu mir. Die fühlt sich blockiert und innerlich leer.*

Therapeut: *Wenn Sie sich in die »dumme Gans« mal versuchen einzufühlen, wie mag es der wohl gehen?* (Imagination und Fokussierung auf emotionale Vorgänge)

Frau E.: *Schlecht.*

Therapeut: *Wo im Körper spüren Sie das »Schlecht«?* (Fokussierung auf Körperwahrnehmung)

Frau E.: *Im Bauch, ich mag Sie nicht ansehen, und meine Schultern drücken sich nach unten.*
Therapeut: *Wenn Sie den Gedanken »Wie eine dumme Gans« innerlich nochmal hören, was verändert sich?* (Präsentation emotionsauslösender Reize)
Frau E.: *Das Gefühl wird immer stärker. Ich möchte im Boden versinken. Niemand soll mich so sehen.*
Therapeut: *Könnte das Scham sein?* (Vorsichtiges Anbieten einer möglichen Emotion)
Frau E.: *Irgendwie schon, wenn Sie das sagen, werde ich aber auch gleich rot.*
Therapeut (warmherzig): *Versuchen Sie bitte, zu probieren, bei dem Gefühl zu bleiben.* (Fokussierung auf emotionale Vorgängen und Leading – bei der Emotion bleiben, statt sie zu vermeiden)
Frau E.: *Dann fühle ich mich gleich wieder so dumm wie an dem Abend – und innerlich leer.*

Die Ausgangssituation stellt die Empörung der Patientin dar. Diese hatte sich am anderen Tag eingestellt (Vermeidung von Scham), als sie mit ihrem Ehemann nochmal über den gestrigen Abend gesprochen hatte. An dem besagten Abend hatte Frau E. die meiste Zeit nur dagesessen und konnte vor innerer Leere kaum etwas sagen. Ihre Freunde hatten sie darauf angesprochen und gefragt, ob es ihr nicht gutgehe. In der Scham noch erkannt worden zu sein, brachte das »emotionale Fass zum überlaufen«. Frau E. fühlte sich zusätzlich beschämt. Aus ihrer Sicht war es schon schlimm genug, sich an dem Abend so zu fühlen. Sie hatte sich für die Gestaltung des Abends verantwortlich gefühlt, da sie den Vorschlag gemacht hatte, sich nach langer Zeit mal wieder zu treffen.

Den emotionalen Vorgängen viel Zeit und Raum geben Aktivierung und Vertiefung des sekundären emotionalen Erlebens stellt die Basis dar, um später auch mittels derselben Techniken das primäre maladaptive Scham- oder Schulderleben zugänglich zu machen (▶ Kap. 11.7.2). Sich daher dafür wirklich Zeit zu nehmen, die emotionalen Vorgänge auf vielen Ebenen genau zu erforschen, sie aushaltbar zu machen, kann auch als Prozess der systematischen Desensibilisierung verstanden werden. Die Scham (vor dem Therapeuten) zuzulassen, die dazugehörigen Kognitionen zu erkunden und vor allem festzustellen, dass die Bewertung der Ausdruck eines negativen Selbstbildes ist, ist besonders wichtig. Patienten beschämen sich oft selbst – aus der Instanz heraus, die Regeln, Werte und Normen internalisiert hat und die Abweichungen für die eigene Person kaum duldet. Diese Instanz kann aus der Sicht der Patienten fast eine »eigene Identität« annehmen. Sie erleben sie als nicht beeinflussbar. Daher kann man diese Instanz auch imaginieren lassen, um so mit dem Patienten die Möglichkeit zu schaffen, in Kontakt zu treten (▶ Kap. 11.7.2). Die innere Instanz sorgt mit den bewertenden Kognitionen für innere Beschämungssituationen, die schamaktivierend ist. Sich aus dieser Scham heraus zu öffnen und Scham gemeinsam mit dem Therapeuten aushalten zu können stellt einen großen Therapiefortschritt

11.5 Vertiefung von emotionalem Erleben

dar. Scham blockiert üblicherweise und führt dazu, dass sich Menschen beschämt in sich zurückziehen. Daher lohnt es sich, sich wirklich Zeit dafür zu nehmen und ausreichende Geduld aufzubringen. Die ersten Schritte in Richtung primär maladaptiven Erlebens sind damit erreicht.

Mit der Aktivierung und Vertiefung sekundären Erlebens werden dann die primären Emotionen ergründet. Dabei liegt das Hauptaugenmerk nicht mehr auf der ursprünglichen Situation, sondern vielmehr ist es das sekundäre Erleben, dem die Aufmerksamkeit zugewandt wird. Den aktivierten und vertieften sekundären Emotionen sollte man erneut inneren Raum zu geben, und unter der Nachfrage des Therapeuten kann der Patient zu Suchprozessen angeleitet werden.

> **Praxistipp**
>
> **Mögliche Fragen, um die primäre Emotion zu erkunden**
> Typische Fragen/Anleitungen können dafür sein:
> - Gibt es noch andere Emotionen, die hinter der jetzigen Emotion liegen?
> - Wenn Sie der jetzigen Emotion noch mehr Raum geben, welche Veränderungen stellen sich ein?
> - Wie fühlt sich die jetzige Emotion noch an?
> - Gibt es Körperempfindungen, Gedanken, Handlungsimpulse, die nicht zur jetzigen Emotion passen wollen?
> - Ihre Körperhaltung, Mimik etc. verändert sich gerade ein wenig. Ist da noch eine andere Empfindung?
> - Wenn Sie das jetzige Gefühl noch verstärken/vergrößern wollen würden, was müssten Sie tun? Wenn Sie sich das in Gedanken vorstellen, was verändert sich?
> - Gibt es einen Reiz, ein Detail, auf das Sie jetzt besonders sensibel reagieren würden? Welcher Reiz wäre das? Was löst dieser aus?

Den individuellen emotionsphobischen Konflikt zugänglich machen – die maladaptive primäre Emotion finden In vielen Therapiealltagssituationen füllen die Aktivierung und Vertiefung der sekundären Emotionen und die Nachbesprechung zeitlich etwa eine Therapiesitzung. Mit dem Wissen um den möglicherweise zugrunde liegenden emotionsphobischen Konflikt soll dieser nun zugänglich gemacht werden. Um fortführend an den belastenden und schmerzhaften Emotionen weiterarbeiten zu können, greift der Therapeut in der folgenden Sitzung die sekundäre Emotion wieder auf. Da Patienten sich im Rahmen der Therapie erstmals eingehender mit ihrer Scham oder Schuld beschäftigt haben, ist ihnen die Emotion in der Erinnerung noch sehr präsent. Diese Erinnerung braucht daher meist nur noch einmal aktiviert und die Emotion vertieft zu werden. Natürlich versuchen Patienten, das unangenehme emotionale Erleben zu vermeiden. Da Scham durch den blockierenden und scheinbar bloßstellenden Charakter besonders unangenehm empfunden wird, kann die Ausgangssituation vorher noch einmal kognitiv erzählt werden. Das Vorgehen hat sich auch bei chronischem Schulderleben bewährt, da das Erleben nicht durch sinnvolle Handlungen beendet werden kann.

Die primäre Emotion finden

Ausgangsbasis für die folgende Stunde stellte das sekundäre Schamgefühl der Patientin aus der vorherigen Sitzung dar. Frau E. kannte das Vorgehen, wir aktivierten schnell die Emotion über den internen emotionsauslösenden Reiz »wie eine dumme Gans«.

Therapeut (warmherzig, mit wohlwollendem Blick): *Frau E., wenn Sie innerlich nochmal die Aussage »Wie eine dumme Gans« hören, wo im Körper spüren sie das Schamgefühl zuerst?* (Präsentation emotionsauslösender Reize und Fokussierung auf Körperwahrnehmung)

Frau E.: *Oh, da ist ja wieder dieses schlechte Gefühl. Unglaublich, wie schnell das geht. Eigentlich wollte ich zuerst den Blickkontakt vermeiden.*

Therapeut: *Das war also ein erster Impuls, und wo im Körper spüren Sie die Scham?* (Pacing und Leading)

Frau E.: *Im Bauch breitet sich das schreckliche Gefühl aus, bis hin zu den Schultern. Die drücken wieder nach unten.*

Therapeut (warmherzig): *Versuchen Sie bitte, wie beim letzten Mal bei dem Schamgefühl zu bleiben. Gibt es etwas, auf das Sie im Moment sehr sensibel reagieren?* (Fokussierung auf emotionales Erleben und Anleitung zur Suche nach emotionsauslösenden Reizen)

Frau E.: *Ich habe mir tatsächlich gerade vorgestellt, wie es wäre, wenn Sie nicht so freundlich schauen würden.*

Therapeut: *Wollen Sie das in Gedanken mal ausprobieren, wie sich das anfühlt?* (Imagination, Anleitung zur Präsentation mit dem neuen emotionsauslösenden Reiz, für den Frau E. gerade sehr vulnerabel ist, und Fokussierung auf die emotionalen Vorgänge)

Frau E.: *Als würde der Boden unter mir aufgehen. Dagegen war das Schamgefühl ja gar nichts. Sehr unangenehm.*

Therapeut (warmherzig): *Das kann ich förmlich mitfühlen. Können Sie das aushalten? Wollen Sie es probieren?* (Einfühlsames Pacing und Leading)

Frau E.: *Es ist sowieso da. Das Unangenehme im Bauch tut fast weh, wie damals als Kind.*

Therapeut: *Sie kennen also das Gefühl schon. Wo im Körper spüren Sie es noch?* (Pacing und Leading, weitere Fokussierung auf körperliche Vorgänge)

Frau E.: *Es ist wie ein Ziehen, das sich aus dem Bauch ausbreitet – als würde gleich etwas passieren. Ich kann Sie gar nicht mehr ansehen.* (Frau E. schaut sichtlich beschämt und ängstlich wirkend den Therapeuten an.)

Therapeut (warmherzig, mit wohlwollendem Blick): *Gut, dass Sie es trotzdem probieren. Versuchen Sie bitte noch ein bisschen, dieses neue Gefühl in sich zu halten. Was verändert sich?* (Ermutigung, Pacing und Leading, Fokussierung auf emotionale Vorgänge)

11.5 Vertiefung von emotionalem Erleben

> Frau E.: *Ich kann gar nicht so viel sagen. Es ist so intensiv, und irgendwie kenne ich das Gefühl. Ich wollte mich nie wieder so fühlen müssen. Das hatte ich mir als Kind vorgenommen.*
> Therapeut: *Das kann ich mir vorstellen. Ich fühle mit Ihnen, wie stark die Emotion ist. Es ist anscheinend eine noch größere Scham.* (Pacing, Fokussierung auf emotionales Erleben, vorsichtiges Anbieten einer Emotion)
> Frau E.: *Ja, irgendwie so ähnlich, wie vorhin die Scham, nur noch stärker. Dann ist das auch Scham.*
>
> Gemeinsam mit Frau E. konnten wir fortführend den emotionsphobischen Konflikt erarbeiten. Das primäre maladaptive Schamerleben kannte sie aus ihrer Kindheit. Sie hatte sich vorgenommen, sich so nie wieder fühlen zu wollen und dass, wenn sie sich so fühlte, es wenigstens niemand sieht (Bewältigungsschemata). Ihre Eltern hatten sie oft wegen kleiner Fehler bloßgestellt und vor anderen Familienangehörigen und Freunden beschämt. Wenn Frau E. als Kind darüber errötete, machten sich die Eltern noch mehr darüber lustig und beschämten sie erneut.

Primäres maladaptives Schulderleben Primäres maladaptives Schulderleben wird auf die gleiche Art zugänglich gemacht. *Maladaptives Schulderleben als Ausdruck des emotionalen erinnerungsbasierten Schemas entsteht zeitlich etwas später als maladaptive Scham.* Maladaptive Schuld enthält vermutlich deshalb etwas mehr kognitive Anteile, da die hirnphysiologische Reifung fortgeschrittener ist. Primäre maladaptive Schuld zeichnet sich dadurch aus, dass das Erleben nicht durch die typischen Verhaltensweisen (Entschuldigung, Wiedergutmachung, Reue) zu beenden ist. Stattdessen sind Menschen den Rest ihres Lebens zu einer Schuld verpflichtet. In ▸ Kap. 5.1.2 sind verschiedene Arten von Schuld und ihr möglicher Bezug zu frustrierten Grundbedürfnissen dargestellt. Dass die primäre maladaptive Schuld als genauso belastend und quälend wahrgenommen werden kann, liegt daran, dass diese frühe Art der Schuld gar nicht abgetragen werden bzw. überhaupt nicht real sein kann. Beispiele hierfür: sich schuldig für die Erkrankung eines Elternteils fühlen, verantwortlich gemacht werden für die Ehe der Eltern (»Du bist schuld, dass wir verheiratet sind«) oder eine Art innere Bringschuld (»Wir haben deinetwegen auf alles verzichtet«). Manchmal steht hinter diesem maladaptiven Schulderleben aber doch eine primär maladaptive Scham.

Hausaufgaben und selbstverpflichtende Hausaufgaben Das emotionsaktivierende und -vertiefende Vorgehen in der Therapie kann durch Hausaufgaben ergänzt werden. Bei sehr schmerzhaftem Scham- und Schulderleben gilt es zu beachten, dass sich Patienten anfangs in diesem Erleben schnell alleine gelassen fühlen und es aber auch gewohnt sind, damit alleine zu sein. Andere Patienten neigen dazu, sich zu überfordern. Typische Bewältigungsstrategien im Umgang mit maladaptivem Scham- und Schulderleben sind z. B. Vermeidung durch hohe Verantwortungsübernahme oder auch Bekämpfen durch Selbstabwertung oder

Ertragen und Gefangensein im emotionalen Erleben. Diese Bewältigungsmechanismen zeigen sich auch an der Bearbeitung von Hausaufgaben. So sind Patienten z. B. anfangs sehr motiviert und verantwortlich (können dies aber nicht lange aufrecht halten) oder sie werten sich selbst ab, wenn sie die Hausaufgaben nicht schaffen oder sie fühlen sich gelähmt und unfähig, überhaupt Hausaufgaben zu machen. Ein wohlwollender Umgang seitens des Therapeuten mit nicht erledigten Hausaufgaben ist daher notwendig. Der emotionale Zustand bei der Bearbeitung von Hausaufgaben (sekundäre Emotionen) kann auch als Ausgangsbasis dienen, um emotionsaktivierend und -vertiefend Bewältigungsmechanismen aufzudecken. Sind diese geprägt von den Bemühungen, die internalisierten Werte, Normen und Standards zu erfüllen bzw. dem Ideal-Selbst zu entsprechen, kommt es auch schnell zur Selbstbe- und -abwertung. Häufig beschämen oder beschuldigen sie sich selbst im Alltag und nehmen in den Therapiesitzungen die Bewertung ihres »Versagens bei den Hausaufgaben« vorweg.

Beispiele für begleitende Hausaufgaben sind:
- Training zur Wahrnehmung anderer Emotionen – daran die Technik des Aktivierens und Vertiefens üben
- Differenzierungsübungen emotionalen Erlebens – Emotionstagebücher und Protokolle führen – diese Fähigkeiten können weiterführend verwendet werden, wenn Scham und Schuld durch weitere emotionsbezogene Adjektive ergänzt und individualisiert werden
- Dokumentation von Selbstabwertungen und Beurteilungen
- Üben, Schuld und Scham bei anderen Menschen zu beobachten
- Arbeitsblatt in ▶ Kap. 11.4.1 noch einmal lesen und Antworten ergänzen, die bisher noch nicht möglich waren
- Andere Menschen loben, deren emotionale Reaktion beobachten und so lernen, an Stellvertretern üben, die Aufmerksamkeit auf positive Dinge zu lenken
- Positive Selbstverbalisation üben
- Übungen zur Bedürfnisbefriedigung, um darin mehr Strategien und Fähigkeiten zu entwickeln (▶ Kap. 13)

Als besonders hilfreich haben sich auch die selbstverpflichtenden Hausaufgaben bewährt. Die Frage, womit sich Patienten bis zur nächsten Woche beschäftigen wollen, steigert die Autonomie und Selbstverantwortung.

Zusammenfassung

- Patienten, die bisher emotionales Erleben vermieden haben, sind trotz des Leidensdrucks ambivalent in ihrer Motivation. Ermutigen und unterstützende Interventionen werden im Prozess immer wieder vom Therapeuten notwendig sein.
- Die emotionale Aktivierung und Intensität innerhalb der Therapiesitzungen hat eine sehr zentrale Bedeutung für den Therapieerfolg.

- Emotionsaktivierungen und -vertiefungen sind erste Übungen im Sinne einer Desensibilisierung und Exposition mit schmerzhaften emotionalen Inhalten von Situationen, die als problematisch erlebt wurden.
- Die vertiefende Exploration für das individuelle Störungsmodell ist eine erste Übung im Sinne einer Desensibilisierung und Exposition mit schmerzhaften emotionalen Inhalten von Situationen, die als problematisch erlebt wurden.
- Ein Arbeitsmotto als Metapher motiviert und ist Bestandteil einer gemeinsamen Sprache für den therapeutischen Prozess.
- Maladaptive primäre Scham und Schuld ist kognitions- und spracharm, wenige undifferenzierte Worte beziehen sich auf unangenehme Körperwahrnehmungen.
- Viele Wörter, Gesten, Wiederholungen, Selbstabwertungen, Empörungen und geäußerte Kränkungen sind gute Hinweise auf die später entstandenen sekundären Emotionen.
- Die genaue und empathische Exploration emotionsauslösender Reize ist ein wichtiger Bestandteil der Vorgehensweise.
- Aktivierung und Vertiefung des sekundären emotionalen Erlebens stellt die Basis dar, um später auch mittels derselben Techniken das primäre maladaptive Scham- oder Schulderleben zugänglich zu machen.
- Maladaptives Schulderleben als Ausdruck des emotionalen erinnerungsbasierten Schemas entsteht zeitlich etwas später als maladaptive Scham.
- Das emotionsaktivierende und -vertiefende Vorgehen in der Therapie kann durch Hausaufgaben ergänzt werden, insbesondere haben sich die selbstverpflichtenden Hausaufgaben bewährt.

11.6 Bezug zu den Grundbedürfnissen herstellen

Emotionsbezogene Therapie hat zum Ziel, Patienten darin zu unterstützen, die Vielfalt ihres emotionalen Erlebens für sich und die eigenen Grundbedürfnisse besser nutzen zu können. Mehr Vielfalt in emotionalen Vorgängen geht auch mit der Einsicht in dahinter liegende Grundbedürfnisse einher. An dieser Stelle sei nochmal darauf aufmerksam gemacht, dass Menschen versuchen, unangenehmes emotionales Erleben schnellstmöglich zu beenden oder ganz zu vermeiden. Der emotionsphobische Konflikt mit einhergehenden Bewältigungsschemata ist dabei meist eher dysfunktionaler Art, wenn z. B. die Folgen der Bewältigungsschemata und einhergehende sekundäre Emotionen Leidensdruck erzeugen.

Psychoedukation zum Signalcharakter von Emotionen und zu Grundbedürfnissen Maladaptives Scham- und Schulderleben verhindert oft, dass Patienten angemessener für sich sorgen. *Das Wissen um die Funktionen emotionalen Erlebens und die Wichtigkeit der Befriedigung von Grundbedürfnissen ist manchmal gar nicht vorhanden oder gilt für die eigene Person nicht.* Grundlage dieser »sich selbst etwas versagenden« inneren Haltung stellt das maladaptive Scham- und

Schulderleben dar, es prägt die innere Haltung sich selbst gegenüber. Zum einen sind Patienten so ungewollt davon abhängig, dass Grundbedürfnisse, falls überhaupt, eher von außen befriedigt werden. Zum anderen sind genau diese Patienten oft im realen oder inneren Rückzug, sodass eine Befriedigung von Grundbedürfnissen kaum stattfinden kann. Genügsamkeit und häufig unangenehmes emotionales Erleben sind Folgen davon. *Die Vermittlung von Transparenz und vorwegnehmenden kognitiven Anteilen ist für Patienten mit schmerzhaft-emotionalem Erleben besonders wichtig.*

Die Wiederholung von psychoedukativen Elementen ist daher sinnvoll, um den Signalcharakter von emotionalem Erleben zugunsten der Grundbedürfnisse nochmal deutlich zu machen. Ebenso eignen sich die Übungen zur Aktivierung und Vertiefung emotional angenehmer Emotionen. Angenehme Emotionen zeigen die Befriedigung der Grundbedürfnisse an und sind daher hilfreiche Mittel, um die Motivation des Patienten, besser und selbst für sich zu sorgen, zu fördern. Angenehme Emotionen wollen Menschen wieder erleben, sie motivieren zu Handlungen, um genau das zu erreichen.

Psychoedukative Elemente zu den Grundbedürfnissen sind entsprechend kognitiv vorbereitende Bestandteile. *Es gilt, die Einsicht des Patienten darin zu fördern, dass sie jetzt als Erwachsene selbst zugunsten der eigenen Grundbedürfnisse aktiv sein können.* Dazu gehört es, Fähigkeiten und Strategien auszubauen und neue zu erlernen. Übungen zu den Grundbedürfnissen sollten Bestandteil von Therapiesitzungen sein (▶ Kap. 13). Diese Übungen können auch dem Aktivieren und Vertiefen emotionalen Erlebens vorgeschaltet werden. Das Vorgehen hat sich besonders bewährt bei sehr intensivem primären maladaptiven Scham- und Schulderleben (▶ Kap. 11.7.2). Trotz früher Frustrationen der Grundbedürfnisse, die die Entwicklung maladaptiven Scham- und Schulderlebens begünstigt haben, können Menschen jedoch lernen, jetzt selbst besser für sich sorgen. Hier sei deshalb nochmal die Kernbotschaft wiederholt: Es gilt, das Leben zu gestalten, statt wie bisher zu verwalten.

Informationen zu den Grundbedürfnissen sind in ▶ Kap. 2.2.1 f. zu finden. Diese eignen sich genauso wie eine vereinfachte Ausführung des »Exkurses zur Neurobiologie von Grundbedürfnissen« und am Ende des Kapitels der Kasten mit den Praxistipps, um die Notwendigkeit zu verdeutlichen. Alles Wissen, das im Vorwege erarbeitet wurde, soll darin unterstützen, neue Erfahrungen zu machen. Menschen lernen durch Veränderungen. In den Therapiesitzungen vom angenehmen emotionalen Erleben zu den Grundbedürfnissen zu gelangen und den Zusammenhang zwischen Befriedigung und Wohlbefinden zu verdeutlichen verändert die Einstellung zu sich selbst und fördert die Einsicht, selbst für sich sorgen zu können.

Über die Aktivierung und Vertiefung emotionalen Erlebens zu den Grundbedürfnissen gelangen Die Herstellung des Bezugs zu den Grundbedürfnissen des Patienten gelingt nur über die emotionale Aktivierung des schmerzhaften belastenden Erlebens. Manche therapeutische Fehlannahmen, etwa der Glaube,

11.6 Bezug zu den Grundbedürfnissen herstellen

zu wissen, was ein Patient braucht oder welches Grundbedürfnis frustriert ist, wird über den Weg emotionsbezogener Arbeit nachhaltig korrigiert. Die »emotionale Logik« zwischen Grundbedürfnis und maladaptiver Scham und Schuld ist nur über die Aktivierung und Vertiefung des schmerzhaften emotionalen Erlebens zugänglich. Nur dann spüren Patienten, ob es für sie sinnvoll und verständlich ist. *Die Motivation, besser und selbstfürsorglicher für sich zu sorgen, sich selbst eine wohlwollende empathische Haltung gegenüber zu entwickeln, gelingt viel nachhaltiger über das wirkliche Nachempfinden der Zusammenhänge.* Mit »emotionaler Logik« sind individualisierte und ideodynamische Vorgänge zugunsten der eigenen Person gemeint. Wenn Patienten über die emotional aktivierenden Vorgänge intensiv spüren, dass genau dieses Grundbedürfnis frustriert ist, erhöht dies die Wahrscheinlichkeit, selbst zu eigenen Gunsten aktiv zu werden. Es fördert Verständnis für die eigenen emotionalen Prozesse, ermöglicht Bezug zur Biografie herzustellen und einen Sinn für bisher gemachte Erfahrungen zu entwickeln.

> **Vorgehen: Bezug zu den Grundbedürfnissen herstellen**
> Das Vorgehen leitet sich aus dem vorangegangenen Kapitel (► Kap. 11.5) ab:
> **1. Schritt:** Sekundäre emotionale Erleben aufgreifen, aktivieren und vertiefen
> **2. Schritt:** Dahinter liegendes primäres emotionales Erleben aufsuchen
> **3. Schritt:** Primär maladaptives Scham- und Schulderleben identifizieren und aktivierend vertiefen
> **4. Schritt:** Suche nach Handlungsimpulsen oder Wünschen
> **5. Schritt:** Den Ideen nachgehen, diese in Gedanken ausprobieren (Das Vorgehen bietet sich an, um zu überprüfen, ob es sich tatsächlich um die frustrieten Grundbedürfnisse handelt, es sollte ein angenehmes emotionales Erleben daraus erfolgen)
> **6. Schritt:** Das angenehme emotionale Erleben stärker aktivieren und vertiefen (Die Vertiefung des angenehmen emotionalen Erlebens fördert zum einen den Umgang mit der Methode und verankert zum anderen die neuen Erfahrungen viel nachhaltiger)
> *Anmerkung:* Ausgangsbasis für das Vorgehen sind sowohl mitgebrachte Themen des Patienten als auch aktuell spürbares emotionales Erleben innerhalb der therapeutischen Beziehung.

Sich Zeit lassen mit dem maladaptiven primären Scham- und Schulderleben Patienten das maladaptive primäre Scham- und Schulderleben zugänglich zu machen, ist zwar am Anfang belastend und schmerzhaft, jedoch notwendig. Das Erleben aushalten zu können (Emotionsexposition; ► Kap. 11.7.2) und darüber Zugang und Einsicht zu den frustrierten Grundbedürfnissen zu erhalten ist elementar, um den Signalcharakter emotionalen Erlebens zu erkennen und eine bessere Selbstfürsorge aufbauen zu können. Es ist jedoch wichtig, keineswegs zu schnell in die Veränderung zu gehen. Patienten sollten anhand des primär maladaptiven Erlebens lernen, dass auch dieses Erleben sich aushalten und über entsprechende Emotionsregulationsstrategien beeinflussen lässt. Scham- und

Schuldreaktionen können darüber neu ausgestaltet und geformt werden und dadurch einen adaptiven Charakter entwickeln.

Die Bezeichnung »primär maladaptives« Scham- und Schulderleben orientiert sich zum einen an der Tatsache, dass es keineswegs in Ordnung ist, dass über wiederholte und massive Bedürfnisfrustrationen sich bei Kindern ein lebensbegleitendes Scham- und Schulderleben einstellt. Zum anderen soll »maladaptiv« den besonders belastenden und schmerzhaften Charakter des emotionalen Erlebens verdeutlichen. Es ist daher sinnvoll, sich auch als Therapeut gemeinsam mit dem Patienten lange dem primär maladaptiven Erleben zu widmen. Dies signalisiert, dass es möglich ist, auch auf dieses emotionale Erleben Einfluss zu nehmen und entsprechende Kompetenzen zu entwickeln. *Eine zu schnelle Veränderungsorientierung des Therapeuten vermittelt im Zweifelsfall das Empfinden, dass das Erleben selbst für den Therapeuten zu schlimm, nicht aushaltbar ist.* Der Patient bliebe damit wieder alleine mit dem schmerzhaften Erleben.

Therapeuten haben im Allgemeinen eine ausgeprägte emotionale Sensibilität, die sich auch durch ein großes Scham- und Schuldempfinden auszeichnet. Die Wahrnehmung des überflutenden Charakters von maladaptivem Scham- und Schulderleben ist z. T. darauf zurückzuführen (▶ Kap. 9.7.1). Das Entwickeln von therapeutischen Kompetenzen und Emotionsregulationsstrategien zugunsten von Scham- und Schulderleben der Patienten (und dem eigenen) sind elementar wichtige Bestandteile für die Vermittlung einer entsprechenden Haltung in Bezug auf emotionales Erleben.

> **Bezug zu den Grundbedürfnissen herstellen**
>
> Am Beispiel von Frau E. kann das Vorgehen noch einmal konkreter erläutert werden. In der bisherigen Arbeit konnte Frau E. Einsicht in den zugrunde liegenden emotionsphobischen Konflikt gewinnen. Ihr wurde deutlich, dass das zugrunde liegende maladaptive Schamerleben für sie so schmerzhaft und quälend war, dass sie notwendigerweise Bewältigungsschemata entwickeln musste, um das primäre Erleben nicht mehr spüren zu müssen.
> Die verinnerlichten Werte, Standards und Normen, das Entwickeln eines Ideal-Selbst boten dabei Orientierung und Schutz vor weiterem, von außen erzeugtem Scham- und Schulderleben. Frau E. erkannte, dass diese früher orientierungsgebenden Instanzen nun dazu führten, dass sie sich und ihr Verhalten ständig überprüfte und bewertete. Die Idee und Versuche, über das erlernte Verhalten, das Teil der Bewältigungsschemata ist, dafür zu sorgen, es noch besser zu machen, erwiesen sich als wenig hilfreich. Über Jahre kündigten sich bereits Erschöpfungssymptome, Gefühllosigkeit und eine Gleichgültigkeit sich selbst gegenüber an. Auch diese versuchte Frau E. durch noch mehr Verantwortungsübernahmen (Bewältigungsschema: Vermeiden) und harte Selbstkritik und -vorwürfe (Bewältigungsschema: Bekämpfen) zu beherrschen. Die immer häufiger auftretenden »Einbrüche, nichts im Leben richtig hinzukommen«, »einfach nicht gut genug zu sein« (Bewältigungsschema: Ertragen), führten zu einem anhaltenden chronisch depressiven Erleben. Der inneren Genügsamkeit, kaum für sich

11.6 Bezug zu den Grundbedürfnissen herstellen

zu sorgen und angenehmes emotionales Erleben zu fördern, stand der nach außen gezeigten Wichtigkeit für Statussymbole (teure Kleidung und Schmuck, gepflegtes Äußeres etc.) gegenüber.

Die Würdigung und Anerkennung der Bewältigungsschemata als Überlebensstrategie, die auch Vorteile hatte (z. B. beruflicher Erfolg, hoher Lebensstil), waren wichtig. Frau E. war jedoch gar nicht bewusst, dass die Bewältigungsstrategien scheinbar zwar vor Scham- und Schuldinduktion von außen schützten (im Sinne eines Vermeidungsziels), jedoch sich darüber kein Wohlbefinden einstellen konnte. Übungen der Emotionsaktivierung und Vertiefung halfen, das primäre maladaptive Schamerleben aushalten zu können und genauer zu ergründen. Die Intensität ließ sich für Frau E. zunehmend besser aushalten. Sie entwickelte entsprechende Emotionsregulationsfähigkeiten. Weiterführend ging es nun also darum, zu erkennen, welche Grundbedürfnisse damals massiv durch das wiederholt beschämende Verhalten der Eltern frustriert worden war. Ausgehend vom aktivierten und vertieften maladaptivem Schamerleben lief ein therapeutisches Gespräch wie folgt ab:

Therapeut (warmherzig und wohlwollend): *Erlauben Sie sich, bei der Scham zu bleiben und diese wahrzunehmen.* (Fokussierung auf emotionale Vorgänge)

Frau E.: *Das gelingt wirklich schon besser.*

Therapeut: *Schön, dann forschen wir weiter. Gibt es etwas, was Ihnen jetzt in dieser Emotion guttun würde, etwas, was Sie brauchen?* (Pacing und Leading)

Frau E.: *Ehrlich gesagt, wäre eine Umarmung schön und irgendwie auch ein Lob.*

Therapeut: *Erlauben Sie sich vorzustellen, Sie würden sich in den Arm nehmen und loben. Geht das?* (Hinweis auf Grundbedürfnisse: Bindung und Selbstwerterhalt; sich vorstellen, den Bedürfnissen nachzugehen)

Frau E.: *Hmm ... naja, ich kann es probieren. Irgendwie bin ich aber skeptisch.*

Therapeut: *Ist die Skepsis ein bisschen die alte Angst, erneut beschämt zu werden?* (Vorsichtiges Anbieten einer Emotion und deren Entstehungsbedingungen)

Frau E.: *Ja, auch, aber auch, dass ich das Lob gar nicht aushalten kann.*

Therapeut: *Vielleicht versuchen Sie sich dann erst einmal zu umarmen?* (Ermutigende Worte und Leading)

Frau E.: *Das tut gut, aber jetzt muss ich auch weinen.*

Therapeut: *Was ist das für ein Weinen? Hilft es, erleichtert es?* (Sinngebende Worte finden)

Frau E.: *Ja, irgendwie schon. Mir wird dabei ganz warm.*

Therapeut: *Lassen Sie das Weinen ruhig zu. Ich bin bei Ihnen.* (Pacing und Leading, sicheren Ort und Unterstützung betonen)

Frau E. (nach einer längeren Zeit, in der Tränen laufen): *Jetzt geht, glaube ich, sogar ein bisschen von dem Lob. Ich probiere es mal.*

Therapeut: *Genau so. Prima, und wie fühlt sich das jetzt an?* (Pacing und ermutigende Worte, Fokussierung auf emotionale Vorgänge)

Frau E.: *... ich muss schon wieder weinen. Aber es fühlt sich so an, als wäre ich ein klitzekleines Bisschen wichtig geworden.*

Therapeut: *Ist das vielleicht ein bisschen Stolz?* (Vorsichtiges Anbieten einer möglichen Emotion)
Frau E.: *... so ein warmes Gefühl im Bauch, das mich ein bisschen innerlich größer sein lässt.*
Therapeut: *Das könnte Stolz oder Zufriedenheit sein ...* (Vorsichtiges Anbieten möglicher Emotionen)
Frau E.: *Ja, genau. Irgendwie, das jetzt hier geschafft zu haben, mich zu stellen und mich zu umarmen und zu loben. Alles auf einmal ...*
Therapeut: *Dann lassen Sie doch die neuen Gefühle noch ein bisschen mehr zu und nehmen sich dafür Zeit. Ich bin bei Ihnen.* (Pacing und Leading, Fokussierung auf emotionale Vorgänge, das angenehme Erleben vertiefen)
Frau E.: *Es ist ganz warm und angenehm im Bauch. Meine Schultern wollen sich aufrichten. Irgendwie entsteht auch so eine Energie in mir.*
Frau E. konnte erkennen, dass die Bewältigungsschemata sogar heute noch verhindern, dass die Grundbedürfnisse befriedigt werden. Ihr genügsames Verhalten (im Sinne einer kaum ausgeprägten selbstempathischen Haltung und nur wenig vorhandener Selbstfürsorge) war der Ausdruck dessen, dass sie sich selbst aufgrund des negativen Selbstbildes scheinbar damit abgefunden hatte, »es nicht wert zu sein«, besser für sich zu sorgen. Das angenehme emotionale Erleben nach der imaginierten Versorgung der Grundbedürfnisse, als Ausdruck einer wohlwollenden Haltung sich selbst gegenüber, wollte sie im Alltag üben. »Es fällt ja nach außen gar nicht auf, dass ich mich zwischendurch mal selbst in den Arm nehme und lobe. Das sind Kleinigkeiten, die ich jetzt durchaus mal für mich machen möchte.«

Jorgensen (2004) beschreibt als allgemeinen Wirkfaktor einer Veränderung die »neue Selbstnarration«. *Dabei hilft es, problematisches Erleben in Beziehung zu frustrierten Grundbedürfnissen zu setzen und so biografische Klärungsarbeit zu leisten. Dies begünstigt die neue Sichtweise auf die eigene Lebensgeschichte des Patienten.* Es ermöglicht, eine neue Einschätzung zur eigenen Person zu gewinnen und die eigene Identität anders auszugestalten, und hat damit auch Auswirkungen auf die aktuelle Umwelt. *Mit einer neuen inneren Haltung sich selbst gegenüber, mit neuen Einsichten in die individuellen emotionalen Vorgänge eröffnen sich neue Optionen zu einer angemesseneren Lebensgestaltung, die durch die Therapie gefördert werden sollen.* Aus dem therapeutischen Alltag lässt sich noch ein Satz ergänzen: Auch auf ein kleines Fundament lässt sich ein schönes (gemütliches) Haus bauen.

Zusammenfassung

- Emotionsbezogene Therapie hat zum Ziel, Patienten darin zu unterstützen, die Vielfalt ihres emotionalen Erlebens für sich und die eigenen Grundbedürfnisse besser nutzen zu können.

- Das Wissen um die Funktionen emotionalen Erlebens und die Wichtigkeit der Befriedigung von Grundbedürfnissen ist manchmal gar nicht vorhanden oder gilt für die eigene Person nicht.
- Die Vermittlung von Transparenz und vorwegnehmenden kognitiven Anteilen ist für Patienten mit schmerzhaft emotionalem Erleben besonders wichtig.
- Es gilt, Einsicht des Patienten darin zu fördern, dass sie jetzt als Erwachsene selbst zugunsten der eigenen Grundbedürfnisse aktiv sein können.
- Die Herstellung des Bezugs zu den Grundbedürfnissen des Patienten gelingt nur über die emotionale Aktivierung des schmerzhaft belastenden Erlebens.
- Die Motivation, besser und selbstfürsorglicher für sich zu sorgen, sich selbst eine wohlwollende empathische Haltung gegenüber zu entwickeln, gelingt viel nachhaltiger über das wirkliche Nachempfinden der Zusammenhänge.
- Eine zu schnelle Veränderungsorientierung des Therapeuten vermittelt im Zweifelsfall das Empfinden, dass das Erleben selbst für den Therapeuten zu schlimm, nicht aushaltbar ist.
- Es hilft, problematisches Erleben in Beziehung zu frustrierten Grundbedürfnissen zu setzen und so biografische Klärungsarbeit zu leisten. Dies begünstigt die neue Sichtweise auf die eigene Lebensgeschichte des Patienten.
- Mit einer neuen inneren Haltung sich selbst gegenüber, mit neuen Einsichten in die individuellen emotionalen Vorgänge, eröffnen sich neue Optionen zu einer angemesseneren Lebensgestaltung, die durch die Therapie gefördert werden sollen.

11.7 Modifizierte Techniken zur fokussierten Arbeit an Schuld- und Schamerleben

Dysfunktionales, maladaptives Scham- und Schulderleben bei Patienten erfordert auch seitens des Therapeuten Flexibilität im Umgang damit. Emotionsbezogene Interventionen sind bereits sehr individuell für jeden Patienten spezifisch einsetzbar. Sekundäre Emotionen dysfunktionaler Bewältigungsschemata stehen in der gemeinsamen Arbeit zumeist im Vordergrund. In den vorigen Abschnitten wurde das allgemeine Vorgehen erlebnisorientierter Aktivierung von emotionalem Erleben und die Suche nach dahinter liegenden Grundbedürfnissen dargestellt. Dieses Vorgehen gehört zur Grundausstattung eines Therapeuten, der mit emotionsbezogenen Interventionen arbeitet. Die direkte Arbeit an schmerzhafter Scham und Schuld, sekundärer und primärer Art, unterliegt einigen Besonderheiten (► Kap. 9.5.3, 9.7 ff. und 10.7). Die im Folgenden ausgeführten und modifizierten Techniken gehen auf einige der Besonderheiten im Rahmen des emotionsbezogenen Ansatzes speziell ein.

11.7.1 Emotionsbezogenes Vorgehen bei sekundärer Scham und Schuld

Sekundäres Scham- und Schulderleben hat, wie wir bereits sahen, einen hohen kognitiven Anteil. Das typische Erleben zeichnet sich deshalb meist durch quälende Gedankenprozesse aus, die scheinbar nicht zu beenden sind und immer wieder neue Scham und Schuld induzieren. Über die Auseinandersetzung damit wird das primäre maladaptive (z. B. Scham, Schuld) oder auch primär adaptive emotionale Erleben (z. B. Stolz, Angst) überdeckt und ist für Patienten nicht zugänglich. *Die sekundären Emotionen der dysfunktionalen Bewältigungsschemata sind dann problematisch, wenn sie durch die quälenden schuld- und schaminduzierenden Gedankenprozesse Leidensdruck verursachen und sich trotz der Umsetzung in Handlungen nicht beenden lassen.* Im Folgenden sind zum besseren Verständnis dazu einige Beispiele exemplarisch benannt.

> **Frau Z.** erlebt immer wieder auftretende, chronische Schuldgefühle mit einhergehender Grübelei. Die Grübelgedanken sind inhaltlich meist darauf ausgerichtet, was sie entweder im Allgemeinen oder in speziellen Situationen besser hätte machen können, und verursachen erneutes Schulderleben. Das chronische Schulderleben mit einhergehenden Grübelgedanken lassen sich dem Bewältigungsschema des Vermeidens zuordnen. Das dahinter liegende primäre emotionale Erleben ist für Frau Z. nicht spürbar.
> **Herr B.** berichtet von der massiven Selbstabwertung. Diese abwertenden und verurteilenden Verhaltensweisen kann er nur sehr selten beeinflussen. Der Umgang mit sich hat keinen sinnvollen Charakter. Massive Selbstabwertung verursacht immer wieder sekundäres Schamerleben und ist Ausdruck des Bewältigungsschemas Bekämpfen. Auch in diesem Fall hat Herr B. keinen Zugang zum primären emotionalen Erleben des erinnerungsbasierten emotionalen Schemas.
> **Frau L.** leidet seit ca. zwei Jahren an einer mittelgradigen depressiven Episode, die sich trotz medikamentöser und ambulanter Therapie kaum verändert. In diesem Zusammenhang berichtet sie von neuem Schamerleben, das vornehmlich im beruflichen Kontext bei Vorträgen, die sie selbst hält, auftritt. Frau L. ist es wichtig, weiterhin zu arbeiten. Das Schamerleben geht mit retrospektivem Nachdenken über ihr Auftreten als Gesamtperson einher. Inhaltlich bezieht sich das Nachdenken auf den Komplex, ob sie, so krank wie sie sei, »anderen noch Verträge halten dürfe«. Es gebe jedoch keine Lösung für derartige Überlegungen. Das Bewältigungsschema Ertragen konnte aufgedeckt werden. Auch in diesem Fall kann Frau L. zwar von »Minderwertigkeitskomplexen« seit der Kindheit sprechen, emotional hat sie dazu jedoch keinen Zugang.

Obwohl sekundäre Scham und Schuld sehr komplexer Natur sind, erleben Patienten sie immer wieder gleich. *Die emotionale Intensität und die Inhalte der Gedankenprozesse können sich situationsspezifisch verändern, kreisen jedoch immer wieder um die Themen Scham und Schuld bzw. deren Vermeidung.* Die rein kognitive Bearbeitung im Rahmen einer inhaltlichen Auseinandersetzung, z. B. die Klärung, ob Schuld vorliegt oder Scham gerechtfertigt ist, führt zu keinen

11.7 Modifizierte Techniken

Veränderungen. Genauso wenig wie entsprechende Handlungen, welche – falls überhaupt – nur sehr kurzfristig etwas an dem sekundären Erleben verändern. Es gibt quasi immer wieder neue Ideen oder Gründe, weshalb Patienten Verantwortung und damit Schuld haben oder weshalb sie sich schämen bzw. sich minderwertig fühlen. (Der Begriff »minderwertig« wird von Patienten gern synonym zu »Scham« verwendet und ist für Patienten leichter zu formulieren.) *Der Grund dafür ist, dass die Bewältigungsschemata die eigentlich frustrierten Grundbedürfnisse nicht befriedigen können, da das primäre maladaptive und adaptive emotionale Erleben nicht zugänglich ist.* Das Arbeiten an den sekundären Emotionen ist vorübergehender Natur.

Dennoch ist gerade am Anfang des emotionsbezogenen Arbeitens wichtig, sich dem sekundären Erleben zu widmen. Dazu gehört,

- sich den sekundären Emotionen als Ausdruck der Bewältigungsschemata zu widmen, diese dem Patienten zugänglich zu machen und deren dysfunktionalen Charakter herauszustellen,
- daran das Vorgehen des emotionsaktivierenden und -vertiefenden Arbeitens zu üben,
- sich den belastenden und schmerzhaften Emotionen wie Scham und Schuld zu exponieren – als Vorbereitung für eventuell dahinter liegendes primäres maladaptives Scham- und Schulderleben.

Primär maladaptives Scham- und Schulderleben wird von den meisten Patienten als noch intensiver wahrgenommen als die sekundäre Scham und/oder Schuld. Der vorbereitende Charakter der Exposition ist eine gute Unterstützung.

> **Vorgehen zur Identifikation von Bewältigungsschemata: zwei unterschiedliche Ausgangspunkte**
>
> Eine Möglichkeit zur Identifikation der Bewältigungsschemata stellt die Bearbeitung des Arbeitsblattes in ▶ Kap. 11.4.1 dar. Die Kombination aus Psychoedukation und individuellem Störungsmodell erfragt, wie Patienten sich typischerweise verhalten, wenn Scham oder Schuld auftreten. Darüber kann man gemeinsam ins Gespräch kommen und anhand der unten aufgeführten Vorgehensweise die Bewältigungsschemata offenlegen. Das Vorgehen ist anfangs recht kognitiv.
> Die zweite Variante hat als Ausgangsbasis Schilderungen des Patienten über soziale Situationen des Patienten. Der Patient berichtet von einer für ihn typischen und schwierigen Interaktion. Gemeinsam werden erst einmal alle Beobachtungen und situationsspezifische Informationen gesammelt. Dazu gehören:
> **1. Schritt:** Genaue Exploration des sekundären emotionalen Erlebens – Dazu gehören die Erfassung der Häufigkeit des Auftretens, der situationsspezifische Kontext, in dem das Erleben auftritt, die Qualität des Erlebens, einhergehende typische Kognitionen und dahinter liegende Werte, Normen, Regeln, Standards sowie Ideen über das Ideal-Selbst, die Wirksamkeit der Strategien zur Beendigung des Erlebens und die Folgen des Erlebens.

2. Schritt: Erfassung weiteren sekundären Erlebens, das der Patient aus dem Alltag kennt – Dabei kann die bisherige gemeinsame Arbeit in der Therapie hilfreiche Informationen liefern. Beobachtungen des Therapeuten über patiententypische Verhaltensweisen können hier unterstützen, um das emotionale Erleben, das diesen Verhaltensweisen zugrunde liegt, zu erfragen. Die Brücke zum Alltag fördert die Reflexion typischer Bewältigungsmechanismen: »Woher kennen Sie das noch?«
3. Schritt: Einführung des Konzeptes des emotionsphobischen Konfliktes anhand der individuellen Erfahrungen des Patienten – Dabei kann das Schema aus ▸ Kap. 10.5.2 (▸ Abb. 10-2) genutzt werden. Das Feld für dahinter liegendes primäres Erleben wird offen gelassen und als Ziel, das es zu erkunden gilt, definiert.
4. Schritt: Vorgehen der Aktivierung und Vertiefung von emotionalem Erleben erläutern und nach erhaltendem Einverständnis vom Patienten anhand der aktuellen Emotionen demonstrieren – An der Stelle reicht es aus, erst einmal nur die eine Emotion zu aktivieren und zu vertiefen (▸ Kap. 11.5).
5. Schritt: Nachbesprechung der emotionsbezogenen Arbeit und Ausblick auf das weitere Vorgehen – Das Erleben der Übung sollte besprochen werden, Befürchtungen und Sorgen thematisiert sowie Wünsche an den Therapeuten offengelegt werden können.

Bisher nicht beeinflussbare psychische Symptome eignen sich auch für die erlebnisorientierte Vorgehensweise. Eine gute therapeutische Beziehung und die bereits erfolgte Vermittlung der Psychoedukation zu Emotionen im Allgemeinen können weitere Grundlagen für das Vorgehen darstellen. Wichtig ist Transparenz im Vorgehen. Patienten sollten entsprechend vorbereitet und motiviert sein, sich dem belastenden emotionalen Erleben zu widmen. Eine Ausgangsbasis für eine diagnostische Exploration kann darin bestehen, sich dem emotionalen Erleben einer mitgebrachten Situation zu stellen oder in der therapeutischen Beziehung aktuell auftauchendes emotionales Erleben zu bearbeiten. Typische, als nicht beeinflussbar erlebte Symptome können hierfür genauso genutzt werden. *Die meisten psychischen Symptome haben einen emotionalen Charakter oder enthalten emotionale Einstellungen des Patienten dazu.* Diese sind daran erkennbar, wie Patienten die Symptome erleben. Beispiele dafür sind in dem folgenden Fallbeispiel zu finden.

> **Frau A.** berichtet über das Morgentief, das trotz aller aufgebrachten Aktivität und angewendeten Strategien nicht abklingen will. Sie fragt sich, was sie falsch mache.
> **Herr B.** äußert Schulderleben, das auftritt, nachdem er versucht habe, sich angenehmen Aktivitäten zu widmen.
> **Herr L.** hat seinen Angehörigen gegenüber ein schlechtes Gewissen, jetzt, nach der Karzinomerkrankung, auch noch an einer Depression erkrankt zu sein. Er habe doch überlebt, und nun müsste doch alles gut sein.
> **Frau Y.** erlebt immer wieder Schuld im Rahmen neu auftretender körperlicher Beschwerden. Die Sorge, nicht gut genug aufgepasst zu haben, dafür »vom Arzt« verantwortlich gemacht zu werden, verschlimmert meist die Schmerzen.

11.7 Modifizierte Techniken

Das emotionale Erleben zugunsten oder während des Auftretens der Symptome wird aktiviert und vertieft und gemeinsam nach der dahinter liegenden primären Emotion gesucht. Das Vorgehen orientiert sich an den Ausführungen in ▶ Kap. 11.5. Eine mögliche Formulierung für das Aufgreifen eines Symptoms ist im folgenden Kasten zu finden.

> **Diagnostische Exploration**
> Über die Aktivierung und Vertiefung eines emotionalen Erlebens lassen sich sekundäre und primäre Emotionen aufdecken. Dieses Vorgehen legt erst einmal nur ein Bewältigungsschema anhand des sekundären Erlebens offen. Es können sowohl Situationen/Emotionen/Symptome, über die ein Patient berichtet, als auch aktuell entstehende weitere Bewältigungsmechanismen analog zur vorangegangenen Vorgehensweise erkundet werden. Sollten geschilderte Symptome oder typische Grübelgedanken als Ausgangsbasis dienen, kann man den Patienten bitten, sich an den Moment, in dem das Erleben das letzte Mal aufgetreten ist, zu erinnern. Genauso kann das emotionale Erleben aus dem Moment des Berichtes in der Therapiesitzung genutzt werden.
> **1. Schritt:** Aktivierung und Vertiefung sekundären emotionalen Scham- und Schulderlebens – Die verschiedenen Techniken der Vertiefung von emotionalem Erleben können sehr individuell angewendet werden. Das sekundäre Erleben sollte sehr spürbar für den Patienten stattfinden und bereits einige Zeit aktiviert sein. Werden Symptome als Ausgangsbasis genutzt, bittet man Patienten, sich in diese hineinzubegeben bzw. hineinzufühlen. – Beispiel: »Frau A., wie fühlt sich das Morgentief für Sie an? Nehmen Sie sich einen Augenblick Zeit und versuchen sich daran zu erinnern. Sie können sich dafür auch eine typische Situation genau vorstellen, z. B. wenn Sie morgens noch im Bett sind.«
> **2. Schritt:** Suche nach einer dahinterliegenden primären Emotion – Der Therapeut sollte mit seiner Aufmerksamkeit beim Patienten bleiben, um kleine Veränderungen, z. B. in der Mimik, der Körperhaltung, im Tonfall, anhand von kleinen Bewegungsimpulsen oder anderen Irritationen aufgreifen zu können. Diese können vorsichtig zurückgemeldet werden, um so die Suche nach dem primären emotionalen Erleben zu unterstützen. Die Fragen aus ▶ Kap. 11.5 können ebenfalls genutzt werden.
> **3. Schritt:** Vertiefung und Aktivierung des gefundenen primären emotionalen Erlebens – Hier sei noch einmal daran erinnert, dass hinter sekundärer Scham und Schuld auch angenehmes adaptives Erleben als Primäremotion stehen kann. Der emotionsphobische Konflikt (▶ Kap. 10.4) kann auch entstehen, wenn angenehme adaptive Emotionen weder ausgedrückt noch in den Emotionen entsprechenden sinnvollen Handlungen umgesetzt werden konnten.
> **4. Schritt:** Nachbesprechung der Übung und Herstellen von Zusammenhängen – Primäres und sekundäres emotionales Erleben sollten eindeutig benannt und in einen individuell verstehbaren Zusammenhang mit dem eigenen Erleben und der Ausgangssituation gebracht werden. Der Terminus »emotionale Logik des Geschehens« ist für viele Patienten hilfreich, um eine Abgrenzung zu vorhandenem Wissen vornehmen zu können. Das ist insbesondere dann sinnvoll, wenn Patienten sich selbst dafür verurteilen, dass sie sich wider besseren Wissens immer wieder gleich verhalten.
> Dieses Vorgehen bringt diagnostisch wertvolle Informationen zu typischem Erleben und vorhandenen Emotionsregulationsfähigkeiten sowie Einsichten in emotionale Prozesse

und die Einstellung gegenüber den eigenen Emotionen zum Vorschein. Es stellt auch eine erste Emotionsexposition dar und kann genutzt werden, um das weitere Vorgehen zu erläutern oder das Konzept des emotionsphobischen Konfliktes einzuführen.

Anschließend sollte der zukünftige Umgang mit den identifizierten Bewältigungsschemata besprochen werden. Dabei ist es sinnvoll, gemeinsam zu überlegen, welche alternativen (vorläufigen) Strategien nötig sind, um den Einsatz der Bewältigungsschemata reduzieren zu können. Neben Stressbewältigungstechniken können Entspannungsverfahren hilfreich sein. Bewältigungsschemata lassen sich nicht einfach so »abschalten«, denn die primäre Emotion und dahinter liegende frustrierte Bedürfnisse sind die Ursache für das Entstehen der Bewältigungsschemata. Solange das primäre adaptive oder maladaptive Erleben nicht bearbeitet wurde, werden sekundäre Emotionen immer wieder auftauchen.

Für den Patienten ist es daher wichtig, zu erfahren, wie er damit umgehen kann, wenn sekundäre Emotionen sich in den Vordergrund drängen. *Strategien aus dem Emotionsmanagement eignen sich anfangs für besonders intensive sekundäre Emotionen.* Dazu gehört im Wesentlichen der Einsatz von Skills. Mit dem Wissen um den zugrunde liegenden emotionsphobischen Konflikt und das primäre Erleben können die Skills jedoch genauer angepasst werden. Die Motivation, diese anzuwenden, ist dann deutlich größer. Weitere Methoden im Umgang mit sekundären Emotionen können sein:

- Ablenkung auf andere Themen, die angenehmeren Charakter haben
- Emotionsanalysen ausfüllen
- Liste mit Vor- und Nachteilen bearbeiten, die das Erleben jetzt mit sich bringt
- Aktivitäten ausführen, z. B. Sport machen, mit Freunden sprechen etc.
- Emotionstagebuch zur Dokumentation sekundären Erlebens führen
- Tresorübung für belastende Emotionen
- Nachdenken und -fühlen aktiv vertagen und stattdessen z. B. die 5-Sinne-Achtsamkeit oder Entspannungsverfahren anwenden

Zusammenfassung

- Die sekundären Emotionen der dysfunktionalen Bewältigungsschemata sind dann problematisch, wenn sie durch die quälenden schuld- und schaminduzierenden Gedankenprozesse Leidensdruck verursachen und sich trotz der Umsetzung in Handlungen nicht beenden lassen.
- Die emotionale Intensität und die Inhalte der Gedankenprozesse um sekundäres emotionales Erleben wie Scham und Schuld können sich zwar situationsspezifisch verändern, kreisen jedoch um die Themen Scham und Schuld bzw. die Vermeidung von Scham und Schuld.
- Der Grund dafür ist, dass die Bewältigungsschemata die eigentlich frustrierten Grundbedürfnisse nicht befriedigen können, da das primäre maladaptive und adaptive emotionale Erleben nicht zugänglich sind.

11.7 Modifizierte Techniken

- Die meisten psychischen Symptome haben ebenso einen emotionalen Charakter oder enthalten emotionale Einstellungen des Patienten zu den psychischen Symptomen.
- Strategien aus dem Emotionsmanagement eignen sich anfangs für besonders intensive sekundäre Emotionen.

11.7.2 Primäres maladaptives Scham- und Schulderleben

Viele Patienten mit sekundärem Scham- und Schulderleben »ahnen« schon, dass hinter den aktuellen Emotionen noch mehr im Verborgenen liegt. *Im Rahmen der Aktivierung und Vertiefung der sekundären Emotionen kommt auch das primäre emotionale Erleben stärker ins Bewusstsein.* Das Konzept des emotionsphobischen Konfliktes vermittelt zum einen Transparenz, zum anderen eine gute kognitive Grundlage der Orientierung. Dennoch fürchten Patienten das dahinter liegende emotionale Erleben. Aus dem therapeutischen Alltag hat sich daher eine noch größere Transparenz bewährt. Dabei hilft es, die typische Entstehung von Emotionen kurz zu erläutern.

Begriffe wie »emotionale Sensibilität/Verletzlichkeit als Ursprung« werden gern angenommen und machen emotionale Vorgänge und individuelle Reaktionsmuster verstehbarer. Weiterführend sollte die Formulierung »präverbale Emotionen« und deren Ausdruck verständlich gemacht werden. Die Erkundung primären maladaptiven Erlebens ist für viele Patienten einfacher, wenn sie wissen, dass sich diese eher auf der Ebene der Körperwahrnehmung abspielen und sehr diffus sind. Entlastende Angebote, dass es anfangs nicht viele Worte braucht und dass der Therapeut dabei unterstützt, Worte zu finden, sind sinnvoll. Natürlich soll es weiterführend darum gehen, das primäre emotionale Erleben zu versprachlichen, begreifbarer zu machen und bereits durch die kognitive Auseinandersetzung Einfluss auf das individuelle Reaktionsmuster zu nehmen (s. auch folgende Emotionsexpositionen).

Grundlagenverständnis für primäres maladaptives Scham- und Schulderleben vermitteln

In der Konzeptionalisierung der emotionsbezogenen Arbeit an Scham und Schuld ist es wichtig, dass Patienten die Unterscheidung von emotionaler Sensibilität/Verletzlichkeit als genetische Ausstattung, individuellem Scham- und Schuldempfinden und der erlernten Neigung, mit Scham und Schuld zu reagieren, von der emotionalen Erlebensreaktion verstanden haben und für sich einsetzen. Ein hohes Scham- und Schuldempfinden kann zwar zu einer schnelleren emotionalen Reaktion führen, befreit jedoch nicht von der Anwendung von Emotionsregulationsstrategien. Die Psychoedukation in Kombination mit dem individuellen Störungsmodell kann jeder Zeit wieder aufgefrischt und ergänzt werden.

Kleinere Übungen zur Empathie und Selbstempathie können eine versöhnliche Auseinandersetzung mit der eigenen Sensibilität fördern. Genauso können Patienten im Alltag üben, dass sich ihr Scham- und Schuldempfinden meldet, sie aber keine emotionale Reaktion dazu entwickeln müssen. Innere Achtsamkeitsübungen können dabei unterstützend wirken. Auch eine Metapher (Ampel) kann hilfreich sein, z. B. das Empfinden als grünes Signal, die Neigung, reagieren zu wollen, als oranges Signal und die Reaktion als rotes Signal. Die rote Farbe erinnert auch daran, dass es nun gilt, aktiv zu werden: entweder in die emotionale Reaktion bei adaptivem Alltagserleben einzusteigen und sinnvolle Handlungen auszuführen oder einfach stehenzubleiben und abzuwarten, z. B. bei ungerechtfertigtem Scham- und Schuldempfinden, das sich aufgrund der erlernten Neigung und als Ausdruck der alten Muster einstellt.

Sinnvoll bei adaptivem Erleben können z. B. folgende Handlungen sein:
- das kurze Innehalten und Prüfen, ob mein Verhalten auch das gewünschte Ziel erreicht oder ob eine Anpassung notwendig ist sowie Entwicklungschancen für die eigene Person entdecken (für Scham),
- sich entschuldigen, Wiedergutmachungen, Reue bekunden (für Schuld).

Die Kapitel zu den konstruktiven Aspekten beider Emotionen (zu Schuld ▶ Kap. 5.6 und zu Scham ▶ Kap. 6.6) können als Arbeitsgrundlage genutzt werden.

Die weiterführende Arbeit an dem zugrunde liegenden Empfinden hat sinnstiftenden Charakter. Patienten lernen, sich mit ihrer Geschichte und dem Erlebten zu versöhnen, und können die emotionale Sensibilität für sich und die Gestaltung sozialer Beziehungen nutzen. Abgrenzungsübungen und das Lernen, »Nein« zu sagen, sind bei Patienten, die bisher mit chronischem Schulderleben und hoher Verantwortungsübernahme reagiert haben, weitere notwendige Strategien, die es zu fördern gilt.

Expositionsübungen für das maladaptive primäre Scham- oder Schulderleben

Ziel der folgenden Übungen ist es, den Patienten darin zu unterstützen, sich dem maladaptiven Scham- und Schulderleben zu stellen, zu lernen, es auszuhalten und daran Emotionsregulationsstrategien zu entwickeln. Es gibt verschiedene Methoden, sich dem schmerzhaft belastenden Erleben zu stellen. Die erste Methode orientiert sich an der Darstellung in ▶ Kap. 11.5. Die individuelle Empfindensqualität soll mit dem Patienten durch diese Übung erarbeitet werden. Beispiele sind auch in der Tabelle in ▶ Kap. 10.6.1 zu finden. Durch diese Übung können aber auch weitere Emotionen zugänglich gemacht werden. Maladaptive Scham und Schuld reduzieren sich, wenn weitere Emotionen benannt werden können. Die anderen Emotionen sind häufig ein Resultat der vielfältigen Erfahrungen, die ein Mensch zugunsten seiner Grundbedürfnisse im Laufe des Lebens macht.

11.7 Modifizierte Techniken

Das primäre maladaptive Erleben von Scham und Schuld individualisieren und differenzierend beschreiben lernen

Die Übung hat zum Ziel, dass Patienten lernen, sich dem emotionalen Erleben noch mehr zuzuwenden und den individuellen Charakter erkennen. Vorbereitend für diese Übung sollten sich Patient und Therapeut mit einer Emotionsliste auseinandergesetzt haben. Unterschiede zwischen den Emotionen werden an kleinen Alltagsbeispielen und/oder unter biografischem Bezug herausgearbeitet. Der Patient sollte das emotionsbezogene Vorgehen kennen und primäres maladaptives Scham- oder Schulderleben bereits identifiziert worden sein (z. B. während der diagnostischen Exploration). Die Ausgangsbasis stellt eine für den Patienten typische emotionsauslösende Situation dar. Dabei wird das Vorgehen zur Aktivierung und Vertiefung emotionalen Erlebens analog zur diagnostischen Exploration angewendet. Die ausführliche Erläuterung finden Sie in ▸ Kap. 11.7.1. Daher sind die ersten Schritte (ohne Erläuterung) zur Erinnerung aufgeführt.

1. Schritt: Aktivierung und Vertiefung sekundären emotionalen Scham- und Schulderlebens
2. Schritt: Überleitung zum maladaptiven Scham- oder Schulderleben
3. Schritt: Vertiefung und Aktivierung des primären maladaptiven Scham- und Schulderlebens
4. Schritt: Intensität primär maladaptiver Scham- und Schuld einschätzen – Auf einer Skala von 0 bis 100 %, wobei 0 die geringste Ausprägung und 100 die intensivste Ausprägung ist, wird die empfundene Intensität eingeschätzt
5. Schritt: Den Patienten in dem Erleben so lange wie möglich halten und es versprachlichen

An dieser Stelle achtet der Therapeut darauf, dass er mit dem Patienten maladaptives Scham- und Schulderleben durch weitere Adjektive differenziert (Beispiele: Eine ängstliche oder traurig warme Scham fühlt sich anders an als eine blockierende Scham. Genauso kann es eine aktivierende Schuld geben, wie aber auch eine schmerzhaft quälende Überlebendenschuld).

Über die sprachliche Auseinandersetzung lernt ein Patient, sich dem maladaptiven Erleben zu stellen und diesem einen individuellen, für ihn verstehbaren Charakter zu geben. Weitere Emotionen können aufgrund der sehr unterschiedlichen Erfahrungen zugunsten von Grundbedürfnissen zugänglich gemacht werden. Diesen gilt es auch Beachtung durch Validierung zu schenken.

6. Schritt: Intensität von (primär) maladaptiver Scham- und Schuld einschätzen – Gegenüber dem Patienten wird an dieser Stelle nur noch von »Schamerleben« oder »Schulderleben« gesprochen. Entsprechend wird die aktuell empfundene Intensität eingeschätzt, und zwar wieder auf einer Skala von 0 bis 100 %, wobei 0 die geringste Ausprägung und 100 % die intensivste Ausprägung ist.
7. Schritt: Nachbesprechung der Übung und Herstellen von Zusammenhängen – Primäres und sekundäres emotionales Erleben sollten auch nach der Übung wieder eindeutig benannt und gegebenenfalls neu auftauchende Informationen in einen Zusammenhang mit dem Störungsmodell oder der Biografie gebracht werden. Der Patient sollte sich die neu gefundenen sprachlichen Formulierungen in Verbindung mit dem primären maladaptiven Erleben notieren.

Die nächste Übung orientiert sich am hypnotherapeutischen Ansatz der Teilearbeit. Emotionen, darunter auch maladaptives Scham- und Schulderleben, sind trotz ausgeprägter Intensität immer nur ein Teil des Menschen. Die Übung kann auch von Therapeuten angewendet werden, die keine hypnotherapeutische Ausbildung, sondern Kenntnisse in imaginativen oder Entspannungsverfahren haben.

Scham und Schuld sind an der Entstehung und Aufrechterhaltung von psychischen Störungen beteiligt. *Aus dem therapeutischen Alltag ist deutlich geworden, dass primär maladaptives Scham- und Schulderleben eher strafenden und blockierenden Charakter hatten. Die adaptiven Funktionen beider Emotionen wurden durch die nahen Bezugspersonen nicht vermittelt.* Das heißt: Ein Teil des Leidensdrucks entsteht aus der Tatsache heraus, dass der hilfreiche nützliche Teil dieser Emotionen auch später nicht zugunsten eigener Zwecke genutzt werden konnte. Die Übung lehnt sich an das Vorgehen von Wolfang Lenk (2006) an. Wichtig in diesem Zusammenhang ist noch einmal die deutliche Positionierung, dass das frühe Entstehen des emotionalen Erlebens keineswegs sinnvoll war, aber die Nutzung der adaptiven Emotionen vor diesem Hintergrund auch nicht erlernt werden konnte.

Der Scham/Schuld begegnen und sie nutzen lernen: ein hypnotherapeutischer Ansatz

(Personifizierung des Symptoms – in Anlehnung an Lenk 2006)
Ziel dieser Übung ist es, mit der primären maladaptiven Scham oder Schuld in Kontakt zu treten. Der Patient sollte insgesamt recht stabil sein und bereits einige Emotionsregulationsstrategien beherrschen.
Sowohl Scham als auch Schuld haben durchaus einen adaptiven Charakter. Dieser wurde früher jedoch nie vermittelt und konnte von den Patienten aufgrund des emotionsphobischen Konfliktes nicht erlernt werden. Einen möglichen adaptiven Charakter von Scham- und Schulderleben für sich zu erkennen und sich damit auseinanderzusetzen ist für Patienten wichtig. Grundlage ist, dass Patienten sich mindestens mit dem primären maladaptiven Scham- oder Schulderleben einmal exponiert haben. Das emotionale Erleben ist dann gut zugänglich und kann genutzt werden, um Patienten zu bitten, sich Scham oder Schuld als Wesen vorzustellen.
1. Schritt: Zwei bis drei beruhigende tiefe Atemzüge machen
2. Schritt: Sich in das maladaptive Scham- oder Schulderleben hineinfühlen, es aktivieren und vertiefen – Hier reichen die Formulierungen »Frühes Scham- oder Schulderleben, das nun wieder zugänglich gemacht wird«. Die Aktivierung und Vertiefung erfolgen analog dem standardisierten Vorgehen.
3. Schritt: Den Patienten bitten, sich vorzustellen, dass das Scham- oder Schulderleben ein Wesen wäre. – Der Therapeut bittet den Patienten, das Wesen in möglichst vielen Details zu beschreiben.
4. Schritt: Zu diesem Wesen gilt es Kontakt aufzunehmen. – Der Therapeut kann an dieser Stelle fragen, wo sich das Wesen im Therapieraum befinden würde, wenn es denn da wäre. Zu diesem Wesen soll der Patient nun in seiner Vorstellung Kontakt aufnehmen. Dazu kann er sich gedanklich dem Wesen zuwenden oder auf es zugehen

11.7 Modifizierte Techniken

oder auch nur laut sprechen. Der Therapeut fragt, wie das Scham- oder Schuldwesen darauf reagiert.

5. Schritt: Versöhnung mit dem Wesen anstreben – Dazu kann der Therapeut den Patienten bitten, dem Wesen Fragen zu stellen, Botschaften herauszufinden oder auch Vorwürfe gegen das Scham- und Schuldwesen zu formulieren. Die Reaktion des Wesens sollte vom Therapeuten auch erfragt werden. Gegebenenfalls unterstützt der Therapeut den Patienten in dieser kommunikativen Phase.

6. Schritt: Lernen vom Scham- und Schuldwesen – In jeder Auseinandersetzung mit dem Wesen, mit Scham- und Schulderleben, lassen sich sinnvolle, für den Patienten hilfreiche Informationen (Botschaften) extrahieren. Diese sollten herausgefunden und formuliert werden. Beispiele: »Sich weiterzuentwickeln«, »Verzeihen oder loslassen lernen«, »Selbst Verantwortung für sich übernehmen«.

7. Schritt: Orientierung auf den Alltag, mit gesunder Scham und Schuld leben lernen – Die wertvollen Informationen (Botschaften) werden seitens des Patienten und Therapeuten genutzt und die Begrifflichkeiten von »gesunder« oder »hilfreicher« (Alltags-)Scham oder Schuld eingeführt. Diese Emotionen dürfen als normales emotionales Erleben verbleiben und den Patienten an die Botschaften des Scham- und Schuldwesens erinnern.

8. Schritt: Blick in die Zukunft – An dieser Stelle sollen erste Ideen erfragt werden, was sich denn im Leben des Patienten verändern könnte, wenn er die Botschaften in sein Leben integriert.

9. Schritt: Mit zwei oder drei tiefen Atemzügen die Übung wieder beenden

10. Schritt: Nachbesprechung – Patient und Therapeut besprechen die Übung nach und überlegen, ob der Patient weitere Unterstützung in der Umsetzung der Botschaften braucht. Dazu können gehören: Thematisierung von »Verzeihen lernen« oder dem neuen »Umgang mit Fehlern«, Erlernen von Entspannungstechniken oder »Abgrenzungsstrategien« etc. Diese werden als Therapieziele aufgenommen.

Die folgende Übung kann gut an die vorangegangene Übung anküpfen, etwa als Hausaufgabe. Eine Alternative besteht darin, den Patienten, z. B. im stationären Setting, zu bitten, sich mit seinem primären maladaptivem Scham- und Schulderleben ergo-, gestalt-, musik- oder bewegungstherapeutisch auseinanderzusetzen. Jede Form der Darstellung, zu der ein Patient motiviert werden kann, stellt auch gleichzeitig eine Auseinandersetzung mit dem eigenen inneren Erleben dar. Das, was entsteht, kann ein Patient wiederum mit in die Einzeltherapie einbringen. Erlebnisorientiert und emotionsbezogen wird die Gestalt oder das Symbol mit dem Patienten besprochen.

Primärer maladaptiver Scham und Schuld einen kreativen Ausdruck geben

Anknüpfend an die vorherige Übung kann das maladaptive Scham- oder Schulderleben z. B. als das Wesen gemalt oder getöpfert werden. Oder Patienten werden gebeten, sich dafür ein Symbol zu suchen.

Jede Art des Ausdrucks sollte in der Einzeltherapie sehr ausführlich besprochen werden. Dabei achtet der Therapeut darauf, dass der Fokus der Besprechung möglichst auf das emotionale Erleben des Patienten ausgerichtet ist. Inkongruenzen, Veränderungen in der Körperhaltung, Mimik und/oder Sprache werden unmittelbar aufgegriffen und in Bezug zu emotionalem Erleben gesetzt.

Im Anschluss können Patient und Therapeut überlegen, was mit der »neuen Gestalt« passieren soll. Folgende Möglichkeiten bieten sich an:
- Der Patient lässt die Gestalt (probeweise) beim Therapeuten.
- Der Patient sucht sich einen Ort, an dem die Gestalt erst einmal sein darf.
- Überlegungen der Veränderung der Gestalt, um ihr den »Schrecken« zu nehmen – diese real ausprobieren.
- Frage an den Patienten, was er damit nun tun möchte.

Die Nachbesprechung der neuen Erfahrungen folgt in der darauffolgenden Sitzung.

Der primären maladaptiven Scham oder Schuld etwas entgegenstellen

> »Die Ressourcen, die du brauchst, findest du in deiner eigenen Geschichte.«
> (Milton H. Erickson, mündl. Mitteilung)

Viele Patienten brauchen in der Auseinandersetzung mit maladaptiver Scham und Schuld einen »inneren Gegenspieler« für das bisher eigene scham- und schuldgeprägte Selbstbild. Dieses ist meist recht selbstkritisch und negativ in Bezug auf die eigene Person. Das Gegenbild sollte als wohlwollend und unterstützend wahrgenommen werden. Es fehlt häufig die Selbstwirksamkeitserwartung in der Auseinandersetzung mit den frühen erinnerungsbasierten Schemata und resultierender Scham und Schuld. Damit fehlt wiederum auch die notwendige Widerstandskraft in der Auseinandersetzung. Die folgende Übung stellt einen Zwischenschritt dar. Ziel sollte es bleiben, sich später auch ohne diese Vorbereitung dem maladaptiven Scham- und Schulderleben stellen zu können.

Daher ist in der Vorbereitung für die Emotionsexposition mit dem maladaptiven Scham- und Schulderleben Unterstützung in Form einer Ressource notwendig. Das kann eine wertschätzende Haltung sich selbst gegenüber sein oder ein angenehmes emotionales Erleben. Trotz des oft sehr negativen Selbstbildes lassen sich kleine Eigenschaften an sich oder/und Erlebnisse in der Biografie finden, die Patienten mit einem angenehmen emotionalen Erleben verbinden. Die Ressourcen sollten gemeinsam gesucht und vorbesprochen werden. Dabei kann der Therapeut auch seinen Eindruck und seine Erfahrungen mit dem Patienten einbringen. Sind kaum Ressourcen zu finden, eignet sich auch das emotionale Erleben, das Patienten entwickeln, wenn sie lernen, Bedürfnisse zu befriedigen (▶ Kap. 11.7.3).

Eine neue Haltung aktivieren

Zunächst wird eine für den Patienten typische Situation vorbesprochen und das sekundäre emotionale Erleben benannt.
Die Ressource bzw. Erfahrung, die ein Patient mit angenehmem emotionalen Erleben verbindet, soll nun genutzt werden. Patienten erhalten dadurch innere Unterstützung,

11.7 Modifizierte Techniken

um sich dem maladaptiven Scham- und Schulderleben stellen zu können. Vor die eigentliche Auseinandersetzung mit dem belastenden und schmerzhaften Erleben wird das angenehme emotionale Erleben (das aus der Ressource, positiven Erfahrung oder nach einer »Bedürfnisbefriedigungsübung« resultiert) durch die Aktivierung und Vertiefung als innere Haltung etabliert.

1. Schritt: Angenehmes emotionales Ressourcenerleben bzw. emotionale Ressourcenerfahrung beschreiben lassen

2. Schritt: Emotional angenehme Erleben aktivieren und vertiefen – Dafür das standardisierte Vorgehen wählen. Die Emotion sollte für den Patienten gut spürbar sein. Daher lohnt es sich, hierfür ausreichend Zeit einzuplanen.

3. Schritt: Das Erleben halten und spüren und dann langsam die Aufmerksamkeit auf die Ausgangssituation lenken – Therapeut und Patient verständigen sich, ob das angenehme emotionale Erleben ausreichend aktiviert und jetzt als innere Haltung genutzt werden kann. Die Intensität des Erlebens wird geringer werden, weil der Patient sich nun bereits mit schmerzhaft problematischem Erleben konfrontiert.

4. Schritt: Sekundäre emotionale Erleben aufgreifen, aktivieren und vertiefen – Zwischenzeitlich kann der Therapeut den Patienten daran erinnern, dass er auch diesem emotionalen Erleben mit der neuen inneren Haltung begegnet. Dabei soll die Aufmerksamkeit des Patienten dennoch beim sekundären Erleben bleiben und dieses aktivieren und vertiefen.

5. Schritt: Dahinter liegendes primäres emotionales Erleben aufsuchen – Die Überleitung zu dem dahinter liegenden emotionalen Erleben erfolgt aus dem sekundären emotionalen Erleben, z. B. in der diagnostischen Exploration. Zwischenzeitlich erinnert der Therapeut an die neue innere Haltung, mit der der Patient die Übung begonnen hat.

6. Schritt: Primär maladaptives Scham- und Schulderleben identifizieren und aktivierend vertiefen – Ausgehend von der inneren neuen Haltung stellt sich der Patient nun auch dem maladaptiven Scham- und Schulderleben.

7. Schritt: Nachbesprechung und Benennung der Fähigkeiten, die durch das angenehme Erleben zugänglich waren – Die Fähigkeiten und die angenehmere innere Haltung sollten in der Nachbesprechung aufgegriffen werden und weiterführend immer wieder geübt werden, z. B. im Rahmen einer angemessenen Hausaufgabe.

Für Patienten ist der motivationale Charakter, der aus einem angenehmen emotionalen Erleben resultiert, kaum bekannt. Angenehmes emotionales Erleben (in Form einer wohlwollenden, unterstützenden inneren Haltung) macht es möglich, Ressourcen und Fähigkeiten zu nutzen, die oft gar nicht bekannt oder zugänglich sind. Stattdessen sind Patienten es vor dem Hintergrund der internalisierten Werte, Normen und Standards gewohnt, sich »Druck zu machen« oder sich durch eine besonders hartnäckige Art der »Selbstkritik« anzutreiben. Das Verb »müssen« ist in fast jedem zweiten Satz zu finden, und Verpflichtungen stehen im Alltag im Vordergrund. Daher kann diese Übung eine gute Erfahrung dafür sein, sich selbst auch auf andere Weise begegnen zu können und dadurch motiviert zu sein. Ein weiterer Vorteil resultiert aus diesem Vorgehen. Für Patienten ist es möglich, weniger perfektionistisch zu sein und sich selbst gegenüber wohlwollender zu sein, falls das Erwünschte nicht zu 100 % erreicht wurde.

Zusammenfassung

- Im Rahmen der Aktivierung und Vertiefung der sekundären Emotionen kommt auch das primäre emotionale Erleben näher ins Bewusstsein.
- Für die emotionsbezogene Arbeit an Scham und Schuld ist es wichtig, dass Patienten die Unterscheidung von emotionaler Sensibilität/Verletzlichkeit als genetischer Ausstattung, dem individuellen Scham- und Schuldempfinden und der erlernten Neigung, mit Scham und Schuld zu reagieren, von dem emotionalen Erlebensreaktion verstanden haben und für sich einsetzen.
- Kleinere Übungen zur Empathie und Selbstempathie können eine versöhnliche Auseinandersetzung mit der eigenen Sensibilität fördern.
- Patienten können im Alltag üben, dass sich ihr Scham- und Schuldempfinden zwar meldet, sie aber keine emotionale Reaktion dazu entwickeln müssen.
- Aus dem therapeutischen Alltag ist deutlich geworden, dass primär maladaptives Scham- und Schulderleben eher strafenden und blockierenden Charakter hatten.
- Die adaptiven Funktionen beider Emotionen wurden durch die nahen Bezugspersonen nie vermittelt und stellen daher einen Teil des Leidensdrucks dar.
- Viele Patienten brauchen in der Auseinandersetzung mit maladaptiver Scham und Schuld ein inneres wohlwollendes Gegenbild zum bisher eigenen scham- und schuldgeprägten Selbstbild.

11.7.3 Emotionsbezogene Arbeit an Grundbedürfnissen

Die Suche nach dem Grundbedürfnis, das dem primären maladaptiven Scham- oder Schulderleben zugrunde liegt, stellt ein weiteres elementares Vorgehen dar. Konnte ein Patient bereits ein dahinter liegendes Grundbedürfnis für sich identifizieren, geht es nun darum, trotz Scham- oder Schulderleben, besser für sich zu sorgen. Für viele Patienten ist gerade das eine besondere Herausforderung. *Sie haben vor dem Hintergrund primär-maladaptiven Scham- und Schulderlebens zwar hohe Erwartungen und Anforderungen an sich, aber auch nur sehr wenige selbstfürsorgliche Strategien.* Gemeinsam ist es wichtig, darauf zu achten, dass ein Patient an dieser Stelle eben nicht nur seine Hausaufgaben erledigt, sondern tatsächlich gut für sich sorgen lernt. Der Aufbau positiver Aktivitäten kann neu besprochen und der selbstfürsorgliche Charakter herausgestellt werden.

Vorgehen: Bezug zu den Grundbedürfnissen herstellen

Das Vorgehen ist in ▶ Kap. 11.6 sehr ausführlich erläutert. Ausgangspunkt kann eine typische Situation des Patienten aus dem Alltag sein, die ein problematisches emotionales Erleben auslöst. Genauso kann ein aktuell emotionales Erleben innerhalb der Therapie genutzt werden.
1. Schritt: Sekundäre emotionale Erleben aufgreifen, aktivieren und vertiefen – Hier sei nochmal daran erinnert, dass es darum geht, das emotionale Erleben zu fokussieren. Weniger hilfreich ist das kognitive Explorieren.

11.7 Modifizierte Techniken

2. Schritt: Dahinter liegendes primäres (maladaptives) emotionales Erleben aufsuchen – Der Therapeut unterstützt den Patienten darin. Hilfreich können Rückmeldungen über kleine Veränderungen in der Körperhaltung oder Mimik oder der Stimme sein. Genauso können Irritationen an dieser Stelle dem Patienten helfen, seine Aufmerksamkeit auf das primäre Erleben zu lenken.

3. Schritt: Primäres maladaptives Scham- und Schulderleben identifizieren und aktivierend vertiefen – Diesem Schritt soll ausreichend Zeit eingeräumt werden, denn nur unter der ausreichenden Aktivierung des emotionalen Erlebens werden nach einiger Zeit auch Impulse, Wünsche oder Bedürfnisse bewusst.

4. Schritt: Suche nach Handlungsimpulsen oder Wünschen – Diese gefundenen Handlungsimpulse und/oder Wünsche können durch Patient und Therapeut durch den folgenden Schritt geprüft werden. Das mentale Nachgehen bzw. Ausprobieren der Ideen soll sich »emotional logisch« anfühlen.

5. Schritt: Den Ideen nachgehen, diese in Gedanken ausprobieren – Das Vorgehen bietet sich an, um zu überprüfen, ob es sich tatsächlich um die frustrierten Grundbedürfnisse handelt – es sollte ein angenehmes emotionales Erleben daraus erfolgen.

6. Schritt: Das angenehme emotionale Erleben stärker aktivieren und vertiefen – Die Vertiefung des angenehmen emotionalen Erlebens fördert zum einen den Umgang mit der Methode und verankert zum anderen die neuen Erfahrungen viel nachhaltiger.

Bedürfnisbefriedigende Strategien fördern

In ▶ Kap. 13 finden sich Grundlagenübungen, mit denen Patienten lernen können, ihre Grundbedürfnisse zu befriedigen. *Die Auseinandersetzung und Anerkennung, dass Bedürfnisse früh wiederholt frustriert worden sind, stellen eine Grundlage zur weiterführenden Arbeit dar.* Viele Patienten konnten für die frustrierten Grundbedürfnisse im späteren Leben meistens auch keine Strategien erlernen, wie das Bedürfnis zu befriedigen ist. Stattdessen wurden z. B. andere Grundbedürfnisse stärker fokussiert, die entsprechend überdurchschnittliche Bedeutung gewonnen haben und oft einen Teil der Problematik darstellen. Oder die Patienten waren früher darauf angewiesen, dass die Bedürfnisse von außen versorgt werden. Bedürfnisbefriedigung zu erlernen ist dringend erforderlich.

Patienten sollten also lernen, gerade für die Grundbedürfnisse als Erwachsene gut (doppelt gut) zu sorgen, die früh in der Kindheit frustriert worden sind. Das angenehme emotionale Erleben während und nach einer Übung sollte mittels vertiefender Techniken emotional erlebbar werden. Dadurch werden auch die Zusammenhänge zwischen den eigenen Aktivitäten im Sinne der Selbstfürsorge und dem dazugehörigen emotionalen Erleben deutlicher. Die Vertiefung und Aktivierung angenehmen emotionalen Erlebens stellen außerdem aufgrund der intensiv erfahrenen Verankerung gute Formen der Motivation dar, für sich zu sorgen. Angenehme Emotionen wollen wir häufiger erleben und werden daher auch gern mittels Annäherungsverhalten dazu aktiv.

Grundbedürfnisse befriedigen lernen

Grundlage für das emotionale Vertiefen stellen Übungen und Aufgaben dar, die bisher frustrierte Grundbedürfnisse befriedigen sollen. Das Vorgehen sollte in der Therapie geübt werden, denn es geht keinesfalls um die schnelle Durchführung. Stattdessen fokussiert der Therapeut bei der Durchführung der Übung auf die kleinen Schritte, die Herangehensweise des Patienten und die Auswirkungen auf das emotionale Erleben. Am Ende wird die Emotion vertieft und aktiviert.

1. Schritt: Frustriertes Grundbedürfnis benennen – Dabei werden kurz wiederholend der biografische Bezug und die emotionalen Auswirkungen benannt und gewürdigt.

2. Schritt: Gemeinsame Überlegungen, welche Strategien ein Patient schon kennt/anwendet, um das Bedürfnis zu befriedigen anstellen – Die Strategien sollten auf einer Bedürfniskarte notiert werden.

3. Schritt: Einschätzung, ob die Strategien ausreichen oder ob es weitere Strategien braucht – Patienten mit maladaptivem Scham- und Schulderleben sind Genügsamkeit gewöhnt. In der Regel wird der Therapeut benötigt, um ermutigende Unterstützung zu erhalten und mehr Strategien ausprobieren zu können. Oft empfiehlt es sich für Patienten, auch einige kindliche Strategien der Bedürfnisbefriedigung auszuprobieren, z. B. für das Grundbedürfnis Lustgewinn.

4. Schritt: Neue Strategien überlegen – Das kann auch Teil einer Hausaufgaben sein. Wichtig ist, dass die Strategien jedoch mit dem Therapeuten gemeinsam in einer Sitzung ausprobiert werden. Eine kleine Auswahl an Möglichkeiten ist in ▶ Kap. 13 zu finden. Beobachtungen bei anderen Menschen, Befragungen von Freunden können Ideen für weitere Strategien liefern.

5. Schritt: Ziel der Übung wiederholen und Vorgehen besprechen – Der Patient soll die Übung möglichst selbstständig durchführen. Der Therapeut begleitet den Patienten und unterstützt ihn darin, die emotionalen Vorgänge zu fokussieren.

6. Schritt: Übung durchführen und emotionale Vorgänge wahrnehmen – Bei der Durchführung stellt der Therapeut entsprechende Fragen, die sich auf emotionale Vorgänge und deren Veränderungen ausrichten. Unangenehmes emotionales Erleben kann durchaus auftreten. Dies gilt es wahrzunehmen, zu validieren und gegebenenfalls ermutigende und motivierende Worte zu finden, die Übung weiterzuführen. Wichtig ist, dass sowohl der Patient als auch der Therapeut dabei im Kontakt bleiben.

7. Schritt: Entstehendes emotionales Erleben vertiefen – Gelegentlich kann es vorkommen, dass am Ende der Übung wiederum unangenehmes emotionales Erleben steht. In diesem Fall sollten der Signalcharakter der Emotion gewürdigt und mögliche Gründe gesucht werden. Beispielsweise kann Ärger darüber entstehen, dass die Bedürfnisse nicht befriedigt worden sind oder diese Übung schlicht gar nicht das Bedürfnis des Patienten befriedigt. – Angenehmes emotionales Erleben wird verankert, indem es ausreichend aktiviert und vertieft wird.

8. Schritt: Nachbesprechung und Übungen für den Alltag finden – Der Therapeut sollte die Erfahrungen mit der Übung explorieren und weiterführend den Patienten ermutigen, kleine Übungen in den Alltag zu integrieren. Dabei gilt es, auf die Durchführbarkeit der Vorhaben zu achten.

Die angenehmen Emotionen, die aus der Bedürfnisbefriedigung resultieren, stellen wiederum eine gute Grundlage dar, wenn Patienten dem maladaptiven

11.7 Modifizierte Techniken

Scham- und Schulderleben etwas entgegensetzen wollen (▸ Kap. 11.7.2). Es lohnt sich daher, sich die Zeit dafür zu nehmen und angenehme Emotionen ausreichend intensiv zu erkunden. Die Übungen können parallel zur emotionsbezogenen Arbeit an Scham und Schuld durchgeführt werden.

Eine wohlwollende Haltung sich selbst gegenüber stellt eine weitere Voraussetzung dar, um besser für sich zu sorgen. Selbstverantwortung ist ein tragendes Element für eine gute innere Haltung sich selbst gegenüber. Dazu gehört auch ein verzeihlicher Umgang mit sich selbst, z. B. auch in Situationen, in denen Scham oder Schuld auftreten. Die selbstempathische Haltung begünstigt, dass wir uns beruhigen lernen und positive Selbstverbalisationen für schwierige Momente im Leben zur Verfügung haben. Eine wohlwollende Haltung ermöglicht es auch, für uns und unsere Bedürfnisse einzustehen. Ausgangsbasis für diese Art der Übung stellt z. B. das angenehme emotionale Erleben nach einer bedürfnisbefriedigenden Aktivität dar.

> **Eine bessere Haltung sich selbst gegenüber entwickeln**
> Ziel dieser Übung ist es, ein angenehmes emotionales Erleben sich selbst gegenüber zu verankern. Sie enthält am Ende einige hypnotherapeutische bzw. imaginative Elemente. Jedes angenehme emotionale Erleben eignet sich als Ausgangsbasis. Die Augen können bei der Übung geschlossen werden. Voraussetzung für die Übung ist, dass Patienten schon Selbstverantwortung übernehmen können und sie geschult im Umgang mit Scham- und Schulderleben sind. Der Therapeut achtet darauf, dass der Patient in der Gegenwart bleibt.
> **1. Schritt:** Angenehmes emotionales Erleben aktivieren und vertiefen – Das emotionale Erleben sollte im Körper für den Patienten gut spürbar sein.
> **2. Schritt:** Sich von der Situation lösen und die aktivierte Emotion in sich halten lassen – An dieser Stelle gilt es, die Situation, in der das Erleben entstanden ist, auszublenden oder in den Hintergrund treten zu lassen. Das angenehme emotionale Erleben sollte sehr bewusst spürbar sein.
> **3. Schritt:** Sich selbst aus diesem Erleben heraus Aufmerksamkeit schenken – Weiterführend wird der Patient angeleitet, sich aus dem angenehmen emotionalen Erleben heraus Aufmerksamkeit zu schenken. Die Wahrnehmung verlagert sich vom emotionalen Erleben in Richtung eigener Person. Dadurch wird das angenehme Erleben etwas abgeschwächt, gewinnt aber eine Intensität, die besser zu einer inneren Haltung passt.
> **4. Schritt:** Nachempfinden, was sich dadurch im Patienten verändert – Der Patient wird gebeten, wahrzunehmen, was sich verändert. Das können sehr individuelle Vorgänge sein, etwa eine wohlwollende Wärme, zuversichtliche Regungen oder das Lösen von Verspannungen. Es gilt, nachzuspüren, wo sich im Körper die Veränderungen noch bemerkbar machen und ob z. B. andere emotionale Vorgänge oder wohlwollendere Gedanken entstehen. Zwischenzeitlich erinnert der Therapeut mit seinen Worten an die angenehme Haltung, die ein Patient sich selbst gegenüber eingenommen hat.
> **5. Schritt:** Die Haltung in sich verankern – Der Patient wird gebeten, diese Haltung besser zu verinnerlichen. Dazu eignet sich ein motorischer Bewegungsablauf, z. B. sich die Hand halten, oder eine mentale Umarmung, dem jetzigen Empfinden eine (Lieblings-)Farbe zu geben, etc.

6. Schritt: Antworten auf zwei Fragen finden: Was ist mir wichtig im Leben? Was brauche ich, um glücklich zu sein? – Aus dieser Haltung heraus, die sehr gegenwartsbezogen sein sollte, versucht der Patient, Antworten auf die zwei oberen Fragen zu finden. Der Therapeut kann die Antworten für den Patienten notieren.

7. Schritt: Nachbesprechung der Übung – In der Nachbesprechung sollte auch erfragt werden, ob unangenehmes emotionales Erleben entstanden ist, ob es störende Gedanken gab etc. Die Umsetzung in den Alltag, z. B. morgendliche Wiederholung der Übungen und Ableitung eines Tagesmottos, oder die Dokumentation von Veränderungen im Alltag wird mit dem Patienten thematisiert.

Eine neue Haltung sich selbst gegenüber kann Trauer und Schulderleben auslösen in Bezug auf das, was Patienten sich angetan haben (z. B. den Körper im Rahmen einer Essstörung ungünstig behandelt), oder darauf, wie das bisherige Leben ausgesehen hat (z. B. Traurigkeit über die vielen Jahre in der Depression). An der Stelle sollte der Therapeut nicht zu früh intervenieren, sondern auch dem emotionalen Erleben Raum geben. Die Übernahme von mehr Selbstverantwortung oder verzeihliche Gedanken und sinnstiftende Überlegungen können resultieren.

Zusammenfassung

- Patienten haben vor dem Hintergrund primär maladaptiven Scham- und Schulderlebens einerseits hohe Erwartungen und Anforderungen an sich, andererseits aber nur sehr wenige selbstfürsorgliche Strategien.
- Die Auseinandersetzung und Anerkennung, dass Bedürfnisse früh und wiederholt frustriert worden sind, stellen eine Grundlage zur weiterführenden Arbeit dar.
- Patienten sollten lernen, gerade für die Grundbedürfnisse als Erwachsene gut (doppelt gut) zu sorgen, die früh in der Kindheit frustriert worden sind.
- Die angenehmen Emotionen, die aus der Bedürfnisbefriedigung resultieren, stellen wiederum eine gute Grundlage dar, wenn Patienten dem maladaptiven Scham- und Schulderleben etwas entgegensetzen wollen.
- Eine wohlwollende Haltung sich selbst gegenüber stellt eine weitere Voraussetzung dar, um besser für sich zu sorgen.

Kindliche Kognitionen primären maladaptiven Scham- und Schulderlebens modifizieren

Aus der Forschung wissen wir, dass bedeutende Inhalte unseres biografischen Gedächtnisses präverbal und damit weder sprachlich noch gedanklich zur Verfügung stehen (Sulz 2004). Erste Kognitionen, die sich zu primärem maladaptiven Scham- und Schulderleben entwickelt haben, sind in der Kindheit entstanden. Meist gab es zu der Zeit eine Besonderheit im familiären Kontext oder in den begleitenden Lebenssituation. Beispielsweise kann ein neues Geschwister

11.7 Modifizierte Techniken

die Familie erweitert haben, oder die Eltern mussten umziehen und das soziale Umfeld verlassen, oder Arbeitslosigkeit eines Elternteils hat dazu geführt, dass Kinder nun auch noch einer neuen Situation ausgesetzt waren. Häufig sind erste kindliche Kognitionen Versuche, die Dinge zu verstehen, Kausalzusammenhänge herzustellen und mit sich in Verbindung zu setzen. Ein weiteres Vorgehen an dieser Stelle kann unterstützen, die Situation und die Gedanken des Kindes von damals verstehbar zu machen. Neue Selbstverbalisationen können erarbeitet werden. Grundlage ist die Übung, die sich an der »Emotions- oder Affektbrücke« (z. B. bei Lammers 2007) bzw. der schematherapeutischen Imaginationsübung (z. B. bei Roediger 2009) orientiert.

Emotionsbezogene Umstrukturierung ichbezogener kindlicher Kognitionen

Ausgangsvoraussetzung für die Übung ist, dass ein Patient sich mit seinem primären maladaptiven Scham- und Schulderleben bereits auseinandersetzen kann. Kindliche Kognitionen wurden jahrelang über die emotionale Beweisführung aufrechterhalten und immer wieder neu bestätigt. Die Entstehungsbedingungen dieser Gedanken sind sehr oft in einer veränderten Lebenssituation zu finden. Diese hat das Kind von damals – in Kombination mit den frustrierten Grundbedürfnissen – auf diese kognitive Art und Weise zu verarbeiten versucht. Ziel ist es, die Besonderheit der Zeit, in der die Gedanken entstanden sind, verstehbar zu machen und neue positive Selbstverbalisationen zu finden. Die Ausgangsbasis stellt bereits das primäre maladaptive Scham- oder Schulderleben dar.
1. Schritt: Geübte wohlwollende innere Haltung aktivieren oder andere emotionale Stabilisierungsübungen durchführen
2. Schritt: Aktivierung und Vertiefung des primären maladaptiven Scham- oder Schulderlebens – Dazu kann der Therapeut den Patienten z. B. mit bereits identifizierten emotionsauslösenden Reizen konfrontieren. Meist reicht jedoch die Erinnerung an das schmerzhaft-belastende Erleben aus, um es zu aktivieren. Das emotionale Erleben sollte intensiv für den Patienten spürbar sein.
3. Schritt: Typische, automatisierte (kindliche) Gedanken zu dem emotionalen Erleben formulieren – Da diese Gedanken automatisiert sind, ist es für viele Patienten sehr einfach, diese zu benennen. Meist sind es kurze einfache Sätze.
4. Schritt: Zeitreise in die eigene Biografie beginnen, hin zu der Zeit, in der das Kind von damals so denken musste (so zu denken gelernt) hat – Die Zeit und die Umstände werden gemeinsam exploriert. Das Kind von damals kann erzählen, was aus seiner Sicht der Dinge in seiner Welt anders als bisher war, weshalb es so gedacht hat.
5. Schritt: Wunschgedanken des Kindes erfragen – Der Therapeut kann das Kind von damals fragen, wie es denn gerne über sich denken wollen würde bzw. was es am liebsten gehabt hätte, das andere über das Kind denken. Dabei ist die Würdigung der Umstände, dass vorher bereits die Grundbedürfnisse des Kindes wiederholend frustriert worden sind, wichtig. – Beispielformulierungen: »Auch wenn meine Eltern kaum Zeit für mich hatten, habe ich es gut gemacht« oder »Weil ich schon viel erfahren musste, bin ich besonders liebenswert«.
6. Schritt: Patient bitten, mit diesem neuen Gedanken durch sein bisheriges Leben zu gehen und prüfen, was sich ändern würde – Ziel ist es keineswegs, eine neue Biografie

zu erfinden, sondern gemeinsam zu überlegen, wie ein Patient mit positiven Selbstverbalisationen die bisher schwierigen Momente im Leben hätte meistern können. Als unterstützende Metapher bietet es sich an, das Leben wie einen Film sehen zu lassen oder die bereits eingangs eingeführte Zeitreise nun in die Gegenwart zu beginnen.

7. Schritt: Würdigung der bisher schwierigen Momente und Vertiefung des »neuen« emotionalen Erlebens, das sich vor dem Hintergrund der positiven Selbstverbalisation einstellt – Dabei können verschiedene Emotionen wie Trauer, Freude, Zufriedenheit, Hoffnung entstehen. Diese sollen mittels aktivierender und vertiefender Techniken für den Patienten gut spürbar gemacht werden.

8. Schritt: Die neuen Kognitionen den automatisierten Kognitionen gegenüberstellen und prüfen, welche hilfreicher und sinnvoller sind – An dieser Stelle können die Kognitionen sehr widersprüchlich sein. Ein Patient sollte jedoch motiviert werden, für sich aktiv zu entscheiden, wie er über sich denken möchte.

9. Schritt: Nachbesprechung der Übung und Transfer in den Alltag – Auch wenn der Patient sich noch nicht entscheiden konnte, werden die neuen Kognitionen aufgeschrieben und Möglichkeiten besprochen, diese im Alltag, z. B. bis zur nächsten Sitzung, auszuprobieren. Dazu sollten die Möglichkeiten gemeinsam vorbesprochen werden und z. B. die neuen Kognitionen im Sinne kleiner Verhaltensexperimente ausprobiert werden. Das Nachbesprechen der Besonderheiten der veränderten Lebenssituation liefert sowohl dem Patienten als auch dem Therapeuten neue Informationen, die entsprechend weiterführend genutzt werden können.

11.7.4 Verantwortung des Therapeuten im Umgang mit Scham und Schuld

Eine wichtige Intervention bei maladaptivem Scham- und Schulderleben stellt die Übernahme von Verantwortung dar. Es gibt leider Eltern und nahe Bezugspersonen, die keine Einsicht in ihr beschämendes und schuldinduzierendes Verhalten haben. Sie übernehmen keine Verantwortung für das, was die Kinder von damals erfahren haben. Manchmal leben die Eltern oder Verantwortlichen auch nicht mehr. *Sich jetzt im Erwachsenenalter maladaptivem Scham- und Schulderleben stellen zu müssen ist für viele Patienten eine neue Ungerechtigkeit.* Es kostet sie Kraft und Energie, und das vor dem Hintergrund, dass selbstfürsorgliche Strategien sowie eine wohlwollende empathische Haltung meist nur sehr gering ausgeprägt sind.

Daher ist häufig ein Therapeut nötig, der stellvertretend Verantwortung übernimmt und sich beschämt zeigt oder sich entschuldigt. Diese Intervention kann in einem Rollenspiel stattfinden. Sie aktiviert neben Wut auch Trauer, vermittelt aber zusätzlich einen verantwortungsvollen Umgang mit Scham und Schuld. Dass der Therapeut als Modell keine Angst vor Scham und Schuld hat, diese zugeben und zeigen kann, ist für viele Patienten sehr wichtig. Das empathische Mitfühlen des entstandenen Leids und das gemeinsame Tragen der nun entstehenden Emotionen kann Versöhnung mit der eigenen Biografie initiieren und emotionale Blockaden zugunsten der Emotionen Trauer, Wut und Enttäuschung lösen.

11.7 Modifizierte Techniken

> **Zusammenfassung**
>
> - Eine wichtige Intervention bei maladaptivem Scham- und Schulderleben ist die Übernahme von Verantwortung.
> - Sich im Erwachsenenalter maladaptivem Scham- und Schulderleben stellen zu müssen ist für viele Patienten eine neue Ungerechtigkeit.
> - Daher ist häufig ein Therapeut nötig, der stellvertretend Verantwortung übernimmt und sich beschämt zeigt oder sich entschuldigt.

11.7.5 Was bleibt? Eine Aussicht

Einen Umgang mit primär-maladaptivem Scham- und Schulderleben zu gewinnen fördert Emotionsregulationskompetenzen. Es ermöglicht, dahinter liegende frustrierte Grundbedürfnisse zu erkennen. Patienten lernen individuelles Scham- und Schuldempfinden und die erlernte Neigung, mit Scham oder Schuld zu reagieren, von der eigentlichen emotional adaptiven, sinnvollen Reaktion abzugrenzen. Reale Alltagsschuld und -scham sollen für Patienten aushaltbar und in adaptive Handlungen umsetzbar sein. Im Rahmen der Behandlung lernen Patienten, mehr bedürfnisbefriedigende Strategien für sich anzuwenden. Auch das ermöglicht es, sich und anderen verzeihlich gegenüberzutreten, sollten Scham- und Schuldthemen im Leben wieder auftauchen. Individuelles Scham- und Schuldempfinden ist eine wichtige Ressource für eine emotionale Sensibilität. Emotionale Sensibilität kann zugunsten einer selbstempathischen Haltung sowie der Erlaubnis, eigene Bedürfnisse befriedigen zu dürfen, und einer besseren Gestaltung sozialer Kontakte genutzt werden. Gegebenenfalls gilt es, mehr Widerstandskraft, eine bessere Abgrenzungs- und Entscheidungsfähigkeit als zusätzliche Fähigkeiten für den Umgang mit einer sehr ausgeprägten emotionalen Sensibilität aufzubauen.

12 Materialsammlung – integrativer Teil

12.1 Übungen für Therapeuten zum Umgang mit eigenem Schuld- und Schamerleben

> »Wir binden uns nicht an den nettesten Menschen oder den mit den höchsten Auszeichnungen, sondern an einen, der uns Sicherheit gibt.«
> (Cyrulnik 2011, S. 130)

Dieses Zitat sollte auch uns Therapeuten ermutigen, hinzuschauen zu den eigenen Scham- und Schuldthemen und dem bisherigen Umgang damit. Erlebnisvermeidung und Themen zu ignorieren führt zu Unsicherheit und weiterem Vermeidungsverhalten. Das spüren auch Patienten. Genauso wichtig ist es für Patienten, in dem Therapeuten ein Modell für angemessene Selbstfürsorge zu erkennen. Verantwortung für sich und Patienten tragen zu können geht mit Handlungsfähigkeit und professionellen Kompetenzen einher. Die Auswirkungen von Scham und Schuld im therapeutischen Alltag ist in ▸ Kap. 9 f., eingehend erläutert. Schuld und Scham sowie deren Vermeidung sind aber auch ständige Begleiter des Alltags. In der Rolle des professionellen Helfers gilt es jedoch zu unterscheiden, wann es notwendig ist, hinzuschauen, sich mit dem eigenem Scham- und Schulderleben auseinanderzusetzen, um auch Patienten darin unterstützen zu können. Eine gute Selbstwahrnehmung ist bedeutsam für ein gesundes psychisches Funktionieren. Die Akzeptanz und Bereitschaft, (fast) ganz ohne Vorbehalt hinzuschauen und etwas zum Besseren verändern zu wollen, ist Teil unserer Professionalität. Viele Übungen aus diesem Buch lassen sich auch von uns Therapeuten anwenden, z. B. um aktiv die Psychohygiene durch neue bedürfnisbefriedigende Strategien zu fördern (▸ Kap. 13) oder in der Auseinandersetzung mit eigenen Scham- und Schuldthemen.

12.1.1 Psychoedukation und Entwicklung eines eigenen Verständnismodells

Die Fragen aus den Kapiteln 9.6.2 f. haben vielleicht schon eigene Themen in Bezug auf Scham und Schuld offengelegt. Auch für unsere Arbeit ist es hilfreich, dass wir unsere emotionale Sensibilität/Verletzlichkeit von unserem individuell entwickelten Scham- und Schuldempfinden, von unserer Neigung zu Scham oder Schuld sowie von unserem emotionalen Reaktionsmuster unterscheiden. Das Arbeitsblatt aus dem ▸ Kap. 11.4.1 ermöglicht daher auch Therapeuten, für sich ein Verständnismodell zu entwickeln.

> *Bitte bearbeiten Sie das Arbeitsblatt (▸ Kap. 11.4.1) für sich oder mit jemandem zusammen.* Was können Sie für sich erkennen?

12.1 Übungen für Therapeuten

Ein hohes Scham- und Schuldempfinden begünstigt zwar das Auftreten von Scham- und Schuldemotionen, muss aber nicht unbedingt mit einem intensiven emotionalen Reaktionsmuster einhergehen.

Maladaptives Scham- und Schulderleben etabliert sich über wiederholte Frustrationen von Grundbedürfnissen. Welche Grundbedürfnisse wurden in der Auseinandersetzung mit eigenem maladaptiven Scham- und Schulderleben verletzt? Zur weiterführenden Auseinandersetzung damit eignet sich das Arbeitsblatt »Die Bedürfnistorte« (▶ Kap. 13.1.1).

Ein hohes Scham- und Schuldempfinden kann von primärer maladaptiver Scham und Schuld abgegrenzt werden.

- Das Empfinden ist im Sinne einer anhaltenden Bereitschaft auf Scham- und Schuldthemen sowie deren Vermeidung im Alltag und in sozialen Kontakten zu verstehen. Es unterstützt das vorausschauende Denken und Handeln. Eine adaptive Scham- und/oder Schuldreaktion findet auf der Grundlage von Scham- und Schuldempfinden statt.
- Primäres maladaptives Scham- und Schulderleben entsteht vor dem Hintergrund wiederholter Frustrationen oder massiver Traumatisierungen von Grundbedürfnissen. Das Erleben maladaptiver Scham und Schuld wird emotionsphobisch vermieden. Resultierende Bewältigungsmechanismen gehen mit sekundären Emotionen einher. Maladaptives Scham- und Schulderleben steuert unser Verhalten und Denken (»Ich denke, wie ich fühle«, vgl. dazu auch ▶ Kap. 1.2). Primäres maladaptives Scham- und Schulderleben hat keine konstruktiven Aspekte und kann nicht durch sinnvolle Handlungen beendet werden.

- Wie wirkt sich Ihre Neigung, mit Scham oder Schuld zu reagieren, auf den therapeutischen Alltag aus?
- Welche Strategien besitzen Sie heute zur Befriedigung von damals frustrierten Grundbedürfnissen? Helfen diese kurzfristig, mittelfristig und langfristig?

Schreiben Sie sich die wichtigsten Erkenntnisse auf eine Postkarte.

12.1.2 Das Wissen um die eigenen Grundbedürfnisse nutzen

In der Auseinandersetzung mit der eigenen Biografie, z. B. im Rahmen der Selbsterfahrung oder einer eigenen Therapie, liegt der Fokus oft auf den Besonderheiten, die unsere Entwicklung beeinflusst haben. Die Folgen der Besonderheiten wirken sich auch auf andere Menschen und die Kontaktgestaltung zu ihnen aus. Frühere Frustrationen von Grundbedürfnissen können wir nicht rückgängig machen. Eigene frustrierte Grundbedürfnisse können genauso dazu führen, dass Therapeuten sich in ihrer Entwicklung z. B. auf andere Grundbedürfnisse stärker fokussiert haben oder fokussieren oder die Selbstfürsorge vernachlässigen. Jedoch ist es möglich, Muster im Umgang mit uns selbst (und anderen) zu erkennen und das Wissen um die Besonderheiten und deren Folgen zu nutzen. Eine gute Selbstfürsorge geht mit einer selbstakzeptierenden achtsamen Haltung der eigenen Person gegenüber einher. Ausreichende bedürfnisbefriedigende Strategien zu besitzen, eine zu ausgeprägte Fokussierung auf einzelne Grundbedürfnisse begrenzen und Bedürfnisaufschub aushalten zu können sind Ausdrucksformen einer guten Selbstfürsorge. Wissen bringt auch die Verantwortung mit sich, etwas daraus machen zu wollen.

> Bearbeiten Sie bitte das Arbeitsblatt »Die Bedürfnistorte« in ▸ Kap. 13.1.1.
> Im Anschluss daran überlegen Sie bitte, was Sie für sich erkannt haben?
>
> --
>
> --
>
> --

Analyse der therapeutischen Beziehung

In der Auseinandersetzung mit maladaptivem/überflutendem Scham- und Schulderleben des Patienten ist häufig ein genauer Blick auf die therapeutische Beziehung nötig. Die Komplexität des Miteinanders ergibt sich sowohl aus den eigenen Scham- und Schuldthemen des Therapeuten und dessen Bewältigungsstrategien als auch aus denen des Patienten. Zusätzlich gibt es einen therapeutischen Auftrag vom Patienten, der mithilfe des Therapeuten bearbeitet werden soll. Ziel der folgenden Fragen ist es, die Komplexität transparent zu machen und dem Therapeuten die Möglichkeit zu geben, zu überlegen, was an zusätzlicher Unterstützung notwendig ist.

> Stellen Sie sich einen Patienten aus den aktuellen Therapien vor, der sie emotional besonders aktiviert.
> Folgende Fragen unterstützen Sie in der Analyse der Therapeut-Patient-Beziehung und legen implizite Botschaften und Themen offen. Tragen Sie Ihre Antworten nach jeder Frage ein. Fragen, die Sie zum jetzigen Zeitpunkt nicht beantworten können, lassen Sie einfach offen.
>   1. Was soll nachgeholt werden?
>
>   --
>
>   2. Was soll geheilt werden?
>
>   --
>
>   3. Wovor möchte der Patient gerettet werden?
>
>   --

12.1 Übungen für Therapeuten

4. Was kann der Patient besser als der Therapeut?

   ----

5. Was soll der Therapeut für den Patienten übernehmen?

   ----

6. Welches gemeinsame Thema haben Patient und Therapeut?

   ----

7. Welche Strategien wendet der Patient zu diesem Thema an?

   ----

8. Welche Strategien sind davon erfolgreich?

   ----

9. Welche Vermeidungsstrategie verwenden Patient und Therapeut im gemeinsamen Umgang?

   ----

10. Wer übernimmt dafür die Verantwortung?

    ----

11. Welches potenzielle Konfliktthema ist (jetzt schon) erkennbar?

    ----

12. Mit welchen Kompensationsstrategien reagiert der Patient?
    Ertragen   Vermeiden   Bekämpfen?

    ----

13. Mit welchen Kompensationsstrategien reagiert der Therapeut?
    Ertragen   Vermeiden   Bekämpfen?

    ----

14. Was überfordert den Therapeuten?

    ----

15. Was enttäuscht den Therapeuten?

Vielleicht fehlen Ihnen auch Informationen, sodass Antworten offen geblieben sind. Sie können überlegen, ob Sie diese Informationen direkt beim Patienten einholen können oder ob Sie Supervision brauchen oder im Sinne einer Selbsterfahrung Anteile reflektieren wollen.

12.2 Übungen für Therapeuten, um dem Schuld- und Schamerleben der Patienten besser begegnen zu können

12.2.1 Real-Ich oder Ideal-Ich – Wer ist der bessere Therapeut?

In der Übung geht es darum, sich zu verdeutlichen, dass auch Therapeuten ein Real-Ich und ein Ideal-Ich haben. Um diese beiden Anteile in sich verdeutlichen zu können, sind sie in der folgenden Tabelle einander gegenübergestellt (▶ Tab. 12-1). Um die Übung noch effektiver zu gestalten, erlauben Sie sich, vorzustellen, dass beide Anteile jeweils eigene Personen wären.

> **1. Schritt:** Ergänzen Sie bitte die Sätze für das Real-Ich.
> **2. Schritt:** Erlauben Sie sich, sich in Ihr Ideal-Ich hineinzudenken und hineinzufühlen. Meist fühlt man sich innerlich etwas größer, wenn man an seine »Ideal-Ich«-Anteile denkt.
> **3. Schritt:** Ergänzen Sie nun die Sätze für das Ideal-Ich.

Tab. 12-1 Übung zur Verdeutlichung der Anteile von Real-Ich und Ideal-Ich

Real-Ich	Ideal-Ich
Wenn ich ein eigenständiger Mensch wäre, dann wäre ich ein Mensch, der ----------	Wenn ich ein eigenständiger Mensch wäre, dann wäre ich ein Mensch, der ----------
Andere Menschen sind … ----------	Andere Menschen sind … ----------
Das Leben und die Welt sind … ----------	Das Leben und die Welt sind … ----------
Meine persönlichen Ziele sind … ---------- ----------	Meine persönlichen Ziele sind … ---------- ----------
Das möchte ich auf jeden Fall erreichen ---------- ----------	Das möchte ich auf jeden Fall erreichen ---------- ----------

12.2 Übungen für Therapeuten

Tab. 12-1 (Fortsetzung)

Real-Ich	Ideal-Ich
Ich muss verhindern, dass …	Ich muss verhindern, dass …
Wenn mir das nicht gelingt, dann hat das folgende Konsequenzen …	Wenn mir das nicht gelingt, dann hat das folgende Konsequenzen …
Mit Menschen gehe ich deshalb üblicherweise so um, dass …	Mit Menschen gehe ich deshalb üblicherweise so um, dass …
Probleme löse ich üblicherweise so, dass …	Probleme löse ich üblicherweise so, dass …
Mit mir selbst gehe ich typischerweise so um, dass …	Mit mir selbst gehe ich typischerweise so um, dass …
Was mich emotional besonders stark berührt, ist …	Was mich emotional besonders stark berührt, ist …
Damit gehe ich dann so um, dass …	Damit gehe ich dann so um, dass …

4. Schritt: Markieren Sie sich die Sätze, deren Antworten besonders gegensätzlich sind.
5. Schritt: Machen Sie sich bewusst, wie diese Gegensätze auf Patienten mit maladaptivem Scham- und Schulderleben wirken können.
6. Schritt: Überlegen Sie sich, was Sie von den Satzergänzungen als gute Ressource für den Umgang mit Scham- und Schulderleben bei Patienten nutzen können.
7. Schritt: Schreiben Sie sich das auf eine Karteikarte, die Sie für sich greifbar haben.

Das Ziel dieser Übung ist es, sich eigene Spannungsfelder aus den unterschiedlichen Anteilen zu verdeutlichen und sich aber auch Ressourcen nutzbar zu machen. Viele Therapeuten haben die Einstellung, dass das Ideal-Ich der bessere Therapeut ist. Das Ideal-Ich stellt zwar eine Entwicklungsoption dar, aber das, was das Ideal-ich darstellt, können wir im Alltag gar nicht dauerhaft und nachhaltig aufrechterhalten. Es kostet hohe Anstrengungen und erzeugt oft innere Spannungszustände. Dadurch sind viele Ressourcen nicht zugänglich, die wir brauchen, um mit intensiven sozialen Emotionen umgehen zu können.

Das Übungsblatt kann auch bei Patienten eingesetzt werden, die hohe Erwartungen an sich selbst (und andere) haben und/oder hohe internalisierte Werte, Normen und Standards, und/oder bei Patienten mit ausgeprägten Persönlichkeitsstrukturen.

> **Scham und Schuld unterscheiden können**
> Im Umgang mit Scham- und Schulderleben des Patienten ist es hilfreich, das entgegengebrachte Erleben des Patienten zu unterscheiden. So kann man z. B. folgende Fragen stellen:
> - Handelt es sich um adaptive Scham und Schuld?
>
>   --
> - Geht es um sekundäre Emotionen, als Ausdruck eines emotionsphobischen Konfliktes?
>
>   --
> - Liegt primär maladaptives Scham- oder Schulderleben vor?
>
>   --
> - Bringt ein Patient ein hohes Scham- und Schuldempfinden mit?
>
>   --
> - Zeigt er im Sinne der Neigung eher Scham oder Schuld (auch statt anderer Emotionen)?
>
>   --
> - Wie sieht das individuelle Reaktionsmuster von Scham und Schuld aus?
>
>   --
> - Sind ausreichende Emotionsregulationsstrategien vorhanden?
>
>   --
> - Um welche Scham- oder Schuldthemen handelt es sich?
>
>   --
>
> Die Bereitschaft, hinzusehen und sich auseinanderzusetzen, kann bereits durch die Unterscheidung gefördert werden. Die Unterscheidung ermöglicht eine Orientierung bei der Frage, welche Interventionen sinnvoll und notwendig sind.

12.2 Übungen für Therapeuten

Von den Schwierigkeiten, es allen recht zu machen

Es folgt eine wunderbare Geschichte, die auch uns Therapeuten darin unterstützen kann, sich Grenzen des therapeutischen Handelns bewusst zu machen. Jeder Patient braucht eine andere Ansprache, hat andere Vorstellungen, Ideen und Bedürfnisse für die Therapie. Bei aller Kompetenz sind es manchmal auch die eigenen biografischen Bezüge, die begrenzend sein können.

> Ein Vater zog mit seinem Sohn und einem Esel in der Mittagsglut durch die staubigen Gassen von Kesha. Der Vater saß auf dem Esel, den der Junge führte. »Der arme Junge«, sagte da ein Vorübergehender. »Seine kurzen Beinchen versuchen mit dem Tempo des Esels Schritt zu halten. Wie kann man so faul auf dem Esel herumsitzen, wenn man sieht, dass das kleine Kind sich müde läuft.« Der Vater nahm sich dies zu Herzen, stieg hinter der nächsten Ecke ab und ließ den Jungen aufsitzen. Gar nicht lange dauerte es, da erhob schon wieder ein vorübergehender seine Stimme: »So eine Unverschämtheit. Sitzt doch der kleine Bengel wie ein Sultan auf dem Esel, während sein armer, alter Vater nebenher läuft.« Dies schmerzte den Jungen und er bat den Vater, sich hinter ihn auf den Esel zu setzen. »Hat man so etwas schon gesehen?«, keifte eine schleierverhangene Frau, »solche Tierquälerei! Dem armen Esel hängt der Rücken durch, und der alte und der junge Nichtsnutz ruhen sich auf ihm aus, als wäre er ein Diwan, die arme Kreatur!« Die Gescholtenen schauten sich an und stiegen beide, ohne ein Wort zu sagen, vom Esel herunter. Kaum waren sie wenige Schritte neben dem Tier hergegangen, machte sich ein Fremder über sie lustig: »So dumm möchte ich nicht sein. Wozu führt ihr denn den Esel spazieren, wenn er nichts leistet, euch keinen Nutzen bringt und noch nicht einmal einen von euch trägt?« Der Vater schob dem Esel eine Handvoll Stroh ins Maul und legte seine Hand auf die Schulter seines Sohnes. »Gleichgültig, was wir machen«, sagte er, »es findet sich doch immer jemand, der damit nicht einverstanden ist. Ich glaube, wir müssen selbst wissen, was wir für richtig halten.« (Peseschkian 1979)

Empathie-Waage

Um dem intensiven emotionalen Erleben der Patienten empathisch und zugleich angemessen professionell begegnen zu können, ist es wichtig, die Balance von emotionaler Empathie und kognitiver Empathie zu halten. In ▸ Kap. 9.5.2 ist das mentale Bild der »Empathie-Waage« in der Wirkungsweise erläutert. Das Bild kann von Therapeuten genutzt werden, um mit einer ausgewogenen Balance an dem emotionalen Erleben des Patienten arbeiten zu können.

> Sie können Ihre eigene Empathie-Waage visualisieren oder malen. Vielleicht haben Sie noch eine alte Waage mit zwei Waagschalen in Ihrem Besitz. Machen Sie sich möglichst viele Details der Waage bewusst … die Form … die Farbe … das Material der Schalen

… und was Ihnen noch an Besonderheiten einfällt … In die eine Schale legen Sie Ihr emotionales Empathieempfinden … und in die andere Schale legen Sie das, was Sie mit kognitiver Empathie verbinden … z. B. das Verstehenwollen und Interventionen … Achten Sie darauf, dass die Waagschalen sich im Gleichgewicht befinden … trotzdem kann mal die emotionale Schale mehr Gewicht als die kognitive Schale einbringen … oder umgekehrt …
Die Waage können Sie auch als Foto oder Postkarte für Sie als Erinnerung sichtbar bereitstellen.

Containing – bildhaft verstehen und sich nutzbar machen

Intensive Emotionen wie maladaptives Scham- und Schulderleben sind immer auch Ausdruck einer emotionalen Krisensituation des Patienten. Diese entsteht vor dem Hintergrund der frühen Verletzungen und Frustrationen von Grundbedürfnissen. Patienten fehlen in diesen Momenten sowohl Emotionsregulationsstrategien als auch ein ausreichendes bedürfnisbefriedigendes Verhalten. Sie erleben sich den Emotionen hilflos und ohnmächtig ausgeliefert. Die Wirkungsweise ist in ▶ Kap. 9.5.2 dargestellt.

Mit zwei, drei tiefen Atemzügen können Sie sich ihren Emotionscontainer in Ihnen bewusst machen. Machen Sie das mit möglichst vielen Details … Wichtig ist, dass der Container zwar ein Container ist und zeitgleich ein flexibler und anpassungsfähiger Behälter … Die Form kann sich optimal an die Menge des emotionalen Erlebens ihres Gegenübers anpassen, sodass er immer ausreichend groß ist … Machen Sie sich nun auch bewusst, dass das Material weich und biegsam, aber auch tragend und haltend ist … so, dass emotionales Erleben gut geschützt und dennoch fass- und bearbeitbar ist … Der anpassungsfähige Container hat eine genau richtig große Öffnung zum Aufnehmen und zum Abgeben, sodass es leichter ist, genau die Menge an emotionalem Erleben an den Patienten zurückzugeben, die er für sich schon nutzbar machen kann …

Scham und Schuld einfangen

Gerade diffuses Scham- und Schulderleben, das durch entsprechendes Vermeidungsverhalten überdeckt ist, stellt sowohl für den Therapeuten als auch für den Patienten eine der größten Herausforderungen dar. Aufgrund der scheinbaren »Nichtgreifbarkeit« wird es vermieden, im therapeutischen Kontakt dennoch spürbares Schuld- und Schamerleben anzusprechen. Ziel der Übung ist es, Scham und Schuld zu verdeutlichen, um es ansprechen zu können.

12.2 Übungen für Therapeuten

> Erlauben Sie sich, das, was Sie im Kontakt spüren können, z. B. durch eine Farbe zu visualisieren … Stellen Sie sich also vor, dass Scham und/oder Schuld jeweils eine Farbe haben … und aus Farben bestehen, die man einfangen kann, z. B. mit einem Tuch oder sehr engmaschigen Netz … eine Art Fangnetz, das wenn Sie z. B. die »rote« oder »gelbe« Scham oder die »grüne« Schuld eingefangen und umhüllt haben, so zusammenziehen kann, dass sich die Farben und die Themen verdichten und dadurch greifbarer werden … Prüfen Sie, bevor Sie Scham- oder Schuldthemen ansprechen, ob nicht noch mehr davon im therapeutischen Kontakt spürbar ist … Sie können das Fangnetz auch noch einmal nutzen …

Die Vorstellung davon, dass man die diffusen Themen um Scham und Schuld oder auch das emotionale Erleben verkleinern kann, führt dazu, dass es leichter und angemessener ansprechbar wird.

Selbstempathie aufbringen

Bewusst eingesetzte Selbstempathie kann eine gute Unterstützung für Therapeuten in schwierigen Therapiesituationen sein. Gerade die Themen, die für Patienten scham- und schuldinduzierend waren (und oft noch sind), können auch Therapeuten sehr belasten. Genauso können durch die Schilderungen des Patienten auch beim Therapeuten Erinnerungen an eigene Scham- und Schuldthemen aktiviert werden. Kontaktabbrüche stellen meist keine gute Alternative dar. Das Vorgehen orientiert sich an der Idee der Teilearbeit. Wann immer Therapeuten spüren, dass sie mehr Unterstützung für sich brauchen, können Sie sich vorstellen, für einen entsprechenden angemessenen Teil von sich Selbstempathie aufzubringen.

> Einem Teil von sich wird für einen Moment Aufmerksamkeit geschenkt. Mit dieser nach innen gerichteten Aufmerksamkeit werden aktuelle Emotionen, Impulse, Handlungsabsichten, Gedanken, Erinnerungen und Bedürfnisse wertfrei und bewusst wahrgenommen. Das, was jetzt guttun würde, kann ich mir merken und mir versprechen, damit später für mich zu sorgen.
> Die Kombination von Achtsamkeit, Körperwahrnehmung und dem anderen Teil, der mit dem Patienten in Kontakt bleibt, stellt eine gute Methode der Selbstfürsorge im Rahmen der professionellen Haltung dar.

13 Materialsammlung zu Grundbedürfnissen

In diesem Kapitel sind viele praktische und bewährte Übungen sowie Arbeitsblätter aus den verschiedensten Therapieansätzen zu finden. *Viele dieser Übungen bilden auch für Therapeuten eine Grundlage zur Förderung einer guten Psychohygiene.* Die Auswahl der Grundbedürfnisse orientiert sich an den bisherigen Ausführungen. Weitere Erläuterungen zu den einzelnen Bedürfnissen, auch aus den unterschiedlichen Therapieansätzen, sind am Anfang des Buchs (▶ Kap. 2 und folgende) zu finden. Das Erlernen von bedürfnisbefriedigenden Strategien ist ein wesentlicher Bestandteil der Therapie von schmerzhaft-belastendem Scham- und Schulderleben. *Die kindgerechten Übungen sollen ermöglichen, auch »das Kind von damals« spielerisch zu fördern oder Patienten, die kognitiv eingeschränkt sind, an den Übungen teilhaben zu lassen.*

Das erlebnisorientierte Vorgehen für die weiterführende Arbeit an früher frustrierten Grundbedürfnissen stand bei der Auswahl an Übungen und Arbeitsblätter im Vordergrund. Die Übungen und Arbeitsblätter werden anfangs mit dem Therapeuten zusammen bearbeitet/ausprobiert. Der selbstverständliche und gemeinsame Einsatz von emotionsaktivierenden und -vertiefenden Methoden im Rahmen der Übungen sowie innerhalb der Therapiesitzungen soll den Patienten in dem Vorgehen weiter schulen. Eine Reihe von Übungen eignen sich als eigenständig zu bearbeitende Hausaufgaben oder als Anregung zur Auseinandersetzung mit dem jeweiligen Grundbedürfnis. Viele der Übungen können auch zugunsten der anderen Bedürfnisse eingesetzt werden, da die Grundbedürfnisse in enger Beziehung zueinander stehen. Entsprechend lohnt es sich, auch die Übungen zu den anderen Grundbedürfnissen zu sichten.

Um den Patienten die Zusammenhänge zwischen bedürfnisbefriedigendem Verhalten und resultierendem emotionalen Erleben zu verdeutlichen, sollten die Nachbesprechungen emotionsfokussiert oder -aktivierend und vertiefend stattfinden. Übungen und Arbeitsblätter können ggf. für die Patienten modifiziert werden. Ziel soll es sein, dass Patienten lernen, sich selbst angenehmes emotionales Erleben zu ermöglichen – insbesondere nach der emotionsbezogenen Arbeit an schmerzhaftem Scham- und Schulderleben.

Zusammenfassung

- Viele dieser Übungen bilden auch für Therapeuten eine Grundlage zur Förderung einer guten Psychohygiene.
- Um den Patienten die Zusammenhänge zwischen bedürfnisbefriedigendem Verhalten und resultierendem emotionalen Erleben zu verdeutlichen, sollten die Nachbesprechungen emotionsfokussiert oder -aktivierend und vertiefend stattfinden.
- Die kindgerechten Übungen sollen ermöglichen, auch »das Kind von damals« spielerisch zu fördern oder Patienten, die kognitiv eingeschränkter sind, an den Übungen teilhaben zu lassen.

13.1 Allgemeine Arbeitsblätter für die Arbeit an Grundbedürfnissen

13.1.1 Sein eigener Bedürfnisdetektiv werden

Diese Übung eignet sich für die erste Auseinandersetzung mit den eigenen Bedürfnissen. Daher ist sie eine gute Vorarbeit, um im Anschluss mit dem Therapeuten gemeinsam emotionsbezogen zu arbeiten. Sie hat das Ziel, Patienten darin zu unterstützen, eigenen Bedürfnissen auf die Spur zu kommen. Anfangs sind es einfache typische Sätze aus dem Alltag, die Hinweise auf die Bedürfnisse geben können.

Es sind einige Sätze als Beispiele angeführt und sollten fortführend in der Tabelle durch typische Formulierungen des Patienten ergänzt werden.

Weiterführend kann innerhalb von gemeinsamen Sitzungen emotionsaktivierend und -vertiefend die jeweilige Emotion exploriert und das dahinter liegende Bedürfnis auf emotionalem Wege erforscht werden. Das Vorgehen orientiert sich an der Darstellung in ▸ Kap. 11.7.3.

Bedürfnisdetektiv 2 oder Bedürfnisse bei anderen erkennen lernen

Diese Übung fördert auch die Auseinandersetzung mit den Bedürfnissen. Sie kann zum einen eingesetzt werden, wenn Patienten häufig in Konfliktsituationen mit anderen geraten oder denken zu wissen, was andere brauchen (z. B. wenn sie aufgrund der Neigung zu viel Verantwortung übernehmen). Zum anderen hilft es vielen Patienten, erst einmal an anderen Menschen zu üben, wahrzunehmen, dass auch diese Grundbedürfnisse haben. Durch Beobachtung haben sie die Möglichkeit, zu lernen, dass auch andere Menschen Bedürfnisse haben.

Tab. 13-1 Bedürfnisübung

Meine typischen Sätze und Gedanken	Welches Bedürfnis steckt dahinter?	Weshalb ist das Bedürfnis für mich wichtig?
»Immer muss ich alles erledigen«	Lustgewinn/Unlustvermeidung	Ich möchte Bestätigung, für jemanden wichtig zu sein
z. B. »Nie achtest Du auf mich.«	Selbstwerterhöhung	Ich brauche auch Anerkennung und Bestätigung
»Andere sind einfach nicht verlässlich«	Bindung	…

1. Schritt: Denken Sie an einen Menschen, den Sie mögen und der Ihnen nahe ist und den Sie vielleicht bald wiedersehen. Bitte überlegen Sie sich, welche typischen Sätze Sie von diesem Menschen hören. Schreiben Sie diese bitte auf.

Tab. 13-2 Bedürfnisse erkennen

Typische Sätze von …	Welches Bedürfnis steckt vermutlich hinter diesem Satz?

2. Schritt: Realitätscheck
Nehmen Sie sich vor, wenn Sie das nächste Mal auf diesen Menschen treffen, genau zuzuhören und im Anschluss die Fragen zu beantworten.
Welche Sätze erkennen Sie wieder?

Welche anderen Sätze haben Sie gehört?

Welche Bedürfnisse stecken hinter den anderen Sätzen?

Was haben Sie in dem Moment getan, gedacht, als Sie den Satz gehört haben?

Wie hat es sich hinterher angefühlt? Welches Gefühl?

Die Emotion kann innerhalb einer gemeinsamen Sitzung emotionsaktivierend und -vertiefend exploriert werden. Das Vorgehen orientiert sich am Standardvorgehen, z. B. in ▸ Kap. 11.5.

Die Bedürfnistorte

Im Vorlauf erfolgt die psychoedukative Vermittlung von Patienteninformationen zugunsten der verschiedenen Grundbedürfnisse und deren Funktionen.

Der Patient wird gebeten, fünf Dinge aufzuschreiben, die für ihn wirklich wichtig sind – auf die er nicht verzichten möchte:

1) --
2) --
3) --
4) --
5) --

Zu diesen Dingen erarbeiten Therapeut und Patient gemeinsam, welche Bedürfnisse sich hinter den einzelnen Punkten verbergen.

13.1 Allgemeine Arbeitsblätter für die Arbeit an Grundbedürfnissen

1) --
2) --
3) --
4) --
5) --

Nun soll der Patient selbst einteilen, welche Bedürfnisse eine große Bedeutung in seinem Leben haben und welche vielleicht nur eine kleine Rolle spielen.

Die unterschiedliche Bedeutung wird durch die unterschiedliche Größe der Stücke in der Bedürfnistorte dargestellt.

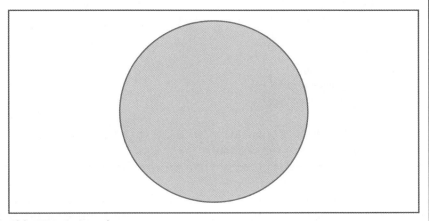

Abb. 13-1 So ist es heute.

Gemeinsam kann die unterschiedlich ausgeprägte Bedeutung thematisiert und ein Bezug zur individuellen Biografie hergestellt werden. Im Anschluss daran soll der Patient überlegen, ob es vielleicht Veränderungen geben soll. Diese können für einen angemessenen Zeitabstand als Zielorientierung in die folgende Torte eingetragen werden.

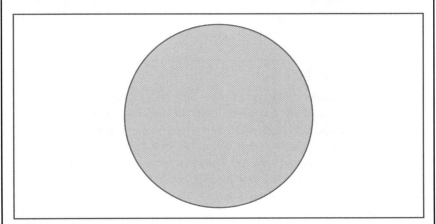

Abb. 13-2 So wünsche ich es mir in ____ Wochen/Jahren.

Das eigene Bedürfnishaus

In dieser Übung wird die bildhafte Auseinandersetzung mit den eigenen Bedürfnissen gefördert. Die Gestalt des Hauses wird auch mit Schutz assoziiert. Ein Haus kann nach eigenen Wünschen gestaltet werden.

> Nehmen Sie sich einen Moment Zeit. Spüren Sie in sich hinein. Vielleicht möchten Sie noch einen tiefen Atemzug machen, um noch besser bei sich anzukommen. Erlauben Sie sich, Ihre Bedürfnisse als Materialien oder fertige Teile, aus denen Sie ein Haus bauen, vorzustellen. Welches Bedürfnis ist welcher Teil des Hauses:
> - Bindung →
> - Autonomie →
> - Selbstwerterhöhung →
> - Orientierung und Kontrolle →
> - Lustgewinn/Unlustvermeidung →
>
> Wie sieht nun Ihr Bedürfnishaus aus? Malen Sie sich dies erst in Gedanken aus. Bringen Sie es dann auf Papier. Was fällt Ihnen auf?

In der Nachbesprechung kann der Therapeut auch das emotionale Erleben in Bezug auf das eigene Haus vertiefend erfragen. Alternativ kann das Haus auch als Hausaufgabe gemalt werden.

Bedürfnissäulen

Die Übung der Bedürfnissäulen bietet die erlebnisaktivierenden (Aus-)Gestaltung der eigenen Bedürfnisse. Viele Patienten entscheiden sich später, diese auf größere Blätter zu übertragen und z. B. bei Erfolgen in der Bedürfnisbefriedigung ein neues Symbol dafür auf die Säule bringen.

> **Meine Bedürfnissäulen**
>
> Die meisten Litfaßsäulen gibt es bereits viele, viele Jahre. Immer wieder werden auf ihnen neue Plakate und Werbung befestigt. Dann wiederum werden die alten Ankündigungen einfach abgekratzt und entfernt. Neue werden angeklebt. Litfaßsäulen behalten immer wieder dieselbe Form, sehen aber jedes Mal wieder neu und anders aus. Ähnlich sieht es mit unseren Grundbedürfnissen aus. Die Plakate, Sätze und Werbungen aus unserer Kindheit sind überklebt, wenn nicht gar entfernt. Jeden Tag haben wir die Chance, neue Ankündigungen, Erfolge, bessere Werbetexte an den Grundbedürfnissäulen zu befestigen. Stellen Sie sich Ihre Bedürfnisse als Säulen vor. Diese Säulen bestehen aus Ihren bisherigen Erfahrungen in Bezug auf das jeweilige Bedürfnis. Stellen Sie sich nun bitte vor, dass diese Säulen Litfaßsäulen sind.

13.1 Allgemeine Arbeitsblätter für die Arbeit an Grundbedürfnissen

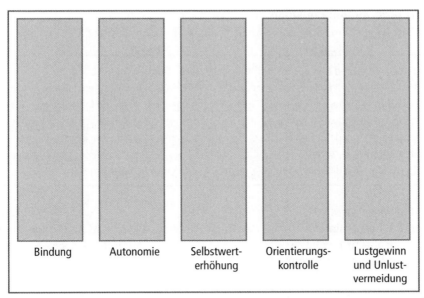

| Bindung | Autonomie | Selbstwert-erhöhung | Orientierungs-kontrolle | Lustgewinn und Unlust-vermeidung |

Abb. 13-3 Bedürfnissäulen

Wenn Sie mögen, gestalten Sie die Form der Litfaßsäulen. Welche Bilder, Schriftzüge kennzeichnen Ihre Erfahrungen? Bringen Sie diese auf der jeweiligen Litfaßsäule auf.

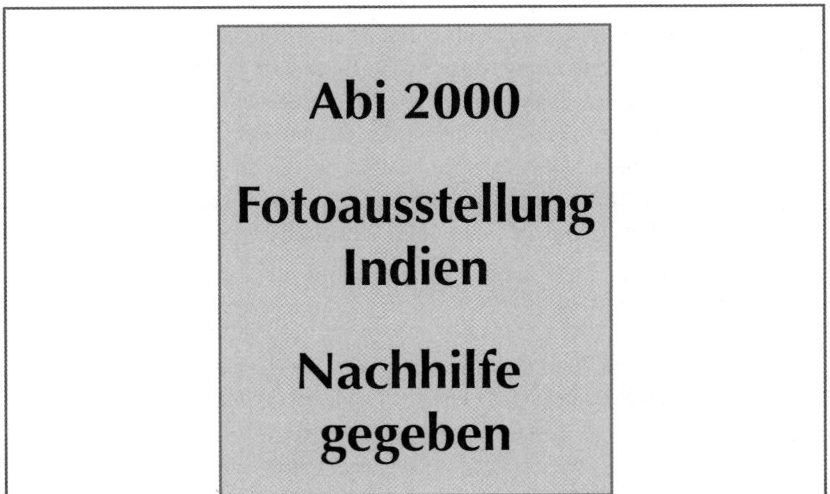

> Abi 2000
>
> Fotoausstellung Indien
>
> Nachhilfe gegeben

Abb. 13-4 Bsp. Selbstwerterhöhung

Sie können die Säulen auch weiter ausgestalten, Bilder darauf kleben oder andere Hinweise auf Erinnerungen. Es lassen sich auch neue Dinge auf diesen Säulen befestigen, z. B. wenn Sie Ihre Säule erfolgreich gestärkt haben (s. folgende Übung »Die Bedürfnissäulen stärken«).

Eine Fortführung: Die Bedürfnissäulen stärken

Die Übung ist eine schöne Ergänzung zur vorherigen Übung.

> Malen Sie bitte die Bedürfnislitfaßsäule, die noch Stärkung braucht.
> Welche ermutigenden, kleineren und machbaren Maßnahmen können diese stabilisieren? Gibt es Sätze, die Ihnen als »Eigenwerbung« gefallen würden? Haben Sie Ideen für neue Ankündigungen? Wollen Sie alte Plakate entfernen? Finden Sie jeweils ein Symbol oder einen Satz dafür und platzieren Sie dies noch auf der Säule. Oder kennzeichnen Sie Ihre Litfaßsäule, sobald Sie etwas zur Stärkung des Grundbedürfnisses getan haben. Es dürfen auch dieselben Symbole mehrfach auf der Säule auftauchen.

Bedürfniswegweiser

Diese Übung eignet sich für Patienten in der direkten Auseinandersetzung mit den Zusammenhängen zwischen aktuellem emotionalen Erleben und den dahinter liegenden Grundbedürfnissen. Die Übung eignet sich auch als Hausaufgabe und schult den Patienten darin, eigenes emotionales Erleben zu nutzen und dahinter liegende Grundbedürfnisse zu erkennen.

> In der Therapie haben Sie gelernt, dass Emotionen für uns Menschen unglaublich wichtig, gar überlebenswichtig sind. Emotionen haben Signalcharakter und können uns den Weg zu mehr Zufriedenheit und Wohlbefinden weisen. Manchmal spüren wir die eine oder andere Emotion häufiger als andere. Das ist ein Zeichen, nämlich dafür, dass wir den Weg, den diese Emotion uns zeigen möchte, noch nicht gefunden/genutzt haben. Da ist wieder eine Emotion, vielleicht ist es eine angenehme oder unangenehme. Sie kennen sie nun schon etwas besser und wissen: Es lohnt sich, die Emotion wichtig zu nehmen. Nehmen Sie sich deshalb einen Moment Zeit für die aktuelle Emotion, denn auch diese Emotion ist ein Wegweiser. Nun gilt es, den Hinweis zu entschlüsseln.
> Atmen Sie dafür 2- bis 3-mal tief ein und aus. Spüren Sie in sich hinein und antworten auf die Fragen.
> 1) Wo im Körper spüren Sie die Emotion?
>
> --
>
> 2) Was würden Sie am liebsten tun? Welcher Impuls steckt dahinter?
>
> --
>
> 3) Wenn Sie diesem Impuls gedanklich nachgehen würden – verändert sich die Emotion? Wird es innerlich angenehm und Ruhe stellt sich ein?
>
> --
>
> … Dann nehmen Sie sich auch dafür eine Moment Zeit und spüren diesem guten Zustand im Körper nach …
> oder

13.1 Allgemeine Arbeitsblätter für die Arbeit an Grundbedürfnissen

4) Verändert sich die Emotion nur wenig, sind Sie unruhig oder abgelenkt … würden Sie dem Impuls gedanklich nachgehen? … Dann erlauben Sie sich den kleinen Umweg … atmen dabei ruhig noch 2- bis 3-mal tief ein und probieren es nochmal. Mit ein bisschen gedanklichem Abstand versuchen Sie, sich zu erlauben, es sich gut gehen lassen zu dürfen. Wenn Sie nun die Emotion nochmal verspüren – welche Handlung möchten Sie jetzt ausprobieren, wenn Sie gut zu sich sein dürfen?

Probieren Sie auch diesen Handlungsimpuls aus. Stellt sich nun ein angenehmer, ruhiger Zustand ein? Wenn ja, nehmen Sie sich Zeit dafür und spüren diesem im Körper nach. Wenn nein – erlauben Sie sich einen neuen Umweg und probieren es noch einmal.

Tragen Sie die erste Emotion ein: Für welches Grundbedürfnis stand die Emotion?

---→---

Welcher Hinweis war für Sie wichtig, um zu wissen, um welches Grundbedürfnis es sich handelt?

Bedürfnisaufschub lernen

In dieser Übung soll es darum gehen, dass Patienten lernen, die Befriedigung von Grundbedürfnissen auch aufzuschieben zu können. Das ist insbesondere notwendig, wenn z. B. zugunsten der sozialen Beziehungspflege eigene Bedürfnisse zeitweise untergeordnet werden müssen. Genauso kann ein Bedürfnisaufschub bei Verpflichtungen hilfreich sein. Seelisches Wohlbefinden und innere Ruhe können sich einfacher und nachhaltiger einstellen, wenn Menschen lernen, Bedürfnisse auch zurückstellen und dazugehöriges emotionales Erleben regulieren zu können. Im Vorlauf sollte mit dem Patienten geübt worden sein, eine wohlwollende innere Haltung sich selbst gegenüber zu aktivieren (▶ Kap. 11.7.2 ff.). Eine wohlwollende innere Haltung sich selbst gegenüber unterstützt dabei, die Befriedigung von Bedürfnissen zeitweise aufschieben zu können. Ausgangspunkte sind ein Bedürfnis, das ein Mensch im aktuellen Moment hat, und der Wunsch, eigentlich gerne sinnvollen Handlungen zugunsten des Bedürfnisses nachzugehen.

Vorgehen:
Das Bedürfnis benennen oder sichtbar aufschreiben.

Welche Emotion entsteht vermutlich, wenn das Bedürfnis jetzt nicht befriedigt wird?

---

1. Schritt: Die (neue) innere Haltung aktivieren und vertiefen:
Erlauben Sie sich, wahrzunehmen, spüren Sie in Ihren Körper. Wie fühlt sich dieser an? Gibt es dort noch eine aktivierte Emotion? Wofür steht diese? Gibt es im Moment ein Bedürfnis?

2. Schritt: Fokussierung der Aufmerksamkeit und sich mit einem Lächeln und Akzeptanz begegnen:
Wandern Sie mit Ihrer Aufmerksamkeit zu Ihren Gedanken. Erlauben Sie sich gegenüber Ihren Gedanken und aktuellen Emotionen, ein freundliches warmes wohlwollendes Lächeln zu zeigen, und versuchen Sie sich nun anzunehmen mit all dem, was Sie von sich kennen.

3. Schritt: Sich selbst etwas Angenehmes sagen:
Mit einem neuen tiefen Atemzug können Sie sich wieder sammeln und sich mit demselben Lächeln etwas angenehmes Schönes sagen, das kann ein Kompliment sein, eine Ermutigung, ein kleines Versprechen, ein Lob, ein Dankeschön. Nutzen Sie eine warmherzige innere Stimme dafür.

4. Schritt: Emotionales Erleben wahrnehmen:
Nehmen Sie sich einen Moment dafür Zeit, das nachklingen zu lassen, und wenn Sie mögen, fühlen Sie, wie sich eine mögliche anfängliche Emotion verändert oder etwas mit dem ursprünglichen Bedürfnis passiert.

5. Schritt: Erfahrung in den Alltag übertragen:
Übertragen Sie diese Erfahrung auf den Alltag. In welchen Momenten wollen/können Sie die Übung für sich nutzen?

6. Schritt: Verinnerlichen Sie die Kurzanleitung:
1. sich selbst wahrzunehmen
2. sich ein warmes Lächeln schenken
3. sich etwas Angenehmes sagen
4. Veränderungen spüren
5. auf andere Situationen übertragen

7. Schritt: Nachbesprechung:
An dieser Stelle kann im Rahmen der Nachbesprechung überprüft werden, ob die vermutete Emotion tatsächlich aufgetreten ist und was im Umgang mit dem Aufschub des Bedürfnisses hilfreich war. Gemeinsam wird abgewogen, wie wichtig das Grundbedürfnis zu der Zeit wirklich war und wann es nun mit welchen Strategien angemessen befriedigt werden kann.

13.2 Bindungsbedürfnis

13.2.1 Besonderheiten in der therapeutischen Beziehungsgestaltung bei der Arbeit am Bindungsbedürfnis

Kontakt gestalten und zugunsten des Ziels Kontakt gemeinsam (aus-)halten

Störungen und Frustrationen des Bindungsbedürfnisses führen häufig und recht unmittelbar zu Störungen innerhalb der therapeutischen Beziehung. Dazu gehören Beziehungstests genauso wie Ambivalenzen. Patienten reagieren unter Umständen mit Dissoziationen oder Derealisations- und Depersonalisationserleben. Ein gleichbleibendes wohlwollendes Bindungsangebot im Rahmen der Patient-Therapeut-Beziehung kann für viele Patienten anfangs eine Überforderung darstellen. Ebenso können die Thematisierung von Bindung, Bindungsbesonderheiten in Bezug auf die eigene Biografie Unsicherheiten und Loyalitätskonflikte auslösen. Patienten reagieren meist mit innerer Distanz – manchmal auch mit Therapieabbrüchen. Deshalb gilt es, die Therapie und die therapeutische Beziehung anfangs durch den Therapeuten realistisch zu gestalten. Zum einen in Bezug auf die Rahmenbedingungen: Hier sollten Überlegungen Platz haben, ob die Therapiesitzungen anfangs auf 25 Minuten begrenzt werden. Eine weitere Möglichkeit ist es, Patienten den (Blick-)Kontakt durch eine entsprechende Sitzordnung und -möbel (z. B. Drehsessel) selbst gestalten zu lassen. Zum anderen gibt es aber inhaltlich die Möglichkeit, mit mehr Transparenz und psychoedukativen Elementen zu arbeiten. Arbeitsblätter und klare Strukturen bieten durchaus auch Sicherheiten, z. B. außerhalb der Therapiesitzungen, und verhindern, dass Abhängigkeitsscham entsteht. Eine kognitive Vorbereitung zugunsten neuer Bindungserfahrungen hat sich bei unsicheren und ängstlichen Patienten bewährt. Im weiteren Therapieverlauf kann die Patient-Therapeut-Beziehung dann intensiver genutzt und thematisiert werden. So können z. B. Patienten ermutigt werden, sich innerhalb der therapeutischen Beziehung auszuprobieren – den Kontakt selbst zu gestalten und z. B. Emotionen anzusprechen, Konfliktthemen mit anderen Menschen zu thematisieren, Blickkontakt zu üben etc.

13.2.2 Arbeitsblätter zur weiterführenden Arbeit am Bindungsbedürfnis

Die therapeutische Beziehung als wichtigste Übung

Für viele Patienten ist die wichtigste Übung innerhalb der therapeutischen Beziehung, in Kontakt mit sich und dem Therapeuten zu bleiben. Jede Therapieschule hat ihre eigenen Interventionen zur Gestaltung des therapeutischen Kontaktes. Die Kontaktgestaltung, Veränderungen darin sollten gemeinsam reflektiert werden. Besonders elementar ist das Halten der intensiven und meist auch ambivalenten Emotionen des Patienten, die entstehen, wenn diese sich wirklich auf die therapeutische Beziehung einlassen (vgl. dazu auch die »Empathie-Waage« ▶ Kap. 9.5.2).

Allen gemeinsam ist jedoch die Grundidee der wohlwollenden, empathischen und akzeptierenden Haltung des Therapeuten. Die therapeutische Beziehung sollte als Übungsmöglichkeit für den Patienten aufgezeigt werden. Hier kann der Patient sich ausprobieren und korrigierende Erfahrungen machen (vgl. dazu ▶ Kap. 9.4 f.).

Übungen für den Therapeuten, um intensives Scham- und Schulderleben des Patienten tragen zu können, sind in ▶ Kap. 12 zu finden.

Der Baum

Diese Geschichte ist eine gute Grundlage für die Auseinandersetzung zugunsten vieler Grundbedürfnisse und bisher gemachter Erfahrungen. Sie kann sowohl versöhnliche und sinnstiftende Gedanken zugunsten früherer schwieriger Lebensumstände initiieren als auch die eigenen Erwartungen und Ansprüche hinterfragen – oder die Idee, etwas Gutes zu tun. Die Metapher kann zusätzlich anregen, den eigenen Perfektionismus (Bedürfnis Selbstwert) kritischer zu betrachten. Die Geschichte kann mit dem Patienten gemeinsam gelesen werden oder ihm als Anregung für eine Hausaufgabe ausgedruckt mitgegeben werden. Die im Anschluss folgenden Übungen (»Die Wurzeln« und »Die Erdung«) können mit dieser Geschichte verbunden werden.

> Ein Gärtner beabsichtigte, einen schönen neuen Baum zu pflanzen. Er sollte die besten Voraussetzungen zum Wachsen haben, einfach die besten, die ein Baum nur haben kann. Also hob er weiträumig um die Einpflanzungsstelle den Boden aus und entfernte alle Steine und alles, was den Wurzeln des Baumes im Wege sein konnte.
> Dann nahm er die weichste und lockerste Erde, die zu finden war, und schüttete sie in die vorgegrabene Vertiefung und setzte den jungen Baum hinein. Die Wurzeln sollten es so leicht wie möglich haben, sich ihren Weg zu bahnen. Ja sie sollten sich ungehindert entfalten können und sich nicht durch harten Boden kämpfen müssen, und kein Stein sollte ihre Bahnen stören.
> Der Baum wuchs schnell in die weiche Erde hinein und begann seine Wurzel in ihr auszubreiten, und mit aller Kraft schoss er in die Höhe. Der Gärtner sah es mit Freude, gab dem Baum die beste Düngung und schnitt ihm den Weg zum Licht frei, indem er alle Pflanzen in der Umgebung beseitigte. So brauchte der Baum sich nicht mühen und hatte Nahrung, Licht und Helligkeit im Überfluss. Schließlich war er zu beträchtlicher Höhe emporgeschossen.
> Da geschah es, dass eines Tages ein großer Sturm heranzog und mit gewaltigen Böen über das Land brauste. Der Wind griff nach dem Baum und zerrte an seinen Zweigen und Ästen, und da die Pflanzen in der Umgebung alle kurz gehalten waren, traf ihn die Gewalt des Sturmes schutzlos.

13.2 Bindungsbedürfnis

Gleichfalls wäre es für einen Baum dieser Größe ein Leichtes gewesen, dem Sturm zu widerstehen, doch die Wurzeln griffen nur in weichen Boden, fanden keinen Halt und keinen Stein, den sie umklammern konnten. Nirgendwo hatten sie sich durchgekämpft, nirgendwo sich Platz schaffen müssen. So drückte der Sturm den schönen Baum zur Seite, riss ihn mit samt seinen Wurzeln aus und warf ihn zu Boden.
(Meiss 2015, auf der aktuellen Website des Milton Erickson Institutes Hamburg)

Die Wurzeln – eine mögliche Fortführung zur Geschichte »Der Baum«

Die Übung dient der weiterführenden Arbeit an den Grundbedürfnissen Bindung (und Selbstwert) und kann altersgerecht modifiziert werden (vgl. Pfister 2005). Die Kombination aus der Übung »Der Baum« und dieser Geschichte ist für Patienten sehr eindrücklich. »Der Baum« wird als Ausgangsgeschichte in der Therapie besprochen. Daran anknüpfend kann der Patient als Hausaufgabe ein Bild von einem Baum malen, eine Postkarte von einem Baum suchen, ein Bild ausdrucken etc. und dieses zu der nächsten Sitzung mitbringen.

In der gemeinsamen Sitzung wird ein zweites Blatt unter das mitgebrachte Blatt gelegt. Der Patient soll selbstständig die bisher nicht zu sehenden Wurzeln zeichnen. Die gezeichneten Wurzeln sind eine Grundlage, um über die eigenen Wurzeln zu sprechen, die Größe und die Form sowie deren Funktion. In die Wurzeln können Begriffe oder Symbole gezeichnet werden, die jeweils für eine Wurzel des Patienten stehen. Der Therapeut fragt emotionsbezogen, was die jeweiligen Wurzeln/Symbole für den Patienten bedeuten. Gemeinsam kann überlegt werden, was neue Wurzeln sein könnten, was den Baum nährt und was nötig ist, wenn z. B. dieser Baum an einen anderen Ort verpflanzt wird.

Die Erdung – eine mögliche Fortführung zur Geschichte »Der Baum«

Diese körpertherapeutische Übung (mod. nach Müller-Braunschweig u. Stiller 2010) ist mit ihren imaginativen Elementen gut für Patienten geeignet, die maladaptives Scham- und Schulderleben stärker auf der körperlichen Ebene spüren und deren emotionales Erleben bisher präverbalen Charakter hatte. Ziel ist es, die verankerten Erfahrungen und Ressourcenerfahrungen nutzbar zu machen. Im Vorwege kann mit dem Patienten auch die Geschichte »Der Baum« besprochen werden. Dadurch wird die Übung verständlicher.

> **1. Schritt:** Der Therapeut bittet den Patienten, sich hinzustellen. Beide Beine sollen fest auf dem sicheren Boden des Therapieraumes stehen.
> Der Therapeut kann sich zum Patienten stellen, sollte diesen aber prüfen lassen, welche Position für ihn angenehm ist.
> **2. Schritt:** Aufmerksamkeit wird mit zwei, drei tiefen Atemzügen auf das körperliche Empfinden gelenkt.

3. Schritt: Der Patient wird gebeten, in den Kontakt mit sich zu gehen und z. B. sich oder Wurzeln von sich im eigenen Körper zu spüren und Unterschiede wahrzunehmen. Der Patient kann üben, Unterschiede achtsam und wertfrei wahrzunehmen. In Anknüpfung an die vorherige Geschichte spüren, dass Wurzeln unterschiedlich stark oder lang sein können. Es gibt frische Wurzeln für neue Erfahrungen und ältere Wurzeln für frühe Erfahrungen. Wurzeln können verholzen und nur noch Stützfunktion haben oder frisch sein und für die Ernährung sorgen.

Emotionales Erleben und Veränderungen werden mittels emotionsvertiefender Techniken (▶ Kap. 11.5) aufgegriffen, spürbar gemacht und gemeinsam mit dem Therapeuten versprachlicht.

4. Schritt: Den Patienten prüfen lassen, ob er genug Stabilität verspürt oder ob er sich vorstellen möchte, dass seine Füße sich im Boden durch Wurzeln verankern.

Der Therapeut fragt, woran der Patient Stabilität und Sicherheit spürt und welche körperlichen Empfindungen damit einhergehen.

5. Schritt: Den Patienten bitten, sich seine Verwurzelung in der eigenen Biografie bewusst zu machen.

Der Therapeut fragt, welche biografischen Erlebnisse eine prägende Wirkung hatten. Welche Wurzeln haben sich daraus entwickelt? In welcher Beschaffenheit sind die Wurzeln (s. Schritt 3)? Weiterführend unterstützt der Therapeut den Patienten darin, emotionales Erleben zu den einzelnen Erlebnissen und deren Wurzeln zu finden.

6. Schritt: Wurzeln und Stabilität im sozialen Umfeld wahrnehmen.

An dieser Stelle brauchen Patienten oft Unterstützung vom Therapeuten, der ihnen hilft, sich an 1–2 nahe Verbindungen zu erinnern. Die Verbindungen/Beziehungen zu anderen Menschen können wiederum auch als Wurzeln beschrieben werden, mit unterschiedlicher Beschaffenheit.

7. Schritt: Sich gedanklich mit einer stabilen Beziehung verbinden.

Weiterführend werden emotionale Vorgänge auf körperlicher Ebene nachempfunden und wird emotionsvertiefend der Patient angeleitet, emotionales Erleben größer und intensiver oder kleiner und schwächer werden zu lassen. Wichtig ist, die Verbindung und den gedanklichen Kontakt zur anderen Person auch emotional zu halten. Unangenehmes emotionales Erleben wird validiert.

8. Schritt: Zwei, drei tiefe Atemzüge zum Abschluss der Übung machen und eventuell die Wurzeln aus dem Boden gedanklich lösen.

9. Schritt: Nachbesprechung

Viele Patienten, deren Bindungsbedürfnis früh und wiederholt frustriert worden ist, haben eine Idealvorstellung von richtigen Beziehungen. Die Differenzierung von sozialen Bindungen durch die unterschiedliche Beschaffenheit von Wurzeln kann dabei unterstützen, auch unterschiedliche Beziehungsqualitäten wahrzunehmen und anzuerkennen. Diese Übung kann der Patient mehrfach als Hausaufgabe durchführen und emotionales Erleben danach dokumentieren.

13.2 Bindungsbedürfnis

Nutzbarmachen von guten (Bindungs-)Erfahrungen

Viele Patienten mit frühen und wiederholten Frustrationen des Grundbedürfnisses nach einer sicheren, verlässlichen Bindung leiden auch aktuell darunter, dass sie diese Erfahrungen nicht gemacht haben und scheinbar auch aktuell nicht haben können. In ▶ Kap. 10.4.2 ist dargestellt, dass die meisten Menschen aber gegensätzliche Erfahrungen zugunsten des Bindungsbedürfnisses machen. Diese treten jedoch häufig in den Hintergrund, weshalb der Leidensdruck unter den »nicht gemachten Erfahrungen« (Meiss 1997) besonders groß ist. Im Vorlauf werden gemeinsam die Erfahrungen benannt, die den Patienten scheinbar fehlen, um befriedigende Beziehungen zu gestalten und darin zufrieden zu sein. Zu den Erfahrungen können gehören: ein »warmherziges Willkommen«, Sätze wie »Schön, dass du da bist und bist, wie du bist«, »Hier gibt es einen Platz für dich«, Schutz und Halt, Orientierungsmöglichkeiten, Wärme, Liebe und Momente der ungeteilten Aufmerksamkeit etc. Aus der gemeinsamen biografischen Arbeit lassen sich sicher noch mehr Möglichkeiten explorieren.

Viele Patienten haben emotionale Ideen oder Vorahnungen, wie es wäre, wenn diese fehlenden Erfahrungen durch neue Erfahrungen ausgeglichen werden. Die Ideen und Vorahnungen können jedoch nur entstehen, wenn ein Patient ähnlich angenehme Erfahrungen schon erlebt hat. Die emotionalen Ideen sollen erlebnisorientiert und emotionsaktivierend vertieft werden. Manchmal hilft es, sich auch eine Person vorzustellen, die diese Erfahrung vielleicht schon gemacht hat. Patienten können sich dann in diese hineindenken und -fühlen.

> **1. Schritt:** Aktuelles emotionales Erleben aktivieren und vertiefen:
> Dabei handelt es sich um die emotionalen Ideen oder Vorahnungen, die über die Thematisierung mit den Erfahrungen, die Patienten scheinbar nicht gemacht haben, entstanden sind. Es können sowohl angenehme als auch unangenehme Emotionen entstanden sein.
> Das genaue Vorgehen des Aktivierens und Vertiefens emotionalen Erlebens orientiert sich an den vertiefenden Ausführungen in ▶ Kap. 11.5.
> **2. Schritt:** Präsentation der erarbeiteten (scheinbar nicht gemachten) Erfahrungen:
> Der Therapeut wiederholt die Erfahrungen, die im Vorfeld der Übung gemeinsam erarbeitet worden sind. Erst einmal werden alle Erfahrungen benannt. Der Patient hat die Möglichkeit, für sich emotional zu prüfen, welche Formulierungen, Reize (wie z. B. die warmherzige Stimme) besonders emotionsauslösend sind. Diese werden wiederholt durch den Therapeuten angeboten
> **3. Schritt:** Neu entstehendes emotionales Erleben vertiefen und intensiv spürbar machen:
> Das Aktivieren und Vertiefen des neuen emotionalen Erlebens (▶ Kap. 11.5) unterstützt den Patienten darin, sich auch an die guten Erfahrungen in seinem Leben zu erinnern (Wirkmechanismus: stimmungsabhängiges Erinnern). Den Patienten sollte man nun einladen, Erinnerungen und Gedanken kommen zu lassen. Sobald Erinnerungen und

Gedanken an die angenehmen Erfahrungen auftauchen, sollte sich der Patient wiederum mit dem emotionalen Erleben in Beziehung setzen.
4. Schritt: Emotionales Erleben nutzen, um Ideen für anderes Verhalten in Beziehungen zugänglich zu machen:
Der Therapeut bittet den Patienten, sich mit der emotionalen Aktivierung vorzustellen, was er in engen Beziehungen anders machen könnte. Die Verhaltensweisen werden gesammelt.
5. Schritt: Nachbesprechung

Die Übung kann andere Emotionen aktivieren, etwa Trauer, Enttäuschung etc. Diese werden wärend der Übung validiert und können in der Nachbesprechung thematisiert werden. Die neuen Verhaltensweisen können sehr unterschiedlich genutzt werden. Es können Beispiele für das Verhalten besprochen werden. Genauso können Patient und Therapeut überlegen, in welchen Beziehungen/Kontakten ein Patient einzelne Verhaltensweisen ausprobieren möchte und welche Effekte seiner Vermutung nach dadurch eintreten werden.

13.3 Autonomiebedürfnis

13.3.1 Besonderheiten in der therapeutischen Beziehungsgestaltung bei der Arbeit am Autonomiebedürfnis

Den Patienten unterstützen, Fähigkeiten und Fertigkeiten zugunsten seiner Themen zu entwickeln

Frustrationen des Grundbedürfnisses Autonomie können sich auf verschiedene Arten zeigen. Dazu gehört die Überbetonung von Autonomie, wenn z. B. andere Grundbedürfnisse frustriert worden sind. So kann ein Patient seinen Selbstwert über autonome Verhaltensweisen stabilisieren – z. B. alles im Leben unabhängig geschafft zu haben. Dagegen gibt es auch Patienten, die eine angemessene Autonomieentwicklung aufgrund überfürsorglicher Bezugspersonen noch nicht begonnen haben oder darin immer wieder frustriert worden sind. Die Umwelt für sich explorativ zu entdecken und Selbstwirksamkeitserwartung durch Einflussnahme auf die Umwelt entwickeln zu können sind Ausdrucksformen einer gelungenen Autonomieentwicklung (► Kap. 3.2.2). Rechtfertigungen, hohe Erwartungen an die Therapie und die, vom Therapeuten schnell Lösungen zu erhalten, können ein Ausdruck sein. Ein anderer besteht in dem Bemühen, schnellstmöglich wieder unabhängig vom Therapeuten und von der Therapie sein zu wollen. Oder Patienten haben einen ausgeprägten Rechtfertigungszwang. Genauso können sie sich schuldig fühlen, überhaupt eigene Grundbedürfnisse zu haben bzw. diese zu äußern und sich etwas von der Umwelt einzufordern.

13.3 Autonomiebedürfnis

Schulderleben steht meist im Vordergrund. Scham kann sich über die späteren Lebensjahre etablieren, wenn Menschen in Vergleichen mit anderen Personen keine Autonomie entwickelt haben. Manchmal werden sie vom Umfeld dafür verachtet, dass sie wieder bei den Eltern leben oder niemals ausgezogen sind. Dafür gibt es nach außen oft gute Gründe, innerlich wird jedoch die fehlende Entwicklung für Patienten spürbar.

Der Therapeut orientiert sich an den Zielen des Patienten, sollte aber zeitgleich beachten, was in dem Patienten wirklich vor sich geht. Patienten sind es nicht gewöhnt, für sich einzustehen, oder sie stehen zu sehr für sich ein und werden dann aufgrund des Verhaltens oft in den eigenen Kompetenzen unter- oder überschätzt. Ärger ermöglicht es diesen Patienten, zu der eigenen Meinung zu stehen. Gereiztheit, Ärger und Wut sollten genauso wie Unnahbarkeit und emotionale Unberührbarkeit durch den Therapeuten aufgegriffen werden. Eine wohlwollende nachbeelternde und unterstützende Haltung seitens des Therapeuten ist für die Patienten wichtig, um sich dem Autonomiethema zu stellen. Dazu gehört auch die Bereitschaft, Veränderungen oder Verhaltensaufbau zugunsten einer angemessenen Autonomiegestaltung kleinschrittig zu besprechen. Das vorsichtige Anbieten von zusätzlicher Hilfestellung oder Einladungen, ein bisschen von der Autonomie aufzugeben und sich z. B. einer Abhängigkeitscham zu stellen (▶ Kap. 6.1.3 und ▶ Kap. 9.3.1), ist Ausdruck der therapeutischen Beziehungsgestaltung zugunsten der Autonomiethemen des Patienten.

13.3.2 Arbeitsblätter zur weiterführenden Arbeit am Autonomiebedürfnis

Selbst das Steuer in die Hand nehmen

Die Übung kommt aus dem Bereich der Arbeit mit Metaphern. Gute Vorstellungen durch Metaphern führen zu erlebnisorientierten, intensiven Vorstellungen und können altersgerecht und patientenspezifisch angepasst werden. Die Steuer-Metapher soll die Auseinandersetzung mit der jetzigen Autonomie und die Motivation zugunsten der eigenen Autonomieentwicklung fördern. Patienten stellen sich ein Steuer oder Steuerrad vor, können dieses auch als unterstützendes Symbol in den Alltag mitnehmen.

Eine Variante des Einsatzes der Steuer-Metapher

Die Patienten erhalten die Hausaufgabe, z. B. ein Steuerrad zu zeichnen, ein echtes Steuerrad zu suchen oder ein entsprechendes Bild auszudrucken. Dieses soll in die Sitzung mitgebracht werden. Mit diesem Steuerrad wird die Bedeutung davon, für sich Verantwortung zu übernehmen und seinen Weg im Leben finden, thematisiert. Die aktuelle Ausprägung von autonomen Verhalten kann z. B. unter Zuhilfenahme von assoziierten Metaphern (z. B. Hafen oder stillgelegtes Fahrzeug) erlebnisorientiert exploriert werden. Der Umgang mit Fehlern und Irrtümern oder auch mit kritischen Lebenssituationen wird unter Bezugnahme der Metapher erarbeitet. Weiterführend kann ein Patient sich Zielvorstellungen überlegen (Ausflüge in die weite Welt oder das Fahrzeug wieder flott machen) und diese darstellen. Die Metapher unterstützt durch die gewollten Distanzierungsprozesse darin, sich aus der Perspektive zu beobachten, z. B. in kritischen Situationen. Gemeinsam mit dem Patienten werden Möglichkeiten des Ausprobierens von autonomieförderlichen Verhaltensweisen besprochen.

Sich selbst fördern lernen

Die Autonomieentwicklung und bedürfnisbefriedigende Strategien zu fördern geht einher mit dem Ziel, dass Patienten lernen sollten, eigene Entwicklungsziele festzulegen. Unterstützend sind bewusste zuversichtliche und zielorientierte Argumente notwendig, die klarmachen, weshalb Patienten es schaffen, das selbstgesteckte Ziel zu erreichen, und welches emotionale Erleben damit einhergehen wird.

Das antizipierte angenehme emotionale Erleben ist wiederum eine gute Motivationsunterstützung. Gegebenenfalls können Therapeut und Patient eine Situation besprechen, in der solch ein emotionales Erleben schon einmal entstanden ist. Dieses Erleben wird entsprechend dem in ▸ Kap. 11.5 dargestellten Vorgehen aktiviert und vertieft, um es für den Patienten und sein Ziel nutzbar zu machen. Oder umgekehrt: Aus dem emotionalen Erleben heraus wird das (realistische) Ziel, das die Autonomie fördern soll, formuliert.

> **1. Schritt:** Eine entspannte Sitzposition einnehmen und 2–3 tiefe Atemzüge machen.
> **2. Schritt:** Ein Entwicklungsziel, das die Autonomie fördern soll, formulieren.
> **3. Schritt:** Das damit antizipierte emotionale Erleben aktivieren und vertiefen.
> Wie eingangs beschrieben, können Schritt 2 und 3 auch in umgekehrter Reihenfolge durchgeführt werden.
> **4. Schritt:** Für das Ziel überlegt sich der Patient eine »Überschrift«, einen »Slogan« oder einen »Filmtitel«.
> **5. Schritt:** Zu dieser »Überschrift« werden ca. zehn unterstützende Sätze formuliert. Der Therapeut notiert diese für den Patienten.
> **6. Schritt:** Nachbesprechung der Übung.

Gerade die Aktivierung des antizipierten emotionalen Erlebens stellt für den Patienten eine gute Unterstützung in der Umsetzung ihrer Entwicklungsaufgabe dar.

Bilanzieren von gelungener Autonomieentwicklung

Jeder Mensch entwickelt sich und ist in gewisser Weise autonom. Gemeinsam mit dem Therapeuten wird über das Grundbedürfnis Autonomie gesprochen, um eine gemeinsame Sprache zu finden. Viele Menschen denken bei Autonomie

13.3 Autonomiebedürfnis

an »totale Unabhängigkeit«. Das ist jedoch nicht mit dem Autonomiebedürfnis gemeint (▶ Kap. 3.2.2). Durch Biografie-Arbeit, z.B. anhand einer *Lebenslinie*, können auch bereits erfolgte Autonomieschritte zu wichtigen Lebensereignissen eingetragen werden.

Das autonome Ich

Durch eine gestalttherapeutische Auseinandersetzung mit dem Thema Autonomie kann der Patient lernen, trotz gelungener Autonomie, einen Platz im sozialen Umfeld zu haben. Wie in der vorangehenden Übung werden die Entwicklungsaufgaben eines guten Autonomieprozesses besprochen. Diese Aufgaben können auch altersangemessen durch die Arbeit mit einer Metapher modifiziert werden und damit einen kindgerechten Übungscharakter bekommen. Dabei kann auch eine Metapher sehr hilfreich sein, ein Berg, den es zu besteigen gibt, oder ein Hafen, aus dem man ausläuft, wohin man aber auch wieder zurückkehren kann, etc.

> **1. Schritt:** Der Patient überlegt sich einen kleinen Lebensbereich, in dem er mehr Autonomie haben möchte.
> **2. Schritt:** Teilschritte, die erreicht werden sollten, z.B. bis die Bergspitze erreicht ist oder man im freien Meer segelt, werden benannt.
> **3. Schritt:** Der Patient visualisiert seine Vorstellungen in der Übung.
> **4. Schritt:** Die Teilziele werden eingetragen.
> **5. Schritt:** Gemeinsam mit dem Therapeuten kann eine Ressourcenemotion, z.B. aus der Übung mit der Lebenslinie und den bereits erreichten Erfolgsschritten, aktiviert und vertieft werden.
> **6. Schritt:** Nachbesprechung der Übung.

Die Umsetzung der Visualisierung kann im Rahmen einer Hausaufgabe geschehen, z.B. indem der Patient ein Bild malt oder sich eine Postkarte sucht, ein Plakat anfertigt etc. Teilziele, die bereits erreicht sind, können entsprechend markiert werden.

13.4 Bedürfnis nach Orientierung, Kontrolle und Grenzen

13.4.1 Besonderheiten in der therapeutischen Beziehungsgestaltung bei der Arbeit am Bedürfnis nach Orientierung, Kontrolle und Grenzen

Orientierung und Kontrolle im Rahmen der Therapie (wieder-) gewinnen und Erfahrungen machen, dass Grenzen und Freiräume gewahrt werden

Patienten, die Frustrationen dieses Bedürfnisses erfahren mussten, sind auf vielfältige Art und Weise damit konfrontiert worden, dass Kontrolle, Orientierung und Grenzen für sie selbst oft nicht gelten. Frühe Kontrollverluste münden häufig in dysfunktionale Grundüberzeugungen, z. B. »besonders auf Kontrolle achten zu müssen« oder »hilflos den Dingen, der Welt, dem eigenen Körper ausgeliefert zu sein«. Therapie ist daher für diese Patienten auch der Versuch einer Sinngebung für das, was sie erfahren mussten. Damit sind sowohl massive und schlimmste Traumatisierungen gemeint als auch die Verletzung der Intimsphäre durch ständig kontrollierende Eltern (► Kap. 3.2.3).

Der Therapeut soll also darin unterstützen, Kontrolle wiederzuerlangen, Grenzverletzungen und Überschreitungen zu benennen, Stellung beziehen zu können. Therapie und die therapeutische Beziehung unterliegen noch einmal mehr der Besonderheit, dass wiederholt Schutz und Sicherheit angeboten wird, aber auch der Therapeut respektvoll Grenzen wahrt. Die Auseinandersetzung rund um das Thema Grenzen zeigt sich auch darin, dass Patienten sich selbst grenzenlos zeigen und sich dadurch schnell in beschämende Situationen bringen. Genauso kann der Wunsch entstehen, dass der Therapeut grenzenlos zur Verfügung steht. Orientierung und Kontrollerleben wiederzuherstellen, sich besser abgrenzen zu können, das lernen Patienten auch am Therapeutenmodell. Sie beobachten diesen aufmerksam, trotz manchmal schamlosen Ignorierens der Grenzen des Therapeuten. Der inneren und äußeren Welt wieder eine Ordnung geben, eine sinnstiftende Auseinandersetzung mit den Frustrationen des Grundbedürfnisses anzuregen kann wieder Orientierung bieten und eigene (z. B. intime) Grenzen wieder schützenswert machen.

13.4.2 Arbeitsblätter zur weiterführenden Arbeit am Bedürfnis nach Orientierung, Kontrolle und Grenzen

Sicherer Ort

Die Imaginations-Übung zum »sicheren Ort« (mod. nach Huber 2003) ist vielen Kollegen gut bekannt. Sie eignet sich auch für Kinder und kann entsprechend einfacher formuliert und durch ein geändertes Sprachtempo modifiziert werden. Die Dauer der Übung sollte von der Konzentrationsfähigkeit des Kindes/Patienten abhängig gemacht werden. Um im Vorfeld Orientierung und Kontrolle gut zu berücksichtigen, kann die Übung vorher einfach vorgelesen und die Zeit, die dafür benötigt wird, vorbesprochen werden.

> **1. Schritt:** Sich bequem hinsetzen, vielleicht die Augen schließen oder auf einen Punkt richten und 2–3 tiefe Atemzüge nehmen.
> **2. Schritt:** Einleitung der Imaginationsübung: Haben Sie sich schon irgendwann einmal – und sei es für einen Moment – an einem Ort sehr wohlgefühlt? Manche Leute kennen das aus dem Urlaub oder haben auf einem Spaziergang einen Platz entdeckt, der besonders schön war. Oder Sie können sich auch einen Ort erfinden, vielleicht sogar auf einem anderen Planeten … Manchmal genügt es auch, einfach vor dem inneren Auge ein paar Bilder entstehen zu lassen: vielleicht ein Meer oder einen See oder eine Blumenwiese oder … Spüren Sie die Sicherheit an diesem Ort.
> **3. Schritt:** Den sicheren Ort des Patienten in den Details erfragen und Auswirkungen auf das emotionale Erleben fokussieren.
> **4. Schritt:** Ein Symbol oder einen erinnernden Hinweis suchen, mit dem der sichere Ort in Verbindung steht.
> **5. Schritt:** Das Symbol und den Hinweis noch einmal bildhaft in die Imagination einbauen und darauf aufmerksam machen, dass man dieses Symbol bzw. diesen Hinweis nutzen kann, um in Gedanken schnell an den Ort zurückkehren zu können.
> **6. Schritt:** Aus der Übung mit 2–3 tiefen Atemzügen zurückkehren.
> **7. Schritt:** Nachbesprechung der Übung und Übungsmöglichkeiten im Alltag besprechen.

Diese Übung kann von den Patienten im Alltag einfach eingesetzt werden, um sich abzugrenzen und wieder den Eindruck von Kontrolle zu gewinnen.

Im weiteren Verlauf kann das emotionale Erleben von Sicherheit durch emotionsbezogene Techniken aktiviert und vertieft werden. Damit ist es für Patienten schneller verfügbar. Weiterführend können andere Alltagsstrategien besprochen werden, die ein ähnliches Erleben von Sicherheit und Kontrolle auslösen.

Sich abgrenzen und neu orientieren

Diese sehr einfache Übung braucht etwas Platz. Patienten werden gebeten, zur nächsten Sitzung einen sehr langen Faden, ein Band o. Ä. in ihrer Lieblingsfarbe mitzubringen. Der Patient soll mittels dieses Fadens einen Kreis um sich herum legen, der groß genug ist, um Schutz und Sicherheit zu bieten. Der Abstand zwischen Patient und Faden kann unterschiedlich groß sein.

Anschließend stellt sich der Therapeut an den Faden. Am Anfang unmittelbar vor den Patienten und später auch an eine andere Position, z. B. hinter den Rücken oder an die Seite. Der Patient kann jeweils überprüfen, ob der Abstand angenehm ist oder ob er mehr Platz braucht. Das emotionale Erleben im Moment der Überprüfung dient dem Patienten als Hinweis und sollte durch den Therapeuten kurz aktiviert und vertieft werden. Dabei können die Orientierung auf körperliches Empfinden und die Benennung der Emotion ausreichend sein. Die ersten emotionalen Hinweise dienen dem Patienten später als Signal.

Die Übung kann erweitert werden, indem sich der Patient vorstellt, dass der Therapeut eine Person ist, die er nicht mag oder die er besonders mag. Der Faden kann jeweils verändert werden, oder der Therapeut erhält die Erlaubnis, den begrenzenden Faden übertreten zu dürfen.

Nein-Sagen mit Körpereinsatz

Die kurze Übung kann Patienten verdeutlichen, dass ihre innere Haltung zu Grenzen und Kontrolle sich sogar auf den Körper auswirkt. Der Patient sollte die Übung für eine »Bessere inneren Haltung« (▶ Kap. 11.7.3) bereits geübt haben. Im Vorfeld wird ein bisher typischer Satz (z. B. »Ich darf das nicht« oder »Ich bin es nicht wert«) oder emotionaler Zustand (sich resigniert oder schuldig fühlen) aufgegriffen, der für den Patienten typisch ist im Umgang mit diesem Grundbedürfnis.

Bitten Sie zuvor unbedingt um die Erlaubnis, für die Demonstration der Übung den Patienten an den Händen berühren zu dürfen.

> *Grundübung:* Patient und Therapeut stehen mit etwas Abstand einander gegenüber, sodass sich die Handflächen auf Schulterhöhe berühren. Der Patient wird gebeten, »Nein« zu sagen und das »Nein« durch entsprechenden Druck gegen die Handflächen des Therapeuten zu unterstreichen.
> *Erweiterung 1:* In einem zweiten Durchgang wird der Patient gebeten, einen für ihn typischen Satz zu denken oder den typischen emotionalen Zustand zum Thema Abgrenzung aufzugreifen. Dann wird die Übung wiederholt und die Veränderung der körperlichen Kraft nachbesprochen.
> *Erweiterung 2:* Der Therapeut bittet den Patienten, sich an die zuvor geübte neue »innere Haltung« zu erinnern und damit einen erneuten Durchgang durchzuführen. Die Veränderungen auf die körperliche Kraft werden nachbesprochen.

13.4 Bedürfnis nach Orientierung, Kontrolle und Grenzen

Anhand dieser Übung können auch andere Möglichkeiten besprochen werden, wie man sich in der Abgrenzung unterstützen kann. Das kann z. B. eine kräftige und deutliche Stimme oder eine andere Körperhaltung sein.

Inneres Kind

Das Bedürfnis nach Orientierung, Kontrolle und Grenzen rückt durch die folgende Übung in den Mittelpunkt. Patienten können nach dem bekannten Prinzip des Inneren Kindes lernen, sich selbst zu schützen und Orientierung zu bieten, indem sie sich z. B. Beobachtungen und Zusammenhänge erklären. Es gibt zahlreiche Variationen für die Arbeit mit dem Inneren Kind. Je nach Therapiemethode gilt es, über Vorstellungsübungen, Meditation, Schreiben oder innere Achtsamkeit Kontakt zum Inneren Kind aufzunehmen. Je nach Möglichkeiten und dem Patienten bereits bekannten Techniken wird die Übung angeleitet.

Ziel ist es, durch bedürfnisbefriedigende Strategien und Selbstverbalisationen zugunsten des Inneren Kindes, sich selbst mehr Lebensfreude, Sicherheit, Vertrauen und Kreativität zu vermitteln. Überleitend kann der Patient das eigene Innere Kind »von damals« spüren, dessen Bedürfnisse nicht oder nicht ausreichend versorgt worden sind. Der Erwachsene von heute, der weiß, wie man sich als Kind fühlt, soll lernen, nun besser für das Kind zu sorgen. Der Patient soll sein Inneres Kind von damals anerkennen und es annehmen.

Nach der Anleitung zur Entspannung oder Einleitung zur Meditation soll der Patient sich das Kind von damals als Inneres Kind vorstellen und Kontakt aufnehmen.

Folgende Fragen können dabei unterstützen:
- Was macht das Kind gerade?
- Was denkt es?
- Was beschäftigt das Kind aktuell?
- Was fühlt es?
- Was möchte es tun?
- Was braucht es?
- Welche Sicherheit kann ich ihm jetzt geben?
- Braucht es Trost?

Wichtig ist es, ein ausgewogenes Verhältnis zwischen dem Inneren Kind von damals und dem Erwachsenen-Ich zu finden. Das Erwachsenen-Ich des Patienten sollte Techniken der Emotionsregulation einsetzen können, damit der Patient versuchen kann, dem Kind unvoreingenommen zu begegnen.

13.5 Bedürfnis nach Selbstwerterhöhung

13.5.1 Besonderheiten in der therapeutischen Beziehungsgestaltung bei der Arbeit am Bedürfnis nach Selbstwerterhöhung

Sensibel den Selbstwert des Patienten schützen und fördern

Störungen des Selbstwertes können sich auf sehr viele verschiedene Arten zeigen. Die Beziehungen zu den Grundbedürfnissen Bindung und Autonomie sind vielfältig und eng vernetzt. Die Entwicklung eines gesunden Selbstwertes kann in einem wohlwollenden und empathischen Umfeld stattfinden. Ermutigungen, Lob und Anerkennung unterstützen die Entwicklung eines kindlichen Selbstwertes genauso wie realistische und selbstwertschützende Rückmeldungen. Überhöhte und einseitig ausgerichtete Erwartungen der nahen Bezugspersonen können dazu führen, dass später der Selbstwert aus einem fragilen Konstrukt besteht.

Die therapeutische Beziehung sollte sichere und verlässliche Beziehungserfahrungen ermöglichen. Trotz aller professioneller Bemühungen werden Abwertungen, Glorifizierungen, aber auch Kränkungs- und Empörungsreaktionen dem Therapeuten entgegengebracht. Früh erlernte Leistungsfokussierung wirkt sich auf die Erwartungen an die Therapie aus. Das gilt insbesondere, wenn der Selbstwert durch Beeinträchtigungen in der Leistungsfähigkeit und im Selbstwirksamkeitserleben bedroht ist. In dem eigenen Selbst durch überhöhte elterliche Erwartungen oder abwertende Reaktionen nicht erkannt zu werden führt oft dazu, dass Patienten sich schnell nicht gesehen fühlen. Sie haben einen großen Wunsch nach Lob und Anerkennung, können diese jedoch oft nicht aushalten, weil Patienten es gar nicht kennen, wirklich als Mensch gemeint zu sein.

Ärger, Kompetenzversagen, Verliererdenken, Unfähigkeiten und Erfolglosigkeit betonen sowie sich selbst als dumm wahrnehmen sind andere Ausdrucksweisen eines bedrohten oder kaum entwickelten Selbstwertes. Das Selbstwirksamkeitserleben in der Therapie zu fördern bedeutet für Patienten oft, sich zu erlauben, in kindlichen kleinen Schritten zu lernen – und das, obwohl sie selbst schon erwachsen sind und auf ihre Art im Leben stehen.

Selbstabwertungen kann man als Therapeut sowohl inhaltlich als auch über die Art und Weise der Selbstdarstellung wahrnehmen. »Ich bin wertlos« und »Lohnt es sich bei mir überhaupt (noch)?« sind oft Botschaften aus den Anfängen einer Therapie. Tiefe Verzweiflung, unendlich wirkende Scham und Insuffizienzerleben sind im Kontakt spürbar. Gerade Patienten mit einer Narzisstischen und/oder Anankastischen Persönlichkeitsstörung haben Angst davor, dass das schützende Konstrukt von Größe und Omnipotenz in der Therapie verloren gehen könnte. Mühsam erarbeitete Schutz- und Bewältigungsmechanismen (Selbstwerterhalt) bieten keinen Schutz mehr, wenn man/frau sich dem Therapeuten öffnet. Gereiztheit verdeckt so manche Angst vor Beschämung, Groll

13.5 Bedürfnis nach Selbstwerterhöhung

und Rachephantasien, und Hass sowie Neid in Bezug auf Mitmenschen können Therapieinhalte prägen. Zorn, Hochmut, emotionale Kälte und Größenvorstellungen, Schadenfreude, jemanden lächerlich machen, Machtausübung sind die Ausdrucksweisen, die es Therapeuten oft schwermachen, sich auf diese Patienten einzulassen.

Therapie stellt den Raum dafür dar, dass Patienten sich in der therapeutischen Beziehung erkannt und angenommen fühlen. Das Bewusstsein über das eigene Selbst kann sich hier neu entwickeln. Sowohl Stärken als auch Schwächen werden integriert und eine selbstfürsorgliche Haltung gefördert. Die Entkopplung des Selbstwertes von internalisierten zu hohen Erwartungen oder einseitig ausgerichteter Leistungsorientierung unterstützt eine angemessene Selbstachtung und -annahme.

13.5.2 Arbeitsblätter zur weiterführenden Arbeit am Bedürfnis nach Selbstwerterhöhung

Etwas vom Lob annehmen lernen

Viele Patienten können Lob oder Komplimenten, Anerkennungen oder auch nur ein einfaches »Danke« nicht annehmen. Dennoch stärken diese Rückmeldungen den eigenen Selbstwert. Zu lernen, wenigstens einen kleinen Teil eines Lobes oder einer Anerkennung anzunehmen, ist damit eine sehr wichtige, das Selbstwertbedürfnis befriedigende Strategie. Das unangenehme emotionale Erleben, das aus einem dysfunktionalen Selbstwert resultiert, kann damit Schritt für Schritt abgemildert werden.

Der Patient wird gebeten, angenehme Rückmeldungen, die er bisher häufiger oder aktuell gehört hat, zur Therapie mitzubringen. Auf einem Flipchart wird eine Tabelle mit drei Spalten angezeichnet. In der linken Seite wird der Wortlaut

Tab. 13-3 Beispiele für Lob

Lob, Danksagung, Anerkennung	Der kleinste gemeinsame Nenner	Meine eigene Meinung dazu
Du bist die beste Köchin der Welt.	Ich schaffe es, Mahlzeiten zu kochen, die manchmal sogar gut schmecken.	Kochen können andere, ich kann gerade mal eben eine sättigende Mahlzeit zubereiten.
Zu dir komme ich immer gern, du kannst gut zuhören.	Ich bin so viel wert, dass andere zu mir kommen mögen und mir etwas über sich erzählen.	Ich bin nichts wert, andere können sowieso mehr erzählen.
...	...	...

der Rückmeldung notiert. In der ganz rechten Spalte der Tabelle schreibt der Patient das auf, was er zu dem Sachverhalt und in Bezug auf die eigene Person denkt. Anschließend treten Patient und Therapeut ein wenig zurück, sodass sie mit Abstand beide Sätze lesen können. Nun wird der kleinste gemeinsame Nenner aus diesen beiden Sätzen formuliert. Dieser sollte aus einer positiven Aussage bestehen. Beispiele sind im Folgenden eingetragen.

Weiterführend kann das emotionale Erleben, das aus dem neuen Satz resultiert, emotionsaktivierend und vertiefend spürbar gemacht werden. Ziel dieses Vorgehens ist es, das angenehme emotionale Erleben nachhaltiger zu etablieren.

In einem weiteren Schritt kann die Übung aus ▶ Kap. 11.7.3 (»Eine bessere Haltung sich selbst gegenüber entwickeln«) durchgeführt werden. Die Kurzanleitung ist hier zur Erinnerung noch einmal aufgeführt. Die ausführliche Anleitung ist in ▶ Kap. 11.7.3 zu finden.

Eine bessere Haltung sich selbst gegenüber entwickeln

Ausgangsbasis stellt das resultierende emotionale Erleben aus der neuen Formulierung »Kleinster gemeinsamer Nenner« dar.

> **1. Schritt:** Angenehmes emotionales Erleben aktivieren und vertiefen:
> Das emotionale Erleben sollte gut im Körper für den Patienten spürbar sein.
> **2. Schritt:** Sich von der Situation lösen und die aktivierte Emotion in sich halten lassen.
> **3. Schritt:** Sich selbst aus diesem Erleben heraus Aufmerksamkeit schenken.
> **4. Schritt:** Nachempfinden, was sich dadurch im Patienten verändert.
> **5. Schritt:** Die Haltung in sich verankern.
> **6. Schritt:** Antworten auf zwei Fragen finden: Was ist mir wichtig im Leben? Was brauche ich, um glücklich zu sein?
> **7. Schritt:** Nachbesprechung der Übung.

Das neue, angenehme emotionale Erleben soll als »innere Haltung« sich selbst gegenüber zunehmend den wohlwollenden und selbstfürsorglichen Umgang fördern. Die neue »innere Haltung« kann auch in der Therapie immer wieder aufgegriffen werden und als Ressource bzw. innere Perspektivwechselfähigkeit zur Verfügung stehen. Neue Umgangs- und Verhaltensweisen, z. B. für schwierige Situationen, können daraus abgeleitet werden.

Erfolgs- oder Selbstlobtagebuch

Tagebuch zu führen und darüber neue Denk- und Verhaltensweisen zu trainieren ist eine etablierte Intervention vieler therapeutischer Schulen. Für Kinder und Patienten, denen es schwerfällt, sich (anfangs) schriftlich verbal zu äußern, kann das Tagebuch auch mittels kleiner Skizzen, Stickern, Smileys usw. geführt werden. Wichtig ist jedoch, dass ein Patient die Symbole auch nach Wochen/

13.5 Bedürfnis nach Selbstwerterhöhung

Monaten versteht und weiß, wofür er sich diese in das Tagebuch eingetragen/geklebt hat.

> *Grundübung:* Täglich werden Erfolge, Fortschritte oder Selbstlob aufgezeichnet. Die Einträge können gemeinsam mit dem Therapeuten gesichtet werden.
> *Weiterführung 1:* Emotionales Erleben zu jedem Eintrag schreiben.
> *Weiterführung 2:* Sich ein emotionales Erleben (z. B. Freude, Zufriedenheit, Zuversicht) für den nächsten Tag vornehmen und überlegen, was man dafür tun kann, um sich so zu fühlen. An dieser Stelle kann der Patient durch eine Emotionsliste in der Auswahl unterstützt werden.

Weitere Varianten können E-Mail-Tagebücher sein oder Kurzfilme, die mit dem eigenen Smartphone aufgenommen werden.

Ideal-Ich und Real-Ich gestalttherapeutisch ausdrücken

In Bezug auf das Bedürfnis Selbstwerterhöhung und resultierende Strategien zur Bedürfnisbefriedigung ist es für viele Patienten hilfreich, die inneren Anteile des Real-Ich und Ideal-Ich zu visualisieren. Die Formulierungen sollten vorher durch den Therapeuten erläutert werden. Je nach Möglichkeiten des Patienten können Symbole gesucht oder die Vorstellungen so gemalt werden, als wären diese eine Person. Die Übung können auch Kinder durchführen. Die entstandenen Darstellungen können innerhalb der Therapie gut thematisiert werden.

Das Ideal-Ich ist meist perfekt, es braucht eigentlich nichts mehr, wohingegen das Real-Ich zumeist weit davon entfernt ist und eher Mitleid auslöst. Versorgung und Unterstützung braucht das Real-Ich. Sowohl für das Ideal-Ich als auch für das Real-Ich können Stärken und Schwächen erarbeitet werden wie Gemeinsamkeiten zwischen beiden.

Es können Maßnahmen besprochen werden, wie sich der Patient um diesen inneren Anteil kümmern kann. Eine Überleitung zum Vorgehen Inneres Kind bietet sich hier weiterführend an (▶ Kap. 13.4.2). Der Schwerpunkt liegt dann jedoch auf der Selbstwertstärkung für das Innere Kind.

13.6 Bedürfnis nach Lustgewinn/Unlustvermeidung

13.6.1 Besonderheiten in der therapeutischen Beziehungsgestaltung bei der Arbeit am Bedürfnis

Förderung einer individuellen Ausgewogenheit zwischen Lustgewinn und Unlustvermeidung, lernen, sich unangenehmen Themen zu stellen, und angenehme Lebensweisen und Emotionen entwickeln

Für Patienten, deren Bedürfnisse nach Lustgewinn und Unlustvermeidung früh und wiederholend frustriert oder beide Aspekte nicht ausgewogen gefördert wurden, gilt es, eine Wahrnehmung der individuellen Balance zu entwickeln. Die Gestaltung und Prägung im Sinne dieses Bedürfnisses wirkt sich auch auf die anderen Grundbedürfnisse aus. Zum Beispiel kann die Selbstwerterhöhung mit Lustgewinn einhergehen (vgl. Fallbeispiel Frau Z. bei Lustgewinn/Unlustvermeidung ► Kap. 3.2.5), während die Autonomieentwicklung im Rahmen der Unlustvermeidung durch mögliche Misserfolge gehemmt ist (vgl. Exkurs »Helikopter-Eltern« ► Kap. 5.1.3). Die Zusammenhänge und Beziehungen zu den anderen Grundbedürfnissen sollte seitens des Therapeuten exploriert und beachtet werden.

Patienten können sehr einseitig auf Lustgewinn und Unlustvermeidung ausgerichtet sein, Freude und Spaß im Leben überbetonen. Das wird sich natürlich auch in der Therapie- und Veränderungsmotivation widerspiegeln. Patienten in deren Freude- und Spaßerleben zu beschränken und Nachteile der einseitigen Orientierung aufzuzeigen wird meist auch ein unangenehmes emotionales Erleben aktivieren. Das schnelle Vermeiden/Verdrängen solcher Erfahrungen ist Teil der früh erlernten Strategien. Lernen, sich Verpflichtungen zu stellen und Prokrastenie abzubauen, vielleicht auch irgendwann in der Erledigung der Arbeiten Freude zu empfinden, ist notwendig, um sich im sozialen Leben zu behaupten. Der Therapeut in seiner begrenzenden und nachbeelternden Haltung unterstützt den Patienten darin, zu lernen, auch unangenehmes emotionales Erleben aushalten zu können (s. Übung zum Bedürfnisaufschub ► Kap. 13.1.1).

Umgekehrt kann die einseitige Orientierung auf Verpflichtungen und Herausforderungen dazu führen, dass Resignation, Traurigkeit, Erstarrung emotionaler Alltag sind. Das Funktionierenmüssen und Abstreiten der eigenen Bedürftigkeit nach Freude/Spaß prägt den Therapieprozess. Die schnelle Herstellung von Arbeitsfähigkeit (»wie früher gut zu funktionieren«) ist eine Erwartung an die Therapie. Der Therapeut hat hier eine schützende Haltung, die auch vermittelt, dass eine lustorientierte Einstellung zum Leben wichtig ist. Die Förderung der inneren Erlaubnis, sich auch um Freude und Spaß im Leben kümmern zu dürfen, verhilft zu einer besseren Balance zugunsten des Lustgewinns.

13.6.2 Arbeitsblätter zur weiterführenden Arbeit am Bedürfnis Lustgewinn/Unlustvermeidung

Die Zauberseife – eine Imaginationsübung

Die Zauberseife ist eine Imaginationsübung für Kinder/das Kind von damals (orientiert an Stamer-Brandt 2003). Das Bedürfnis nach Lustgewinn und Unlustvermeidung bzw. der Umgang mit unangenehmen und belastenden Erfahrungen wie die Emotionen Scham und Schuld kann hiermit sehr bildhaft und lebendig geübt werden. Die Zauberseife steht für alles, was dem Kind/Patienten guttut und wie man sich von unangenehmen und belastenden Gedanken, Emotionen, Erinnerungen befreien kann. Eine kurze Anleitung, sich bequem hinzusetzen und bei Bedarf die Augen zu schließen oder auf einen Punkt zu richten und ganz bei sich anzukommen, unterstützt die Imaginationsübung.

> **1. Schritt:** Sich bequem hinsetzen, vielleicht die Augen schließen und 2–3 tiefe Atemzüge nehmen.
> **2. Schritt:** Das Kind/der Patient soll sich vorstellen, es/er stehe unter der Dusche und nehme die »Zauberseife« in die Hand.
> **3. Schritt:** Ärger, Stress, Scham und Schuld, Gedanken an Verpflichtungen werden unter der warmen Dusche mittels dieser »Zauberseife« weggewaschen/weggerubbelt.
> **4. Schritt:** Diese Vorstellung kann auch pantomimisch ausprobiert werden.
> **5. Schritt:** Sich in der Vorstellung anschließend abduschen und im warmen Handtuch trocknen.
> **6. Schritt:** Gemeinsam den perspektivischen Nutzen der kurzen Übung erläutern. Die Zauberseife ist klein und kann überallhin mitgenommen werden. Genauso wie man sich manchmal »dreckig macht« oder hart arbeiten muss, duscht man sich danach mit Seife. Oder man duscht in Gedanken einfach so mit der Seife, um sich etwas Gutes zu tun oder belastende Erinnerungen abzuwaschen.

Fünf-Minuten-Deal

Vielen Patienten, die sich sehr stark an dem Bedürfnis nach Lustgewinn und Unlustvermeidung orientieren, fällt es schwer, sich Verpflichtungen zu stellen. Nachhaltige Zufriedenheit und/oder Stolz fehlen als emotionale Erlebensqualität. Sich der Verpflichtung zu stellen, obwohl man sie gut bewältigen kann, ist die Schwierigkeit. Anzufangen und sich der Aufgabe zu stellen ist problematisch. Ziel ist es, dem Patienten eine Methode zu vermitteln, wie er einen Anfang finden kann.

> Für diese Übung (mod. nach Müller-Braunschweig u. Stiller 2010) verspricht man sich, fünf Minuten lang an der Aufgabe zu arbeiten. Man kann sich dafür eine kleine/leichte Sache an dieser Aufgabe heraussuchen, jedoch keine Ablenkungen, Lustlosigkeitsäußerungen etc. erlauben. Nach den fünf Minuten darf man entscheiden, ob man aufhört. Das heißt: Stellt sich in den fünf Minuten keine Motivation ein, darf man aufhören.

Diese Übung eignet sich auch dafür, Patienten zu bitten, die Aufgaben, die zu erledigen sind, in die Therapiesitzung mitzubringen. Sowohl nach den fünf Minuten als auch nach Erfolgserlebnissen (weil ein Patient an der Aufgabe bleibt) wird das emotionale Erleben vertiefend aktiviert. Angenehmes emotionales Erleben ist eine gute Motivationsquelle, denn wir Menschen wollen diese Emotionen gern wiedererleben.

Rituale zugunsten angenehmer Emotionen entwickeln

Sich lustorientierten Aktivitäten hinzugeben fällt vielen Patienten mit maladaptivem Scham- und Schulderleben sehr schwer. Gerade für strukturierte und leistungsbezogene Menschen ist es einfacher, sich über Rituale anzugewöhnen, gut für sich zu sorgen. Diesen Patienten fällt es häufig schwerer, überhaupt angenehmes emotionales Erleben zu spüren.

Rituale sind meist kurzer Natur. Routine vermittelt Sicherheit und Vertrauen. Anfangs führen viele Patienten die vorbesprochenen Rituale durch und äußern dann jedoch, keine Effekte zu spüren. Daher sollte angesprochen werden, dass die Rituale mindestens zwei Wochen durchgeführt und danach einfach für eine Woche weggelassen werden. An diesem Punkt fällt es vielen Patienten leichter, festzustellen, dass nun etwas im Alltag fehlt.

Gemeinsam kann in der Therapiesitzung dann das Ritual nach der Woche wiederholt und das resultierende emotionale Erleben intensiv aktiviert und vertieft werden (▸ Kap. 11.5). Angenehmes emotionales Erleben wird so nachhaltiger verankert und ist für Patienten leichter abrufbar. Das kann auch zu einer Art »Vorfreude« führen.

> **1. Schritt:** ein Ritual überlegen bzw. suchen, das angenehme Emotionen auslöst, z. B. eine bestimmte Musik, ein Lied hören, Beten etc., oder einfach drei Mal am Tag tief durchatmen, sich Zeit für einen Tee nehmen.
> **2. Schritt:** Ritual in den Alltag einbauen, eine geeignete Zeit festlegen und mindestens zwei Wochen üben, bis es automatisch abläuft.
> **3. Schritt:** Ritual eine Woche weglassen, wenn Patienten keinen Effekt wahrnehmen können.
> **4. Schritt:** Ritual in der Therapiesitzung beim Therapeuten durchführen.
> **5. Schritt:** resultierendes emotionales Erleben vertiefen und so die Emotionen nachhaltig verankern.
> **6. Schritt:** Anwendungsmöglichkeiten für schwierige Alltagsaufgaben etc. besprechen.

13.6 Bedürfnis nach Lustgewinn/Unlustvermeidung

Glückliches Kind

Diese schematherapeutische Übung (in Anlehnungen an Jacob u. Arntz 2011) hat zum Ziel, Patienten darin zu fördern, auch mit frühen angenehmen emotionalen Erfahrungen wieder in Verbindung zu kommen. Der Therapeut leitet die Übung beim ersten Mal an. Während der Durchführung kann diese auch vom Patienten aufgenommen werden. Patienten, die sich in ihrem Leben wenig lustorientiert verhalten, können anfangs die Übung besser zu Hause durchführen, wenn sie Unterstützung durch eine Tonbandaufnahme erhalten.

> **1. Schritt:** Entspannung einleiten, durch eine bequeme Sitz- oder Liegehaltung und zwei, drei tiefe Atemzüge; wenn möglich, werden die Augen geschlossen, oder diese fixieren einen Punkt im Raum.
> **2. Schritt:** Beginnen Sie eine Zeitreise rückwärts in Ihr Leben und halten Sie in Situationen an, in denen Sie in Ihrem Leben fröhlich und glücklich waren.
> Das können einfache Kindheitserinnerungen sein, wie beim Baden im See und beim Laufen über Felder, eine Bootstour ... Manche mögen sich an Weihnachten oder die Vorweihnachtszeit erinnern, wichtig ist es, eine ganz besonders schöne Zeit zu finden ... wie die großen Sommerferien bei Verwandten oder lange Ausflüge mit Freunden ... All das können besonders gute Erinnerungen sein ... so wie auch Sie gute Erinnerungen an ihre Kindertage haben ... Erlauben Sie sich, diese wahrzunehmen ... Möglicherweise sind die Situationen aber auch noch ganz aktuell – ein Strandtag, der Bummel über den Wochenmarkt mit all seinen Gerüchen, ein Ausflug mit Freunden oder der Familie, eine schöne Feier, Schwimmen im angenehm kühlen Wasser oder die warme Dusche ...
> **3. Schritt:** Die Sinnesmodalitäten ansprechen, um die Situationen vor dem inneren Auge erlebnisorientiert und entsprechend lebendig zu gestalten.
> Erlauben Sie sich, sich vorzustellen, die Situation in Ihrer Vorstellung mit allen Sinnen wiederzuerleben. Was sehen Sie? ... Was hören Sie? ... Was fühlen Sie? ... Was riechen Sie? ... Gibt es einen typischen Geschmack, der zu der Situation gehört? ... Wenn ja, erlauben Sie sich, sich zu erinnern ... und sich Zeit für Ihre Erinnerungen zu nehmen ... Vielleicht riechen Sie das Meer vom Strandausflug oder spüren den warmen Tee von Weihnachten in den Händen ... den Wind rauschen, Stimmengemurmel ...
> **4. Schritt:** Sich Zeit nehmen, sich diesen Erinnerungen hinzugeben und zu spüren, welche Emotionen daraus entstehen ... Geben Sie auch diesen innerlich Raum und fühlen Sie diese so intensiv wie möglich ...
> **5. Schritt:** Abschied nehmen von der Situation und mit zwei, drei tiefen Atemzügen wieder aus der Übung mit dem angenehmen emotionalen Erleben zurückkehren.
> **6. Schritt:** Nachbesprechung:
> Der Therapeut bittet den Patienten, möglichst alle angenehmen Situationen, die in der Übung aufgetaucht sind, zu nennen. Diese werden aufgeschrieben und bilden für den Patienten eine gute Erinnerungsgrundlage für diese Übung oder Alltagsträumereien.

Sachverzeichnis

A

Abhängigkeitsscham 128, 210, 270–271, 286, 429
- Borderline-Persönlichkeitsstörung 236

Achievement Guilt and Shame Scale (AGSS) 255

Adapted Shame/Guilt Scale (ASGS) 256

Ängste s. Angst(erkrankungen/-störungen)

Affekte 5, 7, 88, 237

Alltagsprobleme
- Bewältigung/Lösungen 269, 342
- Verständnis 357–360

Alltagsschuld 92–93, 283, 409

Altruismus 103, 107

Amygdala
- Emotionen 7–9, 105–106
- Empathie 51
- Psychopathie 251

analytische Psychotherapie 308–309
- Therapeut-Patient-Beziehung 277

Anankastische Persönlichkeitsstörung 184, 216, 237–239, 442

Angst(erkrankungen/-störungen) 223–225
- generalisierte 224
- vor der eigenen Biografie 223, 270–271
- vor Emotionen 318
- vor Scham-/Schuldgefühl 269, 299–300

Anlage-Umwelt-Interaktion 31

Annäherung(sschemata/-verhalten) 26, 39, 197, 207, 211, 315, 321–325, 327, 338, 349, 351, 354, 359

Annäherungsziele 13, 28, 30, 35, 37, 42, 44–45, 48, 184, 273, 282

Antizipation(sfähigkeit) 49, 57, 60–61, 75, 79, 82, 93, 117, 143–144, 171, 176, 197, 229, 235, 272, 276, 326

Arbeitsgedächtnisleistung 86, 104

Assoziieren, freies 277, 308

Attributionsemotion 75, 77, 125

Attributionsstil(e) 5, 74, 77, 126–127, 156–157, 168, 178, 193, 197, 203, 251, 335, 341
- externale 252–253, 258

Attributionstheorie 4–5

Autonomie(bedürfnis) 34–37, 74–75, 210, 334, 434–437
- Arbeitsblätter/Übungen 435–437
- – Das autonome Ich 437
- – Selbst das Steuer in die Hand nehmen 435–436
- – Sich selbst fördern lernen 436–437
- Ausgestaltung 35
- Entwicklung 173
- Limitierungen 36
- Patienten unterstützen 434–435
- therapeutische Beziehungsgestaltung 434–435

Autonomieentwicklung 13, 33, 40, 62, 173, 175
- angemessene 35–36, 434
- Beginn im Kindesalter 143, 146, 446
- gelungene 43, 434, 436–437

Autonomieerleben 128
- Grundbedürfnisse, Befriedigung 207

Autonomiestreben 36
- zu starkes 36–37, 64

B

Basisemotionen 10–11
- Spiegelneurone 50–51

Basisschuldgefühl 61

Bedürfnisaufschub 313, 352, 412, 446
- lernen 427

Bedürfnisbefriedigung 13–14, 16–17, 21, 30–32, 42, 229, 272, 306, 322, 327, 331, 350, 369, 420
- angemessene 21, 24, 42
- dysfunktionale 247, 353
- erfolgreiche 273
- kindliche 18, 25
- Strategien, fördernde 403–406
- Übungen 382, 401

Bedürfniskonflikte 19–20, 23, 30, 35, 96, 142, 347

bedürfnispsychologisches Modell nach Epstein 19

Bedürfnisse, explizite/implizite Motive 26–28

Bedürfnisüberversorgung 12, 14, 34

Belohnungen 126, 167–168, 197, 202

Belohnungsaufschub 33, 47
Belohnungssystem 49, 99, 310
Bewusstsein über das eigene Selbst 40–43
Beziehungserfahrungen 25, 33–34, 49, 276–277, 347, 442
- ausreichende 141
- dysfunktionelle/ungünstige 34, 237
- fürsorgliche 278
- korrigierende 280
- susreichende 207
- Unbewusstes, implizites 307
- ungünstige, Adrenalin-/Cortisolspiegel 33
- unstrukturierte 206
- verinnerlichte 42
Beziehungsgestaltung
- komplementäre 343
- Therapeut-Patient-Beziehung 280–286
Beziehungstraumata, Dissoziation 230
Beziehungsverlust 192
- Angst 57, 60
Bindung, desorganisierte 34, 68, 106, 141
Bindungsbedürfnis 11–12, 21–23, 25–26, 32–34, 64, 333, 429–434
- Arbeitsblätter/Übungen 429–434
- – Der Baum 430–431
- – Die Erdung 431–432
- – Die Wurzeln 431
- und Autonomie, Ambivalenzkonflikte 35
- Frustrationen 48, 96, 333
- Kontakt gestalten/gemeinsam (aus-)halten 429

- Nutzbarmachung von guten (Bindungs-) Erfahrungen 433, 435
- Scheidung 166
- sozial motiviertes Handeln 33
- therapeutische Beziehung 429–430
- unerfülltes 20–21
Bindungserfahrungen 21, 25, 206, 429
- ambivalente 151
- erste/frühe 49, 148, 230–231
- – Dissoziation 230
- – Gedächtnis, implizites 33–34
- gute 32–34, 47, 209
- intensive 322, 324
- sichere 23, 38, 42, 363
- – fehlende 38, 230
- unkontrollierbare 230
- unsichere 141, 208–209, 211, 303, 348
- unzureichende 207
- verlässliche 33
- wenig verlässliche 34
Bindungsstile, Selbstwertkonzepte 206
Bindungstheorie 95, 141
Bindungsverhalten 32
- übersteigertes 95
Biografie, eigene
- Angst davor 270–271
- Auseinandersetzung/Bewusstmachung 411, 432
- emotionales Erleben 331, 349, 352, 385, 400
- emotionsbezogene Umstrukturierung ichbezogener kindlicher Kognitionen 407
- Scham-/Schuldthemen 80, 263, 282, 292, 295

- Selbstkonzept, beschämtes 157
- des Therapeuten 287
- Unsicherheiten 429
- Versöhnung 408
- Verweigerung 269
Biosoziale Theorie nach Linehan und Koerner 151
Body and Appearance Self-Conscious Emotions Scale (BASES) 256
Body Image Guilt and Shame Scale (BIGSS) 257
Borderline-Persönlichkeitsstörung 236, 239
- Depersonalisations-/Derealisationserleben 227
- emotionale Regulation 151, 216
- Empathie 49
- Schamneigung 134, 152, 181, 184, 236, 239
- Vermeidungsziele 184
Bringschuld 72, 97, 99, 102, 111, 381
- Aktivierung, therapiebedingte 302–303

C

CBASP (Cognitive Behavioral Analysis System of Psychotherapy) 76
christlicher Glaube 113–114
Compass of Shame Scale (CoSS) 254
Containing 285, 417–418
Control-Mastery-Theorie 61, 95

Sachverzeichnis

D

Denken
- kontrafaktisches 74–77
- Musterübernahme 168
- reflektives 41

Dependente Persönlichkeitsstörung 184, 237, 239

Depersonalisation/Derealisation 218–219, 227–229, 241, 345, 429
- Borderline-Persönlichkeitsstörung 227
- Schamerleben, maladaptives 179

Depressionen 225–227
- Kognitionen, schuld/-schambegünstigende 225
- Ruminationen 225
- Selbstbild, Neuorientierung 227
- Selbstkritik/-zweifel 226
- Vulnerabilitätsfaktoren 225

Derealisationserleben s. Depersonalisation/Derealisation

Differenzierungsemotionen 195, 200

Dissoziation 49, 179, 181, 216, 229–231, 238, 241, 283–284, 345, 370, 429
- Hypnotherapie 312

Dominanzkulturen, Scham 160–161

Dysmorphophobie 234–236

E

elterliche Erwartungen/Zuschreibungen, überhöhte 41, 442

Eltern-Kind-Verantwortlichkeit, frühe 101

Emde-Modell
- Bindungsbedürfnis 21
- Grundbedürfnisse 22

emotional gehemmte Verhaltensprogramme 39

emotionale Dysregulationen 23

emotionale Erfahrungen, korrigierende, Unterstützung 273

emotionale Prozesse/Schemata
- Aufgreifen, wertfreies 341
- erinnerungsbasierte 319–325, 332, 338
- der Erwachsenen, kindliche Vulnerabilität 95
- komplexere 330
- positive 183
- Topdog-Underdog-Spaltungsprinzip 309

emotionales Erleben 307
- Aktivierung/Vertiefung(stechniken) 371–376, 384–385
- Auswirkungen von Stimmungen 5–7
- diagnostische Exploration 393–394
- eigenes, Mitteilung 376
- emotionalen Vorgängen Zeit und Raum geben 378–379
- Emotionen, mögliche, taktvoll anbieten 375
- Emotionsexposition 376–378
- Erfahrungsaustausch, gemeinsamer 15–16
- fehlendes 341
- Förderung 369–370
- Fokussierung 374–375
- Freiheit/Vielfalt 352
- Fremdregulation, erfahrene 14–16
- Hausaufgaben 381–382
- Hypnotherapie 312
- Identität/Individualität, Reifung 195
- Imagination 374
- kognitive Kontrolle 104
- Komponenten 3
- Lerngeschichte, biografische 11
- Metaphernentwicklung, gemeinsame 370
- negatives, Kompensationsstrategien 182–183
- Pacing und Leading 374
- primäres, Scham/Schuld 333–335, 381
- Ressourcen neu entdecken 315
- Rollenspiel 373
- Scham/Schuld, maladaptive 371
- schmerzhaftes 336
- Selbstregulation, erlernte 14–16
- therapeutische Beziehungsgestaltung, empathische 372
- Vertiefung 369–383

emotionales Verhalten 350
- Modelllernen 164, 167

Emotionen
- Abgrenzung zu Grundbedürfnissen 212–215
- angenehme, Rituale entwickeln 448–449
- Antwort des Organismus 4
- Ausdruck 94
- ausdrücken und Umsetzung in adaptive Handlungen 330–331
- Bauchgefühl 213
- Bottom-up-/Top-down-Prozess 8–9
- dysfunktionale 305

Emotionen
- Ereignisse/Situationen, individuelle Bedeutungen/Werte, Veränderungen 10
- Exposition 376–378
- funktionelle/strukturelle Auffassungen 9–11
- Gehirnstrukturen 104
- und Grundbedürfnisse 12–28, 384–385
- hirnphysiologische Reifungsprozesse 196
- in der Psychotherapie 3–11
- kindlich versprachlichte 350
- kognitive Neubewertung 9
- komplexe 10–11
- Komponenten 4
- konstruktive Entscheidungen zugunsten der Grundbedürfnisse 11
- metakognitives Verständnis 15
- moralische 59–60, 92, 97, 108–109, 124, 151, 168, 177, 195–196, 200, 212, 214
- negative 39, 212
- positive 44, 212
- präfrontaler Cortex 117
- präverbale 350
- primäre 326–328
- – finden 379–381
- psychische Erkrankungen 214
- Psychoedukation zum Signalcharakter 383–384
- in der Psychotherapie 3–11
- Reflexionsfähigkeit 16
- Regulation 4
- schmerzhafte
- – Aktivierung 270
- – Therapieabbruch 261
- sekundäre 328, 336–338
- – Akzeptanz 330–331
- – Bekämpfen 329
- – Bewältigungsschemata 328–331
- – Ertragen 328–329
- – Vermeiden 329–330
- selbstbewertende/selbstreflexive 55, 59–60, 123, 125, 131, 141, 146, 175, 177, 198, 201, 212, 219, 261, 305, 308, 332, 335, 339
- Selbstkonzept, Vergleich mit der Realität 123
- Signalcharakter 16
- soziale 3, 108, 175, 272, 308, 332
- – Blickkontakt 283–284
- – Entstehung 195
- – Kommunikation 10
- tief verinnerlichte, therapeutischer Zugang 282
- Transmitteraktivität 17
- über-/unterregulierte 216–217
- Verarbeitung 9–10
- Vermeidungsverhalten 262, 314–315
- Verständnis 94
emotionsbezogene/-fokussierte Psychotherapie 305–409
- analytische Ansätze 308
- Bedürfnisse im Blick haben 359–360
- Einbettung in andere psychotherapeutische Schulen 307–313
- emotionales Erleben, Vertiefung 369–383
- Emotionen, primäre/sekundäre, Bewältigungsschemata 328–329, 332
- emotionsbezogene Arbeitsziele 352–355
- Emotionsmanagement-Strategien 344–345
- emotionsphobischer Konflikt 318–325
- Grundbedürfnisse 402–408
- – Bezugsherstellung 383–389
- Kommunikationsmuster nutzen 355–357
- Kontraindikationen 344–345
- Mentalisierung 309
- Psychoedukation, patientenorientierte 344, 360–369
- Ressourcen neu entdecken 315
- Scham/Schuld(erleben)
- – Bedeutung 331–341
- – Erklärungs-/Störungsmodell 360–369
- – Kompensationsstrategien 341–344
- Schnittpunkte zu anderen Therapierichtungen 307–313
- Techniken 346–409
- – modifizierte 389–409
- Therapeutenverantwortung 408–409
- therapeutische Beziehungsgestaltung 349–352
- therapeutische Haltung 346–348
- Übersensibilität, Reduktion 316–318, 353, 370
- Veränderungsmotivation 344
- Vermeidungsverhalten, Abbau 314–315
- Verständnis für Alltagsprobleme/Übersensibilität 357–359

Sachverzeichnis

- Vorgehen bei Scham-/Schuldgefühlen 355–360
- Ziele 313–315

emotionsphobischer Konflikt 318–325
- erinnerungsbasierte emotionale Schemata 319–325
- Zugangsermöglichung 379–381

Emotionsregulation(sfähigkeit) 14, 94, 104, 141, 148–149, 313, 316–318
- angemessene 187, 314, 355
- defizitäre/mangelhafte 99, 132, 180, 184, 189–190, 208–209, 211, 213, 216–217, 238, 245–246, 283, 313, 344
- Defizite 208
- erlernte 203
- präfrontaler Cortex 7–8, 104–105
- Schamerleben, maladaptives 189
- Störungen 6, 219–220, 268, 285
- Strategien, erlernte 14

Empathie(fähigkeit) 18, 39, 49–52, 104, 117
- Abbruch/Ausbleiben 49
- Defizite 49
- kindliche 95
- kognitive 51–52, 148
- neurobiologische Korrelate 51–52
- Scham(empfinden) 177, 180
- Schuldempfinden 57, 101
- Therapeut-Patient-Beziehung 281–282

Empathie-Waage 281–282, 417–418

empathischer Disstress 102

Entwicklungsthemen/-aufgaben
- familiale/genetische Faktoren, ungünstige 30
- Grundbedürfnisse 29–48
- Person-Umwelt-Interaktion 29–31
- soziale Interaktionspartner 36

Equity-Theorie 102

Erbsünde(nlehre) 91, 113, 138

Erfahrungen
- bedürfnisbefriedigende 272
- frühkindliche 8, 318
- korrigierende 254, 272–273, 275–276
- negative 48

Erfahrungsgedächtnis, emotionales 309–310

Erfolgs-/Lobtagebuch 444–445

Erlebnisschablonen 7–8

Erschöpfung(serleben) 45–46, 170, 226, 386

Essstörungen 231–232

Experience of Shame Scale (ESS) 255

F

Familienregeln, (un)ausgesprochene 165, 167, 365

Fertigkeiten
- Emotionsregulation 11
- Entwicklung 15, 31, 34–37, 47, 349, 356, 434–435

Fragebogen zu interpersonellen Schuldgefühlen (FIS) 253

Fremdeln 96, 140, 144

Fremdregulation, erfahrene, emotionales Erleben 14–16

Fremdschämen 136–137

Freudeaufschub 47

G

Gedächtnis
- biografisches 350, 406
- explizites 152–153
- implizites (prozedurales) 152–153
- – Bindungserfahrungen, erste 33–34

Gedankenexperiment, Scham 135

Gesellschaftssysteme, unterschiedliche 111–112

Gestalttherapie 309–310, 350, 437, 445

Gesundheit
- psychische 306, 313
- seelische 13–15, 37, 50, 77, 229, 244, 314, 354–355, 427

Grenzen, Auseinandersetzung 38–40

Grenzüberschreitungen/-verletzungen 41, 54, 126, 128, 175, 177, 210, 219, 240, 334, 346, 438

Grundbedürfnisse 11, 17–24
- Abgrenzung zu Emotionen 212–215
- Adoleszenz 207
- Alltagsfrustrationen 207
- anderer erkennen lernen 421–422
- Arbeitsblätter/Übungen 421–428
- – Bedürfnisaufschub lernen 427

Grundbedürfnisse
- Arbeitsblätter/Übungen
- – Bedürfnishaus, eigenes 424
- – Bedürfnissäulen 424–426
- – Bedürfnistorte 422–423
- – Bedürfniswegweiser 426
- Auseinandersetzung 208
- bedürfnisbefriedigende Strategien fördern 403–405
- bedürfnispsychologisches Modell nach Epstein 19
- befriedigte 12–13, 15, 25, 30–31, 38
- Bezugsherstellung 383–389, 402–403
- Bindungserfahrungen/-stile 206–207
- im Blick haben 359–360
- Emde-Modell 21–22
- und Emotionen 12–28
- Entwicklungsthemen/-aufgaben 29–48
- Erfahrungen, ungünstige 305
- frühkindliche Erfahrungswelt, Störungen 31
- frustrierte 12–13, 43, 206, 209–210, 272, 388, 391, 420
- genetische Faktoren, ungünstige 31
- Geschlechtsspezifität 15
- Haltung, bessere, sich selbst gegenüber entwickeln 405–406
- in den verschiedenen Lebensphasen 46
- interaktionsleitender Aspekt 29
- Konzepte 18–24
- Materialsammlung 420–449
- Motive 24–28
- Neurobiologie 17
- Psychoedukation 24, 383–384
- Reflexionsfähigkeit 16
- Repräsentationen, innere 25
- Säugling 22
- und Scham bzw. Schuld 206–211
- Scheidung oder Versterben von Elternteilen 166
- Schematherapie 20–21
- sein eigener Bedürfnisdetektiv werden 421
- sinngebender Charakter 18
- des Therapeuten 411–413
- unbefriedigte 20
- Verbindung untereinander 34–35
- Wahrnehmung 13
- Zürcher Modell 22–23
- zurückstellen 15–16

Gudjonsson Blame Attribution Inventory (GBAI-R) 258

Guilt and Shame Proneness Scale (GASP) 254

Guilt Inventory 253

H

Handeln, autonomes/selbstbestimmtes 35

Handlungsschuld 64, 67

Heidelberger Fragebogen zu Schamgefühlen (HFS) 254

Helicopter-Eltern 70–71

Hilflosigkeit, erlernte 39–40, 218, 227

Hilflosigkeitserleben 39–40, 65, 67, 89, 124, 238, 240, 248, 279, 333, 347

Hilfsbereitschaft, generalisierte 114

hirnorganische Beeinträchtigungen, scham-/schuldloses Verhalten 251–252

Hypnotherapie 312, 398–399

Hypochondrie 233–234

I

Ideal-Ich 61, 123, 128, 139, 183–184, 187, 233
- gestalttherapeutisch ausdrücken 445
- Normen/Werte 183, 186
- Therapeut 414–415

Idealitätsscham 128

Ideal-Selbst 123, 126–127, 157, 183, 238, 269, 272
- Entwicklung 197, 386
- erwünschtes 157
- moralisches 283, 335
- Normen/Werte 342, 382, 391
- und Real-Selbst, Gegenüberstellung 123, 126–127, 269, 272, 285, 373

Identität, erlernte/individuelle 12, 36

Identitätsentwicklung 33–34, 166, 168, 188, 190
- Probleme 206

Inkonsistenzerleben 19, 30

Internalized Shame Scale (ISS) 255

Interpersonal Guilt Questionnaire (IGQ) 253

interpersonelle Haltung 5, 7

Intimitätsscham 128
Invalidierungen/Invalidierungserfahrungen 41, 43, 236, 238, 261, 264, 303, 319, 346

K

kindliche Kognitionen, ichbezogene, modifizieren 406–408
Kleinheitswahn 129, 226, 242
klientenzentrierte Psychotherapie, Therapeut-Patient-Beziehung 277
körperdysmorphe Störungen 234–236
Körperschemastörung, Schamerleben 231
Körpertherapie 310–311
kognitive Fähigkeiten, Entwicklung 196
Kohärenzerleben/-gefühl 38, 40
– mangelndes 39
Kollektivschuld 81–82
– Geschlechterbenachteiligungen 110
– Schulalter 100–101
Kommunikation, schuldinduzierende s. schuldinduzierende Kommunikation
kompensatorische Faktoren 29
Kompetenzerfahrungen 33, 38, 40, 128
Kompetenzscham 128
Konflikte
– innere 285
– interpersonelle 89
Kontingenzverständnis 142
Kontrollbedürfnis 38–40, 210, 438–441
– Arbeitsblätter/Übungen 440–441
– – Inneres Kind 441
– – Nein-Sagen mit Körpereinsatz 440–441
– – sich abgrenzen und neu orientieren 440
– – sicherer Ort 439
– Frustrationen 48
– therapeutische Beziehungsgestaltung 438
Kontrollerfahrungen, fehlende 39
Kontrollerleben 38–40
Kontrollverluste 38
Kulturen, individualistische/kollektivistische 110–111

L

Lebenseinstellung
– lustorientierte 46
– optimistische 44
Leid, antizipiertes 103
Leistungsmotivation 144
Leistungsstreben 45, 186
Lerngeschichte, biografische 11
Limited reparenting 273–276
Lob annehmen lernen 443–444
Lustgewinn/Unlustvermeidung 19, 22, 44–48, 64, 66, 68, 127, 142–143, 197, 210, 334–335, 404, 421, 424–425, 446–448
– Arbeitsblätter/Übungen 447–449
– – Die Zauberseife – eine Imaginationsübung 447
– – Fünf-Minuten-Deal 447–448
– – Glückliches Kind 449
– – Rituale zugunsten angenehmer Emotionen entwickeln 448–449
– Ausgewogenheit, individuelle, Förderung 441
– Bedürfnis 446–449
– Leistungsfähigkeit 48
– sich unangenehmen Themen stellen 446
– therapeutische Beziehungsgestaltung 446

M

Majoritäten 82, 161–163, 204
manische Phasen 133
– scham-/schuldloses Verhalten 250–252
Materialsammlung
– Grundbedürfnisse 420–449
– integrativer Teil 414–419
Mentalisierungsbasierte Therapien (MBT) 309
Mentalisierung(sfähigkeit/-konzept) 14, 59, 104, 140, 144, 147–149, 309
– Förderung 303–304
– soziale Interaktionen 149
Meta-Schuld 84, 92, 119
Minderwertigkeitserleben/-gefühl 36, 136, 182, 185, 238, 328
– Scham 139
Minoritäten 82, 161–163, 204
Modelllernen
– Denkmuster, Übernahme 168
– emotionaler Verhaltens-/Erlebensstil der Eltern 164

moralische Emotionen/ moralisches Empfinden 59–60, 92, 108–109, 124, 177, 195–196, 200, 212, 214
- Entwicklung 151, 168
- Kindesalter 97

moralische Fehltritte 172

moralische Verfehlungen 78

moralischer Perfektionismus 257

motivationales System 24, 49, 185, 321
- Bedürfnisse/Emotionen, Zusammenspiel 12–13
- Entwicklung 145
- inneres 214
- kognitives 190, 310
- Selbstwertquelle 188
- Wirkmechanismen 28

Motive, Grundbedürfnisse 24–28

N

Nächstenliebe 114–115, 173–175, 367

Narzisstische Persönlichkeitsstörung 21, 43, 134, 148, 157, 180–181, 184, 189, 198, 237, 239, 251, 323, 442
- grandioser Typ/vulnerabler Typ 237, 239
- Ideal-Selbst 157

narzisstisches Selbstwertkonzept 181–182, 198–199
- beschämtes 157
- doppeltes 180

Nichtigkeitswahn 226, 242

O

Objectified Body Consciousness Scale (OBCS) 257

ödipales Schamerleben 128–129

Offence-Related Shame and Guilt Scale (ORSGS) 258

Opferscham 129

Orientierungsbedürfnis 38–40, 210, 334, 438–441
- Arbeitsblätter/Übungen 439–441
- – Inneres Kind 441
- – Nein-Sagen mit Körpereinsatz 440–441
- – Sich abgrenzen und neu orientieren 440
- – Sicherer Ort 439
- therapeutische Beziehungsgestaltung 438

Other As Shamer (OAS) 258

P

Partnerschaftskultur, Scham 160–161

Patientensicht, Therapie 262–264

Perceived Guilt Index (PGI) 256

Persönlichkeitsstörungen 236–239

Personal Feelings Questionnaire 2 (PFQ-2) 256

Person-Umwelt-Interaktion, Entwicklung, menschliche 29–31

Phobie, soziale 227, 244–246

Posttraumatische Belastungsstörungen 49, 78, 134, 155, 218–219, 239–241

- Trauma-Exposition 240–241

präfrontale Demenz 251

präfrontaler Cortex
- Antizipationsfähigkeit 144
- Emotionen 7–9, 117, 150, 206
- Empathie 51
- kognitive Prozessfunktionen 150–151
- Reaktionsunterdrückung/-modulation 104–106

projektive Identifizierung 285

prosoziales Verhalten 58, 60, 65, 71, 73, 79–80, 86–87, 90, 97, 99, 108–109, 111–112, 117–120, 133, 143
- Entwicklung 146–147

psychische Störungen 216–258
- emotionaler Charakter 214, 392
- Vulnerabilitätsindikatoren 218

psychodynamische Psychotherapie, Therapeut-Patient-Beziehung 277

Psychoedukation
- Emotionen, Signalcharakter 383–384
- Grundbedürfnisse 24
- patientenorientierte 360–369
- Scham-/Schuldgefühle des Therapeuten 410–411

Psychohygiene 420

psychologische Bedürfnisse 30

Psychopathie, scham-/schuldloses Verhalten 251

Sachverzeichnis

Psychosen 241–243
psychosoziales Stufenmodell von Erikson 33, 36, 143

R

Real-Ich 128, 445
- gestalttherapeutisch ausdrücken 445
- Therapeut 414–415

Real-Selbst 123, 197, 238
- und Ideal-Selbst, Gegenüberstellung 123, 126–127, 269, 272, 285, 373
- internalisiertes 239

Rollenumkehr, Verantwortlichkeiten 101–102
Rückkopplung(en) 3, 38, 40, 46, 48, 96, 141, 185, 189–190
Ruminationen 61, 88, 90, 198, 222, 225, 227, 332

S

Schädigungswahn 242
Schamaffekte 142
Schamempfinden 121–122
- Ängstlichkeit/Hilflosigkeit/Unsicherheit 122, 124
- Denk-/Antizipationsprozesse, schnelle 176–177
- Emotionen 175–176
- Empathie 177
- frühes, primäres 333
- interpersonelles 217–218
- Qualitäten 334–335

Scham(erleben) 3, 50, 121–190
- Abgrenzungsprobleme 59–60
- adaptive 130, 133, 168, 176, 209
- Aggressionen 155
- Aktivierung 125–126
- antizipierte 150, 171, 340
- Arbeitstechniken, fokussierte 389–409
- Attributionen
- – geschlechtsspezifische 153–157
- – typische 193
- auftretende 150
- Auslöser 128–130
- Beziehungsregulation 140
- Bildungsstatus 108
- Bindungsebene 125, 127
- biologische Aspekte 202
- Determinanten 160
- diskriminante Validität 75
- Drei-Instanzen-Konzept der Psyche 138
- dysfunktionale(s) 132, 199, 206, 211, 273, 276
- Emotionen 146, 175–176
- – Aktivierung, therapieinduzierte 127–128, 268–270, 284–286
- – Bedeutung 158
- – moralische 124
- – reifere 305
- – sekundäre 336–-338
- – selbstreflektive 123
- – Umgang 193
- Emotionsregulationsstörungen 268
- Empathie(fähigkeit) 180, 214
- Entstehung 161
- Entwicklungs-/Regulationsmechanismus 122, 125, 212
- entwicklungspsychologische Aspekte 139–147, 194
- – drittes bis sechstes Lebensjahr 143–145
- – Geburt bis zweites Lebensjahr 140–143
- – Vorpubertät, Pubertät, Erwachsenenalter 145–147
- Erfahrungen, korrigierende 180
- erinnerte 180
- Erleben des Gegenübers 193
- erwachsene 335
- existentielle 129, 141
- familiäre Aspekte 162–167, 202–203
- Fragebögen/Inventare 252–257, 259
- Fremdeln 140
- Frustrationserleben 134
- Gedächtnis, explizites/implizites 152–153
- Gedanken, bedürfnisbezogene 123
- Gedankenexperiment 135
- geschlechtsspezifische Aspekte 153–157, 194
- gesellschaftliche Aspekte 204
- Gewaltauslösung 155, 158
- Grenzverletzungen 126, 128, 175, 177, 196, 210, 219, 240
- und Grundbedürfnisse 206–211
- historischer Exkurs 137
- Identitätsentwicklung 146
- Informationscharakter, nutzen lernen 300
- innere und äußere Instanzen 201–206

Scham(erleben)
- intergenerationale Übertragung 156
- internalisiertes 179
- interpersonelles 126–127, 205, 217–218
- körperbezogene 126–127, 283
- Körperschemastörung 231
- kognitive Komponente 126–127, 176, 192
- Kompensationsstrategien, Therapieauswirkungen 340–344
- Konflikte, innere 142
- konstruktive Aspekte 175–177, 194–195
- Konzeptionalisierung 58
- kulturelle Aspekte 157–175, 194, 203–204
- Leidensdruck 268
- Leistungsebene 126–127
- maladaptive 13, 23, 131–133, 144, 206, 209, 211
- – Bewältigungsschemata, Identifikation 391–394
- – Depersonalisation/Derealisation 179
- – Distanzierung 179
- – Emotionsregulationsfähigkeit 189
- – Emotionsregulationsstörungen 219
- – Expositionsübungen 396–400
- – Grundbedürfnisse, frustrierte 209–210
- – hemmender/blockierender Charakter 180
- – primäre 395–402
- – – Gegenbild 400–401
- – – Grundlagenverständnis 395–396
- – – hypnotherapeutischer Ansatz 398–399
- – – kindliche Kognitionen modifizieren 406–408
- – – kreativer Ausdruck 399–400
- – – Schulderleben, chronisches 208–209, 339–341
- – – sekundäre, emotionsbezogenes Vorgehen 390–395
- – – Selbstwertentwicklung 178–190
- – – Selbstwertkognitionen, negative 180
- – – Unterscheidungsmerkmale 371
- – – zugänglich machen 357, 385–388
- Mentalisierungskonzept 147–149
- Minderwertigkeitsgefühl 34, 134–136, 139, 183
- motivationale Komponente 193, 200
- neurobiologische Aspekte 147–153, 194
- ödipale 128–129
- in Partnerschafts- versus Dominanzkulturen 160–161
- pathogene Mechanismen 132, 221–222
- (prä)dispositionelle 130–131, 133, 141, 208, 213
- präverbale 23, 26, 50, 52, 134–136, 141–144, 176–177, 180–184, 186, 188, 190, 194–195, 200, 208–209, 213, 283, 308, 333
- bei psychische Erkrankungen 222
- bei psychischen Erkrankungen 216–217, 220–249
- quälende 183
- religiöse Aspekte 112, 137–138, 172–175, 204
- Rückzugsmöglichkeit, kurzfristige 176
- Schulalter 100–101
- und Schuld, Unterschiede 191–216
- sekundäre, Bewältigung 336–339
- Selbst, ausgeformtes 191–192
- Selbstabwertung 124, 178
- Selbsterforschung, verhinderte 269
- Selbstkonzept 58
- selbstreflektiver Charakter 75, 193, 196–198, 201, 308, 315, 335, 354
- Selbstwerterleben 131–132, 134–136
- Selbstwertkonzept, doppeltes 180–185
- Selbstwertquellen 185–189
- Selbstwertregulierung 140, 145
- Sich-Bloßstellen vor anderen 159
- Sigmund Freuds Blinder Fleck 138–139, 266
- situationsbezogenes, Akzeptanz 353
- somatische Komponente 192
- soziale Aspekte 122–125, 194–195, 203
- Spiegelneurone 147–149
- stimmungsabhängiges 6
- subjektiv-empfindende Komponente 192
- bei Therapeuten 287–290

Sachverzeichnis

- – Umgangsübungen 410–413
- therapeutische Arbeit, Emotionen, Aktivierung 284
- im therapeutischen Kontakt 268–272, 285–286
- traumatisierende Erfahrungen 213, 215
- überflutende 299–300, 353
- unbearbeitete 269
- Unterlegenheit 125
- Unterscheidung 416
- Verantwortung 154
- Vergleiche 300–301
- verinnerlichte 160
- Vermeidungsstrategien 340
- Werte, Normen, Zuschreibungen, Erwartungen und Moral 167–172
- Zwangsstörungen 248

Schamkulturen 110, 160

Schamlosigkeit/schamloses Verhalten 249–252
- kindliche 142

Schamneigung
- ausgeprägte 134, 151
- erlernte 130
- hohe 178
- soziale Kontakte, Gestaltung 130

Scham-Schuld-Dilemma 129

Schamthemen
- potenzielle 285, 296–299
- Vermeidungsverhalten 121, 353

Schamübertragung innerhalb von Familiensystemen 164–167

Schematherapeuten, Erlebnisschablonen 7–8

Schematherapie 312
- Grundbedürfnisse 20–21

Schizophrenie 241–243
- Affektverflachung 241
- Ich-Erlebensstörung 241, 243
- psychosoziale Faktoren 242

Schuldanerkennung 55, 83

Schuldbewusstsein 54, 56, 83, 220, 251, 291, 293, 310

Schuldempfinden 116
- altruistisches Verhalten 117
- ausgeformtes 99
- beziehungsförderliches Verhalten 118
- Beziehungsmuster, stabile 117
- Empathiefähigkeit 101, 117
- frühes, primäres 333
- individuelles 110
- interpersonelles 217–218
- kindliches 99
- Qualitäten 334–335
- reifes 99
- situatives 69
- soziale Bindungen, Verlustangst 101

Schuld(erleben) 3, 50, 53–120, 336–338
- Abgrenzungsprobleme 59–60
- adaptive(s) 65, 68, 74–75, 86, 90, 120, 209
- ängstliche 65, 67
- antizipierte 57–60, 93, 104, 107, 340
- Arbeitstechniken, fokussierte 389–409

- Arten 60–68
- Attributionstheoretische Ansätze 74–77, 193
- aushalten können 102
- autobiografische 105
- Beitrag von Sigmund Freud 92–93
- beziehungsförderliches Verhalten 117
- Beziehungsgestaltung/-einflussnahme 119
- Bezugssysteme, normative 109
- Bildungsstatus 108
- biologische Aspekte 202
- chronisches 65, 99, 208
- – bekämpfen 339–340
- – Bewältigungsschema 339–340
- – ertragen 339
- – psychische Störungen 222
- – Scham, maladaptive 208–209, 339–340
- – vermeiden 340
- Denken, kontrafaktisches 74–77
- diskriminante Validität 75
- doppeltes 99
- dysfunktionale 64–65, 206, 211, 273–274
- eigene, Äußerungen durch den Verursacher 83
- Emotionen
- – Aktivierungen, therapieinduzierte 269–270, 284–286
- – negative 116
- – reifere 305
- – soziale 59
- – Umgang 193
- Emotionsregulationsstörungen 268
- empathische 57, 65, 68, 214

Schuld(erleben)
- Empfindungen, negative 53
- entwicklungspsychologische Aspekte 94–103, 194
- – drittes bis sechstes Lebensjahr 97–100
- – Geburt bis zweites Lebensjahr 95–97
- – Vorpubertät, Pubertät und Erwachsenenalter 100–103
- Erklärungs-/Störungsmodell 360–369
- Erleben des Gegenübers 193
- existenzielle 64–66
- familiäre Aspekte 202–203
- Fokussierung auf das eigene Selbst 88
- früh entwickeltes 96
- Fürsorge, übertriebene/irrationale (omnipotent responsibility guilt) 107
- Funktionen 83–86
- geschlechtsspezifische Aspekte 106–108, 194
- gesellschaftliche Aspekte 204
- Grenzüberschreitungen 196
- und Grundbedürfnisse 206–211
- Harmonie/Gleichgewichtsherstellung innerhalb eines Systems 83–84
- historischer Begriffsexkurs 90–94
- Induktionsmöglichkeiten 84
- Informationscharakter, nutzen lernen 300
- innere und äußere Instanzen 201–206
- innerhalb der Religion 112–116
- interpersoneller Ansatz 62, 74, 85, 205, 217–218
- intrapsychische Konflikte 61
- kindliches 98
- kognitive Abwehrstrategien 56
- kognitive Komponente 78–79, 192
- als kommunikative Strategie 84–86, 90
- Kompensationsstrategien, Therapieauswirkungen 341–343
- konstruktive Aspekte 116–119, 194–195
- Konzeptionalisierung 58
- kulturelle Aspekte 108–116, 194, 203–204
- Leidensdruck 268
- Lösungsprozesse, kreative 75
- maladaptive 23, 61, 65, 68, 70, 73–74, 87–90, 206, 211
- – Bewältigungsschemata, Identifikation 391–394
- – Emotionsregulationsstörungen 219
- – primäre 381, 395–402
- – – Beschreibung, individualisierte/differenzierte 397–398
- – – Expositionsübungen 396–400
- – – Gegenbild 400–401
- – – Grundlagenverständnis 395–396
- – – hypnotherapeutischer Ansatz 398–399
- – – kindliche Kognitionen modifizieren 406–408
- – – kreativer Ausdruck 399–400
- – psychische Erkrankungen 216–217
- – sekundäre 336, 338
- – – Bewältigung 336–339
- – – emotionsbezogenes Vorgehen 390–395
- – – ertragen 339
- – – vermeiden 337–339
- – therapeutischer Umgang 357
- – Unterscheidungsmerkmale 371
- – zugänglich machen 385–388
- mentale Abwärtsvergleiche 76–77
- moralische Verfehlungen 78
- motivationale Komponente 193, 200
- neurobiologische Aspekte 103–106, 194
- neurotische 93
- pathogener Faktor 88, 92–93, 221–222
- Patienten in Psychotherapie 72
- physiologisches Muster 55
- (prä)dispositionelle 86–87, 90, 99
- präverbale 96–97, 99, 194–195, 200, 208, 283, 308, 332
- bei psychischen Erkrankungen 220–249
- reale 199
- Rechtfertigungen, fehlende 78–79
- reife 99
- religiöse Aspekte 114, 204
- und Scham, Unterschiede 191

Sachverzeichnis

- – Unterschiede/Zusammenhänge 192–216
- Selbst, ausgeformtes 191–192
- Selbsterforschung, verhinderte 269
- Selbstkonzept 58
- selbstreflektiver Charakter 196–198, 201, 308, 315, 335, 354
- selbstwertbezogene Kognitionen 193
- situationsbezogene, Akzeptanz 353
- somatische Komponente 192
- soziale Aspekte 194–195, 203
- stimmungsabhängige 6
- subjektiv-empfundene 6
- Synonyme 54–55
- bei Therapeuten 287–290
- – Psychoedukation 410–411
- – Umgangsübungen 410–413
- – Verständnismodell, Entwicklung 410–411
- therapeutische Arbeit, Emotionen, Aktivierung 284–286
- im therapeutischen Kontakt 268–272
- traumatisierende Erfahrungen 62, 213, 215
- überflutende 299–300, 353
- Umgang 53–54
- unbearbeitete 269
- Unterscheidung 416
- Verantwortlichkeit(ser-leben/-übernahme) 69–74, 78, 80–82, 89, 91–92, 118, 154
- Verantwortungsübernahme 79

- Vergleiche 300–301
- verhindern 53–54
- aus Vitalität 62
- Vorhersehbarkeit, angebliche 78
- Wiedergutmachung(s-handlungen/-kognitionen) 55–56, 79–82
- zugeschriebene 54

Schuldfähigkeit, genetische Veranlagung 106

schuldinduzierende Kommunikation 10, 90, 98, 101, 119–120, 142, 301–302, 304, 338, 354, 376

Schuldkulturen 108–116

schuldloses Verhalten 249–252

Schuldneigung 10, 116
- beziehungsförderliches Verhalten 118
- Empathiefähigkeit 117

Schuldthemen
- potenzielle, Fragen für Therapeuten 293–296
- Selbsteinschätzungsfragen 293–295

Schuldverarbeitung 55
- religiös-rituelle 114

Schuldvergebung/-verhinderung, christlicher Glaube 113–114

Schuldvermeidung 57–60, 91, 104, 115–116
- Abbau 353
- sozialer Rückzug 89
- Zwangsstörungen 248

Schuldverständnis 113

Schuldwahn 63, 242

Selbst, idealisiertes 184

Selbstabwertungen 5, 41, 123–124, 131, 178–179, 208, 211, 232, 281, 329, 332, 337, 342, 358, 371, 381, 383, 390, 442

- Distanzierungsmechanismen, innere 218–219
- Dokumentation 382

Selbstachtung/-annahme 43, 185, 189
- adaptive 42

Selbstbild
- dysfunktionales/negatives 39, 208
- Erwartungen, hohe 336

Selbstempathie 50
- des Therapeuten 419

Selbsterwartungen, hohe 342

Selbsthass 41–42, 65, 121–122, 131–133, 136, 158, 171–172, 228, 240, 253, 329, 332, 340

Selbstkonzept 142
- Anpassung 176
- Persönlichkeitsstörungen 238

Selbstlobtagebuch 444–445

Selbstregulation
- emotionale, kognitive Strategien 150–152
- erlernte, emotionales Erleben 14–16

Selbstschemata, emotionale 207

Selbststolz 100, 119, 189, 292, 367

Selbstunsichere Persönlichkeitsstörung s. Dependente Persönlichkeitsstörung

Selbstverantwortung, Übernahme 42

Selbstverwirklichung 35, 334

Selbstwert 179
- Aufbau 186
- Emotionsregulation 187
- kognitives Motivationssystem 188

Selbstwert
- schützen und fördern 442–443
- soziale Interaktionen 187
- Weiterentwicklung 187–189
- Werte/Normen, internalisierte 188

Selbstwertbedürfnisse, Frustrationen 13

Selbstwertentwicklung, Schamerleben, maladaptives 178–190

Selbstwerterhalt/-erhaltung 43, 45, 187, 210, 334
- kindliche 142

Selbstwerterhöhung(sbedürfnis) 40–43, 210, 335, 425, 442–445
- Arbeitsblätter/Übungen 443–445
- – Erfolgs- oder Selbstlobtagebuch 444
- – Haltung, bessere sich selbst gegenüber entwicklung 444
- – Ideal-Ich/Real-Ich, gestalttherapeutisch ausdrücken 445
- – Lob annehmen lernen 443–444
- therapeutische Beziehungsgestaltung 442–443

Selbstwerterleben 42
- negatives 180–183
- Scham 131, 134–136
- Veränderungen 169
- Verlust 186

Selbstwertkonzept
- Bindungsstile 206
- doppeltes 21, 157, 180–185, 322–323
- emotionales 206, 214

- narzisstisches 181–182, 198–199

Selbstwertprobleme, antizipierte Interaktionen 188

Selbstwertquellen 185–190

Selbstwertschutz 335

Selbstwertstabilisierung, soziale Verantwortung 118

Selbstwirksamkeit gewinnen 40–43

Selbstwirksamkeitserleben 119, 179, 185, 188–190

Sensibilität 167, 281–282, 292, 300
- s.a. Übersensibilität
- angeborene 140
- ausgeprägte 127, 144, 213
- biologische Dispositionen 151
- genetische Veranlagung 140, 151
- hohe/überhöhte 20, 95, 136, 185
- – Körpertherapie 310
- Selbsteinschätzungsfragen 293–297

Shame and Guilt Eating Scale (SGES) 256

Shame Assessment for Multifarious Expressions of Shame (SHAME) 258

Shame-Guilt-Scale (SGS) 257

shame-rage spiral 183

sichere Bindung 206–207, 209

Sozialphobie 227, 244–246

Spiegelneurone
- Basisemotionen 50–51
- Scham 147–149

State Shame and Guilt Scale (SSGS) 256

Stolzerleben 161, 188–189

Stresserleben
- diffuses 103, 106
- emotionales 83, 86, 102, 116, 120
- unerklärbares 135

Stressreaktionen, genetische Disposition 95, 97, 208

Stresstoleranz, Beziehungserfahrungen 33

suizidale Syndrome 246–247

T

Tabuthemen thematisieren 303–304

Temperament 5

Test of Self-Conscious Affects 3 (TOSCA3) 253

The Shame Inventory 254

Theory of mind 51, 104, 144
- Defizite 250

Therapeuten
- Containing 417–418
- emotionales Erleben, adaptives/maladaptives, Unterscheidung 283
- Empathie-Waage 417
- Glorifizierung/Idealisierung 348
- Grundbedürfnisse 411–413
- Ideal-Ich 414–415
- Real-Ich 414–415
- Scham-/Schuldgefühle bzw. -erleben 287–290
- – Fragen zur Verdeutlichung 293–299
- – Nichtgreifbarkeit 418–419

Sachverzeichnis

– – Umgang 414–419
– – Umgangsübungen 410–413
– – Unterscheidung 416
– Selbstempathie 419
– Therapiebegrenzungen 416–417
– validierende und akzeptierende Vorgehensweise 283
– Vergleiche aktivieren Scham und Schuld 300–301
therapeutische Beziehung(sgestaltung) 429–430
– Ambivalenzen verstehen 349–350
– Analyse 412–413
– Autonomiebedürfnis 434–435
– Besonderheiten 299–304, 350
– Bindungsbedürfnis 429
– empathische 372
– kindliche Interventionen 350–351
– Kontrollbedürfnis 438
– motivorientierte 349
– Orientierungsbedürfnis 438
– Selbstwerterhöhungsbedürfnis 442–443
therapeutischer Kontakt, Scham-/Schuldgefühle 268–272
Therapeut-Patient-Beziehung 276–290
– Beziehungsgestaltung 280–286, 299–304
– Blickkontakt 283–284
– emotionale Sensibilität 281–282
– emotionales Erleben, adaptives/maladaptives, Unterscheidung 283
– Empathie 281–282
– motivationale Patientenaspekte 278
– Scham-/Schulderleben, Emotionen, Aktivierung 284–286
– Therapeuten-/Patientenmerkmale 278
– therapeutische Haltung 280–281
– therapeutische Veränderungsprozesse 278–279
– validierende und akzeptierende Vorgehensweise des Therapeuten 283
– Wirkfaktoren 276
Therapie(alltag) 261–304
– Abbruch, Emotionen, schmerzhafte 261
– Atmosphäre, warmherzige, wohlwollende 341
– Bringschuld, Aktivierung 302–303
– Patientensicht 262–264
– Tabuthemen 303–304
– Wirkfaktoren 277–280
Therapierahmen, sicherer 372–373
Therapiesetting 264–268
– räumliche Voraussetzungen 266–267
– Transparenz und Struktur 265–266
Trauma-Related Guilt Inventory (TRGI) 254
traumatisierende Erfahrungen, Scham/Schuld 213, 215
Trennungsschuld 62, 64, 67, 102
– geschlechtsspezifische Aspekte 107

U

Über-Ich 59, 63, 92–93, 209, 310
– Forderungen 129
– intrapsychische Konflikte 61
Überlebendenschuld 63–66
überprotektive Eltern 70–71
Übersensibilität 218, 316
– s.a. Sensibilität
– Aufmerksamkeitsfokussierung 317
– kognitive Bearbeitung 317
– Reaktionsmodifikation 317–318
– Reduktion 316–318, 353, 370
– Reiz-/Stimuluskontrolle 316–317
– Verständnis 357–358, 360
– Wahrnehmung 218, 353
Überzeugungen, pathogene, sehr frühe 96
Umwelt, positive Einordnung 44
Umweltwahrnehmung, genetische Faktoren 135
Unlustvermeidung s. Lustgewinn/Unlustvermeidung
unsicher-ambivalente Bindung 34, 141, 151, 207
unsichere Bindung 141, 207–208, 211, 230, 270, 286, 303, 348
unsicher-vermeidende Bindung 34, 68, 95, 141, 206–207

V

Veränderungsmotivation 316, 345, 361, 446
Verantwortlichkeiten
– geschlechtsspezifische Aspekte 107
– Rollenumkehr 101–102

Verantwortlichkeits-
erleben, Schuld 70–74
Verantwortungsbewusst-
sein 82
Verantwortungsschuld 334
Verantwortungsüber-
nahme
– im familiären Rahmen 80
– soziale 79–82
Verarmungswahn 242–244
Verfolgungswahn 241
Verhaltensstolz 119–120, 188, 329, 337
Verlegenheitserleben 105
Vermeidungsverhalten 30, 39, 41, 321, 324, 349
– emotionales Priming, negatives 261–262
– Emotionen, Abbau 314–315
– implizites Motiv 323
– Schamthemen 121

Vermeidungsziele 28, 30, 35, 37, 42, 48, 184, 273, 278
Vernachlässigung
– emotionale 21, 242
– frühkindliche 242
– innere 342
– wahrgenommene 84
Versöhnung 114
Versündigungswahn 242
Vulnerabilität 29

W
Weight and Body-Related Shame and Guilt Scale (WEB-SG) 257
Werte-/Orientierungs-
systeme
– innere, Aufbau 98
– übernommene, expli-
ziter/impliziter Weg 167–168
– Unterscheidungsaspekte 169

Wertlosigkeitserleben, Dissoziation 231
Wiedergutmachungshand-
lungen, Schuld 79–82

Z
Zürcher Modell, Grund-
bedürfnisse 22–23
Zuschreibungen
– früh erlernte 169
– in der Familie 164–165
– Scham 167–172
– Unterscheidungsaspekte 169
Zwangsstörungen 247–249
– Schamerleben 248
– Schuldvermeidung 115–116, 248

 Die Literatur finden Sie unter www.schattauer.de/3054.html
Bitte geben Sie den Zugangscode ein: 3054-xABBeL

Positive Emotionen aktivieren

Claas-Hinrich Lammers

2. AUFLAGE

Emotionsbezogene Psychotherapie
Grundlagen, Strategien und Techniken

In der überarbeiteten und aktualisierten 2. Auflage seines schulenübergreifenden Werkes vermittelt der Autor aktuelles und fundiertes Grundlagenwissen sowie konkrete Handlungsanweisungen für die therapeutische Arbeit mit Gefühlen.

2., überarb. Aufl. 2011. 388 Seiten, 21 Abb., 9 Tab., geb.
€ 49,99 (D) / € 51,40 (A) | ISBN 978-3-7945-2787-8

Martin Bohus, Martina Wolf-Arehult

2. AUFLAGE

Interaktives Skillstraining für Borderline-Patienten
Das Therapeutenmanual

- Relevante Hintergrundinformationen zur DBT
- Konkrete Einsatzmöglichkeiten bei allen Störungen der Emotionsregulation
- Mit interaktiver Software für therapeutische Arbeit und Selbsthilfe

2., korr. Ndr. 2016 der 2., überarb. Aufl. 2013. 424 Seiten, kart., mit 25 Abb. sowie 158 Info- und Arbeitsblättern | Im Set mit Software-Keycard „Interaktives Skillstraining"
€ 69,99 (D) / € 72,– (A) | ISBN 978-3-7945-2827-1

Gernot Hauke, Mirta Dall'Occhio

Emotionale Aktivierungstherapie (EAT)
Embodimenttechniken im Emotionalen Feld

Die Autoren zeigen anhand konkreter Fallbeispiele, wie eine Änderung von Körperhaltung, Mimik, Gestik, Atemrhythmus und Stimme emotionale Zustände erzeugen und auch beeinflussen kann.

2015. 168 Seiten, 26 Abb., 20 Tab., kart.
€ 29,99 (D) / € 30,90 (A) | ISBN 978-3-7945-3067-0

Bettina Lohmann, Susanne Annies

2. AUFLAGE

Achtsamkeit in der Verhaltenstherapie
Störungsspezifische Interventionen und praktische Übungen

Kurz und prägnant gehen die Autorinnen auf die wichtigsten Ansatzpunkte für achtsamkeitsbasierte Interventionen ein und empfehlen für unterschiedliche therapeutische Situationen geeignete Übungen.

2. Aufl. 2016. 168 Seiten, kart., inkl. Audio-Dateien zum Download
€ 24,99 (D) / € 25,70 (A) | ISBN 978-3-7945-3182-0

Schattauer www.schattauer.de

Psychotherapie und Persönlichkeit

Eckhard Roediger

3. AUFLAGE

Schematherapie

Grundlagen, Modell und Praxis

Das Standardwerk zur Schematherapie von Eckhard Roediger besticht durch eine detaillierte, praxisnahe Schilderung aller Techniken sowie eine anschauliche Erklärung der zugrunde liegenden Konzepte. Auch in der komplett überarbeiteten 3. Auflage verfolgt der Autor diesen bewährten Ansatz.

3., überarb. Aufl. 2016. 496 Seiten, 33 Abb., 35 Tab., geb.
€ 59,99 (D) / € 61,70 (A) | ISBN 978-3-7945-2992-6

Frank-M. Staemmler

Das dialogische Selbst

Postmodernes Menschenbild und psychotherapeutische Praxis

Der Autor, ein erfahrener Psychotherapeut und Ausbilder, zeichnet mit umfassender Kenntnis der philosophischen und psychologischen Literatur die Grundzüge des dialogischen Selbst: seine Prozesshaftigkeit, Bezogenheit, Leiblichkeit und Perspektivität sowie seine selbstreflexiven Kompetenzen der Sprache, des Gedächtnisses, der Ethik und der Spiritualität.

2015. 440 Seiten, 7 Abb., geb.
€ 49,99 (D) / € 51,40 (A) | ISBN 978-3-7945-3114-1

Peter Teuschel

Der Ahnen-Faktor

Das emotionale Familienerbe als Auftrag und Chance

Der Psychiater und Psychotherapeut Teuschel widmet sich den großen Familienthemen wie Erwartungen, (un)bewussten Regeln, Tabus, Geheimnissen und Legenden. Er verdeutlicht, wie Gefühlszustände wie Scham und seelischer Schmerz an die Nachkommen weitergegeben werden und wie uns die familiäre Kommunikationsfähigkeit ein Leben lang prägt. Ein wichtiges Werk zur Mehrgenerationen-Perspektive als Schlüssel zu einer erfolgreichen Therapie.

2016. 176 Seiten, 18 Abb., geb.
€ 24,99 (D) / € 25,70 (A) | ISBN 978-3-7945-3106-6

Der Autor im **VideoPodcast**
www.schattauer.de/podcasts

Schattauer   www.schattauer.de

Psychoedukation

Josef Bäuml, Bernd Behrendt, Peter Henningsen,
Gabi Pitschel-Walz (Hrsg.)

Handbuch der Psychoedukation für Psychiatrie, Psychotherapie und Psychosomatische Medizin

Führende Experten beschreiben, welche psychoedukativen Konzepte bei unterschiedlichen psychischen, psychosomatischen und medizinischen Beschwerden zur Verfügung stehen – von affektiven Erkrankungen und Psychosen aus dem schizophrenen Formenkreis über psychische Verhaltensauffälligkeiten bis hin zu neurologischen und besonders häufigen somatischen Krankheitsbildern.

2016. 664 Seiten, 113 Abb., 61 Tab., geb.
€ 89,99 (D) / € 92,60 (A) | ISBN 978-3-7945-3131-8

2. AUFLAGE

Alexandra Liedl, Ute Schäfer, Christine Knaevelsrud

Psychoedukation bei posttraumatischen Störungen

Manual für Einzel- und Gruppensetting

In der aktualisierten 2. Auflage halten die Autorinnen am bewährten praxiserprobten Konzept fest: 15 Sitzungen decken jeweils eine Folgeerscheinung von Traumata ab, beispielsweise Depression, Schlafstörungen, Aggression. Neu hinzugekommen sind Empfehlungen, wie Therapeuten bei Flashbacks oder akuter Suizidalität reagieren können.

Mit einem Geleitwort von Andreas Maercker | 2., überarb. Aufl. 2013. 189 Seiten, 14 Abb., zahlr. Tab., kart., alle Arbeitsmaterialien für Patienten zusätzlich online zum Ausdrucken
€ 34,99 (D) / € 36,– (A) | ISBN 978-3-7945-2934-6

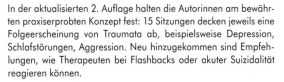

Fred Christmann

Keine Angst vor Ängsten

Verhaltenstherapeutische Techniken lernen und anleiten

Panische und phobische Ängste – welche verhaltenstherapeutischen Möglichkeiten der Hilfe und Selbsthilfe gibt es? Das Buch vermittelt klar und fundiert, was Therapeuten und Betroffene über die Mechanismen der Angst wissen müssen und welche Übungen sich besonders eignen. Ergänzt wird das Buch durch hilfreiche Online-Übungen zum mentalen Training – damit der Patient nach und nach zum Coach seiner eigenen Angstbewältigung wird.

2015. 134 Seiten, 6 Abb., 7 Tab., kart., inkl. Audio-Dateien zum Download
€ 19,99 (D) / € 20,60 (A) | ISBN 978-3-7945-3147-9

Schattauer — www.schattauer.de

Unterhaltsames aus Wissenschaft und Praxis

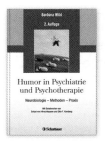

Barbara Wild (Hrsg.)

2. AUFLAGE

Humor in Psychiatrie und Psychotherapie
Neurobiologie – Methoden – Praxis

Lachen ist gesund! Namhafte Vertreter unterschiedlichster Richtungen offenbaren in diesem Buch das weitreichende Potenzial des Heilmittels Humor.

Geleitworte von Eckart von Hirschhausen und Otto F. Kernberg
2., überarb. u. erw. Aufl. 2016. 384 Seiten, 68 Abb., 8 Tab., geb.
€ 44,99 (D) / € 46,30 (A) | ISBN 978-3-7945-3061-8

Wissen & Leben
Herausgegeben von Wulf Bertram

Michael Stefan Metzner

Achtsamkeit und Humor
Das Immunsystem des Geistes

Der Autor zeigt ganz konkret auf, wie wir Achtsamkeit und Humor pflegen können: von traditionellen Achtsamkeitsübungen über achtsames Essen bis hin zu solchen Übungen, die man zu zweit oder in einer (Therapie-)Gruppe durchführen kann.

Mit einem Geleitwort von Barbara Wild | 2., erw. Aufl. 2016. 208 Seiten, 25 Abb., kart., inkl. Yogaübungen zum Ausdrucken | € 19,99 (D) / € 20,60 (A) | ISBN 978-3-7945-3164-6

Manfred Spitzer

Gelegenheit macht Liebe, Kleider machen Leute und der Teufel macht krank

Der Autor geht Redewendungen auf den Grund und zeigt, was die Gehirnforschung zu ihnen zu sagen hat.

2016. 316 Seiten, 79 Abb., 10 Tab., kart.
€ 24,99 (D) / € 25,70 (A) | ISBN 978-3-7945-3173-8

Peter Fiedler

Verhaltenstherapie mon amour
Mythos – Fiktion – Wirklichkeit

Im Wechsel zwischen autobiographischen Notizen und historischen Rückblicken diskutiert Prof. Fiedler zentrale Themen der Verhaltenstherapie und gibt illustrierende Fallbeispiele aus der Therapiepraxis.

2010. 492 Seiten, 8 Abb., 1 Tab., kart.
€ 26,99 (D) / € 27,80 (A) | ISBN 978-3-7945-2752-6

Schattauer — www.schattauer.de